Kristina Huttenlocher

SPRENGEL

Die Geschichte
der Schokoladenfabrik

Kristina Huttenlocher

SPRENGEL

Die Geschichte
der Schokoladenfabrik

zu Klampen!

Die Autorin

Kristina Huttenlocher, geb. Blunck, wuchs in Hannover auf. Sie studierte in Berlin und Frankfurt Politikwissenschaft, Geschichte, Germanistik und Wirtschaftswissenschaften, war Lehrerin und im hessischen Kultusministerium tätig. Danach leitete sie bis zu ihrer Pensionierung 2011 ein Gymnasium und eine Integrierte Gesamtschule. 2013 erschien bei zu Klampen die Firmengeschichte von »Appel Feinkost«.

info@zuklampen.de · www.zuklampen.de

Lektorat: Clemens Wlokas
Layout, Satz: Melanie Beckmann · design-beckmann.de
Umschlag: Melanie Beckmann,
unter Verwendung der Titelillustration © by Collection HERBERT LEUPIN / www.herbert-leupin.ch
Druck: gutenberg beuys feindruckerei · Langenhagen

ISBN 978-3-86674-529-2

Bibliografische Information der Deutschen Nationalbibliothek
Die Deutsche Nationalbibliothek verzeichnet diese Publikation in der Deutschen Nationalbibliografie; detaillierte bibliografische Daten sind im Internet über ‹http://dnb.d-nb.de› abrufbar.

Inhalt

Linkes Drittel Sprengel-Rot 1945 bis 2001

Anhang

Vorwort

»Jetzt gehen wir ins Schlaraffenland«, sagte Bernhard Sprengel zur kleinen Gertrud aus der Nachbarschaft. Es war ein kalter Vorweihnachtsabend im Jahr 1900, und der alte Herr machte mit dem Mädchen an der Hand einen Rundgang durch die Schokoladenfabrik. Der Pförtner Seelemeyer hatte das Mädchen zum Brötchenholen geschickt und mit einer kleinen, braunen Tüte Bonbons belohnt, damals das höchste Glück für ein Nachbarskind. Die Sprengel-Köstlichkeiten waren noch viele Jahrzehnte später etwas Besonderes. Schokolade und Pralinen von Sprengel erhielten Kinder und Erwachsene zu Festen und Geburtstagen geschenkt, und die Düfte der Schokoladenfabrikation inmitten der Wohnhäuser begleiteten das Leben der Anwohner. Die Verbrauchergewohnheiten änderten sich in den 1970er Jahren, und die niedrigpreisigen Alltagsgenüsse aus dem Supermarktregal traten zunehmend an die Stelle feiner Pralinen.

Das Werk in der Schaufelder Straße wurde 1980 geschlossen, die gerühmte Sprengel-Qualität – »Auf den Inhalt kommt es an« – hatten Pralinen und Tafelschokolade schon vorher eingebüßt. In Hannover stellten ›Sprengelaner‹ noch bis 2001 Schokoladenerzeugnisse her. Nicht nur die Genießer feiner Schokolade, sondern auch ehemalige Mitarbeiter erinnern sich mit Wehmut an die Schokoladenfabrikation in Hannovers Nordstadt. Die Beschäftigten haben sich in hohem Maße mit dem Unternehmen und seinen Produkten identifiziert; B. Sprengel & Co. ist für sie ein Teil ihrer Lebensgeschichte. In Stuttgart, Dresden, Leipzig und Köln gibt es ebenfalls nur noch Erinnerungen an traditionsreiche Schokoladenfabriken.

Die deutsche Schokoladenbranche hatte sich ihre ersten Erfolge gegenüber einer gut etablierten ausländischen Schokoladenfabrikation mühsam erkämpfen müssen. Im eigenen Land zunächst wenig geschätzt, dabei abhängig von schwankenden Rohkakaopreisen und dem heimischen Zuckerkartell, gelang bis 1914 der Aufstieg. Das wirtschaftliche Glück teilten die deutschen Schokoladenfabrikanten mit den anderen Industriezweigen des Emporkömmlings unter Europas Wirtschaftsnationen. Es erwies sich aber als schwankend und krisenanfällig. Wie entschieden die Fabrikanten in Zeiten sozialer Kämpfe und existenzvernichtenden Wettbewerbs? Erfolgreiche Kartelle, zerstörerischer Unterbietungskampf und verwegene Expansionsillusionen prägten die Branchengeschichte. Die Firma B. Sprengel & Co. war von Beginn an gewichtiger Akteur und in ihrem Niedergang charakteristisches Beispiel.

Bernhard Sprengel (1899 bis 1985) hat einen umfangreichen Nachlass mit seiner Korrespondenz und der seines Vaters August hinterlassen. Der Nachlass ruht seit 1980 im Hauptstaatsarchiv Hannover, bisher kaum genutzt.[1] Die Korrespondenz der Fabrikinhaber, dokumentierte Vereinbarungen und Verträge, ergänzt durch Publikationen der Gewerkschaft und Erinnerungen ehemaliger Mitarbeiter, geben spannende Einblicke in 150 Jahre Wirtschaftsgeschichte. Marketinggeschichte und Werbung vor allem aus den Anfangsjahren der

1 Thomas Bardelle, im Hauptstaatsarchiv Hannover für die Erschließung des Depositums zuständig, hat im Jahr 2002 einen Aufsatz veröffentlicht: 150 Jahre B. Sprengel und Co., Aufstieg und Niedergang, in: Niedersächsisches Jahrbuch für Landesgeschichte, Hannover, Bd. 74, 2002, S. 293–307.

Firma fehlen im Nachlass und schienen verloren. Es stellte sich aber heraus, dass Hans Imhoff, an den viele Hannoveraner als Aufkäufer und Liquidator der Traditionsfirma Sprengel weniger gute Erinnerungen haben, im Respekt vor der Geschichte der aufgekauften Firmen deren Unterlagen dem Rheinisch-Westfälischen Wirtschaftsarchiv (RWWA) in Köln übergeben hatte – auch von B. Sprengel & Co.. Dieser Respekt vor der Tradition des Unternehmens verbindet ihn, den polternden Aufsteiger, mit dem distinguierten Schöngeist Bernhard Sprengel. Beide verstanden von Schokolade ziemlich viel.

Das mäzenatische Wirken Bernhard Sprengels, an anderer Stelle bereits beschrieben[2], ist Teil der Firmengeschichte. Die Schokoladenfabrik, die den Konsumenten zu gehobenem Preis Schokoladen-Köstlichkeiten offerierte, erlaubte dem Besitzer aus den Erträgen den Aufbau einer bedeutenden Kunstsammlung, die er mit großem Sachverstand zusammentrug und die Grundstock des Sprengel Museums Hannover wurde – Qualität hier und dort. Interessant, dass die hartverhandelnden Albrecht-Brüder, die Nahrungsmittelfirmen unter Druck setz(t)en, um billigst anbieten zu können, und damit im Handel reüssierten, bei der Anlage ihres Vermögens in Kunst nicht die Kenntnis und das Verhandlungsgeschick der Schokoladenfabrikanten Bernhard Sprengel und Peter Ludwig (Monheim Trumpf) besaßen.

Die Durchsicht und Verarbeitung der Quellen war nicht von einer bestimmten theoretischen Fragestellung, sondern von der Neugier der Autorin geleitet, zum Hintergrund der Fotos, Briefe und Dokumente nachzuforschen und etwas über die Bedingungen des Zustandekommens zu erfahren. Es erschlossen sich wirtschafts- und gesellschaftsgeschichtliche Zusammenhänge, die in die Firmengeschichte einbezogen wurden. Die Korrespondenz gab auch interessante Hinweise auf die Stellung der Schokoladenfabrik im System der NS-Wirtschaftspolitik und auf das Verhältnis von Firmenleitung und Beschäftigten in jenen Jahren. Das Buch hält sich mit Bewertungen zurück. Vielmehr sollen durch charakteristische Original-Zitate und Abbildungen die vergangenen Zeiten und die Motive der Beteiligten deutlich werden. Urteilen mag der Leser selbst.

2 Voigt, Vanessa-Maria: Kunsthändler und Sammler der Moderne im Nationalsozialismus. Die Sammlung Sprengel 1934 bis 1945, Berlin 2007; Petry, Viktoria: Die Entstehungsgeschichte des Sprengel-Museums Hannover 1959 bis 1979, Diss. Hannover 2003 (siehe Literaturverzeichnis).

Gründung und Aufstieg einer Schokoladenfabrik 1851–1918

»Die feinen Pfaffen nähren sich von Chocoladen«

An der alten Schleusenbrücke im Harburger Hafen schenkte die neu gegründete Firma Bernhard Sprengel & Co allmorgendlich Trinkschokolade an die zur Arbeit eilenden Käufer aus.[1] Das war im Jahr 1851 der Beginn einer neuen Zeit des Schokoladekonsums. Auch den geringeren Ständen war nun der Genuss des süßen Getränks möglich. Bernhard hatte sich mit seinem Bruder Otto und mit Friedrich Brandes aus Celle zu einem kleinen Familienbetrieb zusammengetan. Die ›Mutter Brandes‹ stellte den am Schleusentor ausgeschenkten Trinkkakao selbst her. Alwine Sprengel, die Schwester der beiden Sprengel-Brüder, Brandes' Mutter und die vier Schwestern von Friedrich Brandes produzierten in der kleinen Fabrik in Harburgs Vorstadt auf handwerkliche Art ›Chocolade, Bonbons und Conditoreiwaaren‹.

Otto Sprengel und Brandes hatten beide das Konditorhandwerk gelernt, während Bernhard, ein umtriebiger und erfindungsreicher Geist, 1844 in der Farb-, Material-, Kurz- und Eisenhandlung von Georg Niemeyer in Alfeld seine Lehre als junger Kaufmann abgeschlossen hatte. Bei Johann Heinrich Carl Riehl in Celle erhielt er seine erste kaufmännische Anstellung. Riehl stellte damals auf handwerkliche Art Schokolade und Trinkkakao her, und Bernhard Sprengel lernte dort die Grundlagen der Schokoladenfabrikation kennen.

1 F. W. Euler: 100 Jahre B. Sprengel & Co. Sprengel. Eine hannoversche Familie und ihr Werk. Erzählt für die Mitarbeiter und Freunde, [Hannover 1951, ohne Seitennummerierung].

Abb. 1 Bernhard Sprengel mit Ehefrau Wilhelmine, geb. Brandes

»Herr Bernhard Sprengel aus Wollershausen hat fast vier Jahre in meinem Geschäft gestanden und sich durch lebendiges Interesse für den Aufschwung meines Geschäfts ausgezeichnet. Ich kann ihm dazu das beste Zeugnis des Fleißes und der Treue geben und würde mich freuen, ihn seinem Wunsche gemäß in einem größeren Geschäft, worin er seinen Trieb zu kaufmännischer Thätigkeit ungehindert befriedigen könnte, engagirt zu sehen.«[2]

Celle im Juli 1849 Carl Riehl

1849 arbeitete er für zwei Jahre in einer Fabrik mit 250 Arbeitern, die Schrot, Walzblei,

2 HStAH Dep. 105 Acc. 2/80, Nr. 699.

Bleiweiß, Kupfervitriol und Grünspan herstellte. Sprengel sammelte dort technische Erfahrungen und lernte fabrikmäßige Produktion kennen. Aus dieser Tätigkeit wird er die Idee mitgenommen haben, in größerem Maßstab zu fabrizieren und sich nicht mit einer handwerksmäßigen Herstellung zufriedenzugeben.

Die Mutter des Konditormeisters, Dorothea Brandes, geborene Lindhorst, hatte ihre Kenntnisse der Herstellung von Trinkkakao aus Celle mitgebracht. Die Spanier hatten den Schokoladentrunk im 16. Jahrhundert in den eroberten amerikanischen Ländern kennengelernt und ihn im Gegensatz zur einheimischen Bevölkerung Mittelamerikas gesüßt getrunken. Die Gewohnheit der alten Mexikaner, den Kakao ungesüßt zu sich zu nehmen, mit Maismehl gestreckt und mit Vanille oder rotem Pfeffer gewürzt, hatte den Eroberern zunächst nicht geschmeckt.[3] Sie tranken die Xocolatl mit Rohrzucker und verboten die Ausfuhr des

3 Hugo Th. Horwitz: Geschichte der Schokolade und der Schokoladenindustrie. In: Beiträge zur Geschichte der Technik und Industrie, Jahrbuch des Vereins deutscher Ingenieure, Bd. 13, Berlin 1923, S. 125–145.

Abb. 2 Die Mutter des Kompagnons Friedrich Brandes

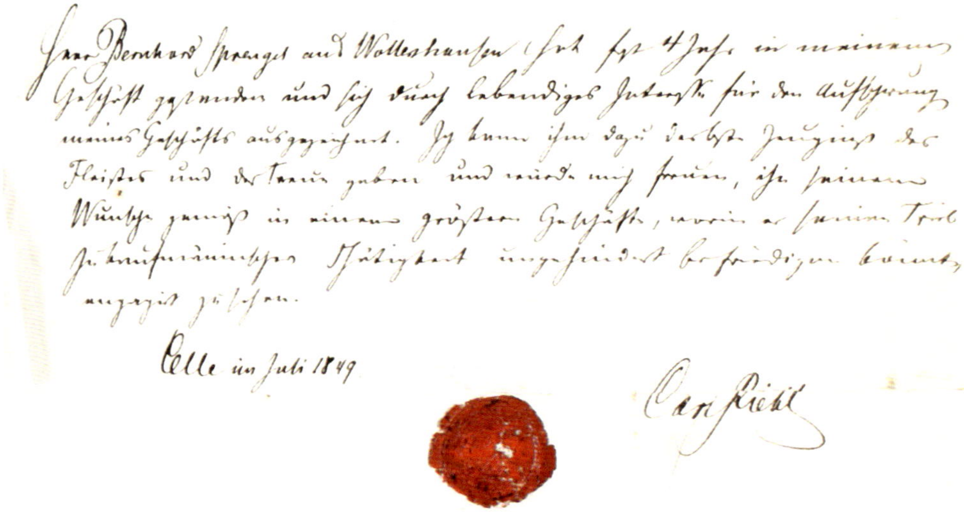

Celle im Juli 1849

Carl Riehl

Abb. 3 Zeugnis von Bernhard Sprengel von Riehl, Celle

Luxusprodukts in andere Länder. Das Monopol konnten sie 100 Jahre halten, dann verbreiteten spanische Seeleute und vertriebene spanische Juden Rohstoff und Rezepte.

Anfang des 17. Jahrhunderts wurden Rezepte in Italien bekannt. In Florenz gab es erste öffentliche Kakaostuben, und sehr beliebt war das Getränk auch am päpstlichen Hofe.[4] Die Einführung des neuen köstlichen Getränks wird auch auf die Vorliebe der katholischen Geistlichkeit zurückgeführt, die in der Schokolade ein wunderbares Stärkungsmittel für Fastentage sah:[5] »Die feinen Pfaffen nähren sich von den Chocoladen, die ihnen bei den Morgenvisiten vorgesetzt werden.«[6] Spanische Klosterfrauen und Missionsnonnen sollen in Mexiko Schokoladenkonfekt hergestellt und einige mexikanische Klöster durch den Verkauf solcher Köstlichkeiten wahre Reichtümer angehäuft haben.[7] Anna von Österreich, Tochter Philipps III. von Spanien und Mutter Ludwigs XIV., führte die Schokolade am französischen Hof ein. Die vornehmen Pariser Haushaltungen übernahmen diese Vorliebe und beschäftigten gern Schokoladenköche aus Italien, die im Ruf standen, die Kunst der Schokoladezubereitung zur höchsten Vollkommenheit entwickelt zu haben.[8]

An den europäischen Fürstenhöfen wurde der Schokoladentrunk Teil der morgendlichen ›Levée‹[9]. Gottfried August Bürger glossierte die fürstliche Gewohnheit des morgendlichen Schokoladetrinkens in einem Spottgedicht:

Zeus wälzt im Bette sich,
nachdem er lang gelegen,
wie Potentaten pflegen,
und fluchte mörderlich:
Schon trommelt's zur Parade.
›Wo bleibt die Schokolade?‹
Gleich bringt sie der Lakai;
Bringt Schlafrock, Toffeln, Hose,
schleppt Pfeife, Knasterdose
nebst Fidibus herbei.
Denn morgens ging kein Mädchen
gern in sein Kabinettchen.[10]

Auch kluge Köpfe wie Friedrich Schiller und Johann Wolfgang von Goethe liebten die Schokolade. Goethe schätzte sie sowohl in flüssiger als auch in fester Form als Täfelchen, die er als galanter Verehrer seiner späten Geliebten Ulrike von Levetzow mit einem kleinen Gedicht verehrte:

4 Wolf Mueller: Seltsame Frucht Kakao. Geschichte des Kakaos und der Schokolade, Hamburg 1957, S. 40.
5 Ebd.
6 Ebd. S. 75.

Abb. 4 Jean-Étienne Liotard: Das Schokoladenmädchen

7 Sophie und Michael Coe: Die wahre Geschichte der Schokolade, Frankfurt 1997, S. 161.
8 Ebd. S. 42.
9 Aufstehzeremonie, oft mit einer Audienz verbunden.
10 Rolf Italiander: Xocolatl: Ein süßes Kapitel unserer Kulturgeschichte, Düsseldorf 1980, S. 93.

Gewogen scheinst du mir zu sein,
Du lächelst ob der kleinen Gabe;
Und wenn ich deine Gunst nur habe,
so ist kein Täfelchen zu klein.[11]

Er hielt die Schokolade, einem Rat des Weltreisenden Alexander von Humboldts folgend, auch für Reisen gut geeignet. Schiller trank, wenn er erst gegen Mittag aufstand, statt zu speisen, eine Tasse Schokolade. Arbeitete er halbe Nächte durch, stärkte er sich mit einem Trunk Weinschokolade.

Lange blieb der Schokoladenkonsum auf fürstliche und wohlhabende Häuser begrenzt. Ein langer und aufwändiger Herstellungsprozess und die hohen Rohstoffpreise wegen der beschränkten Anbaugebiete des empfindlichen Kakaobaums machten die Schokolade teuer. Schokolade kaufte man zu dieser Zeit in Apotheken, und Apothekenpreise waren auch zu zahlen.

Im protestantischen Norden Deutschlands war im 18. Jahrhundert von den Landesherren der Genuss von Schokolade durch den gemeinen Mann nur ungern gesehen. Unter Friedrich I. gab es sogar strenge Strafen für Genießer der Schokolade ohne Permissionszettel. Friedrich der Große liebte zwar selbst den süßen Trunk, verbot aber jeden Handel von umherziehenden Händlern mit Schokolade. Er wollte den Verbrauch von Kakao und Schokolade durch die Landbevölkerung unterbinden, um teure Devisen zu sparen. In Hessen gab es unter Landgraf Friedrich 1774 eine strenge Verordnung gegen den ›Mißbrauch‹ von Kaffee und Schokolade, nach der »in den Landstädten und auf dem platten Lande gar kein Caffe- oder Chocolade-Krämer mehr geduldet, noch von diesen Getränken etwas daselbst verkauft werden« durfte. Der Denunziant sollte 10 Taler als Belohnung erhalten, welche der des Genusses Überführte zu zahlen hatte.[12] Die eher genussfeindliche Grundhaltung gegenüber der Schokolade hat sich bei jenen, die politisch etwas zu sagen haben, interessanterweise bis ins 20 Jahrhundert gehalten.

Großzügiger war dagegen Maria Theresia von Österreich, die selbst keine Schokolade zu sich nahm, aber in einer Ballordnung genehmigt hatte, dass »Erfrischungsgetränke als Thee, Caffe und Chocolade um einen nahe bei der Credenz angeschlagenen billigen Preiß in hinlänglichem Quanto und guter Qualität zu bekommen seyn« sollten.[13] Der genussfreudige August der Starke von Sachsen soll die Schokolade bei seinen Kavaliersreisen an die Höfe von Madrid, Paris, Florenz, Rom und Venedig kennen- und schätzen gelernt haben. Kaum zufällig hat sich Sachsen in Deutschland im 19. Jahrhundert zu einem Zentrum der Schokoladenfabrikation entwickelt.

Mit der Ausdehnung der Anbaugebiete in Mittelamerika und vor allem der Einführung des Kakaoanbaus in Westafrika durch die Portugiesen sanken die Preise des kostbaren Rohstoffs. Der Anbau von Rübenzucker, der nach der napoleonischen Kontinentalsperre in Deutschland den teuer eingeführten Rohrzucker ersetzte, trug ebenfalls dazu bei, dass Schokolade weniger exklusiv wurde. Hinzu kamen sinkende Zölle durch die Zollunion 1834 und technische Fortschritte in der Herstellung. In Dresden ließ sich der Sohn eines Kupferschmieds, Johann Martin Lehmann, nieder, dem als Autodidakt die Verbesserung des bisher führenden französischen Walzwerks für die Schokoladeherstellung gelang und der 1849 ein erstes Granitwalzwerk herstellte.[14]

So wurde die handwerkliche Schokoladenproduktion allmählich von der industriellen Herstellung abgelöst. Auch machte die Vergrößerung der Absatzmöglichkeiten eine fabrikmäßige Fertigung überhaupt erst lohnend. Die ältesten deutschen Schokoladenfabriken, zu denen auch die Firma B. Sprengel & Co. gehörte, wurden in der ersten Hälfte des

11 http://www.theobroma-cacao.de [zuletzt aufgerufen am 16.1.2016].
12 Mueller, S. 68.
13 Ebd.
14 Mueller, S. 112 ff.

19. Jahrhunderts gegründet. Die meisten begannen auf handwerklicher Basis und haben außer Schokolade auch Bonbons und weitere Produkte hergestellt. Die Firma Hildebrand, seit 1817 in Berlin, ist die älteste – sieht man einmal von einer Schokoladenmanufaktur in Steinhude ab, die Mitte des 18. Jahrhunderts vom Fürsten Wilhelm von der Lippe konzessioniert und mit einigen portugiesischen Schokoladenmachern betrieben wurde. Die Steinhuder Manufaktur hat ihren Betrieb aber nie zu einer industriellen Produktion weiterentwickelt.[15]

Noch vor Sprengel gegründet wurden die Firmen Felsche in Leipzig 1821, Jordan & Tiaeus in Dresden 1823, Reese & Wichmann in Hamburg 1831, Lobeck in Dresden 1838, Stollwerck in Köln 1839, Henry Lambertz in Aachen 1839, Moser-Roth in Stuttgart 1841, Petzold & Aulhorn in Dresden 1843 und Waldbaur in Stuttgart 1848.[16]

Hannoversches Bürgerrecht: »Treu, hold und gehorsam sein«

Bernhard Sprengel (1825–1902) ließ sich am 27. September 1851 als Kaufmann im damals hannoverschen Harburg nieder und wurde dort in die Kramer-Innung aufgenommen. Der selbstständig tätige Geschäftsmann erhielt von der Stadt das Bürgerrecht. Zur Zeit der Gewerbeeröffnung bestand in Harburg noch Zunftzwang. Das Gewerbe an sich war zwar frei, wer sich aber als Fabrikant niederließ, brauchte den Bürgerbrief.[17] Der Harburger Bürgerbrief band den Neubürger Sprengel an umfangreiche Loyalitätsverpflichtungen gegenüber dem Haus Hannover mit allen seinen Mitgliedern. Der neu aufstrebende Kaufmannsstand war in die feudale Herrschafts- und Lehensordnung rechtlich nicht eingebunden, so sollte wenigstens diese persönliche Verpflichtung für politische Loyalität sorgen. Das Haus Hannover fürchtete, das wird deutlich, den freien Geist des neuen Standes. Die Darlegung dieser Verpflichtungen nahm in der Urkunde eine ganze Seite ein.

»Wenn aber Seine Majestät nach dem Willen des Allmächtigen (das doch seine Göttliche Güte lange Zeit zu verhüten gnädiglich geruhen wolle) mit Tode abgehen würde, alsdann seiner Königlichen Hoheit den Kronprinzen und Deroselben eheleiblichen männlichen Erben nach dem Rechte der Erstgeburt in absteigender Linie, wenn aber deren keine vorhanden sind, sodann denjenigen Prinzen des Königlichen Hauses, welchem die Erbfolge nach dem Rechte der Erstgeburt in absteigender Linie, wenn auch deren nach dem unerforschlichen Rath der göttlichen Vorsehung keine mehr vorhanden sein sollten, alsdann des regierenden Herren Herzogs von der jetzigen Wolfenbüttelschen Linie Fürstlichen Durchlauchtigkeit und den successionsfähigen männlichen Leibeserben … treu, hold und gehorsam sein … kein Parthei und Auflauf machen … und da davon etwas erfahren sollte, solches anzeigen und zu wissen machen wolle … .«

So wünschte sich der hannoversche König seine Untertanen: bedingungslose Unterordnung unter den König und Anzeige aufrührerischer Demokraten. Vor diesen hatte er drei Jahre nach der Revolution von 1848 noch große Furcht.

Das Königreich Hannover hatte in den 1840er Jahren in Harburg wichtige Investitionen in die Infrastruktur vorgenommen: 1847 wurde die Strecke Celle–Harburg durch die königlich Hannöverschen Staatseisenbahnen eröffnet und parallel dazu die alten Festungsgräben zu einem modernen Seeschiffhafen

15 Heinrich Fincke, der mehr als ein halbes Jahrhundert als Chemiker in der Schokoladenindustrie tätig war, bezweifelte allerdings, dass die Schokoladenfabrik Steinhude wirklich die erste Fabrik war. Fincke schrieb, dass dieser Betrieb nur örtliche Bedeutung gehabt habe und 1781 allein für München sechs Schokoladenfabriken angegeben wurden. Kakao- und Zuckerzeitung Kazett, November 1937; http://www.steinhuder-gastronomie.de/ber_schok.htm.

16 Carl Greiert: Festschrift zum 50-jährigen Bestehen des Verbandes deutscher Schokolade-Fabrikanten e. V. 1876–1926, Dresden 1926.

17 HStAH Dep. 105 Acc. 2/80, Nr. 699-1.

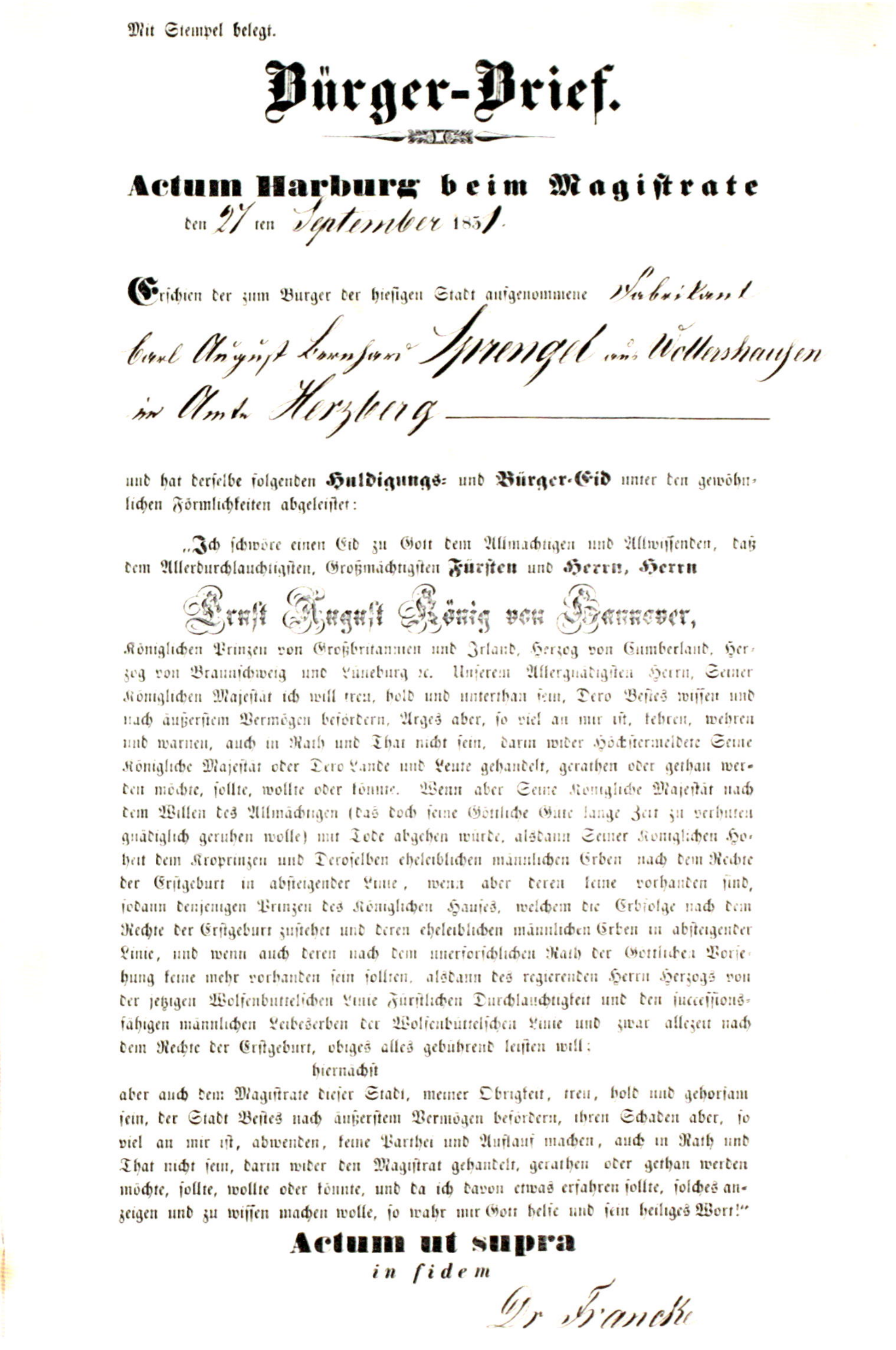

Mit Stempel belegt.

Bürger-Brief.

Actum Harburg beim Magistrate

den 27 ten September 1851.

Erschien der zum Bürger der hiesigen Stadt aufgenommene Fabrikant Carl August Leonhard Sprengel aus Wollershausen im Amte Herzberg

und hat derselbe folgenden **Huldigungs-** und **Bürger-Eid** unter den gewöhnlichen Förmlichkeiten abgeleistet:

„Ich schwöre einen Eid zu Gott dem Allmächtigen und Allwissenden, daß dem Allerdurchlauchtigsten, Großmächtigsten **Fürsten** und **Herrn, Herrn**

Ernst August König von Hannover,

Königlichen Prinzen von Großbritannien und Irland, Herzog von Cumberland, Herzog von Braunschweig und Lüneburg ꝛc. Unserem Allergnädigsten Herrn, Seiner Königlichen Majestät ich will treu, hold und unterthan sein, Dero Bestes wissen und nach äußerstem Vermögen befördern, Arges aber, so viel an mir ist, kehren, wehren und warnen, auch in Rath und That nicht sein, darin wider Höchstermeldete Seine Königliche Majestät oder Dero Lande und Leute gehandelt, gerathen oder gethan werden möchte, sollte, wollte oder könnte. Wenn aber Seine Königliche Majestät nach dem Willen des Allmächtigen (das doch seine Göttliche Güte lange Zeit zu verhüten gnädiglich geruhen wolle) mit Tode abgehen würde, alsdann Seiner Königlichen Hoheit dem Kroprinzen und Deroselben eheleiblichen männlichen Erben nach dem Rechte der Erstgeburt in absteigender Linie, wenn aber deren keine vorhanden sind, sodann denjenigen Prinzen des Königlichen Hauses, welchem die Erbfolge nach dem Rechte der Erstgeburt zustehet und deren eheleiblichen männlichen Erben in absteigender Linie, und wenn auch deren nach dem unerforschlichen Rath der Göttlichen Vorsehung keine mehr vorhanden sein sollten, alsdann des regierenden Herrn Herzogs von der jetzigen Wolfenbüttelichen Linie Fürstlichen Durchlauchtigkeit und den successionsfähigen männlichen Leibeserben der Wolfenbüttelschen Linie und zwar allezeit nach dem Rechte der Erstgeburt, obiges alles gebührend leisten will;

hiernächst

aber auch dem Magistrate dieser Stadt, meiner Obrigkeit, treu, hold und gehorsam sein, der Stadt Bestes nach äußerstem Vermögen befördern, ihren Schaden aber, so viel an mir ist, abwenden, keine Parthei und Auflauf machen, auch in Rath und That nicht sein, darin wider den Magistrat gehandelt, gerathen oder gethan werden möchte, sollte, wollte oder könnte, und da ich davon etwas erfahren sollte, solches anzeigen und zu wissen machen wolle, so wahr mir Gott helfe und sein heiliges Wort!"

Actum ut supra

in fidem

Dr Francke

Abb. 5 Bürgerrechtsurkunde Harburg

ausgebaut. Reiche Kaufleute aus Hamburg investierten ab 1850 in den neuen hannoverschen Hafen. Harburgs Wirtschaft entwickelte sich gut, und die Einwohnerzahl verzehnfachte sich binnen Kurzem. Das Bevölkerungswachstum der beginnenden Industrialisierung erwies sich als günstig für die Nahrungsmittelproduktion. Hauptumschlagplatz für Rohkakao war das nahe Hamburg.

Bernhard Sprengel mietete sich mit seinen Fabrikationsräumen bei Johann Conrad Tewes ein, Wirt und Schiffer, nahe am Hafen an der Süderelbe in der damaligen Straße Am Brock.[18] Sprengels Vater, der alte Pastor Sprengel aus Wollershausen, steuerte 300 Thaler Preußisch Courant bei.[19]

Den Umsatz im Jahr 1852 gibt eine handschriftliche Notiz des stolzen Gründers mit 8323 Thaler und 59 Groschen an. Bereits im folgenden Jahr hat sich der Umsatz auf 15 033 Thaler und 90 Groschen fast verdoppelt.[20]

Dann folgte als einschneidendes Ereignis für den jungen Betrieb die Aufhebung des Freihafenrechts von Harburg. Das hieß für Sprengel, er hätte einmal für seine Rohprodukte und ein zweites Mal für seine Fertigfabrikate Zoll zahlen müssen, wenn er Rohkakao aus Hamburg bezog und zum Beispiel nach Mecklenburg lieferte. Sprengel beschloss daher 1853, seine Fabrikation nach Hannover zu verlegen. Für eine kleingewerbliche Schokoladenproduktion war in der Residenzstadt guter Absatz

18 RWWA 208-137-1.
19 Euler.
20 RWWA 208-471-13.

Abb. 6 Harburg Gesamtansicht mit Eisenbahn, 1847

zu erwarten. Ein zeitgenössischer Bericht aus dem Jahr 1847 beschreibt die wirtschaftlichen Aussichten in der Stadt: »Durch eine glänzende Hofhaltung, den zahlreichen Adel sowie Beamte und Militär, nicht minder durch den Luxus und die Bequemlichkeit, womit die Wohlhabenden der Einwohner ihre Häuser einrichten, werden so bedeutende Geldsummen in Bewegung gesetzt, daß es auch dem geringsten Handwerker nicht an Beschäftigung fehlt und er sich seinen Lebensunterhalt auf eine anständige und bequeme Weise verschaffen kann.«[21]

Sprengel sondierte die Wettbewerbslage in Hannover. Folgende kleinere Schokoladenmacher gab es dort:

»J. P. Droste Erben, Essig- und Chocoladefabrik, Burgstr. 24

21 Die Haupt- und Residenzstadt Hannover. Ein Führer durch die Stadt und Umgegend Seiner Majestät dem Allerdurchlauchtigsten, Großmächtigsten Fürsten und Herrn, Herrn Ernst-August Könige von Hannover, o.J., Hannover 1847, S. 44.

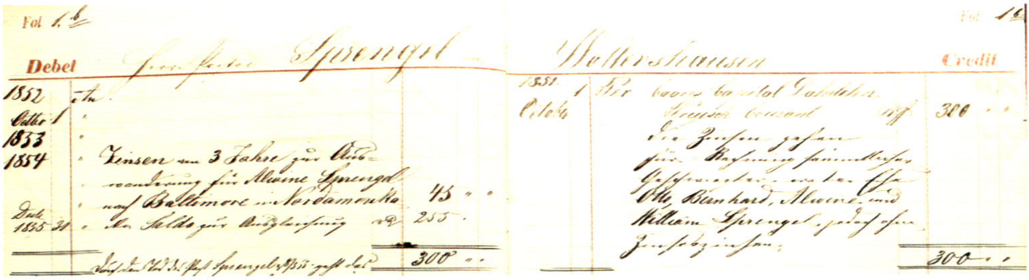

Abb. 7 Credit des Vaters Pastor Sprengel, festgehalten im Geschäftsbuch von 1851

Abb. 8 Residenzstadt Hannover um 1850

Andreas Duensing, Zuckerwaaren-Chocolade-Weinessig- und Pastillenfabrik, Rote Reihe 15

Karl Fraas, Apotheker, Chocolade-, Parfum- und Chemikalienfabrik, Schaufelder Str. 3

J.G. von der Linde, Materialwarenhandlung, Chocolade- und Boltjesfabrik, Knochenhauerstr. 40

Georg Ramsahl, Liqueur-, Sprituosen-, Weinessig- und Chocoladefabrik, Calenberger Str. 40

Georg Robby, Hofkonditorei, Caffeehaus, Liqueur- und Chocoladefabrik, Leinestr. 29, seit 1865 am Theaterplatz« (das spätere Café Kröpcke).[22]

Traditionell waren Residenzstädte für die Schokoladenfabrikation ein gutes Pflaster, versprach doch die gehobene Gesellschaft von Hof, Adel und Beamtenschaft regen Absatz. Sprengel wollte sich allerdings nicht wie die bestehenden hannoverschen Betriebe auf die handwerkliche Schokoladenherstellung beschränken. Für Fabriken war Hannover aber kein günstiger Ort.

So heißt es in dem oben zitierten Bericht von 1847: »Das eigentliche Fabrikwesen wird in Hannover schwerlich einen guten Boden zu seiner Entfaltung finden, wenngleich in letzterer Zeit einige Fabriken entstanden und dieselben auch von der Regierung begünstigt werden. Die zu Fabriken nöthigen Menschenhände können hier besser verwerthet werden und ist deswegen der Arbeitslohn zu hoch, sowie auch die Lebensmittel, Wohnung und Feuerung in zu hohem Preise stehen, was wenige Verlockung zu großartigen Fabrikanlagen darbietet.«[23]

Der Versuch, die starre traditionelle Zunftverfassung durch eine liberalisierte Gewerbeordnung zu reformieren, war in den 1840er und 1850er Jahren gescheitert. Die Zünfte verteidigten ihre bisherigen Privilegien, und auch der Welfenkönig Ernst August zeigte sich wenig geneigt, Fabriken in die Stadt zu holen. Fabrikschornsteine, fand er, vertrugen sich nicht mit dem Residenzcharakter, und auch die Arbeiterschaft, die die Fabriken anziehen würden, betrachtete er wegen des revolutionären Potenzials mit großem Misstrauen.[24] Noch 1857 wurden in Hannover nur 72 Dampfkessel gezählt, eine sehr geringe Zahl und Zeichen für die noch geringe Industrialisierung.

Einen dieser Dampfkessel betrieb in jener Zeit Bernhard Sprengel. Die Aufstellung der ersten Dampfmaschine von 5 PS im Jahr 1856 teilte der stolze Firmenbesitzer seinen Kunden in einer Zeitungsanzeige[25] mit:

Obwohl der Dampf mit der eigentlichen Schokoladefabrikation nichts zu tun hatte, sondern dem Antrieb der Maschinen diente, wurde von Sprengel wie auch von anderen Fabrikanten mit ›Dampf-Chocoladen‹ geworben, als handele es sich um ein neues Herstellungsverfahren von Schokolade unter Dampf.

22 Euler.

23 Die Haupt- und Residenzstadt Hannover, S. 44.

24 Klaus Mlynek, Waldemar R. Röhrbein (Hrsg.): Geschichte der Stadt Hannover Bd. 2, Hannover 1994, S. 321.

25 RWWA 208-560-1.

»Unsern wertgeschätzten in- und auswärtigen Geschäftsfreunden beehren wir uns hiermit die ergebene Anzeige zu machen, daß wir im Laufe dieses Monats unseren neue

Dampf-Chocoladen-Fabrik

eröffnen werden. Wir lassen dieselbe mit den auf den Londoner und Pariser Weltausstellungen zur Fabrikation von Chocoladen als allerbest anerkannten Maschinen versehen und haben, um allen bis dahin an uns gestellten Anforderungen zu entsprechen, einen tüchtigen französischen Chocolatier, der lange Jahre als solcher in einer der berühmtesten Pariser Fabriken fungierte, als Geschäftsführer in unserer Chocoladen-Fabrik dazu engagirt. Wir halten uns daher zu angenehmen Aufträgen bestens empfohlen und zeichnen so hochachtungsvoll als ergebenst

B. Sprengel & Co«

Dampfmaschinen galten im 19. Jahrhundert bis zur Erfindung der Elektromotoren als modernste technische Errungenschaft. Den Betrieb als Dampf-Chocoladen-Fabrik den Kunden vorzustellen und somit an der Spitze des Fortschritts zu marschieren, war für das süße Produkt ein erfolgversprechendes Verkaufsargument, dessen sich auch andere Schokoladenfabriken jener Zeit gern bedienten. Für den Erhalt der Anlage musste einiges Geld aufgewendet werden. Reparaturen der Maschinen schlugen in einer Schokoladenfabrik regelmäßig als erhebliche Kosten zu Buche. Die Firma beschäftigte eigene Schlosser zur Wartung und Reparatur der Maschinen. Dennoch mussten zum Beispiel noch in den 1950er Jahren auf Investitionen von 1000 DM, 500 DM für Reparaturaufträge kalkuliert werden.[26]

Neu gegenüber der handwerklichen Produktion war der Einsatz von Walzwerken, hydraulischen Kakaopressen und Melangeuren (Mischmaschinen), über Transmissionsriemen (Abb. 9) von der Dampfmaschine in Bewegung gesetzt. Auf den Fotos aus der Frühzeit der maschinellen Produktion präsentieren sich Sprengels Schokoladenmacher stolz mit mechanischen Walzwerken und Melangeuren.

Bernhard Sprengel kaufte Maschinen der aufstrebenden Maschinenbau-Spezialindustrie, konstruierte aber auch eigene Röst-, Brech- und Schälmaschinen ebenso wie Melangeur- und Walzwerke. In Anerkennung seiner Tätigkeit als Konstrukteur von Maschinen wurde er im Februar 1878 in den Bezirksverein deutscher Ingenieure zu Hannover als ordentliches Mitglied aufgenommen.[27]

Seine Kölner Konkurrenten, die Brüder Stollwerck, entwarfen ebenfalls eigene Maschinen, und Ludwig Stollwerck hat sogar eine eigene Fabrik, die Deutsche Automaten-Gesellschaft, gegründet. Deren Verkaufsautomat stieß vor allem bei den Kirchen auf heftige Kritik. Er würde die Jugend verderben, kritisierten sie in Eingaben an die Regierung. Die Jugend hätte jederzeit – eine Gefahr für die öffentliche Moral – Zugriff auf Süßigkeiten ohne Beschränkung durch den Ladenschluss, denn naschsüchtige Kinder würden sicher Süßigkeiten trickreich ohne Bezahlung herausklauben.[28] Die Firma Sprengel verkaufte zwar elegante Buffetschränke an die Fachgeschäfte, betrieb aber kein Automatengeschäft.

Mit seiner Fabrik war Bernhard Sprengel zunächst in der Celler Straße 12 als Mieter untergekommen. Das Geschäft entwickelte sich

26 1955 1,3 Mio. Investierungen, dazu 600 000 Reparaturen, Notiz Sprengel, HStAH Dep. 105 Acc. 2/80, Nr. 397.

27 HStAH Dep. 105 Acc. 2/80 Nr. 699-/1.

28 Freundlicher Hinweis von Kirsten Hoffmann, HStAH Hann. 122a Nr. 2660. Titel: Bericht des Regierungspräsidenten in Arnsberg wegen der sittlichen Gefährdung der Schulkinder durch Zuckerwaren-Automaten (1900).

Abb. 9 Mit Dampf angetriebene Melangeure und Walzmaschinen um 1900

günstig; der Umsatz hatte sich gegenüber dem ersten Geschäftsjahr verfünffacht und betrug 1856 schon 40000 Thaler. Die Zahl der Einwohner Hannovers war binnen Kurzem auf das Doppelte angestiegen, von 55000 im Jahr 1852 auf 108000 im Jahr 1875. Das waren günstige Bedingungen für einen aufstrebenden Nahrungsmittelfabrikanten, zumal die heimischen Konkurrenten in den 1860er und 1870er Jahren ausschieden. In jenen Jahren entstanden rund um Hannover eine Reihe von Zuckerrübenfabriken, die ersten 1857 in Gehrden und Einbeck. Da auf ein Teil Rohkakao zwei Teile Zucker kamen, fand die Schokoladenfabrik Lieferanten ihres wichtigen Rohstoffs in räumlicher Nähe.

Kunden der gehobenen Stände warb Sprengel wie in der Zeitungsanzeige (S. 17) mit einem »tüchtigen französischen Chocolatier, der lange als solcher in einer der berühmtesten Pariser Fabriken fungierte«. Ein alter Sprengelmitarbeiter erinnerte sich viele Jahrzehnte später: »Ein Original war Monsieur Leopold. Ein echter Pariser, der im Schokoladenkeller tätig war und von Herrn Bernhard Sprengel aus Frankreich ›importiert‹ war. Konnte nicht gut deutsch sprechen, aber umso besser Schokolade herstellen. Manchmal sang er auch: Dieu protège la sainte alliance entre la Russie et la France.«[29]

Die erfolgreiche Firma strebte nach eigenem Grund und Boden und erwarb von der Familie von Alten ein Gelände, auf dem das erste Fabrikgebäude errichtet wurde. Im Kaufvertrag mit den Lehensvettern von Alten heißt es im Paragrafen 3: »Der Lehensverband des zu einem landesherrlichen Lehen gehörenden Kaufobjects wird mit Genehmigung der Lehensherrschaft durch den Verkauf aufgehoben und entsagen die Verkäufer für sich und ihre Nachkommen allen aus dem Lehensverbande an das Kaufobject zu erhebenden Ansprüchen, wollen dasselbe vielmehr als zehnt- und schuldenfreies Allodium [freies Eigentum] dem Käufer überliefern.«[30] Feudale Herrschaftsrechte wichen mit diesem Kaufvertrag freier bürgerlicher Vertragsgestaltung zwischen gleichberechtigten Vertragspartnern. Im Unterschied zu Frankreich, dessen ›Régime féodale‹ 1789 in der Revolution durch Beschluss der Nationalversammlung beendet wurde, löste sich das feudale Lehensrecht in Deutsch-

Abb. 10 Anzeige Weihnachtsausstellung Dampf-Chocoladen von 1859

29 »Gott schütze die Heilige Allianz zwischen Russland und Frankreich«. Erinnerungen Alexander Sangiorgio 1951, HStAH Dep. 105 Acc.2/80 Nr. 582.

30 Kaufvertrag zwischen den Lehnsvettern von Alten und Bernhard Sprengel vom 2. Feb. 1872, RWWA 208-492-1.

land nur allmählich auf, galt teilweise bis weit ins 20. Jahrhundert und wurde endgültig erst 1947 durch ein alliiertes Kontrollratsgesetz abgeschafft. Das feudale Lehensrecht derer von Alten für das genannte Grundstück wurde durch den Vertrag aufgehoben und dieses für den Käufer freies Eigentum. Eigener Grund und Boden war begehrt, erlaubte er doch in den Gründerjahren die günstige Aufnahme von Hypothekenkrediten.

1855 machte Sprengel zusätzlich ein Detail-Geschäft in der Georgstraße, Ecke Steintorstraße auf und inserierte zur Geschäftseröffnung nebenstehende Anzeige.

Sprengel strebte zügig seine Anerkennung als wohlbestallter Geschäftsmann in Hannover an. Kaum zwei Jahre nach der Eröffnung seiner Fabrikation in Hannovers Vorstadt beantragte er bereits das hannoversche Bürgerrecht. Dabei trug er vor, dass er das Harburger Bürgerrecht bereits besitze und dieses zwecks späterer Errichtung eines Zweigbetriebs auch

Abb. 11 Sprengelhaus in der Georgstraße um 1907

»Geschäftseröffnung
Mit dem heutigen Tage eröffneten wir neben unserm bereits seit mehreren Jahren bestehenden **Conditoreiwaaren-, Bonbons- und Chocoladen-Fabrikgeschäfte** ein in alle Branchen dieses Faches schlagendes Detail-Geschäft, verbunden mit einer großen Auswahl **feinster Backwerke und Confituren**. Durch unsre ausgedehnten Verbindungen im In- und Auslande sind wir in den Stand gesetzt, stets frische Waaren zu liefern und halten insofern unsre Artikel einem hohen Adel und verehrten Publikum zur geneigten Abnahme bestens empfohlen.

B. Sprengel und Comp.,
Ecke der Steinthor und Georgstraße
No. 24.«

›conservieren‹ wolle. Selbstbewusst präsentierte er sich »dem hochlöblichen Magistrat der Königlichen Residenzstadt« Hannover in seinem »gehorsamsten Gesuch um Gewinnung des Bürgerrechts« als Pionier:
»Seit Ostern etablierte ich mich in hiesiger Vorstadt als Chocolade-, Bonbons- und Conditoreiwaaren-Fabrikant … aus dem Grunde … weil … hier in Hannover und dessen Nähe ein ähnliches Geschäfts nicht existirte. […] Ich hege nun den Wunsch, neben meinem Fabrikgeschäfte auch ein Detaille-Geschäft feiner englischer und französischer Conditorwaaren, soweit es als bürgerliche Nahrung zu betreiben erlaubt ist, zu eröffnen, da hieselbst ein ähnliches ein der Zeit entsprechendes Geschäft nicht vorhanden ist.«[31]

Er verwies ferner auf die bestehende Ausdehnung seines Geschäfts, seine finanzielle Unabhängigkeit aufgrund erworbenen eigenen Vermögens und auf angesehene Bürgen als Referenz: »Mit den hiesigen Herren Colonialwaarenhändlern stehe ich bereits seit meinem Etablissement in Harburg in Verbindung, außerdem lasse ich fast das ganze

31 Euler.

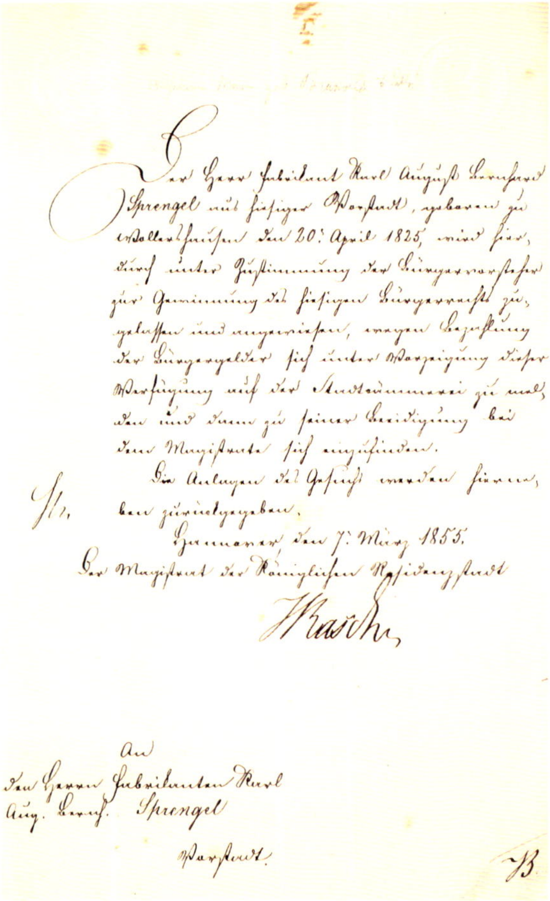

Abb. 12 Bürgerrechtsurkunde Hannover, 1855

Königreich Hannover, Großherzogtum Oldenburg, Braunschweig, die angrenzenden kleinen Fürstenthümer und Westphalen bereisen, wozu eigends ein Reisender engagirt ist. Mein Geschäft und ganze Einrichtung desselben betreibe ich aus eignen Mitteln und beträgt mein jetziges eignes Vermögen ca. 2800 bis 3000 Thaler Courant. … Die Herren C.G. Damcke und Eduard Richter kennen meine Vermögensverhältnisse am nächsten. Wegen meiner Persönlichkeit beziehe ich mich außer diesen auf die Herren W. Eichhorn, W. Hoffmann, Heinrich Rode, Herm. Bartels, Alb. Culemann, A.G. Schrader, H.L. Moerlins, C.G. Brandes, Carl Petri.

Indem noch meine Legitimationspapiere, als Taufschein, Bürgerbrief von Harburg, Quittung über letztbezahltes Bürgergeld, Trauschein und Zeugnisse ich eingeschlossen erfolgen lasse, sehe ich einer geneigten baldigen Resolution vertrauensvoll entgegen und verharre»

Hochachtungsvoll und ganz ergebenst

Bernh. Sprengel[32]

Das hannoversche Bürgerrecht wurde Sprengel 1855 gewährt. In der Verfügungsurkunde vom 7. März fehlten die umfangreichen Loyalitätsverpflichtungen, welche die Harburger Urkunde Sprengel noch abverlangt hatte. Der »Herr Fabrikant Karl August Bernhard Sprengel aus hiesiger Vorstadt« wurde lediglich angewiesen »zur Gewinnung des hiesigen Bürgerrechts … wegen Bezahlung der Bürgergelder unter Vorzeigung dieser Verfügung auf der Stadtkämmerei zu melden und dann zu seiner Vereidigung bei dem Magistrate sich einzufinden«.

In einer Residenzstadt, in der sich das Leben des wohlhabenden Bürgertums und des Adels am Hof orientierte, strebte ein ehrgeiziger und qualitätsbewusster Fabrikant danach, in die Reihe königlicher Hoflieferanten aufgenommen zu werden. Ein solcher Titel sorgte für guten Absatz in den wohlhabenden Kreisen der Stadt, die in Gesellschaft und privatim Trink- und Ess-Schokoladen gern genossen. In neun Jahren hat sich Sprengel in Hannover mit seiner Schokolade bereits einen guten Namen gemacht, so erhielt er 1862 das begehrte Prädikat.

»Ihre Majestät der König haben allergnädigst geruhet dem Herrn Chocolade-Fabrikanten B. Sprengel hierselbst das Prädikat von

Hof-Chocolade-Fabrikant

32 Ebd.

mit der Befugnis zur Führung des königlichen Wappens zu verleihen und dabei die Erwartung auszusprechen, dass derselbe nach Verleihung dieses Ehren-Prädicats auch seine treue Gesinnung für seine Majestät und das königliche Haus bei allen sich darbietenden Gelegenheiten gehörig bestätige.

Sodann Wir dem Herrn solches folgend eröffnen, fordern Wir ihn zugleich auf, die für diese Titel-Verleihung zum Besten der Militair Wittwen und Waisen herkömmlich zu zahlenden 6 Reichsthaler 25 Groschen 6 Pfennige Courant bei hiesiger Militair-Unterstützungskasse baldigst zu entrichten.«

Hannover 27. Mai 1862
Königlicher Oberhofmarschall[33]

Den Briefkopf der Firma zierten bald darauf – Abb. 14 in der Version aus dem Jahr 1874 – das frisch erworbene Prädikat des Königlichen Hoflieferanten und die Silberne Medaille des Gewerbevereins für das Königreich Hannover und die Fabrikgebäude aus der Vogelperspektive. Die rauchenden Schlote im Hintergrund fehlten damals auf keinem Firmenbriefkopf. Sie standen für florierende Geschäfte.

Im Handwerk hatten die Zünfte für die Qualität der zünftig hergestellten Produkte gebürgt und gleichzeitig die Preise festgelegt. Für das aufstrebende freie Gewerbe, unter das sich auch unseriöse Geschäftemacher mischten, fehlte eine solche Qualitätsgarantie. Ob ein höherer Preis gerechtfertigt war, konnte erst die Erfahrung lehren, und schlechte Ware verdarb auch den Konkurrenten das Geschäft. So suchten die örtlichen Gewerbevereine durch Wettbewerbe und Ausstellungen die Qualität und den Ruf des ansässigen Gewerbes zu fördern. Der bereits zitierte zeitgenössische Bericht rühmte deren Tätigkeit: »Wenn gleich im Ganzen früher wenig für das Emporblühen der Gewerbe geschah, so müssen wir dagegen den Einfluß rühmend anerkennen, welchen der Gewerbeverein auf dieselben ausübt. Seine Wirksamkeit besteht [auch] in Aufmunterung der Handwerker durch Ertheilung von Medaillen und Prämien«[34].

Die Firma B. Sprengel & Co. hatte schon acht Jahre nach ihrer Gründung die Anerkennung der Juroren gefunden. 1859 zeichnete der Gewerbeverein für das Königreich die Firma mit einer Silbermedaille aus. Die Verleihungsurkunde lobte:

34 Die Haupt- und Residenzstadt Hannover, S. 44.

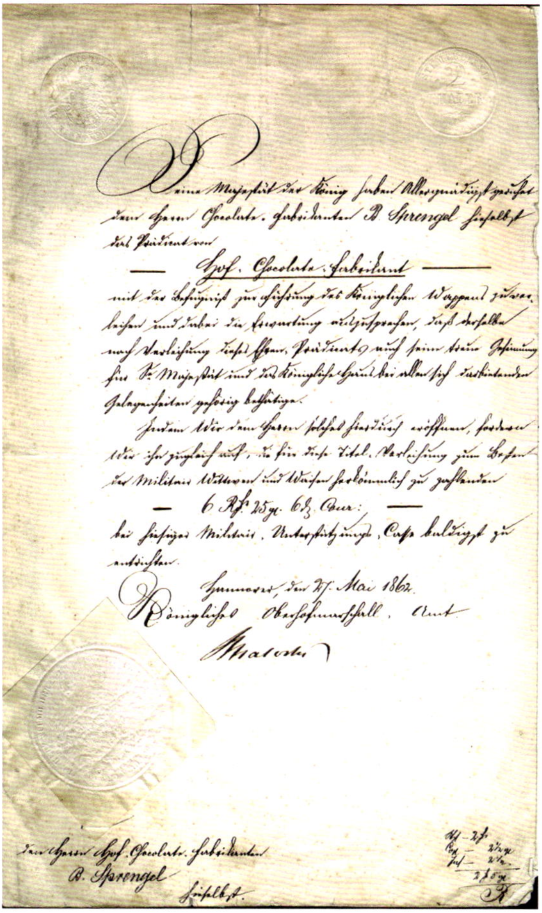
Hof-Chocolate-Fabrikant
6 Rt. 25 gr. 6 d. Cour:
Hannover, den 27. Mai 1862
Königliches Oberhofmarschall-Amt
B. Sprengel

Abb. 13 Königliches Patent als Hoflieferant

33 RWWA 208-492-1.

Abb. 14 Briefkopf mit den Fabrikationsgebäuden Kronenstraße, 1874

»Sprengel & Comp in Hannover, Chocolate, Bonbons und Konditoreiwaren

Die erst seit wenigen Jahren gegründete Sprengelsche Fabrik, ursprünglich wohl auf Chocolate berechnet, die sie mittelst vervollkommneter Maschinen unter Anwendung von Dampfkraft in allen Sorten liefert, hat sich nachher auf alle Arten Konditoreiwaren ausgedehnt, die sie in fabrikmäßigem Betriebe darstellt und selbst mit Einschluß sehr schwieriger Sachen, z.B. der verschiedenen Rocks [Kekssorte] mit eingeschlossenen Figuren, in höchst befriedigender Güte liefert. Die rasche thatkräftige Entwicklung und in so wenigen Jahren erworbene Bedeutsamkeit des Geschäfts ist durch die kleine silberne Medaille anerkannt.«[35]

Abb. 15 Sprengel-Vitrine, Gewerbeausstellung Hannover von 1878

Nach der preußischen Annektion Hannovers durch Preußen hatte der Titel des ›königlichen Hoflieferanten‹ 1866 an Wert verloren. Eine königliche Hofhaltung gab es in Hannover nun nicht mehr. Im welfentreuen Hannover konnte aber die vormals königliche Auszeichnung dem Absatz immer noch förderlich sein, und so schmückte das königliche Prädikat weiterhin die Sprengel-Briefköpfe. Dennoch musste er sich als Geschäftsmann den veränderten Zeitumständen anpassen. Zwei Jahre nach der Annektion Hannovers, im Jahr 1868, gründete er eine Zweigniederlassung in Berlin, um auch in der Hauptstadt am Platze zu sein. Die Jubiläumsschrift zum 100. Bestehen des Unternehmens kommentierte 80 Jahre später: »Wenn Bernhard Sprengel als Althannoveraner auch die Entscheidung des Jahres 1866 gegen die politische Selbständigkeit seiner Heimat tief bedauerte, so war er doch von der Überzeugung durchdrungen, daß Ländergrenzen den wirtschaftlichen Zusammenschluß nicht beeinflussen sollten.«[36]

Der ›Contract‹ mit dem dortigen Niederlassungsleiter ist erhalten. Herrn Gustav Philips aus Braunschweig wurde bestätigt: »Herr Philips geht als Bevollmächtigter und Vertreter

35 HStAH Dep. 105 Acc. 2/80 Nr. 699-/1.
36 Euler.

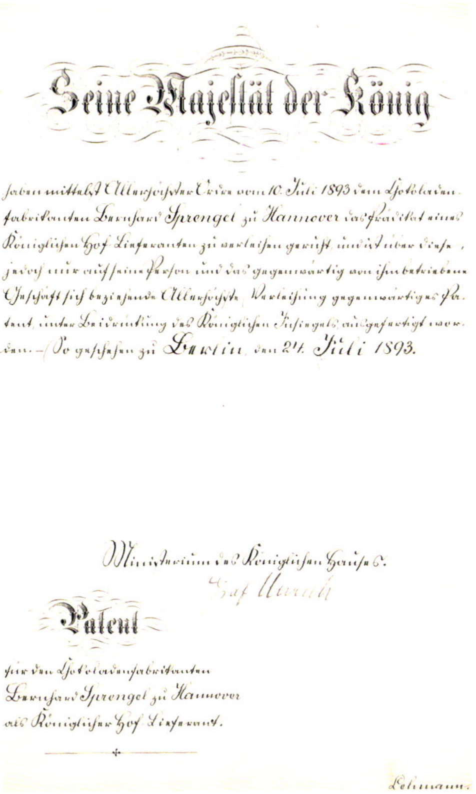

Abb. 16 Patent des Kaisers

Abb. 17 Kontobuch 1895 mit Wappen

unseres Filialgeschäftes für unsere Fabrikartikel nach Berlin unter nachstehenden Bedingungen: Herr Philips erhält als Salair für das erste Jahr bei eigener Station und Beköstigung: sechshundert Thaler Courant, wobei ihm jedoch gestattet ist, das Zimmer in den in Berlin Kronenstraße 21 gemieteten Räumen als Wohnzimmer und durch einen Verschlag am hinteren Ende gebaut, gleichzeitig als Schlafzimmer zu benutzen.« Hannover, 11. Februar 1868.[37]

Die Personalrekrutierung Bernhard Sprengels war von einer pragmatischen Effizienz geprägt. Die raren Fachleute gewann er, indem er ihnen neben ordentlichem Salair ein Dach über dem Kopf verschaffte und sie bei der Wohnraumsuche nicht allein ließ.

37 HStAH Dep. 105 Acc. 2/80, Nr. 699.

Viele Jahre bemühte sich Bernhard Sprengel um die Anerkennung als Hoflieferant des preußischen Hofes. 1876 wurde ein erster Antrag von Berlin abschlägig beschieden. Erst im Jahr 1893 konnte der Gründer sein Lebenswerk mit der Ernennung zum Hoflieferanten Sr. Majestät des Kaisers und Königs krönen. Im Patent des Kaisers hieß es: »Hofprädikate geben dem Beliehenen die Befugniß, in Geschäft mit dem Wappen des hohen Verleihers zu bezeichnen. Doch darf dies nur auf Geschäftsschildern, Etiquetten, Anzeigen, Rechnungen und dergleichen, dagegen nicht auf Siegeln, Stempeln, Verschlußmarken und dergleichen geschehen. Hofprädikate gelten nicht der Firma, sondern nur der Person verliehen und gehen daher nicht mit der Firma auf etwaige Nachfolger über.«[38]

38 HStAH Dep. 105 Acc. 2/80 Nr. 699-/1. Der Sohn August Sprengel bemühte sich nach dem Tod des Va-

Bernhard Sprengel schmückte sogar das von ihm persönlich geführte Kontobuch mit dem kaiserlichen Wappen.

Sprengel suchte seinen Absatz im ganzen vereinten Deutschland. Er hatte zwischenzeitlich auch eine Dependance in Dresden, im Herzen der konkurrierenden sächsischen Schokoladenindustrie aufgemacht, diese aber bald wieder aufgegeben. Filialen richtete die Firma in Hamburg, Frankfurt und Bremen ein. Die deutsche Schokoladenindustrie – vielfach in Residenzstädten gegründet – blieb dennoch über hundert Jahre bis zu den krisenhaften 1970er Jahren stark regional geprägt. In Berlin, in Sachsen, in Stuttgart und im Rheinland dominierten starke Konkurrenten den Markt, während diese wiederum Sprengel sein florierendes Geschäft im norddeutschen Raum nicht streitig machen konnten.

Die Ausdehnung des Geschäfts – 1730 Artikel

Die Reichsgründung 1871 gab der industriellen Entwicklung Deutschlands und auch der Firma Sprengel einen enormen Schub. »Die grosse Sorgfalt, welche wir der Fabrikation unserer Chocoladen widmen durch gewissenhafteste Verwendung von nur allerbesten Rohmaterialien und deren sorgfältigste Verarbeitung, hat derselben eine so grosse Verbreitung verschafft, dass wir 1879 bereits wieder zu einer bedeutenden Vergrösserung unserer Fabrik schreiten mussten und haben wir in Folge dessen diese von Grund auf neu gebaut«, schrieb Bernhard Sprengel in der Einleitung ›Zur Beachtung‹ des Preisbuchs von 1881.

Die Rückseite dieses Preisbuches zeigt die deutlich vergrößerten Fabrikgebäude in der Kronenstraße in der Oststadt und das Wohnhaus, das Sprengel, wie damals üblich, in unmittelbarer Nähe zur Fabrik errichtete. Hatte bei der Pachtung der ersten Gebäude das Gelände noch ländlichen vorstädtischen Charakters, war nun die Nachbarschaft bebaut. Bald reichte diese erweiterte Fabrikationsstätte nicht mehr aus, und zusätzlich verlangten die neuen Maschinen ein Gebäude mit robusterer Statik. So begann die Firma auf Betreiben des Sohnes und Juniorchefs August Sprengel 1893 mit dem Bau eines völlig neuen Fabrikbaus in der Schaufelder Straße. Das unbebaute Gelände in der hannoverschen Nordstadt hatte der Betrieb schon vor Jahren in weiser Voraussicht erworben.

Abb. 18: Rückseite des Preisbuchs von 1881

Die Vertreterkarte (Abb. 19) zeigt das neue Gebäude in weitläufiger Landschaft. Lediglich ein Militärgebäude am Schneiderberg ist in der Nachbarschaft zu sehen. Es sollte aber wiederum nur einige Jahre dauern, bis sich erneut Wohngebäude an die Firma heranschoben und die Nordstadt sich zu einem dicht besiedelten Stadtteil entwickelte.

Bernhard Sprengel hatte sein Sortiment, der steigenden Nachfrage entsprechend, ste-

Abb. 19 Vertreterkarte im Jahr 1900 mit Fabrikgebäude Schaufelder Straße

ters um die Verleihung des Hofprädikats, sie wurde ihm erst 1909 gewährt.

tig ausgeweitet. 1896 standen in der Preisliste 1730 Artikel.[39] Außer Kräutersaft, Bonbons, Kakao, Knallbonbons verzeichneten die Preisbücher auch vielfältige Formen von ›Chocolade-Konfekt‹, zum Beispiel »Herzen auf Chocolade, Handkörbe auf Chocolade, flache Tiere, Chocolade-Creme-Orden, Glaube, Liebe, Hoffnung auf Chocolade, Puppen auf Chocolade, kleine garnierte Chocoladenzüge« und viele dekorative Artikel mehr.

Marzipanartikel waren gern gekaufte kleine Geschenke. Der Vielfalt der Figuren entsprachen die unterschiedlichsten Anlässe, Damen, Herren und Kindern ein kleines Präsent zu machen: »Mutterglück, Wickelkind, Geldsäcke mit Figuren, Eisernes Kreuz, Marzipan-Granate mit Soldat, Soldat in Wurst, Salzbrötchen mit Schweizer Käse, Max und Moritz in Wurst, Katertropfen, Rollmops, Teckel mit Heidestrauß, gebratene Gänse, Früchte, Schweine auf Geldsack, großes schlafendes Schwein, Schweinereiter, Harzkäse, Bartbinde, Portemonnaie« uvm.

Hauptsaison war die Vorweihnachtszeit, in der bei guter Nachfrage lange gearbeitet wurde. Es muss um das Jahr 1900 gewesen sein, als der kleinen Gertrud aus der Nachbarschaft ein vorweihnachtliches Erlebnis widerfuhr, das sie 70 Jahre später in einem Brief an den Enkel des Gründers zu Papier brachte. Der Pförtner Seelemeyer hatte an einem Winterabend, da es weder Brot noch Brötchen in der Kantine gab, nach einem Kind Ausschau gehalten, das geschwind zum Bäcker laufen und Brötchen holen sollte. Als Belohnung gab es ein kleines braunes Tütchen mit Bonbons.

»Plötzlich hörte ich eine Stimme hinter mir: ›Seelemeyer, was macht denn das Kind noch hier?‹ Hinter mir standen ein alter Herr und ein großer Hund, Herr Sprengel mit seinem Bernhardiner. ›Was meinst du‹, sagte da Herr Sprengel zu mir, ›möchtest Du wohl mit mir durch die Fabrik gehen, wenn Deine Eltern Bescheid wissen, wo Du bist?‹ Ich konnte vor Glück und Stolz kein Wort sagen, ging doch ein Traum in Erfüllung. Meine kleine kalte Hand verschwand in der großen warmen, und gefolgt von dem großen Hund ging die Reise los, durch alle Räume und Säle, in denen noch gearbeitet wurde.

Ich sah, wie die Bonbons gekocht wurden, wie die köstlichen Pralinen hergestellt wurden und die Schokoladenweihnachtsmänner in Reih und Glied auf die Verpackung warteten. Tannenbaumkeks wurde gebacken, Spekulatius nach alten Formen, Christbaumringe – ach, so vieles mehr. ›So‹, sagte der alte Herr zu mir, ›jetzt gehen wir ins Schlaraffenland, zu Herrn Brooß, dem Marzipanmeister.‹ Da gab es die Schinken und Würste jeder Art, Obst und Torten, alles was Kinderherzen besonders in der Vorweihnachtszeit erfreute. Herr Brooß stellte wahre Kunstwerke aus Marzipan her. […] So kam ich vor langer, langer Zeit ins

Abb. 20 Marzipanartikel-Fabrikation, 1901

Abb. 21 Bonbonherstellung, 1901

39 Euler.

Abb. 22 Reklame Union-Cakes
Abb. 23 Sprengels Cakes, 1896

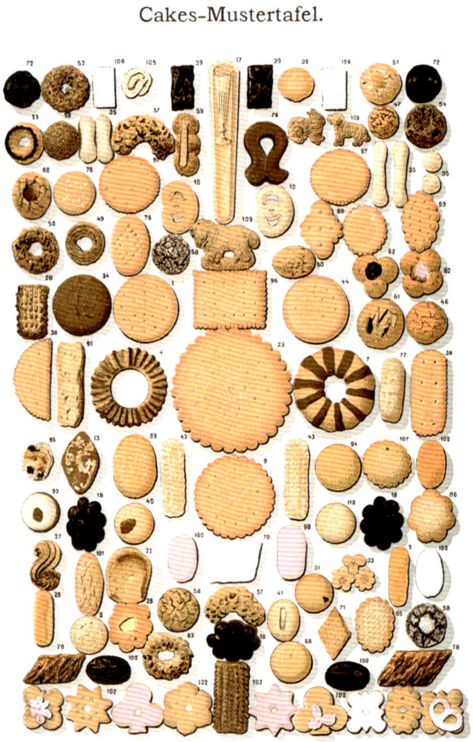

Schlaraffenland. Den Erzeugnissen der Firma Sprengel bin ich das ganze Leben treu geblieben – das bin ich dem alten Herrn schuldig.«[40]

Liebhaber von Bahlsens Leibniz-Keks mögen irritiert sein, sehen doch die abgebildeten Union-Cakes aus Hannover dem Bahlsenkeks zum Verwechseln ähnlich. Der Bienenkorb mit Anker und Merkurstab und die Initialen BS & Co weisen sie aber eindeutig als Produkt von Sprengel aus. Bei sommerlicher Wärme produzierte die Firma nur wenig Schokolade, weil es noch keine wirksamen Kühlaggregate gab und die Schokolade wegen des gräulichen Fettreifs schnell unansehnlich wurde. Die Kunden hielten dann die Ware für verdorben. »Die bei heissen Sommertagen fabricirten Chocoladen und Cacaomassen fallen mitunter nicht so ansehnlich im Bruch aus, doch sind dieselben den in der kühleren Jahreszeit fabricirten an Güte vollkommen gleich«,[41] versicherte Bernhard Sprengel den Kunden, suchte aber die flaue Schokoladensaison mit der Produktion von Keksen zu überbrücken. So konnte er den Betrieb weitgehend ganzjährig auslasten. Die Kekse wurden »genau nach den renommiertesten Fabriken Englands angefertigt und den echt englischen gleichstehend«. Im ›Preis-Courant‹ von 1868 nannte sich die Firma ›Dampfchocolade-, Zuckerwaaren- und englische Bisquitfabrik‹. Erst gut zwanzig Jahre später wurde die Firma Bahlsen gegründet, die mit ihrem Butterkeks, 1892 nach dem Philosophen Leibniz benannt, berühmt wurde.

Arzneien aus der Schokoladenfabrik

Den Kunden der 1860er Jahre bot die Firma Sprengel vielfältige Schokoladenkreationen an. Die Zutaten zur ›Fürsten-Chocolade‹ hat Bernhard Sprengel seit 1858 handschriftlich neben vielen anderen Rezepturen aufge-

40 Gertrud Meyerdres, geb. Voß, in ›Blickpunkt Sprengel‹, Dezember 1969.
41 RWWA 208-158-6-3, Vorwort »Zur Beachtung«, in: Preisbuch 1881.

B. SPRENGEL & CO.				
No. der Sorte.		Pr. 1/2 Kilo gleich 1 Pfd.		
		Rℓ.	Gr.	₰
	Chocoladen.			
	A. Trink-Chocoladen.			
00	Fürsten-Chocolade in rosa Glacé-Papier mit Golddruck	1	15	—
0	Extrafeine doppelt vanillirte Chocolade in weissem Glacé-Papier mit Golddruck	1	—	—
1	Extrafeine Caracas-Chocolade in bläulichem Glacé-Papier mit Golddruck	—	25	—
2	Feine Caracas-Chocolade in chamois Glacé-Papier mit Golddruck . . .	—	20	—
2b	do. do. in weissem Glacé-Papier mit Golddruck	—	17	6
3	Feine Chocolade mit Vanille und Gewürz in rothem Glanz-Papier mit Golddruck	—	15	—
4	do. do. in grünem Glanz-Papier mit Golddruck	—	12	6
4b	do. do. in Lilla-Naturell-Papier	—	11	—
5	do. do. mit Gewürz in fein gelb Naturell-Papier	—	10	—
6	do. do. in fein grau Naturell-Papier	—	8	—
	Feinste Norddeutsche Bundes-Chocolade vom besten Caracas-Cacao in Etiquetten mit den Portraits I. I. M. Majestäten des Kaisers und der Kaiserin von Deutschland, des Grafen Bismarck u. General Moltke	—	15	—
	Feine do. do. do.	—	12	6
	B. Sanitäts-Chocolade.			
	Ohne alle Beimischung von Gewürz, nach ärztlichen Vorschriften mit gebührender Sorgfalt bereitet.			
8	Superfeine Gesundheits-Chocolade mit Zucker von Caracas-Soconusco-Cacao in grünlichem Glacé-Papier	1	—	—
10	Feine do. do.	—	20	—
11	do. von Caracas und andern feinen Cacao-Sorten	—	15	—
12	do. von Para-Cacao	—	12	6
13	do. von Guayaquil do.	—	10	—

HANNOVER — DRESDEN.				
No. der Sorte.		Pr. 1/2 Kilo gleich 1 Pfd.		
		Rℓ.	Gr.	₰
14	Eisen-Chocolade, **gegen Blutarmuth und Bleichsucht** in 4/4 oder 2/4 Tafeln, jede Tafel in 4 Abtheilungen, à 2 Gran Eisen, Qualität I.. . . .	—	20	—
16	Zittwer-, auch Santonin- oder Wurmsamen-Chocolade, in 40 Tafeln pr. Pfund, jede Tafel 1 Gran Santonin enthaltend	—	20	—
17	Osmazôm- oder Fleisch-Extract-Chocolade, mit Fleisch-Extract nach Professor von Liebig, sehr nährend und stärkend	—	20	—
18	Chinin-Chocolade, Magen- und Nervenstärkend	—	25	—
22	**Feinste Malz-Extract-Chocolade,** ein stärkendes und leicht verdauliches Mittel für Reconvalescenten in chamois Glacé-Papier	1	—	—
23	**Feine do. do.** in gelb Naturell-Papier	—	20	—
	C. Bittere Chocolade.			
29	Superfeine Chocolade von Porto-Cabello-Cacao (Superior Qualité) . .	1	15	—
30	Feinste Chocolade vom besten Caracas-Soconusco-Cacao ohne Zucker . .	1	10	—
31	Feine do. do. do.	1	—	—
32	Feinste do. von Caracas-Trinidad-Cacao do.	—	25	—
33	Feine do. von vorzügl. feinen Cacao-Sorten do.	—	20	—
34	do. do. von fein Guayaquil- und Para-Cacao do.	—	17	6
35	do. do. von Melange do.	—	15	—
	D. Verschiedene Fabrikate.			
	a. Chocolade-Pulver,			
	empfehlenswerth zur schnellen Selbstbereitung von Trink-Chocoladen.			
39	ff. Vanille-Chocolade-Pulver mit Zucker, Vanille und Gewürz, in **1/2 ℔-Büchsen** und 1/4 und 1/5 ℔-**Paqueten** in chamois Papier	—	20	—
40	feines do. do. in roth Papier . . .	—	15	—
41	mittelfeines do. do. in grün do. . .	—	12	6

Abb. 24 Preisliste Ende der 1860er Jahre

zeichnet.[42] In sein ›Ältestes Chocoladen-Rezeptbuch‹ muss Bernhard Sprengel oder sein vertrauter Mitarbeiter unzählige Male beim Schokolademachen hineingeschaut haben, die 160 Jahre alten Schokoladenkleckse sind noch heute Zeugen der frühen Fabrikation. ›Fürsten-Chokolade‹ und ›Carracas-Chocolade‹ (Abb. 25) waren beide sogenannte ›Trinkschokoladen‹. An den adeligen Höfen wurde die Schokolade überwiegend als Getränk genossen, erst später erweiterte sich der Markt für die sogenannte Ess-Schokolade durch verbesserte Produktionsverfahren. Um feste Schokolade herzustellen, war bis dahin häufig Fremdfett verwendet worden, weil der Zusatz von qualitativ hochwertiger Kakaobutter ausgesprochen teuer war. Erst ein neues Verfahren des Holländers Coenraad van Houten, die Alkalisierung des Kakaos, das den Kakao selbst leichter löslich und besser bekömmlich machte, erhöhte als zusätzlichen Effekt die Gewinnung von Kakaobutter. Jetzt konnte sich die Herstellung edler Tafelschokolade allein mit Kakaobutter als Fettzusatz allmählich durchsetzen.

Nachdem die britische Firma Fry & Sons seit 1847 Schokoladentafeln anbot, für die Kakaopulver und Zucker mit geschmolzener

42 RWWA 208-478-3 Fürstenschokolade: 21 Pfund Melis = feiner Zucker aus Malta, 12 Pfund Carracas = venezolanischer Kakao, 8 Pfund Guayaquil Kakao aus Ecuador, 6 Gramm Vanille.

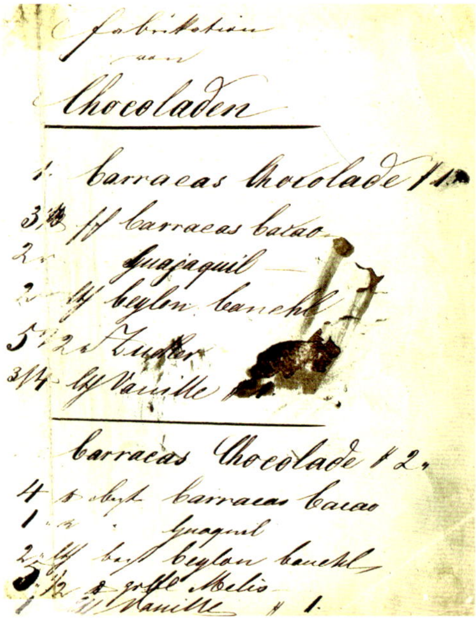

Abb. 25 Rezeptur der Carracas-Chocolade mit Schokoladenfleck

Kakaobutter statt mit warmem Wasser vermischt wurde,[43] lieferten auch andere Firmen zunehmend ›Ess-Schokolade‹. Für die Firma Sprengel ist eine Rechnung aus dem Jahr 1869 erhalten mit einer Lieferung von weißen Schokoladenplättchen und Schokoladendesserts (das sind Pralinen). Die Preisliste (Abb. 24) vom Ende der 1860er Jahre verzeichnete »Chocoladen-Artikel besonders zum Rohessen in eleganten Cartons, ganz besonders als Desserts auf Reisen zu empfehlen«.[44]

Schokolade wurde im 18. und 19. Jahrhundert nicht nur genossen, weil sie gut schmeckte, vielmehr lobten viele Ärzte die gesundheitlichen Wirkungen des Kakaos. Ein Chirurg in der spanischen Armee befand: »Schokolade kann für Phlegmatiker, alte, gebrechliche und schwindsüchtige Menschen wertvoll sein. Schokolade ist ein göttliches, ein himmlisches Getränk, Schweiß der Sterne, Lebenssamen, göttlicher Nektar, Trank der Götter, Wunder- und Allheilmittel.«[45] Es gab spezielle Rezepturen von Schokolade für Schwindsüchtige und Asthmatiker oder die Schokolade gegen Wurmbehandlung oder Geschlechtskrankheiten.[46]

Die Schokoladenfabriken warben mit sogenannten Gesundheitsschokoladen. Die in der alten Sprengel-Preisliste (Abb. 24) aufgeführten *Sanitäts-Chocoladen* enthalten nach heutigem Geschmack sehr ungewöhnliche Zusammenstellungen.

Eisen-Anthracit-Chocolade nach Oberstabsarzt Dr. med. Dyes pries Sprengel in Zeitungsannoncen an als »bewährtestes Mittel gegen chronischen Magen-Catarrh, Magenkrampf, Bleichsucht und Blutarmuth. Preis per Pfd. à 60 Täfelchen 3 M [Mark]. Specialität von fast allen Aerzten, welche dieselbe kennen, verordnet. Niederlagen sämmtlicher Fabrikate an allen grösseren Plätzen Deutschlands.« Als nährend und stärkend bewarb Sprengel die *Fleisch-Extract-Chocolade* nach Professor von Liebieg. *Chinin-Chocolade* wiederum sollte für Magen und Nerven stärkend sein.

Eine Sprengel-Zeitungsanzeige aus dem Jahr 1867 pries eine »Malzextract-Gesundheits-Chocolade und Chocoladen-Pulver aus dem Extract des Malzes und anderen heilsamen Kräuterextracte[n]« an. Das auf das sorgfältigste bereitete Getränk sei heilsam »für innerlich Kranke – besonders Brustleidende – Reconvalescente und schwache Personen, da dieselbe selbst von den geschwächtesten Verdauungs-Organen schnell zersetzt wird, nicht schleimt, also wunderbar verdaulich ist, nährt, kräftigt und erfrischt«. Der geschützte Name *Eulactol* verhieß nicht unbedingt leckeren Genuss.

Es gab allerdings auch Ärzte, die vor der Schädlichkeit des Schokoladenkonsums warnten. Ein italienischer Arzt am toskanischen

43 Sophie und Michael Coe: Die wahre Geschichte der Schokolade, Frankfurt 1997, S. 289.
44 RWWA 208-351-2.

45 Coe, S. 252.
46 Verena Schmale: Zu Risiken und Nebenwirkungen. Schokolade in der Medizin. In: Hartmut Roder (Hrsg.): Schokolade. Geschichte, Geschäft und Genuss, Bremen 2002, S. 89.

Hof schrieb 1728 über die Wirkungen der Schokolade:

»Ich kenne einige ernsthafte und schweigsame Leute, die dank dieses Getränks für eine Weile zu den größten Schwätzern werden, manche werden schlaflos und hitzköpfig, andere wütend und laut. Bei Kindern löst sie eine derartige Unruhe aus, daß sie überhaupt nicht mehr leise sein oder stillsitzen können.«[47]

Die unterschiedlichen Auffassungen zu den medizinischen Wirkungen der Schokolade fasste Johann Georg Krünitz in seiner ›Ökonomische[n] Enzyklopädie‹ zusammen:

»Aus allem diesen ergeben sich die Ursachen, warum Aerzte und Rathgeber der Lebensordnung die Chocolate für gewisse Menschen … und in etlichen Krankheiten recht heilsam halten; doch mit gewissen Unterschiede in der Composition. Die mit mäßigen Gewürzen versetzte, wird zuvörderst allen magern, trocknen Personen, und allen, die von Kräften gekommen sind, empfohlen. Dahin gehören sogar unter den Krankheiten: die Schwindsucht, Auszehrung, Entkräftung vom Alter u. s. w. Die fettigen Theile des Cacao füllen nach und nach das Zellgewebe der Haut wieder aus: sie selbst nebst den aromatischen Ingredienzien geben den festen Fibern neue Kraft und Spannung, und so stellen sich manche dergleichen heruntergekommene Körper wieder her. […]

Nächst diesem räth *Linnäus* die Chocolate allen hypochondrischen Personen an [und] führt insbesondere das Beyspiel des Cardinals Richelieu an, da hingegen *Geoffroy* sie ihnen verbiethet. Lezterer meynt, der Cacao sey ihnen, wie alle fette und öligte Sachen, schädlich; seine Fettigkeit zertheile und entzünde sich in ihren Eingeweiden. […]

Zulezt empfiehlt *Linnäus* die Chocolate bey allen Hämorrhoidal=Zufällen. Es mag jemand die blinde oder fließende goldene Ader haben, so sey ihm der häufige Gebrauch der Chocolate unter allen Arzeneymitteln am dienlichsten.«[48] Der holländische Arzt *Bontekoe* jedoch habe das Lob der Schokolade »bis zur Ausschweifung« getrieben und es »fast wider alle Krankheiten, wider die Hektik, Wasser-Sucht, Milz- und Leberverstopfung, Durchlauf, Podagra und alle Gicht, englische Krankheit, Kopf- Magen- und Lendenweh, wider alle Fieber, wider den Stein, wider die Entkräftung« angepriesen.

Bis heute hält sich der Ruf der Schokolade als Aphrodisiakum.[49] So zeigt ein alter Stich des Kupferstechers Martin Engelbrecht eine ältere Ehefrau, die ihrem Ehegemahl eine Tasse kredenzt:

Abb. 26 Zeitungsanzeige für Gesundheitsschokoladen

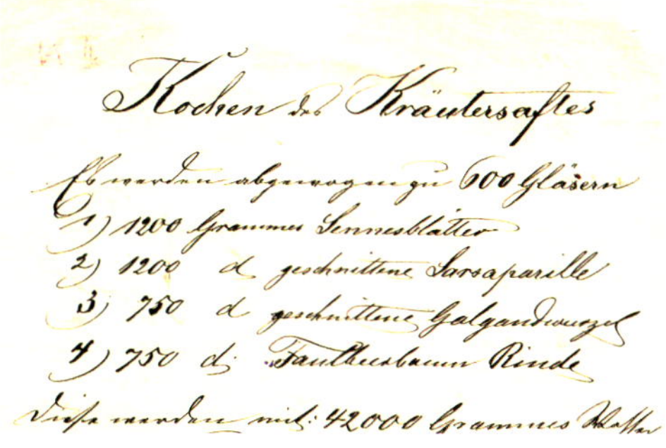

Abb. 27 Bernhard Sprengels Originalrezept zum Kochen von Kräutersaft (Ausschnitt)

47 Coe, S. 252.
48 Gekürzter Auszug aus Johann Georg Krünitz Ökonomische Enzyklopädie oder allgemeines Systhem der Staats-, Stadt-, Haus und Landwirthschaft in alphabetischer Ordnung 1773 bis 1868 in 242 Bänden als Online Version unter www.kruenitz1.uni-trier.de/; Schreibung wie im Original.
49 Schmale, S. 87.

Des Menschen Zung- und Gurgelweid.
Der Chocolad.
Hier hast Du ein Getränk aus dem so fernen Westen
Wiewohl der nahen Lieb am allerbesten.
Es reitzet deinen Mut, erneuert deine Jahr.
Du kostest es, mein Schatz, drauf wird ich's auch genießen,
Ich reiche Dir's zugleich mit meinem Herzen dar,
Weil wir der späten Welt noch Enkel geben müssen.[50]

Heute mag es uns merkwürdig erscheinen, dass Schokoladenfabrikanten ihre leckeren Produkte als ›Gesundheits- und Sanitätschocoladen‹ verkauften. Waren der traditionelle Schokoladenverkauf in den Apotheken und die ärztliche Indikation der Grund, dass Schokolade wegen ihrer Inhalts- und Wirkstoffe wie Medizin ›eingenommen‹ werden sollte? Oder bewog das schlechte Gewissen den Käufer, sich einzureden, er täte etwas für seine Gesundheit, statt einfach nur zu genießen?

Die Historikerin Vera Hierholzer vermutet eine »gezielte Werbestrategie der Nahrungsmittelindustrie« hinter dem Verkauf von Gesundheits-Chocolade. »Die entstehende Nahrungsmittelindustrie musste zunächst das Vertrauen der Konsumenten gewinnen. Sie entwickelte deshalb vergleichsweise früh gezielte Werbestrategien. Mit aufwändig gestalteten Werbeanzeigen suchten die Nahrungsmittelproduzenten eine hochstehende Produktqualität zu belegen, gleichzeitig rezipierten sie die Forschungsergebnisse der Ernährungswissenschaften und versuchten dem wachsenden Interesse an ›gesunden‹ Nahrungsmitteln nachzukommen.«[51] Die medizinischen Wirkungen der Schokolade wurden allerdings schon vor dem Entstehen der Nahrungsmittelindustrie beschrieben.[52] Die Gesundheitsschokolade befriedigte also ein bereits vorhandenes Konsumentenbedürfnis und wurde nicht erst von der Industrie zu Werbezwecken erfunden.

Die Firma Sprengel hatte – wie viele andere Schokoladenhersteller auch – außer Schokolade noch weitere gesundheitsfördernde Waren im Angebot. Ein geschäftlicher Erfolg wurde *Bernhard Sprengel's wunderbar wirkender Kräutersaft.* Sein Verkauf bot, wie die Jubiläumsschrift aus dem Jahr 1951 kommentierte, eine »dem Schokoladenfabrikanten niemals gegebene Chance mit geringem Materialeinsatz viel Geld zu machen«.[53]

Tatsächlich weisen die Geschäftsberichte, die August Sprengel für die Familiengesellschafter Anfang des 20. Jahrhunderts verfasste, hohe und sehr regelmäßige »Kräutersaft-Gewinne« aus. Diese beliefen sich zwischen 1904 und 1911 auf ca. M 105000, während der Gewinn der aufwändigen Produktion von Schokoladen und Keksen vor allem wegen der volatilen Rohstoffpreise von Rohkakao und Zucker stark schwankte und in jenen Jahren durchschnittlich nur M 75000 betrug.[54] Die umfangreichen Investitionen in die Schokoladenfabrikation wurden wesentlich mit den Kräutersafterlösen finanziert.

Sennesblätter und Faulbeerbaumrinde in der Rezeptur des Kräutersaftes (Abb. 27) gelten in der Pflanzenheilkunde als mild abführend, Galgandwurzel soll ebenfalls die

50 Mueller, S. 62.

51 Vera Hierholzer: Strategien der frühen Nahrungsmittelindustrie am Beispiel Stollwerck, www.dhm.de, vgl. auch Vera Hierholzer: Vertrauensbildung durch Selbstkontrolle. Das Qualitätskartell der deutschen Schokoladenindustrie, 1876–1914. In: Christian Hillen: Mit Gott. Zum Verhältnis von Vertrauen und Wirtschaftsgeschichte, Köln 2007.

52 Vgl. auch Johann Nepomuk Rust: Magazin für die gesammte Heilkunde mit besonderer Beziehung auf das allgemeine Sanitätswesen im königlich-preussischen Staat, Berlin 1828. Hier wird die Chocolade neben edlem Wein zur Reconvaleszenz empfohlen, S. 52.

53 Euler.

54 Handschriftlicher Geschäftsbericht 1907 von August Sprengel, Unterlagen Radomski. Herr Radomski hat von 1964 bis 2006 bei Sprengel gearbeitet und einige alte Geschäftsbücher und Geschäftsberichte bei der Schließung des Hochregallagers 2006 vor dem Müll gerettet.

Die genaue Vorschrift ist auf jeder Flasche angegeben.

General-Depot für Berlin u. Umgegend: **Bernard's Einhorn-Apotheke**, Kurstr. 34/35
General-Depot für Frankfurt a. M. und Umgegend
bei Herrn **Apotheker Dietrich** in Bockenheim-Frankfurt a. M.
General-Depot für den Freistaat Sachsen Dr. E. **Mylius**, Engel-Apotheke, Leipzig.

Bernhard Sprengel's
wunderbar wirkender Kräutersaft.

Die großen und überraschenden Erfolge, welche dieser Kräutersaft seit seinem Bestehen bewirkt hat, berechtigen denselben in der Tat, ihn **„einen wunderbar wirkenden"** zu nennen. **Die Zusammensetzung besteht aus durchaus nur gesundheitszuträglichen Wurzeln und Kräuter-Extrakten.**

Welch erstaunliche Resultate durch den Gebrauch desselben erzielt sind, erhellt aus den weiter unten folgenden, sowie in der darüber geschriebenen Broschüre enthaltenen Zeugnissen.

Die besondere Eigenschaft des Kräutersaftes besteht eben darin: daß derselbe sofort nach dem Einnehmen ins Blut tritt, in alle Adern sich verteilt, das Blut reinigt und die normale Zirkulation desselben so schnell befördert, wie dieses bis jetzt noch bei keinem Arznei- und anderen Mittel der Fall gewesen. Er sondert alle schlechten und fremden Stoffe bis auf den letzten Rest aus dem Blute, wenn nach Vorschrift gebraucht, jeden Monat 2 bis 3 hintereinanderfolgende Tage jeden Tag eine Dosis oder Portion, wie solche für das Alter und die Beschaffenheit des Körpers paßt, eingenommen, stärkt die Gesundheit ganz besonders, erhält die Gesichts- und Hautfarbe frisch, schön und frei von allem Ausschlag, reinigt den Atem, bewirkt Appetit, befördert die Verdauung, gibt ruhigen Schlaf, erleichtert alle natürlichen Funktionen und schützt vor Ansteckung böser Krankheiten aus dem natürlichen Grunde, weil sich das Blut in einem reinen Zustande befindet und infolgedessen ansteckenden Krankheiten gar nicht oder viel schwieriger zugängig ist, als solches bei Körpern der Fall ist, die ihr Blut nicht reinigen. Während der Kur, also an den Tagen, an welchen man einnimmt, muß man gesunde, nahrhafte und leicht verdauliche Speisen genießen; am zuträglichsten sind: eine gute Fleischbrühe, ein Stück gekochten Huhnes oder junges nicht zähes Rindfleisch, guter Braten, gekochte Früchte, verdünnter Wein, auch leichtes, gutes, gesundes Bier, jedoch nicht vormittags, entöltes Kakaopulver mit ½ Milch und ½ Wasser gekocht. Die Hauptverhaltungsmaßregeln sind in dem jeder Flasche beigegebenen Buche enthalten, welche man genau beobachten wolle. Diejenigen, welche eine Broschüre oder Buch zu haben wünschen, erhalten solches gratis unter Kreuzband zugesandt.

Auf jedem Glase ist auf der einen Breitseite mein Name **Bernhard Sprengel**, Hannover, auf der anderen mein Fabrikzeichen, der **Bienenkorb** mit B. S. darunter, ausgeprägt.

Bernhard Sprengel, Hannover, Schaufelderstraße 29.
Alleiniger Verfertiger des wunderbar wirkenden Kräutersaftes.

Gutachten des Apothekers **Grischow** in Crivitz (Mecklenburg-Schwerin).

Der Kräutersaft des Herrn **Bernhard Sprengel** in Hannover hat (hier zu Lande) **in der kurzen Zeit, seitdem ich denselben führe, eine solche Anerkennung und Verbreitung gefunden, wie ich es nie geahnt habe. Man kann mit Recht sagen: wie derselbe es nach seinen besonderen wirklich heilsamen Eigenschaften verdient.** In meiner langjährigen Praxis ist mir noch kein Mittel vorgekommen, welches sich in solch kurzer Zeit so sehr bewährt hat als dieses. Der Verkauf von fast 600 Gläsern seit Anfang dieses Jahres bestätigt dieses. Dankbare Anerkennungen über die wunderbaren Wirkungen desselben in verschiedenen Krankheitsfällen, äußere und innere, die anderweitig ohne Erfolg behandelt wurden, sind die besten Zeugen dafür und liegen zahlreich zur Einsicht bei mir vor.

Crivitz in Mecklenburg, Anfang April 1877. **C. Grischow**, Apotheker.

Herr Apotheker **Dr. Brauell** in Schlüsselburg (Reg.-Bez. Minden) schreibt:

Herrn Bernh. Sprengel, Hannover.

Der von Ihnen zum Versuch bezogene Kräutersaft hat sich rasch vergriffen und bitte ich, mir umgehend 100 Gläser davon zu senden. **Ich habe denselben chemisch untersucht, und muß Ihnen meine volle Anerkennung über die ausgezeichnete Zusammensetzung zuteil werden lassen.**

Schlüsselburg (Reg.-Bez. Minden), Februar 1870. Hochachtungsvoll **Dr. A. Brauell.**

Abb. 28 Faltblatt »Bernhard Sprengels wunderbar wirkender Kräutersaft«

Verdauung anregen, entzündungshemmend und gegen Blähungen und Völlegefühl wirken, während geschnittene Sarsaparille-Wurzeln harn- und schweißtreibend sind und als ›Blutreinigungsmittel‹ galten. Später änderte Sprengel seine Dosierung und schrieb auf das Rezept: »500 gr Galgandwurzel ist genug«, dann: »Die Galgandwurzel habe ich fortgelassen, weil sie nicht nothwendig und dem Safte einen süßen unangenehmen Geschmack gibt. Dafür 150 gr Lakritzen und 200 gr Radix Jalappae.«

Sprengel warb mit Zeitungsanzeigen, Handzetteln und Broschüren. Je älter, um so bewährter galten alte Hausmittel, und so berief sich die Firma 1874 auf eine angeblich langjährige traditionelle Rezeptur: »Insonderheit bei Stuhlbeschwerden, Verdauungsstörungen und Stoffwechselkrankheiten seit fast *60 Jahren mit bestem Erfolge* angewandt. Bernhard Sprengel's altbewährter Kräutersaft. Nur echt, wenn die Flasche mit dem geschützten Etikett und dem Namenszuge Bernhard Sprengel versehen ist. Alleiniger Verfertiger des wunderbar wirkenden Kräutersaftes, Gutachten des Apothekers Dr. Brauell, Schlüsselburg, und des Apothekers Grischow in Criwitz.«[55]

Sprengel vertrieb *Bernhard Sprengel's altbewährten Kräutersaft* im Direktvertrieb erfolgreich vor allem in ländliche Gegenden: »Auf jedem Glase ist auf der einen Breitseite mein Name Bernhard Sprengel, Hannover auf der anderen mein Fabrikzeichen, der Bienenkorb und B.S. darunter, ausgeprägt.«[56] Aus kleinen Orten erhielt er dankbare Zuschriften, die er in seinen Werbebroschüren abdruckte. Nicht wenige baten um Zusendung von Kräutersaft, um diesen selbst weiter zu vertreiben.

»Nach Gebrauch nur eines Glases Ihres Kräutersaftes ist der Zustand eines jungen Mädchens hierorts, welches an Kehlkopfverschleimung und infolge dieser an starker Heiserkeit leidet, schon bedeutend besser geworden und auch gegen Magenleiden war der Gebrauch Ihres Kräutersaftes von sehr gutem Erfolg, Ich bitte Sie, mir baldigst noch 4 Gläser gegen Nachnahme schicken zu wollen.

Da ich oft zu Kranken in hiesiger Gegend gerufen werde, so glaube ich ganz bestimmt, daß ich sehr viel von dem Kräutersaft absetzen würde, wenn ich ein Lager davon hätte …«

Qual b. Bobitz, Mecklenburg-Schwerin,
1. Mai 1879, W. Rieß Lehrer

»Ihr schöner Kräutersaft hat bei meinen Kindern, die so lange an einem bösen Stickhusten gelitten haben, daß wir am Besserwerden

55 RWWA 208-498-3.
56 RWWA 208-498-3, Broschüre ›Bernhard Sprengel's wunderbar wirkender Kräutersaft‹.

Abb. 29 Kräutersaftflasche

verzweifelten, vortrefflich gewirkt. Nachdem wir denselben einige Tage gebraucht hatten, war der Husten bedeutend besser und jetzt sind sie gottlob ganz kuriert. Weil nun meines Bruders Tochter auch an demselben Husten leidet, so möchte ich Herrn Sprengel bitten, mir doch so bald wie möglich durch Postvorschuß 2 Flaschen zu schicken.«

H. Fröhlich,
Bahnwärterin Isenbüttel bei Gifhorn

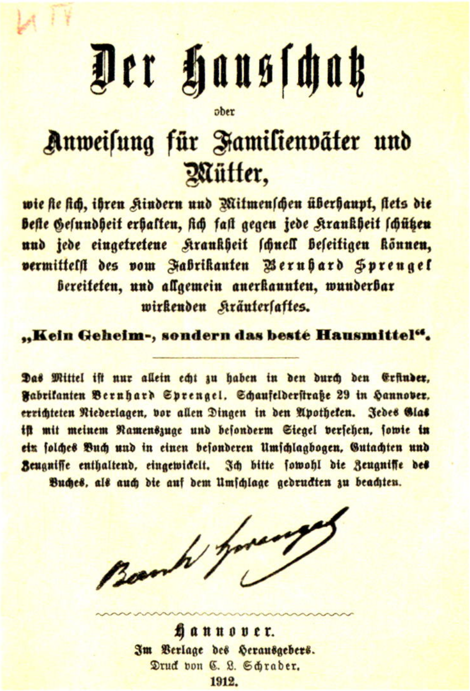

Der Hausschatz

oder

Anweisung für Familienväter und Mütter,

wie sie sich, ihren Kindern und Mitmenschen überhaupt, stets die beste Gesundheit erhalten, sich fast gegen jede Krankheit schützen und jede eingetretene Krankheit schnell beseitigen können, vermittelst des vom Fabrikanten Bernhard Sprengel bereiteten, und allgemein anerkannten, wunderbar wirkenden Kräutersaftes.

„Kein Geheim-, sondern das besté Hausmittel".

Das Mittel ist nur allein echt zu haben in den durch den Erfinder, Fabrikanten Bernhard Sprengel. Schaufelderstraße 29 in Hannover. errichteten Niederlagen, vor allen Dingen in den Apotheken. Jedes Glas ist mit meinem Namenszuge und besonderm Siegel versehen, sowie in ein solches Buch und in einen besonderen Umschlagbogen, Gutachten und Zeugnisse enthaltend, eingewickelt. Ich bitte sowohl die Zeugnisse des Buches, als auch die auf dem Umschlage gedruckten zu beachten.

Hannover.
Im Verlage des Herausgebers.
Druck von C. L. Schrader.
1912.

Abb. 30 Broschüre ›Der Hausschatz‹

Die Gebrauchsanweisung empfahl für Erwachsene ¾ bis 1 Eßlöffel »am besten frühmorgens, so daß man möglichst noch 1 oder 2 Stunden im Bette zubringen kann, bevor die abführenden Wirkungen eintreten«. Die besondere Eigenschaft von *Sprengel's Kräutersaft* beruhe darauf, »daß derselbe sofort nach dem Einnehmen in das Blut tritt, in alle Adern sich verteilt, das Blut reinigt und den Stoffwechsel fördert. Er sondert alle schlechten und fremden Stoffe bis auf den letzten Rest aus dem Blute aus.«

Mehrere Auflagen erlebte ›der Hausschatz‹, ein Gesundheitsblättchen der Firma Sprengel, das die Vorzüge des Kräutersaftes für die unterschiedlichsten Krankheiten und Zustände wie Typhus, Geschwüre, Cholera und Seitenstechen beschrieb. Auch Frauen in guter Hoffnung wurde versichert: »[…] gesunde Kinder erzeugen. Das kann durch den Gebrauch des wunderbar wirkenden Kräutersaftes geschehen. Haltet Ihr Euer Blut rein von ätzenden Flüssen, von Fäulnis u. dergl., so wird das Kind ebenfalls von gesunden Säften genährt.«[57]

Zwei Generationen ländlicher Bewohner waren treue Kunden der Sprengelschen Kräutersaftfabrikation. Warum die Herstellung 1924 eingestellt wurde, ist in den Annalen nicht verzeichnet. Vermutlich war sie nicht mehr ertragreich, auch schien zumindest Enkel Bernhard Sprengel, der 1923 in die Firma eintrat, von diesem Fabrikationszweig nicht viel zu halten.

Die umfangreiche Bonbonproduktion der Firma Sprengel enthielt ebenfalls zahlreiche Gesundheitsprodukte. Gut verkauften sich die Nordischen Brustkaramellen. Die Inhaltsstoffe – ½ lb (Pfund) Ehrenpreis, ½ lb Eibisch (Althee), 1 ½ lb Isländisch Moos, 1 lb Ysop, ½ lb Fenchel, ¼ lb Flieder und 20 Gramm Königskerzenblüten (Abb. 32) – gelten als wirksame Heilpflanzen bei Husten und Erkältungen.

Angeboten wurden in den Preislisten auch »feine Gewürz- und Gesundheitsbonbons wie

57 RWWA 208-498-3, Der Hausschatz, S. 13.

Rettig-Bonbons, Malz-Bonbons, Waldmeister Bonbons, Gartenbohnen-, Kartoffeln-, Radies-Dragées u. a. Gemüse-Dragées mit Blumenkohl, Gurken, Hagebutten«.

Nicht alle Rezepte entwickelten Bernhard Sprengel oder seine Mitarbeiter selbst. Es war durchaus üblich, neue Rezepte oder Verfahren Fabrikanten zum käuflichen Erwerb anzubieten. Von Julius Hein aus Lobositz erhielt er 1886 das Angebot, gut haltbare Bonbons zu kochen. Hein bedankte sich für den Erhalt einer ersten Rate und gab Sprengel im Antwortschreiben das Rezept zur Kenntnis. »Für ganz Deutschland verpflichte ich mich nur an Ihr geehrtes Haus die oben genannte Rezeptur mitzutheilen. Indem ich Ihnen viel Glück & gutes Gelingen wünsche, zeichne ich aufrichtig Julius Hein.«[58]

Abb. 31 Anzeige Brustkaramellen

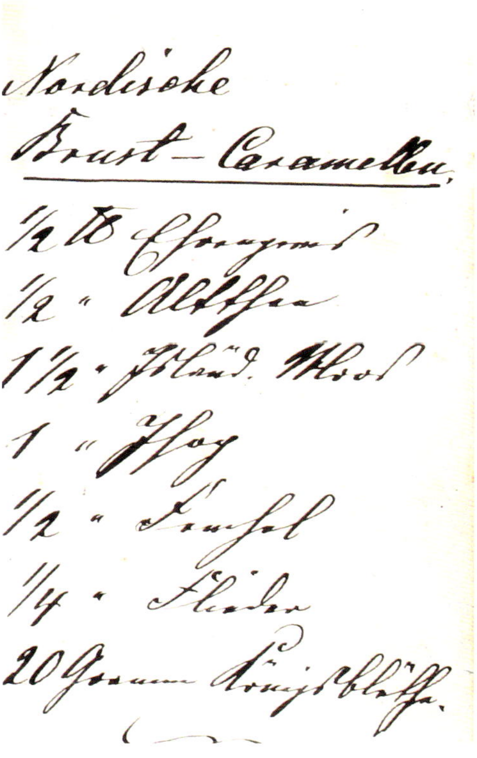

Abb. 32 Handschriftliches Rezept von Bernhard Sprengel

Deutsche Schokolade für die Frau Geheimrätin

Die deutsche Industrie zählte damals im eigenen Land noch wenig und musste sich erst mühsam gegen die überlegene englische und französische Konkurrenz durchsetzen. Eine internationale Jury hatte 1869 anlässlich einer Ausstellung in Altona die goldene Medaille des – wohlgemerkt! – königlich-preußischen Ministeriums für Handel und Industrie zu vergeben. Kein deutscher Fabrikant wurde für wert befunden, sondern die Gesamtindustrie Frankreichs ausgezeichnet. Bernhard Sprengel & Co, Hannover, erhielt von der Jury für seine Waren immerhin eine Bronzemedaille zugesprochen.[59] Viele deutsche Hersteller griffen zu allen möglichen Zusätzen wie Schwerspat, Sesamöl, Kokosbutter, Hammelfett, Weizenmehl,[60] um angesichts niedriger Zölle auf ausländischen Fertigschokoladen konkurrenzfähig zu bleiben. Das verstärkte die Skepsis der Konsumenten und schlug sich in kritischen Glossen nieder:

58 RWWA 208-478-3.
59 RWWA 208 560-1.
60 Greiert, S. 7.

Liederbuch für fröhliche Fälscher, 1878

Für Wurst und Schokolade
Ist nichts zu schlecht, zu schade,
und Abfall, Staub und Dreck,
erfüllen all' den Zweck
Für Chokolade nimmt man dermal' gern
Geröstet Mehl von Cerealien,
und Hülsenfrüchten, Oker, Ton,
auch Weinbeerkerne nahm man schon,
Cacaoschalen und von manchen
Genommen wurden echte Kastanien
Bucheckern, Eicheln, mancher Schalk
Nahm auch blos Ziegenmilch und Talg.[61]

Die Branche dagegen ärgerte sich über die Vorliebe des deutschen Publikums für ausländische Ware: »Haben die französischen oder die Schweizer Fabriken etwas voraus? Ja, das haben sie in mancherlei Hinsicht. Erstens haben sie die Vorliebe der Deutschen für alles Ausländische den deutschen Fabrikaten gegenüber für sich und haben nicht nötig, gegen ein ungerechtfertigtes Vorurteil anzukämpfen, das dem deutschen Fabrikanten auf Schritt und Tritt begegnet. Weil ich neulich bei Frau Geheimrätin eine Tasse Chocolade getrunken habe, die gut geschmeckt hat und die aus Paris stammte, muss ich doch nun nicht gleich das nächste Mal meinen Gästen auch wieder französische Chocolade mindestens auch aus Paris vorsetzen. […] Zahlt dem Deutschen das, was Ihr dem Ausländer zahlt!«[62]

Was stimmte? War die deutsche Schokolade wirklich schlecht, weil zu billig, oder bildete sich das deutsche Publikum nur ein, dass die ausländischen Fabrikate besser schmeckten? Jedenfalls entwickelte sich der Absatz nicht so, wie sich die Schokoladenfabrikanten das wünschten, die den deutschen Markt mit hohen Schokoladenimporten aus Frankreich, England und der Schweiz teilen mussten. Zwanzig führende Schokoladenfabrikanten wollten das ändern und schlossen sich 1876 zum Verband deutscher Schokoladenfabrikanten zusammen. Bernhard Sprengel gehörte zu den Gründungsmitgliedern. Denn es fehlte, als sich nach der Reichsgründung 1871 eine deutsche Nahrungsmittelindustrie entwickelte, an gesetzlichen Regelungen zur Qualitätssicherung. »Nicht allein auf unsere Branche, sondern auf die gesamte Nahrungsmittelindustrie fand das geflügelte Wort ›billig und schlecht‹ Anwendung«, analysierte der langjährige Verbandsvorsitzende Otto Rüger aus Sachsen die damalige Situation.

Die Schokoladenfabrikanten kritisierten die – wie sie fanden – hohen Zölle für den Rohkakao und die niedrigen Zölle für ausländische Fertigschokoladen, die der einheimischen Produktion das Leben schwer machten. Die Initiativen des neuen Verbandes gingen in zwei Richtungen, einmal die Zollgesetzgebung zu ändern und vor allem die Zölle auf Rohkakao zu senken, zum anderen Qualitätsstandards für Schokolade zu definieren.

Tatsächlich gelang dem Schokoladenverband, langfristig den Zoll für Rohkakao von 35 auf 20 M/dz (Mark pro Doppelzentner) zu senken und für fertige Schokolade von 42 auf 80 M/dz im Jahr 1906 zu erhöhen.[63] Wenig Bereitschaft zeigte der Gesetzgeber aber, Richtlinien für die Qualität von Schokolade festzulegen. Der Entwurf eines Nahrungsmittelgesetzes bestimmte noch 1878:

»Man pflegt geringere Schokoladen zu bereiten, indem man den oben genannten Bestandteilen [Kakao und Zucker] der guten Schokolade Stärke, Mehl, Hammelfett und ähnliche Stoffe zufügt. Dieses Verfahren kann vom hygienischen Standpunkte aus nicht beanstandet werden.«[64]

Da die Hersteller von Qualitätsschokolade mit ihren Vorstellungen beim Reichstag nicht durchdrangen, griffen sie zur Selbsthilfe und

61 Mueller, S. 142.
62 Max Rieck alias Adolf Gordian (Pseudonym): Die deutsche Chocoladen- und Zuckerwaarenindustrie. Aus der Praxis für die Praxis, Heft 1: Lage und Allgemeines, Hamburg 1895, S. 62.
63 Greiert, S. 35.
64 Greiert, S. 7.

entwickelten eigene Leitsätze, an die sich die Mitgliedsbetriebe zu halten hatten. 1877 beschlossen die Gründungsmitglieder: »Der Verband deutscher Schokolade-Fabrikanten schließt bei Anfertigung von Schokolade aller Art alle mineralischen Stoffe, Eichelmehl, Zichorien und Runkelrübenmehl, alle thierischen Fette aus.«

Um das Vertrauen der Verbraucher für die so gefertigte Qualitätsschokolade zu erwerben, schufen die Hersteller eine Garantiemarke. Die Reinheit verkaufter Schokoladen wurde vom Verband »fortwährend scharf beobachtet und deren Verletzung rücksichtslos bestraft«, und der Verband scheute auch nicht davor zurück, gegen Hersteller verfälschter Schokolade mit Anzeigen vorzugehen. Obwohl es weder eine Verordnung noch ein Gesetz zur Reinheit der Schokoladenproduktion gab, änderte sich allmählich die Rechtsprechung. 1894 wurden in Urteilen des Reichsgerichts und des Landgerichts Dresden in den Urteilsgründen die Begriffe ›reine Schokolade‹ und ›fremde Stoffe mit Mehlzusatz‹ verwendet, sodass, wie der spätere Verbandssyndicus Greiert befriedigt feststellte, »weitere Strafverfolgungsmaßnahmen erfolgreicher waren. ... Im Kampf um die Reinheitsbestrebungen ist die Überzeugung von ihrer Notwendigkeit und Richtigkeit allen eingesessenen Schokolade-Fabrikanten so in Fleisch und Blut übergegangen, daß Verstöße von Verbandsmitgliedern in den letzten 20 Jahren kaum oder nur in ganz seltenen Fällen vorgekommen sind.«[65]

Vor Gerichten war der Schokoladenverband auch deshalb erfolgreich, weil er eng mit den Verbänden der analytischen Chemiker zusammenarbeitete. So hatte er »in Fühlung mit dem Verein der analytischen Chemiker Deutschlands«[66] ein Preisausschreiben ausgelobt, um zu wirksamen Analysemethoden zu kommen und Fremdstoffe in Schokoladen nachweisen zu können.

Da die Nahrungsmittelchemiker als Vertreter der Verbraucherinteressen galten, hat die Zusammenarbeit wesentlich dazu beigetragen, dass die Gerichte den Qualitätsbestimmungen der Verbände folgten. Auch die Firmen beriefen sich zur Verkaufsförderung auf die Analysen von anerkannten Chemikern. »Eine ganz besondere Sorgfalt verwenden wir«, leitete Sprengel seine Preislisten in den 1880er Jahren ein, »auf die Bereitung unseres entölten Cacao's, welche sich durch ihre Reinheit vor anderen auszeichnen und nach den Analysen der grössten Chemiker, als Professor Dr. Fresenius in Wiesbaden, Dr. Hassel in London und mehrerer Autoritäten, als die besten entölten und an Cacaogehalt als die reichhaltigsten sich bewiesen haben«.

Gegen den schlechten Ruf der deutschen Schokolade wehrte sich Bernhard Sprengel im Vorwort seines Preisbuches von 1881 noch unter Berufung auf ausländische Produktionsmethoden: »Wir fabriciren unsere Chocoladen nach verbesserter französischer und schweizer Methode und zeichnen sich dieselben besonders noch durch reicheren Cacaogehalt anderen Fabrikaten gegenüber aus. [...] Es gilt von unseren Chocoladen-Desserts und ist unsere Devise: Nicht *Billig und schlecht*, sondern *Gut und was recht!*«[67] Für seine Kekse warb Sprengel nicht nur mit englischen Namen, sondern auch mit dem Hinweis, dass die Firma »englische Cakes und Bisquits genau nach den renommirtesten Fabriken Englands angefertigt und den echt englischen gleichstehend« herstellt.

Noch 1887 hatte das britische Parlament die eigene Bevölkerung mit dem Merchandise Marks Act und der erzwungenen Bezeichnung ›Made in Germany‹ vom Kauf angeblich minderwertiger deutscher Waren abhalten wollen. Zunehmend selbstbewusst setzten sich jedoch die deutschen Schokoladenfabrikanten bzw. ihr Verband von ausländischer Ware ab, riefen die Bevölkerung zum Verbrauch »vaterländischer

65 Greiert, S. 13.
66 Greiert, S. 18.
67 RWWA 208-158-6-2, Preisbuch 1881, (Hervorhebungen im Original).

Fabrikate« auf und warnten vor ausländischen Fälschungen und minderwertiger Qualität. Es hatte nur gut zwanzig Jahre gedauert, bis die deutsche Industrie in Qualität und Selbstbewusstsein die ausländische Konkurrenz eingeholt und teilweise hinter sich gelassen hatte. Die uns heute so unangenehmen nationalen Phrasen in der Vorkriegszeit waren Ausdruck des frisch erworbenen Selbstvertrauens eines nationalen Emporkömmlings, der nach Jahrhunderten innerdeutscher feudaler Kriege und Erfahrungen mit ausländischen Besetzungen und Annektionen durch Franzosen, Dänen und Schweden nun wieder etwas zählte in der Welt.

Dass die Definition, was in Schokolade hineingehört und was nicht, bis heute strittig ist, zeigt die Beurteilung der Ritter-Schokolade als ›mangelhaft‹ durch die Stiftung Warentest, weil Ritter einen Aromastoff der Holzmindener Firma Symrise verwandt habe, der nicht natürlich sei. Die Holzmindener Firma, vormals Hartmann & Reimer, hat eine lange Tradition in der Aroma-Herstellung und inserierte schon 1896 in der Schokoladen-Fachzeitschrift Gordian: »Man hat in dem Vanillin durchaus kein Surrogat für Vanillie, wie man in den ersten Jahren zu behaupten versuchte, sondern einen vollständigen Ersatz für die wirksamen und wertvollen Bestandteile in der Vanille zu suchen. Das Vanillin bildet den riechenden und wirksamen Bestandteil (ca 2%) der Vanillischoten.«[68]

Abb. 33 Anzeige des Verbandes Deutscher Schokolade-Fabrikanten

Wie in der Schokoladenindustrie schlug man sich auch in anderen Nahrungsmittelbranchen mit schlecht arbeitender Konkurrenz herum. Der ›Gordian‹ berichtete 1896: »Gegen Nahrungsmittelfälschungen wird gegenwärtig immer mehr von den wirtschaftlichen Vereinigungen der Produzenten selbst vorgegangen, siehe Verein der Fruchtsaftpresser Deutschlands an die Vereinsmitglieder. Die Versammlung der Fruchtsaftpresser hat beschlossen, jedes Mitglied soll verpflichtet sein, Fälle, in denen nachgewiesen, daß die Fruchtlieferanten die Früchte durch Wasserzusatz oder sonst etwas gefälscht haben, unnachsichtig verfolgen zu lassen.«[69]

Gemeinsam gingen die vereinigten Schokoladefabrikanten auch beim Einkauf der Rohstoffe vor, als sie sich benachteiligt sahen. Zucker und Rohkakao sind die Hauptbestandteile der Schokolade, und Preiserhöhungen dieser wichtigsten Rohstoffe schlugen sich unmittelbar als erhöhte Kosten in der Schokoladenproduktion nieder. Im Jahre 1900 hatten sich die Zuckerfabriken zu einem Zuckerkartell zusammengeschlossen und forderten monopolistische Preise. Die Schokoladefabrikanten ließen sich die Kartellpreise nicht gefallen und gründeten 1901 eine eigene Zuckerfabrik unter dem Namen ›AG für Verwertung landwirtschaftlicher Produkte‹. Das Kapital von 1 Million Mark wurde von Verbandsmitgliedern übernommen. Jedes Mitglied musste sich verpflichten, ausschließlich bei der verbandseigenen Zuckerfabrik zu kaufen.

August Sprengel (1868–1940), der die Schokoladenfabrik nach dem Tod des Vaters 1902 allein führte (vgl. folgendes Kapitel), hatte sich an der Zuckerfabrik nicht beteiligt. Er erhielt von den Zuckerherstellern eine Prämie, 1904 immerhin 33064 Reichsmark. So versuchte das Zuckerkartell Schokoladenherstel-

68 Zeitschrift Gordian 1896, 2. Jg. Nr. 30, Juli 1896, S. 507.

69 Zeitschrift Gordian 1896, 2. Jg. Nr. 30, Juli 1896, S. 507.

Abb. 34 Teurer Rohstoff: Verlesen der Rohkakaobohnen um 1900

ler zu ködern, um die Verbandsfirma zu Fall zu bringen. Den Familiengesellschaftern berichtete August Sprengel im Geschäftsbericht 1905, dass »seitens des Raffinerie-Syndikates Prämien als außerordentliche, niemals dagewesene und auch aller Voraussicht nicht wiederkehrende Extraeinnahmen denjenigen Fabrikanten gewährt wurden, welche sich nicht an einem gegen das derzeitige Kartell der Raffinerien und Rohzuckerfabriken gerichtete Unternehmen beteiligt haben«.[70] Er fand aber, dass die Mehrkosten durch die erhöhten Zuckerpreise zu den Prämien »in keinem guten Verhältnis« stünden.

Die verbandseigene Zuckerfabrik entwickelte sich günstig, während das Kartell der Zuckerfabriken bald zusammenbrach. Die Fabrik blieb bestehen, auch als der Hauptzweck der Gründung, die rigorosen Forderungen des Zuckerkartells zu bekämpfen, längst erfüllt war.[71]

Sahen sich die Schokoladenfabrikanten zum einen auf dem deutschen Binnenmarkt durch das Zuckerkartell bedrängt, war zum anderen der Einkauf von Rohkakao aus dem Ausland durch Spekulation beunruhigt und gestört. »Wegen ›Haussetreiberei‹ in Lissabon«, klagte der Syndikus des Verbandes der Schokolade-Fabrikanten, »stiegen im Jahr 1906 die Rohkakaowerte 75 bis 80 % über dem Vorjahr«.[72] Der Firma Sprengel bescherte diese spekulative Hausse im Jahr 1907 rote Zahlen in Höhe von 77717 Mark. Und nicht nur sie musste mit Verlusten kämpfen. August Sprengel teilte seinen Gesellschaftern zur Begründung des

70 Geschäftsbericht 1905, Unterlagen Radomski.

71 Greiert, S. 52.

72 Greiert, S. 57.

Abb. 35 Sprengel-Kalender von 1898

schlechten Geschäftsergebnisses mit: »Um den Gesellschaftern zu beweisen, daß nicht nur wir, sondern die gesamte Industrie im Jahre 1907 durch die Rohkakaohausse und deren Folgeerscheinungen schwer geschädigt wurden, führen wir folgende Fälle an: die große, sehr alte Firma Petzold & Aulhorn schloss mit einem Verlust von M 143000 ab. Die sehr bedeutende Firma Bensdorp in Cleve und Amsterdam hat ihre Zahlungen eingestellt und ein Moratorium beantragt.«

Der Verband der Schokoladenfabrikanten beschloss daraufhin, eine eigene Kakaohandelsgesellschaft zu gründen.[73] Ludwig Stollwerck schrieb an August Sprengel: »Nicht nur die Bilanz vieler deutscher, sondern auch fast aller Schweizer Firmen gibt wahrlich Veranlassung – ganz abgesehen von dem Fall Bensdorp – uns die Vorteile einer Vereinigung zu sichern.«[74] Diesmal blieb Sprengel der Verbandsfirma nicht fern. »Eine diesbezügliche Versammlung« – so seine Mitteilung an die Gesellschafter – »hat gestern, Sonntag, den 31. Mai in Berlin stattgefunden und wir haben natürlich unseren Beitritt erklärt«.[75] 31 Schokoladenhersteller, darunter auch Suchard und Tobler, und die Firmen Wilhelm Felsche Leipzig, Theodor Hildebrand & Sohn Berlin, Leonhard Monheim Aachen, und Sarotti Berlin.

Ein Jahr später waren schon 46 Firmen beteiligt. Jeder Gründer musste mindestens 10000 Mark Geschäftsanteil übernehmen.[76] Die K.E.G. [Kakao-Einkaufs-Gesellschaft] war bald unbestritten der größte Rohkakaokäufer Deutschlands und konnte Kakao aus allererster Hand, bei den Verschiffern und Abladern in den Ernteländern beziehen.[77] »Dass die K.E.G. dem traditionellen Hamburger Kakaohandel ein Dorn im Auge war, wird nicht überraschen«, urteilten dagegen die Händler[78] über das neuerliche Beispiel wirksamer Kooperation der Schokoladenfabrikanten. Familiäre Bande spielten da eine geringe Rolle. Dass der Cousin von August Sprengel, Ernst Sprengel als Rohstoffmakler in Hamburg tätig war, hat die Geschäftspolitik von B. Sprengel & Co. offensichtlich nicht beeinflusst. August Sprengel kaufte noch bis in die 1920er Jahre fast ausschließlich bei der K.E.G.[79]

Der Verband der Schokolade-Fabrikanten hatte mit der Gründung der K.E.G. zum zweiten Mal gezeigt, dass er durch eigene Firmen die Preisforderungen der Lieferanten für die wichtigsten Rohstoffe erfolgreich unterlaufen konnte. So konnten die Fabrikanten ihre Kosten stabiler kalkulieren. Mit der Einführung

73 Greiert, S. 57.

74 Geschäftsbericht 1907, Unterlagen Radomski.

75 Geschäftsbericht 1907, Unterlagen Radomski.

76 Verein der am Rohkakaohandel beteiligten Firmen (Hrsg.): Kakao. 100 Jahre Kakao-Verein. Eine Dokumentation, Hamburg 2011, S. 27.

77 Greiert, S. 57.

78 Kakao-Verein Rohkakaohandel, S. 27.

79 HStAH Dep. 105 Acc. 2/80, Nr. 565; Briefwechsel August und Bernhard Sprengel 1921 bis 1923.

der Verbandsmarke und der Durchsetzung der Reinheitsvorschriften hatten sich die Markenartikler unter den Schokoladenfirmen außerdem erfolgreich von der Billigkonkurrenz abgesetzt.

Da sie sich auf den Verbandstagungen regelmäßig trafen, tauschten sich die Schokoladefabrikanten auch unterhalb der offiziellen Verbandsebene über Preise, Kunden und Bewerber aus. Es konnte schon vorkommen, dass eine Fachkraft sich in einem sächsischen Schokoladenwerk in der Hoffnung vorstellte, an der neuen Arbeitsstelle mehr als an der alten zu verdienen. Den Chef in spe interessierte natürlich, was der Bewerber an der aktuellen Arbeitsstelle erhielt und schrieb deshalb an August Sprengel. Fachkräfte waren knapp und begehrt, aber die Fabrikanten ließen sich wegen Gehaltsforderungen nicht gern gegeneinander ausspielen.

Mit seinem Konkurrenten Hartwig & Vogel korrespondierte August Sprengel, weil Reisende der sächsischen Firma der Leitung berichtet hatten, Sprengel würde Preise unterbieten. Er wies die »angeblichen Preisunterbietungen« ärgerlich zurück, und nutzte die Gelegenheit, »unsere Firma von einem gänzlich unbegründeten Verdacht zu reinigen. Die ganze Angelegenheit beweist wieder einmal schlagend, in welch frivoler Weise sowohl seitens der Kundschaft, wie auch seitens der Reisenden falsche Angaben über die Preise der Konkurrenz gemacht werden. Die Mitteilungen Ihres Stadtreisenden sind völlig aus der Luft gegriffen. Wir haben nämlich an genannte Firmen überhaupt keine Chocoladen-Figuren geliefert.«[80]

Natürlich wusste August Sprengel, dass Reisende gelegentlich ihren Chefs von Unterbietungspreisen der Konkurrenz berichteten, in der Hoffnung durch dann genehmigte Rabatte ein besseres Geschäft vor Ort zu machen. Seinerseits versuchte er wiederum über seine Reisenden, bei den Einzelhändlern ebenfalls Neues über Preise und Lieferkonditionen der

Abb. 36
Marzipandose um 1900

anderen Anbieter zu erfahren. Jeder wollte alles über den Konkurrenten wissen, aber selbst möglichst wenig preisgeben.

Trotz heftigen Misstrauens untereinander war die Zusammenarbeit der Schokoladenfabrikanten im Verband wirksam. Wie war das möglich? Die Süßwaren- und speziell die Schokoladenbranche war vor 1914 ein expandierender Markt, in dem die Konkurrenten auch nebeneinander ihr Auskommen fanden. Außerdem waren die großen Firmen stark regional verankert und der Kampf um Marktanteile zwischen ihnen daher nicht so unerbittlich.

Das sollte sich in den Phasen der Überproduktion ändern. Ende der 1920er Jahre wurden die Auseinandersetzungen härter: Fressen oder gefressen werden hieß es in jenem Überlebenskampf, dem auch traditionsreiche Häuser zum Opfer fallen sollten.

Den enormen Anstieg des Schokoladenabsatzes in Deutschland von 93 Mio. Stück 1901 auf 147 Mio. Stück 1911 führte der Schokoladenverband auf die Reinheitsvorschriften zurück.[81] Das wird indessen nicht der einzige Grund für den Erfolg gewesen sein. Tatsächlich hatte sich dank gestiegener Reallöhne der

80 HStAH Dep. 105, Nr. 21, Korrespondenz mit Hartwig & Vogel vom 29.12.1912.

81 Greiert, S. 16.

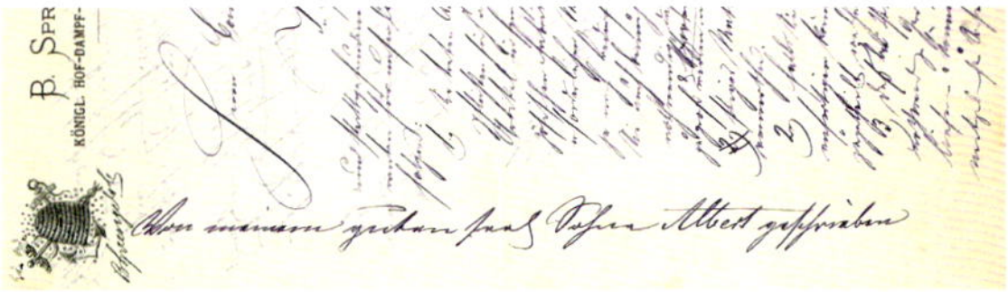

Abb. 37 Bernhard Sprengels Randnotiz auf dem letzten Brief seines ältesten Sohns

versiert beschrieben. In der freien Zeit war er begeisterter Sportler; den Deutschen Hockey-Club (DHC) hatte er mit gegründet. Als 21-Jähriger bewältigte er auf dem Hochrad mit Holzsattel eine Strecke von 150 Kilometer in 12 Stunden und fuhr auch später gern Rad: »Ich habe in den letzten Tagen wieder angefangen, zu meiner

Schokoladenkonsum bis in die Arbeiterschaft hinein verbreitet. »Die besten Konsumenten für Chocoladen und Zuckerwaaren sind die Arbeiter, ist das Proletariat und seine Kinder. Besser situierte Leute konsumieren weniger, die haben andere und abwechselnde Genüsse und Reizmittel genug«, kommentierte ein zeitgenössischer Bericht.[82]

»An der Wende des 19. zum 20 Jahrhundert stand Deutschland als Kakaoverbraucher mit 19 242 Tonnen an erster Stelle vor den Vereinigten Staaten, Frankreich und Großbritannien. Innerhalb von 50 Jahren hatte sich der Verbrauch vervierzehnfacht. Aus der Leckerei für die Wenigen war eine Speise für die Vielen geworden.«[83]

August Sprengel: »Stillstand gibt es nicht!«

Der Gründer hatte als Nachfolger ursprünglich seinen ältesten Sohn Albrecht vorgesehen. Als dieser 1885 plötzlich starb, war der Vater Bernhard Sprengel untröstlich. Am Rand des letzten Briefes seines Sohnes notierte er: »Von meinem guten seel. Sohne Albert geschrieben.«

Nach dem Tod seines Ältesten benannte er noch im selben Jahr seinen Sohn August als seinen Nachfolger. Wie der Vater, der die ersten maschinellen Konstruktionen wie Kakaoröst- und Brechmaschinen sowie Melangeure selbst entwickelt haben soll,[84] wird in den Annalen der Firma auch August als technisch

Bewegung Rad zu fahren, gestern Langenhagen–Mellendorf–Brelingen–Negenborn–Resse–Engelbostel–Nienburger Strasse, etwa 47 km in einer Tour gemacht. Die 47 km habe ich flott und in 3 1/2 Stunden erledigt.«[85] Er war nicht nur passionierter Radsportler, sondern kannte sich auch mit der Radtechnik aus. Seinem Sohn Bernhard gab er Ratschläge zur Reparatur seines Rades: »Wenn die Steuerung an Deinem Rade noch nicht leicht genug arbeitet, so liegt das jedenfalls an der Grösse der Kugeln, sie werden wahrscheinlich etwas zu klein sein, sodass die Ränder der Lagerschalen aufeinanderreiben.«[86]

Im In- und Ausland hatte August kaufmännische Erfahrungen gesammelt und während zahlreicher Auslandsreisen die technischen Fortschritte in der Schokoladenfabrikation kennengelernt. August Sprengel und sein Vater arbeiteten gemeinsam in der Leitung der Firma. Den Bau des neuen Fabrikgebäudes in der Schaufelder Straße setzte der Sohn aber *gegen* den Vater durch. »Der Vater wollte von Vergrößerungen nichts wissen«, berichtete viele Jahre später der Enkel, der wie der Großvater Bernhard hieß. »So unternahm der Sohn damals 1894 den Plan zu diesem Bau gegen den Rat des Vaters ganz auf sich gestellt. Aber er wusste, was er wagen konnte, denn er erkannte die in unseren Artikeln zu der Zeit noch ruhenden Entwicklungs-Möglichkeiten. So kam die 1851 gegründete Firma in die Schaufelder Straße.«[87] Zwei Jahre später war der neue Bau

82 Gordian, S. 4.
83 Mueller, S. 127.
84 Euler.
85 HStAH Dep. 105 Acc. 2/80, Nr 565, Brief an Bernhard Sprengel vom 2.8.1922.
86 Ebd.
87 RWWA 208-491-1, Trauerrede Bernhard Sprengels zum Tod seines Vaters August vom 12.2.1940.

Abb. 38 Neubau Schaufelder Straße

in der Nordstadt bezugsfertig, ein Fabrikneubau nach dem Entwurf des Architekten Eduard Werner. Seit der Übersiedlung der Fabrik in die neuen Gebäude, die August Sprengel maßgeblich vorantrieb, wurde er technischer Leiter.

Wegen der Investitionen in die technische Ausstattung der Firma waren Vater und Sohn nicht einig. Der Gründer wollte nach einem arbeitsreichen Leben die Früchte seiner Arbeit genießen und bezog 1894 eine prächtige Villa im neobarocken Stil in der Nienburger Straße. Der Sohn setzte auf Expansion und Verbilligung der Produktion durch neue Maschinen und Massenproduktion und hatte gegen den Willen des Vaters erhebliche Geldmittel aufgenommen, um den Betrieb zu erweitern und die neuesten Maschinen in den Fabrikräumen aufzustellen.

Der Vater rechnete ihm vor, wie hoch die Unkosten waren. »Angenommen der Umsatz wird 3.100.000 Mark betragen, so haben wir bei M 843.344 auf 1 Mark 26 1/3 Unkosten. Die Unkosten sind aber noch höher: Verluste, Retouren wie manche andere Unkosten noch nicht gerechnet und wenn wir jetzt nicht aufhören mit Anschaffungen, nicht in jeder Weise zu sparen suchen, so kommen wir auf keinen grünen Zweig.«[88]

88 Notizen des Gründers Bernhard Sprengel, Unterlagen Radomski.

August Sprengel ließ sich aber nicht beirren. Der Sohn ging seinen Weg, das Unternehmen mit technischer Innovation auf den Stand der Zeit zu bringen trotz der Bedenken des Vaters. Im Jahr 1900 wurde ein Gesellschaftsvertrag zwischen Bernhard und August Sprengel geschlossen, in dem Letzterer zum Mitinhaber gemacht wurde.

»Das bisher von dem Fabrikanten Bernhard Sprengel unter der Firma B. Sprengel & Co. zu Hannover allein betriebene Handelsunternehmen«, so heißt es in dem Kontrakt, »wird seit dem 1. Januar 1900 von dem Fabrikanten Bernhard Sprengel und dem Fabrikanten August Sprengel in offener Handelsgesellschaft unter Beibehaltung der bisherigen Firma fortgeführt«.[89]

August dankte dem Vater schriftlich. Die vergangenen Meinungsverschiedenheiten über Firmenausbau und Verschuldung sind dem Dankbrief des Sohnes noch zu entnehmen:

»Mit der Versicherung, dass deine geschäftlichen Ansichten und Gewohnheiten niemals im Stande sein werden, meine Liebe und

89 HStAH Dep. 105 Acc 2/80 Nr. 699-/1.

Abb. 39 August Sprengel, 1914

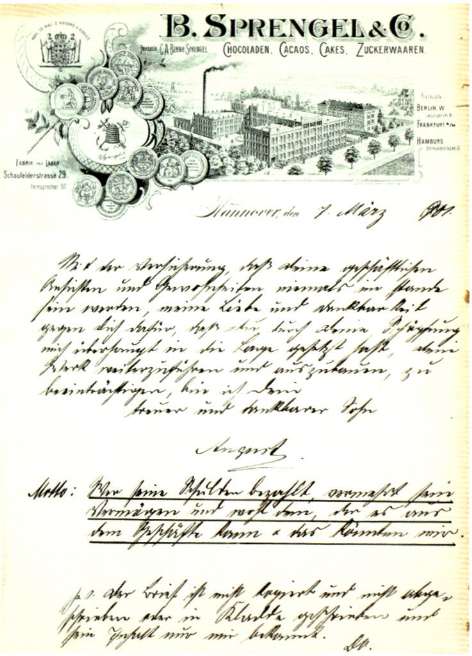

Abb. 40 Dankschreiben August Sprengel

Dankbarkeit gegen dich dafür, dass du durch deine Schöpfung mich überhaupt in die Lage gesetzt hast, deine Fabrik weiterzuführen und auszubauen, zu beeinträchtigen, bin ich dein treuer und dankbarer Sohn August.
Motto: Wer seine Schulden bezahlt, vermehrt sein Vermögen und wohl dem, der es aus dem Geschäfte kann und das könnten wir.

PS Der Brief ist nicht kopiert und nicht abgeschrieben und nicht in Kladde geschrieben und sein Inhalt nur mir bekannt.«[90]
Im selben Jahr wurde in feierlichem Rahmen das 50-jährige Bestehen von B. Sprengel & Co. gefeiert. Ein ›Grosser Fackelzug‹ mit »Herolden, Festwagen und Transparenten, dargebracht ihren Chefs Bernhard Sprengel, dem Begründer der Firma und Herrn August Sprengel, von den Beamten und dem Arbeitspersonal der Firma« *bewegte sich durch folgende Straßen:* »Schaufelder Straße, Hahnenstraße, Engelbostelerdamm, Christuskirche, Gustav-Adolf-Straße, Weidendamm, Herschelstraße, Artilleriestraße, Goseriede, Klagesmarkt, Josephstraße, Langelaube, Königswortherplatz, Nienburgerstraße zum Hause des Herrn Bernhard Sprengel.«[91]

In die Säle des ›Parkhauses‹ an der Nienburger Straße wurden »sämtliche Beamten und Angestellte mit deren Angehörigen zu einem Festmahl mit anschließendem Kommerse ergebenst eingeladen«. Das Menü fiel – entsprechend den Essgewohnheiten der Zeit – opulent aus:

Klare Oxtail-Bouillon
Madeyra
Ostender Steinbutt, Sce. Hollandaise
Rehrücken à la jardinière
1893er Grand Puy Ducasse
Hummer en belle vue
1897er Niersteiner Hintersaal
Metzer Poularden,
Salade und Compote
Burgeff, ExtraCuvée
Tutti Frutti
Früchte, Käse
Liquere
Mocca

Zum gefeierten Anlass kam eine Jubiläumszeitung mit launigen Reimen auf Produktion und Mitarbeiter heraus und einer Ehrung des »Jubilars im Silberhaar«.

Chocoladeradatsch war in Titel und Aufmachung eine Anleihe beim berühmten Satireblatt Kladderadatsch. Das ›Tafellied‹ erzählte in acht Strophen, »was wir alles fabricieren«:

Feine Fürsten-Chocolade

4,50 kost't sie gerade
Extra doppelt vanillierte
Noch am meisten reüssierte,
Flotten-Chocolad für Prasser,
Uns're Zukunft liegt auf dem Wasser. …
Anthracit, das ist 'ne Nummer

90 HStAH Dep. 105 Acc. 2/80, Nr. 699-1, Dankschreiben August Sprengels vom März 1901.

91 RWWA 208-491-3, Jubiläums-Festlichkeiten, 27. September 1901.

Gegen Bleichsucht – Blutarmuth
Und Verdauungsstörung gut,
Macht fidel und scheucht den Kummer,
Wer sie täglich essen thut.
Isst 'ne Dame stets ein Kilo
Wird 'ne Venus sie von Milo.
Nimmt sie gar 2 Kilo ein,
Wird sie Riesendame sein. ...[92]

Im Jahr darauf starb Bernhard Sprengel. Nach dem Tod des Gründers musste August seine Miterben auszahlen. Um das Unternehmen nicht zu gefährden, schloss August mit den Miterben einen Erbteilungsvertrag, denn Bernhard Sprengel sen. hatte in seinem Testament die Geschwister als Teilhaber bedacht. In dem Vertrag wurde eine Ratenzahlung über zehn Jahre vereinbart. Dann sollte die Firma Sprengel & Co »auf den Miterben Ferdinand *August* Sprengel über(gehen). Der Fabrikant August Sprengel zahlt jedem Mitgesellschafter als Abfindung für seinen Geschäftsanteil 150 000 M. Diese Summe ist in halbjährlichen Raten vom Juli 1912 bis 1921 zu zahlen mit 4 ½ % zu verzinsen.«[93] Ohne die Zustimmung der Gesellschafter konnte August Sprengel finanzielle Entscheidungen nicht treffen. In jährlichen Berichten informierte er die Familienmitglieder über den jeweiligen Geschäftsgang.

92 RWWA 208-491-3.

Abb. 41 Jubiläumsjahr 1901, Deckblatt

Beschäftigt bei Sprengel – Heringe und Zwiebeln nicht gestattet

Das Salair- und Lohnbuch wurde vom Gründer bis in die 1870er Jahre selbst geführt. 1855 sind darin neben dem Schwager Brandes mit 1000 Thalern festem Salair und Gewinnbeteiligung, der Lagerist Louis Creydt, der ›Voyageur‹ Ferdinand Kracke, ferner zwei Commis, vier Gehilfen, ein Hausknecht und zwei weitere auswärtige Reisende aufgeführt; dazu die Familie Brandes. Der Bruder Otto Sprengel hatte sich inzwischen in Baltimore selbstständig gemacht. 1867 war die Belegschaft auf über 60, 1870 auf 74 Personen angewachsen. Offenbar hatte Bernhard Sprengel ein gutes Händchen bei der Auswahl des Personals, denn nur zwei Angestellte wurden als entlassen vermerkt mit der – in Sprengels Jubiläumsschrift zitierten – Begründung »der war zu unbeholfen für unser Geschäft, ein guthmütiges Thier« und »entlassen, weil zu schweinig«.[94] Nach 1870 differenziert sich die Belegschaft in »Conditeure, Bisquitbäcker, Zuckermeister, Melangeure und Büroangestellte. Zahlreiche weibliche Hilfskräfte kommen zur Saison«.[95]

Ein Arbeitskontrakt mit dem kaufmännischen Angestellten Ruperti vom Juli 1877 bietet uns heute einen Einblick in das Arbeitsleben eines Handlungscommis.

Der junge Mann hatte bei einem Jahresgehalt von 900 Mark zwar freie Wohnung, musste aber – wie das damals üblich war – Einschränkungen seines Privatlebens hinnehmen:

93 HStAH Dep. 105 Acc. 2/80, Nr. 615.
94 Euler.
95 Ebd.

JUBILÆUMSAUSGABE CHOCOLADERADATSCH

Organ für die gesammte Chocoladen Zuckerwaren Cakes und Bisquit verzehrende Welt.

Dieses Blatt erscheint zur Feier des 50jährig. Bestehens der Chocoladen-Bonbon-Confituren- und Cakes-Fabrik von B. Sprengel & Co. Hofl. Sr. Maj. d. Kaisers u. Königs.

HANNOVER, 28. September 1901.

Abonnementspreis: Heitere Gesichter.

Festlied.

Melodie: Wir halten fest und treu zusammen.

Ein selten Fest ist es fürwahr,
Dass wir heut' hier begeh'n,
Wohl manch' Geschäft mag 50 Jahr
Und länger noch besteh'n,
Doch dass der Gründer dieses Fest
Wie unser Chef begeht,
:,: Das ist vom ganzen Fest das Best',
Das ist 'ne Rarität. :,:
D'rum heut' am Schluss der 50 Jahre
Ein kräftig Hoch dem Jubilar,
Den Jubilar im Silberhaare
Erhalt' uns Gott noch manches Jahr!

Ein arbeitsreiches Leben hat
Geführt der Jubel-Greis,
Vorbildlich für die ganze Stadt
Sei sein endloser Fleiss,
Sein Werk, das nach und nach entstand
Bis zu der jetz'gen Höh',
:,: Es ist im ganzen Reich bekannt,
Gross ist sein Renommé. :,:
D'rum heut' am Schluss der 50 Jahre
Ein kräftig Hoch dem Jubilar,
Den Jubilar im Silberhaare
Erhalt' uns Gott noch manches Jahr!

Stets gütigen, gerechten Sinn
Zeigt unser Prinzipal,
D'rum liebet und verehret ihn
Sein ganzes Personal,
Und dieser Sinn vererbte sich
Vom Vater auf den Sohn,
:,: Und das bewirkte sicherlich,
Wer zweifelt? – „Union". :,:
D'rum heut' am Schluss der 50 Jahre
Ein kräftig Hoch dem Jubilar,
Dem Jubilar im Silberhaare
Erhalt' uns Gott noch manches Jahr!

Abb. 42 Titelblatt der Jubiläumszeitung, 1901

»Abends 10 1/2 müssen Sie zu Hause sein, späteres Zuhausekommen, sowie nach dieser Zeit etwaiges Einsteigen durch Fenster, über Mauern oder dergl. wird mit sofortiger Entlassung bestraft, dagegen dürfen Sie sich bei besonderen Gelegenheiten den Hausschlüssel erbitten.« Das Haus hatte die Firma 1872 für ledige Beschäftigte errichtet. In einer Stadt, die durch Zuwanderung schnell wuchs, war es für beide Seiten nützlich, für die Beschäftigten aber auch mit einer gewissen Abhängigkeit verbunden. Zarte Bande zwischen Beschäftigten waren – wie damals in vielen Firmen üblich – nicht gern gesehen, vor allem sollten sich aufstrebende Angestellte nicht unter Stand mit Arbeiterinnen abgeben. »Falls Sie mit einer Fabrikarbeiterin Liebesverhältnisse knüpfen, sind wir berechtigt Sie jederzeit zu entlassen.«

»Arbeitszeiten 7 Uhr morgens bis 8 Uhr abends, April bis Oktober 6 Uhr morgens bis 7 Uhr abends. Von Michaelis bis Weihnachten wird häufig auch über Zeit und sonntags gearbeitet, je nachdem es das Geschäft erfordert.« Auch sonntags vormittags hatte sich der Commis, um 9 Uhr für etwaige Arbeiten bereitzuhalten. Der freie Sonntag war damals noch nicht selbstverständlich. Erst in der Novelle der Gewerbeordnung von 1891 wurde verfügt. »§ 105a: Zum Arbeiten an Sonn- und Festtagen können die Gewerbetreibenden die Arbeiter nicht verpflichten.«[96] Die Kirchen fochten für die ›Heiligung des Sonntags‹, um den Gottesdienstbesuch zu ermöglichen. Die Garantie eines beschäftigungsfreien Sonntags war ihnen allerdings weniger wichtig als der Schutz der Kirchgänger vor den Verlockungen eines attraktiven Warenangebots. So versuchten sie 1896 gesetzlich durchzusetzen, dass während der Gottesdienstzeiten die Schaufenster zu verhängen waren.[97] Das hätte für die Handlungsgehilfen zusätzliche sonntägliche Arbeit bedeutet, nämlich vor dem Gottesdienst die Schaufenster zu verhängen und danach wieder für die Flaneure zu öffnen. Der sogenannte ›Blendzwang‹ setzte sich aber nicht durch. Die Handelskammer Hannover nahm – wie andere Kammern auch – damals gegen die Forderungen der Kirchen und für

96 wikisource.org/wiki/Gesetz,_betreffend_Ab%C3%A4nderung_der_Gewerbeordnung._Vom_1._Juni_1891

97 Dirk Reinhardt: Beten oder Bummeln. Der Kampf um die Schaufensterfreiheit. In: Peter Borscheid (Hrsg.): Bilderwelt des Alltags, Stuttgart 1995, S. 122.

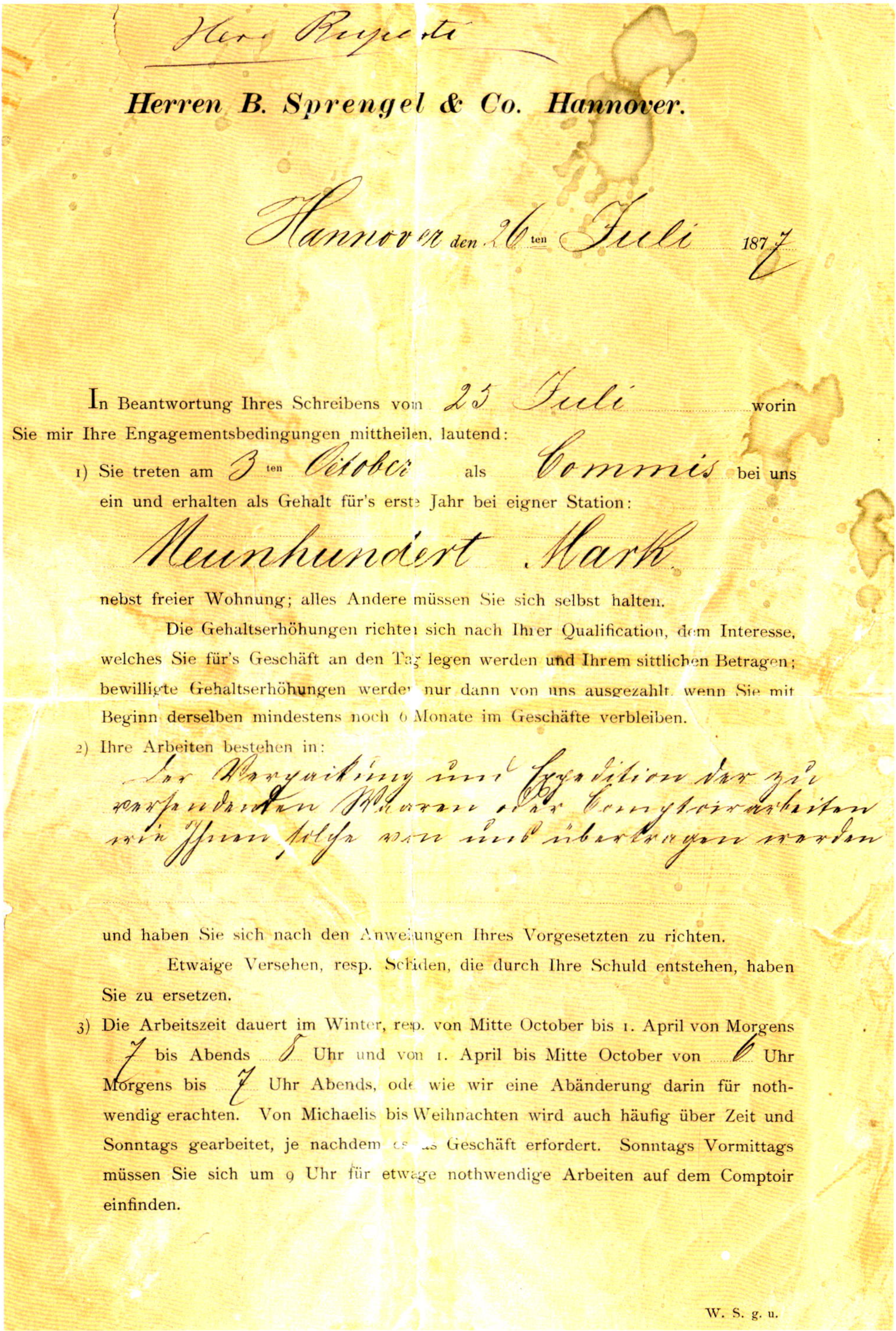

Herr Ruperti

Herren B. Sprengel & Co. Hannover.

Hannover den 26ten Juli 1877

In Beantwortung Ihres Schreibens vom 25 Juli worin Sie mir Ihre Engagementsbedingungen mittheilen, lautend:

1) Sie treten am 3ten October als Commis bei uns ein und erhalten als Gehalt für's erste Jahr bei eigner Station:

Neunhundert Mark

nebst freier Wohnung; alles Andere müssen Sie sich selbst halten.

Die Gehaltserhöhungen richten sich nach Ihrer Qualification, dem Interesse, welches Sie für's Geschäft an den Tag legen werden und Ihrem sittlichen Betragen; bewilligte Gehaltserhöhungen werden nur dann von uns ausgezahlt, wenn Sie mit Beginn derselben mindestens noch 6 Monate im Geschäfte verbleiben.

2) Ihre Arbeiten bestehen in:

der Vergütung und Expedition der zu versendenden Waaren oder Comptoirarbeiten wie Ihnen solche von uns übertragen werden

und haben Sie sich nach den Anweisungen Ihres Vorgesetzten zu richten.

Etwaige Versehen, resp. Schäden, die durch Ihre Schuld entstehen, haben Sie zu ersetzen.

3) Die Arbeitszeit dauert im Winter, resp. von Mitte October bis 1. April von Morgens 7 bis Abends 8 Uhr und von 1. April bis Mitte October von 6 Uhr Morgens bis 7 Uhr Abends, oder wie wir eine Abänderung darin für nothwendig erachten. Von Michaelis bis Weihnachten wird auch häufig über Zeit und Sonntags gearbeitet, je nachdem es das Geschäft erfordert. Sonntags Vormittags müssen Sie sich um 9 Uhr für etwaige nothwendige Arbeiten auf dem Comptoir einfinden.

W. S. g. u.

Abb. 43 Arbeitskontrakt Ruperti, 1872

Filialen:
BERLIN W. Leipzigerstr. 8
FRANKFURT a/M.
HAMBURG.

Telegramm-Adresse:
SPRENGEL Co.
HANNOVER.

HOFL. SR. MAJ. DES KAISERS U. KÖNIGS

B. SPRENGEL & Co

Chocoladen, Cacaos, Cakes, Zuckerwaaren.

Fabrik u. Lager:
Schaufelderstrasse 29

GIRO-CONTO
bei der Reichsbankhauptstelle
HANNOVER.

Dict: L
Geschr: S

Hannover, den 8. August 1904.

Dem Musketier
Herrn Carl Lindhorst,
4 Komp. 4. Hann. Inf.-Reg. 164
Hameln.

Zurückkommend auf Ihre Offerte vom 19. v. M. sind wir bereit, dieselbe zu berücksichtigen in der Voraussetzung, dass Sie spätestens zum 15. September antreten können.

Wir engagieren Sie in dieser Voraussetzung als Lagerist mit einem Anfangsgehalt von Mk. 1000.- pro Jahr mit gegenseitiger einmonatlicher Kündigung, immer zum Schluss eines Kalendermonats.

Ihrer prompten Nachricht, ob Sie die Stellung acceptieren und wann Sie antreten können, sehen wir entgegen.

Achtungsvoll
ppa. B. Sprengel & Co.

Abb. 44 Einstellungsangebot an Carl Lindhorst als Lagerist, 1904

die ›Schaufensterfreiheit‹ erfolgreich Stellung.[98] Sprengels Detailgeschäft in der Georgstraße musste sonntags die Schaufenster nicht verhängen.

Die Kündigung war wechselseitig vierteljährlich möglich. »Bei etwa eintretenden politischen Bewegungen: Krieg oder sonstigen Ereignissen wodurch Handel und Wandel im Allgemeinen gestört werden, haben wir das Recht das Verhältnis in kürzerer Zeit zu lösen. Falls Sie für den engagierten Posten nicht die genügende Fähigkeit besitzen, so müssen Sie nach Ablauf der ersten vier Wochen Ihre Stelle wieder aufgeben.«[99] Dieser Fall trat allerdings nicht ein. Ruperti stieg in der Firma Sprengel bis zum Prokuristen auf.

Erhalten ist ein Einstellungsangebot der Firma an den Musketier Carl Lindhorst als Lagerist. Vom Kassierer der Firma – und späteren Prokuristen – bekam Lindhorst eine private Wohnung angeboten. »Durch ihr soeben eingelaufenes Schreiben erfahre ich, dass Sie den Posten bei uns zum 15. September angenommen haben und möchte ich Ihnen hiermit eine Wohnung bei meiner Schwiegermutter Kornstr. 6 II offerieren. […] Sollten Sie geneigt sein, die Wohnung zu nehmen, so haben Sie wohl die Güte, mir auf inliegender Karte dieses mitzutheilen.«
Hochachtend Carl Ehlers, Cassirer der Firma B. Sprengel & Co.

Unterstützung bei der Wohnungssuche war bei B. Sprengel & Co. noch viele Jahrzehnte später üblich. Die Firma baute Werkswohnungen und erwarb Häuser, um Wohnungen an Mitarbeiter zu vermieten. Die Fürsorgeabteilung kümmerte sich, wie ehemalige Mitarbeiter sich erinnern, bis in die 1970er Jahre um die Vermittlung von Wohnungen für die Beschäftigten und verhandelte auch mit Maklern. Qualifizierte Fachkräfte waren für die Produktion mit spezialisierten Maschinen und für die richtige Mischung der geheimen Rezepturen nicht leicht zu finden. Ihre Einstellung sollte an einer fehlenden Wohnung nicht scheitern.

Im Jahr 1888, die Firma hatte inzwischen etwa 180 Beschäftigte und in der Saisonzeit zusätzliche Hilfskräfte, entwarf Bernhard Sprengel eine Fabrikordnung für die Arbei-

98 Lefévre, S. 187.
99 RWWA 208-492-1-1.

terinnen und Arbeiter. Der kaufmännische und technische Bereich war zu der Zeit noch überschaubar. Die Jubiläumsschrift zum Hundertsten berichtete 1951 rückblickend: »Die Familienmitglieder Brandes und Sprengel und seit 1870 die erste Directrice Fräulein Reichert, die 1866 ihre Tätigkeit aufgenommen hatte, leiteten die Arbeitskräfte an. Bernhard Sprengel war als Chef der Firma Kaufmann und Leiter der Fabrikation.«[100]

Sprengels Fabrikordnung wurde vor der Arbeitsaufnahme ausgehändigt und regelte das Verhalten der Arbeiterinnen und Arbeiter[101]. »Bei eventueller Entlassung« war sie »in gutem und reinlichen Zustande wieder zurückzuliefern, widrigenfalls 25 ₰ [Pfennig] dafür in Anrechnung gebracht« würden. Der reibungslose Ablauf der Fabrikation und die Disziplin der Arbeiter waren das Ziel, nicht Vertretungsregeln und Berichtspflichten, wie sie andere Unternehmen jener Zeit erließen und Alfred Krupp 1874 anstrebte: »Was ich erstreben will, ist, dass nichts abhängig sein soll von dem Leben oder Dasein einer bestimmten Person, dass mit derselben kein Wissen und keine Funktion entweiche, dass nichts geschehe, nichts geschehen sei (von eingreifender Bedeutung), das nicht im Zentrum der Prokura bekannt sei oder mit Vorwissen und Genehmigung derselben geschehe.«[102]

Der Paragraf 1 der Sprengelschen Arbeitsordnung verpflichtete die Beschäftigten zu guter Führung: »Jeder Arbeiter und jede Arbeiterin hat sich durch Fleiß, Ordnung und Treue auszuzeichnen und namentlich auf die größte Reinlichkeit an Körper und Kleidern zu sehen, grobe Nachlässigkeiten in dieser Hinsicht werden mit sofortiger Entlassung bestraft.« Das Wohlverhalten wurde im Wesentlichen durch die wirksame Androhung von Geldbußen erreicht. »Jeder Arbeiter und jede Arbeiterin ist verpflichtet nach Maßgabe des Verdienstes, ein Guthaben stehen zu lassen und zwar erstere M 30 [M steht für Mark] beziehungsweise M 15. … Dieses Guthaben verfällt, wenn der Arbeiter oder die Arbeiterin wegen Verstöße[n] gegen diese Fabrik-Ordnung

100 Euler.
101 RWWA 208-479-1.
102 Thomas Engelhardt: Die Privatbeamten. In: Leben und arbeiten im Industriezeitalter. Eine Ausstellung zur Wirtschafts- und Sozialgeschichte Bayerns seit 1850, Stuttgart 1985, zit. nach Margarete Payer, http://www.payer.de/kommkulturen/kultur081.htm [zuletzt aufgerufen am 15.1.2016].

Abb. 45 Sprengel-Kontor und Schreibmaschinenraum um 1910

entlassen wird oder wenn er oder sie die Arbeit ohne vorherige Kündigung verläßt.«

Bei Übertretungen zog der Fabrikherr die Strafe von diesem Guthaben ab, beispielsweise 50 Pfennig bei montäglichem Fehlen,

3 Mark stand auf Genuß von »spirituosen Getränken, daß er seine Obliegenheiten nicht in ordentlicher Weise erfüllen kann, Einstellen der Arbeit, Ankleiden, Hände waschen usw«.

50 Pfennig bis 1 Mark, beim Aufenthalt »in anderen Fabriklocalitäten sowie der Lagerräume der fabricierten Waaren oder der Rohmaterialien als die von uns zugewiesenen ohne unsere spezielle Erlaubnis«, 1 bis 3 Mark nach Verlassen der Fabrik und des Hofes ohne vorherige Abmeldung beim Portier.

Diebstähle wurden streng verfolgt: »§ 5 Beistecken von Sachen, Weggeben solcher an andere Arbeiter und Arbeiterinnen, sowie auch unbefugtes Essen von Sachen ist streng verboten, wird als Diebstahl resp. Hehlerei angesehen und mit sofortiger Entlassung unter Einbehaltung des Guthabens bestraft. Ein jeder Arbeiter oder Arbeiterin muß dieserhalb jederzeit gewärtig sein visitiert zu werden und hat sich diese Visitation gefallen zu lassen.«

Wie einschneidend waren diese Geldstrafen? Das Entgelt für die bezahlten Überstunden in dieser Arbeitsordnung erlaubt eine Einschätzung. Arbeiter erhielten 30, Arbeiterinnen 15 Pfennig für die sonntags oder über die gesetzte Zeit hinaus geleistete Stunde Arbeit. Das Guthaben von 30 Mark, das bei gravierenden Verstößen sogar ganz eingezogen werden konnte, entsprach also 100 geleisteten Überstunden, etwa einem halben Monatslohn. Über die Verwendung der so angesparten Gelder enthält die Fabrikordnung nichts. Die Arbeiter wurden in der Arbeitsordnung zur Mitgliedschaft in der Betriebskrankenkasse verpflichtet, dessen Beitrag bei der Auszahlung des Lohns einbehalten wurde. Später – das ist zumindest für 1919 verbürgt – gingen die Strafgelder an diese betriebliche Krankenkasse. Allerdings entschied auch nach der November-Revolution August Sprengel noch allein über die Einziehung von Strafgeldern.[103]

Während der Arbeit herrschte Redeverbot: »§ 8 Unterhaltungen der Arbeiter und Arbeiterinnen unter einander sind durchaus nicht gestattet, jeder hat ruhig und aufmerksam seiner Arbeit zu warten. Zuwiderhandeln wird geeigneten Falles mit 50 ₰ [Pfennig] bis M 1 bestraft. Wer grob gegen Vorgesetzte wird, irgendwie unanständige Reden führt, sich widerspenstig beträgt, Veranlassung zu Aufreizungen und dergl. giebt, kann ja nach unserm Ermessen sofort entlassen oder mit M 3 bis M 15 bestraft werden.« Ein solches Unterhaltungsverbot war damals nicht selten. Die Firmen fürchteten Fehler durch mangelnde Konzentration und auch durch Schwätzen vertane Zeit. Besonders Arbeiterinnen galten als schwatzhaft und in der Kakao- und Schokoladeindustrie war der Frauenanteil besonders hoch. 1909 betrug der Prozentsatz der Frauenarbeit in dieser Branche reichsweit 57 Prozent. In den großen Fabriken und in der Firma Sprengel kamen zwei Arbeiterinnen auf einen Arbeiter.[104]

»§ 2 Die Arbeitszeit dauert für den festgesetzten Arbeitslohn vom 1. Oktober bis Weihnachten Morgens 7 Uhr bis Abends 8 Uhr mit 1 Stunde Mittag und je 1/2 Stunde Frühstücks- und Vesperzeit. Vom 1. Januar bis 1. April von Morgens 7 Uhr bis Abends 7 Uhr und vom 1. April bis 30. September von Morgens 6 Uhr bis abends 6 Uhr mit 1 Stunde Mittag und 1/2 Stunde Frühstückszeit. In der Zeit vor Ostern und Weihnachten Verpflichtung zu Überstunden auch an Sonntagen, soweit dies gesetzlich gestattet.« Das waren 1888 durchaus übliche Arbeitszeiten. Gewerkschaftliche Organisationen waren bis 1890 verboten. Erst nach der Jahrhundertwende hatte der ›Verband der Zuckerbäcker, Konditoren und verwandten Berufsgenossen‹ so viele Arbeiter organisiert,

103 HStAH Dep. 105, Nr. 217 Bekanntmachungen für die Belegschaft ab 1918.

104 Jahrbuch Verband der Bäcker, Konditoren und Verwandter Berufsgenossen Deutschlands 1910, S. 21 u. 12.

dass er in Verhandlungen und durch Arbeitsniederlegungen versuchen konnte, in verschiedenen Betrieben die effektive Arbeitszeit auf 9 bis 10 Stunden zu senken.

Schokolade ist ein sehr empfindliches Produkt, sie nimmt andere Gerüche und Geschmäcker schnell an und ist dann nicht mehr verkäuflich. Deshalb mussten sich die Beschäftigten gewisse Einschränkungen in ihren Frühstücksgewohnheiten gefallen lassen: »§ 9 Scharf riechende Eßwaaren als Heringe, alter Käse, Zwiebeln dürfen zum Frühstück oder Vesper in den Fabrikräumen durchaus nicht verzehrt werden, auch ist jeder Arbeiter oder Arbeiterin verpflichtet sich vor Beginn der Arbeit sowie vor Wiederaufnahme derselben nach jeder Unterbrechung die Hände zu waschen.« Wie empfindlich Schokolade ist, mag ein Beispiel illustrieren: Viele Jahrzehnte später musste ein ganzes Pralinenlager vernichtet werden, weil der köstliche Inhalt wegen eines leichten Geschmacks nach Pappe nicht mehr verkäuflich war. Es stellte sich heraus, dass dem Pappenlieferanten ›Feldmühle‹ ein Fabrikationsfehler unterlaufen war, weshalb einzelne gelieferte Kartons ein schwaches Papp-Aroma an den Inhalt abgegeben hatten, der unter der Wahrnehmungsschwelle lag. So war der Fehler beim Verpacken der Pralinen nicht aufgefallen, hatte sich aber während der Lagerung auf den Inhalt übertragen. Eine Qualitätsfirma konnte diese Pralinen natürlich nicht mehr verkaufen.

Abb. 46 Unterhaltungen waren den Arbeiterinnen nicht gestattet, 1901

»§ 10 Das Rauchen ist durchaus nicht gestattet, ebenso wenig das Anstecken von Cigarren (Strafe M 1,50) oder Pfeifen (Strafe M 3) in der Fabrik nach Arbeitsschluß.« Bei Übertretung konnten Tischler und Zimmermänner, die offenbar besonders gern ein Pfeifchen schmauchten, ersatzweise verpflichtet werden, »jeden Abend die vorhandenen Hobelspähne zu entfernen«.

§ 6 »Jeder Arbeiter und jede Arbeiterin hat präcise zur Arbeit zu kommen.« Auch hier gab es Geldstrafen für Zuspätkommen oder Fehlen. »Wer montags fehlt, zahlt 50 ₰ Strafe. Demjenigen, welcher 5 Minuten zu spät kommt, werden 10 ₰ abgezogen.«

Gegenüber den fast ausschließlich restriktiven Bestimmungen war positiv für die Beschäftigten: »§ 13 Alle bei uns Beschäftigten erhalten unsere Fabrikate für den eigenen Bedarf zum en gros Preise, jedoch ist streng verboten etwas für andere Personen mitzunehmen.«

Die Arbeitsordnung atmete noch den Geist einer Zeit, in der das Sozialistengesetz gültig war. Nationalliberale und Konservative hatten 1878 mit Stimmenmehrheit das Gesetz »wider die gemeingefährlichen Bestrebungen der Sozialdemokratie« beschlossen. Für zwölf Jahre wurde die Arbeiterbewegung mit polizeistaatlichen Mitteln ausgeschaltet, sozialistische Parteien und Gewerkschaften und ihre Versammlungen verboten. Unter diesen Umständen haben Fabrikherren Arbeitsordnungen oft nach eigenem Gutdünken erlassen. Der Erlass einer Arbeitsordnung sei allein »das Recht des Arbeitgebers, der allein verantwortlich für das gewerbliche Unternehmen dasteht«, verkündete der Generalsekretär des Centralverbandes Deutscher Industrieller noch 1890.[105]

Es wurde aber bereits politisch kontrovers diskutiert, ob der Staat eine Arbeitervertretung in den Unternehmen einführen und deren Mitglieder an der Regelung gemeinsamer Angelegenheiten beteiligen konnte. Dann hätte über eine Arbeitsordnung Einvernehmen hergestellt werden müssen. Die Unternehmer widersetzten sich jedoch dem Ansinnen. Das Gesetz von 1891 bestimmte lediglich, dass Arbeitsordnungen Bestimmungen enthalten mussten, die die tägliche Arbeitszeit und ihre Pausen, Zeit und Art der Abrechnung und Lohnzahlung, Kündigungsfristen, die Art, Höhe, Festsetzung und Verwendung der Strafgelder sowie der Verwendung verwirkter Lohnbeträge festlegten.[106] Den Anspruch der Arbeiter auf kollektive Organisation der Arbeitsbeziehungen erkannten die Unternehmer noch nicht an.

Nach Aufhebung der Verbotsgesetze begannen sich die Beschäftigten in Berufsverbänden zu organisieren. Der »Verband der in Konditoreien, Zuckerwaren- und Pfefferkuchenbetrieben beschäftigten Gehilfen, deren Hilfsarbeiter und Arbeiterinnen« veröffentlichte 1892 einen Aufruf in seinem Organ ›Die Biene‹:

»Die Notwendigkeit eines festen Zusammenschlusses anerkennend, haben sich Kollegen von verschiedenen Städten Deutschlands zu einem Zentralverband der Konditorgehilfen, Pfefferküchler und verwandten Berufsgenossen, den Hilfsarbeiter und Arbeiterinnen vereinigt, welche mit allen ihm zu Gebote stehenden Mitteln für die Rechte und Interessen seiner Mitglieder eintritt.«[107]

Arbeiterinnen sollten ausdrücklich als Mitglieder geworben werden, und sie stellten bald in den großen Süßwarenfabriken die Mehrheit der Mitglieder. Der Bruderverband der Bäcker, der sich 1907 mit den Konditoren zusammenschloss, formulierte klassenbewusst:

»Tretet ein in die Organisation der bereits kämpfenden Kollegen, dann wird Euch auch Eure Organisation Hort und Schirm sein auf dem dornenvollen Lebensweg im Kampf ums Dasein.

Sie wird dann in der Lage sein, in allen Notlagen des Lebens Euch hilfreich zur Seite zu stehen! Und nun, frisch ans Werk! Frisch auf zum gemeinsamen Ringen!

Schließe sich jeder dem Ganzen
Opferwilligst und freudig an,
Unser Klassenkampfbewußtsein
Ist, was uns erlösen kann!«[108]

Was gewerkschaftlich organisierte Arbeitnehmer ändern wollten, können wir den Forderungen einiger Tarifvertragsentwürfe entnehmen.[109] Den Beschäftigten sollte ›in den Essenspausen‹ erlaubt sein, auch Unterhaltungen über politische und gewerkschaftliche Themen zu sprechen. Solche Gespräche sollten ›nicht als Agitation‹ gewertet werden dürfen. Das Unterhaltungsverbot während der Arbeit war dagegen kein Thema der Verhandlungen. Auch die Einziehung von Strafgeldern wurde 1911 noch nicht allgemein abgelehnt. Die Beschäftigten forderten aber eine Offenlegung der Rechnungslegung und wollten wissen, was mit den Geldern geschah. Die Leibesvisitationen zur Unterbindung von Diebstahl, wie sie für Sprengel im § 5 der Arbeitsordnung geregelt wurden, waren äußerst unbeliebt und sollten gänzlich entfallen. Damit setzte sich der Verband aber nicht durch. Durchsuchungen am Werkstor waren noch in den 1960er Jahren möglich.

Der Verband der Zuckerbäcker und Konditoren mit Hauptsitz in Hamburg legte im Jahr 1903 den Hamburger Süßwaren-Fabrikanten einen Lohntarif vor. In Betriebsversammlungen diskutierte die Arbeiterschaft ihre Forde-

105 Patrick Fridenson: Herrschaft im Wirtschaftsunternehmen. Deutschland und Frankreich 1880–1914. In: Jürgen Kocka (Hrsg.): Bürgertum im 19. Jahrhundert. Wirtschaftsbürger und Bildungsbürger, Göttingen 1995, S. 80.

106 Fridenson, S. 80.

107 Oskar Allmann: Geschichte der deutschen Bäcker- und Konditoren-Bewegung Band 2, Hamburg 1898, S. 443.

108 Allmann, S. 289.

109 Ebd. Passim.

rungen: 9 Mark Mindestlohn für Arbeiterinnen und einen Aufschlag von 25 Prozent für die Überstunde. Die Arbeiter legten die Arbeit nieder, als die Fabrikanten jede Verhandlung ablehnten. Vier kleinere Fabriken willigten aber in Verhandlungen ein und erhöhten die Löhne und den ›Aufschlag für Überarbeit‹.

Die Bewegung griff nach Hannover über. Das Jahrbuch des Verbandes berichtete: »Bei der Firma Sprengel & Co wurde der Tarif zuerst eingereicht und verhielt sich dieselbe ablehnend. Es fanden mehrere Versammlungen statt, in denen bekundet wurde, daß, wenn die Firma keine Zugeständnisse macht, zur Arbeitseinstellung geschritten wird. In der entscheidenden Versammlung, welcher der Prokurist beiwohnte, wurde der Verbandsvorsitzende beauftragt, mit der Firma Unterhandlungen anzuknüpfen. In diesen Verhandlungen hatte sich nun die Firma zu folgenden Zugeständnissen bereit erklärt: Aufbesserung der Löhne für sämtliche Arbeiter und Arbeiterinnen (von 1 bis 3 Mark). Unter 9 Mark wöchentlichen Anfangslohn darf keine Arbeiterin eingestellt werden. Derselben wird nach bestandenem vierwöchigem Arbeitsverhältnis 8,50 M, nach sechsmonatigem Verhältnis 9 Mark wöchentlich ausgezahlt. Reduzierungen der neu normierten Lohnsätze sind ausgeschlossen. Maßregelungen werden nicht vorgenommen.«[110]

Abb. 47 Sprengel-Mitarbeiter 1901 auf dem Hof der Firma mit dem Hund des Chefs

Außer den Lohnerhöhungen war es für den ›Central-Verband der Conditoren und verwandten Berufe‹ ein großer Erfolg, als Verhandlungspartner anerkannt zu werden. Das war in der Branche damals noch eine Seltenheit, und für das ganze Reich wurde die Anerkennung der Gewerkschaft als Tarifpartner erst nach der Revolution von 1918 durchgesetzt. Die Arbeiterschaft wählte, wie der Tarifvertrag vorsah, einen Fabrikausschuss,

110 Allmann, S. 464.

Abb. 48 Sprengels Fabrikhof mit Automobil und Pferdewagen, 1913

»bestehend aus einem Meister, einer Directice und fünf Arbeitern bezw. Arbeiterinnen«, dreizehn Jahre vor der allgemeinen Einrichtung von Arbeiterausschüssen im Gesetz über den vaterländischen Hilfsdienst 1916. Diese einvernehmlichen Regelungen bewahrten Sprengel vor dem großen Streik, mit dem die Dresdner Schokoladenfabrikanten 1911 konfrontiert waren, weil sie den Verband nicht anerkennen wollten und Verhandlungen verweigert hatten.

»Auf diesen Erfolg«, so meldet der Jahresbericht des Verbandes über die Verhandlungen mit der Firma Sprengel, »welchen die Organisation errungen ohne Arbeitsniederlegung, war es selbstverständlich, daß sich die Bewegung auch auf die in Hannover noch vorhandenen großen zwei Fabriken, Bahlsen und Kleefeld, ausdehnte. Auch bei diesen beiden Fabriken kam es ohne Arbeitsniederlegung zu einer Verständigung«.[111] Die nüchterne und unaufgeregte Art, den Konflikt zu regeln, erscheint typisch für die sozialen Beziehungen in der Stadt Hannover und war Teil des industriellen Erfolgs.

Außer Löhnen wurden in dem Vertrag auch Arbeitsbedingungen geregelt: »Überstunden sind tunlichst zu vermeiden, wo nicht zu umgehen, sind diese mit 40 bzw. 50 Pfg« zu bezahlen, »Accordarbeit darf nicht weiter eingeführt, sondern möglichst abgeschafft werden« und »für eine gute Beschaffenheit der Arbeitsräume in sanitärer Beziehung ist Sorge zu tragen, namentlich sollen in den Räumen mit größerer Staub-, Dunst-, oder Dampf-Entwicklung Exhaustoren angelegt werden«.[112]

Der Verhandlungserfolg wurde von einer verhältnismäßig kleinen Gruppe von Gewerkschaftsmitgliedern durchgesetzt. Die Übersicht aus dem Jahrbuch des Verbandes (s. Abb. 51) gibt in der letzten Zeile Aufschluss über die Zahl der Beschäftigten und gewerkschaftlich organisierten Arbeitnehmer bei B. Sprengel & Co. Von 53 Gewerkschaftsmitgliedern waren die meisten Arbeiterinnen, 37 an der Zahl. Sie stellten auch den Großteil (520 von 597) der Beschäftigten. Bei Bahlsen, mit 543 Beschäftigten fast ebenso groß wie Sprengel, waren die Verhältnisse ähnlich. Interessant ist, dass ungelernte Arbeiterinnen sich so früh und mit Erfolg organisierten.[113]

Trotz des 1903 abgeschlossenen Tarifvertrages war August Sprengel auf die organisierte

111 Allmann, S. 464.

112 HStAH Dep. 105 Acc.2/80, Nr. 601.

113 Jahrbuch 1910, Verband der Bäcker, S. 106.

Abb. 49 Fabrikschluss bei B. Sprengel & Co., 1914

Arbeitnehmerschaft nicht gut zu sprechen. Er ärgerte sich über einen Konkurrenten, der den Forderungen der Arbeiter nachgegeben hatte und schrieb an Bahlsen: »Die Gewissenlosigkeit und Rücksichtslosigkeit, mit welche die Arbeitnehmer zur Erreichung ihrer Zwecke vorgehen, ist bekannt. Die Firma Hauswaldt hat sich unbegreiflicherweise bluffen lassen. […] Wenn nun auch speziell in meiner Firma seit Jahren alles ruhig ist und selbst wenn eine Streikbewegung in diesem Jahre wohl kaum zu befürchten sein dürfte, so dürfen wir uns durch diese scheinbare Ruhe doch nicht einschläfern lassen, sondern ganz im Gegenteil, wir sollen sie benutzen, um rechtzeitig vorzubeugen. Den Zusammenschluss der Arbeitgeber müssen wir von vornherein in möglichst zweckmässige Bahnen lenken.«[114]

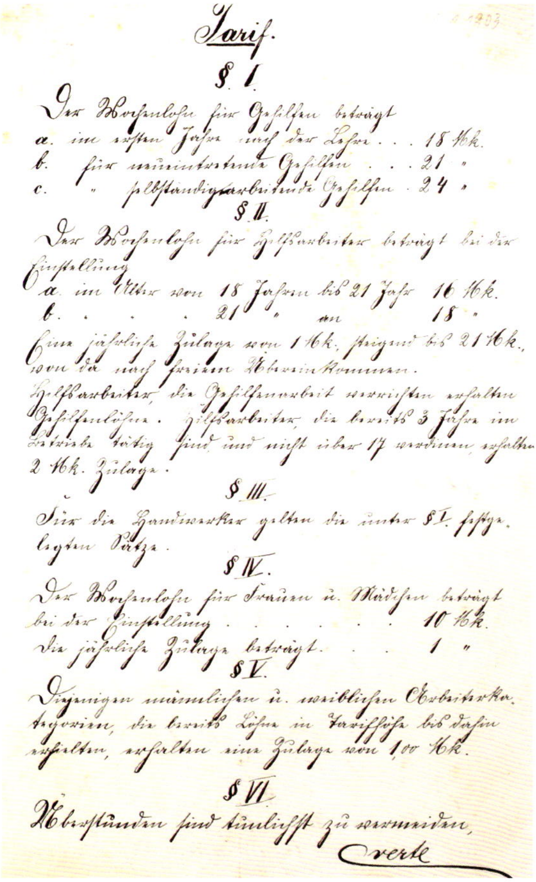
Tarif.
§ I.
Der Wochenlohn für Gehilfen beträgt
a. im ersten Jahre nach der Lehre . . . 18 Mk.
b. für [illegible] Gehilfen . . . 21 "
c. " selbständig arbeitende Gehilfen . 24 "
§ II.
Der Wochenlohn für Hilfsarbeiter beträgt bei der Einstellung
a. im Alter von 18 Jahren bis 21 Jahr 16 Mk.
b. " " " 21 " an 18 "
Eine jährliche Zulage von 1 Mk. steigend bis 21 Mk., von da nach freiem Übereinkommen.
Hilfsarbeiter, die Gehilfenarbeit verrichten erhalten Gehilfenlöhne. Hilfsarbeiter, die bereits 3 Jahre im Betriebe tätig sind und nicht über 17 verdienen erhalten 2 Mk. Zulage.
§ III.
Für die Handwerker gelten die unter § I. festgelegten Sätze.
§ IV.
Der Wochenlohn für Frauen u. Mädchen beträgt bei der Einstellung . . . . . . 10 Mk.
die jährliche Zulage beträgt . . . 1 "
§ V.
Diejenigen männlichen u. weiblichen Arbeiterkategorien, die bereits Löhne in Tarifhöhe bis dahin erhalten, erhalten eine Zulage von 1,00 Mk.
§ VI.
Überstunden sind tunlichst zu vermeiden.

Abb. 50 Ältester Tarifvertrag mit der Firma Sprengel aus dem Jahr 1903

114 HStAH, Dep. 105, Nr. 202, Schreiben August Sprengel an Bahlsen, 25.9.1912.

Laufende Nummer	Ort	1 Honig- und Lebkuchenfabriken	2 Waffel- und Oblatenfabriken	3 Spekulatius- und Printenfabriken	4 Kakesfabriken	5 Zwiebackfabriken	6 Nudel- und Teigwarenfabriken	7 Gemischte Betriebe der Gruppen 1 bis 6	8 Schokolade- und Kakaofabriken	9 Zuckerwarenfabriken	10 Marzipanfabriken	11 Gemischte Betriebe der Gruppen 8 bis 10	12 Gemischte Betriebe der Gruppen 1 bis 11	Darin sind beschäftigt: Bäcker	Organisiert	Konditoren	Organisiert	Ungelernte Hilfsarbeiter	Organisiert	Arbeiterinnen	Organisiert
	Bezirk Hannover (Fortsetzung)																				
67	Hannover	—	—	—	—	2	—	—	—	—	—	—	—	7	2	—	—	3	—	4	—
		—	—	—	—	—	—	—	—	7	—	—	—	—	—	9	2	23	3	36	9
		—	—	—	—	—	—	—	—	—	—	—	1	27	13	16	1	34	2	520	37

Abb. 51 Zahl der Beschäftigten und Gewerkschaftsmitglieder 1910 bei Sprengel (letzte Zeile)

Abb. 52 Pralinenherstellung um 1900

Dem Geheimnis der Firma Lindt auf den Spuren

August Sprengel pflegte eine umfangreiche Korrespondenz mit den renommierten deutschen Spezialmaschinenbaufirmen wie Lehmann Dresden, Bauermeister Hamburg-Altona, Werner & Pfleiderer Cannstadt und vielen anderen und kaufte neue Walzwerke, Reibmaschinen, eine Kühlanlage, einen Gasröster, Zuckermühlen und vollautomatische Einwickelmaschinen.[115] Die Funktionsweise der neuen Maschinen stellte der stolze Fabrikant Kunden und Familiengesellschaftern mit 19 Betriebsfotos in einem sorgfältig gestalteten Album vor.[116]

Um gute Schokolade herzustellen, gedachte er die neuesten Verfahren für hochfeine Schokoladenproduktion anzuwenden. Rodolphe Lindt hatte 1879 ein Verfahren entwickelt, welches die Qualität von Schokolade erheblich verbesserte. Der feine schmelzende Geschmack bescherte seiner Firma einen enormen geschäftlichen Erfolg. Das ließ seinen Konkurrenten keine Ruhe, und auch August Sprengel strebte danach, die vom Publikum begehrten feinen Schmelzschokoladen zu produzieren. Nach einem Jahr guten Verdienstes schrieb er 1904 an die Mitgesellschafter: »Von maßgeblichem Einfluß auf das gute Resultat ist vor allen Dingen die Steigerung unserer Produktion und unseres Absatzes in guten und feinsten Chocolade und Chocoladen-Bonbons.«[117] Die billigere Konsumware war stärkeren Preis- und Nachfrageschwankungen unterworfen. Die teueren und feinen Schokoladen zum guten Preis anzubieten, schien August Sprengel zukunftsträchtiger. Dafür benötigte er »Arbeitsmaschinen zur Mehrproduktion von feinen und feinsten Chocoladen, welche den Zweck haben, die guten teueren Chocoladen langsam ganz fein zu schleifen, so daß die Zunge von Zucker- und Cacaoteilchen möglichst keine Empfindung mehr hat, nur in dieser Weise bearbeitete Chocoladen kann man heute zu guten Preisen absetzen«, ganz so wie es der Firma Lindt seit gut zwanzig Jahren gelang.

Die dafür benötigten neuen Kraftmaschinen musste August Sprengel gegenüber den Familien-Gesellschaftern mühsam durchsetzen. Es »sind Mittel nötig zur Aufstellung von Arbeits- und Kraftmaschinen. Ich fordere die Gesellschafter auf, sich den Betrieb einmal anzusehen und sich persönlich zu überzeugen, welche Fortschritte in der Fabrikationsweise gegen früher gemacht sind und dazu gehört, heute immerzu auf der Höhe zu bleiben. In einem modernen Großbetriebe gibt es genau wie bei der Kuh nichts zu melken, wenn nicht ausreichend gefüttert wurde. Es kommen immer mehr Erfindungen, welche von den großen maßgebenden Chocoladen-Fabriken aufgegriffen und verwendet werden und nur der kapitalkräftige Fabrikant kann mit Nutzen arbeiten. Stillstand gibt es nicht. … Ich fordere also hierdurch die Gesellschafter auf, mir zu Anschaffung einer … Kraftanlage die Genehmigung zu erteilen und wiederhole meine Aufforderung, sich einmal an Ort und Stelle von den Verhältnissen zu überzeugen.«[118] Einige Gesellschafter konnte er offenbar für

115 Thomas Bardelle: 150 Jahre B. Sprengel & Co. Aufstieg und Niedergang. In: Niedersächsisches Jahrbuch für Landesgeschichte 1974, S. 295.

116 RWWA 208-0126.

117 Geschäftsbericht 1904, Unterlagen Radomski.

118 Geschäftsbericht 1908.

seine Investitionsvorhaben gewinnen, denn er erwähnte ein Jahr später die »Opferfreudigkeit verschiedener Gesellschafter, denen für ihre vertrauensvolle Unterstützung an dieser Stelle der Dank der Firma ausgesprochen sein soll«.[119] Die geplanten Investitionen konnte die Firma aus eigenen Mitteln, vor allem aus der Kräutersaftproduktion finanzieren.

Die Entwicklung von Preisen und Nachfrage bestätigte seine Einschätzung, dass man mit feinen Schokoladen auf Dauer besser fuhr als mit den sogenannten Konsumartikeln. Denn die Rohstoff-Hausse hatte die Schokoladenfabriken unterschiedlich getroffen: »Viel glimpflicher als wir und als alle Fabriken, welche in der Hauptsache Konsumartikel fabrizieren, haben diejenigen Firmen abgeschnitten, welche in erster Linie bessere, teuere Artikel absetzten«, schrieb August Sprengel seinen Gesellschaftern. »Diese Firmen verfolgen aber ein von dem unsrigen gänzlich verschiedenes Geschäftsprinzip, in dem sie ihr Geschäft auf Reklame gründen und schon seit Jahren gegründet haben. Dazu sind früher nie Mittel bereitgestellt und seit 1903 ebenfalls nicht, sondern im Gegenteil ein Teil der Gesellschafter hat das Verlangen bekundet, immer möglichst viel bares Geld aus dem Geschäfte zu bekommen. Wir können bei diesem Prinzip dann aber auch in schwierigen Zeiten nicht ernten, wo wir nicht gesät haben, sondern müssen eben mit Verlusten leben.«[120] Hier zeigte sich das in vielen Familienunternehmen bestehende Problem, die Ansprüche von Familiengesellschaftern, die nicht im Unternehmen tätig sind, mit dem Kapitalbedarf der Firma in Übereinstimmung zu bringen.

August Sprengel ›säte‹, die erhoffte Ernte fest im Blick, und tätigte in den Jahren 1906 und 1907 Neuanschaffungen an Inventar, Maschinen und Gebäuden in Höhe von 220 000 Mark, deutlich mehr, als die Firma in beiden Jahren verdient hatte. Aber den für richtig erkannten Weg, vor allem feine Markenschokolade zu produzieren, wollte er weiter gehen. »Die Neuanschaffungen haben sich lediglich auf Maschinen zur Herstellung feiner Chocoladen bezogen und wir sind jetzt mit den neuesten und modernsten diesbezüglichen Maschinen ausgestattet«, das waren die sogenannten ›Längsreibmaschinen‹.[121]

119 Geschäftsbericht 1909.

120 Geschäftsbericht 1907.

121 Das Bewegen der Schokoladenmasse in Längsreibmaschinen ermöglichte eine bessere Homogenisierung der Schokolade und entfernte in dem längerdauernden Prozess (Conchieren) unangenehme Bitterstoffe.

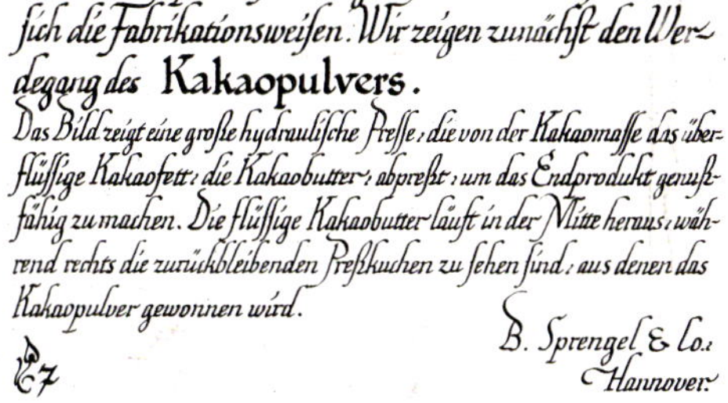
Die bisherigen Fabrikationsvorgänge für Schokolade und Kakaopulver sind die gleichen. Von hier ab scheiden sich die Fabrikationsweisen. Wir zeigen zunächst den Werdegang des **Kakaopulvers**.

Das Bild zeigt eine große hydraulische Presse, die von der Kakaomasse das überflüssige Kakaofett, die Kakaobutter, abpreßt, um das Endprodukt genußfähig zu machen. Die flüssige Kakaobutter läuft in der Mitte heraus, während rechts die zurückbleibenden Preßkuchen zu sehen sind, aus denen das Kakaopulver gewonnen wird.

B. Sprengel & Co.
Hannover.

Abb. 53 Fotoalbum mit neuen Maschinen, hier die Kakaopresse

Abb. 54 »Das Geschäft auf Reklame gründen«

Der Geschäftserfolg gab ihm recht und im darauffolgenden Jahr konnte er stolz berichten, dass sich »die Produktion in besseren Tafelchocoladen und Chocolade-Desserts wieder in erfreulicher Weise gehoben hat. Wenn nur vorgenannte Artikel in Frage kämen, hätten wir also wesentlich besser abschneiden müssen, wie es andere Firmen auch gethan haben.«

Sein Sohn Bernhard erzählte Jahrzehnte später von der Leidenschaft des Vaters, zusammen mit seinen Geschäftsfreunden aus der Maschinenindustrie das Geheimnis der Lindt'schen Schmelz-Schokolade zu ergründen. Mehrere Tüftler machten den Schokoladefabrikanten Angebote. Der Herausgeber der Fachzeitschrift Gordian, Max Rieck, bot ein Verfahren an, das aus der Schweiz kommen und ähnliche Ergebnisse wie Lindt bringen sollte. Ein »gewisser Felix Wolf aus Flawil« wollte durch Zusatz von Malz und Hopfen einen vergleichbaren Geschmack erzeugen,[122] Verfahren, die beide die Schokoladenfabrikanten nicht überzeugten. Schließlich hat die Maschinenfabrik Bauermeister mehreren Schokoladenfabriken das sog. Mostertsche Verfahren angeboten.

»Wir glauben nicht«, schrieb die Maschinenfabrik Bauermeister an Sprengel, »dass das von uns vermittelte Verfahren mit dem, wonach die Firma Lindt arbeitet, identisch ist, denn wir können Ihnen

122 HStAH Dep. 105 Nr. 1884, Schreiben Bauermeister an August Sprengel vom 23.2.1909.

Abb. 55 Längsreibmaschinensaal

1910 Kühlmaschine mit Fließfertigung

die Versicherung geben, dass der Erfinder unseres Verfahrens, zu demselben auf Grund eigener Versuche, die ihn lange Jahre beschäftigt haben, gelangt ist.« Die Firma Hermann Bauermeister garantierte bei Anwendung des fraglichen Verfahrens »die gleiche Feinheit sowie den der bemusterten Chocolade anhaftenden eigentümlichen, der Lindt-Chocolade ähnlichen Geschmack«. Das Lindt'sche Verfahren kopieren zu können, hielt die Firma für unwahrscheinlich. »Ebenso hat die Firma van Houten ihr Verfahren zur Herstellung von Kakaopulver bis heute wahren können, obwohl genügend Anstrengungen gemacht sind, dieses zu erforschen[123]«, erinnerte Bauermeister an die vergeblichen Versuche, die erfolgreiche Kakao-Herstellung der holländischen Firma nachzumachen. Van Houten hatte dem Kakao Alkalisalze (Kalium- oder Natriumkarbonat) zugesetzt. Das Getränk erhielt dadurch eine dunklere Farbe und einen milderen Geschmack.

Die miteinander konkurrierenden Firmen Hartwig & Vogel, Hildebrand, Hauswaldt, Rüger, Kaisers Kaffee, Reichardt, Stollwerck und Sprengel griffen zu und sicherten sich durch entsprechende Zahlungen die Verwendung des inzwischen als Patent angemeldeten Verfahrens. Dabei wurden die Rohkakaobohnen keiner Röstung, sondern nur einer starken Trocknung unterzogen, und zwar je nach dem Trockengrade der Rohbohnen bei Temperaturen bis zu 120 Grad. Nach dem Melangieren wurde die Schokoladenmasse bei Temperaturen von mehr als 50 Grad je nach den verwendeten Bohnen längere Zeit, jedoch nicht weniger als 48 Stunden energisch gewalkt. Dadurch entfalteten sich die geschmacks- und aromabildenden Stoffe.

Das von Mostert entwickelte Verfahren kam tatsächlich dem Conchieren von Lindt recht nahe, bei dem die Schokoladenmasse bis zu 72 Stunden gewalzt und gewalkt wird. Lindt hatte in seiner selbst gebauten Rührmaschine die Schokoladenmasse mit einer Walze mehrere Tage gerührt. Dabei erwärmte sich die Masse und wurde mit Luft versetzt, sodass die unerwünschten Bitterstoffe entweichen konnten. Zugleich konnten sich die Aromen besser ausbreiten, die den Geschmack der Schokolade veredelten. 20 Jahre lang hatte die Schweizer Schokoladenindustrie den Qualitätsvorsprung vor den deutschen Konkurrenten wahren können und den Ruhm der Schweizer Schokolade begründet.

In der Jubiläumsschrift von 1951 der Firma Sprengel wurde die Geschichte der Schmelzschokolade etwas anders erzählt: »Einen revolutionären Einschnitt bedeutete im Jahre 1907 die Aufstellung von zwei Längsreibmaschinen. Mit ihnen unternahm

123 HStAH Dep. 105, Nr. 1884.

Abb. 56 Werbekalender 1913 mit dem neu erbauten Rathaus im Hintergrund

Abb. 57 Dieselmotoren, Kalender 1914

August Sprengel als einer der ersten deutschen Schokoladefabrikanten Versuche zur Herstellung von Schmelzschokolade. Nach den gelungenen Versuchen entstand […] die für damalige Verhältnisse modernst eingerichtete Schokoladenfabrik.«[124] Ein bisschen Legendenbildung gehört zu einer Firmengeschichte, und es ist ja auch keine geringe Leistung, dass August Sprengel mit dem neuen Mostert'schen Verfahren frühzeitig Qualitätsprodukte schuf.

Das von Bauermeister erworbene Verfahren erforderte, wie der Sohn später berichtete, »etwas Neues: einen langen, durchlaufenden nicht unterbrochenen Arbeitsprozess. Die Entwicklung des Dieselmotors kam ihm als geeignete Kraftquelle zur Hilfe. Erst wurde ein kleiner hochstehender Einzylindermotor im Keller provisorisch aufgestellt. Viele von den Alten und Veteranen hatten freudigen Anteil an den Versuchen. Als sie glückten, kam es zur Aufstellung des ersten großen Dieselmotors. Mir ist noch ganz lebendig, welche Freude mein Vater hatte, bei dem ersten Probelauf des Dieselmotors mir diese neue Maschine zu erklären.«[125] Die Investitionen in die neuen Kraft- und Fabrikationsmaschinen konnte August Sprengel dank der Kräutersaft-Gewinne finanzieren, die jedes Jahr 100 000 Mark überstiegen und mehrfach größer ausfielen als das gesamte Schokoladen-, Kakao- und Keks-Geschäft.[126] Das Februarblatt des Kalenders von 1914 zeigt die »mächtigen Dieselmotoren, die Tag und Nacht für gleichmäßige Kraft sorgten«.

August Sprengel versuchte das neue Verfahren streng geheim zu halten. In dem genannten Kalender 1914, der im Detail über die Schokoladen-, Fondant- und Pralinenproduktion berichtete, hieß es über die Fabrikation der

124 Blickpunkt, Werkszeitschrift von Sprengel Nov. 1976, S. 7.

125 Trauerrede Bernhard Sprengels vom 12. Februar 1940, RWWA 208-491-1.

126 Zum Beispiel Geschäftsbericht 1908: »Gewinn M 73.579, sodass sich das gesamte Gesellschafterkapital mit 5 % verzinst hat. Reingewinn aus dem Kräutersaft-Geschäft 105.996.«

Abb. 58 Reklamemarken für Sprengel Schokolade

Cremosa-Schokolade: »Wie wir im Lauf der Fabrikation diesen Schokoladen ihre ganz eigenartigen Vorzüge vor anderen Fabrikaten sichern, kann nicht Gegenstand dieser Schilderung sein, sondern muss unser Fabrikationsgeheimnis bleiben«.

Die Schweizer Produzenten hatten auch mit einer weiteren neuen Schokoladensorte die Nase vorn. Der Schweizer Daniel Peter entwickelte in einem mehr als zehnjährigen mühseligen Prozess mit vielen Versuchen und Rückschlägen 1887 eine Rezeptur für Milchschokolade.[127] »Lange Zeit schien es«, so schrieb der ›Gordian‹ 1898 »das Problem zur Fabrikation von Milch-Chocolade sei kaum zu lösen«.[128] Die Milchschokolade erschloss neue Kundenkreise und ließ sie »als hochwertiges und auch für Kinder geeignetes Nahrungsmittel erscheinen«.[129] Sprengel führte Milchschokolade, ein »unerreichtes Nahrungsmittel für Kinder«,[130] zunächst aus der Schweiz ein,[131] suchte aber auch hier nach einer eigenen Rezeptur. ›Cremosana‹ nannte er die neuartige Schokoladentafel.

Für die neuen Schokoladensorten warb Sprengel mit bunten Reklamemarken (Abb. 58), die um 1900 aufkamen und die wie Briefmarken gesammelt wurden.[132] Man klebte sie wie ein Siegel auf die Rückseite der Umschläge oder verzierte mit ihnen die Briefe.

Am Ruhm der Schweizer Schokolade, von Lindt und Peter begründet, gedachten die deutschen Fabrikanten zu partizipieren. Die Firma Hartwig & Vogel kreierte eine ›Tell-Schokolade‹ und Alpenmotive wurden beliebte Werbemotive für Milchschokolade. Auch Sprengels

Abb. 59 Sprengel-Werbung mit Alpenmotiv aus den 1920er Jahren

Vollmilchschokolade ›Die Echte‹ wurde mit Kuh und Alpenlandschaft beworben.

Das Herstellungsprogramm, das August Sprengel von seinem Vater übernommen hatte, war von einer »für unsere Begriffe unwirtschaftlichen Vielseitigkeit«, wie die Jubiläumsschrift von 1951 konstatierte.[133] Jedes Jahr, vor allem für die Oster- und Weihnachtszeit, brachte die Firma »neue Serien figürlicher Darstellungen aus Zucker, Marzipian und Schokolade heraus, an denen die Konditoren ihre Künste zeigen konnten«.[134] Von diesem ›alten Zopf‹ trennte sich August Sprengel. »Nach meiner Überzeugung liegt der Grund unseres unbefriedigenden Abschlusses in einem alten Zopf unserer Firma, in der Herstellung von Weihnachts- und Osterartikeln in zu

127 Roman Rossfeld: Schweizer Schokolade. Industrielle Produktion und kulturelle Konstruktion eines nationalen Symbols 1860–1920, Baden 2007, S. 154 ff.
128 Ebd., S. 156.
129 Ebd., S. 159.
130 RWWA 208-0126, Fotobuch ohne Jahresangabe, vermutlich 1910, S. 14.
131 Ebd.
132 Detlef Lorenz, Reklamekunst um 1900. Künstlerlexikon für Sammelbilder, Berlin 2000, S. 10.
133 Euler.
134 Ebd.

Abb. 60 Werbeanzeige aus dem Jahr 1911 für Sprengels Cremosa-Chocolade von Änne Koken

vielgestaltiger Auswahl, viel Handarbeit, die sich nicht genau kalkulieren und kontrollieren lässt. Demgegenüber stehen die Verkaufspreise nicht im richtigen Verhältnis. Ein Brechen mit dieser alten, traditionellen Fabrikationsweise haben wir deshalb für angezeigt gehalten«, schrieb er den Gesellschaftern 1908. Nur die »glatt und möglichst einfach auf maschinellem Wege herzustellende Weihnachts- und Osterartikel«[135] stellte er noch her.

Im Jahr 1912 wurde er endlich Alleininhaber. Über seine Investitionsvorhaben musste er nun nicht mehr Rechenschaft ablegen, und er konnte endlich ohne Widerspruch der Familiengesellschafter sein »Geschäft auf Reklame gründen«, wie er es schon seit Jahren vorgehabt hatte. »Eine gute Ware, und nur die sollte hergestellt werden, verlangte ein ansprechendes Äußeres«, erinnerte viele Jahre später Bernhard Sprengel an den Grundsatz seines Vaters. »Seine tiefe und lebendige Liebe zur Kunst und insbesondere zur Malerei« führte dazu, dass er Künstler zur Gestaltung von Packungen und Werbemitteln heranzog, die Waren und Namen empfehlen und bekannt machen sollten. »Gleich nachdem die gute neue Schokolade geschaffen war, wurde damit begonnen und nach dem Krieg dieser Weg mit großer Sorgfalt gepflegt.«[136] Die hannoversche Künstlerin Änne Koken, die für Bahlsen Werbeplakate und für Appel das Hummerlogo mit dem Majonäseglas entworfen hatte, war auch für Sprengel tätig.

Dem Kunstmaler Carl Plinke schickte August Sprengel eine Schokoladenpackung der Firma Robert Berger, die ihm gefiel. »Der Umschlag ist sehr einfach, aber sehr frisch und wirkungsvoll. Berger ist ein scharfer Konkurrent von mir, im übrigen aber der Inhaber ein anständiger und angenehmer Kollege. Die Aufschrift soll lauten Sprengel Marke Fondant. Den Namenszug bitte ich genau wie auf beiliegender Cognac-Creme-Packung zu halten. Natürlich dürfen wir als Farbe blau nicht wählen, stattdessen ein leuchtendes Braunrot verwenden. Vielleicht lässt sich, schon um von dem Berger'schen Entwurf abzuweichen, zweckmäßig das Feld mit der Schrift diagonal legen«,[137] legte er seine genauen Vorstellungen dar.

Ein kalendarischer Rundgang durch die Schokoladenfabrik

Jährlich gab die Firma für Lieferanten und gute Kunden illustrierte Kalender heraus. Der aufwändig gestaltete Kalender für das Jahr 1914 wollte den »Abnehmern einen umfassenden Überblick über die technischen Einrichtungen unserer Fabrik« geben.

135 Geschäftsbericht 1908, Unterlagen Radomski.

136 Trauerrede 1940, RWWA 208-491-1.

137 HStAH Dep. 105, Nr. 197.

»Wir bitten unsere Freunde, uns auf einem Rundgange durch die Fabrik zu begleiten, und gelangen durch das große Einfahrtstor auf den geräumigen Haupthof. An dem rückwärts liegenden Gebäudeflügel schließen sich die Anlagen für die Kraft-, Licht- und Wärmequellen des ganzen Betriebes an; drei mächtige Dampfkessel von zusammen 500 qm Heizfläche, Maschinengebäude, mit zwei riesigen mit Dynamomaschinen gekoppelten Diesel-Motoren, sodaß der Betrieb mit Kraftmaschinen arbeitet, die in summa 1000 Pferdestärken leisten.

In großen luftigen Lagerräumen sind zeitweise Tausende von Säcken Kakaobohnen aufgestapelt und, dem großen Verbrauche entsprechend, wird in der Fabrik eine eigene, unter amtlicher Verwaltung stehende ständige Zoll-Niederlage unterhalten. Die rohen Kakaobohnen haben zunächst einen gründlichen Sortier- und Reinigungsprozeß durchzumachen und gelangen dann in die Röstapparate, in dem sie ähnlich wie die Kaffeebohnen geröstet werden, wodurch erst ihr köstliches Aroma erschlossen wird.«[138]

»Die gerösteten Kakaobohnen werden nunmehr durch sinnreich konstruierte Maschinen gebrochen, von den äußeren Schalen, sowie von den Samenhäutchen und Keimen befreit und dann als reine Kerne den Kakaomühlen überliefert, gewichtigen bis zu vier übereinander getürmten Mahlgängen, die sie als braune dickflüssige Kakaomasse wieder verlassen mit einem Kakaobuttergehalt von mehr als 50 %.«

»In großen hydraulischen Pressen [Abb. 53] wird der dickflüssigen Kakaomasse ein Teil ihres Fettgehaltes entzogen. Wohl muß es als unbedingt richtig gelten, daß die fettreicheren Kakaopulver nahrhafter und wohlschmeckender als fettarme Pulver sind.[139] Die erwähnte abgepresste Kakaobutter findet zu einem Teile Verwendung in der Pharmazie und Kosmetik und wird im übrigen zur Herstellung feiner Schokoladen verwendet, bei welchen sie das gesetzlich einzig erlaubte Bindemittel zwischen den ganz fein zerteilten Kakao- und Zuckerteilchen bildet … Die Schokolade wird in Mischmaschinen (Melangeuren) mit Zucker, Kakaobutter und Zusatz von Vanille gemischt. Sie kommt dann in schwere Walzenstühle, auf denen sie teils von Granit-, teils von Stahlwalzen so fein als möglich weiter zerdrückt und zerrieben wird.«

Abb. 61 Titelblatt des Sprengel-Kalenders von 1914

138 RWWA 208-350-7.

139 Das Alkalisieren, wie es van Houten eingeführt hatte, war in Deutschland zunächst umstritten und galt lange als Nahrungsmittelfälschung. Vgl. Francesco Chiapparino: Von der Trink- zur Eßschokolade. Veränderungen eines Genussmittels zwischen dem 19. und dem beginnenden 20. Jahrhundert. In: Gerhard Neumann, Hans-Jürgen Teuteberg, Alois Wierlacher: Essen und kulturelle Identität, Berlin 1996, S. 349.

Abb. 62 Kakaoröstapparate

Die warme, weiche Masse wird in Formen gefüllt, die durch eine geeignete Vorrichtung abkühlt und erstarrt. »Wir verwenden mehrere hochmoderne Kühlmaschinen (Abb. 55), die den Schokoladenformen künstlich gekühlte frische Luft zuführen. Die sog. nackten Schokoladentafeln werden von auf beiden Seiten stehenden Mädchen aus den Formen geschlagen und verpackt.«

Wichtig war der Firma auf »die unerreicht saubere und hygienisch einwandfreie Behandlung des Fabrikates« hinzuweisen. »Auf dem ganzen Wege durch den Betrieb hat kaum eine Hand die Ware berührt, nur der einmalige Handgriff, der die Schokoladentafeln den Einschlagmaschinen zuführt.«

Der Kalender beschreibt auch die Herstellung von »feinen Zucker-Fondants, welche einen Überzug von Schokolade erhalten und sich als sog. Pralinen großer Beliebtheit erfreuen«. Dafür wird »feiner raffinierter Zucker unter Zusatz feinsten Kapillarsirups eingekocht, unter Zuführung von Luft stark durcheinander gemischt und geknetet. Die teigartige, weiße Masse bildet den Grundstoff für die meisten Füllungen der Pralinen und wird mit verschiedenen Fruchtextrakten versetzt, um schließlich gegossen zu werden. Die Cremebonbons werden in einer Maschine mit Schokolade begossen, unter fortlaufender Zuführung von kühler Luft abgekühlt und direkt in nett hübsche Kistchen gepackt«.

Für die beschriebenen Produktionsprozesse hatte das Erfahrungswissen der Werkmeister und der Fachkräfte eine große Bedeutung. Besonders verlangte das Rösten der Kakaobohnen und die Verarbeitung der Schokoladenmasse in den Walzwerken und Conchen viel Erfahrung, und die Firmen achteten darauf, dass ihnen diese bewährten Mitarbeiter erhalten blieben. »Allein die Kontinuität der Mitarbeiter ermöglichte auch die Kontinuität der Produktqualität«,[140] beschreibt Roman Rossfeld die Rolle der Schokoladenmacher. Frauen führten die Arbeiten aus, während die Männer Aufsicht führten und die Maschinen überwachten und warteten. Mit zunehmender Technisierung wurden die Betriebshandwerker zu unverzichtbaren Spezialisten. Nur wenige Monate nach Erscheinen des Kalenders von 1914 stand die Firma vor schwer lösbaren Problemen, als ihre Fachleute eingezogen wurden und das zuständige Generalkommando des Deutschen Heeres die Anträge der Firma auf UK-Stellung (UK = Unabkömmlichkeitsstellung) wichtiger Mitarbeiter abschlägig beschied.

Bisweilen leuchtete der Nutzen der vom technikbegeisterten Chef getätigten Investitionen nicht allen ein. August Sprengel ärgerte sich, dass eine Anschaffung nicht genutzt wurde, hatte wohl auch die Beschäftigten nicht entsprechend eingewiesen. Jedenfalls äußerte er sein Missfallen über die ›denkfau-

140 Rossfeld, S. 100.

len‹ Mitarbeiter: »Ich habe heute zu meiner Verwunderung gesehen, dass, trotzdem ich extra für den Zweck die grosse teuere Hartgusswalze angeschafft habe, dennoch immer noch Bestellungen auf ovale, mit der Handwalze herzustellende sog. sauere Drops angenommen sind. Es ist also diese neue Walze so gut wie gar nicht benutzt worden. Es ist das wieder ein sprechendes Beispiel für die überaus grosse geistige Trägheit, mit der im Betriebe gearbeitet wird. Es werden die teuersten Einrichtungen angeschafft und bleiben nutzlos liegen, nur weil die in Frage kommenden Stellen zu denkfaul sind.«[141]

Abb. 63 Walzwerke

Abb. 64 Pralinenüberziehmaschinen

Hier ging es um eine Maschine zur Herstellung von sauren Drops, die er neu erworben hatte. Die Bonbonfabrikation gewann im Ersten Weltkrieg an Bedeutung, weil der Rohkakao nur noch in ganz geringen Mengen zur Verfügung stand. Der Süßwarenfabrikant musste sich binnen einiger Jahre mehrfach umorientieren. Hatte August Sprengel nach der Übernahme der Leitung das Sortiment der Firma stark zusammengestrichen und viel in die gut laufende Schokoladenproduktion investiert, war dafür der Platz im neuen Fabrikgebäude in der Schaufelder Straße schon bald wieder zu knapp. Daher entschloss sich der Firmenchef, die Produktion von Keksen aufzugeben. Aus Kakes oder Cakes war inzwischen der deutsche ›Keks‹ geworden, wie dies der neu gegründete ›Verband der Kakes-, Waffeln und Lebkuchenfabrikanten‹ 1911 beschlossen hatte.[142] Sprengel verkaufte seine Keksproduktion 1912 einschließlich des Namens ›Union-Keks‹ an die hannoversche Firma Bahlsen und konzentrierte sich auf die Schokoladenfabrikation. »Die grundlegende Vereinheitlichung und der Ansatz der ganzen Kraft auf einen Artikel (die Schokolade) ist eine der grossen Wendungen in der Geschichte unseres Werkes, die ihren Ausgang ganz allein hat in dem Unternehmer-Willen unseres Chefs«,[143] blickte dessen Sohn fast dreißig Jahre später zurück.

141 HStAH Dep. 105 Nr. 304, Schreiben August Sprengel vom 21.3.1916.

Abb. 65 Erster Sprengellieferwagen, eingesetzt ab 1912 in Berlin

142 Jahrbuch 1911, Verband der Bäcker, S. 278.

143 Trauerrede Bernhard Sprengel, 1940.

Der Bienenkorb – Emsiger Fleiß und süßer Ertrag

Die frühen Zeitungsanzeigen, Briefköpfe und Preislisten aus den 1850er und 1860er Jahren waren geschmückt mit der Vor- und Rückseite der Silbernen Medaille des Gewerbe-Vereins für das Königreich Hannover. Eine gekrönte Dame, gestützt auf ein Schild mit dem springenden Pferd Niedersachsens, überreicht zwei Lorbeerkränze.

Seit 1881 trugen die Preislisten den Bienenkorb mit Anker und Merkurstab[144] als Firmenlogo. Der Bienenkorb sollte als Symbol der Sprengel-Erzeugnisse »vom emsigen Fleiß der Bienen und Süße des Ertrages künden«. Noch in der ursprünglichen Form wurde der Bienenkorb am 7. September 1895 als Warenzeichen eingetragen.[145] »Wir können für die von uns festgesetzten Preise eine Qualität liefern, wie solche bei gleichen Preisen nur selten oder gar nicht geliefert wird. Zur Überzeugung bitten wir einen sorgfältigen Vergleich mit anderen Fabrikaten anzustellen«, hieß es einleitend in Sprengels Preisbuch von 1881. Das Markenschutzgesetz von 1874 hatte zusätzlich die Hersteller in ihren Bemühungen bestärkt, die gleich bleibende Qualität ihrer Waren zu sichern und mit dieser Qualität zu werben, indem der Staat die Nachahmung geschützter Marken unter Strafe stellte. Der Sekthersteller Christian Kupferberg beschrieb die Vorteile der Marke:

»Für den Hersteller ist die allbekannte, weltbeherrschende Marke nicht nur ein sicherer Anker in allen Stürmen des Geschäftslebens (denn eine gut eingeführte Marke muss jeder Händler führen, wenn er als leistungsfähig gelten will), sondern die große Marke ist auch ein geschäftlicher, ja gesellschaftlicher Adelsbrief. […] Wer jahrzehntelang für seine Marke einen Weltruf geschaffen hat, der muß eine gute Ware liefern, denn nur die gute Ware läßt sich durch Werbetätigkeit lohnend vertreiben.«[146]

Für Sprengel wurde als Markenfabrikant die Verpackung seiner Qualitätsschokoladen ein wichtiger Werbeträger. Die Preislisten priesen »feinste Reiseschokoladen in eleganten Kartons von rothem Gelatin-Glacépapier mit Golddruck« an und »feinste Norddeutsche Bundes-Chocolade vom besten Caracas-Cacao in Etiquetten mit den Portraits von I. I. M Majestäten des Kaisers und der Kaiserin von Deutschland, des Grafen Bismarck und General Moltke. Und Deutsche Sieges- und Friedens-Schokolade in Erinnerung an die glorreichen Siege im Jahre 1870/71, colorirte Etiquetten mit der Germania und berühmten Feldherren.«

144 Der Merkurstab gilt als Symbol des Handels, der Anker steht für den sicheren Hafen.

Abb. 66 Deckblatt des Preisbuches von 1881 mit der Bildmarke Bienenkorb

145 RWWA 208-828-7.

146 Christian Kupferberg: Dem Markenartikel gehört die Zukunft. In: Das Plakat 1921, S. 358.

Abb. 67 Prächtige Einschlagpapiere für Sprengel-Schokoladentafeln

Präsentiert wurden Sprengels Köstlichkeiten in einem eleganten Buffetschrank, den die Firma an gute Fachgeschäfte für 70 Mark verkaufte.

Die prachtvollen Verpackungen machten den Schokoladeninhalt vor allem als Geschenk attraktiv, und an Präsenten gab es ein breites Spektrum je nach Geschmack des Beschenkten. Kartons mit »Cigarettenpäckchen, etwas ganz Neues, 14 Chocolade-Cigaretten enthaltend« wurden mutmaßlich Nichtrauchern, möglicherweise Kindern geschenkt, die fürs Rauchen noch zu klein waren, sich aber gern als Erwachsene fühlen wollten. In einem feinen ledernen Zigarrenetui waren ›12 Chocolade-Cigarren‹ verpackt; so wurde die Süßigkeit zu einem eleganten Geschenk.

Ansichten von Hannover, Berlin, Norderney und vom Harz wurden als ›Carton‹ Schokoladentafeln beigelegt und konnten auch als Album mit jeweils zwölf Ansichten erworben werden. Die Cartons mit Postkartenmotiven sicherten die Schokoladentafeln gegen Bruch und konnten als Zweitverwendung den Namen von B. Sprengel & Co. in alle Welt tragen. Berlin grüßte auf kolorierter Karte mit Brandenburger Tor und Reichstag; Hannover zeigte sich mit Beginenturm, Leineufer und dem Sprengelschen Firmengebäude.

War jemand ein bisschen klamm, erfreute ihn eine Tafel Vanille-Schokolade mit imitierten 5-M- oder 100-M-Scheinen oder ein Goldpäckchen. Bildungsbeflissene erhielten eine Schokoladentafel als ›Schillers Werke‹

Abb. 68 Postkarte mit Berlin-Motiv, 1898

verpackt oder einen Weltatlas, Briefmarkensammler ein Postmarken-Album.

Für die Dame des Hauses gab es Stickkärtchen als Beilage, die Herren wurden geworben mit einem »Whistkartenspiel mit einer Tafel Chocolade«.

»Besonders belehrend für die Jugend«, also beliebte Geschenke von Onkel, Tante und Eltern für die lieben Kleinen war das »Thierleben in Carton, 9 und 12 Chocolade-Tafeln enthaltend, enveloppiert mit den naturgetreuen Bildern der Säugetiere, Vögel, Fische, Reptilien und Insekten«. Mit leichtem Schaudern werden die Empfänger Abbildungen von »Kartoffelkäfer, Wanderheuschrecke und der Reblaus in naturgetreuer Grösse und natürlichen Farben« betrachtet haben. Ebenfalls waren »Deutsche Märchen-Chocolade in Carton mit Erzählungen als Schneewittchen, Dornröschen, Rothkäppchen« beliebte Geschenke für Kinder. Auch damals wird der Schokoladenfabrikant gewusst haben, was der Sprengel-Aufkäufer Hans Imhoff 1988 schrieb: »Entscheidend geprägt wird das zukünftige Konsumverhalten im Kindesalter. Dabei prägt der Umstand, daß Kinder und Jugendliche Süßigkeiten häufig als Belohnung für Wohlverhalten erleben [und] Eltern und Großeltern sowohl über die Menge als auch über Qualität dieser frühen Süßwarenkontakte entschieden.«[147]

Die Vielfalt der Verpackungen und ›Cartons‹ spiegelt die unterschiedlichen Zielgruppen der Schokoladekonsumenten wider und vor allem die Funktion der Schokoladentafel als nettes Geschenk für verschiedene Anlässe. Die Tafel-Einschlagpapiere waren aufwändig und vielfarbig gedruckt. Auch Bonbons wurden kostbar verpackt. Eine Kalkulation über 400 feine Tafelbonbons für den kaiserlichen Hof enthielt von den Gesamtaufwendungen über 173,35 Mark lediglich 36,10 Mark Ausgaben für die Herstellung der Süßigkeiten, auf Verpackungskosten entfielen 62,50 Mark für Bilder, Tüllauflagen, Silberpapiere, Silberrahmen und Beutel.

147 Hans Imhoff: Das wahre Gold der Azteken, Düsseldorf 1988, S. 145.

Ende der 1890er Jahre wurden die aufwändigen Verpackungen durch eine neue Art der Verkaufsförderung ersetzt. Liebig's Fleisch-Extract hatte seit 1875 seinen Extrakt aus südamerikanischem Rindfleisch erfolgreich mit Reklamesammelbildern beworben. Diese Bildchen mit prächtigen Farben und einfachen, anschaulichen Botschaften entwickelten sich schnell zu begehrten Sammelobjekten.

Die Firma Stollwerck, mit über 2000 Beschäftigten um die Jahrhundertwende die größte deutsche Schokoladenfabrik, veröffentlichte 1898 ein großes erfolgreiches Preisausschreiben in renommierten Fachzeitschriften, um bedeutende Künstler als Entwerfer für Stollwerck-Sammelbilder zu gewinnen. Eine Jury wählte etwa 50 Entwürfe nach der Qualität als auch nach einer »möglichst vielseitigen bunten Mischung von Themen«[148] aus und empfahl sie der Firma Stollwerck zum Ankauf. »Volkslieder, Märchen und Sagen, Landschaften, Militärisches, Arbeitsleben, Sport, Tiere, Allegorisches und Schokolade- und Kakaogenuß. Die Bilder wurden eifrig gesammelt, und »Ende der 1890er Jahre verteilte Stollwerck jährlich 50 Millionen Sammelbilder und verkaufte rund 100 000 Exemplare der dazugehörigen Alben«.[149] Der Inlandsumsatz an Kakao und Schokolade stieg von 1896 auf 1899 auf das Doppelte. Statt der aufwändig in zehn bis 14 Farben gedruckten Verpackungen, wurden diese einfach gestaltet und dafür die Bildchen beigelegt.

Abb. 69 Stickkärtchen

Dieser enorme Erfolg der Stollwerck'schen Bilder ließ die Konkurrenz nicht ruhen, und die meisten Schokoladenfabriken legten zwischen 1900 und 1910 ihren Schokoladentafeln Sammelbilder bei – meist Trivialbildchen, selten von künstlerischer Qualität. August Sprengel setzte ebenfalls um die Jahrhundertwende auf Sammelbilder als Verkaufsanreiz. Die Motive kamen wie damals üblich aus der Historien- und Militärmalerei, aus Märchen und Volksliedern, Genreszenen des ländlichen Lebens, Themen waren aber auch die humoristische Darstellung von Missgeschicken, Kinderszenen, Tiere und Pflanzen mit didaktischem Ansatz, bedeutende Männer aus Literatur und Kunst, exotische Tiere und orientalische Szenen.

Gedruckt wurden Sprengels Sammelbilder meist bei Etzold & Kiessling in Leitelsheim und von der Actiengesellschaft für Kunstdruck in Niedersedlitz bei Dresden. Die Bildchen waren in der Regel unsigniert. Lediglich Motive von Willy Stöwer und Gottfried Hofer

148 Lorenz, Reklamekunst S. 20.
149 Ebd.

Abb. 70 Orientalisches Volksleben

Abb. 71 Sammelbild von Gottfried Hofer

Abb. 72 Sammelbild aus der Kunstdruckerei Molling & Comp., Hannover Nordstadt

Abb. 73 Modernes Fluggerät

(Lootse an Bord gehend und Jugendstilblumen) wurden mit Signatur gedruckt. Stöwer hatte als ein beliebter Marinemaler mit der Serie »Die neuen deutschen Kriegsschiffe« auch für Stollwerck Sammelbilder gemalt. Der Kaiser, ein Bewunderer des Malers, lud ihn zur Begleitung auf mehrere seiner Schiffsreisen ein. Hofer war ein Tiroler Landschaftsmaler, der auch ein Porträt von Otto von Bismarck und das Innere der Lederfabrik Freudenberg gemalt hat. Für Sprengel gestaltete er Blumen-Sammelbilder.

Aus der hannoverschen Kunstdruckerei A. Molling & Comp. am Schneiderberg in der Nordstadt kamen muntere Sammelbildchen mit Kindern. Die Druckerei produzierte Plakate, Postkarten, Grußkarten, Zeitschriften, Verpackungen sowie Bilder- und Malbücher und seit der Jahrhundertwende auch eigene Kinderbücher.

Einige Serien mit neuartigen Fluggeräten und Automobilen spiegelten auch das technische Interesse des Sprengelchefs wider.

Die Sammelleidenschaft, die sich »epidemieartig über ganz Europa verbreitete«[150], wurde damals durchaus auch kritisch gesehen. Die Jugendschriftenwarte stellte dazu 1900 fest, dass »wir die Reklame-Bilder und Ansichtskarten nicht übersehen dürfen, die jetzt alle Welt und vornehmlich unsere Jugend überschwemmen. Welches Kind sammelt nicht? Leider dürfen wir dem erziehlichen Einfluss dieser Bilderwelt nicht ohne weiteres vertrauen.«[151] Nun gut, fast immer fand das, was Kinder begeistert gesammelt haben, nicht die Zustimmung von pädagogischen Autoren. Heutige Autoren befragen die Sammelbilder ideologiekritisch »auf ihren Einfluss auf das kollektive Bildwissen und damit auf das Geschichtsbewusstsein breiter Bevölkerungskreise. […] Die millionenfach kursierenden Reklamebildchen mit ihren Serien über Kolonien und exotische Länder [holten] die für die meisten Menschen unerreichbare ›weite Welt‹ heim in die Wohnstube. […] Es ist sicher nicht falsch davon auszugehen, dass die kolonialen und exotischen Motive wesentlich dazu beigetragen haben, die Sammelbilder zu einem

150 Joachim Zeller: Bilderschule der Herrenmenschen, Berlin 2008, S. 14.
151 Zeller, ebd.

Abb. 74 Kolonialmilitär

beliebten Alltagsmedium der Massenkultur zu machen.«[152]

Eine Serie von Sprengel-Reklamebildern aus dem Jahr 1900 zeigt Kolonialbilder mit Szenen aus dem Burenkrieg. Buren schlagen Engländer in die Flucht. Es gab Bildchen zur kaiserlichen Flotte, darunter ein Sammelbild mit der Ansprache des Kaisers an die nach China gehenden Truppen in Bremerhaven. Wilhelm II hielt in Bremerhaven am 27. Juli 1900 die berühmt-berüchtigte ›Hunnenrede‹: »Ihr wißt es wohl, ihr sollt fechten gegen einen verschlagenen, tapferen, gut bewaffneten, grausamen Feind. Kommt ihr an ihn, so wißt: ›Pardon wird [euch] nicht gegeben, Gefangene werden nicht gemacht. Führt eure Waffen so, daß auf tausend Jahre hinaus kein Chinese mehr es wagt, einen Deutschen scheel anzusehen.‹ «[153]

August Sprengel brachte die Bildserien nicht nur aus Verkaufsgründen heraus, sondern hatte auch selbst ein Faible für die Flotten- und Kolonialpolitik des Kaisers. Die Schokoladenfabriken Stollwerck, Hauswaldt, Hildebrand, Hartwig & Vogel, Petzold & Aulhorn und Sarotti ließen ebenfalls Sammelbildchen zu Kolonien und kolonialen Eroberungen drucken.[154] Waren die Bildchen nur eine Mode wie die Matrosenanzüge zur Kaiserzeit? Engländer und Portugiesen beherrschten

152 Zeller, S. 13

153 Ernst Johann (Hrsg.): Reden des Kaisers, München 1966, S. 91.

154 http://www.reichskolonialamt.de/bildarchiv/index_b.htm [zuletzt aufgerufen am 15.1.2016]

Abb. 75 Hunnenrede Wilhelm II.

den Rohkakaomarkt. Vom Kakao-Anbau in deutschen Kolonien erhofften die deutschen Schokoladefabrikanten eine gewisse Unabhängigkeit beim Kauf des teuren und volatilen Rohstoffs. Engländer und Franzosen profitierten von den kolonialen Rohstoffimporten, warum – so dachte man damals – sollte Deutschland deren ›Platz an der Sonne‹ nicht teilen.

1884 wurde in Kamerun die deutsche Flagge gehisst, und schon 1886 gab es die ersten Versuche, dort Kakao anzubauen. Die Einfuhr des westafrikanischen Kakaos nach Deutschland stieg rasch an, und 1897 wurde mit der westafrikanischen Pflanzungsgesellschaft Victoria die größte Kakaoplantage Afrikas gegründet.[155] Auch andere deutsche Pflanzungsgesellschaften, wie die Gesellschaft Südkamerun oder die Bibundi AG, deckten den wachsenden Kakaobedarf der prosperierenden Schokoladenindustrie im Deutschen Reich ab. Der Kakao für die Sprengelschokolade kam, so warb Sprengel in einem Kalender für Kunden 1914 »was uns Deutsche ganz besonders interessiert, auch aus deutschen Schutzgebieten in immer größeren Mengen und mit immer besserem Erfolge, so vor allen Dingen in Kamerun«.[156]

Um die Jahrhundertwende stand das Deutsche Reich mit 19240 Tonnen an der Spitze der Rohkakaoimporteure, gefolgt von den USA (18770 t) und Frankreich (17460 t).[157] Adolf Gordian, Herausgeber der gleichnamigen Fachzeitschrift erhoffte sich ebenfalls viel

Abb. 76 Werbe-Postkarte des Marinemalers Willy Stöwer

von der neuen Kolonie: »Die Arbeiterfrage ist endlich auf dem Wege der Lösung. Der Plantagenbau in Kamerun ist wirklich ein Gebiet, wo bei zweckmässigem Vorgehen und tüchtiger Leitung deutsches Kapital mit Nutzen angelegt werden kann.«[158] Sein Blatt hatte sich vor allem mit Nachrichten rund um Kakaoernten und -preise für Kakaohandel und Schokoladenindustrie nützlich gemacht. Interessanterweise begründete noch nach 1945 Bernhard Sprengel im Rahmen seines Entnazifizierungsverfahrens seine Mitgliedschaft in der Kolonialgesellschaft, »weil die angeblichen Ziele die Fortsetzung der vom alten Kolonialbund gepflegten Tradition zu sein schienen. An kolonialen Fragen musste ich schon aus

155 Mueller, S. 181.
156 RWWA 208-350-7, Kalender 1914, S. 2.
157 Roder: Schokolade, S. 21.
158 Gordian, S. 17.

Gründen des Rohstoffbezuges meiner Firma interessiert sein.«[159]

Die zeitgenössische Begeisterung für die deutsche Flotte befriedigten zahlreiche Postkarten der Firma Sprengel mit Motiven des schon genannten Marinemalers Willy Stöwer.

Deutschland von Feinden umringt

Beim Ausbruch des Ersten Weltkrieges war die deutsche Bevölkerung in ihrer Mehrheit zum Krieg bereit, die Soldaten wurden begeistert gefeiert. Alle hofften auf einen schnellen Sieg und fühlten sich, wie die Industrieverbände dies in ihrem Aufruf von August 1914 formulierten, »von Feinden umringt«. Der Zentralverband Deutscher Industrieller, der Bund der Industriellen und der Reichsverband der deutschen Industrie gründeten einen Kriegsausschuss der Deutschen Industrie und stellten sich für »ein planmäßiges Zusammenwirken, für eine kraftvolle Arbeitsteilung und die zweckmäßigste Verwendung der vorhandenen nationalen wirtschaftlichen Kräfte«[160] der Reichsregierung zur Verfügung.

Der Kriegsausschuss sah sich als Mittler zwischen Wirtschaft und Verwaltung. So sollte die Wirtschaft »über die infolge des Kriegszustandes erlassenen Gesetze, Verordnungen und Bekanntmachungen der Behörden« informiert werden, wollte aber auch ihre wirtschaftliche Expertise der Verwaltung zur Verfügung stellen. »Deutschland ist von Feinden umringt, […] gilt es jetzt im Herzen des Landes, neben vielem anderen, auch dafür zu sorgen, daß die wirtschaftliche Arbeit, soweit als möglich, aufrechterhalten und die hierfür verfügbaren Kräfte auf rationellste Weise gesammelt und organisiert werden, damit vor allem Zersplitterung und Vergeudung wirtschaftlicher Machtmittel vermieden werden.«[161]

159 HStAH, Nrs. 171 Hannover, Nr. 6209.
160 Mitteilungen des Kriegsausschusses der Deutschen Industrie, Hrsg.: Zentralverband Deutscher Industrieller; Bund der Industriellen; Reichsverband der deutschen Industrie, Berlin 1914–1920, S. 2.
161 Ebd.

Für die Schokoladenindustrie titelte Gordian: »Das Vaterland über den Profit«[162] und gab Empfehlungen für Feldpostbriefe an Soldaten ab. »Kein Tornister ohne Schokolade!« Dieser Aufruf verband nationales Pathos mit den Interessen der Schokoladenindustrie, die im Krieg für ihr leckeres und nahrhaftes Produkt einen neuen Absatzmarkt sah. Die Empfehlungen des Gordian waren praktischer Natur:

»Die für 20 Pfennige zu versendenden Doppelbriefe sollten eine einzige dicke, aber vollwertige Schokolade enthalten, die 230 Gramm wiegen kann. Dann bringt ein solcher Doppelbrief dem Feldsoldaten keine Näscherei, sondern ein belebendes Stärkungsmittel. Mit 230 Gramm vollwertiger Schokolade kann sich der Soldat einen ganzen Tag fast ernähren. Aber die vollwertigen Kriegsschokoladen sind nicht die gewöhnlichen Schokoladen des Handels. Diese haben einen zu hohen

162 Gordian, Heft 465, 5.September 1914.

Abb. 77 Zeitungsanzeige Stollwerck

Abb. 78 Feldpostkarten von Sprengelmitarbeitern: Motiv der Firma Bahlsen, Russische Gefangene kehren Straßen

Zuckergehalt und einen zu niedrigen Gehalt an Kakaokernen und Kakaofett.«

Der Versand von sog. Liebesgaben in Feldpostpäckchen war schon im Krieg von 1870/71 gegen Frankreich allgemein verbreitet. Die Soldaten im Feld erhielten von ihren Frauen, Verlobten oder Eltern kleine Geschenke als Beweis, dass die Liebsten zu Hause an sie dachten. Das konnten Kekse, Schokolade, Zigaretten, Bücher oder auch Alkohol sein. Viele Firmen machten es sich zur Gewohnheit, zu Weihnachten und Geburtstagen an die Belegschaftsangehörigen im Feld Päckchen mit ›Liebesgaben‹ zu schicken und die Soldaten dankten es mit Grüßen aus dem Feld. Viele Dankeskarten sind auch von Sprengelanern erhalten, einige sandten Motivkarten in die Heimat.

Manche Firmen, wie die hannoverschen Unternehmen Bahlsen und Pelikan, haben aus patriotischer Pflicht und als praktische Werbemaßnahme eigene Feldpostkarten gedruckt. Der Sprengelmitarbeiter Ernst Lies bestätigt auf einer Bahlsen-Feldpostkarte am 22. März 1915 »gern den Erhalt des Paketchens mit zwei Tafeln Schokolade, die mir vorzüglich mundete« und dankt »bestens für Ihre Liebenswürdigkeit«.[163]

August Sprengel zeigte sich als Spender an das Heer sehr großzügig. Die ›Abnahmestelle freiwilliger Gaben für das X. Armeekorps‹ bedankte sich im Juni 1915 »für die gütigst für unsere braven Truppen überwiesenen 4000 Tafeln Schokolade. Diese reiche Stiftung wird bei den Truppen grosse Freude auslösen.«[164] Im selben Monat schickte auch das Reservelazarett Crystall-Palast ein Dankesschreiben für 400 übersandte Tafeln und zeigte sich hocherfreut, dass die Firma das bestellte Kakao- und Schokoladepulver nicht in Rechnung gestellt hatte.

Der Kriegsbegeisterung entsprossen seltsame Blüten. Konditoren bildeten im Herbst 1914 die 42-Zentimeter-Geschosse der Dicken Berta in Originalgröße aus Schokolade nach und stellten sie im Schaufenster aus. Der erfolgreiche Einsatz des – eisernen – Geschützes hatte zu Beginn des Krieges den deutschen Vormarsch begünstigt. Es entspann sich im ›Gordian‹ eine heftige und kritisch geführte Debatte, ob die Schokoladen-Geschosse un-

163 HStAH Dep. 105, Nr. 4.
164 HStAH Dep. 105, Nr. 4.

moralisch seien und eine so ernste Sache sich für Geschäfte eigne.[165]

Auch sonst sannen patriotische Gemüter darüber nach, wie man ›die Feldgrauen‹ unterstützen könnte. Schon die Spanier hatten von den mittelamerikanischen Völkern gelernt, dass die von ihnen sogenannte ›xocolatl‹ zu einem dicklichen Brei verarbeitet, getrocknet und in Blätter gewickelt, monatelang aufbewahrt werden konnte. »Den Einheimischen diente sie zur Stärkung auf tagelangen Märschen durch den Urwald.«[166] Dieses Wissen war nicht verloren und der ›Gordian‹ empfahl die Großfabrikation von Kolaschokolade für Kriegszwecke. Geschäftstüchtige Produzenten hatten diesen Markt schon für sich entdeckt und der auf Qualität bedachte ›Gordian‹ wollte verhindern, »daß findige Geheimmittelfabrikanten für 1 Kilo Kolapastillen 50 Mk von unfachkundigen Konsumenten fordern können«.[167]

Patriotische Zeilen wurden im Dezember 1914 in der Schaufelder Straße ersonnen. »Ein ruchloser Krieg gegen uns ist von Deutschlands Feinden angezettelt worden. Aber wie *ein* Mann, fest zusammengeschweißt durch die Not, steht unser Volk in Waffen, um Heimat und Herd, um die deutsche Kultur zu schützen.« Der ›Kalender auf das Jahr 1915‹, geschmückt mit Hannover-Zeichnungen des Grafikers E. W. Baule, führte den Geschäftsfreunden die »Stätten des Friedens, der rastlosen, unermüdlichen Arbeit, Zeugen deutscher Kultur, für deren Schutz unsere braven Krieger Blut und Leben einsetzen« vor Augen und zeigte »in bescheidenem Rahmen, wofür wir kämpfen«.[168]

Der Rohstoff Kakao schien am Beginn des Krieges nicht gefährdet zu sein. Mit der Mehrheit der Bevölkerung waren die Rohkakao-

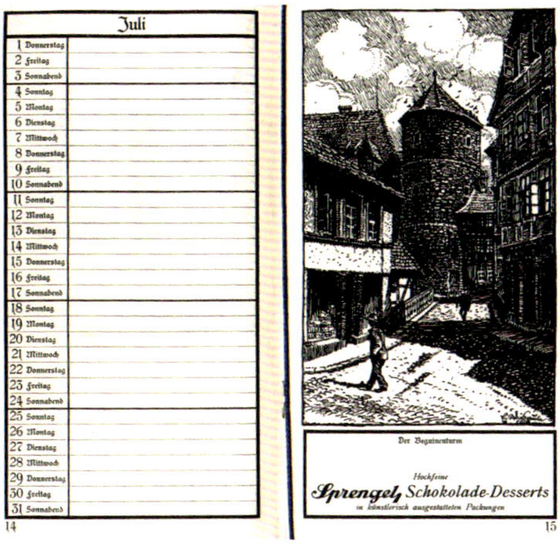

Abb. 79 Kalenderblatt Juli 1915

händler sicher, »der Krieg würde spätestens Weihnachten siegreich beendet sein, und bis dahin reichten die Vorräte allemal. Die Lager waren gefüllt; 1914 waren noch 54 000 Tonnen nach Deutschland eingeführt worden.«[169]

Das änderte sich aber schnell. Am 7. November 1914 waren die Preise für einen Zentner Rohkakao gegenüber August um 180 Prozent gestiegen. Warum? Waren Spekulanten am Werk, die »ihrer Neigung zum Börsenspiel frönten und möglichst große Gewinne machen« wollten? So sah es die Kakao-Einkaufs-Gesellschaft (K.E.G) der Schokoladenindustrie, die beobachtet haben wollte, »oft seien zehn Leute und mehr nacheinander an einem einzigen Verkauf an die Industrie beteiligt, wodurch der Rohstoff natürlich über Gebühr verteuert werde, denn der Vermittler wolle möglichst viel verdienen«.[170] Nun war aber die Nachfrage nach Schokolade außerordentlich stark gestiegen, weil Heer und Marine einen riesigen Bedarf hatten. Denn die Schokolade ist kalorienreich und leicht auf kleinstem Raum im Tornister unterzubringen. Aus demselben Grund wuchs auch die Nachfrage in der Bevölkerung, die die beliebten Tafeln als ›Liebesgaben‹ an die Front schickte.

165 Gordian, Heft 469, S. 76.25

166 Bundesverband der Deutschen Süßwarenindustrie Fachsparte Schokolade (Hrsg.): Schokolade und Kakao. Über die Natur eines Genusses, Bonn 1994, S. 11.

167 Gordian, Heft 466 Sept. 1914.

168 RWWA 208-350-7, Kalender 1915, S. 1.

169 100 Jahre Kakao-Verein, (2011), S. 28.

170 Ebd.

Abb. 80 Verkaufsausstellung Koloniale Kosthalle mit Sprengel-Pavillon in der Mitte

Die Schokoladefabrikanten verlangten aufgrund der Rohkakao-Preissteigerungen die Festsetzung von Höchstpreisen, Händler und staatliche Behörden sahen aber keinen Grund zum Eingreifen. Anfang Januar 1915 schien sich sogar eine rückläufige Preistendenz abzuzeichnen. Vetter Bernhard, der in Hamburg Sprengel-Produkte verkaufte, schrieb am 15. Januar 1915 an August Sprengel: »Die 1000 S Thomé sind noch frei, wider mein Erwarten hat sie die K.E.G nicht placieren können. Es scheint mir aber so, als ob eine etwas flauere Stimmung heute Abend in der Luft läge; jedenfalls bitte ich Dich recht aufmerksam zu sein, und im Moment, wo die Preise vielleicht wieder anziehen, zu kaufen. Der augenblickliche Bedarf scheint so ziemlich gestillt zu sein.«[171]

Die Entwicklung der Rohkakaopreise – schon in Friedenszeiten eine schwer zu prognostizierende Angelegenheit – war nun noch viel schwieriger einzuschätzen. August Sprengel versuchte im Oktober 1915 Informationen über die Vorratshaltung der Konkurrenten zu erhalten: »H. [ildebrand] soll nach meinen Orientierungen vor 14 Tagen in Berlin auf dem Verbandstage noch recht gut versorgt sein, rechnet vielleicht mit der Möglichkeit eines Waffenstillstandes vor dem Verbrauch seiner Vorräte. [...] Wenn der Feldzug erst vorüber ist, bzw. die Liebesgabensendungen und die Truppenversorgung mit Schokolade etc. überhaupt aufhört, wird die Nachfrage zunächst ganz außerordentlich nachlassen.«[172]

Der Schokoladenfabrikant befand sich in einem Dilemma. Das Risiko, zu hohen Preisen zu kaufen und im Fall eines Waffenstillstandes auf den Vorräten sitzen zu bleiben, wollte Sprengel 1915 nicht ohne Weiteres eingehen. Wenn er sich allerdings nicht mit Rohkakao eindeckte, lief er Gefahr, eines Tages wegen Rohstoffmangels nicht produzieren zu können. Die Konkurrenten dann ›noch am Platze‹ zu sehen und selbst nicht mehr liefern zu können, war eine äußerst unangenehme Vorstellung. Sprengels Jubiläumsschrift zum 100-Jährigen geht 1951 über die schwierige Entscheidungsfindung in diesen ersten Kriegsjahren hinweg: »Eine großzügige, vorausschauende Vorratspolitik ermöglichte trotz der Blockade ein Weiterarbeiten der Firma bis ins Jahr 1916.«[173]

Mit zunehmender Dauer des Krieges wuchs Englands Druck auf die Neutralen, den Export von Rohstoffen nach Deutschland zu verbieten. »Die Ein- und Ausfuhr der neutralen Staaten wurde überwacht, ihre Schiffe untersucht und Güter, bei denen der Verdacht bestand, dass sie für die Mittelmächte bestimmt sein könnten, beschlagnahmt.«[174] Holland, Frankreich, Schweden, die Schweiz verboten im Lauf des Jahres 1915 die Ausfuhr von Rohkakao und Halbfabrikaten. Als der Preis für

171 HStAH Dep. 105 Acc. 2/80, Nr. 563.

172 HStAH Dep. 105, Nr. 56.

173 Euler.

174 100 Jahre Kakao-Verein, S. 29.

Rohkakao Ende Dezember 1915 auf 150 Mark pro Zentner stieg, war Handeln gefragt, und das Reichsamt des Innern ordnete die Gründung einer Kriegs-Kakao-Gesellschaft an, die den Rohkakao kontingentieren und Preise festsetzen sollte. Bis sich Händler, Schokoladenfabrikanten und staatliche Behörden aber über das Vorgehen geeinigt hatten, verging ein Jahr und der Preis pro Zentner lag wegen der Blockade inzwischen bei mehr als 800 Mark. Die Rechte der Kriegs-Kakao-Gesellschaft waren weitreichend: Die »gesamte Einfuhr und der Verkehr in Kakao, roh, gebrannt oder geröstet, Kakaobutter, Kakaomasse, Kakaopreßkuchen, Kakaoschrot, Kakaopulver, Schokoladenmasse und Schokoladen jeder Art [wurden] in ihrer Hand vereinigt.«[175]

Es gab aber kaum noch Kakao zu verteilen, denn Deutschland war von jeglicher Zufuhr abgeschnitten. Die Kriegs-Kakao-Gesellschaft beschlagnahmte sämtliche noch vorhandenen Bestände. Für die Zivilbevölkerung gab es Schokolade gar nicht mehr zu kaufen. Es kam die Zeit der Ersatzlebensmittel und der Warnungen vor gepanschter und gefälschter Ware.

»Verfälschte Marzipanwaren« in Umlauf gebracht. »Große Vorsicht ist deshalb geboten!«[176] Mit »verfälschtem, schalenhaltigem Kakaopulver aus Holland [sollen] sich fachunkundige Spekulanten eingedeckt haben«.[177] »Unlautere Elemente in der Lebensmittelindustrie versuchen«, so der Landrat von Pinneberg, »verfälschte, nachgemachte und verdorbene Nahrungs- und Genußmittel in den Verkehr zu bringen. [...] Im Handel mit Kakao wird in letzter Zeit Ware feilgehalten, die absichtlich stark mit Kakaoschalen versetzt ist. Es werden sogar pulverisierte Kakaoschalen allein zum Zwecke der Fälschung von Kakao und Schokolade, zum Teil auch durch Firmen, die bisher überhaupt nicht auf dem Gebiete des Kakaoverkehrs tätig waren, in den Handel gebracht«,[178] sehr zum Leidwesen der ehrlich arbeitenden Fabrikanten.

Die Firma Sprengel beschrieb in einem Kalender aus dem Jahr 1916 die Aufgabe der Schokoladenindustrie im Krieg: »Auch alle die Teile unseres Volkes, die nicht Waffen tragen in dieser ernsten Zeit, sind während des abgelaufenen Jahres unter Anspannung aller Kräfte am Werke gewesen, das ihrige zu tun für die gemeinsame große Sache. So hat auch die deutsche Schokolade- und Kakao-Industrie ihre hervorragende Bedeutung für die Versorgung des Heeres und der Marine erwiesen. Es gibt wohl kaum ein begehrteres Erquickungsmittel für unsere Krieger als Schokolade. [...] Bei jeder Waffengattung unserer Wehrkräfte, zu Lande, zu Wasser und in der Luft, hat sich Schokolade als geradezu ideales Belebungs- und Stärkungsmittel in Augenblicken der Abspannung und Erschöpfung tausendfach bewährt. [...] Unsere Erzeugnisse [...] helfen so an ihrem Teile mit an dem großen Werke des Durchhaltens und Durchkämpfens.«[179]

Wenn die Fabrikanten sich also durchaus einverstanden zeigten, dass sie fast ausschließlich für das Heer arbeiten mussten, war die Entscheidung, was mit der geringen frei verkäuflichen Menge am besten zu tun wäre, noch immer schwierig genug. Und man schaute auf die anderen Anbieter. Eine Konkurrenzfirma hatte Anfang 1916 Mandeln zur Streckung der Kakaovorräte angeregt und geschrieben, dass sich solche Schokolade bereits in der Kundschaft befände. August bat seinen Cousin Bernhard, der Sprengel-Produkte in Hamburg verkaufte, die »Kundschaft aus(zu)horchen, ob das Publikum mit dem neuen Geschmacke zufrieden ist«.[180]

Ein halbes Jahr später: »Hildebrandt soll mehr trockene Schokolade gegen früher verkaufen. Wenn nämlich eine unserer ersten Firmen ihre Schokolade trockener herstellt, so bedeutet das eine nicht unwesentliche

175 HStAH Dep. 105, Nr. 154, Geschäftsbericht 1916 der Kriegs-Kakao-Gesellschaft.

176 Gordian, Heft 478, März 1915, S. 7878.

177 Gordian, Heft 471, Dezember 1914.

178 Gordian, Heft 476, Februar 1915, S. 7829.

179 RWWA 208-350-7.

180 HStAH Dep. 105, Nr. 56, Schreiben August Sprengel an Bernhard Sprengel vom 7.1.1916.

weitere Streckung der Vorräte, bzw. die Möglichkeit ein größeres Tagesquantum herauszubringen.«[181]

Wie würden die Kunden diese gestreckte Qualität annehmen? Schadet die mindere Qualität dem Markenimage oder wäre es besser, gar nicht zu produzieren als schlechte Ware?

»Wir haben schon Erwägungen angestellt, ob es zweckmäßig sein dürfte, die Schokolade-Fabrikation ganz einzustellen und unsere Vorräte an Rohkakao lediglich für Schokolade-Dessert [das sind Pralinen] aufzuarbeiten«, ließ Sprengel seinen Vetter einen Monat später wissen.

Kurz darauf ging ein neuer Brief an den Vetter hinaus mit der Aufforderung, Waren der Konkurrenz zu kaufen, da »Detailgeschäfte von Mauxion in Hamburg zu ganz außerordentlich hohen Preisen verhältnismäßig gewöhnliche Mischungen verkauften«.[182]

Vetter Bernhard Sprengel in Hamburg empfahl am 8. Oktober 1915: »Ich halte es für angebracht, vor Erhöhung der Preise erst mal das Verhalten der Konkurrenz abzuwarten.«

Einen Kunden durfte der »Hoflieferant seiner Majestät des Kaisers und der Kaiserin« bei aller Rohstoffbeschränkung nicht enttäuschen: die kaiserliche Hofküche. Man hatte unbedingt zu liefern, aber die Preise mussten nicht so knapp kalkuliert werden wie für den rechnenden Normalverbraucher. »Die Hofküchenverwaltung zu Berlin forderte heute 150 kg Schokolade zur Versendung für nächste Woche ab. Sie fragte nach weiteren 150 kg zur Lieferung Juli-August an. Für diese weiteren sind die Kakaos vorhanden. Wir wollen sie zusagen mit einem Preisaufschlag von 1 M pro 1/2 kg und diesen Aufschlag mit der nunmehr notwendig gewordenen Verwendung im Laufe des Krieges gekaufter teurerer Kakaosorten begründen«,[183] lautete die Anweisung des Chefs.

Schokolade war nun wieder wie ehedem eine Leckerei für den fürstlichen Hof und für den gemeinen Mann nur zugänglich, wenn er »vor dem Feind« stand. Statt Schokolade wurden überwiegend »nützliche Dauerwaren für Heer und Bevölkerung [produziert]. Fabrikate bestehen insbesondere aus Husten-Karamellen, Pfefferminz-Pastillen, säuerlichen Bonbons und ähnliche mit erfrischenden Essenzen und Säuren bereitete Zuckerwaren. Sie werden von den Soldaten zur Beschwichtigung von Durst und Hunger sowie als angenehmes Anregungsmittel außerordentlich begehrt und bilden den einen eisernen Bestand des Soldatengepäcks.«[184]

In der Süßwaren- und Schokoladenindustrie, die zu Friedenszeiten 65 000 bis 70 000 Personen beschäftigte, arbeiteten 1917 nur noch 20 000 bis 25 000 Personen, »zum weitaus größten Teil aus weiblichen Personen, meist aus schwächlichen Mädchen und Frauen, die zu einer anderen, körperlich anstrengenden Arbeit nicht fähig sind«, wie es etwas abfällig in den Mitteilungen der Süßwarenfabrikanten hieß. Dabei waren auch in Friedenszeiten die meisten Beschäftigten Frauen. Von 492 Beschäftigten arbeiteten bei Kriegsbeginn in der Firma Sprengel 250 weibliche Beschäftigte: 233 ungelernte Arbeiterinnen und 17 Frauen in der Verwaltung.

In der Erwartung eines schnellen Sieges hatte Sprengel die eingezogenen Angestellten zunächst weiterbezahlt.[185] Das war patriotische Pflicht und sicher auch eine Maßnahme, die dem Betrieb die raren Fachkräfte erhalten sollte. 1916 verkündete er »wegen der schwierigen Rohmaterial-Verhältnisse« die Gehaltszahlungen an Kriegsteilnehmer nicht mehr

181 HStAH Dep. 105, Nr. 56, Schreiben August Sprengel an Bernhard Sprengel vom 6.9.1916.

182 HStAH Dep. 105, Nr. 56, Schreiben vom 23.10.1916.

183 HStAH Dep. 105, Nr. 56, Schreiben August Sprengel 15.2.1916.

184 HStAH Dep. 105 Nr. 86, Mitteilungen an die Mitglieder der Vereinigung Dt. Zuckerwaren- und Schokolade-Fabrikanten, August Jg. 1917/18, S. 155 Mitteilung Rohstoffverhältnisse des Industriezweigs.

185 HStAH Dep. 105, Nr. 27.

fortsetzen zu können. Als Sparmaßnahme beantragte er bei der königlichen Gewerbeinspektion, die Pausen zu verkürzen und auf diese Weise Heizkosten zu sparen. Für Arbeiterinnen wollte er wegen »Militär-Lieferungen« mehrfach »höflichst bitten, eine Arbeitszeitverlängerung für über 16 Jahre alte Arbeiterinnen gestatten zu wollen«,[186] die ihm in der Regel gestattet wurden. Eine Verlängerung auf 12 Stunden täglich hat die Gewerbeinspektion aber Ende 1915 mit Hinweis auf einen Erlass des Ministeriums für Hygiene und Gesundheit abgelehnt.

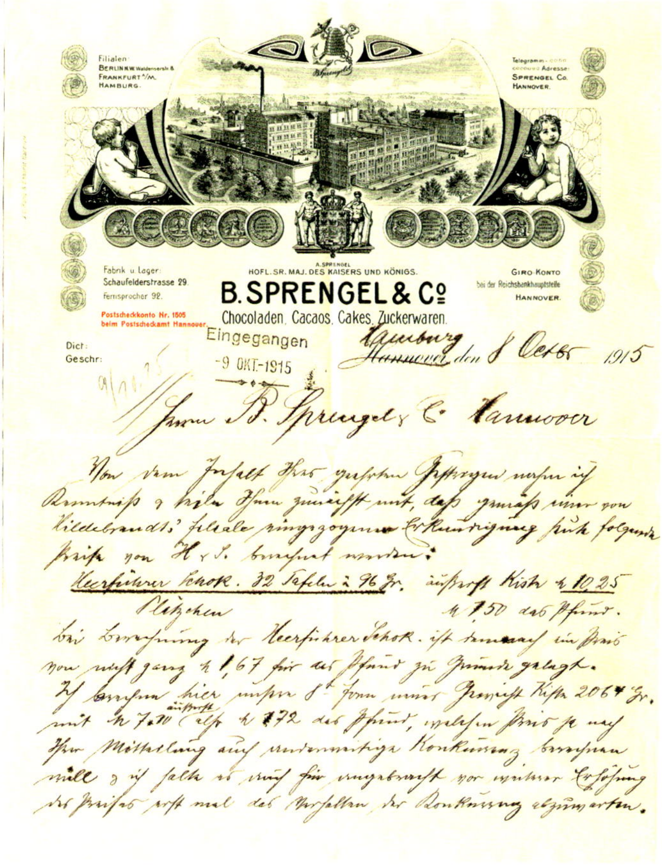
Filialen: Berlin N.W. Frankfurt a/M. Hamburg.
Telegramm-Adresse: Sprengel Co. Hannover.
Fabrik u. Lager: Schaufelderstrasse 29. Fernsprecher 92.
Postscheckkonto Nr. 1505 beim Postscheckamt Hannover.
A. SPRENGEL HOFL. SR. MAJ. DES KAISERS UND KÖNIGS.
B. SPRENGEL & Co
Chocoladen, Cacaos, Cakes, Zuckerwaren.
Giro-Konto bei der Reichsbankhauptstelle Hannover.
Dict:
Geschr:
Eingegangen -9 OKT. 1915
Hamburg, den 8 Octbr 1915

Herrn B. Sprengel & Co Hannover

Von dem Inhalt Ihres geehrten Schreibens nahm ich Kenntniss & teile Ihnen zunächst mit, dass gemäss einer von Hildebrandts' Filiale eingezogenen Erkundigung jetzt folgende Preise von H & S. berechnet werden:
Heerführer Schok. 32 Tafeln à 96 Gr. äusserst Kiste M 10.25
Plätzchen M 1.50 das Pfund.
bei Berechnung der Heerführer Schok. ist demnach ein Preis von nicht ganz M 1,67 für das Pfund zu Grunde gelegt.
Ich berechne hier unsere [illegible] Gewicht Kiste 2067 Gr. mit M 7.10 äusserst also M 1.72 das Pfund, welchen Preis sie nach Ihrer Mitteilung auf anderweitige Konkurrenz berechnen will & ich halte es auch für angebracht vor weiterer Erhöhung des Preises erst mal das Verhalten der Konkurrenz abzuwarten.

Abb. 81 Schreiben von Vetter Bernhard Sprengel aus Hamburg, 1915

Engpässe gab es mit der Dauer des Krieges zunehmend bei den Facharbeitern und Meistern und beim kaufmännisch-technischen Personal. August Sprengel versuchte beim Generalkommando des Heeres für die wichtigsten Positionen Genehmigungen zur Unabkömmlichkeit (UK-Stellung) zu erhalten: »Wir bitten, uns Herren Meyer zu belassen bzw. soweit wie irgend möglich zurückzustellen. Er ist laut Militärpass vom 29.11.1916 garnison- und arbeitsverwendungsunfähig und Kriegsrentenempfänger, der bei seinem Wiedereintritt bei uns mit der Aufsicht im Betriebe betraut ist und die einzige Person, welche hierfür nach der Einberufung unseres Betriebs-Ingenieurs noch vorhanden ist.«[187]

Oberstleutnant S., der über Freistellungen entschied, bat um Süßigkeiten, »die so selten geworden sind« für seine Frau. Sprengel, um ihn gewogen zu machen, schickt ihm natürlich ebensolche. Die Zurückstellungen des Prokuristen Kühne und des Hauptkassierers Ehlers wurden genehmigt. Dringlich im Betrieb wurde auch Werkmeister Liebau benötigt. »Wir bitten um Zurückstellung von Herrn Liebau um so mehr, als wir Heereslieferungsverpflichtungen im Betrage von ungefähr 600000 M eingegangen sind«, begründete Sprengel seinen Antrag. »Diese Verpflichtungen können wir nicht erfüllen, wenn Herr Liebau unserem Betriebe entzogen wird, da er nach Einberufung unseres Betriebsleiters Herr Holle der einzige Schokoladen- und Kakao-Fachmann im Betriebe ist, welchen wir noch besitzen.«

186 HStAH Dep. 105, Nr. 27.
187 HStAH Dep. 105, Nr. 225, Schreiben Sprengel vom 28.12.1917.

Abb. 82 Kriegspatriotisches Deckblatt des Kalenders von 1917

Die Heereslieferungen hatten den Vorteil, dass die Rohstoffversorgung gesichert war und Arbeitsplätze erhalten blieben. Neben der Kundenpflege als Heereslieferant floss wohl auch eigene Überzeugung des Chefs in die Zeilen ein, die die Firma im Vorwort ihres Kalenders 1917 formulierte:

»Doppelt dankbar muß unserem Kaiser heute sein Volk sein, daß er nicht geruht und gerastet hat, bis das Werk, das sein ureigenstes ist, vollendet war, bis die Flotte Gestalt angenommen hatte. [...] In den beiden Seen am Belt, im englischen Kanal und auf den weiten Meeren aber weht stolz die Flagge ›Schwarz-Weiß-Rot‹, der Welt verkündend, daß Englands Seeherrschaft gebrochen ist. [...] Das deutsche Volk hat allen Grund stolz zu sein auf seine Flotte und vertrauensvoll der Tage entgegenzuharren, der uns mit ihrer Hilfe einen ehrenvollen Frieden bringt.«[188] Die Flaggen der Marine und die Standarte des Kaisers schmücken denn auch das Titelblatt des Kalenders von 1917.

Hatte der Schokoladenfabrikant, dem der Rohstoff aufgrund der wirksamen englischen Blockade 1916 ausgegangen war, tatsächlich nicht erkannt, dass die gepriesene deutsche Flotte ihr Hauptziel, die Blockade und die britische Vormachtstellung auf dem Meer zu brechen, gerade nicht erreicht hatte? Er war aber 1917 realistisch genug, auf einen ›ehrenvollen Frieden‹, nicht auf einen ›Siegfrieden‹ zu setzen. Die Hoffnung auf die neue Wunderwaffe der U-Boote sollte sich schnell als trügerisch erweisen, denn ihr uneingeschränkter Einsatz führte zum Kriegseintritt der USA und leitete Deutschlands Niederlage ein.

Der Arbeitsmarkt wurde zunehmend reglementiert. Die Betriebe mussten regelmäßig die Zahl ihrer männlichen und weiblichen Beschäftigten mitteilen. Ihre Arbeitskräfte durften sie nicht mehr frei auswählen. Das stellvertretende Generalkommando des XI. Armeekorps verfügte ein »Verbot der Arbeitersuche durch die Presse. Es ist verboten in öffentlichen Druckschriften Gesuche oder sonstige Mitteilungen zu veröffentlichen, durch welche die Anwerbung industrieller oder gewerblicher Arbeiter (einschließlich Meister und Lehrlinge) bezweckt wird.«[189] Die Arbeitnehmer, sowohl Facharbeiter als auch Arbeiterinnen, hatten dagegen angesichts des eng gewordenen Arbeitsmarktes die Möglichkeit, auf besser entlohnte Arbeitsplätze abzuwandern oder sich solche mit günstigen Arbeitsbedingungen zu suchen.[190] Da immer

188 RWWA 208-350-7.

189 HStAH Dep. 105, Nr. 225, Schreiben vom 15.3.1916.

190 Arnulf Huegel: Kriegsernährungswirtschaft Deutschlands während des Ersten und Zweiten Welt-

mehr Männer eingezogen wurden, sank in den Betrieben die Zahl der Beschäftigten. Die Gesamtzahl der Sprengel-Mitarbeiter war im Oktober 1918 gegenüber 1914 auf weniger als die Hälfte gefallen.[191]

Die amtlichen Stellen bemühten sich nach Kräften, den Einsatz von Frauen in den Betrieben zu fördern. Den Unternehmen wurde mitgeteilt:

»Die steigenden Anforderungen des Heereseinsatzes werden in nächster Zeit die Einziehung einer großen Zahl Wehrpflichtiger, die bisher in ihrer bürgerlichen Tätigkeit belassen werden konnten, notwendig machen. [...] Arbeitswillige Frauen aller Stände [sind] in ausreichender Zahl vorhanden. Der Berufsberatung vor der Arbeitsaufnahme muß sich jedoch die planmäßige berufliche Erziehung und Führung der Frau im Betriebe nach der Arbeitsaufnahme anschließen. [...] Es wird erwartet, daß alle Betriebsleiter, Ingenieure, Meister und Vorarbeiter sich der Wichtigkeit ihrer Aufgabe für den Heeresersatz voll bewußt sind und keine Mühe scheuen, sie zu lösen.«[192]

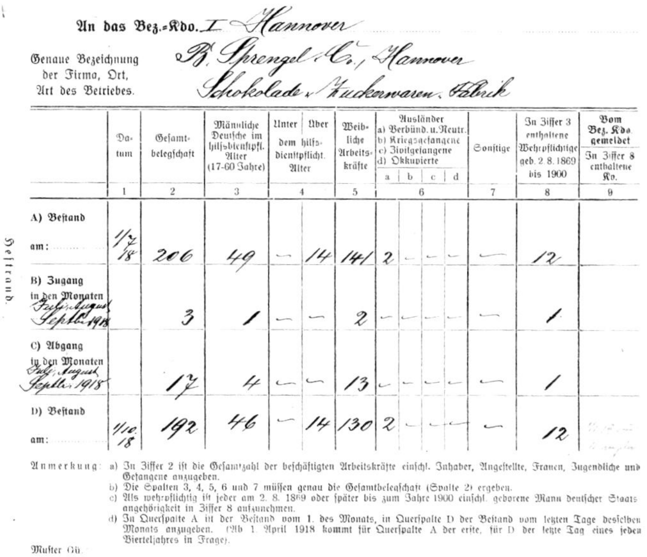

An das Bez.-Kdo. I Hannover

Genaue Bezeichnung der Firma, Ort, Art des Betriebes. B. Sprengel & Co., Hannover Schokolade u. Zuckerwaren-Fabrik

	Datum	Gesamtbelegschaft	Männliche Deutsche im hilfsdienstpfl. Alter (17-60 Jahre)	Unter dem hilfsdienstpflicht. Alter	Über dem hilfsdienstpflicht. Alter	Weibliche Arbeitskräfte	Ausländer a) Verbünd. u. Neutr. b) Kriegsgefangene c) Zivilgefangene d) Okkupierte: a	b	c	d	Sonstige	In Ziffer 3 enthaltene Wehrpflichtige geb. 2. 8. 1869 bis 1900	Vom Bez. Kdo. gemeldet: In Ziffer 8 enthaltene Kv.
	1	2	3	4	4	5	6	6	6	6	7	8	9
A) Bestand am:	1/7 18	206	49	–	14	141	2	–	–	–	–	12	
B) Zugang in den Monaten Juli, August Septbr. 1918		3	1	–	–	2	–	–	–	–	–	1	
C) Abgang in den Monaten Juli, August Septbr. 1918		17	4	–	–	13	–	–	–	–	–	1	
D) Bestand am:	1/10. 18	192	46	–	14	130	2	–	–	–	–	12	

Anmerkung: a) In Ziffer 2 ist die Gesamtzahl der beschäftigten Arbeitskräfte einschl. Inhaber, Angestellte, Frauen, Jugendliche und Gefangene anzugeben.
b) Die Spalten 3, 4, 5, 6 und 7 müssen genau die Gesamtbelegschaft (Spalte 2) ergeben.
c) Als wehrpflichtig ist jeder am 2. 8. 1869 oder später bis zum Jahre 1900 einschl. geborene Mann deutscher Staatsangehörigkeit in Ziffer 8 aufzunehmen.
d) In Querspalte A ist der Bestand vom 1. des Monats, in Querspalte D der Bestand vom letzten Tage desselben Monats anzugeben. (Ab 1. April 1918 kommt für Querspalte A der erste, für D der letzte Tag eines jeden Vierteljahres in Frage).

Muster Gü.

Abb. 83 Sprengel-Beschäftigte im Jahr 1918

Tatsächlich hat der Kriegseinsatz der Männer die Frauenarbeit stark gefördert. Das hatte den Nebeneffekt, dass man ihnen nach dem Kriege das Wahlrecht nicht mehr vorenthalten konnte. Mit der Erwerbstätigkeit der Frau wurde die Frage der öffentlichen Kinderbetreuung wichtig. Im Mai 1916 ermahnte das stellvertretende Generalkommando der XI. Armee in Hannover die Unternehmer für Kinderunterbringung zu sorgen.: »Bei gutem Willen werden größere Betriebe mit Hilfe von sogenannten Fabrikschwestern, kleinere Betriebe durch gemeinschaftliche Begründung von Kinderkrippen oder durch Inanspruchnahme von gemeindlichen Kinder-Bewahranstalten Rat schaffen können.«[193]

Das Vaterländische Hilfsdienstgesetz sollte 1916 weitere Arbeitskräfte mobilisieren. In den Zeiten der Not waren die Wirtschaftsplaner auf die Zusammenarbeit mit den Arbeitnehmervertretern angewiesen, um die Produktion, vor allem die Rüstungsproduktion, nicht zu gefährden. Streiks vor allem in der Metallverarbeitung waren ab dem zweiten Vierteljahr 1916 ein Warnsignal. Die vergleichsweise gut verdienenden Metallarbeiter in der Rüstungsindustrie, mit etwa doppelt so hohen Stundenlöhnen wie in der Nahrungsmittelindustrie waren gut organisiert und durchsetzungsstark. Die Unternehmer waren daher zu erheblichen Zugeständnissen an Sozialdemokratie und Gewerkschaften bereit. Was es bei Sprengel nach dem Firmentarif von 1903 bereits gab, wurde nun durch das Hilfsdienstgesetz zur allgemeinen Pflicht. In allen Betrieben mit mehr

krieges im Vergleich, Konstanz 2003, S. 189.
191 HStAH Dep. 105, Nr. 101.
192 HStAH Dep. 105, Nr. 225, Schreiben der Kriegsamtsstelle vom Oktober 1917.

193 HStAH Dep. 105, Nr. 225.

Ausgehängt am 4. Mai 1917.

abgenommen am

Wahlausschreiben

(§ 6 der Wahlordnung)

für die Wahl des Arbeiter-Ausschusses

für die Firma B. Sprengel & Co., Hannover.

Gemäß § 11 des Gesetzes über den vaterländischen Hilfsdienst vom 5. Dezember 1916 und nach den hierzu ergangenen Bestimmungen des Ministers für Handel und Gewerbe ist von den volljährigen männlichen und weiblichen Arbeitern des Betriebs, soweit sie die deutsche Reichsangehörigkeit besitzen, ein aus 5 Mitgliedern bestehender Arbeiter-Ausschuß aus ihrer Mitte zu wählen.

Für die Ausschußmitglieder sind im ganzen 10 Ersatzmänner zu wählen.

Wählbar sind volljährige männliche und weibliche Arbeiter des Betriebs. Wählbar ist nicht, wer die deutsche Reichsangehörigkeit nicht besitzt.

Gemäß § 6 der den Bestimmungen des Ministers für Handel und Gewerbe beigefügten Wahlordnung werden die Wahlberechtigten aufgefordert, bis zum 11. Mai Vorschlagslisten bei dem unterzeichneten Wahlleiter einzureichen. Vorschlagslisten, die später eingehen oder die nicht von mindestens drei Wahlberechtigten unterzeichnet sind, sind ungültig.

Jede Vorschlagsliste soll wenigstens so viel wählbare Bewerber benennen, wie Ausschußmitglieder und Ersatzmänner zu wählen sind. Die einzelnen Bewerber sind unter fortlaufender Nummer oder in sonst erkennbarer Reihenfolge aufzuführen und nach Familien- und Vor-(Ruf-)Namen, Beruf und Wohnort zu bezeichnen.

Die zugelassenen Vorschlagslisten werden vom 15. Mai bis zum 24. Mai täglich von 2 bis 3 Uhr in dem Kontor zur Einsicht der Wähler ausliegen.

Die Wählerliste liegt vom 7. Mai bis zum 10. Mai täglich von 2 bis 3 Uhr im Kontor zur Einsicht aus. Einsprüche gegen die Wählerliste sind zur Vermeidung des Ausschlusses spätestens am 10. Mai bei dem unterzeichneten Wahlleiter anzubringen.

Die Stimmabgabe über die zugelassenen Vorschlagslisten findet an den Tagen vom 15. Mai bis zum 24. Mai im Kontor statt. Jeder Wahlberechtigte darf nur für eine der zugelassenen Vorschlagslisten stimmen. Der Wähler, der von seinem Wahlrecht Gebrauch machen will, hat seinen Stimmzettel an einem der oben bezeichneten Tage während der Zeit von 2 bis 3 Uhr in einem Wahlumschlag abzugeben, den er im Kontor erhält.

Ein Abdruck der Wahlordnung liegt bis zum Schlusse der Stimmabgabe täglich von 2 bis 3 Uhr im Kontor zur Einsicht aus.

Hannover, den 4. Mai 1917

Der Wahlleiter

G. Lammert.

Abb. 84 Wahlausschreiben Arbeiterrat, 1917

als 50 Beschäftigten musste bis Februar 1917 ein Arbeiterausschuss gewählt werden. Von den Betrieben war ein Fragebogen auszufüllen, mit einer Namensliste aller Beschäftigter, deren Wohnort und Geburtsdatum und deren Qualifikation. 214 Mitarbeiter führte die Liste im Jahr 1917 auf, davon waren acht technische Facharbeiter wie Schlosser, Heizer und Mechaniker und zwölf Spezialfacharbeiter wie Kocher und Laboranten. Die wöchentliche Arbeitszeit betrug 46 Stunden.

Die Generalkommission der Gewerkschaften stellte in ihrem Aufruf zum Hilfsdienstgesetz vom Dezember 1916 befriedigt fest:

»Für alle Wünsche, Anträge, Beschwerden der Arbeiter sind zunächst Betriebsausschüsse zuständig, die zur Wahrung der Interessen der Arbeiter in jedem Betrieb mit mindestens 50 Arbeitern bzw. Angestellten errichtet werden müssen. [...] Kommt eine Einigung mit dem Arbeitgeber nicht zustande, entscheidet eine paritätische Schlichtungskommission. Das sind ganz erhebliche Verbesserungen des seither geltenden Rechtszustandes, die ohne die energische Tätigkeit aller Gewerkschaftsgruppen nicht erreicht worden wären.«[194]

Für Mitspracherecht und Anerkennung der organisierten Arbeitervertreter wurde von den Gewerkschaften die patriotische Pflichterfüllung in Aussicht gestellt:

»In dem Existenzkampf, den Deutschland um sein Bestehen und seine Zukunft führt, hat sich die Wahrheit glänzend durchgerungen, daß die Arbeiterklasse der bedeutsamste Teil des Volksganzen ist und ohne deren Opfersinn der geregelte Aufbau der Kriegswirtschaft nicht möglich wäre. Die Organisation [der Arbeiterschaft] muß dafür sorgen, daß die Wiedergeburt Deutschlands im Zeichen politischer Gleichberechtigung, der Anerkennung der Arbeiterorganisationen und der Sozialpolitik erfolgt.«[195]

Trotz dieser patriotischen Erklärung der deutschen Gewerkschaften gab es im Heer offenbar tief sitzendes Misstrauen gegenüber der Arbeiterschaft. Das Generalkommando des XI. Armeekorps in Hannover forderte die Unternehmer zum Aushang eines Aufrufes auf.

»Aufruf an die deutschen Arbeiter [...] Die Geheimhaltung sowohl der direkten Arbeiten für Heereszwecke als auch der Vorgänge im Handel und Gewerbe ist von so ausserordentlicher Bedeutung, dass keine Gelegenheit versäumt werden darf, die Angestellten und Arbeiter auf die Pflicht zur unbedingten Geheimhaltung hinzuweisen.« Den Betriebsleitern wurde empfohlen, »dass der Aufruf ständig als gut lesbar den Arbeitern zu Gesicht gebracht wird«.[196]

Der Königlichen Gewerbeinspektion oblag es, die Einhaltung der Vorschriften des Hilfsdienstgesetzes zu kontrollieren, und Sprengel meldete »... sind in den Arbeiterausschuss folgende bei uns beschäftigte Arbeitnehmer gewählt worden: Wilhelm Rust, Klempner; Achilles Götz, Bonbonkocher; Heinrich Kruse, Arbeiter; Johann Rose, Arbeiter; Lina Flemme, Arbeiterin.

Angestellten-Ausschuss: Carl Ehlers Prokurist; Georg Meyer, stv. Betriebsleiter; Wilhelm Brooß, Werkmeister; Wilhelm Ackermann, Werkmeiste; Dora Lange, Kontoristin«[197].

Der Unternehmer hatte anders als später nach dem Betriebsrätegesetz von 1920 – den Ausschuss einzuberufen und auch die Verhandlungen zu leiten. Er konnte sich an den Erörterungen beteiligen, durfte aber nicht mit abstimmen. Der Arbeiterausschuss war damals eher Beschwerdeinstanz als Träger von betrieblicher Mitbestimmung. Nach § 12 des Gesetzes über den vaterländischen Hilfsdienst hatte der Ausschuss »das gute Einvernehmen innerhalb der Arbeiterschaft des Betriebs und zwischen der Arbeiterschaft und dem Arbeitgeber zu fördern. Er hat Anträge, Wünsche

194 Hermann Weber, Klaus Schönhoven, Klaus Tenfelde (Hrsg.): Quellen zur Geschichte der deutschen Gewerkschaftsbewegung im 20. Jahrhundert, Band 1, Köln 1985, S. 259.

195 Ebd.

196 HStAH Dep. 105, Nr. 101, Schreiben vom 8.1.1917.

197 HStAH Dep. 105, Nr. 215, Mitteilung an die Königliche Gewerbe-Inspektion vom 25.5.1917.

und Beschwerden der Arbeiterschaft, die sich auf die Betriebseinrichtungen, die Lohn- und sonstigen Arbeitsverhältnisse des Betriebs und seiner Wohlfahrtseinrichtungen beziehen, zur Kenntnis des Unternehmers zu bringen und sich darüber zu äußern.« Konnten sich beide Seiten nicht einigen, entschieden die Gewerbegerichte als Schiedsinstanz. Der Unternehmer hatte also nicht mehr ausschließlich allein das Sagen in ›seinem‹ Betrieb, und es begann bereits im Kriege die lange Geschichte von gesetzlich geschützten Arbeitnehmerrechten.

Das Hilfsdienstgesetz sah auch eine überbetriebliche Beteiligung von Gewerkschaftsvertretern vor. Sie waren zum Beispiel in den Einberufungsausschüssen vertreten und im Vorstand des Kreisernährungsamtes[198] – eine kluge Entscheidung, denn die Ernährungslage war außerordentlich prekär und die Arbeiterschaft mit der Versorgung hoch unzufrieden.

Vielfach sorgten auch die Firmen dafür, dass ihre Beschäftigten mit den notwendigsten Nahrungsmitteln versorgt wurden. Das war fürsorglich gedacht, geschah aber auch aus der Überlegung, dass hungrige Arbeiter nicht gut arbeiten und unzufrieden werden. August Sprengel teilte im August 1916 seiner Belegschaft mit, dass 100 Zentner holländischer Rotkohl bereitstünden. Es müsse »sofort rundgefragt werden, wer von unseren Leuten von dem Angebot Gebrauch machen will. Ferner kommen morgen oder übermorgen 40 Zentner geräucherter Schellfisch, welche[r] zu -,75 M das Pfund abgegeben werden soll«.[199] Die Sprengel'sche Arbeitsordnung von 1888, die den Verzehr von Fisch im Betrieb verbot, galt auch 1916 noch. August Sprengel verkündete daher:»Wir machen auch ganz besonders darauf aufmerksam, dass es strengstens verboten ist, von den gekauften Fischen mit in die Fabrik zu nehmen oder sie auch nur an irgendeinem Platze des gesamten Fabrik-Grundstückes aufzubewahren. Die Fische sind sofort nach Empfang aus der Fabrik heraus weiter zu befördern. Von dieser Vorschrift dürfen wir bei der Eigenart unseres Nahrungsmittelbetriebes nicht abgehen.«

Wenn die positive Resonanz auf einzelne Angebote von Nahrungsmitteln ausblieb, konnte der Chef recht ungemütlich werden. Das Risiko, auf den Lebensmitteln sitzen zu bleiben, wollte er nicht eingehen. »Rote Wurzeln wurden nicht abgenommen. Wir bitten dringend, Ihr [das Schreiben ging an die Abteilungsleiter] Personal zu veranlassen, solche umgehend abzufordern. Wir werden, wenn die bestellten Wurzeln nicht abgenommen werden, uns wegen Belieferung von weiterem Gemüse nicht bemühen.«[200] Nahrungsmittel würde er dann eben nicht mehr abgeben.

Zunehmend zum Problem wurden in Hungerzeiten Diebstähle durch Mitarbeiter. Mit einer Mischung aus Entgegenkommen und Drohung versuchte Sprengel diesen entgegenzuwirken:

»Nachdem sich in letzter Zeit in höchst bedauerlicher Weise die Entwendungen von Waren in unserem Betriebe stark gehäuft haben, machen wir folgendes bekannt:
Wir geben hiermit unseren Arbeitern und Arbeiterinnen Gelegenheit, sehr billig, jedenfalls weit unter unserem Selbstkostenpreis sich Waren zu kaufen und zwar:
Karamell-Bonbons, ungefüllte feine saure Fruchtbonbons, Martha-Dessert 1,80 M das Pfund, Bulgaren-Mischung 1,50 M das Pfund.
Unterbleiben die Entwendungen und Unehrlichkeiten nicht, so werden wir diesen Warenverkauf, jegliche Kohlenlieferungen an unsere Leute und jeden Lebensmittelverkauf einstellen.«[201]

Die Strategie war nicht erfolgreich, die Diebstähle sorgten weiterhin für Unruhe und nicht nur bei Sprengel. Allgemein nahm die Zahl der Fabrikdiebstähle erheblich zu, und in den Mitteilungen der Schokoladen- und Süßwarenfabrikanten wurde die Frage erörtert. »Welche Rechte hat der Fabrikpförtner?«

198 Huegel, S.187.
199 HStAH Dep. 105, Nr. 304.
200 HStAH Dep. 105, Nr. 217.
201 HStAH Dep. 105, Nr. 217, Aushang vom 31.3.1917.

Solange sich die Durchsuchung in angemessenen Formen vollzog, gebe es ein Recht auf Durchsuchung von Sachen und von Kleidern, wurden die Mitglieder informiert.[202] Sprengel-Mitarbeiter lasen im Juli 1918 erneut auf einem Aushang:

»Wir geben hiermit bekannt, dass wir in Zukunft Veruntreuungen und Entwendungen von Waren jeglicher Art unnachsichtlich nicht nur mit Entlassung, sondern in jedem Falle auch mit Anzeige bestrafen werden und machen darauf aufmerksam, dass das Gericht heute bei dem hohen Werte der Waren Entwendungen nicht als Mundraub, sondern immer als Diebstahl verfolgen wird. [...] Sollten die Veruntreuungen und Entwendungen nicht aufhören, so werden wir nicht nur Unterstützungen jeglicher Art, in Sonderheit aus Sparkassen- und Unterstützungskasse fortfallen lassen, sondern wir werden unsere Arbeiterschaft auch nicht mehr mit preiswerten Vorräten wie Kohlen, Brennholz, Kartoffeln, Kohl und Gemüse jeglicher Art, Hülsenfrüchte usw. versorgen.
Auch werden wir die Abgabe von Waren, falls diese Bekanntmachung nicht den gewünschten Erfolg haben sollte, ganz fortfallen lassen. Vorläufig werden keine Waren abgegeben.
Also:
Schützt Euch selbst durch Ausstoßung der unehrlichen Elemente!«

Der Sprengelmitarbeiter Willy Winsel, dessen Vater Heinrich die Vertrauensstellung des Chefkutschers innehatte, verwaltete in Brüssel nahrhafte Vorräte in der ›Pferdesammelstelle‹.[203] Pferdefleisch, heute den meisten Zeitgenossen nur als Skandalfleisch präsent, war in den Zeiten der Not ein begehrtes Nahrungsmittel. 63½ Kilogramm Speck schickte Winsel im Februar 1917 aus Brüssel nach Hannover. Die Sendung war als Bücherpaket deklariert.

35 Beschäftigte der Firma profitierten von den Lieferungen, vor allem leitende kaufmännische und technische Angestellte. Auch der Chef erhielt 2½ Kilogramm. Einen Monat später kamen weitere – und wie sich herausstellen sollte – letzte 40 Pfund Speck aus Brüssel. Die Sammelstelle wurde aufgelöst. Willy Winsel konnte die bei ihm schon eingegangenen Wünsche aus der Heimat nicht mehr erfüllen. »Wir gehen nun wahrscheinlich zur Front. [...] Ein Rest[betrag] von 45 M, 40 Pfg verbleibt. Letzteren sende ich Ihnen umgehend zurück, denn man weiß ja nicht, was einem bevorsteht.« Dort, wo man vielleicht bleibt und nicht mehr zurückkehrt, wollte er nichts schuldig bleiben.

Hatte der Mangel an Rohkakao die Produktion seit Ende 1915 zunehmend beeinträchtigt, drohte im Jahr 1917 die Schließung von Fabriken. Der Kohlenverbrauch der Schokoladen- und Zuckerfabriken sollte, so forderte dies die Kriegsamtstelle in Magdeburg, die auch für Hannover zuständig war, auf ein Drittel reduziert werden. Die Betriebe wurden aufgefordert, selbst Vorschläge zu unterbreiten, »wie die Zusammenlegung unter Herstellung einer Betriebs- und Entschädigungsgemeinschaft zwischen den stillzulegenden und den weiterverarbeitenden Fabriken unter Berücksichtigung der Transportfrage zweckentsprechend erfolgen soll«.[204]

Der Verband protestierte, schickte sich aber drein und entwickelte Vorschläge für die »allenfallsige Möglichkeit einer Zusammenlegung«. Man wusste ja nicht, wie die Kriegsbehörden vorgehen würden, also machte die Industrie lieber eigene Vorschläge, die die Entschädigung der geschlossenen Betriebe und den Vertrieb regelten. »Bei der Auswahl der weiterverarbeitenden Betriebe sollen grundsätzlich die am rationellsten arbeitenden Fabriken bevorzugt werden«, entschied der Verbandsvorstand, und das Kriegsernährungsamt war einverstanden. Mehrfach hatten staatliche Preisprüfungsstellen Preisforderungen für Zuckerwaren beanstandet und die Kalkulation

202 HStAH Dep. 105 Nr. 86, Mitteilungen an die Mitglieder der Vereinigung Dt. Zuckerwaren- und Schokolade-Fabrikanten, August Jg. 1917/18, S. 9953.
203 HStAH Dep. 105, Nr. 304.
204 HStAH Dep. 105, Nr. 86, Mitteilungen an die Mitglieder der Vereinigung Dt. Zuckerwaren- und Schokolade-Fabrikanten, August Jg. 1917/18, S. 148.

Abb. 85 Der Kutscher Winsel mit dem Wagen des Chefs

der Verkäufer nachgeprüft. »Leider sind tatsächlich in nicht wenigen Fällen«, schrieb der Verband, »insbesondere von Kleinbetrieben Preise gefordert worden, die den zulässigen und angemessenen Rahmen entschieden überschreiten. Darunter muß allenfalls der gesamte Industriezweig leiden.«[205] Deswegen mussten vor allem Kleinbetriebe, die häufig teurer als die großen Firmen produzierten, ihren Betrieb schließen. Allerdings waren sie auch im Verband weniger einflussreich. Sprengel gehörte zu den rationell arbeitenden Firmen und erhielt von den geschlossenen Betrieben die Zuckerkontingente freiwillig übertragen. Diese Kontingente wurden von Sprengel verarbeitet. Er war zur Belieferung der stillgelegten Betriebe mit daraus hergestellten Waren und zur Zahlung einer Entschädigung an die stillgelegten Betriebe verpflichtet.[206]

28 Firmen hatten ihre Zuckeranteile an Sprengel übertragen. Ein Vierteljahrhundert später war in Deutschland wieder Krieg, und wieder mussten Firmen ihre Produktion einstellen. Die Firmen Fritz Schoppe, Hannover, Joh Ed. Finzenhagen, Hildesheim, Moritz Brechner, Hannover, und Eduard Kleefeld, Hannover, mussten 1943 ihre Betriebe schließen und erneut übernahm Sprengel die Produktion. Nur haben dann nicht mehr unabhängige Verbände ihre Vorschläge unterbreitet, sondern nach dem Führerprinzip organisierten Wirtschaftliche Vereinigungen.

Mit Fortschreiten des Krieges gab es immer neue Einschränkungen, gegen die sich August Sprengel zu wehren versuchte. Im März 1918 kündigte die Kriegsamtstelle an, die Firma Sprengel aus Kohlenmangel stillzulegen. Sprengel beschwerte sich: »Dann würde dadurch nicht nur meine Firma, sondern trotz Aufhebung der Zusammenlegung 18 andere Betriebe, welche uns ihre Zuckeranteile mit Zustimmung der Zucker-Zuteilungsstelle freiwillig übertragen haben, betroffen werden.« Die Firma wurde zwar nicht stillgelegt, aber die Kohleration gekürzt. Elektromotoren wurden beschlagnahmt, nur kriegswichtige Firmen waren davon ausgenommen. Beschlagnahmt und enteignet wurden auch Einrichtungsgegenstände aus Kupfer, Nickel, Aluminium und Zinn, beispielsweise auch Formen zur Herstellung von Zuckerwaren oder zur Schokoladenherstellung. So hatten sich die Fabrikanten den Kriegsverlauf nicht vorgestellt. Es kamen jedoch Herausforderungen ganz anderer Art auf die Unternehmer zu. Die Stimmung in der Arbeiterschaft wurde schlechter, und Sprengel zahlte im Oktober 1918 jedem Arbeiter »zur Erleichterung der Beschaffung von Wintervorrat in Anbetracht der herrschenden Teuerung eine Beihilfe in Höhe von 80 M für jeden Arbeiter«.[207] Mit solchen Zugeständnissen allein ließ sich jedoch die Situation nicht befrieden.

205 Ebd.
206 HStAH Dep. 105, Nr. 101.
207 HStAH Dep. 105, Nr. 101.

Konfliktreiche Jahre 1918 bis 1933

Revolution in Hannover – Arbeiterrat für parlamentarische Demokratie

Die Revolution klopfte nicht höflich an. Ein Trupp Soldaten spazierte am 8. November 1918 durch die Villenstraßen Herrenhausens und erzwang mit Waffengewalt die Herausgabe von Geld. Sie suchten auch den Chef der Firma Sprengel heim. Er erstattete Bericht an die oberste militärische Kommandobehörde in Hannover:

»Hiermit bringe ich dem Generalkommando folgenden Vorfall zur Kenntnis
Gestern, Donnerstag abends 10 1/4 Uhr, erschien in meiner Privatwohnung Nienburger Str 14 A ein Unteroffizier mit 4 Mann, sämtlich mit Gewehren bewaffnet, stellte sich mir als Abgeordneter des Arbeiter- und Soldaten-Rates vor und verlangte in dessen Auftrage M 160.-- widrigenfalls ich ihm zur Wache folgen müsste. Zur Beruhigung meiner Frau, zweier Geschwister und einiger Nichten, also einer ganzen Anzahl Damen, und auch der Gewalt weichend, habe ich dem Manne den Betrag ausgehändigt, obgleich mir von vornherein klar war, dass es sich um einen privaten Gaunerstreich handelte. Bei meinem Nachbarn, Herrn Fabrikbesitzer Julius Lange, Callinstr. 27, wurden unter denselben Umständen M 220.-- erhoben und, wie mir zu Ohren gekommen ist, wurde auch in der Alleestrasse bei Frau Lemier der Versuch mit Erfolg und bei Herrn Lehzen ohne Erfolg gemacht.«[1]

Am Tag zuvor waren Soldaten aus auswärtigen Standorten mit der Bahn nach Hannover gekommen. Den etwa 1000 Soldaten und Matrosen war es gelungen, Militärgefangene zu befreien. Sie entwaffneten Wachsoldaten und verteilten die Waffen an die Menge. Die örtlichen Kommandobehörden hatten dem Druck der Soldatenunruhen nicht standhalten können und die Befehlsgewalt an die Aufständischen übergeben. Handelte der Herrenhäuser Stoßtrupp in ihrem Auftrag oder hatten, wie Sprengel vermutete, gewöhnliche Kriminelle die Situation ausgenutzt?

Revolutionäre Soldaten nahmen zu Vertretern der Arbeiterbewegung Kontakt auf. Die SPD verteilte Flugblätter und mahnte zu Ruhe und Ordnung. Friedrich Feldmann, damals Vorsitzender des SPD-Bezirks Hannover-Braunschweig, beschrieb die aufregenden Jahre in seiner ›Geschichte des Ortsvereins Hannover‹ und zitiert viele Originaldokumente:

»Soldaten, Arbeiter, Genossen,
Die durch Deutschland gehende Bewegung hat heute morgen auch auf Hannover übergegriffen. Die Soldaten haben die Macht in den Händen und haben sich, um unnützes Blutvergießen zu vermeiden, sofort mit der politischen Arbeiterbewegung in Verbindung gesetzt. Um 2 Uhr findet beim Gewerkschaftshause eine Versammlung statt, die endgültig den Soldatenrat wählt, der in der Gemeinschaft mit der organisierten Arbeiterschaft dann handelt. Kameraden! Eure Angelegenheit befindet sich in besten Händen!
An Euch ist es jetzt unter allen Umständen dafür Sorge zu tragen, daß die Ruhe und Ordnung nirgends gestört werden.«[2]

1 HStAH Dep. 105, Nr. 225.

2 Friedrich Feldmann: Geschichte des Ortsvereins Hannover der Sozialdemokratischen Partei Deutschlands vom Gründungsjahr bis 1933, Hannover 1952, S. 77.

Vordringlich war in den Augen der maßgebenden Sozialdemokraten und Gewerkschafter, Massenansammlungen zu verhindern. »Es ist der dringende Wunsch der Soldaten, daß sich alles in Ruhe und Frieden vollzieht. Sie wünschen deshalb auch, daß die Arbeiter unter allen Umständen in den Betrieben bleiben«,[3] informierte ein weiteres Flugblatt der SPD. Trotz der sozialdemokratischen Aufrufe zur Ruhe verbreiteten Matrosen und Soldaten die Informationen über den Aufstand in die Betriebe. Ein Augenzeuge berichtete:

»Als wir morgens auf die Straße gingen, um ein bisschen frische Luft zu schöpfen, fanden wir plötzlich rote Matrosen vor dem Betrieb, mit roten Armbinden, Karabiner umgedreht auf dem Rücken und die uns erklärten, der Krieg ist zu Ende, die Marine macht nicht mehr mit und an der Front setzen sich die Soldaten auch schon ab. Wenige Stunden später tauchten die Matrosen im Betrieb auf und forderten Schluss zu machen.«[4]

Hannovers Industrielle mussten besorgt feststellen: »Durch die Unruhen in den letzten Tagen sind vereinzelte Werke von außen her in Mitleidenschaft gezogen« und sie setzten sich zusammen, um »gewisse Sicherheiten für den Schutz der Industriewerke und Aufrechterhaltung der Betriebe im Interesse der Allgemeinheit herbeizuführen«.[5] Eine Abordnung von drei Herren wurde an die neue militärische Ordnungsgewalt in Hannover entsandt. Der Arbeiter- und Soldatenrat, dem der Sozialdemokrat Robert Leinert vorsaß, war kooperationsbereit und am Gedeih der Wirtschaft interessiert. Mit den geschilderten Gewalttaten hatte der Arbeiter- und Soldatenrat nichts zu tun, er versuchte im Gegenteil Ruhe und Ordnung wiederherzustellen. Schließlich brauchten die zurückkehrenden Kriegsteilnehmer Arbeitsplätze und die Bevölkerung Nahrungsmittel. Die Emissäre der Industrie kamen von ihrer Abordnung beim Arbeiter- und Soldatenrat zurück: »Nach uns gewordenem Bericht kann den Industriebetrieben, soweit Arbeiterausschüsse bei ihnen bestehen, empfohlen werden, sich dieser Ausschüsse dergestalt zum Schutze gegen äußere Eingriffe Unbefugter zu bedienen, daß von letzteren vorzuschlagende Vertrauensleute mit entsprechenden Abzeichen versehen und sie an den Eingängen ihrer Werke für die Dauer der Arbeitszeiten postieren. Als Abzeichen kommen weiße Armbinden in Betracht, die von der neuen militärischen Ordnungsgewalt unter Fernruf Nord 30054 angefordert werden können.«[6]

Und so geschah es. Es erwies sich, dass den hannoverschen Arbeitern der Erhalt ihrer Betriebe wichtiger war als die Fortführung der Revolution. August Sprengel hatte richtig gelegen mit seiner Einschätzung. Einzelne Soldaten hatten sich die unübersichtliche Situation zunutze gemacht und unter dem Vorwand einer revolutionären Abgabe die eigenen Taschen gefüllt. Die marodierenden Soldaten, die Herrenhausen unsicher gemacht hatten, wurden verhaftet. Ein Flugblatt vom 13. November 1918 informierte die Bevölkerung:

»Ein Trupp auswärtiger Soldaten, die sogenannte Bremer fliegende Division mit 150 Mann hat die Gelegenheit zum Plündern in frechster Weise genutzt. In letzter Nacht sind 30 plündernde Soldaten verhaftet worden, darunter die Hauptthelden der sog. Bremer fliegenden Division. An entwendeten Geldern ist diesen Marodeuren allein die Summe von 32000 Mark abgenommen worden, außerdem Lebensmittel, Bekleidungsstücke aller Art und Waffen. Sie werden durch ein außerordentliches Gerichtsverfahren abgeurteilt werden.«[7]

Friedrich Feldmann resümierte rückblickend stolz: »Daß schon nach kurzer Zeit die Ruhe und Ordnung in Hannover wiederhergestellt war, ist ein besonderes Verdienst des Arbeiter- und Soldatenrates und der Wachsamkeit und Besonnenheit der hannoverschen

3 Ebd.
4 AG Geschichte der FAU Hannover (Hrsg.): Hannover in der revolutionären Nachkriegskrise 1918–1923, Hannover 1994, S. 12.
5 HStAH Dep. 105, Nr. 101.
6 HStAH Dep. 105, Nr. 101.
7 Feldmann, S. 85.

Arbeiterschaft, der Gewerkschaften und der Sozialdemokratischen Partei Deutschlands.«[8] Der Arbeiterräte in Hannover unterstützten die parlamentarische Demokratie und beteiligten sich an der Abwehr der Spartakisten. Die linke USPD erhielt sogar in der Arbeiterstadt Linden bei den Wahlen im Februar 1919 nur 7,5 Prozent der Stimmen, in Hannover nur 3 Prozent.[9] Und Robert Leinert, inzwischen zum Oberbürgermeister Hannovers gewählt, sorgte als einer der Versammlungsleiter des 1. Rätekongresses in Berlin im Dezember 1918 mit dafür, dass der Rätekongress gegen eine Räterepublik votierte und sich für die parlamentarische Demokratie aussprach.

Forderungen statt Bitten – Streik bei Sprengel

Wilhelm Weber, Vertreter des örtlichen Bäckerverbandes und Mitglied im Arbeiter- und Soldatenrat,[10] hielt mit Genehmigung von August Sprengel im November 1918 eine Rede vor den Beschäftigten der Firma. Die revolutionäre Situation gemeinsam mit Männern zu befrieden, die man von Verhandlungen kannte, war ein Gebot der Stunde.

»Einer Bitte des Herrn Weber, vom Zentralverbande der Bäcker und Konditoren, über den Umschwung in der politischen und wirtschaftlichen Lage zu sprechen, wollen wir Folge geben und laden unsere Arbeiterschaft auf Dienstag, den 26. November d. J. Nachmittags 4 Uhr nach Arbeitsschluss zur Entgegennahme dieses Vortrags in unserem Packsaale bei Frau Lindner ein. Es ist jedermann freigestellt die Versammlung zu besuchen«,[11] verkündete eine Bekanntmachung des Chefs. Gewerkschaften, Sozialdemokratie und Industrielle in Hannover waren sich einig in dem gemeinsamen Interesse an einer gedeihenden Wirtschaft.[12]

Mit geldlichen und materiellen Zuwendungen suchte Sprengel den Beschäftigten entgegenzukommen. Kurz vor Weihnachten ließ er aushängen: »In Anbetracht der bestehenden Teuerungsverhältnisse werden wir als Weihnachtsgabe einen vollen Wochenlohn extra auszahlen. Außerdem erhält jeder 1 Pfd [Pfund] Süßigkeiten.«[13] Im Januar gelangte »ein Quantum Rüböl zur … Verteilung, und zwar wieder ohne Bezahlung«, einen Tag später »aus Beständen der Marketenderei 100 Stück Zigarren a 15 Pfg [Pfennig], 500 Zigarillos a 9 Pfg, 3000 Zigaretten a 8 Pfg, 958 Dosen Schuhcreme a 18 Pfg, 100 Pakete holl. Seifenpulver a 30 Pfg«.[14]

Streit gab es um die Verrechnung einer Kartoffellieferung. Die Firma hatte eine Lohnerhöhung mit einer Kartoffellieferung verrechnet und den Gegenwert einbehalten. Der Arbeiterrat beschwerte sich. Sprengel wollte aber »Kartoffeln nur liefern, wenn jeder Arbeiter oder Angestellter, welcher auf Kartoffeln Anspruch erhob, vor der Bestellung einen Betrag von M [Mark] 100 unverzinslich in bar bei uns hinterlegt, einem wöchentlichen Abzuge von M 20 zugestimmt wird«.[15] Ob die Kartoffellieferungen fortgesetzt wurden, ist nicht bekannt.

August Sprengel tat sich schwer mit den neuen Verhältnissen. Alle paar Wochen kam der Arbeiterrat mit neuen, höflich formulierten, aber deutlichen Forderungen. »Ich habe sehr

8 Feldmann, S. 85.

9 Klaus Mlynek: Hannover in der Weimarer Republik und unter dem Nationalsozialismus 1918-1945. In: Mlynek, Röhrbein (Hrsg.) Geschichte der Stadt Hannover, S. 424.

10 Weber veranlasste 1945 den Schutz der Nahrungsmittelproduktion der Firma Sprengel. Er wurde 1946 zum hannoverschen Oberbürgermeister (bis 1956) gewählt.

11 HStAH Dep. 105, Nr. 217, Bekanntmachungen für die Belegschaft ab 1918.

12 Der Arbeiter- und Soldatenrat in Hannover unterstützte in den Monaten des revolutionären Umbruchs im Februar 1919 auch eine Ausstellung des Deutschen Werkbundes mit Werbeplakaten und kaufmännischen Akzidenzdrucken. Kristina Huttenlocher: Appel Feinkost. Ein Familienunternehmen im Wandel der Zeit, Springe 2013, S. 114.

13 HStAH Dep. 105, Nr. 217, Schreiben vom 20.12.1918.

14 HStAH Dep. 105, Nr. 217.

15 HStAH Dep. 105, Nr. 217.

viel zu tun und zum erheblichen Teile nicht sehr angenehme Arbeit. Im Vordergrunde stehen natürlich immer die Auseinandersetzungen mit der Arbeiterschaft bzw. dem Arbeiter-Ausschuss«,[16] schrieb er seinem Vetter Bernhard nach Hamburg. Nach den Wahlen zum Arbeiterausschuss im März 1919 waren die leitenden Angestellten aus dem Ausschuss ausgeschieden und Facharbeiter und eine Arbeiterin in dem Gremium vertreten. Heinrich Böker, Bäcker; Ernst Lieberum, Bäcker; Carl Amthor, Schlosser; Alwin Arend, Konditor; Berta Benseler, Arbeiterin, waren die Mitglieder, der Konditor Arend war der Sprecher. Er verstand es in wohlgesetzten Worten die Anliegen des Ausschusses energisch vorzutragen.

Der Verband der Schokoladenfabrikanten verhandelte in zentralen Tarifverhandlungen mit dem Verband der Konditoren und Zuckerbäcker. Die Verhandlungen zogen sich hin. »Namentlich die Hamburger Fabrikanten [standen] auf dem Standpunkte, sich bis zum Äussersten dagegen zu wehren«,[17] notierte Sprengel im Januar 1919. Die Arbeitgeber hatten sich untereinander auf ein Zugeständnis bei Lohnerhöhungen geeinigt: Gelernte Facharbeiter (über 20 Jahre) sollten 1,15 Mark, Arbeiterinnen 62 und Hilfsarbeiter 94 Pfennig erhalten. Der Frauenlohn war niedrig, weil er – übrigens bis 1957 – als Zuverdienst zum Lohn des männlichen Ernährers galt. In einem vertraulichen Schreiben an Bahlsen schrieb Sprengel: »Wir haben keine Veranlassung, dem Drängen des Zentralverbandes auf Abschluss eines Tarifvertrages nachzugeben.«[18] Als der Tarifvertrag dann aber kam, äußerte sich August Sprengel zufrieden über die Ergebnisse. Allerdings waren es seine Arbeiter weniger, denn sie wollten nicht einsehen, dass sie nach dem neuen zentralen Tarifvertrag weniger verdienen sollten als vorher. Sie verlangten eine Aufbesserung und erhielten sie. »Dem mittags um 1 Uhr bei mir vorstellig gewordenen Arbeiter-Ausschuss wurden folgende Zugeständnisse gemacht:

Statt des in dem Grundtarifvertrage festgelegten Mindestlohnsatz [...] bleibt der bei uns bestehende Satz von M 1,–/Stunde in Kraft. Die Differenz zwischen den alten und neuen nach Festlegung des Ortszuschlages zu zahlenden Löhnen wird vom 18.2.1919 an nachgezahlt.

Ich habe der Arbeiterschaft eine außerordentliche, von der Lohnaufbesserung durchaus unabhängige Beihilfe versprochen, welche mit der Lohnzahlung am Freitag, den 28.3., ausgezahlt werden soll. Diese Beihilfe soll nach Bedürftigkeit bestimmt werden.«[19]

Einen Monat später erfolgte bereits das nächste Zugeständnis:

»Ich habe dem Arbeiter-Ausschuss bis zur definitiven Festlegung unserer Löhne eine wöchentliche Zulage für Männer von M 8,– für Frauen von M 4,– zugestanden, Akkordarbeiterinnen werden mindestens 10 % mehr verdienen als die Arbeiterinnen über 20 Jahre.«[20]

Früher wurde Weihnachtsgeld großzügig gewährt, jetzt forderte es der Arbeiterausschuss ein. Er verlangte im Dezember 1920 schriftlich eine »Weihnachtsgratifikation angesichts der Preise und bei der heutigen günstigen Konjunktur in der Schokoladenindustrie«.[21]

Ein Vierteljahr später ließ der Arbeiterausschuss den Chef schriftlich wissen:

»Nach Rundschreiben von anderen Schokoladen-Fabriken, die auch dem Deutschen Bund angeschossen sind, haben wir in Erfahrung gebracht, daß dort sehr viel für die Arbeiterschaft getan wird. Es haben alle bei der Schokoladenindustrie beschäftigten Arbeiter und Arbeiterinnen wohlberechtigte Schwerarbeitszulagen von 15–30 Pfg die Stunde.«[22] Sprengel gewährte »in Anbetracht der Zeitverhältnisse eine Aufwandsentschädigung, die

16 HStAH Dep. 105, Nr. 175.
17 HStAH Dep. 105, Nr. 202.
18 HStAH Dep. 105, Nr. 202.

19 HStAH Dep. 105, Nr. 217.
20 HStAH Dep. 105, Nr. 217, Aushang vom 11.4.1919.
21 HStAH Dep. 105, Nr. 217.
22 HStAH Dep. 105, Nr. 217, Schreiben vom 19.3.1921.

unter Berücksichtigung des Dienstalters gestaffelt ist zwischen 65 und 520 Mark«.[23]

Die Lohnzugeständnisse ließ sich der Chef abringen. Aber auf seine bisherige Entscheidungsgewalt als Unternehmer zu verzichten, fiel ihm schwer. Eine seit vielen Jahren in der Firma beschäftigte Arbeiterin war beim Diebstahl erwischt worden und sollte entlassen werden. Da gab es kein Pardon. Das angesammelte Guthaben sollte entsprechend der seit 1888 gültigen Arbeitsordnung eingezogen werden und der Betriebskrankenkasse zugute kommen. Die Ausschussmitglieder wandten ein, dass der Reservefonds der Kasse schon zweimal so hoch war, wie er sein müsste. Also würde das Geld nicht benötigt, und die Strafe wurde als unnötig hart empfunden. Aber Sprengel ging es ums Prinzip. Er bestand auf den Statuten der Arbeitsordnung und verwies auf die »enorm angestiegenen Materialkosten« und den gegenüber der Vorkriegszeit um das Zwölffache gestiegenen Rohkakaopreis, der allerdings mit dem Streit nichts zu tun hatte.[24] Der Chef setzte sich durch.

Den Beschäftigten war die Arbeitsordnung, die in alleiniger Entscheidungsmacht des Unternehmers erlassen wurde, schon lange ein Dorn im Auge. Die Berufung auf die alte Fabrikordnung, an deren Zustandekommen sie nicht beteiligt waren, ließ den Arbeiterrat nicht ruhen. Er formulierte Grundsätze, nach denen er sich die Verhandlungen mit der Betriebsleitung wünschte. Das neue Betriebsrätegesetz gab dazu die Handhabe. Es war gerade zwei Monate alt, als der Arbeiterrat an August Sprengel schrieb:

»1. Sämtliche Anschläge und Schriftstücke, die im Interesse der Arbeiterschaft liegen, müssen vom Arbeiterrat gegengezeichnet sein. Sonst werden sie von der Arbeiterschaft nicht anerkannt.
2. Überstunden müssen dem Arbeiterrat 24 Stunden vorher angemeldet sein.
3. Die sogenannte Einstellung auf Aushilfe, die länger als 6 Wochen dauert, gilt als festangestellt.
4. Alle der Arbeiterschaft angehenden Fragen sind nur im Einverständnis mit dem Arbeiterrat zu regeln.
Ferner machen wir noch auf § 80 des Betriebsrätegesetzes darauf aufmerksam, daß innerhalb 3 Monate nach Inkrafttreten des Gesetzes eine neue Arbeitsordnung im Einvernehmen mit dem Arbeiterrat aufgestellt sein muss.«[25]

Das war ein neuer selbstbewusster Ton, der forderte und nicht mehr bat. Sprengel setzte aber weiterhin auf seine alten Entscheidungsrechte und zeigte wenig Entgegenkommen. Die alte Arbeitsordnung wurde nicht geändert. Wegen eines geringfügigen Vergehens sollte der allseits beliebte Pförtner Seelemeyer Anfang 1922 eine Strafe von 10 Mark zahlen, die Sprengel wie früher in alleiniger Machtvollkommenheit festsetzte. Er musste sich aber vom Arbeiterrat belehren lassen: »Es ist nicht zulässig Geldstrafen festzusetzen, ohne die gesetzliche Arbeitnehmervertretung zu befragen. Auch halten wir nach Prüfung der Lage es nicht für angebracht, nach der Geringfügigkeit des Sollvergehens eine Geldstrafe von 10 Mark festzusetzen. [...] Sollte der Fall Seelemeyer sich nicht so regeln lassen, müßte der Arbeiterrat diesen dann dem Bezirksausschuss unterbreiten.«[26] Der Firmenchef musste nachgeben, denn der Arbeiterrat hatte sich mit dem Gewerkschaftsvertreter Wilhelm Weber im paritätisch besetzten Bezirksausschuss abgestimmt.

Mit Webers Unterstützung wurde eine neue Arbeitsordnung ausgehandelt. Sie war in Ton und Inhalt das Ergebnis eines ausgewogenen Kompromisses, der die Interessen beider Seiten berücksichtigte. Zur umstrittenen Frage der Geldstrafen setzt die Arbeitsordnung eine Höchstgrenze von einem halben Tagesverdienst vor. Nur in genau beschriebenen

23 HStAH Dep. 105, Nr. 217.
24 HStAH Dep. 105, Nr. 217, Protokoll einer Unterredung mit dem Arbeiter-Ausschuss am 8.8.1919.
25 HStAH Dep. 105, Nr. 217, Schreiben vom 7.4.1920.
26 HStAH Dep. 105, Nr. 949, Schreiben des Arbeiterrates vom 13.1.1922.

Arbeitsordnung der Firma B. SPRENGEL & CO. HANNOVER

Schokoladen- und Kakao-Fabrik

Diese Arbeitsordnung ist auf Grund der Bestimmungen der Gewerbeordnung und des Betriebsrätegesetzes zwischen der Firma und der gesetzlichen Betriebsvertretung der Arbeitnehmer vereinbart. Die Arbeitsordnung tritt am (Datum) .... in Kraft. Tarifliche Bestimmungen gehen entgegenstehenden der Arbeitsordnung vor.

1. Einstellung und Entlassung der Arbeitnehmer.

A) Einstellung.

§ 1. Die Annahme der Arbeitnehmer erfolgt durch den Unternehmer oder dessen Beauftragten unter Berücksichtigung der vereinbarten Richtlinien und der gesetzlichen Bestimmungen. Bei der Annahme wird der Zeitpunkt für die Aufnahme der Arbeit vereinbart. Bei Wiederaufnahme nach vorhergegangener Betriebseinschränkung von nicht länger als 3 Monaten, sollen die Arbeitnehmer bezüglich des Arbeitsverhältnisses nicht ungünstiger gestellt sein, als wenn das Arbeitsverhältnis nicht unterbrochen gewesen wäre. Bei Arbeitern, die länger als 5 Jahre im Betriebe beschäftigt gewesen sind, wird diese Frist von 3 auf 9 Monate verlängert.

Jeder Arbeitnehmer erhält bei seinem Eintritt einen Abdruck der im Betriebe ausgehängten Arbeitsordnung. Er hat durch Unterschrift zu bescheinigen, daß er die Arbeitsordnung erhalten hat und sie in allen ihren Teilen anerkennt. Erst nach Leistung der Unterschrift beginnt das Arbeitsverhältnis.

Bei dem Eintritt hat der Arbeitnehmer seine Ausweispapiere, insbesondere die Quittungskarte für Invaliden- und Hinterbliebenenversicherung, Minderjährige auch das Arbeitsbuch abzugeben und die Krankenkasse und Wohnung anzugeben. Ferner ist er verpflichtet, über Familienstand Auskunft zu geben, soweit dies nach den Bestimmungen des Einkommensteuergesetzes erforderlich ist. Über spätere Veränderungen der Wohnung und des Familienstandes hat der Arbeitnehmer alsbald dem Arbeitgeber zu berichten. Für die Richtigkeit seiner Angaben ist der Arbeitnehmer verantwortlich. Vorgelegte bezw. eingesandte Zeugnisse sind nach Einsicht durch die Firma unverzüglich zurückzugeben.

Wissentlich falsche Angaben berechtigen zur sofortigen fristlosen Entlassung.

Erfolgt die Einstellung nur zur vorübergehenden Aushilfe oder für einen vorübergehenden Zweck, so muß dies ausdrücklich vereinbart werden.

Wöchnerinnen müssen bei der Annahme eine achtwöchige Schonungszeit überstanden haben und nachweisen, daß seit ihrer Niederkunft wenigstens 6 Wochen verflossen sind. Sie sind verpflichtet, unaufgefordert wahrheitsgetreue Angaben hierüber zu machen, widrigenfalls die Fabrikleitung zur sofortigen Entlassung berechtigt ist.

B) Entlassung.

§ 2. Das Arbeitsverhältnis kann beiderseits mit einer 7tägigen Frist gelöst werden.

§ 3. Abgesehen von den in der G.O. vorgesehenen wichtigen Gründen können Arbeitnehmer auch in folgenden Fällen ohne Einhaltung einer Kündigungsfrist entlassen werden:

a) bei wiederholtem Zuspätkommen oder bei wiederholtem vorzeitigen Rüsten trotz Verwarnung oder bei unentschuldigtem Fehlen während der ununterbrochenen Dauer von 3 Tagen,
b) bei Trunkenheit während der Arbeit,
c) bei Tätlichkeiten oder groben Beleidigungen gegenüber dem Arbeitgeber oder Mitarbeiter,
d) bei Nichtbeachtung oder Beseitigung von Unfallverhütungsvorschriften,
e) wenn er Arbeitszeit oder Material im eigenen Interesse oder zum Vorteil Dritter verwendet,
f) wenn er über Fabrikationsverfahren, Geschäftsgeheimnisse oder über Ein- und Verkauf unbefugt anderen Mitteilung macht,
g) bei beharrlicher Weigerung, den ihnen nach dem Arbeitsvertrage obliegenden Verpflichtungen nachzukommen.

§ 4. Der Arbeitnehmer kann die Arbeit sofort verlassen, wenn ihm einer der im § 124 der Gewerbeordnung aufgeführten Gründe zur Seite steht.

§ 5. Beim Austritt erhält der Arbeitnehmer die hinterlegten Papiere, einen Entlassungsschein, der die Art und Dauer der Beschäftigung angibt, und auf Verlangen ein Zeugnis über seine Führung und seine Leistungen und den rückständigen Lohn entweder persönlich gegen Bescheinigung oder durch die Post. Aushändigung an dritte Personen, die sich schriftlich ausweisen müssen, erfolgt auf Gefahr des Empfängers.

§ 6. Der Arbeitnehmer hat bei seinem Austritt alle Maschinen, Werkzeuge, Werkzeugbuch, die Arbeitsordnung und sonstige ihm anvertraute Gegenstände in sauberem Zustande ordnungsgemäß abzugeben.

Bei vorsätzlicher oder fahrlässiger Beschädigung wie für Verlust anvertrauter Werkgegenstände haftet der Arbeitnehmer entsprechend den Bestimmungen des Bürgerlichen Gesetzbuches.

2. Arbeitszeit.

A) Dauer der Arbeitszeit.

§ 7. Die Dauer der regelmäßigen wöchentlichen Arbeitszeit regelt sich nach dem Tarifvertrage.

Jede außergewöhnliche Veränderung der Arbeitszeit wird nach vorherigem Benehmen mit dem Arbeiterrat von dem Arbeitgeber durch Anschlag oder Mitteilung an die davon betroffenen Arbeitnehmer bekanntgegeben.

B) Beginn und Ende der täglichen Arbeitszeit sowie der Pausen.

§ 8. Die regelmäßige tägliche Arbeitszeit für die über 16 Jahre alten Arbeiter dauert:

7—½12 Uhr,
12— 4 Uhr,
Sonnabends 7— ½1 Uhr.

Beginn und Ende der täglichen Arbeitszeit für die jugendlichen Arbeitnehmer, sowie die ihnen zu gewährenden Pausen werden nach den gesetzlichen Bestimmungen festgesetzt und durch Anschlag bekanntgegeben.

§ 9. Maßgebend für den Beginn und die Dauer der Arbeitszeit ist die Fabrikuhr, nach welcher die Zeichen zur Aufnahme und zur Beendigung der Arbeit gegeben werden. Jeder Arbeitnehmer hat so rechtzeitig an seiner Arbeitsstelle zu erscheinen, daß er pünktlich seine Arbeit aufnimmt; er darf die Arbeit nicht vor Ablauf der Arbeitszeit niederlegen. Das Rüsten zum Verlassen der Arbeit vor Beendigung der Arbeitszeit sowie ihre verspätete Aufnahme ist unzulässig.

§ 10. Wenn in Wechselschichten gearbeitet wird, darf der Arbeitnehmer die Arbeitsstelle nicht eher verlassen als bis die Ablösung eingetroffen bezw. gestellt ist.

C) Kontrollvorschriften.

§ 11. Jeder Arbeitnehmer hat die vorhandenen Kontrolleinrichtungen zu benutzen. **Wer einen zur Kontrolleinrichtung gehörigen Gegenstand verliert, hat dies sofort zu melden und sich ein Ersatzstück geben zu lassen.**

Arbeitnehmer, welche vor Schluß der Arbeitszeit die Fabrik aus dringenden Gründen verlassen wollen, erhalten eine Ausweiskarte. Ohne diese Karte darf niemand die Fabrik verlassen.

15 Minuten nach Schluß der für ihn festgesetzten Arbeitszeit darf der Arbeitnehmer ohne Erlaubnis nicht mehr in der Fabrik anwesend sein.

§ 12. Der Arbeitnehmer kann beim Verlassen des Betriebes visitiert werden.

Vom Arbeitgeber angeordnete Visitationen haben in einer der Würde und Sittlichkeit entsprechenden Form, möglichst in Anwesenheit von Vertrauensleuten gleichen Geschlechts, zu geschehen.

Abb. 86 Arbeitsordnung B. Sprengel & Co., ca. 1922, Seite 1 (von 2)

Ausnahmefällen wie bei Tätlichkeiten gegenüber Mitarbeitern, missbräuchlicher Nutzung der Kontrolleinrichtungen (Stempeluhr) und zur Sicherung eines gefahrlosen Betriebes konnten »Geldstrafen bis zum vollen Betrag des durchschnittlichen Tagesarbeitsverdienstes verhängt werden«.[27]

Strafen durften auch in der neuen Arbeitsordnung »nur im Benehmen mit der Betriebsvertretung« angeordnet werden. Sie wurden bei der nächsten Lohnauszahlung vom Lohn abgezogen. Die ›Visitationen‹, d. h. die Kontrollen beim Verlassen der Fabrik waren weiterhin gestattet, sollten aber »in einer der Würde und Sittlichkeit entsprechenden Form, möglichst in Anwesenheit von Vertrauensleuten gleichen Geschlechts« geschehen. Die Notwendigkeit, Diebstähle durch Mitarbeiter zu verhindern, wurde offenbar auch von der Betriebsvertretung gesehen. Neu war in der Arbeitsordnung, dass die Vertrauensleute der Gewerkschaften, soweit sie im Betrieb beschäftigt waren, ihre Verbandstätigkeit (Beitragseinziehung, Aufnahme, Verteilung von Zeitungen) im Betrieb ausüben durften, allerdings außerhalb der vorgeschriebenen Arbeitszeit.

Die zwischen Gewerkschaft und Arbeitgebern ausgehandelten Lohnzuwächse wurden durch die Inflation schnell wieder aufgezehrt, denn die Kriegsfinanzierung durch Staatsanleihen, die hohen Reparationsforderungen der Siegermächte und die deutsche Staatsverschuldung hatten die deutsche Währung zunehmend entwertet. Die Lohnempfänger waren darauf angewiesen, dass die Löhne mit der Geldentwertung Schritt hielten. Der Arbeiterrat wurde immer wieder wegen Teuerungszulagen bei Sprengel vorstellig, die August Sprengel mehrfach gewährte.

Einen Konflikt gab es auch um die Höhe des Ortszuschlages für Hannover. Im paritätisch besetzten Bezirksausschuss hatte die Arbeitnehmerseite im November 1920 den Antrag gestellt, den Ortszuschlag für Hannover von 15 auf 17,5 Prozent zu erhöhen. Sprengel sah keinen Grund, speziell in Hannover einen höheren Ortszuschlag einzuführen. Er kommentierte in einem Schreiben an den Arbeitgeberbund der Schokoladen- und Zuckerwaren-Industrie: »Ein diesbezüglicher Antrag wurde von der Arbeitnehmerseite in der Bezirksausschuss-Sitzung vom 5.11.1920 gestellt und von den Arbeitgebern ganz selbstverständlich glatt abgelehnt.« Die Gewerkschaft sah in Sprengel, der als Arbeitgebervertreter im Bezirksausschuss saß und kein Blatt vor den Mund nahm, einen Scharfmacher und warb mit Angriffen auf ihn um Mitglieder (Abb. 87).

Die anderen Schokoladenfabrikanten sahen sich in derselben Situation wie August Sprengel. Ein Kollege klagte im selben Jahr in der Kakao- und Zuckerzeitung (Kazett):

»Die fast täglich sich steigernden Löhne, die enormen Kosten der Fabrikation und Betriebsmittel kann der Fabrikant kaum noch tragen. Trotzdem vergeht fast kein Tag, an dem nicht an diesen oder jenen Betrieb die Arbeiterschaft mit der Forderung von Lohnerhöhung oder Teuerungszulagen herantritt. Die Fabrikanten haben schon das Menschenmögliche getan, um diesen Forderungen, deren Berechtigung auch sie meistens nicht verneinen können, zu entsprechen, aber auf die Dauer kann der an die Höchstpreise gebundene Arbeitgeber es nun nicht durchführen. Die Forderungen der Arbeiter müssen, will sich der Arbeitgeber nicht selbst das Grab schaufeln, abgelehnt werden. Die Arbeiterschaft kündigt die Tarifverträge oder setzt sich über dies hinweg und tritt kurzerhand in den Streik. Durch das System der Höchstpreise ist es nun aber der Arbeitgeberschaft vollkommen unmöglich, die Arbeiter weiterhin zufriedenzustellen.«[28] Da die Höchstpreise staatlich festgelegt waren, konnten die Unternehmer (Lohn-)Kostensteigerungen nicht mit höheren Preisen auffangen,

27 HStAH Dep. 105, Nr. 217, Arbeitsordnung, Punkt 5 Strafen.

28 Kakao- und Zuckerzeitung (Kazett), Januar 1920, S. 139.

Deutscher Nahrungs- und Genußmittelarbeiter-Verband
Zahlstelle Hannover.

Achtung! Achtung!

Arbeiter und Arbeiterinnen der Süßwarenindustrie!

Trotz ungeheurer Lebensmittelteuerung und steigender Mieten

soll Euer kärglicher Lohn herabgesetzt werden.

So will es der Bezirksarbeitgeberverband mit seinem Vorsitzenden Herrn August Sprengel an der Spitze. Sein Antrag zur Zentralausschußsitzung in Köln am 7. August lautet wörtlich:

„Den Ortszuschlag von Hannover mindestens auf 15 Prozent herabzusetzen."

Wenn das die Herren Arbeitgeber der Süßwarenindustrie wagen uud Euern Lohn herabsetzen wollen in der schlimmsten Zeit der Teuerung, wo Ihr nicht wißt, wie Ihr Euer Leben fristen sollt, dann nur deshalb, weil sie wissen, daß es in ihren Betrieben noch eine Anzahl Laue und Unorganisierte gibt, die wohl gerne miternten, aber nie säen.

Die Schuld dieser Kollegen und Kolleginnen ist es, wenn unsere Löhne so niedrig sind und jetzt nach dem Willen der Arbeitgeber noch niedriger werden sollen!

Mehr Lohn sollt Ihr nicht bekommen, nein weniger, aber zum Reklamelaufen anläßlich der Ausstellung für die Schokoladenfürsten und Kekskönige seid Ihr gut genug!

Für diese Herrschaften mehr Profit, für Euch weniger Lohn, das ist ihre Parole!

Merkt Euch das, Ihr Arbeiter und Arbeiterinnen! Vergeßt es nicht so schnell!

Darum hinein in den Verband,

stärkt Eure Organisation, damit Ihr dem Arbeitgeber nicht schutzlos ausgeliefert seid!

Die Organisation kann nur bessere Verhältnisse schaffen, wenn sie stark ist, wenn jeder Beschäftigte Mitglied des Verbandes ist! Die unerhörte Zumutung der Arbeitgeber darf nicht unbeantwortet bleiben. Der Ausbau der Organisation so, daß jetzt jeder Beschäftigte Mitglied wird, und die Kampfansage gegenüber einem Unternehmertum, das uns nur als Ausbeutungsobjekt ansieht, aber nicht als gleichberechtigte Menschen, muß die Antwort sein!

Darum hinein in den Verband; werdet sofort Mitglied! Schafft die Vorbedingungen! Es gibt kein Abseitsstehen, wenn Ihr Eure Menschenwürde wahren wollt.

Vereinzelt seid Ihr nichts, vereinigt alles!

Die Verbandsleitung.

Anmeldungen zum Eintritt in die Organisation nehmen alle Vertrauensleute entgegen.

Buchdruckerei E. A. H. Meister & Ko., Hannover.

Abb. 87 Flugblatt des Deutschen Nahrungs- und Genußmittel-Verbandes

sondern mussten Ertragseinbußen hinnehmen oder Lohnerhöhungen verweigern.

Obwohl Sprengel erst im Februar 1922 Zuschläge wegen gestiegener Lebenshaltungskosten und eine Erhöhung des Zuschlages für Nachtarbeit gewährt hatte, drohten schon im Mai die Beschäftigten der Firma die Arbeit niederzulegen. Das Tarifangebot des Arbeitgeberverbands war ihnen zu niedrig. Sprengel kündigte seinerseits am 6. Mai Strafmaßnahmen an: »Ich mache darauf aufmerksam, dass jede Arbeitsniederlegung ein wichtiger Grund zur fristlosen Entlassung gemäss § 123 Ziffer 3 der Gewerbeordnung ist. Arbeiter, die die Arbeit niederlegen und bis morgen früh 7 Uhr die Arbeit nicht wieder aufgenommen haben, haben fristlose Entlassung zu gewärtigen.«[29]

Die Drohung war wirkungslos und die raue Art des Chefs, die der Sohn Bernhard Sprengel viele Jahre später beschrieb, mochte mit dazu beigetragen haben: »Gelegentlich ist es dem einen und dem anderen der Mitarbeiter nicht ganz glimpflich ergangen. Der Chef kannte im Umgang mit seinen Mitarbeitern keine Winkelzüge. Wenn jemand den bestimmten Vorstellungen, die er von dem hatte, was er getan wissen wollte, nicht nachkam, konnte er oft recht deutlich werden. […] Er konnte sich bei Widerständen, und wenn er sie nur zu sehen *glaubte*, hinreißen lassen zu nicht immer schmeichelhaften Äußerungen.«[30]

Die Beschäftigten streikten also und die Lohnkommission der Firma Sprengel verkündete am 16. Mai 1922: »Die Arbeiterschaft der Firma Sprengel und mit ihr die Gesamtarbeiterschaft der Süsswarenindustrie Hannovers, weist vor wie nach das Würzburger Angebot der Arbeitgeber im Zentralausschuss zurück, ganz besonders müssen die angebotenen Sätze für die Arbeiterinnen als Verhöhnung aufgefasst werden.« Nur wenn auf der Grundlage der Arbeitnehmerforderungen verhandelt und der Teuerung entsprechend Rechnung getragen werde, sei »die Arbeiterschaft der Firma Sprengel bereit die Arbeit geschlossen ab Mittwoch aufzunehmen«.[31]

29 HStAH Dep. 105, Nr. 949, Aushang Sprengel am 6.5.1922.

30 Trauerrede Bernhard Sprengel, 10. Februar 1940 RWWA 208-491-1.

31 HStAH Dep. 105, Nr. 949.

Abb. 88 Werbeanzeige Anfang der 1920er Jahre

Die Stimmung war schlecht, auch wegen eines Konflikts um die Gestaltung des 1. Mai. Der Betriebsrat hatte mitgeteilt, dass »die Arbeiterschaft einstimmig beschlossen habe, am 1. Mai nicht zur Arbeit zu erscheinen«.[32] Eine Einigung Sprengels mit dem Betriebsrat war offenbar nicht möglich. Jedenfalls verlangte Sprengel von allen Beschäftigten eine Erklärung, dass sie am 1. Mai zu arbeiten bereit sind. Wenn nicht von mindestens 70 Prozent der Belegschaft eine Erklärung bei ihm eingegangen sei, werde er den Betrieb am 1. Mai schließen. »Feiernde Arbeiter haben keinen Anspruch auf Bezahlung der ausgefallenen Arbeitszeit«, ließ er erklären. Damit befand er sich im Einklang mit der damals geltenden gesetzlichen Lage. Die Maifeiern wurden in den 1920er Jahren zu einer politischen Machtfrage. Gewerkschaften und Sozialdemokraten hatten sich dafür eingesetzt, den ›Kampftag des Proletariats‹ zu einem Volksfeiertag zu machen, die Unternehmer sahen in der kämpferischen Tradition des 1. Mai eine Provokation und waren zum Nachgeben nicht bereit. Die Maifeiern wurden zum Symbol unversöhnlicher Gegensätze in der Weimarer Republik. Zwar war Konsens, dass die Teilnahme an einer Maifeier kein Entlassungsgrund war, die Arbeiter mussten aber auf die Entlohnung verzichten oder einen Tag Urlaub nehmen. Erst die Nationalsozialisten deklarierten am 1. Mai 1933 diesen Tag zum arbeitsfreien und bezahlten ›Tag der nationalen Arbeit‹.

Mit dem Angestelltenrat der Firma kam August Sprengel besser zurecht. Die Kündigung von neun Angestellten wegen Arbeitsmangels war »mit vollem Einverständnis mit dem Angestelltenrat der Firma erfolgt. [...] Die ausgesprochenen Kündigungen mussten wir vornehmen, weil die in Frage kommenden Personen infolge stillen Geschäftsganges nicht mehr beschäftigt werden können. Eine Arbeitsstreckung auf 24 Stunden pro Woche, wie wir diese seit längerer Zeit bereits in unserer Fabrik durchgeführt haben, lässt sich aber mit dem besten Willen bei einem Kontorbetrieb nicht durchführen.«[33]

Aber einige Angestellte wehrten sich und riefen den Schlichtungsausschuss an. Dieser entschied, dass die Angestellten wieder eingestellt werden müssten, denn die Firma sei »in der Lage, die entlassenen Arbeitnehmer im Dienste zu behalten, indem sie in der Weise streckte, dass sie entweder alle Arbeitnehmer gleichzeitig beschäftigt und die Arbeitszeit verkürzt oder dass sie abwechselnd einzelne Angestellte aussetzen lässt«.[34] Das war ein recht weitreichender Eingriff in die Arbeitsorganisation des Unternehmens. Der Schlichtungsausschuss berief sich auf die ›Verordnungen über die Einstellung, Entlassung und Entlohnung gewerblicher Arbeiter und Angestellter während der Zeit der wirtschaftlichen Demobilmachung‹ vom 3. September 1919 und 12. Februar 1920. Die Verordnungen waren nach dem Krieg erlassen worden, um möglichst viele Kriegsheimkehrer wieder in Lohn und Brot zu setzen. Der von Sprengel angerufene staatliche Demobilisierungskommissar schloss sich für drei der neun betroffenen Angestellten dem Schiedsspruch an und forderte deren

32 HStAH Dep. 105, Nr. 949, Aushang vom 24.4.1922.

33 HStAH Dep. 105, Nr. 680, Schreiben der Firma Sprengel an den Schlichtungsausschuss.

34 HStAH Dep. 105, Nr. 680.

Wiedereinstellung. Die Revolution hatte die wirtschaftlichen und sozialen Verhältnisse gründlich verändert.

Kartell oder Wettbewerb?

Nach dem Krieg war das Unternehmerdasein nicht erfreulich. Die Forderungen der Arbeiter machten ebenso schlechte Laune wie die ausländische Konkurrenz. »Es gibt Schokolade in Hülle und Fülle im Rheinland, denn die besetzten Provinzen werden in letzter Zeit von Angeboten in französischer Schokolade geradezu überschwemmt«, notierte die Fachzeitschrift Gordian im Mai 1919.[35] Im Juni ein erneuter Kassandraruf. »Rings um uns wartet die fremdländische Kakaoindustrie auf Aufträge aus Deutschland.«[36] Dagegen regelte in Deutschland die Kakao-Wirtschaftsstelle streng die Einfuhr und Verteilung von Rohkakao an die Fabrikanten. Der Fabrikationsausschuss bestimmte die Verpackung und das Gewicht von Schokoladentafeln, den Gehalt an Kakaobestandteilen und schrieb Handelsspannen vor. Der Einfuhrausschuss, dem auch August Sprengel als Industrievertreter angehörte, verteilte die Importe nach einem Quotensystem aus den ersten Kriegsjahren.[37] Der Rohkakao-Import gestaltete sich schwierig, obwohl die Kakaolager der Ententemächte England und Frankreich gut gefüllt waren. Aber es gab keinen deutschen Schiffsraum, da die gesamte deutsche Handelsflotte von den Siegermächten konfisziert worden war. Im Mai 1919 wurden die ersten Kontrakte über Rohkakaoimport abgeschlossen und die Schokoladenproduktion begann. Das Reichsernährungsministerium verlangte von den Herstellern Höchstpreise für Fertigprodukte mit Zucker.

Weil man sich nicht einigte, durfte nicht verkauft werden, und die ausländische Konkurrenz hatte am deutschen Markt ein leichtes Spiel. Über das besetzte Rheinland gelangten große Mengen von unverzollter Schokolade und Kakao in den deutschen Handel. »Gute Qualitäten Schweizerschokolade, vor allem bei Milchschokolade und Schmelzschokolade«, sind am Markt, berichtete der Gordian. »Auch sehr guter holländischer Kakao in abgepackten Qualitäten.«[38] Endlich wurde im September 1919 die Devisenordnung auf- und die Einfuhr von Rohkakao freigegeben. Nach und nach konnten deutsche Firmen wieder ihre Ware am Markt anbieten. Der Hunger nach Schokolade war groß und die Rohkakao-Einfuhr verdoppelte sich gegenüber der Vorkriegszeit.

War die Schokoladenbranche zum einen von staatlich regulierter Preis- und Einfuhrpolitik abhängig, galt die Schokolade zum andern staatlichen Stellen in den knappen Nachkriegsjahren als überflüssiges Luxusgut, dessen Produktion man beschränken oder besteuern konnte. Der Reichskohlenkommissar hatte im September 1919 eine Verfügung getroffen, wonach die Schokoladen- und Zuckerwarenindustrie nicht mit Kohlen zu beliefern sei. Sie hätte ihren Betrieb einstellen müssen – mit Folgen für die Arbeitsplätze. Auf ihre Proteste hin wurde die Verfügung zurückgezogen. Außerdem war geplant, Schokolade, Tafelschokolade und Pralinen wie Hummer, Austern und edle Blumengebinde als Luxusartikel mit einer Steuer von 15 Prozent des Wertes zu belegen. Die Diskussionen um die Steuererhöhung zogen sich lange hin, es gab Abgrenzungsprobleme. Auch die Gewerkschaften waren dagegen. Schokolade war kein Luxusprodukt mehr, sondern wurde auch von der Arbeiterschaft konsumiert. Die Zuckerwaren- und Schokoladenfabrik Fortschritt in Hamburg Altona belieferte als Teil der gewerkschaftlichen Großeinkaufsgesellschaft (GEG) die Konsumgenossenschaften. Schließlich wurden nur Pralinen, sog. Desserts und Fondant zusätzlich besteuert. Schwierig war allerdings die Abgrenzung, was eine steuerpflichtige Praline sei. So verzichtete man bald wieder auf diese

35 Gordian, Mai 1919, S. 38.
36 Gordian, Juni 1919, S. 103.
37 100 Jahre Kakao-Verein, S. 33.
38 Gordian, August 1919, S. 250.

Abb. 89 ›Luxusartikel‹ Schokolade, Packung von Richard Rump, Anfang der 1920er Jahre

Steuer. Interessanterweise wurde auch nach dem Zweiten Weltkrieg vom damaligen Finanzminister Fritz Schäffer erneut eine Luxussteuer ins Spiel gebracht, dieses Mal um Devisen zu sparen, aber wiederum mit der Begründung, Schokolade sei überflüssiger Luxus.[39]

Zu diesen Schwierigkeiten, die staatliche Entscheidungen für die Schokoladenfabrikanten bereithielten, kam die Konjunkturabhängigkeit des Schokoladenkonsums. Als die Inflation den privaten Konsum stark einschränkte, spürten die Schokoladenfabrikanten unmittelbar den Rückgang. Die Rohkakaoimporte sanken von 103 000 Tonnen im Jahr 1921 auf 62 000 Tonnen 1926. Da gleichzeitig in den 1920er Jahren 170 neue Betriebe zu den 180 Vorkriegsbetrieben hinzukamen und die alten Betriebe in zusätzliche Kapazitäten investiert hatten, drohte ein Überangebot. Also versuchte die Branche neue Käuferkreise anzusprechen. Schokolade sollte nicht nur Nascherei sein, sondern nahrhafte Zwischenmahlzeit in Freizeit und Beruf.

Eine Werbebroschüre, die aus Anlass des Eintritts von Bernhard Sprengel (1899–1985) in die Firma herausgegeben wurde, warb – geprägt von den Diskussionen um die Luxussteuer – mit Schokolade als »nahrhaftem Universalnahrungsmittel«.

»Kakao und Schokolade gelten heute nicht mehr wie noch vor wenigen Jahrzehnten als ausschließliches Genußmittel. Schon längst wurde der ihnen eigene hohe Nährwert erkannt und darf man behaupten, daß es schlechthin unmöglich ist, dem Körper Aufbaustoffe in mehr konzentrierter Form zuzuführen als eben durch das Zusichnehmen von Kakao und Schokolade. Beide enthalten einen hohen Prozentsatz von Fett, Eiweiß und Kohlehydraten, Elementen, die dem Organismus des Menschen nötig sind, und besitzen gleichzeitig durch die Beigabe einer Dosis Theobromin die Eigenschaft, den Körper in angenehmer Weise anzuregen. Nehmen wir noch den Wohlgeschmack von Kakao und Schokolade hinzu, so sehen wir Nahrungsmittel, welche das Angenehme mit dem Nützlichen in idealer Weise verbinden und ganz dazu angetan sind, der Allgemeinheit unschätzbare Dienste zu leisten.«[40] (siehe Abb. 99)

Manche Fabrikanten wollten der Überproduktion mit einem Branchenkartell begegnen. Andere erhofften sich von einem Kartell die Bekämpfung von ›Kriegsgewinnlern‹ und riefen nach staatlicher Regulierung. »Es kann gar keinem Zweifel unterliegen, daß unser Wirtschaftsleben völlig vor die Hunde gehen muß, wenn wir nicht wieder eine Ordnung schaffen, die derjenigen gleicht, die wir ehemals kannten. Dazu gehört, daß Gesetz wieder Gesetz und Unrecht Unrecht wird. Dazu gehört, daß das Schiebertum bekämpft wird

39 Heute wird aus ganz anderen Gründen für eine Steuererhöhung auf Schokolade und Süßwaren argumentiert: Politiker wollen über höhere Steuern auf süßes ›ungesundes‹ Essen den Konsum der Deutschen steuern und wie strenge Eltern die Genüsse des Alltags verteuern. Kapitel »100 Jahre B. Sprengel & Co., die soziale Firma«, S. 227 ff.

40 RWWA 208-478-9, S. 4.

mit Unterstützung derjenigen, die vielleicht aus ihm Vorteil zu ziehen vermöchten. Es ist gewiss nicht leicht, auf Geschäfte zu verzichten, die verlockend angeboten werden, besonders wenn die liebe Konkurrenz sie macht und daraus fetten Gewinn zieht.«[41] Im Herbst 1919 – die Rohkakaoeinfuhr war gerade wieder völlig frei – wollte der Verband der Schokoladenfabrikanten die Kakaowirtschaftsstelle aus Kriegszeiten unbedingt erhalten. Folgende vordringliche Aufgaben sollte sie übernehmen:

»1. Kontrolle der Einfuhr von Fertigfabrikaten (um das ›Schiebertum‹ mit ausländischen Fertigwaren aus dem besetzten Rheinland zu bekämpfen)
2. Normalisierung der Fabrikation
3. Festsetzung und Kontrolle der Richtlinien über Preise.«

Ein Ausschuss für wirtschaftliche Fertigung empfahl sogar eine Arbeitsteilung zwischen den Fabriken. Durch »Normierung, Typisierung und Spezialisierung« würde die Herstellung billiger werden. Die Vertriebskosten sollten durch ein Syndikat gesenkt werden. »Es müssen schnellstens Bindungen erfolgen, bevor der alte Konkurrenzkampf wieder beginnt. Der erste Schritt zu einem festgefügten Kartell ist für unsere Industrie verhältnismäßig leicht durchführbar.«[42] War die Industrie der Gewerbefreiheit und Konkurrenz schon wieder überdrüssig?

Es gab auch Gegenstimmen: „Man muß sich darüber klar sein, daß eine weitgetriebene Normalisierung [das ist Normierung] der Betriebe die Unternehmungslust sehr beschränken, die Arbeit vieler Intelligenzen ausschalten und die Entwicklungsmöglichkeit der kleinen und mittleren Fabriken durchaus in Frage stellen würde.«[43] In der Absatzkrise 1929 bis 1933 flammte die Diskussion über Preiskartelle und Beschränkung der ausufernden Konkurrenz erneut auf und bereitete dann argumentativ den Boden für den nationalsozialistischen ›organischen Aufbau der Wirtschaft‹.

41 Kazett, Oktober 1919, S. 3.
42 Kazett, ebd., S. 39 f.
43 Kazett, Dezember 1919, S. 69.

Bernhard Sprengel: Ein guter Riecher und neue Ideen

Es waren schwierige Zeiten, in denen der Junior in das Geschäft eintrat. Er war noch in den letzten Kriegsmonaten eingezogen worden, kam aber unverletzt zurück. In Kiel und München studierte er Jura und erhielt vom Vater strenge Briefe. Ärgerlich schrieb August Sprengel seinem Sohn, dass er ihn nun schon »wiederholt bitten [musste], mir jede Abhebung von der Bank direkt an Ort und Stelle durch eine eigens zu diesem Zwecke mitgenommene Karte aufzugeben, weil ich von der Bank keine Benachrichtigung bekomme. [...] In Geldangelegenheiten muss peinlichste Ordnung herrschen, also bitte nach Vorschrift verfahren.«[44]

Bernhard war nach Hamburg gereist und wurde ermahnt, weil er »den sehr lieben Onkel Bernhard[45] nicht besucht hat, der zeitlebens für uns sehr erfolgreich tätig gewesen ist. Schon aus diesem Grunde, aber vor allen Dingen auch aus verwandtschaftlichen Rücksichten musst Du von selbst das nötige Interesse haben. Man muss sich das natürlich alles vorher ein bisschen zurecht legen, ehe man abreist. Ohne einen bestimmten Plan soll man überhaupt keine Reise machen, da man dann nichts sieht und nichts lernen kann.«[46]

Bernhard schloss sein Jurastudium mit der Promotion ab. »Examen bestanden Gruss Bernhard 10.2.1920«, schrieb der Sohn dem Vater ein knappes Telegramm. Er erwarb im Hamburger Rohkakaohandel kaufmännische und Warenkenntnisse und erhielt Einblick in den schwierigen Rohkakaomarkt. Sein Chef

44 HStAH Dep. 105 Acc. 2/80, Nr. 56, Schreiben vom 6.12.1920.
45 Bernhard Sprengel, Cousin von August Sprengel, leitete viele Jahre die Sprengel-Niederlassung in Hamburg.
46 HStAH Dep. 105 Acc. 2/80, Nr. 56, Schreiben vom 22.10.1919.

in der Rohstoff-Einfuhr-Gesellschaft äußerte sich in einem Brief an den Vater sehr zufrieden über die Arbeit des Juniors. August Sprengel schrieb seinem Sohn:

»Auch ich habe mich über Dein Interesse und die Initiative, die Du zum wiederholten Mal bewiesen hast, sehr gefreut und freue mich umso mehr, auch von Deinem Chef Deine Leistungen anerkannt zu sehen. Ich teile Dir dieses natürlich nicht mit, damit Du besonders stolz darauf sein solltest, wozu natürlich keine Veranlassung besteht.«[47]

Der Sohn erwies sich als tüchtiger Kaufmann und schätzte Währung und Rohkakaohandel deutlich realistischer ein als der Vater, dessen Rohstoffpolitik sich in eingefahrenen Bahnen bewegte. Bernhard hatte andere Vorstellungen:

»Über die Zweckmäßigkeit, deinen Kakaobedarf lediglich bei der K.E.G. [Kakao-Einkaufs-Gesellschaft] zu decken, möchte ich mich mit Dir noch eingehend unterhalten. Jeder Händler wird natürlich seine besten Qualitäten seinen Fabrikanten-Kunden und nicht der K.E.G. liefern, die ja Konkurrent ist.«[48]

Offenbar ließ der Vater seinem Sohn freie Hand, Rohstoffeinkäufe zu tätigen und freute sich zwei Monate später über den »günstigen Kauf von 2000 Säcken. Ich nehme an, dass Du das Geschäft in der Hauptsache selbst erledigt hast. Bei der K.E.G. hätte ich mehr bezahlen müssen«.[49]

Die Kriegsfinanzierung des verlorenen Krieges und die Reparationszahlungen an die Siegermächte führten zu einer inflationären Aufblähung der Geldmenge und ließen den Währungskurs der Mark rapide sinken. Bernhard drängte seinen Vater, Rohware gegen Akzeptkredit zu kaufen. Der Verkäufer von Rohware erhält am Fälligkeitstag den vereinbarten Betrag, auch wenn bis dahin der Preis deutlich gestiegen sein sollte. So ein Kreditgeschäft kann für einen Käufer gerade in Zeiten rasanter Geldentwertung und Verteuerungen wie im Krisenjahr 1923 sehr von Vorteil sein. August Sprengel schätzte die Lage aber weniger dramatisch ein. Er glaubte an eine »Abschwächung in bescheidenen Grenzen«.[50]

Wegen einer geringfügigen Verzögerung der deutschen Reparationslieferungen hatten französische und belgische Truppen am 11. Januar 1923 das Ruhrgebiet besetzt. Die Reichsregierung rief zum ›passiven Widerstand‹ auf und finanzierte die Einstellung der Arbeit im besetzten Gebiet. Infolgedessen geriet die Inflation nun völlig außer Kontrolle.

Bernhard ärgerte sich über die verpassten Chancen: »Schneller als vorauszusehen hat sich die von mir kürzlich gefürchtete Markentwicklung erfüllt und wir haben damit, das mir abgelehnte Geschäft zum Akzept zu schließen, einen Verlust von 100000000 Mk zu beklagen. Die Bemühungen der Reichsbank, gestern die Mark zu stützen sind fehlgeschlagen, da die Mittel fehlten. Die Folgen: Weiteres Fallen der Mark. Ich bitte um Ermächtigung zum Abschluß von 1000 Sack Accro oder Bahia [Rohkakaosorten aus Ghana und Brasilien] gegen Akzept mit Daarnhouwer.«[51]

Der Vater antwortete sofort, aber ungehalten. Von seinem Sohn ließ sich August Sprengel nur ungern einen Fehler vorhalten. »Die Markverschlechterung ist natürlich nicht an mir vorübergegangen und ich kaufe ruhig unter genauer Verfolgung der Kursbewegung täglich Devisen weiter, natürlich auf Widerruf. [...] Da aber bekanntlich Rohkakao- und Devisenkäufe identisch sind, ist es nicht unbedingt vorteilhaft, heute schon 1000 oder einige tausend Säcke Rohkakao gegen Hamburger Acceptkredit zu kaufen, da man einmal annehmen kann, dass in den allernächsten Tagen die Mark sich wieder etwas bessert und da

47 HStAH Dep. 105 Acc. 2/80, Nr. 56, Schreiben vom 7.3.1923.

48 HStAH Dep. 105 Acc. 2/80, Nr. 56, Schreiben vom 17.5.1922.

49 HStAH Dep. 105 Acc. 2/80, Nr. 56, Schreiben vom 27.7.1922.

50 HStAH Dep. 105 Acc. 2/80, Nr. 56, Schreiben vom 12.8.1922.

51 HStAH Dep. 105 Acc. 2/80, Nr. 56, Schreiben vom 18.4.1923.

Abb. 90 Notgeld der Firma Sprengel vom August 1923

ich hier den Acceptkredit wesentlich billiger bekomme.«[52]

Im Mai 1923 trat Bernhard Sprengel in die väterliche Firma ein und erhielt schon im August Prokura. Mit seiner Einschätzung der wirtschaftlichen Situation sollte er Recht behalten. Die Mark besserte sich nicht, im Gegenteil. Im Sommer 1923 konnte die Mark ihre Funktion als Tauschmittel nicht mehr erfüllen und die staatliche Notenbank der Geldentwertung mit dem Papiernotendruck nicht folgen. So griffen Firmen zur Selbsthilfe. Damit die eigenen Beschäftigten möglichst schnell für ihren Lohn Waren kaufen konnten, gab Sprengel, wie andere hannoversche Firmen auch, Ende August 1923 eigenes Geld heraus.

Diese Selbsthilfe der Betriebe war dringlich geboten, denn es fehlte an Zahlungsmitteln, und die Kommunisten hatten die schwierige Situation für ihre Agitation genutzt. Oberbürgermeister Leinert informierte die Bevölkerung und rief zur Ruhe auf.

»So wie im Reich haben heute auch in Hannover gewissenlose kommunistische Drahtzieher versucht, die Arbeiterschaft für ihre unverantwortlichen Aktionen auszunutzen. Bereits in den frühen Morgenstunden wurden in allen Betrieben kommunistische Flugblätter verteilt, in den unverhohlen gesagt wurde: ›Ihr könnt alle die bei den Großhändlern Spediteuren usw. zurückgehaltenen ungeheuren Warenmengen herausholen. Geht auf die Straße und dokumentiert euren unbeugsamen Willen, euer Recht zu erzwingen.‹ In der ›Continental‹ erschienen Frauen und logen der Arbeiterschaft vor, in der Markthalle seien heute morgen Frauen verprügelt und erschossen worden. Das wurde dann zum Anlaß genommen, um die Arbeiterschaft aus dem Betriebe zu holen und zu demonstrieren.«[53]

In einer gemeinsamen Konferenz der maßgebenden Gewerkschaften Hannovers und der Arbeitgeberverbände sollten die Forderungen der Arbeiterschaft besprochen werden, um der Not zu begegnen und den Agitatoren den Wind aus den Segeln zu nehmen.

»Ruhe und Besonnenheit ist gerade im gegenwärtigen Augenblick dringend notwendig, damit die Bevölkerung nicht noch in größere Not und schlimmeres Elend gestürzt wird. Hannover, den 11. August 1923, Der Magistrat, Leinert«, schloss das Flugblatt.

Das Notgeld der Firmen wurde indes nicht überall akzeptiert. Einige Geschäfte wiesen das Notgeld zurück oder nahmen es nur unter Erhebung eines besonderen Aufschlags an. Das führte in der Bevölkerung zu Unruhe und Empörung. Die Handelskammer Hannover stellte sich ebenfalls gegen das Notgeld und beklagte Ende August 1923 die eingetretene »Beunruhigung des Verkehrs- und Wirtschaftslebens durch die Ausgabe der oft unkontrollierbaren, buntscheckigen Gutscheine und Geldersatzscheine privater Unternehmungen, kleiner Kommunen und Kreise«.[54] Sie erreichte die Ausgabe eines »Einheitsnotgeldes für das niedersächsische Wirtschaftsgebiet« durch ein Konsortium öffentlich-rechtlicher Wirtschaftsvertretungen und Bankanstalten Niedersachsens. Dieses Einheitsnotgeld von 1923 wurde durch die Reichsbankhauptstelle

52 HStAH Dep. 105 Acc. 2/80, Nr. 56, Schreiben vom 19.4.1923.

53 Feldmann, S. 99.

54 Albert Lefèvre, 100 Jahre Industrie- und Handelskammer zu Hannover 1866–1966. Auftrag und Erfüllung, Hannover 1966, S. 106.

Hannover in Verkehr gesetzt und galt bis zur Währungsreform Ende November.

Ob die Stabilisierung der Währung mit der Rentenmark gelingen würde, war zu Weihnachten 1923 noch nicht abzusehen. Die wirtschaftliche und politische Lage in Deutschland gab in diesem Krisenjahr wenig Anlass zu Optimismus. Nach der Währungsumstellung im November waren die Ersparnisse von Millionen Menschen vernichtet, die Inflationsangst hat die Deutschen seither nicht mehr verlassen. Rechte und linke Gegner der Weimarer Republik sahen in den wirtschaftlichen Schwierigkeiten und der nationalen Empörung über die französische Ruhrbesetzung eine Gelegenheit, die ungeliebte Republik mit Putschversuchen zu Fall zu bringen. Die Rechten schoben dem parlamentarischen System die Schuld für die Krise zu und strebten eine Art ›legaler Diktatur‹ an. Hitler versuchte auf eigene Faust am 9. November 1923 eine ›Nationale Veranstaltung‹ im Münchener Bürgerbräukeller in einen Putsch umzumünzen. Dieser wurde am nächsten Tag niedergeschlagen.

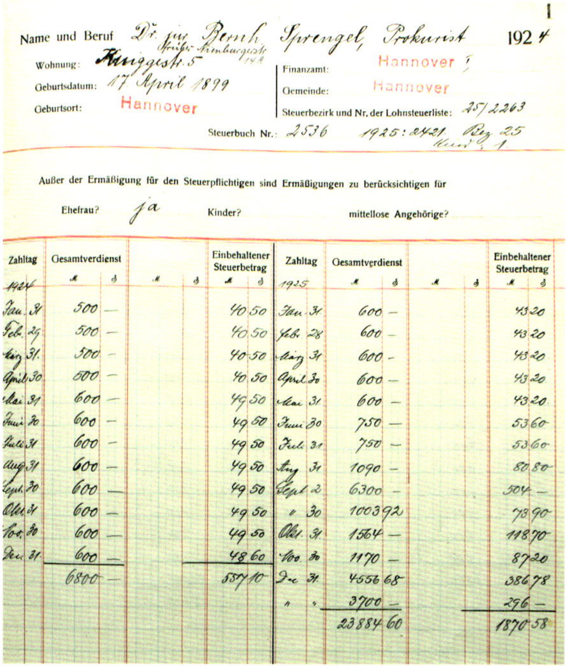
1

Name und Beruf Dr. jur. Bernh. Sprengel, Prokurist 1924

Wohnung:

Geburtsdatum: 17 April 1899

Geburtsort: Hannover

Finanzamt: Hannover

Gemeinde: Hannover

Steuerbezirk und Nr. der Lohnsteuerliste: 25/2263

Steuerbuch Nr.: 2536 1925: 2421 Bez. 25

Außer der Ermäßigung für den Steuerpflichtigen sind Ermäßigungen zu berücksichtigen für

Ehefrau? ja Kinder? mittellose Angehörige?

Zahltag	Gesamtverdienst M	₰	M	₰	Einbehaltener Steuerbetrag M	₰	Zahltag	Gesamtverdienst M	₰	M	₰	Einbehaltener Steuerbetrag M	₰
1924							1925						
Jan. 31	500	–			40	50	Jan. 31	600	–			43	20
Feb. 29	500	–			40	50	Febr. 28	600	–			43	20
März 31.	500	–			40	50	März 31	600	–			43	20
April 30	500	–			40	50	April 30	600	–			43	20
Mai 31	600	–			49	50	Mai 31	600	–			43	20
Juni 30	600	–			49	50	Juni 30	750	–			53	60
Juli 31	600	–			49	50	Juli 31	750	–			53	60
Aug. 31	600	–			49	50	Aug. 31	1090	–			80	80
Sept. 30	600	–			49	50	Sept. 2	6300	–			504	–
Okt. 31	600	–			49	50	" 30	1003	92			73	90
Nov. 30	600	–			49	50	Okt. 31	1564	–			118	70
Dez. 31	600	–			48	60	Nov. 30	1170	–			87	20
	6800	–			557	10	Dez. 31	4556	68			386	78
							" "	3700	–			296	–
								23884	60			1870	58

Abb. 91 Lohnbuch B. Sprengel & Co., Gehaltsübersicht Bernhard Sprengel, 1924

In diesen aufregenden Tagen befand sich Bernhard Sprengel auf Hochzeitsreise. Er erhielt von seinem Vater am 5. November einen Eilbrief:

»Die Schwierigkeit der Geldbeschaffung häuft sich immer mehr. […] Ich weiss nicht, wo ich die Zeit zur Bearbeitung nehmen soll, da tagtäglich bezüglich der Lohn- und Gehaltszahlungen und aller möglichen anderen Geschichten Anforderungen an mich gestellt werden. […]
Meine Ausführungen sollen nun keine Reue bedeuten, dass ich Deiner Hochzeitsreise zugestimmt habe, ganz im Gegenteil. Umso mehr, als Du ja auch die nötigen Mittel dazu schließlich persönlich verdient hast, aber mein lieber Junge, ich halte es für angezeigt, dass ihr eure Reise abbrecht und zurückkehrt. Die Zeiten sind zu ernst und zu schwer und es wird hier zuviel versäumt.«[55]

Bernhard kehrte also vorzeitig zurück. »Schon die dritte Generation«, so hieß es in einer Werbeschrift von 1923, »spinnt an dem alten Faden: nach dem Tode des Begründers ging die Firma in den Besitz seines Sohnes August Sprengel über, der heute in der Leitung des ausgedehnten Betriebes von seinem Sohn und Nachfolger Dr. jur. Bernhard Sprengel tatkräftig unterstützt wird.«[56]

Mit 500 Rentenmark monatlich begann der Junior in der Firma. Ein Jahr nach seinem Eintritt erhielt er erfolgsabhängige, monatlich wechselnde Provisionen. Das Jahr 1925 war – mit der Neueinführung der Pralinenpackung ›India‹ – erfolgreich und sein Verdienst stieg auf mehr als das Dreifache des Eintrittsjahrs. Die Konjunktur war indessen nicht von Dauer.

55 Ebd., Schreiben vom 5.11.1923.
56 RWWA 208-478-9.

Abb. 92 Das 75-jährige Jubiläum – Anlass für die neue Voll-Rahm-Schokolade

Ein Jahr später – das Jahr des 75-jährigen Jubiläums – war wiederum ein schlechtes Jahr für die Schokoladenindustrie und die Firma Sprengel. In den Unterlagen finden sich zum Jubiläum fünf Grußkarten mit Glückwünschen von Geschäftspartnern, sonst nichts. Kein Schreiben mit freundlichen Dankesworten an die Mitarbeiter, kein Gruß vom Arbeiterausschuss. Die Stimmung muss sehr schlecht gewesen sein in diesem Jahr.

»Also ich war seit August 1920 bei der Firma tätig. Es gab noch keine Lastautos in der Fabrik. Es wurde alles mit Pferden befördert. Ich war zum 75-jährigen Jubiläum auch dort, aber leider konnte es nicht gefeiert werden wegen schlechten Geschäftsumsatzes«, erinnerte sich 1951 eine alte Mitarbeiterin.[57] Ganz anders noch ein Vierteljahrhundert zuvor. Vom 50-Jährigen anno 1901 wurden Menüfolge, Umzugslisten, Festzeitungen und vielerlei Glückwünsche aufbewahrt, und auch der Hundertste wurde 1951 groß gefeiert. Lediglich eine Werbeanzeige für die neue Voll-Rahm-Schokolade kündet heute noch vom 75-jährigen Jubiläum.

Tatsächlich hatte die Firma 1926 zum ersten Mal mit minus 466 000 Reichsmark (RM) große Verluste gemacht.[58] Auch im folgenden Jahr schrieb sie immer noch tiefrote Zahlen: Das Defizit betrug 461 300 RM. Trotz der Verluste hat August Sprengel 1927 private Entnahmen aus dem Gewerbebetrieb in Höhe von 469 250 RM vorgenommen, wofür ist nicht bekannt.[59] Bis 1931 hörten die Verluste nicht mehr auf.

Markenentwicklung und Rationalisierung

Um den besonderen Charakter der Marke hervorzuheben, vermittelte die Werbung 1923 von der Herstellung den Eindruck eines organischen Ganzen.

»Nur das Beste wird für gut erachtet, auf den Markt gebracht zu werden. Rohstoffe besonderer Güte werden nach bewährten Rezepten im unendlich fein organisierten Herstellungsprozeß geläutert und mit edlen Zusatzprodukten vermengt, um endlich als vollendetes Ganzes aus den Fabrikationsräumen hervorzugehen. Auch wurde Sorge getragen, daß die Umhüllungen schon durch ihr Äußeres auf den Wert des Inhalts verweisen und so nach der ästhetischen wie nach der hygienischen Seite Vollendetes bieten.«[60]

Die Pralinenmischung ›India‹ führte der junge Sprengel zum Erfolg. Sie stand Jahrzehnte an der Spitze der Sprengelprodukte. »Bei India-Pralinen handelt es sich nach Ansicht von Sachverständigen um eine Phantasiebezeichnung«, schrieb die Fachzeitschrift Gordian, und ist »kein Hinweis auf die Herkunft der Pralinen«.[61] Fern von derart prosaischen Bemerkungen spielte die Sprengel-Werbung in der abgedruckten Anzeige mit dem Traum des fernen märchenhaften Indien (Abb. 93).

Hermann Hesses Siddharta war 1922 erschienen, ein Buch, in dem Hesse Indien als Ziel menschlicher Sehnsucht, als zeitenthobenes Paradies menschlicher Erfüllung mythifiziert. Waren dies die Träume, die auch der junge Sprengel träumte? Dieses Lebensgefühl sprach in den wirren Jahren der Inflation und

57 HStAH Dep. 105 Acc. 2/80, Nr. 582.
58 HStAH Nrs. 171 Hannover, Nr. 6209, Entnazifizierungsakte B. Sprengel, Stellungnahme Bredt.
59 HStAH Dep. 105 Acc. 2/80, Nr. 560.
60 Werbeschrift 1923 ohne Titel, RWWA 208-478-9.
61 Gordian, 1931 Heft 874, S. 38.

Abb. 93 India, die neue Pralinenmischung, 1925

der politischen Unsicherheit bürgerliche Zeitgenossen mit dem Wunsch an, sich für einen Augenblick hinwegzuträumen in ferne paradiesische Länder.

›India‹ stand für edlen Genuss, der nichts mehr gemein hatte mit den Vorrechten einer überlebten feudalen Gesellschaft, gleichwohl aber auf die Distinktion des feinen Geschmacks setzte. Die India-Pralinen wurden ein geschäftlicher Erfolg, und Sprengel wählte den sitzenden Buddha von 1929 bis 1937 als Firmenlogo. Das neue Buddha-Logo schmückt auch die Preisliste von 1932 (Abb. 124), die – wie die India-Packung – in den königlich prächtigen Farbtönen Rot und Gold gehalten ist.

Der königliche Hoflieferant war mit der alten Welt untergegangen. Es galt ein neues Markenbild zu entwickeln, das gleichwohl höchste Ansprüche mit zeitgemäßer Anmutung verband. Im Vordergrund der Werbung standen elegante junge Damen mit Hut und modischer Kurzhaarfrisur.

Abb. 94 Werbung für India-Pralinen, 1924

Abb. 95 Modernes Sachplakat – Richard Rump, 1924

Abb. 96 Nahrhafte Genüsse – Werbeplakat von Rump, 1923

Die Exklusivität des Spitzenprodukts allein sicherte aber nicht die Umsätze, die die Schokoladenfabrik Sprengel zum Fortbestand benötigte. Hierzu war ein Unterbau aus breit konsumierten Qualitäten notwendig.

Die dynamische Wirkung des modernen Sachplakats von Richard Rump sprach deshalb andere Käuferschichten an. Der Satz »Sprengel-Pralinen haben die Führung« transportierte das Gegenteil von Exklusivität. Marktführer konnte eine Firma nur durch das Vertrauen vieler werden, der Werbespruch warb mit der Überzeugung, was vielen gefällt, muss gut sein.

Abb. 97 Eiskonfekt als Riegel

Das Plakat ›Köstlich und nahrhaft zugfleich‹ versuchte schwer Vereinbares zu verbinden. In den mageren Zeiten der Nachkriegszeit wurde Schokolade als nahrhaft gepriesen, denn Nahrung kann nicht Luxus sein, und für die Luxussteuer sollte die Werbung keine Argumente liefern. Aber sie war eben doch kein Nahrungsmittel wie Nudeln oder Fisch. Blumenvase und Raffvorhang hoben die Pralinenschachtel und ihren ›köstlichen‹ Inhalt aus dem Alltag heraus.

Dagegen setzte die Werbeanzeige für Sprengels Kakao (Abb. 99) auf seine Alltagstauglichkeit. Die Stichworte ›Berufsmensch‹, ›Kräftigung‹, ›schnell zu bereiten‹ machten nicht Reklame für Damenkränzchen oder die süße Begleitung des bürgerlichen Kindergeburtstags. Sie sprachen die breite Masse der Arbeiter und Angestellten an, die eine schnelle Stärkung vor dem anstrengenden Arbeitstag suchten.

Neu wurde mit dem ›Sprengeldampfer‹ (Abb. 97) eine Vorform der Riegelschokolade angeboten, die sich an Konsumenten richtete, die selbst genießen wollten. Den erfrischenden Geschmack verdankte der ›Sprengeldampfer‹ einer neuen Süßwaren-Entwicklung, dem Eiskonfekt, das auf Grund der niedrigen Schmelztemperatur des Kokosfettes im Mund eine kühle Wahrnehmung hervorruft. Die Anzeige wirbt mit der »eigenartigen Geschmacksrichtung«, der heutige Verbraucher würde dies nicht unbedingt als Empfehlung empfinden.

Der kalkulierte Ladenpreis für das neue Produkt war in der Firma zunächst umstritten. August Sprengel hielt in einer Aktennotiz fest: »Es soll ein grösserer Posten von mindesten 5000 Kilo unter sorgfältigster Kontrolle der dazu nötigen Aufwendungen und Arbeitsleistungen hergestellt und die genaueste Nachkalkulation vorgenommen werden. Erst dann wird der Preis endgültig bestimmt. […] Staude hält 65 Pfg für angemessen und hofft damit grossen Umsatz zu erzielen. Ich bin vorläufig für 70 Pfg.«[62] Er wurde dann doch für 65 Pfg angeboten. Aber auch dieser Preis war noch zu hoch.[63] Die Preisliste von 1928 verzeichnete einen Ladenpreis von 50 Pfennig, drei Jahre später war er nicht mehr im Sortiment. Dem Sprengel-Dampfer ging es wie vielen Produkten: Sie werden aufwändig entwickelt, kalkuliert und beworben, können sich aber am Markt nicht etablieren.

»Endlich einen Rückhalt gegen Beschwerden«, versprach ein Werbespruch aus den 1920er Jahren. Heute weckt er damit Assoziationen an Krankengymnastik und Rückenschmerzen. Tatsächlich ging es aber um sensible Pralinen. »Sie wissen doch wie empfindlich Pralinen sind. Selbst Luft ist Gift für sie. Sprengel Pralinen werden klimatisiert durch eine Daqua-Klima-Anlage.« Das Idealklima der Fabrikation mit frischer und trockener

Abb. 98 Faltblatt mit Pralinenwerbung für Einzelhändler

Abb. 99 Kakao-Reklame mit dem Schokoladennährwert, 1927

62 HStAH Dep. 105, Nr. 933, Notiz vom 9.3.1925.
63 Preisliste Dezember 1925, RWWA 208-827-14.

Abb. 100 Kakaomühlen, 1923

Luft wurde durch »die Blechpackung und das Lassoband eingefangen gehalten«.

In den fortschrittsgläubigen Jahren der Rationalisierung zwischen 1922 und 1928 übten neue Technik und Maschinen im Zusammenwirken mit effektiver Organisation eine Faszination aus, derer sich eine Werbeschrift aus dem Jahr 1923 bedient:

»Eine eigene elektrische Kraftanlage spendet Energie, um den gewaltigen Maschinenpark der ›Sprengelwerke‹ in Bewegung zu halten, um den Röst-, Brech-, Schälmaschinen, den Melangeure- und Walzwerken die Betätigung zu ermöglichen. [...] In den weiten Arbeitssälen, in denen alles nach den Gesichtspunkten produktiver Technik und den Erfordernissen äußerster Wirtschaftlichkeit angeordnet ist, herrscht emsiges Leben. Wohin das Auge dort auch trifft, überall erhält es den Eindruck blendender Sauberkeit. [...] Rastlos ist die Firma Sprengel tätig, ihre Leistungsfähigkeit durch Nutzbarmachung aller technischen Fortschritte ständig zu erhöhen, um edle Ware wohlfeil liefern zu können.«

Die produzierenden Menschen wurden nicht mehr als stolze Beherrscher der Maschinen präsentiert, sondern standen in jener technikoptimistischen Zeit visuell im Hintergrund. Sie wirkten ›emsig‹ und den ›Erfordernissen äußerster Wirtschaftlichkeit‹ unterworfen. Auch Produktionsfotos der in der Nordstadt Hannovers benachbarten Firma Appel aus den 1920er Jahren spiegelten wie bei Sprengel die Faszination der maschinellen Produktion wider. Betrachtet man heute, Jahrzehnte später, diese Fotos, bekommt man eine Ahnung, dass das visuelle Verschwinden der Menschen Folgen für ihre Arbeit hatte. Charlie Chaplin hat in seinem Spielfilm ›Modern Times‹ (Moderne Zeiten) die beginnende Vorherrschaft der Maschinen über den Menschen beeindruckend vorgeführt.

Die Technikbegeisterung revolutionierte auch den Gütertransport der Firma. Sprengel stellte den Lieferverkehr in den 1920er Jahren auf Lastkraftwagen um. Die ersten Modelle von Benzin-Lieferwagen belieferten die Filialen in Berlin, Hamburg, Frankfurt und Bremen. Die Fahrt der großen Lkws, die den größten Teil der benötigten Rohstoffe aus den Hafenstädten nach Hannover transportierten, schilderte eine Werbeschrift: »Es entbehrt nicht der Romantik, wenn diese Kolonnen donnernd und fauchend durch das Fabriktor einrollen, hochbeladen mit den Produkten ferner Zonen, die mit ihren östlichen Aromen einen Hauch der Fremde hereintragen.«[64] Eine Übersicht über die bei der Agrippina Hannover versicherten Autos führte Anfang der 1930er Jahre als ›Fahrzeuge von August Sprengel‹ auf: »Lastkraftwagen: 4 Audi, 1 Benz, 1 Daimler, 1 Presto, 1 MAN, 1 Büssing. Personenfahrzeuge: 1 Maybach, 3 Audi, 3 Nash«.[65]

64 Werbeschrift 1923, RWWA 208-478-9.
65 HStAH Dep. 105, Nr. 727.

Als begeisterter Autofahrer besuchte August Sprengel regelmäßig Automobilausstellungen und gönnte sich die neuesten hochwertigen Wagen. Seinem Sohn Bernhard berichtete er von der Automobil-Ausstellung in Berlin. »Die Ausstellung war hochinteressant. Ich habe meinen Wagen gegen eine neue Audi-Type getauscht. Der neue Wagen hat 14/50 PS und verschiedene vorzügliche Neuerungen und gehört qualitativ fraglos zu dem Allerbesten, einschliesslich Benz und Mercedes, was auf der Ausstellung geboten wurde.«[66]

Die Stadthalle: Hannovers Wahrzeichen — Sprengel-Schokolade: Hannovers Glanzpunkt!

Abb. 101 Werbepostkarte, 1924

Der Rationalisierungsoptimismus wurde gebrochen in den Jahren der Krise. Nun mussten sich die Ingenieure und Rationalisierer vorwerfen lassen, das »Streben nach Rationalisierung und Arbeitsersparnis (habe) die Arbeitslosigkeit, wenn nicht verursacht, dann jedoch gewiß verschärft«.[67] In der Bewertung von Rationalisierungsprozessen setzte ein Paradigmenwechsel ein. ›Der Mensch und die Rationalisierung‹ stand ab 1929 im Fokus der wissenschaftlichen und betriebswirtschaftlichen Aufmerksamkeit.[68] Das Reichskuratorium für Wirtschaftlichkeit (RKW), 1921 gegründet und seit Ende 1925 wirksam tätig mit einer Vielzahl sowohl theoretischer als auch handlungspraktischer Veröffentlichungen, nahm sich ab 1929 vermehrt der Kritik an den Arbeitsbedingungen des Menschen im Betrieb an. Das Hauptziel des RKW, Kostenbewusstsein zu verbreiten und effektive Arbeitsorganisation zu unterstützen, wurde indes weiter verfolgt. Das sollte auch für die Firma Sprengel weitreichende und rettende Folgen haben.

Überall Konflikte, ein Waffenfund und Kakerlaken

Der Weimarer Republik fehlte ein Grundkonsens über die gesellschaftlichen und wirtschaftlichen Ziele. Einig war man sich zwar in der tiefen Enttäuschung über die Kriegsniederlage und den als ungerecht empfundenen Versailler Friedensvertrag. Sonst aber standen sich die Gewinner der Revolution, die auf allgemeine Gleichheit und demokratische Teilhabe auch in der Wirtschaft setzten, und die Inhaber traditionaler patriarchalischer Entscheidungsrechte zunehmend erbittert gegenüber.

War in den ersten Jahren der Weimarer Republik noch das Bemühen erkennbar, mit Zugeständnissen auf der einen Seite und eingeübter Loyalität auf der anderen Seite gemeinsame Lösungen zu suchen, schlug sich die Polarisierung des politischen Klimas in den Krisenjahren der Inflation auch in der innerbetrieblichen

66 HStAH Dep. 105 Acc. 2/80, Nr. 565.
67 Jürgen Bönig: Die Einführung von Fließbandarbeit in Deutschland bis 1933. Zur Geschichte einer Sozialinnovation, Band 1, Münster 1993, S. 201.
68 So beschrieb der Geschäftsbericht die zukünftige Aufgabe der Arbeit des »Reichskuratoriums für Wirtschaftlichkeit in Industrie und Handwerk« (RKW).

Abb. 102 Tafeleinschlag (1930), Entwurf Heseler

Stimmung der Firma Sprengel nieder. Die abnehmende Konsensbereitschaft wurde unter anderem an zahlreichen Prozessen deutlich, denen sich August Sprengel in den 1920er Jahren ausgesetzt sah oder die er selbst führte: Prozesse wegen Entlassungen von Arbeitern, wegen Kakao-Diebstahls, mit lärmgeplagten Nachbarn und mit einem Betriebsleiter, auf dessen Entlassung die Arbeitnehmer gedrängt hatten.

Für August Sprengel hatte die Revolution mit der unangenehmen Erfahrung begonnen, dass Soldaten, eigentlich Garanten der staatlichen Ordnung und von ihm im Krieg großzügig mit Schokoladenlieferungen beschenkt, ihn in seinem Haus überfielen. Dann stellten die eigenen Leute zunehmend selbstbewusst Forderungen und griffen 1922 zum Mittel des Streiks. Im selben Jahr stellte sich heraus, dass die Firma von Angestellten im großen Maßstab betrogen worden war. Die Firma Sprengel hatte in einem ehemaligen Eisenbahndepot Lagerräume angemietet. Ihr dortiger Lagermeister, der langjährige Angestellte Hotze, und sein Kumpel stahlen mehr als 100 Sack Rohkakao, die zum Zeitpunkt des Diebstahls im April und Mai immerhin einen Gesamtwert von 500000 Mark hatten. Bis zum Gerichtsverfahren im Oktober wegen Entwendung und Verschiebung des Kakaos war aufgrund der Hyperinflation der Wiederanschaffungswert der Rohware schon auf 6240618,75 Mark gestiegen.

Die wirtschaftliche Verarmung weiter Kreise der Bevölkerung – ausgemusterte Soldaten, Arbeitslose, Jugendliche ohne Perspektive, denen schnell gewonnene Vermögen durch Kriegsgeschäfte gegenüberstanden – hatten die Kriminalitätsrate steigen lassen und die moralischen Maßstäbe relativiert. August Sprengel erwartete vom Gericht ein deutliches Zeichen:

»Wir bitten den Herrn Staatsanwaltsschaftsrat mit in Betracht zu ziehen, wie demoralisierend das etwaige leichte Davonkommen der Hotze, Brandt und übrigen Täter auf unsere Angestellten und Arbeiter wirken würde. Die pflichtgetreuen Angestellten und Arbeiter müssten mit ansehen, wie auf verbrecherische Art und Weise große Summen Geldes ›verdient‹ werden, während bei leichtfertigen und gewissenlosen Elementen die Neigung zu ähnlichen Unterschlagungen geradezu wachgerufen würde.«[69] Hotze und sein Kumpel wurden zu einem Jahr, zwei weitere Beteiligte zu jeweils vier Monaten Gefängnis verurteilt.

Sprengel hatte nach dem Krieg geglaubt, mit freiwillig gewährten Zulagen seine Leute für sich gewinnen zu können. Diese Zulagen nahmen sie wohl an, verzichteten aber nicht auf weitere Forderungen. Und die Forderungen hörten nicht auf; jedes Jahr verlangten die Arbeitnehmer neue Tariferhöhungen. Sprengel setzte schließlich auf einen Betriebsleiter, der auf die Kosten achten sollte. »Wir müssen

69 HStAH Dep. 105, Nr. 323, Schreiben August Sprengel 9.10.1922.

unbedingt Löhne einsparen, die Löhne ruinieren mich noch«,[70] habe der Chef ihm die Erwartungen beschrieben, sagte Betriebsleiter Theodor Jäger später im Arbeitsgerichtsprozess aus. Jäger handelte entsprechend und begann damit, »fast ausnahmslos sämtliche Rezepte«[71] zu ändern und die Rezepturen zu verbilligen.

Der Chef merkte zwar, dass die Qualität nachließ, den Betriebsleiter hatte er aber nicht im Verdacht. Er gab seinen Beschäftigten die Schuld. In einer Anweisung aus dem Jahr 1926 machte er deren unzureichende Kontrollen für die Qualitätsverschlechterung verantwortlich: »Der Erfolg, welchen wir mit diesen Schokoladen beabsichtigen, steht und fällt mit der […] absolut gleichmäßig feinsten Verarbeitung. Es genügt nicht die Festlegung der Verarbeitungsweise, sondern es muss vor allen Dingen die Kontrolle geschaffen und mir als absolut funktionierend vorgelegt bzw. geführt werden. Wenn die Fabrikation dieser Schokoladen in der von mir vorgeschriebenen Zusammensetzung und festgelegten feinsten Verarbeitung aufgenommen ist, werde ich gegen diejenigen Personen, welche mit der Kontrolle der Masse auf Geschmack und Feinheit betraut sind und ihre diesbezüglichen Pflichten nicht mit dem nötigen Ernst und der nötigen Gewissenhaftigkeit auffassen, ohne jede Nachsicht vorgehen aus dem einfachen Grund, weil ohne eine gleichmäßige [im Original 3-fach unterstrichen] Qualität der Vertrieb von wirklich feinen Marken zu guten Preisen niemals gelingen wird.«[72]

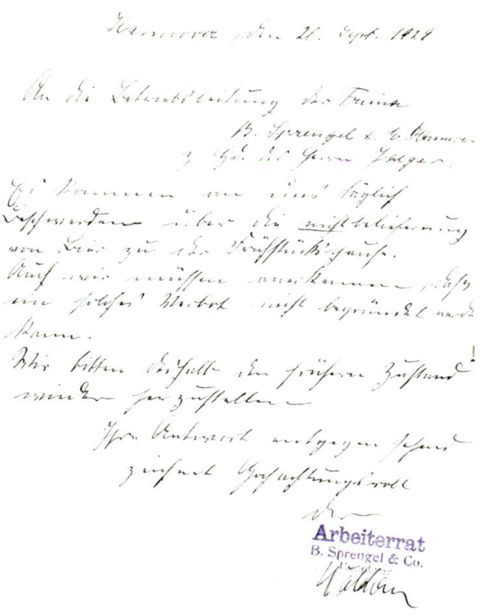
Hannover, den 21. Sept. 1929

An die Betriebsleitung der Firma
B. Sprengel & Co. Hannover
z. Hd. des Herrn Jäger.

Es kommen an uns täglich Beschwerden über die Nichtbelieferung von Bier zu der Frühstückspause.
Auch wir müssen anerkennen, dass ein solches Verbot nicht begründet werden kann.
Wir bitten deshalb den früheren Zustand wieder herzustellen!

Ihrer Antwort entgegen sehend
zeichnet Hochachtungsvoll
Der
Arbeiterrat
B. Sprengel & Co.

Abb. 103 Beschwerde des Arbeiterrates wegen Verbots des Frühstücksbieres

August Sprengel hätte besser daran getan, statt dem Betriebsleiter zu vertrauen, bei seinen Facharbeitern und Abteilungsleitern nachzufragen, denn diese hielten die Sprengel-Qualität hoch und identifizierten sich mit dem verkauften Produkt. Sie hielten nichts davon die Waren zu verbilligen: »Entweder wir sind eine Markenfirma und machen erstklassige Waren oder wir sind keine Markenfirma und machen billige Artikel.«[73]

Es blieb nicht bei billigen Rezepturen. Der Betriebsleiter machte auch Druck auf Löhne und Arbeitsleistung: »Nachdem die Materialien verbilligt wurden, galt es die Löhne zu verbilligen. Dies war umsomehr notwendig, als jedes Jahr tarifliche Lohnerhöhungen eintraten. […] Durch Einführung von Akkord in der Tafelproduktion gab es 50 % Ersparnis. Diese Ersparungen sind erzielt, ohne einen Pfennig Anschaffungskosten, durch verändertes Arbeitstempo, was mich natürlich nicht beliebt machte.«[74]

Den Ärger über das gestiegene Arbeitstempo spülten die Arbeiter mit dem Pausenbier herunter. Damit war aber im September 1929 Schluss; die Bierlieferung zu den Arbeitspausen wurde gestrichen. Dafür wird es außer

70 HStAH Dep 105, Nr. 138, Aussage des Betriebsleiters Jäger im Arbeitsgerichtsprozess.
71 HStAH Dep 105, Nr. 138.
72 HStAH Dep 105, Nr. 138, Anweisung August Sprengels vom 30.1.1926.
73 HStAH Dep 105, Nr. 138, Aussagen Wedell auf der Betriebsangestelltenversammlung am 24.10.1929.
74 HStAH Dep 105, Nr. 138, Aussage Jäger im Arbeitsgerichtsprozess.

Abb. 104 Werbeanzeige von 1929 mit dem neuen Buddha-Logo

Sparsamkeit auch andere gute Gründe gegeben haben. Der Arbeiterrat schrieb dem Betriebsleiter, »es kommen an uns täglich Beschwerden über die Nichtbelieferung von Bier zu den Frühstückspausen«, und verlangte, unbedingt die Bierlieferung zum Frühstück wieder aufzunehmen.

Den Angestellten dagegen gefiel Jägers Ton nicht und das diktatorische Gebaren. Vorschlägen gegenüber sei er nicht zugänglich und verlange stattdessen von den Abteilungsleitern, sie sollten den Mund halten. Schließlich platzte den Angestellten der Kragen. Der Angestelltenrat schrieb dem Chef einen Brief und sagte voraus, dass »Herrn Jägers weiteres Verbleiben als Betriebsleiter in Ihrem Werke unübersehbare, katastrophale Folgen für Ihr Unternehmen haben würde, wodurch sie in ihrer Existenz gefährdet und für sich und ihre Familien die schlimmsten Befürchtungen hegen müssen. Diese Auffassung wird von den gesamten Werkangehörigen geteilt.«[75]

Zwei Tage später fand eine Betriebsangestelltenversammlung statt. August Sprengel sah sich mit der vernichtenden Kritik seiner Angestellten über die Tätigkeit des Betriebsleiters konfrontiert. Sie berichteten von mangelnder Sauberkeit, falschen Gewichten in Pralinenpackungen und vom Wiederverkauf reklamierter Ware. Ihrem Hinweis, dass Formen schmutzig seien, sei der Betriebsleiter mit der Anweisung begegnet: »Das schadet nichts. Block-Schokolade kaufen Arbeiter ohne Wäsche und Kragen. Anders ist es bei besseren Tafeln, die kaufen Leute mit Wäsche und Manschetten.« Arbeiterinnen hatten das Gespräch mitgehört und verbreiteten die Nachricht: »Sprengel macht Arbeiter-Schokolade.«[76] Die einhellige Meinung der Angestellten: »Er macht die Markenfirma kaputt.«

August Sprengel bestellte seinen Betriebsleiter zu einer Unterredung ein, die offenbar unbefriedigend ausfiel. Jedenfalls schickte er ihm fünf Tage nach der Versammlung ein Kündigungsschreiben: »Auf Grund der gehabten Unterredung müssen wir hierdurch Ihnen gegenüber die fristlose Kündigung aussprechen. Wir erwarten, dass Sie Ihre Tätigkeit morgen nicht wieder aufnehmen und haben unserem Portier entsprechende Anweisung gegeben.« Da war allerdings schon viel Schaden entstanden. Der Konflikt war auch mit der fristlosen Entlassung nicht beendet, denn Jäger fand sich mit der Kündigung nicht ab, sondern klagte.

Ein weiterer Vorfall zeigte, dass politische Kontrahenten in jenen Jahren schnell geneigt waren, beim wirtschaftlichen und politischen Gegner Übles zu vermuten. Eine polemische Zeitungsnotiz aus dem sozialdemokratischen ›Volkswillen‹ vom 23. September 1928 berief sich auf anonyme Zeugen und berichtete:

Waffenfunde bei der Firma Sprengel, Schokoladenfabrik Hannover

»Im Betriebe der Firma Sprengel, Schokoladenfabrik in Hannover, wurden am Donnerstag, dem 20. Sept. im Laboratorium mehrere Gewehre, Modell 98, aufgestöbert nebst einer größeren Menge Munition. Der in Erregung geratenen Belegschaft wurde später durch Angestellte mitgeteilt, daß Waffen und Munition bereits von Polizeibeamten abgeholt seien. Wie uns versichert wird, stehen höhere Angestellte in dem Geruch monarchistisch-schwarz-weiß-

75 HStAH Dep 105, Nr. 138, Schreiben vom 22.10.1929.

76 HStAH Dep 105, Nr. 138, Protokoll der Betriebsangestelltenversammlung am 24.10.1929.

roter Gesinnung, und dieser Umstand wird mit den Waffenfunden in Zusammenhang gebracht. Eine nette Sache das: zwischen den im Betrieb lagernden Kakaobohnen ›blaue Bohnen‹, neben den Dessertspritzen ›Kugelspritzen‹.«[77]

Abb. 105 In der Werbung ist die Welt in Ordnung, 1928

Der ›Volkswille‹ hatte es nicht für nötig gehalten, die Firma selbst oder die Polizei um eine Darstellung des Sachverhalts zu bitten, der »Geruch monarchistisch-schwarzweiß-roter Gesinnung« reichte für eine Zeitungsspitze. Die Firma Sprengel bestand auf einer Gegendarstellung, die drei Tage später erschien.

Die Schokoladenfirma B. Sprengel u. Co schreibt uns:

»Ihr in der Sonnabend-Abendausgabe unter der vorstehenden Überschrift erschienener Artikel ist irreführend. Richtig ist, daß drei Gewehre, die seinerzeit der Einwohnerwehr gehörten, bei Aufräumungsarbeitern von Werksangehörigen gefunden wurden. Nachforschungen haben ergeben, daß die Gewehre von einem schon seit längerer Zeit nicht mehr bei uns tätigen Herrn damals in Verwahrung genommen und irrtümlich oder aus Nachlässigkeit nicht abgeliefert wurden. An Munition war auch nicht eine Patrone vorhanden. Sofort nach Auffinden der Gewehre benachrichtigten wir selbst die Polizei, und an diese erfolgte dann auch die Auslieferung. Eine monarchistisch schwarzweißrote Gesinnung ›höherer‹ Angestellter ist uns unbekannt, und sie würde auch von uns, weil sie mit den Anschauungen der Herren Sprengel nicht in Einklang zu bringen ist, nicht nur nicht unterstützt, sondern prinzipiell abgelehnt werden.«[78]

Konflikte gab es auch mit den Nachbarn der Schokoladenfabrik. Die Firma Sprengel hatte 1895 den stolzen Bau in der Schaufelder Straße bezogen. Da war bis auf ein Kasernengebäude am Schneiderberg die Umgebung noch grün und unbebaut. Das änderte sich aber binnen zehn Jahren. Die Bevölkerung hatte im Zuge der neuen Arbeitsplätze in den Firmen Berliner, Sprengel, Appel und wegen des Arbeitskräftebedarfs der Bahn stark zugenommen. Um 1900 war das Gebiet der Nordstadt weitgehend bebaut und entwickelte sich in jenen Jahren zu einem gemischten Wohnviertel. Charakteristisch war damals, dass Bürgerhäuser und Arbeiterwohnhäuser nahe beieinander standen. In der Astern- und Fliederstraße passierte man bürgerliche Vorderhäuser, um in die Arbeiterwohnungen im Hinterhof zu gelangen.

Die Glünderstraße mit Zugang zum Sprengelgelände zeigte bürgerlich repräsentative Wohnbauten, während auf der rückwärtigen Seite der Schokoladenfabrik in der Schaufelder- und Kniestraße und in der Rehbockstraße eng bebaute Grundstücke mit Arbeiterhäusern dominierten. Die Nähe der Wohnung zum Arbeitsplatz wurde über viele Jahre als Vorteil gesehen. Bernhard Sprengel hob noch 1962 hervor, wie günstig es ist, »unsere Arbeitskräfte in unmittelbarer Nähe – gerade für den Saisonbedarf – beziehen zu können«[79], und auch von den Arbeiterinnen selbst wurden die

77 HStAH Dep. 105 Acc. 2/80, Nr. 560, ›Volkswille‹ vom 23.9.1928, S. 6.

78 HStAH Dep. 105 Acc. 2/80, Nr. 560, ›Volkswille‹ vom 26.9.1928, S. 6.

79 HStAH Dep. 105 Acc. 2/80, Nr. 138, Protokoll der Beiratssitzung vom 21.5.1962.

›Hausfrauenschichten‹ in Wohnungsnähe sehr geschätzt.[80]

Die bürgerlichen Nachbarn sahen das anders. Die Firma Sprengel hatte das ihr gehörende Grundstück nach und nach bebaut und war nahe an die Häuser in der Glünderstraße herangerückt. Das führte zu Konflikten. Das Haus des Nachbarn Willy Klempau war 1906 neben dem Fabrikgelände errichtet worden. Der Anwohner wusste also, als er sich dort niederließ, dass er mit Geräuschen und Gerüchen einer Schokoladenfabrik würde leben müssen. Das hinderte ihn nicht, sich seit dem Jahr 1913 wiederholt über Lärm, Gerüche und unschöne Ausblicke auf das Firmengelände zu beschweren. Er beklagte die »Ruhestörung im Landhausviertel in der Glünderstraße«.[81] In einem so benannten Quartier hatte es natürlich ruhig zu sein, zumal »es sich bei den Anwohnern der Glünderstraße vorwiegend um Geistesarbeiter handelt, die besonders geschädigt werden, da der Betrieb schon bis 3 Uhr nachts ausgedehnt worden ist«. Die Benennung ›Landhausviertel‹ ließ den Industriebetrieb als Usurpator erscheinen, der in die behauptete ländliche Idylle der bürgerlichen Bewohner eingedrungen war. Mochte der Industrielärm bei Arbeiterwohnungen in der Schaufelder-, Rehbock- und Kniestraße noch hingehen. Die Arbeiter verdienten dort ihr Brot und waren auch am Tag nichts anderes gewohnt. Für Geistesarbeiter aber war der Lärm eine Zumutung. Da half es auch nichts, dass August Sprengel daran erinnerte, dass die Firma schließlich in der Schaufelder Straße schon mehr als zehn Jahre produzierte, als der Nachbar sein Haus kaufte.

Vor allem beschwerte er sich bitter über die Dieselmotoren, die 1910 die alten Dampfmaschinen ersetzt hatten. Sie produzierten den Betriebsstrom, mit denen die Firma Kakao-, Brech- und Reinigungsmaschinen, Walzwerke und Melangeure antrieb, und waren Sprengels ganzer Stolz. Der Energieverbrauch für die Schokoladenproduktion war hoch, so war es für die Firma wichtig, günstig eigenen Strom zu produzieren, zumal die Nordstadt erst 1927 komplett mit städtischem Strom versorgt wurde. Generatoren mit Dieselantrieb zeichnen sich auch noch heute durch Zuverlässigkeit und Wirtschaftlichkeit aus. Gegen deren Lärm und Abgase entwickelte der Nachbar Klempau erhebliche Energie, um den ihm lästigen Missstand abzustellen. »Ich werde nicht verfehlen, falls Sie die Isolierung Ihrer Motoren nach dem neuesten Stand der Technik jetzt nicht durchführen, mich wieder an das Ministerium zu wenden mit allen Argumenten, die mir heute zur Verfügung stehen. Sie dürften hinreichen, um die Schließung Ihres Betriebes zu erzwingen«,[82] drohte er im Januar 1930 in einem seiner vielen Schreiben.

Das gelang ihm nicht. Aber Behörden wie Gewerbeamt, Wohlfahrtsministerium und Preußisches Handelsministerium haben mehrfach geprüft und gefragt, warum Sprengel nicht städtischen Strom statt Dieselmotoren verwandte. Wegen der Benzol-Dunst-Belästigungen hatte das Gewerbeamt vorgeschlagen, eine große Maschine nach der andern abzureißen und neue aufzustellen. Das war natürlich teuer, und August Sprengel wies den Vorschlag empört zurück. Die Nachbarn stellten Strafantrag. In einem Schreiben an das mit der Klage befasste Amtsgericht wies der Firmenchef darauf hin, dass »die in Rede stehenden Dieselmotoren seit den Jahren 1910 und 1912 im Betriebe sind und dass bis zum Frühjahr 1930 [also etwa 20 Jahre] niemals Klagen über die gesundheitsschädlichen Einwirkungen der Abgase dieser Dieselmotoren eingelaufen sind«. Sehr überzeugend war das nicht, denn natürlich laufen alte Motoren nicht mehr so rund wie neue. Wegen »wirtschaftlicher Gründe« gab Sprengel aber nicht nach und bestand auch weiterhin auf Nachtarbeit. »Bei der fortschreitenden Herstellungsart sind wir auf die Dauer weder wirtschaftlich noch qualitativ

80 Interview Frau Tinschert, 1965–1970 bei Sprengel.

81 HStAH Dep. 105, Nr. 731.

82 HStAH Dep. 105, Nr. 731, Schreiben Klempau vom 17.1.1930.

Sonderabdruck aus Nr. 50 der Wochenschrift „Revue"

2000 hannoversche Bürger finden keinen Schlaf

Aus den Betriebsgeheimnissen der Schokoladenfabrik Sprengel & Co.
Nächtliche Störungen. - Wie kommt das Ungeziefer in den Wohnblock?

Aus dem Hexenkessel der Schokoladenfabriken

Die appetitlich verpackte Süßigkeit in den Auslagen der Schokoladengeschäfte, von jungen Mädchen sehnsüchtig bestaunt, macht einen Fabrikationsprozeß durch, der leider oft genug alles weniger denn appetitlich ist. Vor wenigen Wochen erst wurde in Berlin festgestellt, daß das billige Schokoladenkonfekt einer dortigen großen Firma direkt gesundheitsschädlich ist und in vielen Fällen Erkrankung unter Vergiftungserscheinungen erzeugte. In diesem Fall handelte es sich um minderwertige Zutaten, und das Vorgehen der Fabrik wird durch den niedrigen Preis der Ware, wenn auch nicht entschuldigt, aber erklärlich gemacht.

Man erinnert sich dabei an den Skandal der Wiener Bensdorp-Schokoladenfabrik, die vor einigen Jahren durch Enthüllungen der Wiener Tageszeitung „Der Abend" bekanntgeworden ist. Es wurde festgestellt, daß in der Fabrik dieser Weltfirma die furchtbarste Unsauberkeit herrschte. Das zur Verarbeitung gelangende Kakaopulver war in Räumen aufgestapelt, wo es von Mäusen wimmelte, und aus der schadhaften Abortanlage flossen Abwässer in die Kakaomasse. Es gab keine Gelegenheit für die Arbeiter, nach Benutzung des Aborts ihre Hände zu waschen, und so wurde „feine" Schokolade hergestellt. Dem Faß den Boden schlug damals ein empörender Vorfall aus. Einer Arbeiterin riß die Maschine einen Finger ab. Die Fabrikleitung befahl, die in der Maschine befindliche Schokolade ruhig weiter zu verarbeiten. Zusammen mit dem von der Maschine zermahlenen menschlichen Finger. Ein entsetzter Arbeiter berichtete das der Zeitung.

*

Von solch unerquicklichen Vorgängen in der Schokoladefabrikation soll hier nicht die Rede sein, aber andere, ebenso wenig angenehme und unsoziale Vorgänge zwingen uns, uns heute etwas eingehender mit der hannoverschen

Schokoladenfabrik Sprengel & Co.

zu befassen.

Die Bürger, als die Steuerzahler in Stadt und Staat, haben Pflichten, aber auch Rechte. Dennoch findet man häufig Fälle, in denen diese Rechte erheblich beeinträchtigt oder unterbunden werden.

Seit vielen Monaten führen einige hundert Anwohner des Viertels **Glünderstraße, Schneiderberg und rückseitige Rehbockstraße** einen heftigen Kampf gegen die Leitung der

Schokoladenfabrik B. Sprengel & Co.,

deren Maschinenräume zum Teil eingekeilt zwischen den vorerwähnten Straßenzügen in der Schaufelder Straße liegen.

Trotz verschiedener Verfügungen, sogar solcher des Handelsministeriums, bei Nacht nur einen 200-PS-Motor in Betrieb zu halten, läßt die Schokoladenfabrik stärkere Motoren laufen und untergräbt durch die dadurch regelmäßig erfolgenden nervenzerrüttenden Erschütterungen in und an den anliegenden Wohnhäusern **systematisch die Gesundheit der vielen hundert Anwohner.**

Der Kampf ist inzwischen für die Anlieger von Herrn Otto Falk, Glünderstraße 6 und 6a, mit solcher Zähigkeit geführt worden — die Gegenseite hat dennoch so wenig getan, um die auftretenden Schäden abzustellen —, daß vor einigen Monaten sogar wegen des Todes einer Ehefrau, die infolge der Gase und nächtlichen Erschütterungen an ihrer Gesundheit litt, Strafantrag wegen Körperverletzung mit tödlichem Ausgang bei der hannoverschen Staatsanwaltschaft gestellt wurde.

Es arbeiten, nach uns vorliegenden Eingaben, teilweise Motore mit insgesamt 11- bis 1600 PS-Kräften. Heute vor einem Jahre demonstrierten die geplagten Anwohner dadurch, daß 26 Haushaltsvorstände nachts vor die Wohnung des Inhabers der Fabrik und vor die des Sohnes zogen, **um eine Stillegung der Maschinen zu erzwingen.** Mit dem Schlaf der Familien ist es seit Inbetriebnahme des Sprengel-Licht- und Kraftwerkes vorbei. Hunderte von Erschütterungsschlägen in jeder Minute rauben den Familien die Nachtruhe und bringen sie zur Verzweiflung.

Ministeriellen Verboten und Anordnungen wurde nur z. T. gefolgt, z. T. überhaupt nicht. In einer Verfügung des Polizeipräsidiums wurde der Firma aufgegeben, die an der Rückwand des Hauses Glünderstraße 6a eingebauten Motorpumpen zu versetzen, da deren Geräusche auf die Dauer zweifellos nervenzerrüttend wirken.

In seiner Anzeige an die Amtsanwaltschaft bezichtigt Herr Otto Falk unter Beifügen ärztlicher Atteste und bei Nennen von 61 Zeugen den Firmeninhaber, durch **das Abströmenlassen von gefährlichen Gasen** seine Ehefrau krank gemacht zu haben. Tatsächlich ist später die Kranke gestorben.

Die Hauptgefahr, gegen die sich außer den nervenzerreibenden Erschütterungen die Anlieger wenden, sind die von den über 1000-PS-Motoren ausströmenden Gase, die in die Höfe und Wohnungen getrieben werden. Diese Abgase rühren nicht aus dem eigentlichen Fabrikbetrieb her, sondern von den Maschinen, mit denen die Firma ihre eigene Lichtanlage betreibt.

Bewohner aus Teilen des anliegenden Häuserblocks sind teilweise erkrankt, durchweg nervös geworden, Frauen sind sogar beim Oeffnen von Fenstern schwindlig geworden, früh morgens, beim Erwachen, stellen sich Halsbeschwerden und Uebelsein ein. Mit Rücksicht auf eine Firma werden hier tagtäglich, Nacht für Nacht viele hundert Bürger in ihrer Gesundheit beschädigt. Hausfrauen klagen über Kopfschmerzen und üblen Mundgeschmack, in einem Falle **stürzte beim Schließen** von Oberlichtfenstern eine Lokomotivführerfrau **ohnmächtig von der Leiter.** Hunderte von Menschen müssen, namentlich im Sommer, in schwülen Nächten, bei dichtgeschlossenen Fenstern schlafen, wollen sie nicht die von den Ostwinden hereingetragenen Auspuffgase einatmen. In einer Eingabe an den Herrn Volkswohlfahrtsminister aus Juli 1930 heißt es:

„Ich möchte darauf hinweisen, daß das Bestehen dieses Maschinenhauses für die Firma nicht etwa notwendig ist, um den Betrieb aufrechtzuerhalten, sondern statt den elektrischen Strom mit Hilfe alter U-Boot-Maschinen zu erzeugen, sollten Sie die Firma zwingen, den Strom von den Werken der Stadt Hannover zu beziehen. Also nicht die Herstellung der Fabrikate, sondern die Eigenerzeugung des Stromes gibt den Grund zur Klage."

Heere von Käfern ziehen in die Wohnungen

„Durch die dauernde Feuchtigkeit der Rückwände infolge der dort montierten Kühler, durch wärmeentwickelnde Rohrleitungen, durch das Vorhandensein von Abfällen aus der Produktion, durch Schmutz und Unsauberkeit", so schrieben die Anlieger im Mai, „sind in den Kellerräumen und später auch in den Etagen Heere von Käfern aufgetreten."

Im Juli antwortete die Firma Sprengel u. Co., sie habe in den Kellern des Hauses Glünderstraße 6a unter Heranziehung eines Zoologen das Vorkommen der gemeinen Küchenschwabe festgestellt. Dann heißt es wörtlich weiter:

„Wenn auch gerade diese Käfer in Bäckereien und Süßwarenbetrieben unvermeidlich sind und bei einer steten systematischen Bekämpfung auch in geringen

Abb. 106 Sonderausgabe der ›Revue‹ (Ausschnitt) vom Dezember 1930 und Kopf der ›Revue‹

konkurrenzfähig genug, wenn wir nicht einen Teil unserer Bearbeitungsmaschinen durchlaufen lassen können«, begründete er seinen Antrag auf Nachtarbeit, die in reduziertem Maße wieder genehmigt wurde.

Dass Sprengel so alte Maschinen verwendete, sprach sich herum und auch Steuerprüfern fielen bei einer Betriebsprüfung im Jahr 1927 die alten Maschinen auf:

»Ein Teil der Maschinen ist veraltet und bereits bis auf 1 RM abgeschrieben. Besonders die als Betriebsmaschinen dienenden 3 Dieselmotoren, die bereits 1910 angeschafft wurden, sind als veraltet zu betrachten. Die das Werk heute nur noch mit Heizkraft versehenen 3 Kessel sind bereits 1899 und 1904 beschafft und vollkommen veraltet. Die Inbetriebhaltung ist nur durch ständige Reparaturen möglich, die grosse Kosten verursachen.«[83]

Der Firma B. Sprengel & Co. ging es in jenen Jahren finanziell nicht gut. Trotz schlechter Ertragssituation hatte sie aber 1930 in eine moderne Klimaanlage in Höhe von 200 000 Reichsmark (RM) investiert. Die klimatisierte Lagerung der empfindlichen Schokoladenwaren hatte gegenüber den Ruhewünschen genervter Nachbarn eindeutig Vorrang, solange die abgeschriebenen Betriebsmaschinen ihren Dienst noch taten. So rührten die Nachbarn weiter in der Öffentlichkeit, organisierten eine Lärmdemonstration vor den Privathäusern Kniggestraße 5 und Nienburger Straße 14 und stellten Strafantrag gegen August Sprengel. Dieser schrieb dem Amtsgericht, dass ein Nachbar »dafür junge Leute eigens zu diesem Zweck aufgestachelt [habe]. Zur Charakterisierung des Falk [so der Name eines Nachbarn, der SPD-Mitglied war] mag noch dienen, dass wir durch die für unseren Betrieb in Frage kommende Gewerkschaft haben feststellen lassen, dass die SPD auf die

83 HStAH Dep. 105 Acc 2/80, Nr. 560, Buchprüfung 16.4.1927.

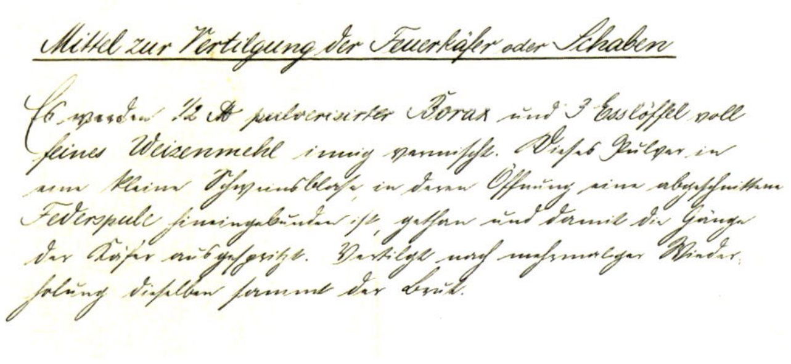

Abb. 107 Rezept der Firma Sprengel zur Bekämpfung von Schaben und Feuerkäfern um 1900

Mitgliedschaft des Herrn Falk durchaus keinen Wert legt.«[84]

August Sprengel sah Querulanten am Werk und sich im Recht. Sohn Bernhard Sprengel hat diesen Konfliktherd 1932 befriedet und auf Anraten seines Beraters Otto Bredt mit den Stadtwerken einen Vertrag über die Lieferung städtischen Stroms ausgehandelt.[85]

Der schwelende Konflikt wurde von der Wochenschrift ›Revue‹ am 12. Dezember 1930 aufgegriffen und als Flugblatt (Abb. 106) verbreitet. Dieses Boulevard-Wochenblättchen erschien in Hannover und in ›Bruderausgaben‹ in Bremen, Hamburg und Magdeburg jeweils mit dem Schwerpunkt auf lokalen Skandalen. Die Spezialität des Redakteurs Hans Staberow war »eine die Grenzen des sog. guten Geschmacks bewußt und gezielt verletzende Darstellungsweise«.[86]

Gedruckt wurde das Blatt in der hannoverschen Peuvag, der Papier-Erzeugungs- und Verwertungs-AG, einem Druckereiunternehmen der KPD. Herausgeber und Redakteur waren nicht Mitglieder der KPD, hatten aber Beziehungen zur Partei. So versuchte Staberow 1933 die Peuvag durch Übernahme vor dem Zugriff der Nationalsozialisten nach dem Reichstagsbrand zu schützen. Ein Chronist urteilte »Das Blatt fand Gefallen daran, die Obrigkeit herauszufordern und zu attackieren, sicher zum Vergnügen einer Leserschaft, die auf ›die da oben‹ aufgrund eigener Erfahrungen nicht immer gut zu sprechen ist.«[87] So passte der zum Skandal hochgespielte Konflikt gut in das Blättchen, das sich als Anwalt der kleinen Leute verstand.

Der Artikel über die Firma Sprengel begann mit skandalisierenden Hinweisen auf Schoko-

Abb. 108 Bitte um Weihnachtsbestellungen, 1930

84 HStAH Dep. 105 Acc 2/80, Nr. 560, Stellungnahme zum Strafantrag gegen die Firma B. Sprengel von August Sprengel vom 14.3.1930.

85 HStAH Dep. 105 Acc. 2/80, Nr. 453, Schreiben Bredt vom 6.10.1932: Otto Bredt riet zu Stromverhandlungen mit dem städtischen Elektrizitätswerk, »damit für Sie als Abnehmer die günstigsten Bedingungen erzielt werden können«.

86 Hartwig Gebhardt: Sex-and-Crime-Journalismus in der Weimarer Republik. In: Bremisches Jahrbuch 1974, S. 134.

87 Gebhardt, S. 199.

ladenfabriken in Berlin und Wien, die mit den hannoverschen Vorfällen nichts zu tun hatten. In der Wiener Fabrik sei der Finger einer Arbeiterin durch einen Unfall in die Schokoladenmasse geraten und ruhig weiterverarbeitet worden, in Berlin habe billiger Schokoladenkonfekt bei Konsumenten zu Vergiftungserscheinungen geführt. Tatsächlich ging der Berliner Vorfall mit der Schlagzeile »Die vergiftete Braut« 1930 durch die Presse. Diese Skandalberichte fielen auf fruchtbaren Boden in einer Zeit, in der es – wie heute – eine rührige Ernährungsreformbewegung gab, die gesunde und natürliche Kost propagierte und industrielle Produktion vor allem in der Nahrungsmittelbranche unter Generalverdacht stellte. Ein Teil dieser bunt gescheckten Bewegung fand später bei den Nationalsozialisten Heimat und gründete 1933 den ›Kampfbund für Deutsche Gesundheits- und Rassenpflege‹. Bestätigt fühlen konnten sich die Ernährungsreformer durch wiederholte Strafverfahren gegen Lebensmittelproduzenten, die wegen Nahrungsmittelfälschung verurteilt wurden.

Das Blättchen ›Revue‹ hielt den Konflikt am Köcheln und bediente das Interesse der kleinen Leute an Skandalgeschichten mit weiteren Neuigkeiten. Ein Heer von Käfern soll aus dem Sprengelschen Firmengelände ins Nachbarhaus gekrochen sein. Darauf beauftragte die Firma einen Zoologen mit einer Untersuchung. Der stellte den Befall mit Küchenschaben fest. Sprengel bot die Beseitigung der Schädlinge durch einen Kammerjäger auf Firmenkosten an, auch wenn der Nachbar die Herkunft der Schaben nicht beweisen könne. Das von der ›Revue‹ zitierte Firmenschreiben erklärte, dass »gerade diese Käfer in Bäckereien und Süßwarenbetrieben unvermeidlich sind und bei einer steten und systematischen Bekämpfung in geringen Mengen auch in unserem Betrieb vorkommen«. Das war eine ehrliche Aussage, denn natürlich lieben nicht nur Menschen den Rohstoff Kakao, und eine Schokoladenfabrik muss Methoden kennen, um die Schädlinge zu vernichten. In einer am Skandal interessierten Umgebung aber war die Mitteilung der Firma wenig geeignet die Wogen der Empörung zu glätten.

Ein altes Rezept zur Schädlingsbekämpfung (Abb. 107) ist erhalten. Mit einer Mischung von einem halben Pfund pulverisiertem Borax und drei Esslöffeln feinem Weizenmehl rückte man Schaben und Feuerkäfern zu Leibe: »Vertilgt nach mehrmaliger Wiederholung Schaben und Feuerkäfer samt der Brut«, versprach das Rezept. Wie groß die Reichweite des Flugblatts und der ›Revue‹ – Auflage ca. 6000 Exemplare – damals tatsächlich war und was über Gerüchte weitergetragen wurde, lässt sich im Nachhinein nur schwer abschätzen. In jedem Fall hatte die Firma Sprengel in schwieriger Zeit zusätzlichen Schaden. Denn das Weihnachtsgeschäft 1930 lief in der Schokoladenindustrie besonders schlecht. Die Konsumenten mussten wegen der Krise sparen. Nachdem die Reichsregierung die Produzenten zu Preissenkungen gezwungen hatte, hofften die Kunden, die Preise für Schokolade würden weiter fallen. Es wurde daher nur zögernd bestellt.

Fast flehentlich erging die Bitte der Firma Sprengel an die Geschäftskunden (Abb. 108), doch, bitteschön, endlich zu bestellen: »Wenn Sie noch nicht bestellt haben, dann zögern Sie bitte nicht länger. Unsere Vertreter warten nur darauf, Sie unter Vorlage der Kollektion beraten zu können.«[88]

Reichardt, Goldina, Stollwerck – fällt Sprengel auch?

Der entlassene Betriebsleiter hatte sich zwar angestrengt, Löhne und Materialkosten zu verbilligen, aber außer Ärger keine wirksame Kostenreduzierung erreicht. 1931 fällte der Wirtschaftsprüfer Otto Bredt über die Lage der Firma ein äußerst kritisches Urteil: »Unter Ihren Selbstkosten fallen als besonders hoch heraus die Gruppe Betrieb, insbesondere die Löhne und Betriebsgehälter, die Gruppe Handlung, insbesondere die Posten Gehälter und Allgemeines. Bei keiner anderen

88 RWWA, 208-PS2804.

Abb. 109 Werbung mit niedrigsten Preisen

untersuchten Firma habe ich eine derartige Überorganisation verbunden mit einer derartigen Unzulänglichkeit in den Ergebnissen vorgefunden wie in Ihrer Firma.«[89]

Bernhard Sprengel hielt in diesem Zusammenhang die Löhne pro Woche für das Jahr 1931 handschriftlich fest:[90]

40 Facharbeiter	9,12 + 10 % = 43,03 RM
14 angelernte Arbeiter	36,48 + 10 % = 40,13 RM
33 Hilfsarbeiter	33,60 + 10 % = 36,96 RM
275 Mädchen	21,84 + 20 % = 26,20 RM

Zehn Jahre später äußerte er sich über diese sorgenvollen Jahre und sah nach dem Tod des Vaters Verantwortung auch bei sich und seinem Bruder:

»Als wir Jüngeren kamen, ging es, wie so oft. Auch wir wollten weiter. Er vertraute uns viel, ließ uns die Zügel lockerer, als es gut gewesen wäre. Uns aber fehlten die Erfahrungen, um die Bedingungen zu übersehen für den Bestand des von ihm Aufgebauten. So kamen Jahre der Sorge, in denen er oft gebangt hat um den Bestand seines Werkes. Aber wir fanden für das Durchhalten treue Helfer und meisterten mit ihnen die Krise.«[91]

Die von Bredt beschriebenen Schwächen der schlechten Organisation und zu hoher Kosten gefährdeten den Bestand der Firma in einer konjunkturell und strukturell äußerst prekären wirtschaftlichen Lage. Der Schokoladenmarkt war 1930 gekennzeichnet durch ein stark gestiegenes Angebot. Vor dem Ersten Weltkrieg hatten in Deutschland 185 Kakao- und Schokoladenfabriken produziert; in den Jahren danach verdoppelte sich diese Zahl. Da gleichzeitig viele der schon bestehenden Fabriken ihre Anlagen rationalisierten und ihre Produktionskapazität erhöhten,[92] traf der Rückgang der Nachfrage in der Wirtschaftskrise die Schokoladenbranche besonders hart. Mit dem rapiden Anstieg der Arbeitslosigkeit fiel ein Teil der Käuferschichten ganz aus, da die staatliche Arbeitslosenunterstützung, gerade erst 1927 eingeführt und noch schwach finanziert, unter dem Druck von fünf Millionen Arbeitslosen faktisch zusammenbrach.

Der Branchenprimus Stollwerck hatte die insolventen Schokoladenfirmen Reichardt, Gaedke, Hauswaldt und Goldina gekauft und sich damit bei sinkender Nachfrage übernommen. »Die drei Stollwercks mussten auf Beschluss der Banken das Haus ihrer Väter verlassen«,[93] berichtete der Gordian. Die Deutsche Bank wurde zum größten Aktionär und hielt ihr Aktienpaket bis zum Verkauf an Hans Imhoff im Jahr 1972. Schwierigkeiten hatten auch die Schokoladenfirmen Hartwig & Vogel, Riquet und Buck. Die Firma Sarotti machte noch Gewinne. Aber die Aktionäre kritisierten die Dividendensenkung im Jahr

89 HStAH Dep. 105 Acc. 2/80, Nr. 640, Stellungnahme Bredt vom 11.6.1931.
90 HStAH Dep. 105 Acc. 2/80, Nr. 640.
91 Trauerrede Bernhard Sprengel, RWWA 208-491-1.
92 Heinrich Fincke: Handbuch der Kakaoerzeugnisse, Herausgegeben und völlig neu bearbeitet von Dr. Albrecht Fincke, 2. Auflage, Berlin 1965, S. 15.
93 Gordian 1931, Heft 875, S. 36.

1931 auf 4 Prozent. Die Berliner Börsenzeitung kommentierte: »Es dürfte nur wenige deutsche Gesellschaften geben, die in der Lage sind, ihren Aktionären für 1931 noch eine Dividende zu zahlen trotz der schweren Krisis, die die deutsche Wirtschaft im allgemeinen und mit ihr jedes deutsche Unternehmen im besonderen durchzumachen hat. In der deutschen Schokoladeindustrie besteht schon seit langem ein großer Konkurrenzkampf. Das wertvollste Aktivum, über das die Gesellschaft verfügt, bildet ihre Organisation und diese ist trotz der schweren Krisen unerschüttert geblieben.«[94] Im Glauben an die Wirksamkeit einer effektiven Organisation steckte die – zeittypische – Hoffnung, durch vernünftige Reorganisation die Folgen der Krise beherrschen zu können.

Die staatliche Deflationspolitik drückte auf die Preise. 1930 machte eine Preissenkungsverordnung die Aufrechterhaltung des Markenschutzes der Schokoladenindustrie von einer zehnprozentigen Preissenkung abhängig. Trotz der schlechten Geschäftslage senkte Sprengel die Preise, um den Markenschutz aufrechterhalten zu können. Die Firma hoffte in der angespannten Wettbewerbssituation, die niedrigeren Abgabepreise durch höhere Umsätze zu kompensieren. Da allerdings die Reallöhne fielen, mussten die Haushalte genau rechnen, was sie sich noch erlauben konnten. Schokolade gehörte vielfach nicht dazu. So warb die Firma mit nahrhaftem Kakao für die Mahlzeit zwischendurch. Er »verwandelt ein Butterbrot in eine Mahlzeit« (Abb. 99).

Um das Überleben der Firma zu sichern, mussten, das war dem jungen Sprengel klar, energische Maßnahmen zur Reorganisation ergriffen werden. Er hatte schon 1930 den externen Fachmann Cieslich beauftragt, um die Verlustquellen in der Firma ausfindig zu machen. Mit der praktischen Durchführung der Kalkulation bzw. der Anleitung seines Chefbuchhalters durch Cieslich war er jedoch nicht zufrieden. Unterstützung kam in dieser Situation vom Verband deutscher Schokolade-Fabrikanten. Nach dem Zusammenbruch mehrerer Schokoladenfabriken hatte der Verband seit 1930 seinen Mitgliedern Vorschläge zu einer effektiven Selbstkostenrechnung unterbreitet. »Das Echo war relativ schwach«,[95] berichtete der Verbandsvolkswirt in der Kakaozeitung allerdings enttäuscht. Seine Analyse, dass Deutschland nach dem Krieg die technische Rationalisierung vorzüglich betrieben, die kaufmännische Rationalisierung aber vernachlässigt habe,[96] traf auf viele Unternehmen der Schokoladenbranche zu. Gegen Reformen im kaufmännischen Rechnungswesen gab es aber in den Betrieben vielfach Widerstände von »zweifellos bewährten Kräften der Buchhaltung, die mit tausend Einwänden kommen«.[97] Man brauchte für die Erarbeitung effektiver und praktikabler Reformvorschläge Fabrikanten, die den Fachleuten Einblick in ihre Kalkulation und Betriebsorganisation gewährten. Dazu gehörten Mut und die Bereitschaft, Fehler zu finden, um Abhilfemaßnahmen zu planen. Zehn von 180 Mitgliedsbetrieben fanden sich dazu bereit, Bernhard Sprengel gehörte dazu. Das Konzept des Verbandsvolkswirts war: »Erhält der Unternehmer durch den Betriebsvergleich Zahlen aus anderen Unternehmungen der gleichen Branche, so wird er sehr bald gewahr werden, wo und warum sein Betrieb weniger rationell arbeitet als andere. Bedeutsam sind die Ergebnisse des Betriebsvergleichs vor allem auch bei Kreditverhandlungen. Es ist selbstverständlich, daß die Finanzierung eines Unternehmens von außen erheblich leichter durchgeführt werden kann, wenn der Geldgeber Gelegenheit zu Betriebsvergleichen hat.«[98]

Leiter der Untersuchung, die der Verband beim Reichskuratorium für Wirtschaftlichkeit beauftragte, war der Wirtschaftsprüfer

94 HStAH Dep. 105 Acc. 2/80, Nr. 451.

95 F. Wagner: Warum Verbandskalkulation und betriebswirtschaftliche Gemeinschaftsarbeit in der Schokoladenindustrie? Kazett, November 1932, S. 606.

96 Ebd.

97 Ebd.

98 Ebd., S. 607.

Dr. Otto Bredt. Der Juniorchef war begeistert: »Herr Dr. Bredt übersah in den wenigen Tagen seiner Tätigkeit für das RKW [Reichskuratorium für Wirtschaftlichkeit] die Gründe für die Schwierigkeiten, in denen sich unsere Firma damals befand. Die von ihm ausgewerteten Zahlen beleuchteten durch einen Vergleich des letzten Jahrs schlaglichtartig die kranken Stellen des Betriebs.«[99]

Sprengel hatte das richtige Gespür und die schnelle Entscheidungskraft, diesen Mann mit der Reorganisation des Betriebes zu beauftragen. Er bot Bredt schnell entschlossen einen gut dotierten Beratervertrag an mit festem Jahreseinkommen von 18 000 RM für drei Tage monatlicher Beratungstätigkeit in Hannover und die Auswertung der nach Berlin gesandten Monatsergebnisse. Es gelang ihm sogar, Bredt zu überzeugen, die Beratung des Konkurrenten Hartwig & Vogel aufzugeben, mit dem Versprechen ein Unternehmen aus einer anderen Branche als Kunden für den Berater zu gewinnen. »Sie verzichten auf eine Mitarbeit bei der Firma Hartwig & Vogel. Es besteht Einverständnis, dass grundsätzlich ausgesprochene Konkurrenzfirmen von Ihnen nicht beraten werden.« Bredt wohnte in Berlin und reiste für seine Untersuchungen eigens nach Hannover an. So war es für alle Seiten günstig, dass Sprengel Bahlsen für einen Beratervertrag mit Bredt gewann.[100]

»Auf dem Wege der Budgetierung möchte ich versuchen alle von uns bisher erfassten Kostenarten von Monat zu Monat zu kontrollieren und zu beeinflussen«, wies Bredt den Weg aus der Krise. »Vom Umsatz und den durch die Verkaufserlöse gegebenen Kostendeckungen aus müssen Sie einerseits das Soll Ihrer Aufwendungen feststellen und an Hand dieser Ziffern rücksichtslos alles nicht unbedingt Erforderliche (auch eine übermäßige Statistik kann Luxus sein) abbauen. Auf diese Weise müssen Sie zunächst zu einer rationellen Kostenwirtschaft und zu einer Wiedererlangung Ihrer Rentabilität kommen.«[101]

Bredt monierte, dass die Warenbestände zur Hälfte mit fremden Geldern finanziert, gleichzeitig im Jahr 1930 noch sehr erhebliche Anschaffungen getätigt wurden – das hatte die Liquidität erheblich verringert. »In Zukunft muss jede Anschaffung auf das aller Notwendigste beschränkt werden und insbesondere auch daraufhin geprüft werden, ob sie notwendig, zweckmäßig und vor allem nutzbringend ist. Es erscheint fragwürdig, ob bei einer derartigen strengen Prüfung die im Jahre 1930 angeschaffte Klima-Anlage bei den derzeitigen Verhältnissen der Firma wirklich gekauft worden wäre«.

In seinem Branchenbericht hatte Bredt eine Reihe von kritischen Faktoren für die Schokoladenindustrie benannt, die auch auf die Firma Sprengel zutrafen: »Infolge der wirtschaftlichen Notlage baut der Handel die eigene Vorratshaltung ab, was die Fabrikanten zwingt, selbst erhebliche Vorräte an Fertigwaren zu halten. Firmen, welche sich stärker mit Pralinen und Saisonartikeln befassen, schneiden im Allgemeinen ungünstiger ab als diejenigen, die sich auf Tafelschokoladen beschränken. Markenfirmen haben die Notwendigkeit einer erheblichen Lagerhaltung an Fertigfabrikaten und dadurch vermehrten Kapitalbedarf. Die Qualitätsfirma muss infolge der geringen Kapitalkraft der Kundschaft relativ lange Zahlungsziele gewähren. Die zahlreiche, meist stark zersplitterte und kaufschwache Kundschaft verlangt ein umfangreiches und kostspieliges Vertriebssystem, dessen kostenmäßi-

99 HStAH Dep. 105 Acc. 2/80, Nr. 453.

100 HStAH Dep. 105 Acc. 2/80, Nr. 453: Frl. Thieme, erste Direktorin der Fa. Bahlsen, interessierte sich für die Beratung von Bredt, da ein von Bahlsen eingestellter Amerikaner, um das Rechnungswesen zu modernisieren, ohne Erfolg arbeitete. Sprengel empfahl Bredt an Bahlsen. Sprengel: »Ich berichtete von den guten Erfahrungen, die wir von Ihrer Beratung hatten, insonderheit von der Tatsache, dass mir nunmehr seit mehreren Monaten sämtliche Bilanzzahlen – sowohl aus dem Betriebe, wie aus den Handlungs-Unkosten etwa am 20. des folgenden Monats zur Verfügung stehen.«

101 HStAH Dep. 105 Acc. 2/80, Nr. 640, Stellungnahme Bredt vom 11.6.1931.

ge Belastung nur bei auskömmlichen Preisen getragen werden kann.«[102]

Sprengel folgte den Vorschlägen seines Beraters. Die unmittelbar eingeleiteten Sparmaßnahmen führten dazu, dass schon im November 1931 wieder ein Gewinn zu verzeichnen war, wenn auch das Jahr 1931 insgesamt noch Verluste schrieb. Im März 1932 konnte Sprengel der Dresdner Bank, von der er einen Kredit erhoffte, von einem Reingewinn in den ersten beiden Monaten über 39 426 Mark berichten. Offenbar hatte sich auch die – ebenfalls notleidende – Konkurrenzfirma Mauxion, 1901 in Saalfeld gegründet, um einen Kredit bemüht und Bankdirektor Amsberg fragte dieserhalb bei Sprengel nach. Der scheute sich nicht – gewiefter Kaufmann und Konkurrent –, die drastische Prognose abzugeben, »dass es eines schönen Tages zu einem grossen Desaster kommen muss. Unser Haupt-Kakao-Lieferant beliefert die Firma Mauxion nicht mehr«[103], und vermerkte in einer Aktennotiz: »Ich habe ihm streng vertraulich mitgeteilt, dass meiner Ansicht nach die Firma Mauxion sehr stark verschuldet sei. Hier nannte ich die mir bekannte Transaktion mit dem König von Bulgarien, die ihm neu war.« Die Entwicklung der Firma Sprengel fand die Dresdner Bank jedenfalls überzeugend und gewährte Sprengel im Mai einen Kredit über 500 000 Mark. Sie stellte sogar in Aussicht: »Sollte im Laufe der Saison von Ihnen vorübergehend ein höherer Kredit benötigt werden, bitte ich Sie, mich im voraus hiervon zu verständigen.«[104] Die Prognose des Verbandsvolkswirts, dass die Betriebsuntersuchungen auch bei Geldverhandlungen positiv wirken würden, hatte sich erfüllt.

Abb. 110 Preisliste 1932, neu mit den Farben Rot (später ›Sprengel-Rot‹) und Gold

Bredt resümierte die Ergebnisse des ersten Jahres: »Der Absatz konnte trotz der weiter scharf rückläufigen Allgemeinkonjunktur wenigstens mengenmäßig gehalten werden. Der Erfolg der Verbesserungsmaßnahmen macht sich besonders im Warenverkehr (Materialumschlag) auf eine Intensivierung der Fabrikation und einen Abbau der Lagerbestände bemerkbar. Im Wechselverkehr kommt die finanzielle Erleichterung der Firma zum Ausdruck.« Er warnte aber vor voreiligem Optimismus: »Bei dem angespannten Stande der Firma ist eine vorsichtige Betriebs-, Geschäfts- und Finanzdisposition auch erforderlich, wenn der Absatz steigt. Dann steigt nicht nur der Kapitalbedarf, sondern auch ein Mehr an Sorglosigkeit, das sich sehr schnell bitter zu rächen vermag.«[105]

Über Sprengels Leistung als Firmenchef urteilte Bredt später im Rahmen des

102 HStAH Dep. 105 Acc. 2/80, Nr. 640: Auf Veranlassung des Verbandes Deutscher Schokoladenfabrikanten Dresden und im Auftrage des Reichskuratoriums für Wirtschaftlichkeit durchgeführte Betriebsuntersuchung in der Schokoladenindustrie.
103 HStAH Dep. 105 Acc. 2/80, Nr. 640, Aktennotiz Sprengels vom 23.2.1932.
104 HStAH Dep. 105 Acc. 2/80, Nr. 640, Schreiben der Dresdner Bank vom 11.5.1932.

105 HStAH Dep. 105 Acc. 2/80, Nr. 640.

Entnazifizierungsverfahrens 1949: »In den Jahren 1930/31 stand die Firma wie viele andere bedeutende Schokoladenfabriken Deutschlands kurz vor dem Zusammenbruch. Es ist das Verdienst des jetzigen Inhabers der Firma, durch Energie und zielbewußte Maßnahmen diesen Zusammenbruch der Firma abgewendet zu haben. Gleichzeitig setzte auf seine Veranlassung im Jahre 1931 eine grundlegende Reorganisation der gesamten Firma ein, die in Verbindung mit neuen fabrikatorischen und verkaufsorganisatorischen Maßnahmen die Firma in kurzer Zeit zu den leistungsfähigsten und wirtschaftlichsten Firmen der deutschen Schokoladenindustrie machte.«[106]

Auch der Seniorchef war begeistert: »In den letzten Jahren hat das Geschäft dank der Tätigkeit meiner Söhne einen erfreulichen Aufschwung genommen«,[107] schrieb er einem Bekannten 1934. Der jüngere Sohn Walther war nach einigen Semestern Chemiestudium und einer kaufmännischen Lehre 1926 in die Firma eingetreten und seit 1931 in der Betriebsabteilung als Prokurist tätig.[108] Über seinen Anteil am Erfolg sind keine Unterlagen erhalten. Er wurde 1943 eingezogen und kehrte nicht aus dem Krieg zurück. Mitglieder dieses Sprengelstamms haben es nicht verwunden, dass Bernhard Sprengel statt einer Unabkömmlichkeitsstellung für seinen Bruder diese für den Betriebsleiter von der Wettern durchgesetzt hatte.

Die Zusammenarbeit von Otto Bredt und Bernhard Sprengel war von hohem gegenseitigen Vertrauen und Respekt getragen und wurde bis 1964 fortgesetzt. Bernhard Sprengel vermittelte ihn auch an die großväterliche Wahrendorf'sche Firma, eine Manufaktur- und Modewarenhandlung in Linden. Dort hat Bredt aber seine Tätigkeit bald aufgegeben, weil er nicht die notwendigen Daten erhielt. Bernhard Sprengel stellte dagegen die auch von ihm praktizierte Vorsicht, Dritten möglichst keinen Einblick in Kalkulation und Ertragssituation zu gewähren, im richtigen Augenblick hintan und leitete so mit Anfang 30 die Gesundung von B. Sprengel & Co. ein. Den Erfolg rechnete er sich zu – zu Recht, denn andere, auch von Bredt beratene Unternehmen wie die Schokoladenfirma Hartwig &Vogel hatten noch mehrere Jahre mit Verlusten zu kämpfen. In einer Kapitalgesellschaft war es allerdings auch schwieriger als in einem Familienunternehmen, in kurzer Zeit die Richtung zu ändern. Als einige Jahre später die regulierende nationalsozialistische ›Wirtschaftliche Vereinigung‹ ihm einschränkende Vorschriften machte, wies Sprengel selbstbewusst daraufhin, »dass jede Planwirtschaft nur zu leicht die harten Gesetze der wirtschaftlichen Auslese der Besseren und der Vernichtung der Schwächeren aufhebt oder zumindest einschränkt zu Gunsten einer Garantierung der Erhaltung auch des minderwertigsten Durchschnitts auf Kosten der höheren Fähigkeit, des höheren Fleisses und damit zu Lasten des allgemeinen Nutzens«.[109] Diese ›höhere Fähigkeit‹ nahm er durchaus für sich in Anspruch.

Gegen die Sehnsucht nach der ständischen Ordnung

Im gnadenlosen Konkurrenzkampf um die geringe Nachfrage hofften die Konkurrenten und Beobachter des Schokoladenmarktes durch Aufkauf und Verschwinden einiger Mitbewerber auf eine Entspannung auf der Angebotsseite. Aber auch Insolvenzen bekannter Anbieter hatten die schwierige Marktsituation nicht grundsätzlich verändert. Dennoch wurde über eine freiwillige oder auch zwangsweise Selbstbeschränkung immer häufiger nachgedacht. Ein Kommentator in der Kakao-Zeitung wies darauf hin, »daß eine Beseitigung der seit Jahren steigenden Notlage (der Schokoladenindustrie) nur durch eine Selbstbeschränkung in der Fabrikation oder durch Aufkauf und

106 HStAH Nrs. 171 Hannover, Nr. 6209.

107 HStAH Dep. 105 Acc. 2/80, Nr 563, Schreiben August Sprengel an Herrn Krey am 30.1.1934.

108 Euler.

109 HStAH Dep. 105, Nr. 1442, Schreiben Sprengel an den Vorsitzenden der Wirtschaftlichen Vereinigung vom 25.10.1935.

Stillegung kranker Betriebe sowie Zusammenschluß gesunder Betriebe durchgeführt werden kann«.[110] Wie sollte das gehen? War tatsächlich vorstellbar, dass die Schokoladenfabrikanten ihren erbitterten Konkurrenzkampf zugunsten eines Verzichts auf Produktion und Marktanteile beenden würden?

Die Nachkriegszeit hatte die Fabrikanten gelehrt, dass französische, Schweizer und englische Schokoladen sofort Marktanteile gewannen, sobald die deutsche Schokoladenproduktion wegen Rohkakaomangels darniederlag. Ein Antrag auf dem Verbandstag der Schokoladenfabrikanten im Jahr 1931, eine Zwangskontingentierung von Rohkakao mit Hilfe der Regierung anzustreben, wurde denn auch abgelehnt. Die Fabrikanten fürchteten berechtigt die Gefährdung ihrer Rentabilität durch eine Beschränkung ihrer Produktion.[111] Aber wenn schon die Fabrikanten selbst eine solche Selbstbeschränkung zwar nicht beschlossen, aber diskutierten, war dann der Gedanke nicht verlockend, sie ihnen zwangsweise aufzuerlegen?

Besorgt beobachtete das Verbandsblatt die Diskussion über Planwirtschaft und Autarkie, die in der Zeitschrift die ›Tat‹ geführt wurde, »die in Kreisen der jungen Generation eine zunehmende Beachtung findet. Ein Ferdinand Fried (ein Pseudonym) tritt für Planwirtschaft und Autarkie ein und spricht sich für Beschränkung der Rohkakaoeinfuhr aus«.[112] Die Befürchtungen des Kommentators in der Verbandszeitschrift sollten sich als nur zu berechtigt erweisen. Ferdinand Friedrich Zimmermann, so hieß der Autor in der ›Tat‹,[113] wurde 1933 auf besondere Anordnung Himmlers in den Stab Walther Darrés im Reichsernährungsministerium gesetzt. Ein Jahr später wurde er Stabsleiter des Staatssekretärs Herbert Backe, der später Walther Darré im Ministeramt folgte. Im Reichsnährstand wurden seine und Darrés Ideen umgesetzt, die Nahrungsmittelindustrie den Interessen der Agrarier unterworfen und Produzenten und Händler rigide kontrolliert.[114] »Wir wissen nicht, was uns die Zukunft bringt«, schrieb die Verbandszeitung ahndungsvoll.[115]

Abb. 111 Werk der Firma Most in Halle

Der Pragmatiker Otto Bredt warnte energisch davor, wegen der Zerrüttung der Märkte von Ware und Geld, Arbeit und Kapital »nach staatlichem Eingriff und staatlicher Hilfe«[116] zu rufen. »Müde, ja entmutigt vom Kampf und seiner besten Waffe, der Erfahrung, beginnt so mancher Unternehmer bereits sich mit Wegen und Formen des Wirtschaftens vertraut zu machen, die er früher bekämpft hat und auch für die Zukunft bekämpfen muß, will anders er nicht mit dem Unternehmergedanken sich nicht selber aufgeben – ganz gleich ob dies nun im Sinne einer kollektiven Versorgung oder einer korporativen Versicherung erfolgt.« Für Bredt war eine gute Unternehmensführung

110 Kazett, Juli 1930, S. 561.

111 Kazett, Juli 1932, S. 357.

112 Kazett, Mai 1932, S. 277.

113 Siegfried Kracauer urteilte 1931 über die ›Tat‹: »Die Zeitschrift Die Tat hat heute gerade unter den Intellektuellen der Mittelschichten einen starken Anhang. Er erklärt sich nicht nur daraus, daß der Tat-Kreis bewußt für die praktischen und ideologischen Interessen dieser Schichten eintritt, sondern auch aus seiner Kampfweise selber.« Wikipedia: Die Tat, abgerufen am 26.7.2014.

114 Hartmut Berghoff: Methoden der Verbrauchslenkung im Nationalsozialismus. In: Wirtschaftskontrolle und Recht in der nationalsozialistischen Diktatur, Dieter Gosewinkel (Hrsg.), Frankfurt 2005, S. 294.

115 Kazett, Mai 1932, S. 277

116 HStAH Dep. 105 Acc 2/80, Nr. 640, Unternehmen im Kampf, Otto Bredt in: Technik und Wirtschaft, Februar 1932, Heft 2.

in der Lage »sich rechtzeitig und ausreichend der wechselnden Marktlage anzupassen, auch dann, wenn es gilt, liebgewordene oder zweckmäßig erscheinende Vermögens- und Machtpositionen zu opfern«.[117]

Die Schokoladenfabrikanten waren in drei Verbänden organisiert. Die Zersplitterung beeinträchtigte ihre Einflussmöglichkeiten. Anders als anderen Branchen war es ihnen nicht gelungen, die Senkung der Zölle für die Einfuhr von Fertigschokolade zu verhindern. Das verschärfte das Schokoladenüberangebot, aber die Regierung wollte niedrige Preise. Die deutsche Agrarwirtschaft konnte dagegen bei ihren Zuckerüberschüssen auf die Unterstützung des Reichsernährungsministeriums rechnen. Dieses verfügte 1931 durch Erlass ein Zwangskartell der deutschen Zuckerindustrie und eine Kontingentierung des Zuckers,[118] dessen Preis zum Vorteil der Agrarwirtschaft auf diese Weise künstlich hochgehalten wurde.

117 Ebd.

Abb. 112 Leuchtender Hinweis auf »billigste Preise«

Wirtschaftskrise, Arbeitslosigkeit und Firmenpleiten hatten auch in wirtschaftlichen Kreisen die immer vorhandenen Zweifel am Segen des Wettbewerbs genährt. Mit abwertenden Begriffen wie ›Schmutzkonkurrenz‹, und ›Preisschleuderei‹ wurde das Geschäftsgebaren von Konkurrenten bedacht. Aus der verbreiteten Sehnsucht nach der Rückkehr zu einer ständischen Ordnung schlugen die Nationalsozialisten politisches Kapital. ›Gemeinschaft‹ wurde schon beschworen, bevor die Nazis Begriffe wie ›Betriebsgemeinschaft‹ und ›Volksgemeinschaft‹ für sich politisch vereinnahmten.

Die Überproduktion in der Schokoladenbranche führte zu einem wechselseitigen Unterbietungswettbewerb. Um den geschrumpften Markt warben verschiedene Schokoladenfirmen mit niedrigsten Preisen. Die Firma Most aus Halle gehörte dazu. Sie bot die Schokolade aus ihrer Produktion in eigenen Läden billig an. In der Krise standen viele Läden leer. Most mietete sie tageweise günstig und verkaufte die Schokolade auf verkleideten Tapeziertischen. »Diese Billigkonkurrenz schmeckte den Schokoladenfabrikanten nicht.«[119]

Von einer Markenkonvention, die Konditionen und Mindestpreise festlegen sollte, erhofften sich einige Schokoladenfabrikanten Besserung. Sie sollte den Unterbietungswettbewerb beenden, war aber umstritten. »Die Industrie hat noch nicht die Kraft aufgebracht, von sich aus durch vernünftige Preisstellung, durch entsprechende Einschränkung durch

118 Gordian 1931, Heft 867, S. 23.

119 Interview mit Christian Kadelbach.

Starkbleiben gegenüber den übertriebenen Forderungen des Handels usw. eine Besserung herbei zu führen«,[120] klagte ein Autor in der Verbandszeitschrift.

Sprengels Juniorchef beteiligte sich an den Verhandlungen, scherte aber bald wieder aus. Er hielt wenig von der Markenkonvention mit der Festlegung von Mindestpreisen. Da sich Mindestpreise nach den Kalkulationen der Billigproduzenten richten müssten, würden die Verbraucher die Markenware für überteuert halten. Das konnte für eine Firma wie Sprengel nur von Nachteil sein. Deswegen war er dagegen,[121] und er wollte sich auch seine freie Entscheidung, je nach Marktsituation für sein Unternehmen zu entscheiden, nicht nehmen lassen. Ein Jahr später konstatierte er:

»Selbst eine so kleine Gruppe, wie die Markenkonvention musste auseinanderfallen, da die Praxis es den in ihr vertretenen Mittelfirmen nicht gestattete, bei sich verschärfender Absatzlage in die Bedingungen der Großindustrie einzutreten. Wir selbst gehörten zu den ersten Mitgliedern der Markenkonvention und zogen uns als erste Firma aus der Markenkonvention zurück, nachdem wir sahen, dass unsere Absatz-Möglichkeiten bei Einhaltung der Bedingungen der Großfirmen katastrophale Einbuße erlitten.«[122]

Während die Schokoladenfabrikanten eine Einigung über Mindestpreise versuchten, plädierte der Reichswirtschaftsrat erneut für eine zwangsweise Senkung der Preise für Markenartikel, auch der Schokolade. Der Reichswirtschaftsrat war ein aus der Räteidee entstandenes Gremium mit Beratungsrechten und dem Recht zur Gesetzgebungsinitiative. Er empfahl der Reichsregierung trotz bereits gesenkter Preise eine weitere Preissenkung von 10 Prozent, die der Reichskommissar für Preisüberwachung, Carl Friedrich Goerdeler, in einer Verordnung umsetzte.

Die Verbandsspitze der Schokoladenfabrikanten stimmte zu und sorgte damit für erheblichen Verdruss. Bernhard Sprengel sah die Interessen der »Mittelunternehmen mit Füssen getreten« und stellte Überlegungen für eine eigene Verbandsgeschäftsführung an.[123] Sprengel sah für sich jedenfalls keinen Grund, »dem Handel mitzuteilen, dass er seine Preise senken müsse, während ich es selbst für richtig halte, unsere Preise zu halten«. Auf die veränderte Nachfragesituation wegen gesunkener Masseneinkommen reagierte die Firma mit neuen Angeboten im Niedrigpreissektor. Die Preisliste von 1932 (Abb. 112) warb mit lila leuchtendem Einlagepapier: »Einzig in Qualität bei *billigsten* Preisen!« und »Neu: Sprengel ›Schlicht‹, ›Wie gehabt‹ «.

Als günstiges Angebot wurde ein für 10 Pfennig verkaufter ›Riesen-Riegel‹ herausgebracht: »Jeder Happen ein Schluck feinster Vollmilch.«[124] Bernhard Sprengel passte sich der Marktlage an, wie Bredt empfohlen hatte, von »korporativer Versicherung« hielt er nichts. In den Jahren der restriktiven NS-Autarkiepolitik operierte er mit einer Vielfalt taktischer Schachzüge mit wechselnden Partnern und Gegenspielern und versuchte sich ein Mindestmaß an Handlungsautonomie zu erhalten.

120 Kazett, März 1930, S. 286.
121 HStAH Dep. 105, Nr. 1150, Schreiben Sprengel vom 20.6.1933.
122 HStAH Dep. 105, Nr. 1180, Schreiben vom 24.6.1934.
123 HStAH Dep. 105, Nr. 1341, Schreiben Sprengel vom 23.5.32.
124 RWWA 208-351-2.

Schwierige Entscheidungen zwischen 1933 und 1945

Herr Kollege Schmidt ergreift eine Gelegenheit

War Hitler der Mann, auf den die Unternehmer setzten? In der DDR-Forschung war es keine Frage, dass die Industrie Hitler zur Macht brachte, »aber auch in der alten Bundesrepublik waren in den 1970er Jahren einfache Antworten gefragt«,[1] konstatiert heute der Wirtschaftshistoriker Werner Plumpe. August Sprengel hatte vor dem Krieg wie viele hannoversche Unternehmer den Nationalliberalen nahegestanden. Die DVP (Deutsche Volkspartei) führte in der Weimarer Republik das nationalliberale Erbe fort, und der Seniorchef unterstützte die wirtschaftsliberale Partei mehrfach mit Geldspenden.[2] Die Schreiben an den »sehr geehrten Herrn Parteifreund August Sprengel« klangen angesichts des nationalsozialistischen Aufstiegs alarmiert: »Daß die Gegner der Privatwirtschaft auf der Linken zu finden sind, ist bekannt. Aber daß auch auf der äußersten Rechten, bei den nationalen Sozialisten, die Idee des Sozialismus immer weitere Kreise zieht, wird von dem Bürgertum noch nicht genügend beachtet. Ist es nicht äußerst bedenklich, wenn die Parteileitung der Nationalsozialistischen Deutschen Arbeiterpartei Richtlinien für die Betriebsfunktionäre herausgibt und auffordert, überall in den Wirtschaftsbetrieben ›Zellen‹ zu bilden, die die Voraussetzung für spätere Gewerkschaften sein sollen?«[3]

Dem Schreiben lag ein Flugblatt der DVP bei, betitelt ›Vom Regen in die Traufe?‹, das ›Zehn Fragen und Antworten‹ zum Programm der ›Hitler-Bewegung‹ aus der NTZ (Niedersächsische Tageszeitung) zitierte[4]. Das nationalsozialistische Parteiblatt hatte der spätere NS-Kultusminister Bernhard Rust, Studienrat am hannoverschen Ratsgymnasium, 1931 gegründet. Es war vor 1933 wegen nationalsozialistischer Hetze im sozialdemokratisch regierten Preußen mehrmals verboten worden. Mit dem Programm für die bevorstehenden Wahlen wollte die NSDAP die Arbeiter gewinnen und machte sich rhetorisch zum Anwalt von Arbeiterinteressen.

»1. Wie stellt sich Adolf Hitler zum Lohnabbau?
Die Arbeiterschaft hat nicht nur das Recht, sondern die Pflicht gegen Lohnabbau zu kämpfen. Die Hitler-Bewegung unterstützt die Arbeiterschaft im Kampf um ihre Lebensrechte.
2. Wie stellt sich Adolf Hitler zum Tarifrecht?
Die Hitler-Bewegung ist für die Beibehaltung des Tarifsystems und verurteilt jeden Versuch, an dem Tarifsystem etwas zu ändern.
4. Wie stellt sich Adolf Hitler zur Arbeiterbewegung?
Die Hitler-Bewegung ist für Betriebsräte und Arbeitervertretungen. Sie tritt ein für das Mit-

1 Werner Plumpe: Unternehmen im Nationalsozialismus. Eine Zwischenbilanz. In: Werner Abelshauser (Hrsg.): Wirtschaftsordnung, Staat und Unternehmen, Essen, 2003, S. 246.
2 HStAH Dep. 105, Nr. 887.
3 HStAH Dep. 105, Nr. 887, Schreiben der DVP vom 18.2.1932.
4 HStAH Dep. 105, Nr. 887, Niedersächsische Tageszeitung (NTZ), Hrsg. Bernhard Rust (NSDAP), Nr. 32 vom 7.2.1932.

Vom Regen in die Traufe?

Die nationalsozialistische „Niedersächsische Tageszeitung" in Hannover veröffentlicht in ihrer Nummer 32 vom 7. Februar 1932 **zehn Fragen und Antworten**, die die wirtschafts- und sozialpolitischen Forderungen der Hitler-Bewegung klarstellen sollen. Der Inhalt dieser Fragen und Antworten, die unter der Rubrik „Die N.S. Betriebszelle" erschienen sind, zeigt, daß die Nationalsozialistische Deutsche Arbeiterpartei das gegenwärtige „System", das durch seine sozialistischen Methoden im wesentlichen mit zum Ruin der deutschen Wirtschaft beigetragen hat, in Neuauflage fortzuführen gedenkt. Wir geben nachstehend die zehn Fragen und Antworten wieder. Eine weitere Stellungnahme erübrigt sich. **Deutsche Volkspartei Hannover.**

Abb. 113 Flugblatt der DVP (Ausschnitt), 1932

bestimmungsrecht der Arbeitnehmer in Staat und Wirtschaft.
6. Wie stellt sich Adolf Hitler zur Sozialgesetzgebung?
Die Hitler-Bewegung bekämpft auf das Schärfste die von Brüning durchgeführte Durchlöcherung der Sozialgesetzgebung. Der Abbau der Unterstützungen, Kürzung der Renten usw. wird von der Hitler-Bewegung abgelehnt.
7. Wie stellt sich Adolf Hitler zu den Gewerkschaften?
Die Hitler-Bewegung ist nicht gegen die Gewerkschaften. Der Kampf der Hitler-Bewegung richtet sich nur gegen den klassenkämpferischen Geist der Gewerkschaftsführer.
8. Wie stellt sich Adolf Hitler zum Arbeiterschutz?
Die Hitler-Bewegung tritt für den Schutz der Arbeitnehmer in den Betrieben ein. Die Gesundheit der Arbeiter ist das heiligste Gut der Nation, steht über dem Profit des Kapitalismus.«

Soweit die Forderungen der NSDAP, um die Stimmen der Arbeiter und Arbeitslosen zu gewinnen.[5] Für einen Schokolade-Fabrikanten war die Partei nicht attraktiv.

Die Etablierung des Schreckensregimes dauerte nur drei Monate. Für Hannover lässt sich die Entwicklung beklemmend eindrücklich anhand der Berichterstattung in der NTZ nachvollziehen. Anfang 1933 war die NTZ das Blatt der Unterstützerszene in Hannover mit begrenzter Auflage. Nach dem Reichstagsbrand am 27. Februar verschärften sich die Angriffe auf die politischen Gegner. Zufrieden wird konstatiert, dass »unliebsame Kommunisten auf der Flucht erschossen« wurden, Häme ergoss sich über führende Sozialdemokraten, die angesichts des Straßenterrors der SA und der unverhüllten Drohungen der Naziblätter ins Ausland flohen. In der Ausgabe vom 2. März berichtete die NTZ über die polizeiliche Besetzung und Durchsuchung der sozialdemokratischen Zeitung ›Volkswille‹, aus dessen Gebäude angeblich auf SA-Leute geschossen worden war. Inzwischen war der SA-Mann Viktor Lutze zum Polizeipräsidenten in Hannover ernannt worden, so konnten die Naziaktionen gegen die politischen Gegner als polizeiliche Maßnahmen gegen ›Kriminelle‹ verkauft werden.

Die ersten Opfer der ›nationalen Revolution‹ wurden Kommunisten und Sozialdemokraten, aus nationalsozialistischer Sicht Konkurrenten um die Gunst der Arbeiter, deren Stimmen die Partei gewinnen wollte. Sie wurden

5 »Der Arbeiteranteil war sehr viel größer, als wir vermutet hatten und als in der Öffentlichkeit, im historischen Schrifttum vermutet wird. In den Jahren vor der sogenannten Machtergreifung, also 1933, waren es vierzig Prozent der Neueintretenden, die einen Arbeiterberuf ausübten und nach 1933 waren es ebenfalls an die vierzig Prozent.« Alfried Schmitz über die Forschung von Jürgen Falter, Untersuchung der Mitgliederstruktur. Überraschende Erkenntnisse über die NSDAP. Deutschlandfunk. Forschung aktuell vom 29.1.2015 www.deutschlandfunk.de/untersuchung-der-mitgliederstruktur-ueberraschende.1148.de.html?dram:article_id=310180 [zuletzt aufgerufen am 16.1.2016].

verhaftet, häufig in der Haft gequält und dann zur Abschreckung Gleichdenkender entlassen. Die Wahlen am 5. März gewann die NSDAP, und die Rufmordkampagnen gegen politische Gegner und Repräsentanten der Republik steigerten sich. Viele versuchten ins Ausland zu fliehen.

Das Schema der Kampagnen war immer gleich: ›Verschleuderung von Staatsgeldern‹ und ›persönliche Bereicherung‹ wurde den demokratischen Amtsinhabern und jüdischen Bürgern vorgeworfen. So schuf man sich erlogene Gründe für die Inhaftierung, musste den einen oder anderen auch wieder freilassen, aber die Prozesse zogen sich hin und die Einschüchterung zeigte Wirkung. Fast täglich erfuhren die Leser, dass sich Angegriffene und Verfolgte umgebracht haben.

Für jedermann nachzulesen war am 22. März die Meldung »Das erste Konzentrationslager für Kommunistenführer in der Nähe von Dachau bei München mit einem Fassungsvermögen von 5000 Menschen errichtet«,[6] drei Tage später waren die Nazis schon dabei, das Lager zu füllen »Abschub von Kommunisten ins Konzentrationslager«,[7] am 30. März die Mitteilung »1500 politische Gefangene auf dem Heuberg bei Stuttgart«.[8] Die Zeitungsseiten im März und April 1933 sind angefüllt mit Nachrichten über Amtsenthebungen, Anträge auf ›Beurlaubungen‹, ›freiwillige‹ Rücktritte, Einsetzung von Reichskommissaren, Selbstmorde. Sozialdemokraten, bürgerliche Politiker und demokratische Amtsinhaber wurden, so scheint es, völlig überrumpelt von Verhaftungen und Rufmordkampagnen und waren tief getroffen. Sie haben sich – anders als die Kommunisten – nicht vorstellen können, wie schnell die Drohungen der Nationalsozialisten gegen politische Gegner in brutale Gewalt und Terror münden würden. »Die Sozialdemokratie, die unter dem Bismarckschen Sozialistengesetz gelitten hatte, setzte bei ihren politischen Gegnern einschließlich der Nationalsozialisten einen Mindestkonsens über demokratische Spielregeln voraus.«[9] Robert Leinert, Hannovers ehemaliger sozialdemokratischer Oberbürgermeister, dessen Pensionszahlungen gesperrt wurden, – die NTZ behauptete, mit Zustimmung der SPD[10] – wurde am 22. April in Celle verhaftet und nach Hannover überführt. »Leinert war völlig überrascht«, schrieb die NTZ am 25. April.

Es gab einige Mutige, die sich dem braunen Terror entgegenstellten. Auf dem Engelbosteler Damm wurde die Hakenkreuzflagge von einem Schuldach heruntergeholt. Ein katholischer Hausbesitzer verweigerte das Hissen der Nazi-Fahnen in seinem Haus, weil er »aus gesundheitlichen Gründen keine Hakenkreuzfahnen sehen« könne. Die NTZ empörte sich am 18. März und gab – für weitere SA-Aktionen – die genaue Anschrift des Mannes bekannt. Der Kirchenvorstand der Lutherkirche gestattete in der Kirche keine Aufstellung von SA-Fahnen.[11] Im Fernsprechamt Hannover hatte ein nationalsozialistischer Beamter das Bild Eberts abgehängt und durch ein Hitler-Bild ersetzt. Der Amtsleiter verlangte von dem Mitarbeiter, er solle den Wert des neuen Ebert-Bildes von 24 Reichsmark aus eigener Tasche bezahlen. Die NTZ rief empört »die maßgebenden Stellen [auf], auch hier nachzuhelfen, um nationales und soziales Empfinden zur Geltung zu bringen.«[12] Als der Amtsleiter unbeeindruckt das Ebert-Bild wieder aufhängte, hetzte die NTZ »Das Maß ist voll!«

Am 9. April kündigte die NTZ eine Sonderausgabe zum 1. Mai an und rief die Inserenten auf, durch ein Inserat »allen Zweiflern und Nörglern (zu) beweisen, welches unbegrenzte Vertrauen die deutsche Wirtschaft in allen ihren Zweigen den neuen Führern des deutschen Reiches entgegenbringt«. Der 1. Mai sollte unter dem Motto ›Ehret die Arbeit und achtet den Arbeiter‹ als ›Tag der nationa-

6 NTZ, 22.3.1933.
7 NTZ, 25.3.1933, Beilage.
8 NTZ, 30.3.1933, S. 8.
9 Klaus Mlynek 1933 Zum Beispiel Hannover, Historisches Museum Hannover 1981, S. 6.
10 NTZ, 14.4.1933.
11 NTZ, 18.3.1933.
12 NTZ, 10.3.1933.

len Arbeit‹ feierlich begangen werden. An der Sonderbeilage der NTZ zum 1. Mai beteiligte sich die hannoversche Geschäftswelt in großem Stil. Von B. Sprengel & Co. erschien in der Sondernummer eine Anzeige (Abb. 117). Auch der Allgemeine Deutsche Gewerkschaftsbund rief zur Teilnahme an der nationalsozialistischen Maifeier auf. Die Unternehmer wurden verpflichtet, ihren Beschäftigten am ›Tag der Nationalen Arbeit‹ die vollen Löhne zu zahlen. Aus dem ›Kampftag der Arbeiterklasse‹ war ein nationaler Feiertag geworden – ein Symbol: Die ›Volksgemeinschaft‹ sollte an die Stelle des Klassenkampfes treten. Einen Tag später, am 2. Mai stürmte die SA die Gewerkschaftshäuser. Die Gewerkschaften wurden verboten.

Abb. 114 Festwagen der Firma Sprengel am 1. Mai 1933

Wie entwickelten sich die Handlungsspielräume für die Industrie? »Berlin kauft nur noch bei nationalen Firmen«, lasen die Leser der NTZ. Die Zentraldienststellen und Bezirksämter wurden angewiesen, ihren gesamten Einkauf nur bei Firmen zu decken, die »eine sichere Gewähr dafür geben, daß sie auf dem Boden der nationalen Regierung stehen«.[13] Unter der Schlagzeile ›Der neue Kurs der Industrie‹ wurde am 5. April in der NTZ die ›Gleichschaltung‹ im Reichsverband der Industrie verkündet. »Der dort vorherrschende Liberalismus [ist] überwunden worden, und an seiner Stelle wird die Weltanschauung des Nationalsozialismus ausschlaggebend sein. Von nun an wird auch im Reichsverband der Industrie unbedingt das Primat der Politik herrschen.« Am 20. April wurden in Hannover die Kammern ›gleichgeschaltet‹ und der Syndikus der Industrie- und Handelskammer abgesetzt.

Im Verband Deutscher Schokoladenfabrikanten bereitete ein Fabrikant aus Oschersleben die Machtübernahme vor. Wilhelm Schmidt von der Schokoladenfabrik Gebr. Schmidt Söhne, Mitglied der NSDAP, schrieb am 2. April einen Brief an seine Fabrikanten-Kollegen:

»Sehr geehrter Herr Kollege,
aus gut unterrichteter Quelle erfahre ich, dass in diesen Tagen Massnahmen der Reichsregierung ergriffen werden, die eine Gleichschaltung in allen privaten und wirtschaftlichen Verbänden zum Zwecke hat. Die Vorstände aller Verbände müssen zurücktreten und nach den neuen Richtlinien zusammengesetzt werden. Danach müssen in allen Verbänden die NSDAP mit 51 % und die anderen Parteien der nationalen Regierung mit dem Rest vertreten sein. Wenn diese 51 % nicht erreicht werden, wird ein Kommissar bestellt, und aus diesem Grund bitte ich Sie, auf der beigefügten Karte um gefl. Mitteilung, ob Ihre Inhaber bzw. einer Ihrer Herren des Vorstandes eingetragene Mitglieder der NSDAP sind bzw. unter welcher Nummer. Alle von der rohen Bohne an arbeitenden Fabrikanten müssen ferner einer Gemeinschaft angehören, die der Verband Deutscher Schokolade-Fabrikanten sein kann nach entsprechender Umstellung. In der am

13 NTZ, 31.3.1933, S. 2.

Dienstag in Berlin stattgefundenen Vorstandssitzung des Verbandes bin ich als einziger Nationalsozialist in den Vorstand des Verbandes eingetreten.
Mit kollegialem Gruss
Wilhelm Schmidt«[14]

›Massnahmen‹ hatte die Reichsregierung noch nicht erlassen, aber gegen die ›gut unterrichtete Quelle‹ eines Parteigenossen würden sich die Vorstandsmitglieder nicht zu wehren wagen, war Schmidts Kalkül. Der Vorstand des Verbandes ließ sich indessen zunächst nicht überrumpeln. Er lud zum 28. April nach Berlin zu einer Vorstandssitzung ein und warnte in der Verbandszeitschrift Kazett vor ›Einzelaktionen‹ und lehnte diese ›entschieden‹ ab.

»Grundsätzlich muß gewünscht werden, daß alle Firmen der Industrie ihre Nerven behalten, und daß diejenigen Schritte, die in organisatorischer Beziehung zum Zwecke der Wiederherstellung und Wirtschaftlichkeit unserer Industrie nötig sind, mit kühlem Verstande und in ordnungsgemäßer Form durchgeführt werden.
Wir richten an unsere Mitglieder den *dringenden* Appell, sich geschlossen hinter den Verband zu stellen und Einzelaktionen *entschieden abzulehnen*. Der Verband wird in satzungsgemäßer Form alle die Schritte vorbereiten und den Mitgliedern zur Kenntnis bringen, die durch die Lage geboten sind. Vor allem müssen die Richtlinien der Reichsregierung für die Umschaltung der wirtschaftlichen Verbände abgewartet werden.«[15]

Aber bis dahin waren schon Fakten geschaffen. Ende März 1933 sah sich der Syndikus des Verbands, Carl Greiert, zur Kündigung gezwungen. Greiert berichtete im Dezember 1933 in einem Brief an die Verbandsmitglieder über die Umstände seiner Entlassung: »Ende März 1933 sah ich mich, wie Sie aus meinem Abschiedsschreiben vom 8. Mai 1933 wissen, gezwungen, mein Vertragsverhältnis zum Verband mit Wirkung vom 30. September 1933 zu kündigen, worauf im Mai meine Beurlaubung erfolgte. Die Kündigung wurde von mir ausgesprochen, nachdem der Vorstand nach einer Sitzung mir erklärt hatte, daß die Mehrheit des Vorstands nicht bereit wäre, mein Vertragsverhältnis zu verlängern.«[16] Die zunächst abgelehnte ›Einzelaktion‹ des Pg [Parteigenosse der NSDAP] Schmidt war aufgrund der machtpolitischen Konstellation erfolgreich, und der Vorstand beugte sich.

Die Machtergreifung im Schokoladenverband folgte dem gängigen Muster, mit dem die NSDAP im April 1933 überall im Reich die gewählten Amtsinhaber vertrieb und durch eigene Leute ersetzte. Der deutschnationale Reichswirtschaftsminister Alfred Hugenberg machte den – vergeblichen – Versuch, diesen Machtübernahmen entgegenzutreten und verkündete, »daß eigenmächtige Umbildungen und Neubildungen der in Aussicht genommenen Umgestaltung der Wirtschaftsvertretungen in keiner Weise vorgreifen dürfen und daß die Umgestaltung selbstverständlich im Einvernehmen zwischen der Reichsregierung und den bisher bestehenden wirtschaftlichen Organisationen durchzuführen« sind.[17]

Der Nationalsozialist Wilhelm Schmidt aus Oschersleben war den Fabrikantenkollegen gut bekannt. Er war kein junger Draufgänger, sondern 1933 bereits 80 Jahre alt und seit 1898 Mitglied im Verband. Er hatte eine kleine Bonbonfabrik zu einer Schokoladenfabrik aufgebaut, war aber mit seiner Firma Gebrüder Schmidt & Söhne mehrfach wegen Lebensmittelfälschung verurteilt worden. Das letzte Urteil, 500 RM Geldstrafe ersatzweise 25 Tage Haft, gegen die – vorbestraften – Inhaber war 1929 gesprochen, weil sie Erdnußhartfett statt Kakaobutter ihren Schokoladenerzeugnissen beigegeben hatten. Fremdfett war als Beimischung nicht erlaubt, und der Verband, vor allem der Verbandssyndikus Carl Greiert, zeigte regelmäßig und unnachsichtig Firmen an, die

14 HStAH Dep. 105, Nr. 1028, Schreiben an August Sprengel.
15 Kazett, April 1933, S.205.
16 HStAH Dep. 105, Nr. 1758/8, Bittschreiben vom Carl Greiert vom 13.12.1933.
17 Kazett, 27.4.1933, S. 209.

sich an die Qualitätsstandards nicht hielten und die Schokoladenbranche insgesamt in Verruf brachten. Die Verbandszeitung hatte über das Gerichtsverfahren berichtet, »daß in der gesamten deutschen Schokoladenindustrie die größte Empörung über die Handlungsweise der Fa. Schmidt Söhne herrscht. Diese Empörung ist auch in jeder Weise gerechtfertigt, denn es sind nicht nur die gutgläubigen Käufer der verfälschten Schokolade geschädigt worden, sondern auch das ganze redliche Gewerbe hat einen schweren Schlag erlitten.«[18] Die Verurteilten sollen nach dem Urteil sehr erregt gewesen sein. Im Frühjahr 1933 wird sich das Motiv einer persönlichen Abrechnung mit dem Machtstreben der Partei verbunden haben.

Im Herbst wurde nach dem zwangsweise verfügten Zusammenschluss der drei Schokoladenverbände der Vorstand neu gewählt und der Geschäftsführer Jäger von der Firma Felsche, Schwiegersohn des früheren Vorsitzenden Schütte-Felsche in Leipzig, zum Vorsitzenden bestimmt. Wilhelm Schmidt erhielt eine untergeordnete Funktion im Rechtsausschuss, dem auch der Jurist Bernhard Sprengel angehörte. Dr. Sprengel strebte nicht nach einflussreichen Positionen im Verband und hielt sich auch später zurück.

Der entlassene Greiert stand völlig mittellos da, weil ihn der Vorstand nach 25 Jahren nicht nur hinausgeworfen, sondern ihm auch eine Pension verweigert hatte. »Meine Versuche, eine anderweitige Stellung zu finden, sind an meinem Alter von 62 Jahren gescheitert. ... Ich habe im Sommer ds. Js an den Herrn Vorsitzenden des Verbandes die Bitte gerichtet, dem Vorstand den Antrag auf Auswerfung einer angemessenen Pension zu unterbreiten. Darauf habe ich die Mitteilung bekommen, daß dieses Gesuch abgelehnt worden sei.«[19]

Dr. Hans Suntheimer von der Firma Hartwig & Vogel ergriff die Initiative, unter den Verbandsmitgliedern um Spenden für den Verbandssyndicus zu bitten, »der ohne Verdienst ist und jetzt, wo er durch die Umwälzung der ganzen Verhältnisse in eine wirklich ernste Notlage geraten ist«.[20] August Sprengel hatte die Bitte von Dr. Suntheimer zunächst abgelehnt, ging aber dann doch »in Würdigung seiner Verdienste um den Verband von seinem Standpunkt ab«.[21] Die Firma Sprengel unterstützte wie eine Reihe anderer Schokoladenfabrikanten Carl Greiert bis zu seinem Tod kurz nach Kriegsende.

Mitmachen oder abseits bleiben – Nationalsozialisten im Betrieb

Im März und April 1933 wurden Betriebsräte gewählt, und die nationalsozialistische Betriebsorganisation (NSBO) strebte nach der Herrschaft in den Betrieben. Die Nationalsozialisten pflegten eine antikapitalistische Rhetorik, um die Arbeiter für sich zu gewinnen. So ließ sich der nationalsozialistische Reichstagsabgeordnete Kurt Frey vernehmen, dass bei Firmen, die versuchen, Lohnkürzungen oder Arbeiterentlassungen vorzunehmen, nachgeprüft würde, ob nicht auch an den Direktorengehältern oder Dividenden gespart werden könne,[22] eine Äußerung, die signalisieren sollte: die besseren Sozialisten sind die Nationalsozialisten.

Die NSBO kandidierte überall. Die sozialdemokratischen, kommunistischen und christlichen Gewerkschafter wurden unter Druck gesetzt, nicht anzutreten oder ihr Mandat nicht auszuüben. In vielen Betrieben traten gewählte Vertreter der freien Gewerkschaften nach der Wahl zurück.[23] Im städtischen Wohlfahrtsamt, dem Hannoverschen Kurier,

18 Kazett, März 1929, S. 131.
19 HStAH Dep. 105, Nr. 1758/8.

20 HStAH Dep. 105, Nr. 1758/8, Dr. Hans Suntheimer – vermutlich jüdischer Herkunft – musste 1938 seine Tätigkeit bei Hartwig & Vogel und seine ehrenamtliche Tätigkeit als Obmann in Sachsen aufgeben, die er bis dahin noch innegehabt hatte.
21 HStAH Dep. 105, Nr. 1758/8.
22 NTZ, 9.4.1933, S. 2.
23 NTZ, 25.3.1933: »Bei der Firma Weishäupl hat der Spitzenkandidat der Freien Gewerkschaften sein Amt als Betriebsratsmitglied niedergelegt und sich zum nationalsozialistischen Gedanken bekannt«.

den Katasterämtern, dem städtisches Eltwerk trauten sich Freigewerkschafter nicht mehr zu kandidieren, dort gab es nur noch eine Liste der NSBO.[24] Die Gewerkschafter in der Firma Sprengel hatten eine andere Strategie. Sie traten zum Ärger der echten Nazis als ›nationale Sozialisten‹ an und wurden gewählt. So waren im Sprengel-Betriebsrat von acht Mitgliedern nur drei in der NSBO bzw. in der Partei. Die anderen weigerten sich nach der Wahl zurückzutreten, hatten die Unterstützung der Geschäftsleitung und blieben im Amt.[25]

Wie standen die Eigentümer der Firma Sprengel zur ›nationalen Revolution‹? August Sprengel war von Ludwig von Tschirschnitz vom Wirtschaftsverband der Hannoverschen Industrie ›vertraulich‹ gefragt worden, »inwieweit die leitenden Herren unserer Mitgliedsfirmen denjenigen Parteien angehören, die die Regierung der nationalen Erhebung bilden. Die Ermittlungen sind unerlässlich, um eine Grundlage zu haben für die Feststellung, inwieweit die sogenannte Gleichschaltung innerhalb der Unternehmerorganisation durchgeführt werden kann«.[26] August Sprengel machte hinter »Der NSDAP gehören an/Ihre Aufnahme in die NSDAP haben nachgesucht« einen Strich und trug bei »Der DNVP gehören an« ein: »August Sprengel 2.5.1933.«[27] Die DNVP (Deutschnationale Volkspartei) hatte mit der NSDAP nach Hitlers Ernennung zum Reichskanzler die Regierung gebildet. Offenbar hatte August Sprengel als kleineres Übel die Parteimitgliedschaft von Hitlers Koalitionspartner erworben.

Bernhard Sprengel war 1933 mehrere Monate krank gewesen; seine Mutter starb im selben Jahr.[28] Sympathien für die nationalsozialistische Bewegung sind in seiner Korrespondenz nirgendwo erkennbar, eher kühle Verachtung. Briefe der NSDAP Hannover beantwortete er herablassend und distanziert. Die wirtschaftspolitischen Vorstellungen der NSDAP konnten ihm als Schokoladenfabrikanten allerdings gefährlich werden.

Das Branchenblatt Gordian hatte sich früh auf die Seite der ›Bewegung‹ geschlagen und schon im April den abseits Stehenden vorgehalten, »daß sich die Gegner dieser Bewegung mit der Tatsache abfinden müssen, daß ein Widerstand nur zum wirtschaftlichen Tod des gegen den Strom Schwimmenden führen würde. Die Zeit würde unbarmherzig über ihn hinweggehen und ihn bald völlig kalt stellen. Widerstand wäre daher Torheit. Klüger ist es, mitzuarbeiten, um Mittel und Wege zu finden, damit die Bewegung in Bahnen gelenkt wird, die zum wirtschaftlichen Gedeihen Deutschlands und damit zum Wohlergehen des einzelnen führen.«[29]

Sollte er mitarbeiten oder abseits bleiben? Im Sommer 1933 beschäftigte sich Bernhard Sprengel intensiv mit dieser Entscheidung. Dazu gehörte auch die Lektüre der ideologischen Grundlagen der Hitler-Bewegung. Er schrieb seinem Münchner Kunsthändler Hans Severing am 26. Juni: »Ich würde es begrüssen, wenn Sie mir eine alte und inzwischen nicht redigierte Ausgabe von Hitlers ›Mein Kampf‹ besorgen könnten«.[30] Offenbar ging er davon aus, dass der Reichskanzler inzwischen Kreide geschluckt hatte und nur der Originalversion sein tatsächliches Programm zu entnehmen war. Alles Übel kam, konnte er in ›Mein Kampf‹ lesen, von der ›Internationalisierung der deutschen Wirtschaft‹[31] und dem ›Angriff des gierigen Finanzkapitals‹, vereinigt mit der ›durch den Marxismus erstrebten Internationalisierung der deutschen

24 NTZ, 25.3.1933.

25 HStAH Nds. 171 Hannover, Nr. 44072, Entnazifizierungsakte Hans-Heinrich von der Wettern.

26 HStAH Dep. 105, Nr. 1028.

27 HStAH Dep. 105, Nr. 1028.

28 Bredt sprach in einem Schreiben die »zurückliegenden schweren Wochen« an und wünschte ihm »völlige Genesung«, HStAH Dep 105 Acc 2/80, Nr. 453, Schreiben Bredts an Sprengel vom 2.6.1933.

29 Gordian, Heft 911, April 1933, S. 10 a.

30 HStAH Dep.105, Nr. 1657.

31 Adolf Hitler: Mein Kampf, Ausgabe München 1940, S. 257.

Wirtschaft‹.[32] Den Unternehmern stand Hitler kritisch gegenüber; deren ›krämerischen Egoismus‹[33] verachtete er. ›Wirtschaftliche Blüte‹ war ihm ein Zeichen ›für den nahenden Verfall des Staates‹,[34] ›wirtschaftliche Tugenden‹ ein Graus. Wirkliche ›staatserhaltende Kräfte‹ waren ihm dagegen ›Aufopferungsfähigkeit‹ und ›Aufopferungswille‹.[35] Der nicht zu übersehende Wille zum Krieg war für einen Konsumgüterproduzenten ein Grund weniger, Hitler und sein Programm zu unterstützen.

Als Schokoladenfabrik war B. Sprengel & Co. vom internationalen Rohstoffmarkt abhängig. Der Zugang zu den Rohstoffressourcen wurde maßgebend bestimmt von der Außenwirtschaftspolitik. Die Firma hatte im Ersten Weltkrieg erfahren, was es hieß, vom Rohkakao-Markt abgeschottet zu sein. Eine nationalsozialistische Autarkiepolitik würde eine Schokoladenfabrik mit unangenehmen Entscheidungen konfrontieren. Sprengel wusste, seine Handlungsfähigkeit als Unternehmer würde in den kommenden Jahren weniger vom Handeln der Konkurrenz bestimmt werden als vom nationalsozialistischen ›Primat der Politik‹. Wollte er sein Unternehmen und seine Entscheidungsautonomie als Unternehmer erhalten, konnte er die politischen Machtverhältnisse nicht ignorieren. Angesichts der herrschenden Arbeitslosigkeit konnte ein Fabrikant, der Arbeitsplätze sicherte und schuf, darauf hoffen, gehört zu werden. »Das Mitmachen, z. B. sogar die Pflege politischer Kontakte zur Nazibürokratie schienen das angemessene Mittel, da nur funktionierende Unternehmen, d. h. also Unternehmen, die Zugriff auf Rohstoffe, Vorprodukte und Arbeitskräfte hatten, überhaupt autonome Handlungsspielräume besaßen«,[36] analysiert heute der Historiker Werner Plumpe das Dilemma.

Die Signale aus der Reichsregierung waren aus damaliger Sicht nicht immer eindeutig. So hoffte mancher, dass die ›vernünftigen‹ Kräfte sich durchsetzen würden. Im Juni 1933 konnte der Schokoladenfabrikant in der Kakao-Zeitung eine Verlautbarung des Reichskommissars für Wirtschaft lesen: »Auflösung der Wirtschafts-Kampfverbände. Ich erhalte immer wieder Berichte, daß Gruppen von Parteigenossen und der Partei nahestehende Persönlichkeiten sich zusammenschließen und als ›Kampfbund‹ wilde Eingriffe in die Wirtschaft vornehmen. Sie setzen Preise fest, entfernen Persönlichkeiten aus ihrer Stellung, schließen einzelne Unternehmungen und setzen Kommissare ein. Nicht durch kleine Grüppchen unverantwortlicher Provokateure, sondern nur durch zielbewußte, von höherer Warte aus geleitete Klärung und Umorganisation kann die Herrschaft der nationalsozialistischen Weltanschauung auch in der Wirtschaft durchgeführt werden. Es kommt aber im Augenblick weniger darauf an, daß das Schlagwort der ›Gleichschaltung‹ überall Triumphe feiert, sondern daß Ruhe und Ordnung einkehren.«[37] Diese Verlautbarung konnte Vertrauen wecken und die Leser glauben lassen, dass die Gleichschaltung Ausdruck einer ›spontanen Terrorwelle‹ der Basis war, der man die Zügel schon wieder anlegen würde.[38]

Ende Juni schrieb Bernhard Sprengel an Direktor Friedrich Jakob Fey, in Fa. Continental-Gummi-Werke: »Unter Bezugnahme auf die mit Ihnen geführte telefonische Unterredung überreiche ich Ihnen in der Anlage die Aufnahmeerklärung in die NSDAP, und wäre Ihnen sehr dankbar, wenn Sie die Aufnahme gelegentlich vermitteln würden. Den Werbe-Beitrag habe ich mit RM 25 ausgefüllt und nehme an, dass die Beträge eingezogen

32 Ebd., S. 257.
33 Ebd., S. 70 f.
34 Ebd., S. 166/67.
35 Ebd., S. 167.
36 Plumpe, S. 256.
37 Kazett, Juni 1933, S. 313.
38 Gunter Mai: Nationalsozialistische Betriebsorganisation. Zum Verhältnis von Arbeiterschaft und Nationalsozialismus, Vierteljahreshefte für Zeitgeschichte 1983, Heft 4, S. 607: »Die Partei-Leitung hat eingestanden, dass es Eingriffe in die Wirtschaft und die Regierungstätigkeit ›auf eigene Faust‹ gegeben hat.« Mai verweist auf Tim Mason, Sozialpolitik, S. 43 (»weitgehend ohne Befehl«), Bundesarchiv, NS 26/283 (5.8.1933).

werden.«[39] Gleichzeitig bestellte er die Niedersächsische Tageszeitung im Abonnement »ab 1.8.1933 an B. Sprengel, Kniggestr. 5 persönlich«. Jeder Parteigenosse hatte die Pflicht, bei Einsendung seiner Beitrittserklärung zur Partei, den Bestellschein für die NTZ, das ›Kampfblatt des Nationalsozialismus‹ auszufüllen. Die aktuelle politische Richtung und die Reden des Führers zu kennen, war jetzt so wichtig geworden, wie im liberalen Wirtschaftssystem die Bewegungen des Marktes und die Rohstoffpreise zu beobachten und zu prognostizieren. Politische Ergebenheitsadressen gab Bernhard Sprengel nicht von sich. Zweifel, ob er ›auf dem Boden der nationalen Regierung‹ stand, sollten aber besser nicht aufkommen. Bei seinem Kunsthändler Severing orderte er Ende Juni ein Hitler-Bild.

»1 H. Thoma, Wanderer Radierung RM 50.-
1 Hitlerbild mit Rahmen RM 25.50
1 Thoma, Frühling 50 RM«

lautete eine Lieferung, die Sprengel als Aktennotiz festhielt.[40] Ein Hitler-Bild im Betrieb mochte politische Zuverlässigkeit demonstrieren.

Soweit schien alles wohl überlegt und geplant. Bernhard Sprengel wurde allerdings nicht, wie erwünscht, in die Partei aufgenommen. Direktor Fey schrieb Sprengel: »Sie haben mir – auf Grund unserer damaligen telephonischen Unterredung – Ihr Schreiben vom 29.6. zugesandt mit darangeheftetem Aufnahmeschein für die NSDAP. Wie seinerzeit besprochen, habe ich versucht, die Vermittlung für eine nachträgliche Aufnahme zu übernehmen, habe jedoch leider keinen Erfolg damit gehabt, weil – wie Ihnen ja auch aus den Tageszeitungen bekannt – die Aufnahmesperre nach wie vor besteht.«[41]

Die Nationalsozialisten hatten – nach einem Ansturm auf die Mitgliedschaft nach den Reichstagswahlen im März 1933 – einen Aufnahmestopp verhängt, der bis 1937 galt. Sprengel wurde also im August 1933 nicht Mitglied. Denkbar, dass ihm das gar nicht unrecht war. Dem Eindruck von Dritten, er sei Parteigenosse, ist er aber offenbar nicht entgegengetreten. Die Gauverwaltung der DAF (Deutsche Arbeitsfront) jedenfalls schickte ›Herrn Pg Dr. B. Sprengel, Kniggestraße 5‹ im November 1934 eine Einladung zu einem Kameradschaftsabend der Amtswalter der DAF-Gauverwaltung: »Es wird allen aus dem Haus der Dt. Arbeit eine Ehre sein, Sie bei uns zu wissen, wenn in die Tage der Arbeit eine Feierstunde gelegt wird. Wir fühlen uns mit Ihnen darum so verbunden, weil Sie draußen als Führer Ihrer Gefolgschaft dienend mithelfen an der Errichtung der Kameradschaftsfront aller Schaffenden, deren Aufbau unsere Arbeit gilt.«[42] Auch anlässlich einer Vertrauensräte-Schulung als Referent im Jahr 1936 wurde er als ›Pg Dr. Sprengel‹ vorgestellt.[43] Die Frage der Parteimitgliedschaft ruhte, bis sie sich zu einem späteren Zeitpunkt wieder stellte.

Er war aber in die Nationalsozialistische Betriebsorganisation (NSBO) eingetreten. Die Mitgliedschaft eines Unternehmers in der NSBO war ungewöhnlich, denn diese Parteigliederung war in den letzten Jahren der Republik vielfach an Streikaktionen beteiligt und rekrutierte vor allem Arbeiter und Arbeitslose.[44] Die vorläufige Mitgliedskarte verzeichnet als Datum der Anmeldung den 1. Mai 1933, ausgestellt wurde sie aber erst im Juli 1934. Vermutlich wurde das Anmeldedatum rückdatiert auf den ›Tag der Arbeit‹, den neuen NS-Feiertag, der von ›Gefolgschaft‹ und ›Betriebsführer‹ gemeinsam begangen wurde. Erst ab November 1933 durften auch Unternehmer in die NSBO aufgenommen werden.[45]

Möglicherweise hat Bernhard Sprengel versucht, mit seinem Eintritt in die NSBO gemein-

39 HStAH Dep. 105, Nr. 1243, Schreiben vom 29.6.1933.

40 HStAH Dep. 105, Nr. 1243, Notiz vom 12.8.1933.

41 HStAH Dep. 105, Nr. 1243, F. J. Fey an Bernhard Sprengel am 28.7.1933.

42 HStAH Dep. 105, Nr. 13666, Schreiben der Gauverwaltung der DAF vom 12.11.34.

43 HStAH Dep. 105, Nr. 13666.

44 Mai, NSBO, S. 586.

45 Mai, NSBO, S. 585, Verweis auf BA, NS 26/283 (26.11.1933).

sam mit vertrauenswürdigen Mitarbeitern im eigenen Betrieb auf die Organisation Einfluss zu nehmen. Oder die NSBO war eine Art ›Ersatzmitgliedschaft‹, da die Aufnahme in die NSDAP vorerst gescheitert war. Dass in der Firma Sprengel Gewerkschafter schon im April 1933 als nationale Sozialisten kandidierten, um den Nationalsozialisten nicht das Feld zu überlassen, könnte damit im Zusammenhang stehen. Im Herbst 1933 soll es in Hannover auch von SPD und KPD Versuche gegeben haben, die NSBO zu unterwandern.[46]

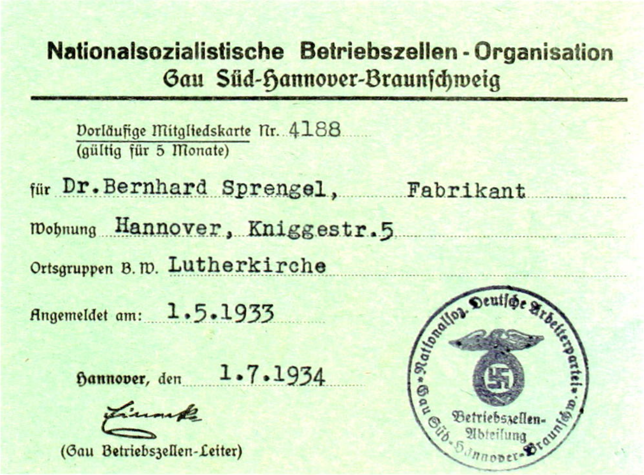
Nationalsozialistische Betriebszellen - Organisation
Gau Süd-Hannover-Braunschweig

Vorläufige Mitgliedskarte Nr. 4188
(gültig für 5 Monate)

für Dr. Bernhard Sprengel, Fabrikant
Wohnung Hannover, Kniggestr. 5
Ortsgruppen B. W. Lutherkirche
Angemeldet am: 1.5.1933

Hannover, den 1.7.1934

(Gau Betriebszellen-Leiter)

Abb. 115 Vorläufige NSBO-Mitgliedskarte

Abb. 116 Sprengel-Mitgliedskarte der NSBO

Ein weiteres Exemplar einer NSBO-Mitgliedskarte zeigt auf der Vorderseite ein Wilhelm-Busch-Bild, die Druckvorlage, mit der die Firma für ihre Wilhelm-Busch-Sammelbilder warb. Es fehlen offizielle Nazi-Symbole. Wahrscheinlich war es eine ›hausgemachte‹ Mitgliedskarte für Sprengelaner.

Mit der Machtergreifung und der Verfolgung von Andersdenkenden kam die Stunde der Denunzianten. Sie machten bei Sprengel & Co wie in vielen Firmen und Verwaltungen Stimmung gegen Vorgesetzte und Kollegen. Pgs [Parteigenossen], SA- und SS-Männer fühlten sich plötzlich mächtig: »Eine Welle von Denunziationen hielten die Gauverwaltungen der NSBO in Atem«.[47]

Geschäftsleitung und Betriebsrat arbeiteten zusammen, wenn es darum ging, dem ›Betriebsführer‹ gegenüber dem auftrumpfenden Verhalten einiger Parteigenossen, SA- und SS-Männer den Rücken zu stärken. Denn diese legten sich auch mit dem Betriebsrat an. »Eggers [Arbeiter bei Sprengel] hatte Stimmung gegen den Betriebsrat gemacht und Aufwiegelei betrieben und das Ansehen der Betriebsräte herabgesetzt. Sie hätten nichts zu melden und wären nur kleine Leute. Nur die Parteigenossen im Betriebe haben was zu melden. Er unterminierte dadurch das Ansehen und das Vertrauen des Betriebsrats«, ärgerte sich der Betriebsratsvorsitzende, selbst Nationalsozialist. Sprengel hatte Eggers entlassen. »Den Einspruch gegen die Entlassung hat der Betriebsrat abgelehnt«, schrieb der Betriebsrat an den Lederarbeiterverband, von

46 Mai, NSBO, S. 609.
47 Mai, NSBO, S. 609.

dem der Entlassene genügend Druck erhoffte, seine Wiedereinstellung zu erzwingen. Eggers behauptete, mit ihm habe der letzte Parteigenosse nunmehr den Betrieb verlassen. Das sollte die Firma als politisch unzuverlässig erscheinen lassen. Der Betriebsrat legte seinem Schreiben eine Aufstellung über die Pgs, SA- und SS-Mitglieder (15) bei und lehnte die Wiedereinstellung ab.

Die SA-Männer Querfurt und Schewiora versuchten Sprengel bei Parteigremien anzuschwärzen, weil der Chef zunächst die Beurlaubung für Nürnberger Tage der SA wegen hohen Arbeitsanfalls nicht genehmigt hatte. Querfurt suchte Belastendes, horchte die Köchin und den Fahrer des alten Sprengel aus. Von ihnen hatte er nichts erfahren, der Pförtner hatte aber geredet: »Von vertrauensvoller Seite, von unserem Pförtner Knöpfker, wurde mir mitgeteilt, dass unser Betriebsführer Dr. Sprengel geäußert habe, wenn der Querfurt nach Nürnberg will, dann soll er gleich dableiben.«[48] Gut möglich, dass Sprengel sich so geäußert hat. Der Betriebsratsvorsitzende stellte sich aber vor den Chef und schrieb in seiner Stellungnahme, er habe das gesagt und nicht Dr. Sprengel. Der Juniorchef agierte offensiv und wandte sich mit einer Beschwerde unmittelbar an die SA-Leitung in Berlin. Wegen ständiger und kleinlicher Reibereien mit den Abteilungsvorständen sei der SA-Mann Querfurt in die Hofkolonne versetzt worden. Acht langwierige Besprechungen habe es gegeben, schließlich habe sich der »für unseren Betrieb zuständige Kreisamtsleiter der NSBO Pg Witzleben, der an der letzten Aussprache mit Querfurt teilgenommen hat, davon überzeugt, dass die in der Meldung gemachten Vorwürfe, soweit sie sich auf die betrieblichen Angelegenheiten beziehen, jeder Grundlage entbehren«.[49]

Ein SS-Mann, der als Warenaufzugsführer arbeitete, war im November 1933 gegenüber einer Abteilungsleiterin patzig geworden, die ihm Vorhaltungen wegen seines Benehmens gemacht hatte: »Von einer Frau lasse ich mir als SS-Mann überhaupt nichts sagen. Wenn ich entlassen werde, gehen noch zwei Leichen mit mir.«[50] Sprengel dachte nicht daran, ein solches Verhalten einem Arbeiter durchgehen zu lassen. Er teilte den Vorfall der Geschäftsstelle der 12. SS-Standarte mit, dass der Mann der Hofkolonne zugewiesen und dann entlassen worden sei.

Im Oktober 1933 wandte sich Sprengel mit einer Beschwerde an den Reserve-Motorsturm über das Verhalten von Angehörigen der Wehrverbände. »SA-Sturmführer B. verließ freiwillig seinen Arbeitsplatz mit der Begründung, er könne wegen der Zustände, die hier in unserer Firma herrschten, nicht länger bei uns arbeiten.« Er war vom Betriebsingenieur kritisiert worden. Der SS-Mann Wieland wiederum hatte Arbeiter bedroht, die sich über das Verhalten eines SS-Kumpels kritisch geäußert hatten. Wieland sah in den Äußerungen eines Arbeiters eine Beleidigung der SS und er »würde dafür sorgen, dass der Mann nach Moringen käme«. In das KZ Moringen wurden seit März 1933 Regimegegner gebracht.[51]

Ein halbes Jahr später bedrohte der SS-Mann Hanisch, »der inzwischen in der ganzen Fabrik bekannt ist«, einen Meister: »Wenn Sie mich aus dem Betrieb herausbringen, passiert Ihnen etwas!« Der Meister hatte es gewagt, die unzuverlässige Arbeit des Mannes zu kritisieren. Dem vorgesetzten SS-Obersturmbannführer schrieb Sprengel: »Wir möchten Sie bitten, Hanisch vor Augen zu halten, dass er sich trotz der hohen Aufgaben der SS stets voll und ganz für unseren Betrieb einzusetzen hat. Im übrigen sind wir mit der Arbeit des Hanisch immer noch sehr wenig zufrieden, trotzdem er fast ein Jahr bei uns beschäftigt ist.«[52]

Die nationalsozialistischen Verursacher der Konflikte arbeiteten schlecht und benahmen sich schlecht. In den Wehrverbänden (SA und SS) schien sich ein ›Lumpenproletariat‹

48 HStAH Dep. 105, Nr. 1344.
49 HStAH Dep. 105, Nr. 1344, Schreiben Sprengels vom 8.12.1934.
50 HStAH Dep. 105, Nr. 1150.
51 HStAH Dep. 105, Nr. 1196.
52 HStAH Dep. 105, Nr. 1196.

versammelt zu haben.[53] Diese unangenehmen Menschen sorgten nach 1933 nicht nur bei Sprengel für Angst und Unfrieden. Die Verbandszeitschrift ›Kazett‹ äußerte sich wiederholt besorgt über »Angeberei und Verleumdung« in den Betrieben. Der Treuhänder der Arbeit für den Wirtschaftsbezirk Sachsen habe »feststellen müssen, daß sich unter den zahlreichen Eingaben, die an die verschiedenen Abteilungen seines Amtes gerichtet waren, ein nicht unerheblicher Prozentsatz befand, der sich nach Abschluß erschöpfender Mitteilungen als grundlose Verleumdungen herausstellte«.[54]

Das Blatt zitierte aus Urteilen der Arbeitsgerichte, die wegen der Entlassung von Beschäftigten nach Verleumdungen und Denunziationen angerufen wurden. Nicht selten bestätigten die Gerichte die Entlassungen. Der Grad der Sicherheit war aber schmal. Nur »wenn weder eine rechtliche noch sittliche Pflicht zur Anzeige vorlag«,[55] sei eine wahrheitswidrige oder grundlose Denunziation des Betriebsführers Entlassungsgrund, urteilte das Arbeitsgericht Breslau. Das hieß, im Fall einer berechtigten »sittlichen Pflicht zur Anzeige« war die Denunziation eines Arbeitnehmers berechtigt und entsprechend gefährlich.

Dass sich Bernhard Sprengel so selbstbewusst bei NS-Dienststellen gegen die Querulanten zur Wehr setzte, sollte den betrieblichen Frieden wahren, entsprach aber auch seinem Selbstverständnis als Unternehmer, der seine Entscheidungen aus eigener Autonomie fällte und sich keinesfalls von anderen unter Druck setzen ließ. Da die Parteimitgliedschaft ihm einstweilen verwehrt war, suchte er nach einer anderen Möglichkeit Informationen zu erhalten und Kontakte zu pflegen. 1934 wurde Bernhard Sprengel förderndes Mitglied der SS.[56] Von Historikern wird heute unter Berufung auf den Nürnberger Prozess die These vertreten, dass zwischen fördernden Mitgliedern und der SS selbst oft nur eine sehr flüchtige Bindung bestanden habe. Die Nürnberger Ankläger hätten der von der Verteidigung vorgebrachten Auffassung nicht widersprochen.[57] Die fördernde SS-Mitgliedschaft galt als eine Art Schutzgeld, durch das man anderen NS-Belästigungen entgehen konnte. Die Förderer erhielten regelmäßig kostenlos die FM-Zeitschrift,[58] waren berechtigt, spezielle Anstecknadeln oder Broschen zu tragen und ihre Fahrzeuge mit Wimpeln zu verzieren. Wenn man dies nutzte, mochte das gegenüber untergeordneten Nationalsozialisten Eindruck machen.

Die SS pflegte im Gegensatz zur NSDAP und zur SA ein elitäres Image, und ein förderndes Mitglied konnte seine Kontakte zum Regime auf einer Ebene pflegen, die mit den Nationalsozialisten aus der unmittelbaren Umgebung von Wohnung und Arbeit wenig zu tun hatte. Die Nazis in der Nordstadt konnten unangenehm werden, das hatte und sollte Sprengel erfahren. Die NSDAP-Ortsgruppe Lutherkirche drohte zum Beispiel im Juni 1938: »Im Hause An der Lutherkirche 1 befindet sich das dem Juden Landsberg gehörige Schokoladengeschäft. An der Außenwand des Hauses, neben dem Laden, ist ein großes Glastransparent Ihrer Firma angebracht. [...] Ich nehme an, daß der Jude Ihr Reklametransparent aus guten Gründen neben seinem Geschäft hat anbringen lassen. Ich möchte Sie auf diese Tatsache hinweisen, weil ich es im Interesse Ihrer Firma nicht für zweckmäßig halte, Ihr Firmentransparent noch länger an der bezeichneten

53 Karl Marx hatte im ›18. Brumaire des Louis Bonaparte‹ das Lumpenproletariat als Unterstützer populistischer und autoritärer Herrschaft beschrieben.
54 Kazett, April 1935, S. 221.
55 Kazett, Jan 1935, S. 55/56.
56 Entnazifizierungsakte Bernhard Sprengel, HStAH Nrs. 171 Hannover, Nr. 6209.
57 Bastian Hein: Elite für Volk und Führer. Die Allgemeine SS und ihre Mitglieder 1925–1945, München 2012, S. 164, zitiert die Auffassung des Spiegel-Autors Heinz Höhne: Orden unterm Totenkopf.
58 FM = Förderndes Mitglied, Hein, S. 170.

Abb. 117 Sprengel-Anzeige in der Sonderbeilage der NTZ zum 1. Mai 1933

Stelle zu belassen. Ortsgruppenleiter«,[59] beklemmender antisemitischer Alltag 1938. Die Firma glaubte es sich nicht leisten zu können, die Drohung zu ignorieren. Es folgte der Vermerk »Abnahme ist veranlasst 15.6., Abnahme ist erledigt 17.6.«.[60]

Die fördernden Mitglieder waren zu allen größeren Festen der SS eingeladen, es wurden auch halbjährlich eigene FM-Feiern für sie veranstaltet.[61] Bernhard Sprengel erhielt Einladungen zu Veranstaltungen der hannoverschen 12. SS-Standarte.[62] Ob er ihnen Folge leistete, ist nicht dokumentiert. Die Firma spendete aber zu den jährlichen Führertagungen des SS-Oberabschnitts Mitte mal 300, mal 500 Täfelchen-Packungen Privileg-Schokolade. »Stets hat die Spende Ihrer Firma große Freude erweckt«,[63] bedankte sich der Vermittler von Tschirschnitz artig. Nach einem Vortrag vor Wirtschaftsführern überwies Sprengel 1937 »2000 RM an Reichsführung SS, für die Beschaffung von Bekleidungs- und Ausrüstungsstücken, vor allem für Dienstmäntel für die SS-Angehörigen in Hannover.« Möglicherweise haben Spenden und fördernde Mitgliedschaft den Zugang der Firma zu umfangreichen Aufträgen der Waffen-SS ab Dezember 1942 erleichtert.[64]

Spendenanfragen der hannoverschen NS-Parteigliederungen und der Deutschen Arbeitsfront (DAF) wies Sprengel dagegen in der Regel brüsk zurück. Alle Ware müsse wegen der Rohstoffknappheit zum Verkauf kommen und könne nicht gespendet werden. Er zeigte sich auch abweisend gegenüber einer Spendenbitte zur Unterstützung des SA-Sturmbanns in Nürnberg. »Eine Spende zur Unterstützung des Sturmbanns in Nürnberg können wir Ihnen nicht zusagen, da wir die dafür bereitgestellten Gelder restlos zur Unterstützung Bedürftiger unseres Betriebes verwenden müssen.«[65] Auf die Bitte des Deutschen Jungvolks in der HJ (Hitler-Jugend) wegen Schokoladenspenden für Kinder im Arbeitergebiet Linden antwortete Sprengel: »Wir lehnen derartige Bitten grundsätzlich ab, da wir die allgemeine Schnorrerei, die übrigens durchaus nicht im Sinne der Partei liegt, nicht unterstützen wollen.« Dem Lindener Jungvolk ließ er stattdessen 30 Wilhelm-Busch-Sammelbilder zukommen. Auch bei der Einwilligung in Betriebsbesichtigungen von NS-Organisationen war er knauserig. Der NSDAP-Kreisleitung teilte er – ganz selbstbewusster Betriebsfüh-

59 HStAH Dep. 105, Nr. 1607, Schreiben der NSDAP Ortsgruppe Hannover Lutherkirche am 8.6.1938.
60 HStAH Dep. 105, Nr. 1607.
61 Hain, S. 168.
62 Im Nachlass ist über diese Mitgliedschaft wenig zu finden. Möglicherweise wurde diese Korrespondenz vor dem Einmarsch der Amerikaner vernichtet – wie die Unterlagen über die »Rü-Abteilung« im Betrieb. Entnazifizierungsakte von der Wettern, HStAH Nds. 171 Hannover, Nr. 44072.
63 HStAH Dep. 105, Nr. 1489.
64 Nach dem Krieg galten gemäß Kontrollrats-Direktive Nr. 38 vom 12. Oktober 1946 diejenigen als ›belastet‹, die »einschließlich fördernder Mitglieder, nach dem 31. Dezember 1938 als solche beigetreten sind – das war bei Sprengel nicht der Fall – oder bei früherem Beitritt mehr als 10 RM monatlichen Beitrag gezahlt oder sonst eine erhebliche Zuwendung an die SS gemacht haben«. http://www.verfassungen.de/de/de45-49/kr-direktive38.htm [zuletzt aufgerufen am 16.1.2016].
65 HStAH Dep. 105, Nr. 1489, Schreiben vom 21.8.1935.

rer – mit: »Jegliche Betriebsbesichtigung ist in den nächsten Monaten vollkommen unmöglich, weil sich bei Besichtigungen des Betriebes eine außerordentliche Störung ergibt, die auf die Leistungen der Belegschaft ungünstig zurückwirkt. Wie sehr wir in Anspruch genommen sind, mag auch daraus hervorgehen, daß zur Zeit 1.200 Kräfte für das *Sprengel*-Werk schaffen, eine Zahl, die in früheren Jahren auch nicht annähernd erreicht wurde.«[66]

Abb. 118 Sprengel-Sammelalbum, 1932

Die NSDAP-Kreisleitung reagierte verärgert, der Inhalt des Schreibens habe die Partei »sehr merkwürdig berührt. Sie wollen aber berücksichtigen, dass die grosse Umsatzsteigerung Ihres Betriebes nur allein auf die Wirtschaftspolitik der nationalsozialistischen Regierung zurückzuführen ist.« Im Übrigen wies die Kreisleitung darauf hin, »alle hannoverschen und auswärtigen Lebensmittel-Genussmittel-Fabriken es mit Freuden begrüsst haben, dass ihre Betriebe von den hannoverschen Frauenschaftsleiterinnen besichtigt werden. Von einer ausserordentlichen Betriebsstörung ist bisher aber in keinem Falle die Rede gewesen.«[67]

Im Einzelfall hat Sprengel aus taktischen Motiven durchaus Betriebsbesichtigungen angeboten, aber er wollte selbst entscheiden, wen er in seinen Betrieb hereinließ und wen nicht.

Offensive Absatzpolitik und neue Produkte

Nach den Reichstagswahlen im März 1933 passten viele Unternehmen ihre Marketingstrategie den veränderten Zeitverhältnissen an. In der Süßwarenindustrie wurden Zuckerstangen in schwarz-weiß-roter Farbe angeboten, ferner Gummimännchen in der Gestalt von SA-Männern mit einem Hakenkreuz unterm Arm. Man konnte Hakenkreuze aus Weingummi lutschen und sich an Drei-Flaggen-Tafeln erfreuen. Die Nationalsozialisten reagierten aber heftig auf Trivialisierungen ihrer Symbole. Durch Gesetz zum Schutz der nationalen Symbole wurden bereits im Mai solche Produkte vielfach verboten und konfisziert. Die nationale Bewegung wollte erhaben, nicht lächerlich wirken.

Produkte und Werbung der Firma Sprengel biederten sich der Hitler-Bewegung nicht an. In der Sonderbeilage der Niedersächsischen Tageszeitung zum 1. Mai 1933, in der die hannoversche Geschäftswelt mit Anzeigen und Ergebenheitsadressen den ›Tag der nationalen Arbeit‹ feierte, gab die Firma eine Anzeige auf, die mit den Frechdachsen Max und Moritz warb. Sie zeigte gegenüber dem politischen Anlass bis auf den Zusatz ›Gut und deutsch!‹ eine demonstrative Gleichgültigkeit. Das Klischee schien noch vom Weihnachtsgeschäft übrig zu sein: »Frohes Fest mit Sprengels Schokoladen und Pralinen.« Ironische Distanz oder Bequemlichkeit? Jedenfalls fehlte völlig die zeitgeistige Arbeits- und Kampfrhetorik.

Die Firma Sprengel hatte 1932 die Produktion von Sammelbildern wieder aufgenommen, welche um die Jahrhundertwende ein wichtiges Mittel der Verkaufsförderung gewesen waren. Wilhelm Buschs Werk stand aus Anlass seines 100. Geburtstags 1932 im Zentrum der Aufmerksamkeit, die neu gegründete Wilhelm-Busch-Gesellschaft hatte den Abriss

66 HStAH Dep. 105, Nr. 1196, Schreiben vom 18.10.1934.
67 HStAH Dep. 105, Nr. 1196, Schreiben vom 19.10.1934.

des Hauses in Wiedensahl verhindert, in Hannover wurde der Jahrestag mit einer großen Ausstellung begangen. So lag es für das traditionsreiche hannoversche Unternehmen nahe, für Schokoladentafeln mit den populären Busch-Zeichnungen zu werben.

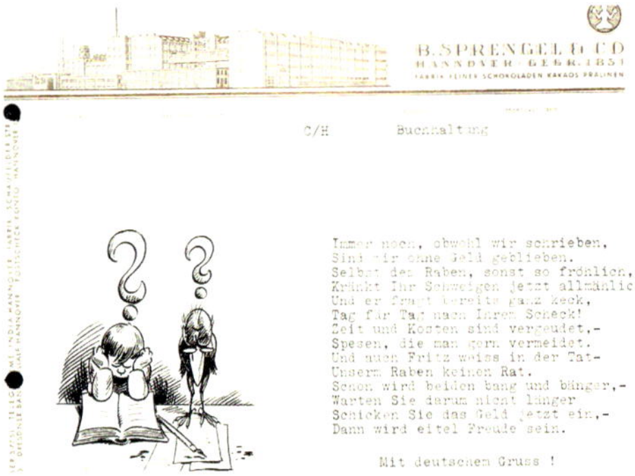
B. SPRENGEL & CO
HANNOVER · GEGR. 1851
FABRIK FEINER SCHOKOLADEN KAKAOS PRALINEN

C/H Buchhaltung

Immer noch, obwohl wir schrieben,
Sind wir ohne Geld geblieben.
Selbst den Raben, sonst so fröhlich,
Kränkt Ihr Schweigen jetzt allmählic
Und er fragt bereits ganz keck,
Tag für Tag nach Ihrem Scheck!
Zeit und Kosten sind vergeudet,-
Spesen, die man gern vermeidet.
Und auch Fritz weiss in der Tat-
Unserm Raben keinen Rat.
Schon wird beiden bang und bänger,-
Warten Sie darum nicht länger
Schicken Sie das Geld jetzt ein,-
Dann wird eitel Freude sein.

Mit deutschem Gruss !

Abb. 119 Mahnschreiben der Buchhaltung, 1934

In der Absatzkrise waren viele Schokoladenfirmen dazu übergegangen, den Verkauf von Schokolade mit Zugaben anzukurbeln. Kinderfingerringe, Halskettchen, Konfektgabeln oder Gutscheine waren gern genommene Beigaben der Süßigkeiten. Befürworter priesen den Vorteil der ›sog. Wertreklame‹, da der Reklameaufwand im festen Verhältnis zum Umsatz stehe und durch Zugabeartikel Arbeitsplätze in den entsprechenden Industriezweigen entstünden. Vehemente Gegner kritisierten die Auswüchse des ›Zugabeunwesens‹ als ›Schmutzkonkurrenz‹ und forderten deren Verbot. Die Nationalsozialisten machten sich die Kritik zu eigen und verboten 1934 die Zugaben. Der Streit war allerdings nach dem Verbot nicht zu Ende. Er setzte sich fort in der Auseinandersetzung, was denn nun genau unter Zugaben fallen sollte. Sammelbilder waren bis zur Papierkontingentierung 1942 von dem Verbot nicht betroffen. Aber luxuriöse Verpackungen und hübsche Blechkassetten gerieten ab 1936 in den Verdacht, eigentlich eine Zugabe zu sein, weil sie bei den Verbrauchern so begehrt waren.

Die begehrten Busch-Sammelbilder regten die Sprengel-Buchhalter zu kreativen Mahnungen an, die säumige Zahler mit gereimten Zeilen im Busch-Stil an die offene Rechnung erinnerten.

Immer noch, obwohl wir schrieben,
sind wir ohne Geld geblieben.
Selbst den Raben, sonst so fröhlich,
Kränkt ihr Schreiben jetzt allmählich.
Und er fragt bereits ganz keck
Tag für Tag nach Ihrem Scheck!
Zeit und Kosten sind vergeudet, –
Spesen, die man gern vermeidet.
Und auch Fritz weiß in der Tat –
Unserm Raben keinen Rat.
Schon wird beiden bang und bänger, –
Warten Sie darum nicht länger.
Schicken Sie das Geld jetzt ein, –
Dann wird eitel Freude sein!

Der Adressat, das traurige Schicksal des ›Hans Huckebein, der Unglücksrabe‹ vor Augen, wird seine Schuld schnell beglichen haben. Auch die Hühner der Witwe Bolte endeten traurig: »Ihr Gesang wird bang und bänger. Jedes legt noch schnell ein Ei, Und dann kommt der Tod herbei.« Ein Grund mehr, schnell die Schuld zu begleichen.

Die Weihnachtsgrüße 1934 verschickte die Firma ebenfalls gereimt in Versen wie bei Busch:

Jeder wird zum Fest der Gaben
Immer das Bestreben haben,
wirklich Gutes nur zu geben,
um den Festgenuß zu heben.
Darum wählt man mit Bedacht
Diese leck're Sprengel-Pracht.[68]

Die Wilhelm-Busch-Bildchen erfreuten sich großer Beliebtheit. Der Sprengel-Außendienst wurde entsprechend instruiert: »Besonders erfassen wir weite Konsumentenkreise mit unseren Max & Moritz-Bildern. […] Nach den Verkaufsverhandlungen gilt es Plätze oder ein

68 RWWA 208-769-2.

Unsere Mitarbeiter müssen von jetzt ab tatkräftiger als bislang mithelfen. Nach Beendigung der Verkaufsverhandlungen (ob diese mit oder ohne Erfolg ausliefen ist ganz gleich) gilt es Plätze oder einen Platz für Reklame-Plakate ausfindig zu machen und zu belegen. Schaufenster und Ladentüren dürfen dabei nicht zu kurz kommen, aber auch Wände und Regale sollen in Anspruch genommen werden. Zu alledem stehen Ihnen im Augenblick zur Verfügung:

Max & Moritz - Schaukelplakate,
Aufstell-Plakate Vollm.DIE ECHTE (auch zum Befestigen an einer Wand geeignet),
Kakao-Plakate Gold-Weiß,
Vielfrucht-Plakate,
Weinbrandbohnen - Plakate,
SPRENGEL - Kirsche - Plakate.

Dazu tritt in nächster Zeit weiteres Reklamematerial.

Die Anbringung von Plakaten geschieht entweder unter Verwendung von Oblaten oder aber von Reißzwecken bezw. kleinen Nägeln. Oft ist das Befestigen von Reißzwecken mit der Hand schlecht zu bewerkstelligen. Für diese Fälle stellen wir Ihnen einen Magnethammer zur Verfügung, der so, wie die Abbildung zeigt, zu verwenden ist:

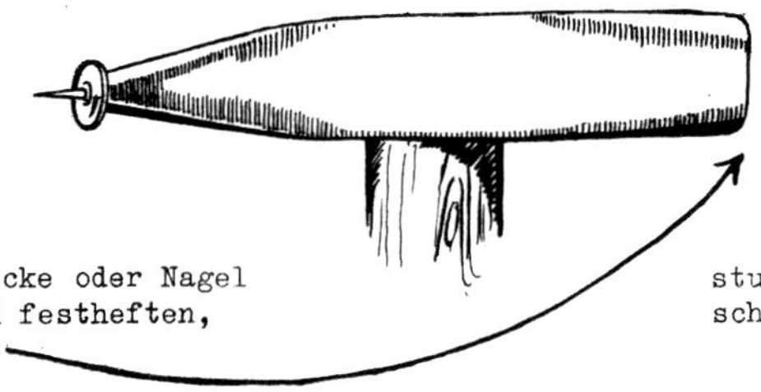

mit Reißzwecke oder Nagel an der Wand festheften, alsdann mit stumpfer Seite festschlagen.

Abb. 120 Aus dem Schreiben an Außendienstmitarbeiter vom Januar 1933

Platz für ein Reklame-Plakat ausfindig zu machen und zu belegen.«[69]

Die Absatzstrategie der Verkaufsabteilung war in dem noch absatzschwachen Jahr 1933 offensiv ausgelegt. Das oben zitierte Schreiben an die Mitarbeiter im Außendienst vom Januar 1933 forderte Einsatz.

»Oft haben wir ausgesprochen, daß der Verkäufer von Markenartikeln, beispielsweise der unsrigen, annähernd zu 50 % auch für Reklame sorgen müssen. Neben der Aufgabe Absatz herbeizuführen, ist es auch notwendig, das Problem der Weiterveräußerung an die Konsumenten zu lösen, sonst – *verlieren unsere Abnehmer die Lust am Handel mit Sprengel-Erzeugnissen.* Eine immerwährende Propaganda über Tages- und illustrierte Zeitungen ist für die Schokoladefabriken viel zu kostspielig.«

Einen ›leichten Magnethammer‹ für das Anbringen von Reklameplakaten sollten die Verkäufer stets in der Mantelinnentasche oder im Musterkoffer mit sich führen.

Der Ton der Schreiben änderte sich im Laufe des Jahres 1933. Unter der Überschrift »Vermehrte Propaganda – Ständige Erhöhung der Verkaufsziffern!« wurde der Verkaufsmannschaft Druck gemacht.

»In Rundschreiben und Briefen haben wir immer wieder auf die *ungeheure* Wichtigkeit fortdauernder Werbung durch unsere Mitarbeiter hingewiesen.
Nur solange man über irgendeine Firma bzw. deren Reklame immer wieder stolpert oder spricht, bleibt der Umsatz ungefährdet und verbesserungsfähig. Viele Vertreter aller Branchen glauben allerdings ihre Aufgabe

69 RWWA 208-478-10, ›An unsere Mitarbeiter im Außendienst, Verstärkte Verkaufswerbung‹.

dadurch zu erfüllen, daß sie den Geschäftsinhabern ihre Waren verkaufen. ›Hauptsache ist ich erhalte meine Provision.‹ Eine solche Einstellung führt im Laufe der Zeit ganz bestimmt zu einem Absacken der Verkaufserträge. Ihre Zielsetzung muss sein, an jedem Tage *mindestens* 5 stumme Verkäufer in Gestalt von Plakaten zurückzulassen. Auch wenn Sie ein Geschäft ohne Auftrag verlassen, *muss* geworben werden!
Erziehen Sie sich zu Markenartiklern und erhöhen Sie wie diese Ihren Umsatz durch fortdauernde Werbearbeit neben restloser Ausschöpfung der Verkaufsmöglichkeiten Also: Vermehrte Propaganda – Ständige Erhöhung der Verkaufsziffern!«[70]

Die Imperative sprachen – im Gegensatz zu den munteren Versen nach Busch Art – eine andere Sprache. Der aggressive, befehlende Ton der Nazis machte sich im Jahr 1933 plötzlich in Publikationen und Schreiben breit. Ein Beispiel mag eine Anzeige von C & A Brenninkmeyer vom März 1933 sein: »Der Wille zur Tat. (…) Ran an die Arbeit und beim Aufbau helfen!«[71] oder eine Anzeige der ›Nordsee‹: »Deutscher, iß Fisch! Du sparst dem Reich Devisen.«[72] Bei Sprengel ist dieser Ton nur in diesem internen Brief überliefert, die – kaum erhaltene – Werbung spielte dagegen mit dem Genussversprechen »Heute seltener, doch immer vorzüglich!« (Vgl. Abb. 167)

Sprengels Verkaufsoffensive führte zu steigenden Umsätzen. Mit anziehender Konjunktur nahm seit Herbst 1933 der Verbrauch von Schokolade in Deutschland leicht zu, was die steigenden Rohkakaoverzollungen belegen. Die Firma Sprengel stellte wieder Leute ein. Gegenüber 504 Arbeitnehmern im Jahr 1931, beschäftigte Sprengel 1934 über 800 Mitarbeiter und hatte 53 Prozent mehr umgesetzt als 1932.

Im Herbst 1933 fragte die NSDAP, den Einzelhandelsinteressen verpflichtet, wegen einer neuen Most-Filiale am Lister Platz bei Sprengel an: »Aus Einzelhandelskreisen haben wir erfahren, dass die Preisdrückerei dieser Firma derartig gross gewesen ist, dass es sich für den Einzelhandel nicht mehr lohnte, die Fabrikate dieser Firma zu vertreiben.«[73]

Sprengel antwortete vertraulich: »Der Bedarf des Publikums kann durch die bereits bestehenden örtlichen Geschäfte vollauf gedeckt werden. Die Neuerrichtung eines weiteren Geschäfts der Firma Most würde zwangsläufig die Folge haben, daß der starke Existenzkampf der Inhaber von Ladengeschäften der Schokoladenbranche sich unnötig weiter verschärft und dadurch möglicherweise bis jetzt aufrechterhaltene Existenzen zusammenbrechen.«[74] Die Partei folgte Sprengels Empfehlung und lehnte die Erlaubnis ab.[75] Zwanzig Jahre später, als der Most-Teilhaber Dr. Kadelbach die Geschäftsführung bei Sprengel übernommen hatte, haben beide Firmen gedeihlich zusammengearbeitet.

Der Juniorchef plante für das Jahr 1934 optimistisch ›grosse Investierungen‹.

»Es wird im Herbst der elektrische Anschluss an die Stadt vorgenommen; dann wird das für die Glünderstraße vorgesehene Bürohaus gebaut werden. Für die Erweiterung der Schokoladen-Fabrikation wird noch eine grosse Rund-Conche und eine Walze angeschafft und für die Pralinen-Fabrikation eine neue große Überziehmaschine in Aussicht genommen. Für die Kakao-Pulver-Fabrikation ist an Stelle der alten Drillingsmühle eine moderne Walzen-Mühle in Aussicht genom-

70 RWWA 208-478-10, Brief an sämtliche Außendienst-Mitarbeiter, 3.8.1933, Hervorhebungen im Original.

71 NTZ, 12.3.1933.

72 Ole Sparenberg: Segen des Meeres. Hochseefischerei und Walfang im Rahmen der nationalsozialistischen Autarkiepolitik, Berlin 2012, S. 62.

73 HStAH Dep. 105 Acc. 2/80, Nr. 453, Schreiben Bredt an Sprengel vom 30.7.1934.

74 HStAH Dep. 105, Nr. 1196.

75 Kadelbachs Sohn wundert sich heute nicht über Sprengels Reaktion, denn Most habe damals erfolgreich in für einige Tage angemieteten Ladenlokalen Schokolade aus eigener Herstellung zu niedrigen Preisen angeboten und die Konkurrenten verärgert.

Abb. 121 Sprengel-Anzeige im quasi-offiziellen Fachblatt ›Goldenes Buch‹ der Süßwarenindustrie, 1936

men. Die Vergrößerung der Kälte-Anlage ist durch Aufstellen der betreffenden Maschinen in diesen Tagen abgeschlossen und die Kühl-Leistung dadurch um 60 % der bisherigen Leistung erhöht. Die Investierungen, die alles in allem für dieses Jahr in Aussicht genommen sind, betragen etwas über RM 300 000.«[76]

Die Konkurrenz schlief nicht, und man hatte auf der Hut zu sein. In seinem bayerischen Urlaubsort Rottach-Egern erhielt Sprengel eine Nachricht von seinen Verkaufsleiter Hüsemann: »Mir ist bekannt geworden, daß die Firma Hartwig & Vogel einen neuen Direktor bekam, der sicherlich das Bestreben an den Tag legen wird, den Vertreterstab auf die Höhe zu bringen und für H. & V. zurückzuerobern, was die Firma in den letzten Jahren verloren hat. […] Auch Riquet ist aufgewacht. Daß der alte Schlendrian aufhört, ist anzunehmen und damit wächst auch der Druck gegen uns. Jedenfalls müssen wir uns mehr als in der Vergangenheit darauf einstellen, daß man unsere Festung von allen Seiten berennen wird. Um uns erfolgreich wehren zu können, müssen die Waffen geschliffen und verstärkt werden.«[77]

76 HStAH Dep. 105, Nr. 1150, Schreiben Sprengels an Verkaufsleiter Wilhelm Hüsemann, 3.3.1934.

77 HStAH Dep. 105, Nr. 1150, Bericht Verkaufsleitung an B. Sprengel Rottach-Egern vom 27.7.34.

Anlage B

B. Sprengel & Co., Hannover.

Gewinn- und Verlustrechnung zum 31. Dezember 1934 in Reichsmark

Soll

1. Löhne und Gehälter		1.619.930.51
2. Soziale Abgaben		93.442.86
3. Abschreibungen auf Anlagen		
a. ordentliche	140.438.--	
b. ausserordentliche	343.519.59	483.957.59
4. Andere Abschreibungen und Rückstellungen		
a. auf Aussenstände (ordentliche)	30.134.27	
b. auf desgl. für Skontoabzüge	16.578.--	
c. auf Warenbestände (1934)	5.339.39	
	52.051.66	
abzüglich Rückstellungen 1933	42.956.60	9.095.06
davon		
d. auf Aussenstände für Skontoabzüge	12.720.--	
e. auf Fertige Erzeugnisse	7.309.60	
f. auf Rohkakaoabschlüsse	22.927.--	
	42.956.60	
5. Zinsen		119.445.64
6. Besitzsteuern		20.746.49
7. Sonstige Aufwendungen	694.874.60	
7a Adolf Hitler-Spende	5.853.90	
7b Weihnachtsgratifikation Belegschaft	21.003.55	
7c Rückvergütung Steuergutscheine	529.92	722.261.97
8. Reingewinn		84.085.24
		3.152.965.36

Haben

Bruttoumsatz fakturiert	7.915.195.01		
Erträge aus Verkauf von Abfällen	50.819.67		
	7.966.014.68		
./. Rückwaren	49.427.66		
Rohertrag aus Verkäufen	7.916.587.02		
./. Ausgewiesene Rabatte und Nachlässe	726.525.32		
Reinertrag aus Warenverkäufen		7.190.061.70	
Zugang an			
Rohmaterial	3.105.072.16		
Halbfabrikate	85.867.50		
Ausstattungsmaterial	753.096.24		
Verpackungsmaterial	115.607.56		
Betriebsmaterial	105.303.65		
Unkostenmaterial	315.514.51		
Insgesamt	4.480.461.62		
Bestandsveränderung (Mehrbestand) ./.	425.184.40		
Materialverbrauch (rein)		4.055.277.22	
1. Reinertrag aus Veredlungsleistung			3.134.784.48
2. Reinertrag aus Verkäufen von Betriebsanlagen			1.339.40
3. Reinertrag aus Verkäufen von Steuergutscheinen			444.47
4. Reinertrag aus Dubiosen Eingang aus 1933			16.397.01
			3.152.965.36

Abb. 122 Gewinn- und Verlust-Rechnung, 1934

Der ›Waffengang‹ war erfolgreich und der Umsatz 1934 gegenüber dem Vorjahr erneut kräftig gestiegen, 32 Prozent hatte Sprengel mehr verkaufen können. Aus dem Rohgewinn von 577 137 RM wurde kräftig investiert, wie von Bernhard Sprengel geplant. Angesichts der anhaltenden Diskussionen um Zwangskontingentierung deckte sich die Firma zudem bei niedrigen Rohkakaopreisen kräftig mit Rohkakao ein, denn die Weltmarktpreise betrugen 1934 nur noch ein Viertel der Preise von 1928.[78]

Abb. 123 Vertreterkarte, 1936

Der Gewinn- und Verlust-Rechnung (GUV) kann man entnehmen, welche Rolle die Rohkakaopreise für die Schokoladenproduktion spielen. Trotz der niedrigen Weltmarktpreise waren die Kosten für den Rohkakao-Kauf doppelt so hoch wie die Lohnkosten und betrugen über 3 Millionen Reichsmark. Dass sie auf dem niedrigen Niveau verharren würden, war unwahrscheinlich, und die 1934 begonnene Kontingentierung des Rohkakaos verhieß für die Zukunft nichts Gutes. Der Berater Bredt urteilte in seinem Bericht zum Geschäftsbericht 1936: »Das der Firma zugeteilte Rohstoffkontingent ist gegenüber den meist anders gelagerten Konkurrenten zu klein.« Sonst sah Bredt die wirtschaftliche Lage der Firma positiv: »In den vergangenen Jahren haben sowohl die Fabrikeinrichtungen als auch die Fabrikgebäude – Neubau des Verwaltungsgebäudes eine erhebliche Erweiterung und Verbesserung erfahren. Die Betriebsanlagen befinden sich heute auf einem technisch und wirtschaftlich neuzeitigem Stand. Gesamt-Kapitalanspannung wurde gesenkt, die Liquidität erhöht.«[79]

1936 wurde der Juniorchef als Teilhaber aufgenommen, er erhielt 500 000 Reichsmark (RM) Kapitalanteil von insgesamt 1 185 952,84 RM als Schenkung von August Sprengel.

Das Sortiment verschob sich mit der Aufwärtsentwicklung in Richtung Pralinen. Bredt wies in seinem Wirtschaftsbericht auf den »immer mehr verstärkten Aufbau des Pralinengeschäfts (hin), das im Geschäftsjahr 1936 fast die Hälfte des Gesamtgeschäftes erreichte«. Das Pralinengeschäft war zwar rentabilitätsmäßig ungünstig, erlaubte aber »einen günstigeren Gesamterfolg, da sich so höhere Umsätze aus der verfügbaren Rohkakomenge herauswirtschaften lassen.«[80] Der Markterfolg der India-Pralinen sprach ebenfalls für die Ausweitung dieses gehobenen Segments. In Sprengels Argumentation gegenüber der NS-Wirtschaftsbürokratie für höhere Rohkakaokontingente fehlte nie der Hinweis auf die Lohnintensität der Pralinenproduktion. Man habe die Pralinenfertigung vor allem zur Entlastung des Arbeitsmarktes stark forciert, war das stets vorgetragene Argument. Pralinen haben einen hohen Zuckeranteil. Der verstärkte Zuckerverbrauch, ein ›Produkt der deutschen Landwirtschaft‹[81], kam dem einflussreichen Agrarsektor im Reichsnährstand entgegen, für Absatz der Zuckerüberproduktion zu sorgen. Neu brachte die Firma Pralinen-Spezialitäten heraus, an die sich Sprengelkunden noch weh-

78 1928: 55 Goldschillinge, 1934: nur noch 10 Goldschillinge, 100 Jahre Kakao-Verein, Hamburg 2011, S. 46.

79 HStAH Dep. 105 Acc. 2/80, Nr. 451.

80 HStAH Dep. 105 Acc. 2/80, Nr. 451, Wirtschaftsbericht Otto Bredt mit Erläuterung zum Abschluss des Geschäftsjahres 1936.

81 HStAH Dep. 105, Nr. 1366, Bericht zum Leistungskampf der Betriebe, Bericht vom 12.2.38.

mütig erinnern: Ingwer-Scheibchen, Ananas-Schnitten und helle und dunkle Mandelberge, die dunklen mit Goldauflage. Das Sortiment entwickelte Pralinenmeister Wilhelm Brooß, der fast 50 Jahre für Sprengel tätig war und dessen Verdienste in der Jubiläumsschrift 1951 gewürdigt wurden.

Im Krisenjahr 1931 hatten preiswerte Artikel wie gefüllte Stangen (Krokant, Nugat, Krem) für 10 Pfennig, Scherz- und Kinderartikel (Kaloderma-Rasierseife, Continental-Ballonreifen, Auto und Flieger) und die ›Sprengel-Rippe‹ den schwachen Umsatz beleben sollen. Sie verschwanden 1934 aus der Preisliste. Auch Schokolade-Zigarren und -zigaretten (5 bis 10 Pfg das Stück) sowie Sahne-Karamell-Bonbons für 2 Pfennig strich die Firma. Mit Karamell-Bonbons wurde dagegen ab 1934 die Firma Storck groß. Generationen von Kindern haben ihr erstes Taschengeld in Sahnebonbons von Storck gesteckt, die 1934 als einzeln verpackte Bonbons auf den Markt kamen.

Abb. 124 Reklameplakat für India-Pralinen aus den 1930er Jahren von Ludwig Hohlwein

Neu nahm Sprengel die sogenannten ›Sommerartikel‹ Pfefferminz-Pralinen und Zitronen- und Orangenstäbchen ins Sortiment auf. Diese, später als Erfrischungsstäbchen Kult, kosteten in 125-g-Packungen damals 50 Pfennig und so viel wie eine 100-g-Tafel ›Die Echte‹.

Eine Vielfrucht-Schokolade wurde als »ein ganz besonderer Leckerbissen« angepriesen, eine Antwort der Firma auf die kontingentierte Rohkakao-Zuweisung. Die Fruchtfüllung reduzierte den Kakaoanteil. Creme-Schokoladen und Gelee-Früchte ergänzten aus demselben Grund das Angebot.

Die edelbitteren, neu eingeführten Privileg-Täfelchen mit hohem Kakaoanteil, Dr. Sprengels Lieblingsschokolade, konnten sich bis 1939 noch im Sortiment halten.

Die Bewirtschaftungsstellen haben für Kuvertüre, Kakaobutter, Kakaopulver und 100-Gramm-Tafeln den Herstellerbetrieben gewisse Pflichtlieferungen auferlegt. Hatten sie in der Vergangenheit zum Beispiel eine bestimmte Menge von Kakaopulver hergestellt, mussten sie diese auch weiterhin liefern. Der Kakaogehalt von Milchschokolade wurde ab 1935 auf maximal 29 Prozent festgesetzt, bei den übrigen Tafeln auf höchstens 35 Prozent. Kakaopulver durfte nur noch stark entölt verkauft werden. Es ist anzunehmen, dass auch das abgedruckte Rezept (Abb. 126) für die Privileg-Täfelchen von 1933 abgeändert werden musste.

Abb. 125 Erfrischungsstäbchen-Reklame aus dem Jahr 1964, erstmalig als ›Sommerartikel‹ 1934 im Sortiment

Im Jahr 1936 begann die Scho-ka-kola-Herstellung für die Wehrmacht, eine Lizenz-Produktion der Firma Hildebrand Berlin. Dafür erhielt die Firma auch die notwendigen Rohkakaomengen.

An die Heeres-Verpflegungsämter in Minden, Münster, Bremen und Lübeck waren je 100 000 Stück zu schicken. Im Oktober sandte Sprengel Probepackungen an die federführende Firma Hildebrand Berlin zur Weitergabe an das Reichskriegsministerium in Berlin.[82] Die Proben fielen zur Zufriedenheit aus, und

82 HStAH Dep. 105, Nr. 1622, 26.6.1936.

Hannover, denn 8. Mai 1933.

3x Nr. 2822. Privileg Täfelchen extra dünn. 6o Fed.

Arriba	88.400 kg	41.1 %	21.8 %
Venezuela	23.600 kg	11.- %	5.8 %
Zucker	75.400 kg	35.1 %	
Butter	6.000 kg	2.8 %	2.8 %
Gewürz	0.665 kg	0.3 %	
Butter i/Reibm.	21.500 kg	10.- %	10.- %
Spezial	0.400 kg	0.186	
	~~214.900~~ 215.565 kg	100.- kg	40.4 %

Abb. 126 Rezept für Privileg-Täfelchen

Sprengel stellte im 6. November 1936 den ersten Wechsel aus. Mit dem von Reichsbankpräsident Hjalmar Schacht erdachten System der Mefo-Wechsel wurde die Begrenzung der Staatsverschuldung umgangen, die das Reichsbankgesetz vorschrieb. Denn nicht das Reich selbst akzeptierte die Wechsel, sondern die eigens zu diesem Zweck gegründete Scheinfirma ›Metallurgische Forschungsgesellschaft mbH‹. Deren Stammkapital hatten 1933 die Unternehmen Siemens, Gutehoffnungshütte, Krupp und Rheinmetall gezeichnet. So konnte das Reich die Aufrüstung finanzieren, ohne am internationalen Kapitalmarkt Mittel aufzunehmen. Die Reichsbank hatte sich verpflichtet, die Wechsel jederzeit zu diskontieren, so dass die Heereslieferanten sie ›verflüssigen‹ konnten. Vorgesehen war, dass die Mefo-Wechsel nach fünfjähriger Laufzeit spätestens 1938 vom Reich zurückgezahlt würden. Tatsächlich wurden sie aber prolongiert und umgeschuldet.

Sprengel hätte den Mefo-Wechsel als Zahlungsmittel einsetzen und Forderungen von Lieferanten mit dem Wechsel bezahlen können. Er reichte den Mefo-Wechsel aber bereits fünf Tage später bei der Dresdner Bank mit einem Diskont von 4 Prozent ein.

Abb. 127 ›Anregend und leistungssteigernd‹: Wehrmachtspackung Scho-ka-kola von Sprengel

Wie Sprengel an diesen Auftrag kam, berichtete der Erfinder Ingo Lang von Langen nach dem Krieg. Er war im Mai 1933 aus politischen Gründen entlassen worden und kam als Werbefachmannn bei der Firma Hildebrand Berlin unter. »Die neu gegründete Firma Hildebrand GmbH war mit verhältnismäßig geringem Kapital gestartet und hatte durch die in Liquidation geratene Firma Th. Hildebrand und Sohn den Zeitverhältnissen entsprechend nur geringe Kakao-Kontingente. Es war damals eine meiner Hauptaufgaben, Aufträge hereinzubekommen. In meiner früheren Tätigkeit hatte ich regelmäßig Kola-Präparate genossen und kam auf den Gedanken, eine kolahaltige Schokolade zu entwickeln. Bereits im Jahre 1936 kamen diese Erzeugnisse unter dem von mir geprägten Namen Scho-ka-kola in den Handel. Es war naheliegend, dass sich für diesen Artikel auch die Wehrmacht, die sich im Aufbau befand, interessierte. Größere Versuchsaufträge fielen zur Zufriedenheit aus. Die Firma wurde beauftragt, weitere Firmen zur Lieferung zu benennen. Unter anderen hat meine Fima der Wehrmacht die Firma B. Sprengel & Co. Hannover vorgeschlagen. Bei der Wahl der Lizenzfirmen habe ich bewusst Firmen vorgeschlagen, die in der Branche nicht als sog. Parteibetriebe galten und Firmen, die qualitativ an erster Stelle lagen. Bei der Bestimmung der Lizenzfirmen ging die Wehrmacht auf meine Vorschläge ein.[83]

Vom Oktober 1936 bis zum Beginn des Krieges lieferte Sprengel 27-mal jeweils 100000 Dosen plus weitere 250000 Dosen.[84] Für diese Waren hatte die Firma bis zu drei Jahre Garantie zu leisten. Die Garantie der ersten Lieferung endete 1939, dem Jahr des Kriegsbeginns. »Sie werden verstehen«, schrieb die Firma an die Auftraggeber, »dass es unsere allergrößte Sorge sein muss, darauf

83 Entnazifizierungsakte Bernhard Sprengel, HStAH Nrs. 171 Hannover Nr. 6209, Eidesstattliche Erklärung Dr. Ingo Lang von Langen vom 17.4.1947.
84 HStAH Dep. 105, Nr. 1825, Schoka-Kola Produktion.

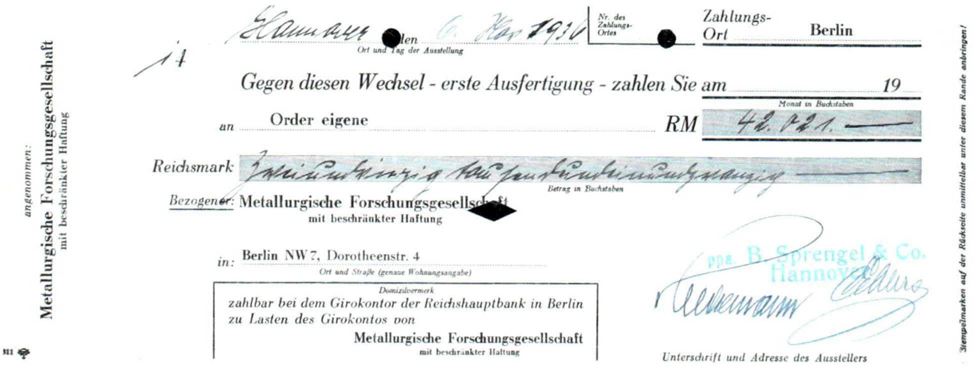

Abb. 128 Mefo-Wechsel für die erste Scho-ka-kola-Lieferung, 1936

Abb. 129 Scho-Ka-Kola-Reklame der Firma Hildebrand, 1940

zu achten, dass die Schokolade auch wirklich sachgemäß in den einzelnen Heeresverpflegungsämtern gelagert wird, damit die vorgesehene lange Lagerzeit ohne Schaden durchgeführt werden kann«.[85] Sprengel bat um Zutritt

85 HStAH Dep. 105, Nr. 1825.

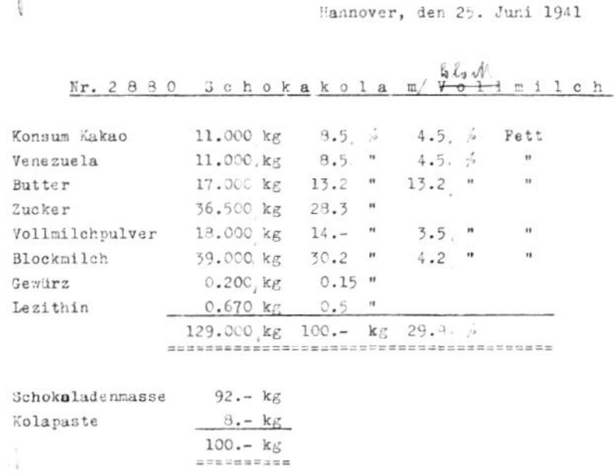

Hannover, den 25. Juni 1941

Nr. 2880 Schokakola m/ ~~Voll~~ Bl. M. milch

Konsum Kakao	11.000 kg	8.5	%	4.5	%	Fett
Venezuela	11.000 kg	8.5	"	4.5	%	"
Butter	17.000 kg	13.2	"	13.2	"	"
Zucker	36.500 kg	28.3	"			
Vollmilchpulver	18.000 kg	14.-	"	3.5	"	"
Blockmilch	39.000 kg	30.2	"	4.2	"	"
Gewürz	0.200 kg	0.15	"			
Lezithin	0.670 kg	0.5	"			
	129.000 kg	100.-	kg	29.9	%	

Schokaladenmasse	92.- kg
Kolapaste	8.- kg
	100.- kg

Abb. 130 Scho-ka-kola-Rezept von 1941

zu den Lagern, um sich »durch persönliche Inaugenscheinnahme von der sachgemäßen Lagerung unserer Schokolade zu überzeugen«. Es gab sehr genaue Angaben über Temperatur und Feuchtigkeitsgehalt der Lagerräume durch dokumentierte Kontrollen in Himmelsthür bei Hildesheim, in Lübeck, in Münster (Westfalen) und Halberstadt.

Die Rezeptur von Scho-ka-kola änderte sich im Verlauf der Lieferung an die Wehrmacht. Zunächst wurde sie mit einem Kakaoanteil von mehr als 50 Prozent fabriziert. Die abgedruckte Packung (Abb. 127) weist einen deutlich niedrigeren Kakaogehalt aus. Auch das Rezept (Abb. 130) aus dem Jahr 1941 sieht nur noch wenig Kakao vor.

Scho-ka-kola – mit weniger oder mehr Kakao – war sehr begehrt. Es gab eine lebhafte Korrespondenz zwischen der Firma Sprengel und den Heeresverpflegungsämtern, die das Fehlen von Dosen monierten. »Stabszahlmeister Duekstein Heeresverpflegung-Hauptamt Braunschweig hat von 35 nicht mehr vorhandenen Scho-ka-kola Dosen gesprochen und wollte einen Ausgleich von der Firma. Rohkakao gibt es nur in einem begrenzten und für uns schon seit 1934 unzureichendem Umfange. Dieses Mal will ich gern die Situation retten. An Ihre Adresse gehen in diesen Tagen 35 Dosen mit je 100 g Scho-ka-kola ab.«[86]

Kleine gestohlene Mengen wurden »ausnahmsweise« ersetzt, »da uns bekannt ist, daß Sie sonst erhebliche Schwierigkeiten bekommen«. Als im April 1939 sogar 500 Dosen fehlten, schrieb Sprengel aber: »Wir müssen zu unserem aufrichtigen Bedauern mitteilen, dass wir nicht in der Lage sind, diese ungewöhnlich grosse Fehlmenge zu ersetzen, deren Fehlen ausschliesslich auf Diebstahl zurückzuführen ist.«

Im Oktober 1938 erhielt Sprengel im Urlaub aus dem Betrieb einen aufgeregten Brief. Die Polizei war dort gewesen und hatte in größerem Umfang Scho-ka-kola-Dosen wegen

86 HStAH Dep. 105, Nr. 1825, Schreiben vom 11.3.1938.

Missbrauchs mit dem Hoheits-Abzeichen beschlagnahmt.[87]

Wahrscheinlich hatten solche – heute bei Ebay als Sammlerstück gehandelte – mit Hakenkreuz bedruckte Scho-ka-kola-Dosen zur Beschlagnahmungsaktion geführt. Das Gesetz zum Schutz der nationalen Symbole vom Mai 1933 legte in § 1 fest: »Es ist verboten, die Symbole der deutschen Geschichte, des deutschen Staates und der nationalen Erhebung in Deutschland öffentlich in einer Weise zu verwenden, die geeignet ist, das Empfinden von der Würde dieser Symbole zu verletzen« und in § 3: »Die Polizeibehörden können schon vor der Entscheidung der höheren Verwaltungsbehörden die Beschlagnahme des Gegenstandes vornehmen, wenn nach ihrem Ermessen ein Verstoß gegen das Verbot des § 1 vorliegt.«

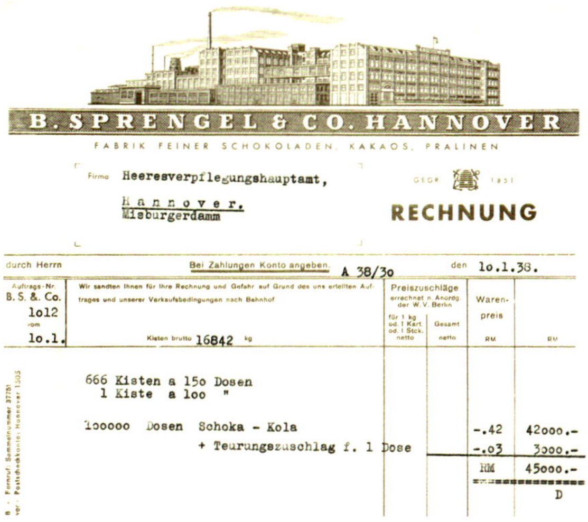

B. SPRENGEL & CO. HANNOVER
FABRIK FEINER SCHOKOLADEN, KAKAOS, PRALINEN

Firma Heeresverpflegungshauptamt,
Hannover.
Misburgerdamm

GEGR. 1851

RECHNUNG

durch Herrn — Bei Zahlungen Konto angeben. A 38/30 — den 10.1.38.

Auftrags-Nr. B. S. & Co. 1012 vom 10.1.

Wir sandten Ihnen für Ihre Rechnung und Gefahr auf Grund des uns erteilten Auftrages und unserer Verkaufsbedingungen nach Bahnhof

Kisten brutto 16842 kg

	Preiszuschläge errechnet n. Anordg. der W.V. Berlin: für 1 kg od. 1 Kart. od. 1 Stck. netto	Gesamt netto	Warenpreis RM	RM
666 Kisten a 150 Dosen				
1 Kiste a 100 "				
100000 Dosen Schoka - Kola			-.42	42000.-
+ Teurungszuschlag f. 1 Dose			-.03	3000.-
			RM	45000.-

D

B. - Fernruf: Sammelnummer 37751
ver. - Postscheckkonto: Hannover 1505

Abb. 131 Rechnung Scho-ka-kola, 1938

Abb. 132 Scho-ka-kola-Dose mit Reichsadler und Hakenkreuz (Firma Hildebrand)

Die Wehrmachtsdosen trugen üblicherweise die Jahreszahl im Deckel und waren als Wehrmachtslieferung auf der Unterseite gekennzeichnet. Die Dosen mit Hakenkreuz trugen diese Aufschrift nicht. Aus welchem Grund und für wen sie hergestellt wurden, geht aus der Korrespondenz nicht hervor. In den Sprengel-Preislisten für die privaten Kunden war Scho-ka-kola nicht verzeichnet.

Die Lieferungen an das Heer vor dem Krieg – außer Scho-ka-kola produzierte die Firma auch gefüllte Wehrmachtsschokolade – schwankten stark. Im November 1937, ein Spitzenmonat, lieferte Sprengel etwa ein Drittel seines Umsatzes an die Wehrmacht. Im September 1939 stellte die Firma nur noch ›Milch‹-Scho-ka-kola her. Die Scho-ka-kola-Produktion in Hannover lief bis Januar 1945.[88]

Kampf um die Seele des Arbeiters – Die Deutsche Arbeitsfront (DAF)

Wie veränderten sich die Handlungsspielräume des Unternehmers und das Kräfteverhältnis im Betrieb? War der Unternehmer wieder »Herr im Hause wie vor 1916«, wie

87 HStAH Dep. 105, Nr. 1825.

88 HStAH Dep. 105 Acc. 2/80, Nr. 600, Schreiben Hauptvereinigung deutscher Zucker und Süßwarenwirtschaft vom 4.1.1945: »Neuaufteilung in der Lieferung von gefüllter Wehrmachtsschokolade vorgenommen. Die Lieferanweisung über Schokakola bitte ich zurückzureichen, da Sie für diese Lieferungen nicht mehr vorgesehen sind.«

der Historiker Rüdiger Hachtmann meint?[89] Der Verbandsjurist der Schokoladenfabrikanten interpretierte im Verbandsblatt das Gesetz zur Ordnung der nationalen Arbeit vom Januar 1934: »Der Unternehmer ist der Führer des Betriebes. Die ihm eingeräumte Führerstellung ermächtigt zur Entscheidung in allen betrieblichen Angelegenheiten gegenüber der Gefolgschaft. Er entscheidet daher in diesen Fragen allein, soweit nicht das Gesetz oder Anordnungen des Treuhänders der Arbeit entgegenstehen.«[90] Das las sich wie eine Bestätigung von Hachtmanns These. Ob sie stimmt, darüber gibt die Sprengel-Korrespondenz einigen Aufschluss.

In seiner Firma hatte der ›Betriebsführer‹ mit zwei Institutionen zu tun, die zugleich Partei- und Arbeitnehmerinteressen vertraten: der nationalsozialistischen Betriebsorganisation (NSBO) und der Deutschen Arbeitsfront (DAF). Der Obmann der NSBO sollte weltanschaulich in den Betrieb hineinwirken und »den Betrieb in politischer Hinsicht überwachen«.[91] Er stellte als Vertreter der Partei im Betrieb zusammen mit dem Betriebsführer jährlich die Listen für die Wahl des Vertrauensrats auf, bis 1936 eine einflussreiche Position.

Der Vertrauensrat hat als Arbeitnehmervertretung 1934 den Betriebsrat abgelöst. Statt des Betriebsrätegesetzes galt ab Januar 1934 das ›Gesetz zur Ordnung der nationalen Arbeit‹. »Im Betriebe arbeiten der Unternehmer als Führer des Betriebes, die Angestellten und Arbeiter als Gefolgschaft gemeinsam zur Förderung der Betriebszwecke und zum gemeinen Nutzen von Volk und Staat« bestimmte der § 1. Der Vertrauensrat hatte beratende Rechte

89 Rüdiger Hachtmann: Die rechtliche Regelung der Arbeitsbeziehungen im Dritten Reich in: Wirtschaftskontrolle und Recht in der nationalsozialistischen Diktatur, Hrsg. Dieter Gosewinkel, Frankfurt 2005, S. 137.

90 Kazett, Februar 1934, S. 60.

91 Kazett, Mai 1934, S. 228.

Abb. 133 Sprengel-Vertrauensrat: Gefolgschafter-Buch, 1934

bei der Gestaltung und Durchführung der Arbeitsbedingungen, der Betriebsordnung und des Arbeitsschutzes. Er sollte Streitigkeiten beilegen, konnte im Konfliktfall die neu eingerichtete Institution den ›Treuhänder der Arbeit‹ anrufen und war vor der Festsetzung von Bußen zu hören. Bei Kündigungen war eine Beratung im Vertrauensrat vorgeschrieben, und man suchte eine Einigung. Bei Nichteinigung konnte der Gekündigte den Treuhänder der Arbeit anrufen und ein Arbeitsgerichtsverfahren anstreben. »War diese unbillig hart und nicht durch die Verhältnisse des Betriebes bedingt«,[92] musste der Unternehmer den Betreffenden wieder einstellen oder eine Entschädigung zahlen.

Auch wenn der Vertrauensrat Mitbestimmungsrechte nicht hatte, maß sowohl der ›Betriebsführer‹ als auch die DAF ihm einige Bedeutung zu. Sprengel war es gelungen, seinen Betriebsleiter Heinrich von der Wettern im Vertrauensrat unterzubringen. Mit diesem verstand er sich auch persönlich gut. Sie musizierten zusammen regelmäßig in einem Streichquartett, Sprengel als Geiger, von der Wettern spielte die Bratsche. Vertrauensrat und Geschäftsleitung schienen einvernehmlich miteinander auszukommen. Das zeigte die Kooperation beim Umgang mit schwierigen Parteigenossen, auch sind Konflikte, anders als in den 1920er Jahren, nicht dokumentiert. Beide Seiten waren am Gedeih der Firma interessiert und daran, Einmischungen von außen möglichst abzuwehren. Die Beschäftigten schätzten den geschäftlichen Erfolg des jungen Chefs. Die Mitarbeiter überreichten dem Chef zur Übernahme der Geschäftsführung 1934 ein ihm gewidmetes ›Gefolgschafter-Buch‹.[93]

Die neu gewählten Vertrauensräte wurden von der DAF am 1. Mai zur Teilnahme an einem feierlichen Gelöbnis aufgerufen. Diese Feierstunden waren nicht unbedingt beliebt.

Abb. 134 Kohlezeichnung mit Bernhard Sprengels Porträt

Blieben Vertrauensmänner der Veranstaltung fern, konnten sie Schwierigkeiten bekommen. Denn die Feiern galten ebenso wie angeordnete Betriebsappelle als »moralische und sittliche Pflicht der Gefolgschaftsangehörigen. Gefolgschaftsangehörige, die aus Staatsfeindlichkeit vorsätzlich oder böswillig von der Betriebsversammlung fernbleiben, können ggfs. fristlos entlassen werden«, hatte ein Arbeitsgericht befunden.[94] Die Vertrauensratswahlen von 1936 waren die letzten Wahlen. 1937 und 1938 wurde die Amtszeit der bestehenden Gremien verlängert, dann die Wahlen ganz verboten. Die Zahl der ungültigen Stimmen und die geringe Teilnahme in vielen Betrieben ließ die Wahlen für das Regime riskant erscheinen.

92 HStAH Dep. 105, Nr. 1225, Schreiben der Bezirksrechtsberatungsstelle der DAF vom 28.6.34.
93 Gefolgschafter-Buch anlässlich der Übergabe der Geschäftsführung durch Herrn A. Sprengel an Herrn Dr. B. Sprengel 1934, RWWA 208-748-17.
94 Kazett, April 1935, S. 192, Urteil Arbeitsgericht Karlsruhe vom 2.5.1934.

Die DAF, zuständig für die arbeits- und sozialrechtliche Betreuung aller Mitglieder, versuchte, sich in die Listenaufstellung für den Vertrauensrat einzumischen. Der Wirtschaftsverband der hannoverschen Industrie beschwerte sich im April 1934 in einem Schreiben an die Mitglieder, dass von außen versucht werde, in die Wahl der Vertrauensräte einzugreifen, die Wahllisten aufzustellen oder zu verändern und den Zeitpunkt der Wahl zu bestimmen.[95] Die Arbeitsfront, nach eigenem Bekunden ›die größte Selbsthilfeorganisation der Welt‹[96], strebte nach stetiger Ausdehnung ihres Einflusses in den Betrieben.

Sie trat gegenüber den Betrieben mit dem Selbstbewusstsein einer Massenorganisation auf, deren Forderungen sich der Betriebsführer nur schwer entziehen konnte. In ihrem Rechenschaftsbericht aus dem Jahr 1934 formulierte die Arbeitsfront, dass der Betrieb zwar rechtlich Eigentum eines Einzelnen sei, aber moralisch der Gesamtheit zu dienen habe, »daß also die Gemeinschaft des deutschen Volkes ein höheres Anrecht an den Betrieb hat als der einzelne Volksgenosse, der Inhaber oder Mitinhaber dieses Betriebes ist. Und somit ist der Betrieb, weil er dem ganzen deutschen Volke gehört, auch mit Dein Eigentum, das für Dich da ist, wenn Du selbst ihm Deine ganze Kraft und Deine ganze Liebe gibst«.[97] Auch wenn das Regime ›Betriebsführer‹ und ›Gefolgschaft‹ auf die ›Gemeinschaft‹ in Betrieb und Volk verpflichtete, bestanden die gegensätzlichen Interessen weiter, und die DAF ging daran, gegenüber den Betriebsführern arbeitnehmerfreundliche Regelungen durchzusetzen.

Die Firma Sprengel bzw. die niedersächsische Süßwarenwirtschaft bekamen den ›aggressiven Populismus‹ der DAF[98] im April 1934 zu spüren, als die Arbeitsfront den Versuch unternahm, handstreichartig eine neue Tarifordnung einzuführen. »Der nachfolgende Tarifvertrag soll auf der einen Seite allen Gefolgschaftsmitgliedern den tariflich vereinbarten Mindestlohn sichern, zum anderen sollen aber auch die ungleichen Konkurrenzverhältnisse, wie sie sich durch Zahlung geringerer Löhne, übermässige Ausdehnung der Arbeitszeit als sogenannte Schmutzkonkurrenz herausgebildet haben, ausgemerzt werden. Im übrigen ist dieser Vertrag aus der Kenntnis heraus zustande gekommen, dass Betriebsführer und Gefolgschaft in der Deutschen Arbeitsfront zusammengehören, und dann nur auf dem Boden echten deutschen Nationalsozialismus die wahre Volksgemeinschaft und die Verbundenheit aller Volksgenossen bestehen kann.«[99] ›Schmutzkonkurrenz‹, ›ausgemerzt‹ – die groben Töne sollten die Gegenseite einschüchtern. Statt an ›übermäßiger Ausdehnung der Arbeitszeit‹ hatten die Beschäftigten in und nach der Krise eher an verkürzten Arbeitszeiten und entsprechend reduzierten Löhnen gelitten.

Bernhard Sprengel versah den Entwurf handschriftlich mit empörten Anmerkungen (*kursiv*):

- Überstundenzuschlag *von vorher 20 % auf 25 % erhöht*
- An Sonntagen und bei Nacht wird nicht gearbeitet, *statt wie bisher ›möglichst‹*
- Aufschlag von 100 % Sonn- und Feiertagsarbeit *statt bisher 50 %*
- Schichtarbeit ist Nachtarbeit mit 25 % Aufschlag, *jetzt 10 %*,
- Schichtarbeit in den Sonntag hinein 50 % *statt bisher 20 %*
- Weiterzahlung des Lohns bei Verhinderung von 4 Stunden in Erfüllung von Pflichten wie z. B. Gang zum Arzt *(neu)*
- Im Krankheitsfalls der volle Lohn die ersten drei Tage, ab 4. Tag die Differenz zw.

95 HStAH Dep. 105, Nr. 1332, Schreiben des Wirtschaftsverbandes der hannoverschen Industrie vom 6.4.1934.

96 HStAH Dep. 105, Nr. 1225, Broschüre der DAF.

97 HStAH Dep. 105, Nr. 1225, Broschüre der DAF, S. 16/17.

98 Timothy Mason: Sozialpolitik im Dritten Reich, Opladen 1977, S. 260.

99 HStAH Dep. 105, Nr. 1332, Rechenschaftsbericht der DAF 1934.

Lohn und Krankengeld bis 6 Tage nach 3/4-jähriger Dienstzeit *(neu!)*
- Stirbt ein verheirateter AN [Arbeitnehmer] Lohn an Ehefrau mindestens 3 Wochen weiterzuzahlen *(neu)*
- Ferienzeit ist in die Monate 1.5. bis 30.9. zu legen. *(bestimmte bisher Betriebsleiter ›möglichst in der Sommerzeit‹)*
- Entschädigung für die Ferienzeit für Akkordarbeiter 15 % Zuschlag, *statt bisher 10 %*
- Ausübung der Verbandstätigkeit wöchentlich 2 Stunden während der Arbeitszeit *(bisher nicht während der Arbeitszeit zulässig)*
- Kutscher, Beifahrer als Facharbeiter zu entlohnen *(Beifahrer können unmöglich wie Facharbeiter entlohnt werden!)*
- Urlaub: *Nach heutigem Tarif bezahlen wir für dieses Jahr 285 Wochen = RM 8000 Nach dem neuen Tarif müssten bezahlt werden 931 Wochen = + 225 % oder Mehrausgaben RM 18000!*

Zu den verlangten Lohnerhöhungen notierte Sprengel:
- Facharbeiter über 24 Jahre + *8 %*
- Hilfsarbeiter über 24 Jahre + *9 %*, 20–24 Jahre + *12 %*
- Arbeiterinnen 18–20 Jahre + *9,3 %* 10–18 Jahre + *7 %*;

Die Kündigungsfrist, bisher zwischen einem und sieben Tagen, betrug nun nach neunmonatiger Tätigkeit 14 Tage. Nach einjähriger Beschäftigung 4 Wochen (!)[100]

Die DAF hatte die Arbeitgeber mit einer kurzfristigen Einladung zu Verhandlungen am 24. April in das Haus der Fleischerinnung überrascht. Sprengel und Bahlsen äußerten sich ablehnend zum vorgelegten Entwurf und versuchten zu klären, ob ihre Betriebe überhaupt unter die Tarifordnung fielen.[101] Ständige Änderungen der Wirtschaftsorganisation hatten zu einiger Verwirrung geführt. Am 1. Mai sollte die Tarifordnung bereits in Kraft treten. Welche der angestrebten Änderungen tatsächlich wirksam wurden, ist nicht klar. Ein Vergleich des DAF-Entwurfs mit der Reichstarifordnung von 1934 zeigt, dass Verbesserungen bei Lohnfortzahlung im Krankheitsfall, verlängerte Kündigungsfristen, Urlaubsregelung, freier Tag bei persönlichen Anlässen und drei Stunden Weiterzahlung zur Erfüllung staatsbürgerlicher Pflichten tatsächlich umgesetzt wurden.[102] Neu wurde 1934 die Bezahlung der Feiertage Ostermontag, 1. Mai, Pfingstmontag, 2. Weihnachtsfeiertag eingeführt, die bis heute gilt. Die von Sprengel kritisch kommentierten Lohnerhöhungen wurden aber offenbar nicht umgesetzt oder wieder zurückgenommen. Jedenfalls betrug der tarifliche Facharbeiterlohn in Hannover 1936 noch 81,5 Pfennig – wie Sprengel für 1931 notiert hatte.

Aus konstanten Tariflöhnen bei gleichzeitig gestiegenen Preisen, schloss der Historiker Rüdiger Hachtmann auf Reallohnverluste in der 1930er Jahren und berief sich dabei u.a. auf kritische Berichte der Treuhänder der Arbeit.[103] Dem stand jedoch die subjektive Wahrnehmung der Arbeitnehmer gegenüber, die in lebensgeschichtlichen Interviews angaben, dass es Ihnen in der NS-Vorkriegszeit besonders gut gegangen sei.[104] Hachtmann führt das Auseinanderklaffen von Bewusstsein und der unterstellten Verschlechterung der

100 HStAH Dep. 105, Nr. 1322.

101 Ebd., Schreiben Sprengel an Syndikus Dr. Strunz 30.4.1934: »Ich möchte Sie bitten festzustellen, welche Organisationen es innerhalb der Süsswaren-Industrie gibt und zu welcher Organisation wir gehören. Ohne Ihre Sachkenntnis wären wir bei der letzten Sitzung im Fleischer-Innungshaus nicht weiter gekommen.« Sprengel sah sich »außer Stande die sich täglich überstürzenden und widersprechenden Verlautbarungen in der Tages- und Fachpresse zu lesen und zu sichten«.

102 Kazett, August 1934, S. 386.

103 Rüdiger Hachtmann, Lebenshaltungskosten und Reallöhne während des ›Dritten Reiches‹, Vierteljahrschrift für Sozial- und Wirtschaftsgeschichte, Bd. 75, Stuttgart 1988, S. 32 und S. 45, Treuhänder der Arbeit waren Teil der Arbeitsverwaltung und dem Reichsarbeitsministerium unterstellt.

104 Hartmut Berghoff: Gefälligkeitsdiktatur oder Tyrannei des Mangels, GWU 2007, S. 508.

	Tariflicher Stundenlohn	Tatsächlicher Brutto-Stundenverdienst	
I.	**Im Januar 1933**		
a) gelernte Arbeiter	RM -.815	RM -.815	(Kond.)
b) angelernte Arbeiter	" --	" --	ohne Handw.
c) ungelernte Arbeiter	" -.7o	" -.7o	
d) gelernte Arbeiterinnen	" --	" --	
e) angelernte Arbeiterinnen	" --	" --	
f) ungelernte Arbeiterinnen	" -.455	" -.455	
II.	**Im Juni 1938**		
a) gelernte Arbeiter	RM -.815	RM -.893	(Kond.)
b) angelernte Arbeiter	" -.76	" -.76	ohne Handw.
c) ungelernte Arbeiter	" -.7o	" -.728	
d) gelernte Arbeiterinnen	" --	" --	
e) angelernte Arbeiterinnen	" -.61	" -.61	
f) ungelernte Arbeiterinnen	" -.455	" -.481 - -.53 (Akkord)	

III.	Durchschnittliche tatsächliche (nicht tarifliche) Wochenarbeitszeit :	
	Januar 1933	Juni 1938
	in Stunden	
a) gelernte Arbeiter b) angelernte Arbeiter c) ungelernte Arbeiter d) gelernte Arbeiterinnen e) angelernte Arbeiterinnen f) ungelernte Arbeiterinnen	Ølich 37 Stunden	Ø 42.8 Stunden

Abb. 135 Entwicklung der Stundenlöhne bei Sprengel (Bericht Leistungskampf)

Lebensbedingungen auf eine »Lähmung der Industriearbeiterschaft« zurück. Die Arbeiter hätten ihre Situation mit der noch schlechteren Lage in der Weltwirtschaftskrise verglichen. Möglicherweise war aber das Bewusstsein gar nicht falsch, sondern waren die konkret gezahlten Löhne in den Betrieben nicht so schlecht wie angenommen.

Die Firma Sprengel zahlte 1938 übertarifliche Zulagen für Facharbeiter, die 10 Prozent über dem Tariflohn bzw. dem Verdienst von 1933 lagen. Die neu eingeführte Gruppe der angelernten Arbeiter wurde höher eingruppiert und erhielt 1938 ebenfalls knapp 10 Prozent höhere Stundenlöhne als 1933. Nur bei den Ungelernten stieg der Stundenlohn lediglich um 4 Prozent. Da alle Beschäftigten 1938 mit 42,8 Stunden fast sechs Stunden wöchentlich mehr arbeiteten als fünf Jahre zuvor, waren die Wochenlöhne entsprechend höher.[105] Verbesserungen gab es bei Zuschlägen für Schichtarbeit und Mehrarbeit an Sonntagen. Der Geschäftsbericht der Firma Appel berichtete 1938 ebenfalls von höheren Löhnen: »Die Einrichtung neuer tariflicher Leistungszulagen konnten wir erfreulicherweise weiter ausbauen. Der neue Werkstarif, der mit dem 1. Mai 1938 neben der Erhöhung der Löhne noch Kinderzuschläge für Arbeiter und Arbeiterinnen einführte, brachte für diese auch in den Fällen von Krankheit Entbindung usw. Verbesserungen.«[106] Appel zahlte neben der Kartoffel- und Kohlenspende zwischen 50 und 60 Prozent eines Monatseinkommens im Jahr zusätzlich.

Beides waren keine Einzelfälle. An dem guten Verdienst in der NS-Rüstungskonjunktur versuchten viele Unternehmen trotz Lohnstopp ihre Beschäftigten teilhaben zu lassen. Die Reichstreuhänder der Arbeit berichteten 1938, dass Unternehmer umfangreiche Lohn- und Gehaltserhöhungen vorgenommen und Gratifikationen an ihre Gefolgschaft ausgeschüttet haben.[107] In der ›Deutschen Volkswirtschaft‹ wurde wiederholt auf das Problem hingewiesen, dass Betriebe Anträge auf Ausnahmen vom allgemeinen Lohnstopp und auf Auszahlungen aus der betrieblichen Altersversorgung stellten.[108] Der Reichskommissar für Preisbildung kritisierte noch im Krieg »übermäßige freiwillige soziale Leistungen, höhere als gesetzliche Löhne, höhere als verbrauchsbedingte Abschreibungen«. Sie gehörten seiner Auffassung nach »zum Gewinn mit entsprechendem Spielraum die Preise zu senken«.[109] 1941 verschoben sich

105 HStAH Dep.105, Nr. 1496.

106 Geschäftsbericht der Firma Feinkost-Appel von 1938.

107 Mark Spoerer: Von Scheingewinnen zum Rüstungsboom, Stuttgart 1996, S. 117.

108 Die Deutsche Volkswirtschaft, 1941, S. 16.

109 Ebd., Issel Berlin: § 22 Kriegswirtschaftsordnung. In: Deutsche Volkswirtschaft, 1941, S. 80

allerdings die Prioritäten, kostentreibende soziale Wohltaten sollten zur angestrebten Steigerung der Kriegsproduktion vermieden werden. Urlaub, Feiertage und Löhne wurden aber nicht angetastet und bis zum Kriegsende gewährt.[110]

Wie eine gewerkschaftliche Interessenvertretung[111] kümmerte sich die Arbeitsfront um die Verbesserung der Arbeits- und Entlohnungsbedingungen. Die Fachgruppe Süßwarenindustrie in der DAF hatte Ende 1935 die Ernennung eines Sondertreuhänders für die Süßwaren-Industrie durchgesetzt. Der ›Reichswalter der Fachgruppe Süßwarenindustrie in der DAF‹ wollte folgende Missstände geändert sehen:

- »Groteske Lohnunterschiede in den Betrieben ein und derselben Stadt
- Besorgung von Männerarbeit durch minder entlohnte Frauen
- Unverhältnismäßig starke Beschäftigung von Jugendlichen unter 16 Jahren in Westdeutschland
- Entlohnung von männlichen und weiblichen Beschäftigten bei schwerer Arbeit und großer Hitze in den Maschinensälen zu Hilfsarbeitersätzen
- Missstände in der Akkord-Berechnung«.[112]

Im März 1936 erließ dieser Sondertreuhänder eine neue Tarifordnung für alle industriellen Süßwarenbetriebe, sehr zur Zufriedenheit des DAF-Reichswalters der Fachgruppe Süßwarenindustrie:

»Bislang ungesunde Betriebe werden dabei ihre Existenzberechtigung zu erweisen haben oder werden verschwinden müssen. Wesentlich verschärft worden sind die Vorschriften in der Nacht-, Sonn- und Feiertagsarbeit und Mehrarbeit. Betriebe, die glauben ohne Nachtarbeit in der Saison nicht auskommen zu können, werden dadurch gezwungen, Neueinstellungen vorzunehmen.«[113] Das Verschwinden ›ungesunder Betriebe‹ wurde ungerührt in Kauf genommen. Systematische Betriebsschließungen kleiner, wenig rentabel arbeitender Betriebe erfolgten aber erst im Krieg ab 1942. Damit sollten Arbeitskräfte für den Krieg ›freigesetzt‹ werden.

Die DAF sorgte nicht nur für die Durchsetzung neuer, für die Beschäftigten günstiger Regelungen, sondern kontrollierte auch, ob sie eingehalten wurden. Wegen »zu schwerer körperlicher Arbeit von Frauen in der Süßwarenindustrie« forderte z. B. ein Schreiben der DAF Sprengel auf, die Missstände sofort abzustellen, und kündigte einen Betriebsbesuch zur Überprüfung an.[114] Die DAF verlangte, dass die entsprechenden Bestimmungen in die Betriebsordnung aufgenommen wurden und befahl die Vorlage der revidierten Betriebsordnung. Sprengel meldete Vollzug. »Nachdem die Tarifordnung ihre Wirksamkeit erlangt hat, haben wir unsere Betriebsordnung um- und neugestaltet. Sie erhalten 5 Ex.«[115]

Der Betriebsordnung aus dem Jahr 1936, die Sprengel der DAF vorzulegen hatte, waren genormte Regeln zum Verhältnis von Betriebsführer und Gefolgschaft vorangestellt:

»In der Firma B. Sprengel arbeiten der Führer des Betriebes und die Gefolgschaft der Angestellten und Arbeiter gemeinsam zur Förderung der Betriebszwecke und zum gemeinen Nutzen von Volk und Staat.

110 Geschäftsbericht der Firma Appel für das Jahr 1944: »Es war uns möglich, unseren Werksangehörigen auch dieses Mal eine freiwillige Abschlußvergütung zu gewähren. … Der Urlaub wurde fast restlos erledigt.«, Huttenlocher, Appel-Feinkost, S. 205.

111 »Eine ehrgeizige nationalsozialistische Organisation, die Deutsche Arbeitsfront, die sich anstrengte, die Arbeiter für das Regime zu gewinnen, indem sie für die betrieblichen Interessen der Belegschaften eintrat, machte den Unternehmern manchmal mehr Kopfschmerzen als die früheren Gewerkschaften, weil dahinter die Staatsmacht stand.« Henry A. Turner: Unternehmen unterm Hakenkreuz. In: Manfred Pohl, Unternehmen im Nationalsozialismus, Hrsg. Lothar Gall, München, 1998, S. 19.

112 Das goldene Buch des Süßwarengewerbes, Berlin 1937, S. 75. Die Zeitschrift fungierte als nationalsozialistisches Organ der Süßwarenbranche.

113 HStAH Dep. 105, Nr. 1366.

114 HStAH Dep. 105, Nr. 1366, Schreiben der DAF vom 18.7.1936.

115 HStAH Dep. 105, Nr. 1366.

Abb. 136 DAF fordert Saisonartikel ohne Nachtarbeit

Der Führer des Betriebes und die im Betriebe tätigen Angestellten und Arbeiter als Gefolgschaft stehen im gegenseitigen Treue-Verhältnis zueinander.

Zwischen dem Führer des Betriebes und der Gefolgschaft besteht eine Schicksalsverbundenheit, die ihren Ausdruck in der Betriebs-Gemeinschaft findet. Der Führer des Betriebes hat die Pflicht, sich mit seiner ganzen Kraft der Leistung des Betriebes zu widmen, er hat mit allen zur Verfügung stehenden Mitteln für das Wohl der Gefolgschaft zu sorgen.

Die Gefolgschaft hat dem Führer des Betriebes die in der Betriebsgemeinschaft begründete Treue zu halten. Der Führer des Betriebes entscheidet der Gefolgschaft gegenüber in allen betrieblichen Angelegenheiten. Die Mitglieder der Gefolgschaft haben seinen Anordnungen und den seiner Bevollmächtigten gewissenhaft nachzukommen.«

Schon 1934 hatte die Arbeitsfront in der Firma Sprengel die Betriebsbeitrags-Kassierung durchgesetzt. »Wir danken Ihnen«, schrieb die DAF, »für Ihre Zusage an den Kassenwalter der DAF Ortsgruppe Lutherkirche, daß Sie sich mit dieser Regelung einverstanden erklärt haben. Es werden sämtliche Arbeiter (vorläufig ausschließlich angestellte), welche arischer Abstammung sind, in die Hebelisten aufgenommen, ob sie bereits Mitglied sind oder nicht. Hinter den Namen der Nichtmitglieder wird vermerkt: Kein Mitglied der DAF.«[116] Damit hatte die DAF Einblick in die Beschäftigtenstruktur der Firma. Sie strebte nun die vollständige Mitgliedschaft aller Beschäftigten an. Sprengel versuchte durch Nichtbeantwortung und Nichtreagieren die Eingriffe zu ignorieren, zum Beispiel das DAF-Schreiben zum ›Arierparagraph‹ in der Betriebsordnung. »In der letzten Zeit ließen wir Ihnen eine Aufforderung zugehen, daß Sie dafür Sorge tragen sollten, daß in der Betriebsordnung Ihres Betriebs der Passus aufgenommen wird: ›Mitglied des Betriebes kann nur der werden, der in der DAF und arischer Abkunft ist.‹ Es genügt nicht, dass ein stilles Einvernehmen mit dem Betriebsführer besteht, sondern dieser Satz muß fest in der Betriebsordnung verankert sein.«[117] Die DAF versuchte über die Zwangsmitgliedschaft aller Arbeitnehmer und den Ausschluss von Juden aus ihrer Organisation die NS-Rassepolitik in den Betrieben durchzusetzen. Sprengel hat sich aber einem Arierparagraphen verweigert. Die ›arische Abkunft‹ wurde in der Betriebsordnung der Firma Sprengel nicht verlangt, allerdings war ab 1936 die Mitgliedschaft in der DAF Einstellungsvoraussetzung.[118] Zwei Jahre später war im ganzen Betrieb die DAF-Zwangsmitgliedschaft durchgesetzt. Im Bericht zum ›Leistungskampf der Betriebe‹ von 1938 vermerkte die Firma unter anderem: »Belegschaft 1.1.33 bis 1.1.38 von 509 auf 916 gewachsen, *100 % in der DAF*, 39 PG, 9 SA, 6 SS-Männer.«[119]

116 HStAH Dep. 105, Nr. 1366, Schreiben vom 8.10.1934.

117 HStAH Dep. 105, Nr. 1366.

118 B. Sprengel & Co., Betriebs-Ordnung vom 14.4.1936 (Unterlagen Marianne Schulze).

119 HStAH Dep.105, Nr. 1366, Bericht vom 12.2.38.

Abb. 137 Das Deckblatt der Betriebsordnung, 1936

Abb. 138 Firma Sprengel ›geschlossen in der DAF‹

Die Arbeitsfront suchte ihren Einfluss stetig zu erweitern und überschüttete die Betriebe mit Fragebögen und Umfragen und setzte kurze Fristen. Zwei Tage gab sie der Firma zur Beantwortung eines 34-seitigen Fragebogens zum ›Leistungskampf deutscher Betriebe‹. Die darin enthaltenen Angaben gaben der Arbeitsfront ein umfassendes Bild der Sozialleistungen, der Bezahlung und der Investitionsvorhaben. Für Fragebögen zur Lohnstruktur, zu Ausbildungswerkstätten, Werksküchen, Hausdruckerei, Aufbringung der Mittel für Pensions- Altersrenten- und Invalidenunterstützungskassen, Zahl und Ausbildung der Facharbeiter, Bezahlung und Pausen der Beschäftigten im Sprengel-Laden etc. etc. verlangte sie immer sofortige oder schnellste Beantwortung.

Einen zusätzlichen Einblick in die Beziehungen zwischen Beschäftigten und Geschäftsleitung hoffte sie über die verlangte regelmäßige Zusendung von Protokollen der gemeinsamen Sitzungen von Vertrauensrat und Betriebsführer zu erhalten. In einem Rundschreiben wies die Arbeitsfront die Betriebe darauf hin, dass »die vertrauensratspflichtigen Betriebe verpflichtet (sind), mindestens alle 6 Wochen eine Vertrauensratssitzung einzuberufen, in der sämtliche betrieblichen Angelegenheiten zu besprechen sind. Eine Abschrift des Protokolls ist der Kreisbetriebsgemeinschaft einzusenden.«[120] Sprengels malte ein dickes Fragezeichen an den Rand des Rundschreibens und machte damit deutlich, dass er nicht ohne Weiteres gewillt war, dem Ansinnen zu folgen.

Auf Versuche der DAF und anderer NS-Dienststellen auf Einstellungen Einfluss zu nehmen, reagierte die Firma hinhaltend. »Falls Sie irgendwelche Einstellungen vornehmen sollten, bitten wir, unseren Pg Julius

120 HStAH Dep. 105, Nr. 1366, Schreiben der DAF vom 24.8.1936.

Hoppe Hannover Engelbosteler Damm bevorzugt einzustellen«, verlangte die örtliche Parteigruppe. Von der Wettern notierte: »Die müssen selber kommen durchs Arbeitsamt.« Ein anderes Mal forderte die örtliche NSDAP die Firma auf, »5 arbeitslose SA-Männer bei Neueinstellung zu berücksichtigen«. Anmerkung von der Wettern: »Ohne Antwort.«[121]

Ein Feld steter Auseinandersetzungen war die von der DAF betriebene Einstellung von ›sozialen Betriebsarbeiterinnen‹. In manchen Betrieben, wie zum Beispiel bei der Firma Appel am Engelbosteler Damm gab es schon lange eine Betriebsfürsorgerin, die sich um die Gesundheit der Mitarbeiter kümmerte, auch Besuche bei kranken Mitarbeitern machte und bei persönlichen Schwierigkeiten Unterstützung gewährte. Die DAF verpflichtete diese Fürsorgerinnen, an politisch-weltanschaulichen Schulungen teilzunehmen. Sie erhielten dann die Qualifikation einer ›Sozial-Betriebsarbeiterin‹. Betriebe und Werksfürsorgerinnen hofften, nach der Schulung und der Vergabe der Qualifikation in Ruhe gelassen zu werden. Die DAF verlangte aber nach der politisch-weltanschaulichen Schulung die Unterstellung der Werksfürsorgerinnen unter das Frauenamt der DAF. Sie drang zunehmend darauf, politisch nicht linientreue Werksfürsorgerinnen, die die Qualifikation nicht erhalten hatten, aus der Position zu entfernen und die Betriebsinhaber zu zwingen, eine genehme Fürsorgerin einzustellen, auch wenn formal die Wahl der einzustellenden Sozialarbeiterin dem Betriebsführer vorbehalten war und das zuständige DAF-Gaufrauenamt dem Betriebsführer nur Vorschläge zu machen hatte.[122] Die jährlichen Berichte der Sozial-Betriebsarbeiterinnen waren der DAF vorzulegen und gingen teilweise an den ›Betriebsführern‹ vorbei.[123]

Sprengel konnte die Ansprüche der ›DAF-Frauenwalterin‹ Algermissen auf Einstellung einer ihr genehmen Fürsorgerin abwehren. Er beauftragte die Rote-Kreuz-Schwester, die schon in der Firma arbeitete, mit der Aufgabe der sozialen Betriebsarbeit. Algermissen wurde vergeblich empört bei ihm vorstellig. Warum war der Arbeitsfront die Besetzung der Werksfürsorgerin so wichtig? Sprengel selbst beschrieb die Aufgabe des sozialen Dienstes, »der bis tief in die Familie des einzelnen Werkangehörigen einzudringen hat (und) durch Krankenbesuche ganz unmittelbar in die Familien der Werkangehörigen hineinsieht«[124] im schon erwähnten Bericht zum Leistungskampf. Diesen Einblick in das Familienleben der ›Gefolgschaft‹ wollte Sprengel der Arbeitsfront nicht gewähren.

Die Frauenpolitik der DAF war von ideologischen Widersprüchen bestimmt. Sie setzte Arbeitsschutzmaßnahmen für die beschäftigten Arbeiterinnen durch und verfocht deren Gleichberechtigung. Zu den Vertrauensratswahlen 1936 verlangte sie unbedingt die Aufstellung eines weiblichen Gefolgschaftsmitgliedes. Sonst würde eine Frau vom Treuhänder der Arbeit eingesetzt.[125] Das war der sozialistische Teil der DAF-Identität. Das Frauenbild der Nationalsozialisten wollte die Frau aber nicht im Betrieb, sondern im Haus als Mutter und Hausfrau sehen. Entsprechend übte die DAF Druck aus, um Frauen wieder an den Herd zu bringen: »Es wäre ratsam«, schrieb sie an die Firma Sprengel, »wenn Sie ähnliche Maßnahmen (weibliche Arbeitskräfte durch männliche zu ersetzen) baldmöglichst ergreifen würden, bevor etwa eine Verordnung, die bei Versagen der Initiative der Unternehmer erforderlich werden würde, diese Frage ohne Ihre Mitwirkung regelt. Ich bitte Sie um Mitteilung, welche Schritte Sie unternehmen werden, um die Zahl Ihrer weiblichen zu Gunsten männlicher Arbeitnehmer herab-

121 HStAH Dep. 105, Nr. 1489, NSDAP Schreiben, Briefwechsel.

122 Ewald Hecker, Gertrud Scholz-Klink (Hannover), abgedruckt: Kazett, März 1936, S. 152.

123 Kazett, Januar 1937, S. 27.

124 HStAH Dep. 105, Nr. 1225, Bericht Leistungskampf der Betriebe vom 12.2.38.

125 HStAH Dep. 105, Nr. 1225, Schreiben vom 26.2.1934. Diese Vorgabe war in der Firma Sprengel schon erfüllt.

zusetzen bzw. welche Gründe hier hindernd im Wege stehen.«[126]

Die Drohung mit einer Verordnung oder einem Gesetz, die sicher kämen, wenn es an freiwilliger Zusammenarbeit mangelte, war typisch für das Vorgehen der NS-Behörden. Sie suggerierte bei Unterwerfung Möglichkeiten der Einflussnahme. Und es war in dem Gewirr unterschiedlicher Zuständigkeiten und einander widersprechender Auffassungen innerhalb des NS-Regimes schwer im Vorhinein einzuschätzen, was an einer solchen Drohung dran war. Sprengel reagierte auf solche Interventionen bzw. Interventionsversuche meist freundlich hinhaltend bis ablehnend: »Die Eigenart unseres Betriebes verlangt sehr viel Arbeit geschickter Frauen beim Wickeln und Packen. Wir würden es begrüssen, wenn wir die Möglichkeit hätten, gelegentlich einer Betriebsbesichtigung die Frage der Verminderung der weiblichen Belegschaft zu Gunsten männlicher Arbeitnehmer mit Ihnen zu besprechen.«[127] In diesem Fall schien es ihm taktisch günstig, eine Betriebsbesichtigung anzubieten, was er sonst meist ablehnte.

Verpflichten musste sich die Firma, die zusätzliche Berufsschulung der DAF für junge Frauen finanziell zu unterstützen, die im Bezirk Niedersachsen im November 1934 eingeführt wurde. »Es kommt vor allem darauf an«, hieß es im Lehrplan, »dass die Mädel ihre eigene Verantwortung bei der Verwaltung des Volksvermögens erkennen.

1. Bevorzugung der inländischen Ware
2. Materialkenntnis
3. Sachgemäße Behandlung, die den Wert des Materials erhält
4. Spätere Sorge für die Familie:
Hauspflegearbeiten,
Waschen und Nähen,
Grundkursus in der einfachen Küche«[128]

126 HStAH Dep. 105, Nr. 1196, Schreiben der DAF vom 4.10.1933.

127 HStAH Dep. 105, Nr. 1196, Schreiben Sprengel vom 10.10.33.

128 HStAH Dep. 105, Nr. 1225.

›Betriebsgemeinschaft‹

Hatte sich Bernhard Sprengel anfangs gegen Einflussversuche und Eingriffe der DAF gewehrt, veränderte sich seine Haltung gegenüber der Arbeitsfront. Ihre Anregungen zur Verbesserung von Arbeitsbedingungen griff er zunehmend auf, und er führte eine Reihe von Sozialleistungen ein, die die DAF gefordert hatte und die langfristig Bestandteil der sozialen Betriebspolitik der Firma Sprengel wurden.

Die Übersicht aus dem Jahr 1951 zeigt, dass die meisten der dort aufgeführten Sozialleistungen der Firma Sprengel nach 1933 ihren Anfang nahmen. Älter ist lediglich die Betriebskrankenkasse und der Beginn des Betriebssports (im Jahr 1931 eingeführt).

An einigen Beispielen lässt sich zeigen, wie die Arbeitsfront eine sehr gezielte Strategie verfolgte, soziale Betriebspolitik in den Unternehmen zu verankern. Nachdem die DAF einen Fragebogen an die Betriebe zur Erfassung der Werksbüchereien versandt hatte,[129] baute Sprengel die Werksbibliothek aus. Seinem Münchner Kunst- und Buchhändler Severing legte er kurz darauf ein Verzeichnis der Werksbibliothek vor, weil er »allerschnellstens« eine Ergänzung vornehmen wollte. »Dabei soll es sich nicht um Weltanschauungsliteratur handeln, die, wie Sie aus dem Verzeichnis sehen, reichlich vertreten ist, aber bitte nur Gutes, das sorgfältiger eigener Prüfung standhält. Es ist schon wichtig, dass für die vielen Mädchen auch etwas Richtiges zum Lesen dabei sein muss.« Severing war ihm gern behilflich: »500 Bände haben Sie schon? Sie brauchen mindestens nochmals 500 Bände, damit ein richtiger und brauchbarer Stock da ist.«[130]

Im Dezember 1938 regte die DAF die Einrichtung von Betriebskindergärten an, und Sprengel beeilte sich zu antworten: »Auf Ihre Anregung vom 14. Dezember teile ich Ihnen mit, dass der Gedanke, für die Kinder der im

129 HStAH Dep. 105, Nr. 1366.

130 HStAH Dep. 105, Nr. 1657, Schreiben vom 20. und 28.6.1938.

- Die Sozial-Einrichtungen der Firma B. Sprengel & Co umfassen neben der Betriebskrankenkasse Gesundheitsräume, in denen ein Betriebsarzt, die soziale Betriebsfürsorgerin und eine Hilfskraft tätig sind. Apparate für Behandlungen und Medikamente stellt der Betrieb außerhalb der Leistungen der Krankenkasse zur Verfügung.
- Eine Leihbücherei wird von den Betriebsangehörigen gern in Anspruch genommen.
- Zu der 1935 eingerichteten Werksküche, die jedem Betriebsangehörigen, der es wünscht, ein Mittagessen bietet, leistet die Firma wesentliche Zuschüsse. Im letzten Jahr wurden zu annähernd 100 000 Essen je 51,3 Pfennige beigesteuert.
- Der 1937 errichtete Werkskindergarten, in dem bis zu 70 Kinder täglich untergebracht waren, fiel dem Kriege zum Opfer.
- Die 1937 gegründete August-Sprengel-Stiftung gewährt eine zusätzliche Rente, gestaffelt nach Einkommen und Dauer der Betriebszugehörigkeit. Sie leistet darüber hinaus Zuschüsse in Krankheits- und Notfällen aller Art.
- Allen Jubilaren wird zusätzlich Urlaub gewährt.
- Das 1941 erworbene Erholungsheim in Braunlage im Harz diente von 1943 bis 1945 evakuierten Frauen und Kindern der Betriebsangehörigen als Unterkunft. Nach dem Kriege wurde das Heim für Flüchtlinge beschlagnahmt. Seit Juni 1950 bietet es ganzjährig jeweils 22 Betriebsangehörigen mit Familie Gelegenheit, für einige Wochen, bei DM 1,50 Pensionspreis pro Tag, Ruhe und Erholung im Harz zu finden. Die Firma trägt je nach Einkommen den Fahrpreis voll oder zur Hälfte.
- Zu Weihnachten werden nach Betriebszugehörigkeit und Familienstand gestaffelte Gratifikationen ausgeschüttet.
- Es werden bei Geburten und Sterbefällen Unterstützungen gewährt.
- Die Belegschaftsmitglieder benutzen wöchentlich während der Arbeitszeit die Badeeinrichtung des Betriebes.
- Die außerhalb Hannovers wohnenden Beschäftigten erhalten Zuschüsse zum Fahrgeld.
- Zahlreiche Werkswohnungen sind entstanden, weitere sind im Bau.

Das Sprengel-Erholungsheim in Braunlage

Abb. 139 Übersicht über Sozialleistungen im Jubiläumsbuch, 1951

Betriebe tätigen Mütter einen Kindergarten zu schaffen, bei uns seit mehreren Monaten in der Verwirklichung begriffen ist.«[131] Im Februar 1939 war es soweit; die Firma lud die Gaureferentin für Kindertagesstätten zu einer Besichtigung ein: »Wir sind mit der Einrichtung unseres Kindergartens inzwischen erfreulich vorwärts gekommen und laden Sie ein, die Räume zu besichtigen.«[132] Ein halbes Jahr später verlangte die DAF von allen Betrieben zu den Betriebskindergärten die kurzfristige Beantwortung eines Fragebogens, die übliche Methode der DAF, die Umsetzung ihrer Vorschläge zu kontrollieren.

Die Betriebsführer wurden zu einer Veranstaltung des Werkrings ›Schönheit der Ar-

131 HStAH Dep. 105, Nr. 1607, Schreiben Sprengel an DAF vom 14.12.1938.

132 HStAH Dep. 105 Nr. 1616, Schreiben vom 9.2.1939.

beit‹ zum gemeinsamen Gedankenaustausch eingeladen. Alle Möglichkeiten zu einer Verbesserung des gesamten Betriebslebens sollten »erschöpfend behandelt und die erarbeiteten Ergebnisse praktisch verwirklicht« werden. Sprengel notierte handschriftlich auf der Rückseite der Einladung, was er an Anregungen zur Verbesserung mitnahm bzw. was schon eingeführt war:
»Frauen Kleidung – Kittel und Mützen
Waschbecken neu Porzellan, Baderaum, Badezeit
Farbe andersherum
Licht: Tageslampen
Fliesen: bisher Zement
Belüftung (Zug!)
Stühle – Schaukel Arbeitserleichterung
Linoleumstische
Hochzeitsfeiern
Kantine
Feierabend: Sportplatz,

Abb. 140 Neue Porzellanwaschbecken

Abb. 141 Fliesen statt Zement

Theaterring, Basteln, Musikkurs, Bücherei, Kindergarten, Krankenbetreuung, Werkschwester
Werkseingang (Pförtner Aufnahme)
Staubentwicklung *staubfrei!!!*
Papierkörbe im Hof und Toiletten
Handgriffe schwarz
Vorträge in Pausen«[133]

Auf die zügige Umsetzung der ›Anregungen‹ konnte sich die Arbeitsfront verlassen. Wegen der positiven konjunkturellen Entwicklung wurde wieder gut verdient, eine hohe Gewinn-Ausschüttung aber vom Regime unterbunden. Die Mittel für soziale Wohltaten waren also vorhanden. Bernhard Sprengel war aber nicht der Mann, der umstandslos die von der DAF-Bürokratie verlangten Maßnahmen umsetzte. Das belegt die Korrespondenz aus den Anfangsjahren des NS-Regimes. Seine handschriftlichen Notizen geben Aufschluss über ein mögliches weiteres Motiv. Es gab in der Zeit so vieles, mit dem er nicht einverstanden war, da war es einem ehrgeizigen Menschen mit Gestaltungswillen recht, Leistung in Bereichen zu erbringen, die erwünscht waren und die ihm gleichzeitig persönlich vernünftig erschienen.[134]

Die negativen Wirkungen der konfliktreichen Unternehmensführung seines Vaters hatte er miterlebt, und er ging mit der Übernahme

133 HStAH Dep. 105, Nr.1616.
134 Ähnliches ist auch über die Firma Appel zu berichten. Huttenlocher: Appel Feinkost, S. 165.

Abb. 142 Betriebssport

der Geschäftsführung einen anderen Weg. Soziale Leistungen und gemeinschaftliche Veranstaltungen förderten ein positives Betriebsklima und erhöhten die Bindung der Mitarbeiter an den Betrieb. Vieles hatte sich aus Sicht der Beschäftigten zum Besseren gewendet, »als unser sehr verehrter Herr Dr. Sprengel die Führung in die Hand nahm, sie im Sinne seines Vaters weiterführte und sie um Bedeutendes verbesserte und auch im Sinne der Volkswohlfahrt ein Herz für seine Belegschaft hatte, indem die Pensionskasse zustande kam, die Sterbeversicherung für seine alten Jubilare und er die Werksküche und den Kindergarten errichtete, sowie Arzträume mit allen hygienischen Einrichtungen und alles fürs Beste der Belegschaft«,[135] erinnerte sich ein alter Sprengelaner 1951.

135 HStAH Dep. 105 Acc 2/80, Nr. 582, Erinnerungen zum Jubiläum 1951.

Abb. 143 Verpflichtender Betriebsappell – Bernhard Sprengel mit uniformierter Werkschar um 1938

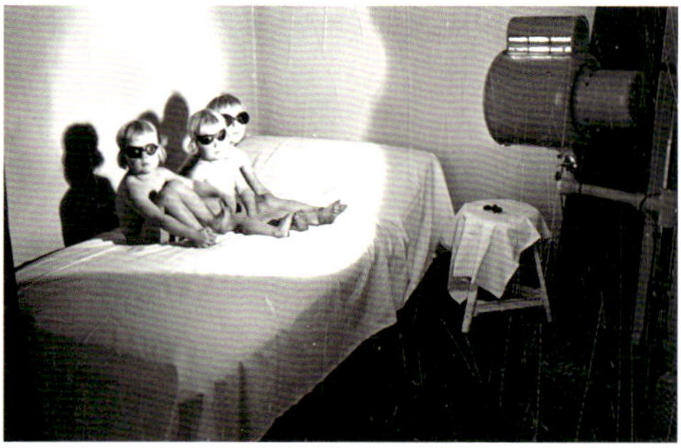

Abb. 144 Gesundheitsvorsorge für Betriebsangehörige und ihre Kinder

Abb. 145 Sprengel-Betriebsausflug ins Grüne

Kameradschaftsabend der A r b e i t !

Betriebszelle B.Sprengel & Co.

Sonntag, den 18. März 1934. Beginn: nachmittags 4 Uhr

in den Sälen des Konzerthauses.

Unter Mitwirkung des N.S.B.O. und D.A.F. Orchesters,
Leitung Kapellmeister R. Grille.

Ferner Mitwirkende: Emmy Wöbbeking v.Stadttheater Schwerin — Sopran

Heinz Stoffer v. Stadttheater Görlitz — Bass

Fritz Senf Der Kalenberger. — Humorist

I. T e i l :

1. Badenweiler Marsch — v. Fürst
2. Ouvertüre z. Op. "Dichter & Bauer" — v. Suppé
3. Begrüssung des Betriebszellenobmannes
   Festrede Kreisbetriebszellenobmann Pg. Kleine
4. Volk ans Gewehr — gemeins.Gesang
5. Heinz Stoffer singt:
   a) Prinz Eugen
   b) Fridericus Rex } 2 Balladen — v. Loewe
6. Trio D Dur
   für Viola d'amore, Violine Cello — J. Hayden
7. Emmy Wöbbeking singt aus Operetten
8. Fritz Senf bringt plattdeutsche Lieder zur Laute

II T e i l :

9. Zwei Märsche m. Fanfaren u.Kesselpauken — v. Henrion
10. Heinz Stoffer singt:
    a) Als Büblein klein
    aus d.Operette "Die lustigen Weiber" — v. Nicolai
    b) Trinklied — v. Obermeyer
11. Brüder in Zechen & Gruben — gemeins. Gesang
12. Emmy Wöbbeking singt neue Schlager
13. Seid Einig ! Potpourri — v. Morena
14. Fritz Senf — Humor
15. Zum Städtele hinaus — Marsch f.Meissne:

Abb. 146 Programm eines Sprengel-›Kameradschaftsabends‹, 1934

Abb. 147 Sprengel-Betriebsfeier

haltungsmelodien und Humor immer einige politische Programmpunkte, im abgedruckten Programm (Abb. 146) Begrüßung und Festrede durch den Pg. Kleine und die gemeinsam zu singenden Lieder ›Volk ans Gewehr‹[138] und ›Brüder in Zechen und Gruben‹. Das beliebte traditionelle Gewerkschaftslied ›Brüder zur Sonne zur Freiheit‹ hatten die Nationalsozialisten 1927 für ihre Zwecke umgedichtet:

Betriebliche Gemeinschaftsveranstaltungen galten »als besonders wirksam zur Schaffung einer engen Betriebsverbundenheit. Das Reichsversicherungsamt [...] erkannte an, daß Gemeinschaftsveranstaltungen wegen ihrer Rückwirkungen auf die Betriebsverbundenheit und die hiermit verbundene Steigerung des Arbeitserfolges auf das engste mit der eigentlichen Betriebstätigkeit im Zusammenhang stehen.«[136] Damit ist das ökonomische Ziel aller dieser Veranstaltungen beschrieben. Manche wurden vom Regime verpflichtend gefordert; da stand die Propaganda im Vordergrund. Unbeliebt waren vor allem die sogenannten Betriebsappelle, zu denen, von der Partei oder der DAF aus politischem Anlass angeordnet, die ›Gefolgschaft‹ anzutreten und der ›Betriebsführer‹ entsprechende Redevorgaben zu erfüllen hatte. Diesen Betriebsappellen während der Arbeitszeit konnten sich weder die Beschäftigten noch der Firmenchef entziehen.

Zu den sogenannten Kameradschaftsabenden luden die DAF und die NSBO ein.[137] Der Betriebszellenleiter der NSBO leitete die Veranstaltung, der ›Betriebsführer‹ hatte anwesend zu sein. Es gab neben Unter-

136 Gordian, Sonderausgabe ›Der Mitarbeiter‹, Hamburg 1937, S. 10.

137 Gordian, Der Mitarbeiter, 1937, S. 10.

1. Brüder in Zechen und Gruben,
Brüder ihr hinter dem Pflug,
aus den Fabriken und Stuben:
Folgt uns'res Banners Zug! ...

Die in den 1930er Jahren begonnenen Betriebsausflüge und Betriebsfeiern erfreuten sich in den Belegschaften großer Beliebtheit. Die Betriebsausflüge der Firmen Sprengel und Feinkost-Appel gingen mit Bussen oder Bahn in die nähere niedersächsische Heimat, es gab Speis' und Trank und am Abend Tanz. Diese Tradition wurde in beiden Firmen bis Anfang der 1970er Jahre fortgeführt.

Ein Fotoalbum der Firma Sprengel aus den Jahren 1933 bis 1939 dokumentiert die Vielfalt sozialer Leistungen und gemeinsamer Veranstaltungen.[139] Über 1000 Fotos zeigen Renovierungen (›Schönheit der Arbeit‹), Betriebssport, betriebliche Feiern, Betriebsausflüge und die Arbeit in der Produktion und erinnern, sorgfältig beschriftet, an Aktivitäten der ›Betriebsgemeinschaft‹. Hakenkreuzfahnen und -embleme sind nur äußerst selten

138 4. Strophe: »Jugend und Alter – Mann für Mann / Umklammern das Hakenkreuzbanner. / Ob Bürger, ob Bauer, ob Arbeitsmann, / Sie schwingen das Schwert und den Hammer /Für Hitler, für Freiheit, / Für Arbeit und Brot. /Deutschland erwache, / Ende die Not! / Volk ans Gewehr!«

139 RWWA 208-573-5.

abgelichtet, und nur eines zeigt den Firmeninhaber bei einem Betriebsappell inmitten der uniformierten Werkscharleute (Abb. 143). Mit Parteiveranstaltungen und -symbolen – das wird in diesem Fotoalbum deutlich – wollten Beschäftigte und Geschäftsleitung möglichst wenig zu tun haben.

DAF-Kampagne – ›Leistungskampf deutscher Betriebe‹

Als wirksames Mittel, den Betriebsgemeinschaftsgedanken in den Unternehmen durchzusetzen, hatte das Regime ein reichsweites Ranking ersonnen. Der Betriebswettkampf ›Leistungskampf der deutschen Betriebe‹ nutzte das unternehmerische Konkurrenzdenken für die politischen Ziele, eine Art ideologisches Qualitätsmanagement. Robert Ley, der Chef der DAF, stellte den Wettbewerb 1936 vor: »Der Nationalsozialismus hat in den Mittelpunkt des Wirtschaftsdenkens den Arbeitsbegriff gestellt. Vorbildlich ist heute nicht mehr der Betrieb, welcher lediglich den größten Gewinn zu verzeichnen hat, sondern jener, der auf der Basis gesunder wirtschaftlicher Verhältnisse eine Menschenbetreuung durchführt, die dem Volk das Wertvollste erhält, was ihm gegeben ist, die Arbeitskraft. Der Antrag musste vom zuständigen Gauobmann der DAF gestellt und vom Fachamt der Arbeitsfront befürwortet werden. Die Leistungsabzeichen sollten »Ausdruck nationalsozialistischer Haltung der Betriebsführung« sein. Die höchste Stufe der Auszeichnung war die des ›nationalsozialistischen Musterbetriebes‹.

Der Fragebogen für die teilnehmenden Betriebe fragte unter der Überschrift ›Erhaltung und Gewährung des sozialen Friedens‹ nach Werkschar, Werksbücherei, Kinderzulagen und Unterstützung für kinderreiche Familien. Der ›Erhaltung und Steigerung der Volkskraft‹ sollten Beihilfen für Eheschließungen, Verheiratetenzulage, Altersversicherungen, Witwen- und Waisenrente, Siedlungshäuser und Werkswohnungen dienen. Die fast 40 Fragen zur ›Erhaltung und Steigerung der Arbeitskraft‹ erwarteten Antworten zum Facharbeiternachwuchs, (Lehrwerkstätte, Werkschule, Begabtenförderung), zur Schönheit der Arbeit (angenehme Gestaltung der Arbeitsräume) und zur Volksgesundheit (Kantine, Werksärzte).

›Kraft durch Freude‹ wurde mit Betriebsausflügen und Gemeinschaftsveranstaltungen gefördert. Zur ›Steigerung der Lebenshaltung‹ zählte die Bezahlung von Sonderurlaub, Weihnachtsgratifikation, Prämien für Verbesserung der Arbeitsmethoden und Entlohnung nach dem Leistungsprinzip und außertarifliche Geldleistungen, die angesichts konstanter Tariflöhne von der DAF erwünscht waren. Der Fragebogen war, wie die Frankfurter Zeitung zusammenfasste, ein »umfassender sozialpolitischer Querschnitt«. Das wirtschaftliche Ziel des »eigentlich nur sozialpolitisch gedachten Reichsleistungskampfes« war, dass die Rentabilität eines Betriebes »sehr wesentlich davon ab(hing), ob die Arbeit mit Freude gemacht wird«.[140]

Von den Betrieben der Groß- und Rüstungsindustrie, die im Mittelpunkt der historischen Forschung stehen, wird angenommen, dass sie sich weigern konnten.[141] Eine Schokoladenfabrik dagegen hatte auch als Heereslieferantin nicht die wehrwirtschaftliche Bedeutung der Rüstungsbetriebe, sie musste immer um die Zuweisung der Ressourcen kämpfen. Der Leistungsbericht der Firma Sprengel verwies auf neu geschaffene Arbeitsplätze: Die Belegschaft war von 614 (1933) auf 891 (1937) Beschäftigte im Jahresdurchschnitt angestiegen.

140 HStAH Dep. 105 Nr. 1820, Frankfurter Zeitung, Ausgabe vom 29.3.1938, S. 13.

141 »Die Haltung der Betriebe gegenüber dem Leistungskampf war unterschiedlich. Die kleinen Betriebe mußten sich mit der DAF arrangieren, um Pressionen aus dem Weg zu gehen. Die Betriebe der Groß- und der Rüstungsindustrie besaßen dagegen eine so herausragende Stellung, daß sie sich durch die DAF nicht unter Druck setzen ließen. Viele lehnten die Teilnahme am Leistungskampf wegen der Einsichtsmöglichkeit der DAF in die betriebswirtschaftlichen Unterlagen ab.« https://www.dhm.de/lemo/html/nazi/organisationen/betriebe/index.html [Zuletzt aufgerufen 2014, Text inzwischen geändert].

Amt „Schönheit der Arbeit"

Gesamteindruck des Betriebes:

Zustand der Arbeitsstätten: (Beleuchtung, Be- und Entlüftung, Lärm, Heizung, Sitzgelegenheiten, Wandputz und Schmuck)

Ist ein Gemeinschaftsraum vorhanden? (mit oder ohne Bühne) ja

Zustand des Gemeinschaftsraumes: sehr gut, künstlich belüftet

Ist ein Kameradschaftshaus vorhanden? nein

Zustand der Aufenthalts- oder Speiseräume:

Welche Möglichkeiten für ein warmes Essen im Betrieb bestehen? Werkeigene oder verpachtete Kantinen? Wärme- oder Kühlanlagen? ja werkseigene Kantine

Wie beteiligt sich die Gefolgschaft am warmen Essen? ca. 60 % (über 400 bei 750 Gefolgschaftsmitgliedern)

Zustand der Umkleideräume: (Größe, Sauberkeit, Lage zum Arbeitsplatz, ausreichende Schränke)
100 %

Zustand der Waschgelegenheiten: (Größe, Sauberkeit, Lage zum Arbeitsplatz, Zweckmäßigkeit)
in jeder Weise erfüllt

Zustand der Abortanlagen: gut

Welche Möglichkeiten sind zum Abstellen der Fahrräder vorhanden? Fahrradständer im Hof und Keller/ 100 %

Grünflächen? nein

Wohnen ledige Gefolgschaftsmitglieder im Betrieb und wie sind sie untergebracht? nein

Abb. 148 Auszug aus dem Fragebogen ›Leistungskampf deutscher Betriebe‹, 1940

An sozialpolitischen Verbesserungen wurde von Sprengel aufgeführt: Zahlung von Feiertagen, Erhöhung des Lohnniveaus durch die neue Gruppe der angelernten Fachkräfte, verbessertes Krankengeld, deutliche Erhöhung des Urlaubs um 2–3 Tage, Kündigungsfrist früher täglich, heute nach 4 Wochen, Probezeit 14-tägig, Einrichtung einer Kantine und Zuschuss von 0,35 RM pro Essensportion, Jubiläumsgaben in Höhe von 5668 RM, Weihnachtsgratifikation 95 374 RM in den letzten vier Jahren. Für die Betriebssportgemeinschaft Sprengel von 1931 wurde eine Sportplatzanlage geschaffen.

Die Anweisungen der DAF zur Durchführung des Leistungskampfes lasen sich wie Militärbefehle: »Alle Betriebe unseres Ortsverwaltungsbereiches, die sich zum Leistungskampf gemeldet haben, führen am Dienstag, den 3.8.1937 einen Betriebsappell durch. Sämtliche Betriebe sind verpflichtet, ein Transparent im Riesenformat auszuhängen und zwar mit der folgenden Aufschrift: ›Wir marschieren mit!‹ Die Anordnungen sind strengstens einzuhalten.«[142]

142 HStAH Dep. 205, Nr. 1616, Schreiben der DAF vom 30.7.1937.

Die DAF verlangte die Gründung einer Werkschar, die »Schaffung von Lehrwerkstätten, Werkskantinen, Sportanlagen, Sportgemeinschaften, Verschönerung der Werksräume, Einrichtung eines Gemeinschaftshauses bzw. Raumes, Gründung einer zusätzlichen Altersversorgung.

Die Gründung der August Sprengel Stiftung für eine zusätzliche Altersversorgung erfolgte noch im selben Jahr. Der Berater Bredt hatte zur Gründung der betrieblichen Altersversorgung geraten: »Ich schlage vor, an den Verein aus dem Rohgewinn des Geschäftsjahres 1937 einen Betrag von RM 200 000 zu überweisen. Der Betrag stellt in der Gewinn- und Verlustrechnung der Firma einen gewinnmindernden Aufwand dar. Ich empfehle, die Zuwendung der Firma an den Verein mit dem 70. Geburtstag Ihres Herrn Vaters in Verbindung zu bringen und die Verkündung am 1. Mai vorzunehmen. Aus der Verkündung muss jedoch deutlich hervorgehen, dass es sich um eine Zuwendung der Firma und nicht etwa nur um eine solche Ihres Herrn Vaters privat handelt.«[143] Die Gewinnausschüttung war von den Nationalsozialisten begrenzt worden. Die psychologische Wirkung hoher Gewinnausschüttungen auf die Bevölkerung schätzte die NS-Wirtschaftspolitik als gefährlich ein. Es sollte der Eindruck vermieden werden, dass die Kapitaleigentümer einseitig Begünstigte der Wirtschaftskonjunktur würden. Die Vereinsgründung hatte für Sprengel den praktischen Nebeneffekt, die Gewinne zu reduzieren und mittels Darlehen der Stiftung an die Firma Investitionen zu finanzieren.

Der Verein zahlte laufende Betriebsrenten, einmalige Zuwendungen an Jubilare und Veteranen über ein Monatseinkommen, Unterstützungen in Notzeit, Stiftungen, Spenden, die ausdrücklich vom Verein übernommen werden. Zusätzlich finanzierte die Firma »freiwillige Sozialaufwendungen […] wie die Unterhaltung sozialer Einrichtungen, Sportpflege, Verbesserung der Arbeitsstätten in

143 HStAH Dep. 105 Acc. 2/80, Nr. 451.

Abb. 149 ›Schönheit der Arbeit‹: Renovierung der Arbeitsräume

Abb. 150 Neu eingerichtete Werkskantine

Zur Kennzeichnung der Firmen, die sich zum
Leistungskampf der Betriebe 1939/40
gemeldet haben, bringen wir mit Genehmigung des
Propaganda-Amtes der Deutschen Arbeitsfront
ein Spannband gemäß der untenstehenden Abbildung heraus:

Wir marschieren mit
im Leistungskampf der Betriebe 1939/40

Das Spannband besteht aus wasserbeständigem Papier / Es wird in zwei Größen geliefert.
Bestell-Nummer 1 Größe 90 x 260 cm zum Preise von RM. 2.50 pro Stück
Bestell-Nummer 2 Größe 32 x 92 cm zum Preise von RM. 0.70 pro Stück
Die Preise gelten ab Fabrik ausschließlich Verpackung.

Das große Band eignet sich besonders für Häuserfronten und größere Betriebe, das kleine für Kleinbetriebe und Handelsgeschäfte.

Wir erbitten umgehende Bestellung, damit die Lieferung pünktlich erfolgen kann.

Bestellungen sind auf dem unteren Abschnitt an die zuständige Kreiswaltung der Deutschen Arbeitsfront zu leiten, welche dieselben gesammelt aufgibt.

Langebartels & Jürgens, Offset-Druckerei, Hamburg-Altona 1
Friedensallee 120 • Fernruf: Hamburg 42 44 77/78 • Telegramme: Langejürgen Hamburg-Altona

Abb. 151 Drucksache mit Vorlage für das Spannband ›Wir marschieren mit‹

Auf Grund der Anordnung des Reichsorganisationsleiters über den »Leistungskampf der deutschen Betriebe« und der Verleihung des »Gaudiploms für hervorragende Leistungen« durch den Gauleiter der NSDAP erhält der Betrieb

B. Sprengel & Co. Hannover

die Berechtigung zum Führen des Ehrenschildes

Gaudiplom für hervorragende Leistungen

Das Recht zur Führung muß in jedem Jahre neu erworben werden

Der Gauobmann

Die Deutsche Arbeitsfront, Gau Süd-Hann.-Braunschweig. Der Gau-Obmann

Abb. 152 Gaudiplom Leistungskampf deutscher Betriebe

sozialer Beziehung, Werkswohnungen, Werkschar, Frauengruppe, praktische Kurse aller Art, künstlerische und wiss. Erziehung und Bildung, Urlaubsreisen, einmalige Festgaben z.B. zu Weihnachten, Fürsorge für Kranke und Erholungsbedürftige, Betriebsfeiern, Kameradschaftsveranstaltungen, Fürsorge für Mutter und Kind«.[144] Das war – knapp zusammengefasst – das volle Programm betrieblicher Sozialpolitik.

Im Jahr 1938 erhielt die Firma Sprengel das erste sog. Gaudiplom für die ›vorbildliche Sorge um die Volksgesundheit‹ und die ›vorbildliche Förderung von Kraft durch Freude‹. Die Firma bestellte zwei Leistungsabzeichen bei der Preußischen Bergwerks- und Hütten-AG und ließ sich von der DAF bestätigen: »Die Lage der Firma macht es erforderlich zwei Ehrenschilder zu führen«, nämlich eines für das Tor in der Schaufelder und eines in der Glünderstraße; es war Sprengel wichtig, die Auszeichnung auch öffentlich zu präsentieren. Ihm war an einer schnellen Lieferung gelegen, aber die Kunstgießerei bat um Geduld, »weil auch die anderen Firmen alle sehr auf den baldigen Erhalt ihrer Gaudiplome drängen«.[145]

Von beeindruckender Pingeligkeit, als ginge es um die Produktion von Geschützen, waren die Vorschriften für den Briefbogen der ausgezeichneten Betriebe: »Die Prägung ist ähnlich derjenigen der Musterbetriebe, in der linken unteren Ecke des Briefbogens so anzubringen, dass der Abstand vom linken Rand 1 cm und vom unteren Rang 2 cm bis zur äusseren Begrenzung des Prägestempels beträgt.« Aufwand und Kosten wurden auch im Krieg nicht gescheut, um einen unbedeutenden Produktionsfehler der Prägestempel zu korrigieren: »Bitte um Rücksendung des versandten Prägestempels, da der Stempel nicht richtig angefertigt ist, da die Prägung Zahl über Zahn stehen muss, während in dem gelieferten Stempel das Zahnrad auf zwei Zähnen steht.«[146]

Die höchste Stufe, die eines ›nationalsozialistischen Musterbetriebes‹, erreichten nur drei Betriebe der Süßwaren-Industrie: Stollwerck Köln, Schmidt & Söhne Oschersleben und Staengel & Ziller (Eszet) Stuttgart. Die Firma Sprengel war zwar 1939 »unter den 150 Betrieben, die die Beauftragten meines Amtes und die Zentralstellen der NSDAP, des Staates und der Wirtschaft aus den Gauvorschlägen nochmals nach besonders strengem Maßstab ausmusterten«. Sie konnte die »Stellung im Vortrupp des Leistungskampfes wahren, (wurde) aber dennoch nicht mit der Goldenen Fahne der Musterbetriebe ausgezeichnet«.[147] Sprengel selbst führte dies später auf seine damals noch fehlende Parteimitgliedschaft zurück. »In den Jahren 1938–40 war es die Absicht

144 Bredt, HStAH Dep. 105, Acc. 2/80, Nr. 451.

145 HStAH Dep. 105, Nr. 1820.

146 HStAH Dep. 105, Nr. 1697, Schreiben vom 7.6.1940.

147 HStAH Dep. 105, Nr. 1616, Schreiben der DAF vom 28.4.1939.

der Partei, die Firma Sprengel in Hannover zu einem Musterbetrieb zu machen. Alle Voraussetzungen hierfür schienen gegeben bis auf die meiner Parteimitgliedschaft.«[148]

Die heutige, oft gelesene Einschätzung, der ›Leistungskampf der deutschen Betriebe‹ habe im Interesse der Aufrüstung die Arbeitshetze[149] vergrößert, trifft nicht Intention und Wirkung der Kampagne in der Vorkriegszeit. Soziale Leistungen der Betriebe wurden in dem Wissen gefordert, dass betriebliche Sozialpolitik die wechselseitige Loyalität von Belegschaft und Leitung fördert und gleichzeitig die Arbeitnehmer zufriedener und leistungsbereiter macht. Die Nationalsozialisten haben angewandt und genutzt, was unter sozialer Betriebspolitik schon vor der Machtergreifung diskutiert worden war.[150] Für das Regime sollte die DAF mit den sozialpolitischen Errungenschaften die Loyalität der Arbeiterschaft sichern.[151] Gleichzeitig gewann die DAF mit ihrem ›Verbandsimperialismus‹ (Mason) an Einfluss im NS-Machtgefüge. Der Wert der gewährten zusätzlichen Sozialleistungen der Industrie wird allein für das Jahr 1938 reichsweit auf 200 Mill. RM geschätzt. »Ein Reichstreuhänder schätzte, daß die sozialen Reformen dieser Jahre insgesamt – einschließlich der bezahlten Feiertage – die Lohnkosten der Industrie um rund 6,5 % erhöht hatten.«[152] Im Krieg gewannen leistungs- und produktivitätssteigernde Aspekte an Gewicht,[153] aber eine Politik des Verzichts zugunsten der militärischen Expansion machte sich die DAF auch dann nicht zu eigen.

Forciert wurde vom Regime bzw. der DAF die Lehrlingsausbildung. Das war für Firmen und Arbeitnehmer gleichermaßen nützlich. Mit dem neuen Reichsschulgesetz wurde die lückenlose Einführung der industriellen Berufsausbildung im Reich durchgesetzt. Für alle Schulabgänger war damit irgendeine Art von institutionalisierter Berufsausbildung vorgeschrieben – auch wenn es dabei zu Engpässen in der Lehrlingsausbildung kam.[154] Für 104 Facharbeiterberufe wurden Berufsbilder festgelegt. In der Süßwarenindustrie wurden vier Lehrberufe anerkannt, der Schokoladenmacher und Konfektmacher, Bonbonkocher und Zuckerbäcker, in der Fischindustrie der Fischwerker und Räucherer. In beiden Zweigen der Nahrungsmittelindustrie hatten bis dahin ausgebildete Fachkräfte gefehlt. Die Spezialisten hatten sich ihr Wissen durch Erfahrung erworben, ihre Tätigkeit war aber nicht als Lehrberuf anerkannt. Im Zusammenwirken mit den Kammern und dem Ausschuss für technisches Schulwesen und der DAF wurden Berufsbilder und Prüfungsordnungen entwickelt.

Die Arbeitsfront schickte den Firmen einen Fragebogen zur Lehrlingsausbildung und forderte die Einrichtung von Ausbildungswerkstätten. Diese Ausbildungsoffensive war sehr wirksam. Bis 1936 hatte sich die Zahl der Lehrlingsstellen vervielfacht. Es kam zu einem starken Mangel an Ungelernten, »das Regime wurde zum Gefangenen der eigenen Facharbeiterideologie. Industrielle Berufsausbildung und Qualifizierung waren während des Dritten Reiches zu einer Massenbewegung geworden.«[155] Bernhard Sprengel wurde zum Obmann des

148 HStAH Dep. 105 Acc. 2/80, Nr. 2, Entnazifizierungs-Fragebogen Bernhard Sprengel.

149 »Die Beschäftigten nahmen die damit verbundenen sozialen Verbesserungen zwar gern an, die Teilnahme an den Leistungskämpfen bedeutete aber oft nur verstärkte Arbeitshetze und nunmehr erhöhten Druck von der Unternehmensleitung und der DAF«, https://www.dhm.de/lemo/html/nazi/organisationen/betriebe/index.html [Zuletzt aufgerufen 2014, Text inzwischen geändert].

150 Goetz Briefs: Probleme der sozialen Betriebspolitik, Berlin 1930; zur Debatte aus kritischer gewerkschaftlicher Sicht: Theodor Geiger: Sozialpolitik im Betriebe. In: Die Arbeit, Jg. 1930, Heft 12, S.831–840.

151 Timothy Mason: Sozialpolitik im Dritten Reich: Arbeiterklasse und Volksgemeinschaft, Opladen 1977, S. 247.

152 Ebd. S. 252.

153 Ebd. S. 202.

154 Werner Abelshauser: Modernisierung oder institutionelle Revolution? In: Werner Abelshauser (Hrsg.): Wirtschaftsordnung, Staat und Unternehmen, Essen 2003, S. 32.

155 Abelshauser, Modernisierung. S. 32.

Seite 134 Nr. 6 „KAZETT", DRESDEN-A. 1 31. März 1937

Berufsbild des Schokolademachers
(für die praktische Ausbildung)
Lehrzeit: 3 Jahre

Arbeitsgebiet des Facharbeiters:

Bearbeiten der Kakaobohnen und Herstellen von Kakaoerzeugnissen, im besonderen von Schokolade, Kakaopulver, Kakaomasse, Kakaobutter und Ueberzugsmasse.

Fertigkeiten, die der Lehrling in der Lehrzeit erwerben soll:

Notwendige:

Beurteilen und Behandeln der zu verarbeitenden Stoffe.
Bedienen der Vorreinigungsmaschine, des Kakaorösters, der Brech- und Reinigungsmaschine und der Keim-Auslesemaschine zum Reinigen, Rösten und Brechen von Kakaobohnen.
Behandeln des Kakaos zum Zwecke des Aufschließens.
Bedienen der Drillingsmühlen und Kakaowalzen zum Mahlen und Walzen von gebrochenen Kakaobohnen.
Bedienen der Kakaobutterpressen zum Abpressen und Filtern von Kakaobutter.
Bedienen des Kakaokuchenbrechers und Pulverisators sowie der Siebanlage zum Brechen, Sieben und Pulverisieren von Kakaopreßkuchen.
Einstellen und Bedienen der Maschinen zum Ansetzen, Melangieren, Walzen, Conchieren und Temperieren von Schokolademassen.
Temperieren und Behandeln der Formen.
Ein- und Ausformen von Schokolade.
Abpacken von Kakaopulver und Verpacken von Schokolade, auch mit Maschinen.
Reinigen und Pflegen der Maschinen und Einrichtungen.

Erwünschte:

Dekorieren mit Schokolade.
Bedienen des Vakuumkneters für Schokoladen.
Herstellen von Pralineneinlagen.
Einfache Maschinenschlosserarbeiten.

Abb. 153 Neuentwickelte Berufsbilder des Schokoladenmachers

Prüfungsausschusses für Schokoladenmacher und Konfektmacher der Industrie,[156] in dem neben zwei Arbeitgebervertretern ein Lehrer und ein Beschäftigter Mitglied waren. Die Prüfungen wurden vor den Industrie- und Handelskammern abgenommen.

Wirtschaftliche Vereinigung: Korsett für die Schokoladenindustrie

Im Verband der Schokoladenfabrikanten und in den Fachzeitschriften wurden im Jahr 1933 die Auseinandersetzungen um die Markenkonvention und Mindestpreise heftig geführt. Eine wachsende Anzahl von Fabrikanten sprach sich für ein Zwangskartell zur Überwindung der Überproduktionskrise aus. An die Kartellierungsbestrebungen in Teilen der Industrie konnten die Nationalsozialisten anknüpfen, denen Wettbewerb als überwundenes Merkmal des verhassten ›liberalistischen Wirtschaftssystems‹ galt. Die Fachzeitschrift Gordian drohte in vorauseilendem Gehorsam mit dem Eingreifen der Regierung, um die Fabrikanten zur Einheit zu zwingen: »Treibt ein Wirtschaftszweig dem Ruin entgegen, weil seine Mitglieder nicht fähig sind, geordnete Verhältnisse zu schaffen, so dürfte die Regierung die in dem Kartellgesetz niedergelegten Bestimmungen zur Anwendung bringen und

156 HStAH Dep. 105, Nr. 1612.

durch Zwang die Verhältnisse so regeln, daß das Gemeinwohl keinen Schaden nimmt.«[157]

80 Prozent der Firmen hatten die Konvention im August 1933 unterschrieben, 18 Unternehmen weigerten sich; Sprengel auch. Dem Trommeln für die Markenkonvention setzte ein ungenannter Leser seine abweichende Auffassung entgegen: »Ihre Ausführungen können nicht unwidersprochen bleiben, denn es könnte sonst der Eindruck entstehen, die ganze ›braune Branche‹ wäre mit einer Art Planwirtschaft einverstanden. Die in Ihrem Aufsatze entwickelte Linie mündet letzten Endes in einer mehr oder weniger scharf akzentuierten Planung von Einfuhr, Verbrauch und Preiserstellung. Ich bezweifele sehr, ob die Mehrzahl der Gordian-Leser auf Ihrer Seite ist, denn es gibt – Gott sei Dank – noch Kaufleute und Fabrikanten, die von der Planwirtschaft nichts wissen wollen, und das sind nicht gerade die Schlechtesten.«[158] Es gab sie noch, die liberalen ›Außenseiter‹. Sie waren sich sicher: Die nationalsozialistische Regierung würde kein Interesse haben, die Preise für Verbrauchsgüter durch Mindestpreisregelungen hoch zu halten.[159] Und welches Interesse konnte ein Fabrikant an staatlich reglementierter Wirtschaft haben?

Die Befürworter im Gordian schlugen einen scharfen Ton an: »Heute noch abseits Stehende werden daher entweder die neue Weltanschauung und damit auch die neue Wirtschaftsverfassung in sich aufnehmen müssen, oder aber sie werden aus dem Wirtschaftsleben allmählich ausgeschieden, weil sie mit ihrer abweichenden Auffassung auf die Dauer nicht lebensfähig sind. Wenn jemand verständnislos neben der Zeit herlebt, so kann er sich nicht wundern, wenn er sich eines Tages auf einem toten Geleise befindet.«[160]

Sprengel sprach sich dezidiert gegen die Vereinbarung aus: »Wird ein Vertrag, wie er vom Reichsverband der Deutschen Süßwarengroßhändler vorgesehen ist, durch den versucht werden soll, die Absatzverhältnisse zu reglementieren, die individuellen Unterschiede in den Verkaufsmethoden der vielen kleinen und großen Firmen nivellieren, wäre das ein schwerer Schaden für die ganze Branche. Derartige Bestrebungen sind nach unserer Überzeugung nur geeignet, die natürliche und gesunde Auslese zu behindern.«[161] Um die Einschränkung seiner eigenen Handlungsautonomie als Unternehmer zu verhindern, nutzte er zeitgeistige sozialdarwinistische Argumente. Für Wettbewerb sich auszusprechen, wäre zu dem Zeitpunkt schwierig, im besten Fall erfolglos gewesen.

Die Fabrikanten, die noch auf Wettbewerb setzten, wurden scharf attackiert. Sogar in der Kakaozeitung, die sich bis dahin nicht zum Sprecher einer Zwangsorganisation gemacht hatte, gab es im Februar 1934 einen Kampfartikel gegen Wettbewerb: »Ein Fabrikant, der vermöge seines zur Zeit noch ausreichenden Kapitals den Fachgenossen an die Wand drücken will, begeht ein Verbrechen am Gesamtvolk. Ein Fabrikant, der um persönlicher Vorteile willen in bedenkenloser Weise durch Preisschleuderei unter Gestehungskosten der Gesamtheit der Industrie Verluste aufzwingt, ist ein Volksschädling!« [162] Der brutale Jargon der Nazis hatte Einzug in eine Debatte gefunden, die seit 13 Jahren in der Schokoladenbranche kontrovers diskutiert wurde. Der ›Gordian‹, der sich zum Hauptfürsprecher eines Zwangskartells gemacht hatte, sah sich am Ziel und frohlockte: »Die Süßwarenindustrie wird in die gedanklich straffste Wirtschaftsorganisation eingeordnet, die bisher geschaffen worden ist. Es besteht daher begründete Aussicht, daß bald in der Süßwarenindustrie eine grundlegende Neuregelung erfolgt.«[163]

Die Kontingentierung von Rohkakao, um die es so grundsätzliche ordnungspolitische Debatten gegeben hatte, wurde schließlich

157 Gordian, August 1933, S. 12.
158 Gordian, Mai 1933, S. 13.
159 Kazett, Dezember 1933, S. 669.
160 Gordian, November 1933, S.11.
161 HStAH Dep. 105, Nr. 1180, Schreiben vom 24.6.1933.
162 Kazett, Februar 1934, S. 70.
163 Gordian, Februar 1934, S. 12.

aus ganz anderen Gründen eingeführt, nämlich um die defizitäre deutsche Devisenbilanz auszugleichen. Reichsbankpräsident Hjalmar Schacht machte 1934 die Einfuhren, d.h. den Warenverkehr, genehmigungspflichtig. »Das strategische Ziel war dabei, die Einfuhr weitgehend auf solche Lieferländer umzulenken, die ihrerseits in entsprechendem Umfang deutsche Exporte aufnahmen. Die Folgen dieser fast gewaltsamen Umdirigierung der bisherigen, marktwirtschaftlich an Preisen und Qualität orientierten Warenströme waren enorm.«[164]

Die Schokoladenfabrikanten waren in der wenig komfortablen Situation, dass die Rohkakao produzierenden Länder in Westafrika und in Südamerika wenig deutsche Exporte aufnahmen. Die Genehmigung von Rohkakaoeinfuhren war für eine ausgeglichene Devisenbilanz nachrangig. Bei der Devisenzuteilung sollte in erster Linie der Bedarf an Rohstoffen und Lebensmitteln gesichert werden. Gehörte Schokolade zu den Lebensmitteln?

Ende 1933 hatte die Verbandszeitschrift hoffnungsfroh berichtet, dass »durch Gesetz vom 14. Neblung [November] Schokolademilch und Kakaomilch von Sondersteuer befreit sein sollte und mit Hilfe der Unterrichtsministerien die großzügige Einführung des Schul-Milchfrühstücks vorgesehen wurde«. Man rechnete mit etwa 1 Million Schülern, die regelmäßig in den Genuss der Schulmilch und des Schulkakaos kommen würden.[165] Damit war die Schokoladenmilch als nährende Schülernahrung anerkennt und die ideologische Auseinandersetzung um das ›rasseverschlechternde Erbgift Kakao‹ zunächst zugunsten der Kakao-Produktion entschieden.

Der ›Kampfbund für Deutsche Gesundheits- und Rassenpflege‹ und die Zeitschrift ›Deutsche Volksgesundheit aus Blut und Boden‹ verbreiteten die Anschauungen einer radikalen Ernährungsreformbewegung gegen industrielle Nahrung. Der Volksschullehrer Curt Lenzner[166] führte in seinem Buch ›Gift in der Nahrung‹ den Niedergang der Rasse auf den Genuss von Reiz- und Rauschmitteln zurück. ›Die Rausch- und Genußmittel‹, hieß es in einem der 12 Leitsätze zur deutschen Volksgesundheit der Zeitschrift ›Deutsche Volksgesundheit‹, »vor allem Alkohol, Tabak, Kaffee, Tee, Kakao u.a. sind *Erbgifte*, die nicht nur den Körper krank machen, sondern durch Schädigung der Erbmasse Kinder und Kindeskinder entarten. ... Gesetzliche Verbote sind unzweckmäßig. Solche Süchte müssen *überwunden* werden im harten Willenskampf.«[167] Die Bevölkerung hatte indes für den Konsumverzicht der nationalsozialistischen ›Blut-und Boden-Ideologen‹ wenig übrig, mit der Einführung des Schulmilch-/Kakaofrühstücks konnte das Regime dagegen Sympathien wecken. Ludwig Hohlwein entwarf für Sprengel eine Kakaoreklame (Abb. 155).[168]

So richtig freuen konnten sich die Schokoladenfabrikanten über den Mehrabsatz an Trinkkakao nicht, denn kurz darauf gab es für sie eine ›Kakao-Herstellungspflicht‹ und dekretierte Höchstpreise. Mit Gefälligkeiten wollte das Regime die Bevölkerung gewinnen. Die Vorstellung einiger Schokoladenproduzenten, man könne Mindestpreise zwangsweise durchsetzen, hatte sich als Illusion erwiesen. Die liberalen Gegner der Markenkonvention

164 Heinrich Irmler: Bankenkrise und Vollbeschäftigungspolitik 1931–1936. In: Deutsche Bundesbank (Hrsg.), Währung und Wirtschaft in Deutschland 1876–1975, Frankfurt 1975, S. 304.

165 Kazett, Dezember 1933.

166 Sie lebt noch, die Blut- und Bodenideologie von damals. Dazu ein kurzes Zitat aus heutiger – ›alternativer‹ – Sicht: »Es (das Buch von Lenzner) soll lediglich ein Trommelschlag sein, ein Aufruf zur Schaffung einer natürlichen Kultur!«, naturheilpraxis 4, München 2009, http://www.naturheilpraxis.de/nh/archiv/2009/nhp04/a_nh-09_04_ernaehrung01.html [zuletzt aufgerufen am 17.1.2016].

167 Heinrich Fincke: Kakao ein rasseverschlechterndes ›Erbgift‹? Zugleich eine Auseinandersetzung mit übertriebenen Ernährungsreformbestrebungen. In: Kazett, Dezember 1933, S. 641.

168 »Sprengel Kakao, Sprengel, Sprengel«, rufen die Kinder. »Wenn süß lockt vom Sprengel-Kakao der Duft, dann ist es nicht nötig, daß Mutter erst ruft.« RWWA 208-827-14

Abb. 154 Schaufensterwerbung um 1934 für Sprengel-Kakao

und einer Zwangsorganisation hatten die Situation realistischer eingeschätzt.

Vom ›Reichsnährstand‹, dem die gesamte Nahrungsmittelindustrie unterstellt war, wurde für die Rohkakao verarbeitenden Betriebe ein Treuhänder eingesetzt. Dieser hatte »die Verwendung von Rohkakao so zu regeln, daß die Betriebe im volkswirtschaftlich gerechtfertigter Weise mit Rohkakao versorgt werden. Nach Maßgabe der verfügbaren Mengen von Rohkakao stellte er den einzelnen Betrieben bestimmte Kontingente zur Verfügung und erließ Vorschriften über Vorratsstreckung.«[169] Höhere Milch- und Zuckeranteile aus deutscher Landwirtschaft sollten den Rohkakaobedarf verringern, Saisonartikel durften nur noch aus Milchschokolade gefertigt werden. Die Kontingente für die jährlich zu verarbeitenden Mengen wurden aus dem Durchschnitt der Jahre 1924 bis 1933 errechnet. Sämtliche Vorräte der Betriebe an Rohkakao, Halbfabrikaten und Überzugsmassen wurden für die Verarbeitung gesperrt. Ohne besondere Anmeldung durften nur die ermittelten Durchschnittsmengen verarbeitet werden.

Bernhard Sprengel hielt sich nicht an die Vorgaben und erhielt eine harsche Abmahnung des Treuhänders »daß Sie die laut Anordnung Nr. 2 zur Verarbeitung freigegebenen Monatsmengen zuzüglich 30 % laut Anordnung Nr. 3, Ziffer 1 um 51 dz überschritten haben, da diese Monatsmengen nach den von Ihnen mitgeteilten Zahlen 3474 dz betragen. Nach Anhörung des Beirates ist für die Kontingentsüberschreitung eine Strafe von RM 10, je dz Differenz festgesetzt worden. Die von Ihnen zu zahlende Strafe beträgt also RM 510,– ... Gleichzeitig haben Sie die mehrverarbeitete

169 HStAH Dep. 105, Nr. 1445.

Abb. 155 Entwurf einer Sprengel-Kakao-Reklame von Ludwig Hohlwein, 1934

Menge in den Monaten Dez. 34 und Januar 35 einzusparen.«[170] Sprengel zahlte die Strafe und verzichtete auf einen Einspruch. Im schlimmsten Fall hätte der Treuhänder eine Ordnungsstrafe bis zu 10000 RM wegen Verstoßes gegen seine Anordnungen verhängen können.

Die staatlichen Vorschriften beschränkten sich nicht auf Kontingentierung und Vorratshaltung. Sprengels Berater Bredt war über die weiteren Planungen gut informiert. Er schrieb ihm, was die Industrie erwartete: »Interessieren wird Sie, dass in der Süsswarenbranche im Anschluss an den Reichsnährstand eine wirtschaftliche Vereinigung in der Bildung begriffen ist, wie sie auch bei andern, dem Reichsnährstand angeschlossenen Branchen gegründet wurde. Die wirtschaftliche Vereinigung, die eine Art Zwangsorganisation mit Selbstverwaltungseigenschaft ist, hat die Aufgabe, sämtliche Markt- und Absatzfragen der Branche, und zwar für Industrie, Gross- und Einzelhandel zu regeln. Hierunter fallen nicht nur die Liefer- und Zahlungsbedingungen, sondern auch die Festsetzung der Rabatte, der Preise und a.m. [anderes mehr] Soweit ich unterrichtet bin, wird ein beamteter Vorsitzender vom Reichsnährstand bestellt werden, der nach dem Führerprinzip in erheblichem Ausmaße diktatorische Vollmachten hat. Die reichsgesetzliche Regelung hierfür ist bereits vor einiger Zeit erfolgt. Der bisherige Beauftragte, Dr. Schweikert, ist abberufen worden. An dessen Stelle sind drei neue Herren getreten, die anscheinend aus dem Einzelhandel stammen, jedenfalls stark dessen Interessen vertreten.«[171]

So kam es dann auch. Über die neu geschaffenen Wirtschaftlichen Vereinigungen kontrollierten die Nationalsozialisten, bzw. die von Ihnen begünstigten Gruppen, die Wirtschaft. In der Wirtschaftlichen Vereinigung Süßwaren (WVS) waren die Handels- und später die Zuckerinteressen dominierend. Die Schokoladenfabrikanten hatten wenig zu sagen. Deren freiwillige Interessenverbände mussten sich auflösen. Da die Lebensmittelindustrie dem Reichsnährstand unterstellt war, entschied der ›Reichsbauernführer‹ über alle Stellenbesetzungen und letztlich über die Anordnungen.

Nach § 5 der Satzung der Wirtschaftlichen Vereinigung Süßwarenindustrie hatte der Vorsitzende folgende Aufgaben:

1. Kontingentierung des Bedarfs
2. Genehmigung der Herstellung bisher nicht hergestellter Erzeugnisse
3. Genehmigung einer Erweiterung der Produktion
4. Das Recht, Mitgliedsbetriebe dauernd oder vorübergehend stillzulegen
5. Vorschriften über Einlagerung und Verarbeitung von Rohwaren zu erlassen
6. Zuteilung der Rohkakao-Kontingente

170 HStAH Dep. 105, Nr. 1442, Schreiben des Treuhänders für die Rohkakao verarbeitenden Betriebe vom 13.7.1934.

171 HStAH Dep. 105 Acc. 2/80, Nr. 453, Schreiben Bredt an Sprengel vom 30.7.1934. Der Herausgeber des ›Goldenen Buchs der Süßwarengewerbes und der Süßwaren-Zeitung‹, Hermann Meyer zu Selhausen, vertrat ebenfalls Handelsinteressen. Die Zeitschrift wurde ab 1936 zu einem quasi-offiziellen Organ der Wirtschaftlichen Vereinigung Süßwarenwirtschaft. Meyer zu Selhausen vertrat noch bis Mitte der 1950er Jahre die – nationalsozialistischen – Ideen des ständischen Wirtschaftsaufbaus gegen ›das Machtstreben der Markenindustrie‹. Das goldene Buch des Süßwarengewerbes Bad VIII 1954/55, S. 5.

7. Festsetzung volkswirtschaftlich gerechtfertigter Preise und Preisspannen, die für die Mitglieder verbindlich sind
9. Erlass verbindlicher Vorschriften über die Herstellung, Beschaffenheit, Lagerung, Verpackung und den Absatz einschließlich des Feilbietens und Anbietens
14. Beiträge zur Deckung der Verwaltungsunkosten zu erheben
15. Bei Verstößen gegen Anordnungen Ordnungsstrafen bis zu 10 000 RM erheben.

Beschwerde beim Beschwerdeausschuss war zulässig.[172]

Diese weitreichenden Eingriffsmöglichkeiten in die Betriebe waren für einen Unternehmer bitter. Gab es eine Möglichkeit, sich einen gewissen Einflussbereich zu erhalten oder zumindest frühzeitig an wichtige Informationen zu gelangen? Unterhalb der Wirtschaftlichen Vereinigung war die Kakao- und Schokolade-Industrie in 14 regionale Bezirksfachgruppen mit jeweils einem Bezirksobmann gegliedert. Diese hatten keine Entscheidungsrechte. Sie luden die Mitglieder vor Ort zu Mitgliederversammlungen ein und informierten über aktuelle Entwicklungen und tauschten sich aus.

Sprengel erhielt im Mai 1935 ein Schreiben von der Wirtschaftlichen Vereinigung: »Herr Fachgruppenleiter beabsichtigt Sie als Obmann für den Bezirk Niedersachsen vorzuschlagen. Wir bitten Sie nun, um freundliche umgehende Ausfüllung und Rücksendung der beiliegenden Fragebogen.«[173] Sprengel füllte den Fragebogen aus und schickte ihn zurück. »Mitglied der NSDAP seit: 1.8.1934 Mitgl. Nr.: Noch keine! Parteiämter: Beisitzer d. Ehrengerichts f. d. Treuhänderbezirk Niedersachsen, 2. Stellvertreter des Gaubetriebsgemeinschaftswalters der R.G.I bei der Dt. Arbeitsfront, 5. Juni 1935.«

Er gab sich in dem Fragebogen als Parteimitglied ohne Mitgliedsnummer aus, obwohl er im Juni 1933 nur einen Aufnahmeantrag gestellt hatte, aber nicht aufgenommen worden war. Wahrscheinlich schätzte er die Desorganisation der Partei so ein, dass er für sich keine Gefahr sah. Sein Antrag konnte ja noch irgendwo ruhen und wenn man ihn fand, würde er eben eintreten. Seine Rechnung ging auf. Mit Verfügung des Wirtschaftsgruppen-Leiters vom 3. Juli 1935 wurde Bernhard Sprengel zum Obmann des Bezirks Niedersachsen ernannt.

Die Kakao-Zeitung meldete im Juni 1936: »Mitgliederversammlung des Bezirks Niedersachsen 1. 7. 1936 Leitung Dr. Sprengel, Anregungen und Wünsche zu denn Geschäftsbedingungen der Wirtschaftlichen Vereinigung vor allem zu 4, 9, 13, 14, 30, 37–39.« Die Tagesordnung wurde von Sprengel genutzt, um gegenüber den weitgehenden Eingriffsrechten der Wirtschaftlichen Vereinigung eine regionale Meinungsbildung herzustellen. Vielleicht ließ sich ja bei den regelmäßigen Treffen der Bezirksobleute in Berlin etwas bewirken.

Seine Korrespondenz mit dem Vorsitzenden der Wirtschaftlichen Vereinigung (WSV) und dessen Stellvertreter um die ihm zugewiesenen Rohkakaokontingente führte Sprengel selbstbewusst mit großer Hartnäckigkeit. An die WSV schrieb er: »Die neue Kontingents-Festsetzung von 945 dz bedeutet eine Verminderung des alten Kontingents von 1259 dz um 25 % [...] Die Aufgabe aller Unternehmer muss heute in erster Linie darin bestehen, mit einer ihm zur Verfügung gestellten Menge Rohmaterial möglichst viele Menschen zu beschäftigen. Es ist selbstverständlich, dass dieser Grundsatz bei der Verarbeitung von ausländischem Rohmaterial in noch weit höherem Maße zutreffen sollte. Es kann nicht der Sinn der Rohkakao-Kontingentierung sein, dass Unternehmer, die es verstanden haben, den Verkauf von Artikeln zu pflegen, mit deren Fabrikation die meisten Menschen beschäftigt werden, nach den gleichen Grundsätzen Rohmaterial zugeteilt bekommen, wie Fabrikanten, denen es nicht möglich war,

172 Kazett, Juni 1935, S. 366/67.
173 HStAH Dep. 105, Nr. 1750, Schreiben vom 18.5.1935.

Abb. 156 Nicht erwünschte Werbetätigkeit: Weihnachtskärtchen, 1930er Jahre

den Absatz solcher Artikel mit Erfolg zu pflegen.«[174]

Im Mai 1935 verlangte er eine Erhöhung des Kontingents im Verhältnis zur Belegschaftssteigerung von 18,5 Prozent im Jahre 1935. Die Erhöhung wurde bewilligt, Sprengel bat aber um Korrektur der, wie er meinte, irrtümlich zu niedrig angesetzten Zahlen und entsprechende Überprüfung. Der Treuhänder blieb aber nach Anhörung des Beirats bei der Verarbeitungsmenge. Sprengel wandte sich an den Beschwerdeausschuss. Der Beschwerdeausschuss wies seinen Einspruch zurück: »Das vorgelegte, sehr gut durchgearbeitete Material über die Entwicklung des Umsatzes der Firma Sprengel und der dadurch benötigte ansteigende Rohkakaomengen-Verbrauch wird eingehend durchberaten. [...] Eine weitere Erhöhung des Kontingents (kann) mit Rücksicht auf die Allgemeinheit und die Rohstofflage nicht stattfinden.« Der Antrag wurde abgelehnt. Sprengel ignorierte die Beschränkung und erhielt im August eine Mahnung wegen »Überschreitung der freigegebenen Verarbeitungsmenge. Teilen Sie mir bitte postwendend mit, wie Sie zu dieser Mehrverarbeitung gekommen sind. Sie muss in den nächsten Monaten eingespart werden.« Sprengel verarbeitete aber auch im September mehr als der Zuteilung entsprochen hätte und begehrte im Oktober eine Sonderzuteilung und stellte dafür eine Spende an das Winterhilfswerk in Aussicht.

Im Oktober teilte er der Wirtschaftlichen Vereinigung mit, er könne 30-Pfg-Tafeln und 30-Pfg-Kakao nicht mehr liefern. Ohne zusätzliche Zuteilung müsse er »für den Monat Oktober ab 24.10.35 stillegen«. Der Vorsitzende der Wirtschaftlichen Vereinigung mahnte:

»Es wäre Ihre Pflicht gewesen, Ihre Dispositionen in der Verarbeitung dieses Kontingents entsprechend einzustellen. [...] Soweit ich unterrichtet bin, haben Sie trotz des herabgesetzten Kontingents eine weitere Ausdehnung Ihrer Werbetätigkeit vorgenommen, die selbstverständlich zu Erfolgen führen musste. ...
Bei der Abhängigkeit des notwendigen Rohproduktes von dem Auslandsmarkte [kann] nur die Aufrechterhaltung der Betriebe in dem bisherigen Umfange möglich sein, niemals aber eine Erweiterung auf Kosten der übrigen, im gleichen Wirtschaftsprozess stehenden Betriebe.«

Sprengel ging von seinem Standpunkt nicht ab. Unter Berufung auf die »große Rede des Führers vom 21. Mai 1935« verwies er auf die Gefahren der Planwirtschaft. »Der Gefahr soll begegnet werden, die darin liegt, dass jede Planwirtschaft nur zu leicht die harten Gesetze der wirtschaftlichen Auslese der Besseren und der Vernichtung der Schwächeren aufhebt oder zumindest einschränkt zu Gunsten einer Garantierung der Erhaltung auch des minderwertigsten Durchschnitts auf Kosten der höhere Fähigkeit, des höheren Fleisses und damit zu Lasten des allgemeinen Nutzens. [...] Auch Ihre ungewöhnlich scharfe Kritik kann

174 HStAH Dep. 105, Nr. 1442, Schreiben Sprengels vom 20.4.1935 und die folgenden in dieser Mappe.

Abb. 157 Kradfahrer Heinrich Ebbecke auf der Fahrt zu Kunden um 1936

mich nicht von der Überzeugung abbringen, dass ich so gehandelt habe, wie es von mir als Führer eines grossen Werkes verlangt wird. Ihre Folgerungen sind unrichtig, da Sie von falschen Voraussetzungen ausgehen.«

Sprengel kam aber weder mit seiner sozialdarwinistischen Argumentation noch mit dem Hinweis auf neue Arbeitsplätze bei der Wirtschaftlichen Vereinigung weiter. Sie verfolgte ungerührt ihre restriktive Produktionspolitik, um Devisen zu sparen und im Interesse der Aufrüstung die Schokoladenproduktion zu begrenzen. So suchte Sprengel an anderer Stelle Unterstützung. Er schrieb im November 1935 an die Reichsbetriebsgemeinschaft Nahrung und Genuss in der DAF und kündigte an, dass angesichts der beschränkten Kontingente Abteilungen stillgelegt werden müssten.

»Sollte es nicht möglich sein, die besonderen Verhältnisse unseres Betriebes durch eine Sonderzuteilung zu berücksichtigen, so würden wir im November gezwungen sein, nicht nur unsere Kakaopulver-Abteilung, sondern darüber hinaus auch andere Abteilungen stillzulegen.« Um die Arbeitsfront gnädig zu stimmen, zählte er die sozialen Leistungen der Firma auf: »Verteilung von Trinkmilch, Bevorschussen für die Beschaffung von Arbeitskitteln, Erneuerung und Erweiterung sämtlicher Toiletten im Betriebe (9600 RM), Garderobenerweiterung, Zuschuss zu Festanzügen (5400 RM), Zukauf von Schränken (6600 RM), Beschaffung von bequemen Stühlen für die Fabrik (1496 RM), Pensionen für Jubilare (7500 RM), Geburtsbeihilfen (660 RM), Adolf-Hitler-Spende (3930 RM), Spende Opfer der Arbeit (3000 RM), Winterhilfswerk (6000 RM).« Zusammen errechnete er 84 842 RM seit 1934.[175]

Tatsächlich gelang Sprengel mit der Unterstützung der Arbeitsfront eine Erhöhung des Grundkontingents. Die DAF reklamierte den Erfolg für sich und wollte im Februar die Zusicherung, dass »nunmehr größere Entlassungen vermieden« werden und verlangte Zahlen zur Stammbelegschaft. Sprengel gab zu, dass

175 HStAH Dep. 105, Nr. 1442.

»wenigstens in den vorbereitenden Abteilungen eine gewisse Entspannung in Hinsicht der Beschäftigungs-Möglichkeit von Gefolgschafts-Mitgliedern eingetreten ist, d.h. die Folgen umgebogen wurden, die eine Katastrophe bedeutet hätten«.[176] Weder nannte er aber konkrete Zahlen noch gab er Zusicherungen für den Erhalt von Arbeitsplätzen.

Das Feilschen um die Rohkakaokontingente ging auch 1936 weiter, mühselig, aber mit kleinen Erfolgen. Im September teilte die Firma sächsischen Händlern mit, dass wegen zu geringer Rohkakao-Kontingente die Lieferungen gesperrt werden müssten. Die Wirtschaftliche Vereinigung sah darin einen Verstoß gegen die »Herstellungspflicht von Kakaoerzeugnissen«, die von ihr jeweils jedes Jahr nach Menge und Verteilungsart festgesetzt wurde. Dass eine Firma Händler sperrte, akzeptierte sie nicht. Sie mischte sich sogar in die Firmen-Korrespondenz mit den Abnehmern ein und verlangte die Rücknahme des Schreibens an die Händler: »Das von Ihnen am 15. September 1936 versandte Rundschreiben an Ihre sächsischen Abnehmer kann von mir nicht gebilligt werden. Ich vermisse noch eine Nachricht, dass Sie Ihre Abnehmerkreise unterrichtet haben und ersuche Sie deshalb, mir diese Mitteilung umgehend zukommen zu lassen. *Brude*«[177]

In seiner Antwort wies Sprengel auf die rückläufige Rentabilität hin und kündigte an, dass bei weiterer Beschränkung der Rohkakaozuteilung die Aufwendungen für Sozialeinrichtungen gekürzt werden müssten. »Es liegt im Sinne einer nationalsozialistischen Wirtschaftsführung an den erarbeiteten Gewinnen die Mitglieder der Gefolgschaft, sowohl direkt durch Abschlussvergütungen, wie auch indirekt durch Aufwendungen für Sozialeinrichtungen, teilhaben zu lassen.« Und dann führte er wie in seinem Schreiben an die DAF detailliert die sozialen Leistungen auf, die zusammen ca. ein Drittel des Gewinnes ausmachten.[178] Das Argument rückläufiger Rentabilität wegen des steigenden Fixkostenanteils brachte Sprengel wiederholt vor. Bilanzen aus den Jahren sind nicht dokumentiert, alles deutet aber daraufhin, dass die Firma gut verdient hat. Otto Bredt gab 1947 für den Entnazifizierungsausschuss die Gewinnentwicklung der Firma in Tausend RM wie folgt an:

1936: RM +506,4;
1937: RM +649,2;
1938: RM +661,9;
1939: RM +581,7;
1940: RM +994,2.[179]

In der Zeit des mühsamen Streitens um Rohkakaokontingente erhielt er einen Brief des Reichsministers für Luftfahrt, Hermann Göring, mit der Aufforderung, für das Heim der Flieger zu spenden.[180]

Sprengel ignorierte das Schreiben und erhielt drei Wochen später eine Mahnung. »Der Herr Reichsminister der Luftfahrt ist auf sein *persönliches* Schreiben vom 11. Nov. an Sie, durch das er um eine Spende für das Heim der Flieger bat, bisher ohne Nachricht geblieben. Ich muß dem Herrn Minister in Kürze eine Spenderliste vorlegen und erlaube mir daher Sie an die Beantwortung des Schreibens zu erinnern. Zu Ihrer Orientierung teile ich Ihnen mit, daß der Herr Minister mit einem Durchschnittsbetrag von 10000 RM je Spende rechnet, der aber nur erreicht wird, wenn die größeren Werke diesen Durchschnittsbetrag wesentlich überschreiten.«[181]

Sprengel antwortete auf die Mahnung umgehend und machte aus seinem Ärger über den wirtschaftspolitischen Kurs keinen Hehl: »Zu unserem aufrichtigen Bedauern sind wir nicht

176 HStAH Dep. 105, Nr. 1442, Antwort Sprengels vom 25.2.1936.

177 HStAH Dep. 105, Nr. 1442, Schreiben der wirtschaftlichen Vereinigung vom 23.10.36.

178 HStAH Dep. 105, Nr. 1442, Schreiben Sprengels an die Wirtschaftliche Vereinigung wg. Kontingentierung 27.10.1936.

179 Entnazifizierungsakte Sprengel, HStAH Nrs. 171 Hannover, Nr. 6209.

180 HStAH Dep. 105, Nr. 1506, Schreiben von Göring vom 11.11.1935.

181 HStAH Dep. 105, Nr. 1506, Schreiben vom 5.12.1935, Unterstreichung im Original.

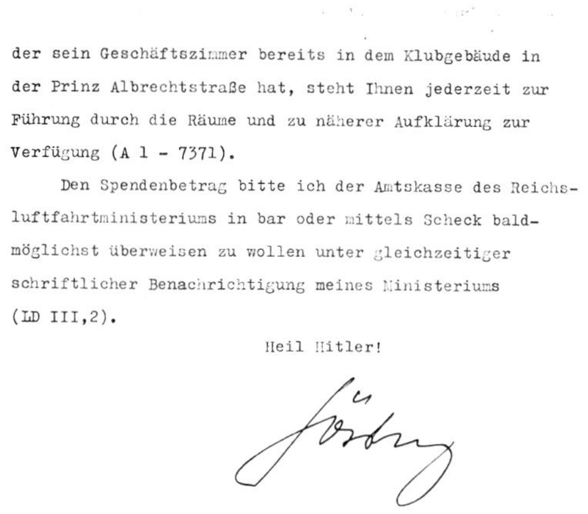
der sein Geschäftszimmer bereits in dem Klubgebäude in der Prinz Albrechtstraße hat, steht Ihnen jederzeit zur Führung durch die Räume und zu näherer Aufklärung zur Verfügung (A 1 - 7371).

Den Spendenbetrag bitte ich der Amtskasse des Reichsluftfahrtministeriums in bar oder mittels Scheck baldmöglichst überweisen zu wollen unter gleichzeitiger schriftlicher Benachrichtigung meines Ministeriums (LD III,2).

Heil Hitler!

Abb. 158 Persönliche Spendenaufforderung Görings (Ausschnitt)

in der Lage, uns in die Liste der Spender für den Ausbau des Heims der Flieger einzutragen. Bei Ihren Zeilen vom 5. Dezember haben Sie allem Anschein nach übersehen, dass es sich bei unserer Firma um eine Schokoladenfabrik handelt, deren Rentabilität durch die derzeitige Rüstungskonjunktur nicht beeinflusst wird; vielmehr ist unsere Industrie, und speziell unsere Firma, durch die Kontingentierung des für uns wichtigsten Rohmaterials, des Rohkakaos, in ihren Herstellungs- und Absatz-Möglichkeiten stark beschnitten. Dazu kam die Notwendigkeit, in diesem Jahre ausserplanmässig einen sehr erheblichen Prozentsatz vom Umsatz als Export-Prämie zu leisten, durch die wiederum die Schokoladen-Industrie besonders hart betroffen wird, da die Kapitaldecke im Gegensatz zu beispielsweise der Eisen verarbeitenden Industrie sehr knapp zu sein pflegt.«[182]

Die sichere Erwartung Görings auf serviles Erfüllen seiner Wünsche hat Sprengel zu deutlichen Worten provoziert. Auch gegenüber der Wirtschaftlichen Vereinigung gab er nicht klein bei. Er machte geltend, dass »Aussprachen über die Auswirkungen der Massnahmen der planenden Behörden mit den betroffenen Betrieben unumgänglich notwendig« seien und berief sich wieder auf eine Rede des Führers. »Auf die in dieser Richtung liegenden Gefahren der Planung hat zu wiederholten Malen und zuletzt auf dem letzten Parteitag der Führer hingewiesen, indem er warnt vor den Auswirkungen, die für eine lebendige Wirtschaft in einer übermässig bürokratischen Behandlung der aus der Planung erwachsenden Fragen liegen können.«[183]

Sprengel mochte sich in seiner Kritik an der bürokratischen Praxis bestätigt sehen, denn ein neuer Erlass des Reichswirtschaftsministers Schacht erlaubte »Gliederungen der Organisation der Wirtschaft nur mit meiner besonderen Einwilligung ihren Mitgliedern Verpflichtungen über die Handhabung der Erzeugung oder des Absatzes von Waren oder gewerblichen Leistungen, über die Anwendung von Geschäftsbedingungen und die Art der Preisfestsetzung auf(zu)erlegen«. Priorität sollte statt direktiver Eingriffe die Verbesserung des betrieblichen Rechnungswesens und die Aufstellung moderner einheitlicher Kalkulations- und Buchhaltungsrichtlinien haben.[184] Für die verschiedenen Wirtschaftszweige wurden einheitliche Kontenrahmen ausgearbeitet, für die Süßwarenindustrie wurde der Einheitskontenplan zum 1. Januar 1939 wirksam.[185] Preiskontrollen waren effektiver umsetzbar, wenn es einheitliche Kalkulationsrichtlinien gab, und der Reichswirtschaftsminister hoffte sogar auf eine Kosten- und Preissenkung, zumindest aber glaubte er Preissteigerungen unterbinden zu können. Auch für die Preisgestaltung öffentlicher Aufträge waren einheitliche Kalkulationsrichtlinien notwendig. Die Kakaozeitung unterstützte diese Reform des betrieblichen Rechnungswesens,

182 HStAH Dep. 105, Nr. 1506, Schreiben vom 7.12.1935.

183 HStAH Dep. 105, Nr. 1442, Schreiben von Sprengel an die WVS vom 30.10.1936.

184 Kazett, November 1936, S. 634, Erlass des Reichswirtschaftsministers vom 7. Juli 1936, ›Verhältnis Organisation der gewerblichen Wirtschaft und marktregelnde Verbände‹.

185 Kazett, Juli 1938, S. 357.

»weil ja auch die Süßwarenwirtschaft Lieferungen für öffentliche Auftraggeber, beispielweise für die Wehrmacht, auszuführen hat und wahrscheinlich in steigendem Maße erhalten wird«.[186]

Kunst- und Musikgenuss

Handschriftliche Übersichten über die zugesagten, aber faktisch reduzierten monatlichen Rohkakaokontingente zeugen von tiefer Frustration über die zermürbenden Auseinandersetzungen um die Kakaozuteilung, so die folgende vom Dezember 1937:

> *Zuteilungen Kakaopulver Sept – Dez 1937*
> *Hergestellt wurden 107 000 kg,*
> *unverkauft 4000, lose 1000*
> *100 % Zuteilung für September ca. 28 000*
> *120 % Zuteilung f. Oktober 31 000 va. 1000 Sonderzuteilung*
> *120 % Zuteilung November 24 000*
> *120 % Zuteilung Dezember 18 900 zus. Sept – Dez 112 200 kg*
>
> *Wirklich zugeteilt!*
> *September 22 208*
> *Oktober 23 677*
> *Nov/Dez 29 210*
> *Zeitraum Sept – Dez rd. 101 000* [187]

Bernhard Sprengel wandte sich im Spätsommer 1937 intensiv der Kunst zu, angeregt durch die beeindruckenden Bilder der verfemten Maler auf der Münchner Ausstellung ›Entartete Kunst‹. Das so geweckte Interesse wird vermutlich auch mit den frustrierenden Erfahrungen des Unternehmeralltags im Nationalsozialismus zusammenhängen. Die Freude an Musik und Kunst war frei von solchen Einschränkungen. Sie eröffnete Entscheidungs- und Handlungsspielräume, die ihm als Unternehmer immer weniger zur Verfügung standen.

186 Kazett, Juli 1938, S. 357.
187 RWWA 208-498-3.

Sprengel spielte Geige und traf sich regelmäßig in einem Streichquartett mit Freunden. Seit Ende der 1920er Jahre sammelte er in intensivem Austausch mit renommierten Geigenhändlern hochwertige Geigen. 1933 kaufte er eine Stradivarius aus dem Jahr 1721 und äußerte sich in einem Brief an die Geigerin Edith von Voigtländer begeistert: »Ich habe noch keine Geige in den Händen gehabt, die mir so gut liegt wie diese, dazu spricht sie auf allen Saiten bis zur höchsten Höhe spielend an und hat nur das übliche nicht sehr grosse Stimmfutter.«[188] Er erwarb die Geigen mit hoher Kennerschaft allerdings weniger für das eigene Spiel, als mit dem Interesse des Sammlers und des kühl rechnenden Geschäftsmannes. »Für jeden ausübenden Künstler wird der Klang der Geige in erster Linie ausschlaggebend sein, während ich als Dilettant auch Wert darauf legen muss, nur ein Objekt zu kaufen, das aus der Hand eines einwandfrei bestimmbaren Meisters ist, damit ich jederzeit die Möglichkeit habe, das Instrument zu vertauschen oder zu verkaufen.«[189] Seine wertvollen Instrumente überließ er jungen Nachwuchstalenten und suchte gute Instrumentalisten auf erdenkliche Art und Weise zu fördern. In späteren Jahren konnte es vorkommen, dass Dr. Sprengel in einer Sitzungsrunde aufstand und entschuldigend den Raum verließ. Er hatte junge Künstler zum Vorspiel eingeladen.[190]

Sein Musikinteresse und sein Organisationstalent stellte er ab 1933 der von Heinz Appel gegründeten Musikgemeinde zur Verfügung. Appel hatte angefragt: »Unsere Musikgemeinde hat einen Beirat, der bei wichtigen Beratungen, vor allem für unsere Hauptpläne berufen wird. Wir möchten Sie bitten, in diesen mit einzutreten, und nehmen Ihre Zustimmung an, wenn wir nichts Gegenteiliges hören.«[191] Sprengel war einverstanden und folgte 1940

188 HStAH Dep. 105 Acc., Nr. 216, Schreiben an Edith v. Voigtländer vom 7.12.33.
189 Ebd.
190 Interview Angela Kriesel.
191 HStAH Dep. 105, Nr. 1243, Schreiben Heinz Appel an B. Sprengel vom 10.11.1933.

Heinz Appel als Vorsitzender. Wie erreichte man die Übergabe des Vorstandsamts, ohne dass Parteistellen dies mitbekamen und intervenierten? Appel: »Wir bringen die Änderung versteckt im Kulturring [...] Wir brauchen amtliche und Parteistellen gar nicht benachrichtigen.« Sprengel schlug ein Verfahren für die Neuwahl vor, dass nur wenige Eingeweihte informierte. Man würde in knapper Form in der Tageszeitung zur Jahresversammlung mit Tagesordnung einladen, wobei bei dem Punkt Wahl des Vorsitzers in keiner Weise erkenntlich zu sein braucht, dass es sich hierbei um eine Neuwahl handelt. »Durch diese Handhabung erreichen wir, was wir wollen: Es liest kein Mensch diese Ankündigung, und es kommen nachher zur Sitzung nur die besonders Benachrichtigten.«[192] Das klappte dann auch und Sprengel führte die ›Kammermusik-Gemeinde Hannover‹ über 40 Jahre lang tatkräftig und sachverständig.

Sprengels Musikinteresse war allgemein bekannt und so wandte sich die Landesstelle des Reichsministeriums für Propaganda anlässlich der Planung für den sogenannten ›Tag der Hausmusik‹ an ihn: »Dass in Ihrem Hause schon seit Jahren bewusst Hausmusik ausgeübt wird, ist mir bekannt, deshalb wandte ich mich an Sie mit der Bitte an den von mir festgesetzten Tagen, dem 15. Februar und dem 15. März ein solches im Kreise Ihrer musikinteressierten Bekannten zu machen.«[193] Sprengel sagte zu und so fand am 13. März 1935 in der Kniggestraße 5 ein Hauskonzert mit folgendem Programm statt:

Ausführende
Willy Craney, Klavier,
Dr. B. Sprengel, Violine
Lutz Wilhelm, Violine
Erwin Erbes, Cello

Sonate C-moll für 2 Violinen und Klavier — *G. F. Händel*
Trio Sonate für 2 Violinen, Klavier und Cello B-Dur — *J. S. Bach*
Trio B-Dur für Klavier, Violinel und Cello — *L. v. Beethoven*
Sonate in G-Dur für Klavier und Violine — *L. v. Beethoven*

Vorher musste geübt werden, und Sprengel suchte mit dem ihm eigenen Perfektionismus Rat bei einem erfahrenen Kammermusiker: »Ich plane im kleinen Rahmen ein Kammermusik-Konzert, bei dem ich mit meinem Lehrer die Doppel-Sonate von Ph. Emmanuel Bach in B-Dur bringen möchte. Bei Durchsicht der Stimmen sind uns Zweifel über die richtige Auslegung der Vorschläge gekommen, die soweit ich mich erinnere, von Ihnen sämtlich als kurze Vorschläge gebracht wurden, während sie in der Ausgabe von Georg Schumann als lange Vorschläge[194] notiert werden. Sie würden mir einen grossen Gefallen tun, wenn Sie mir die durchgesehenen Stimmen, nach denen Sie im Döbereiner Trio spielten, für einige Tage zur Verfügung stellen könnten.«[195] Auf den Vortrag der Doppel-Sonate verzichtete das Duo dann aber, möglicherweise glaubte er, den eigenen Ansprüchen nicht genügen zu können.

Über die Musik lernte Bernhard Sprengel seine Frau Margit, Geigerin und Musikpädagogin, kennen. Gemeinsam entdeckten sie auf ihrer Hochzeitsreise die Qualität der verfemten ›Entarteten Kunst‹. Sprengel erinnert sich: »Die Ausstellung Entartete Kunst 1937 wurde das entscheidende Erlebnis« für seine Einstellung zur zeitgenössischen Kunst. Gleichzeitig wurde im ›Haus der deutschen Kunst‹ eine andere, von der staatlichen Propaganda

192 HStAH Dep. 105 Acc.2/80, Nr. 447.
193 HStAH Dep. 105, Nr. 1519.

194 Musikalische Verzierung: Beim kurzen Vorschlag liegt die Hauptnote auf der Zählzeit, beim langen Vorschlag ist dieser auf der Zählzeit und die Hauptnote kurz danach. Der Musiker hat hier eigene Gestaltungsmöglichkeiten.
195 HStAH Dep. 105, Nr. 1519, Brief Sprengels an Herrn Morasch vom 26.2.1935.

geplante Ausstellung gezeigt. »Die Gegenüberstellung konnte nicht wirkungsvoller sein. Trotz schlechter Hängung wirkte die ›Entartete Kunst‹ auf meine Frau und mich wie eine Fanfare.« Noch am selben Tag kaufte das Paar im Hinterstübchen von Günther Franke in der Brienner Straße seine ersten beiden Aquarelle von Emil Nolde. »Das war, auf den Tag zu belegen, der Beginn unserer Sammlung.«[196] Anderen Besuchern der Ausstellung ging es ähnlich. Heinz Lüdeke schrieb 1947 im ›Tagesspiegel‹: »Als das Hitler-Regime seine Ausstellung ›Entartete Kunst‹ veranstaltete, betrat man sie in einer Stimmung, die aus Auflehnung, Scham und grimmigem Spott gemischt war. Schon nach kurzem Rundgang vergaß man wider Willen den bedrückenden Anlass. Mit wachsender Wiedersehensfreude verweilte man vor mancher Kostbarkeit der modernen Malerei und glaubte sich für eine kurze Stunde in das […] reiche Kunstleben der Zeit vor dem Ersten Weltkrieg versetzt. Daß sich auf solche Art die von Goebbels beabsichtigte Wirkung bei vielen Besuchern ins Gegenteil verkehrte, daran waren nicht zuletzt die Bilder Emil Noldes schuld, die im Mittelpunkt der Ausstellung hingen und einem mit der unerhörten Leuchtkraft ihrer Farben förmlich entgegensprangen.«[197]

Das Ehepaar Sprengel knüpfte nach dem Besuch der Ausstellung »Kontakte mit Kunsthändlern in den verschiedensten Teilen Deutschlands. Die offene Gegnerschaft des Staates führte Sammler und die in ihrer Überzeugung und ihren Künstlern treubleibenden Händler zusammen. Trotz Mal- und Arbeitsverbots, trotz des Verbotes jeglichen Verkaufs fanden aus den Ateliers Werke zu neuen Freunden.«[198] Bis dahin vor allem ›der Musik verhaftet‹ und bildende Kunst nur ›im Vorübergehen‹[199] wahrnehmend, beschloss der neu geborene Sammler, sich umfänglich zu informieren. Er orderte bei Severing in München eine Ausgabe der Propyläen Kunstgeschichte. »Bei jeder flüchtigen Durchsicht bin ich erstaunt über die Fülle des gebrachten Materials. Ganz abgesehen von der Freude, die es mir im Laufe vieler Jahre machen wird, mich mit dieser Kunstgeschichte zu beschäftigen, werde ich, wie ich jetzt schon weiss, auch manche Anregungen daraus gewinnen, die sich geschäftlich für die Gestaltung von Packungen etc. verwenden lassen.«[200] Trotz aller Sammelleidenschaft blieb Sprengel immer der pragmatische Kaufmann, der rechnete und die möglichen Anwendungen für das Geschäft mitbedachte. »Kennen Sie in München den Blumen-Maler Prof. Bürger, der im Stile alter Holländer malt und möglicherweise für Blumenpackungen in Frage kommen könnte?«,[201] fragte er bei Severing an. Bei Preisverhandlungen konnte er durchaus eine schwierige Situation des Verkäufers ausnutzen, um den Preis zu drücken. »Wir sind beide sehr gespannt darauf, ob es Ihnen gelingt, Frau Lehmbruck unter gewisser Ausnutzung ihrer derzeitigen besonderen Lage zur Annahme des gebotenen Preises veranlassen zu können«, ermunterte er seinen Händler zu neuen Verhandlungen. Die ›besondere Lage‹ bestand in der Tatsache, dass Frau Lehmbruck nach dem Freitod ihres Mannes allein mit drei Kindern dastand.[202]

Die neu erworbenen Bilder wollte er nach dem Kauf um sich haben. Dem Maler Nay berichtete er nach dem Krieg über die neu erworbenen Bilder: »Die Bilder füllen seit einigen Tagen unser Ihnen bekanntes Wohnzimmer. An der langen Wand hängen rechts zum Fenster das große Prometheus-Bild, über dem Kamin, anstelle des Rohlfs das kleine Bild, das ich als letztes von Ihnen mitnahm,

196 Sammlung Sprengel, Ausstellungskatalog, Hannover 1965, S. XVIII, Einleitung Bernhard Sprengel.
197 Nolde-Ausstellung im Städel, Frankfurt 2014.
198 Sammlung Sprengel, S. XXI.
199 Ebd.

200 HStAH Dep. 105, Nr. 1657, Brief an Hans Severing, München, vom 5.8.1937.
201 HStAH Dep. 105, Nr. 1657, Brief an Severing vom 24.2.1939.
202 Vanessa-Maria Voigt: Kunsthändler und Sammler der Moderne im Nationalsozialismus. Die Sammlung Sprengel 1934 bis 1945, Berlin 2007, S. 89.

und links hängt der, ›harfespielende David‹. Anstelle des Nolde-Aquarells in der Fensternische hängt, nur abends gut beleuchtet, das kleine Prometheus-Bild. Wir wollen die neuen Bilder zunächst einmal gern um uns haben. Viele, auch recht positive Diskussionen, ja enthusiastische Begeisterung, wurden durch diese Bilder bereits ausgelöst. Ob es möglich sein wird, das große Prometheus-Bild in meinem Arbeitszimmer in der Fabrik aufzuhängen, wird ein Versuch lehren. Ich fürchte, das Bild sprengt auch diesen Raum.«[203]

Über den Maler Nolde wollte er nach dem Kauf der beiden Aquarelle 1937 mehr wissen und bestellte bei Severing dessen Selbstzeugnis ›Das eigene Leben, Jahre der Kämpfe‹.[204] Sprengel hatte Nolde trotz oder eher wegen des NS-Diktums ›entartet‹ schätzen gelernt, wusste aber durchaus, dass dieser im Geiste kein Nazi-Gegner war. Nolde machte sich sogar noch ein Jahr nach seinem Malverbot Hoffnungen als Künstler, dessen »ganzes Leben von Anbeginn bis heute den im Nationalsozialismus geprägten Idealen gewidmet (ist)«,[205] vom Regime anerkannt zu werden. »Dass die besten deutschen Künstler«, schrieb Nolde an den Wiener Generalkulturreferenten, der sich bei Baldur von Schirach für ihn verwenden wollte, »von ihrem Volk fast immer schlecht behandelt werden, ist kein Trost, denn durch unsere politisch herrliche Erhebung, durften wir erwarten, dass auch solche Missgeschicke der Vergangenheit ausgeschaltet würden. (...) Meine triebhafte Auflehnung gegen die von allen Künstlern leichtfertig hingenommene alljüdische Bevormundung, gab mir unendliche Kämpfe und viel Leid – ich ertrug alles stolz, mit gehobenem Haupt und auch ihre durch geheime Beschlüsse gefasste 23 Jahre dauernde Boykottierung der grossjüdischen Presse. Als aber anschliessend, als ob sich die Hände gereicht wurden, ebenfalls durch geheimen Beschluss der nationalsozialistischen Presse, wiederum meine Boykottierung, die nunmehr 9 Jahre dauert, erfolgte, war mir sehr weh.«[206]

Abb. 159 Emil Noldes ›Räuberhauptmann‹ aus dem Jahr 1919, bei Sprengel versteckt

Noldes farbenfrohe Landschafts- und Blumenbilder gefielen Sprengel am besten. Er erwarb seine Bilder, wohlwissend, dass das nicht ungefährlich war. Denn der Präsident der Reichskammer der bildenden Künste hatte am 23. April 1941 betreffend ›entartete Kunst‹ verfügt: »Aus gegebener Veranlassung weise ich nunmehr letztmalig darauf hin, dass die Erzeugung, Verbreitung und Vervielfältigung von Werken der bildenden Künste (Originalwerke und Vervielfältigungen der Malerei, Bildhauerei, Graphik und des Kunsthandwerks), die den in der Führerrede anlässlich der Eröffnung des Hauses der Deutschen Kunst im Jahre 1937 dargelegten kunstpolitischen und

203 HStAH Dep. 105 Acc. 2/80, Nr. 258, Schreiben an Nay vom 17.12.48.

204 HStAH Dep. 105, Nr. 1657, Bestellung vom 19.10.1937.

205 HStAH Dep. 105 Acc. 2/80, Nr. 98, Nolde an Herrn Walter Thomas, Generalkulturreferent in Wien 12.6.1942.

206 Ebd.

gestalterischen Grundsätzen des Nationalsozialismus widersprechen, verboten ist. [...] Ich werde zukünftig mit den mir zur Verfügung stehenden Mitteln nunmehr unerbittlich gegen jeden vorgehen, der Werke der Verfallskunst erzeugt oder solche als Künstler oder Händler verbreitet.«[207]

Sprengel kaufte trotzdem, suchte den Kontakt zum Maler und aus den Treffen wuchs eine dauernde Freundschaft. Er traf ihn in Seebüll an, niedergeschlagen und verzweifelt über den Brief der Reichskammer der bildenden Künste mit der Verfügung: »... Auf Grund des § 10 der Ersten Durchführungsverordnung zum Reichskulturkammergesetzt vom 1.1.33 (RGBL. I, S. 797) schliesse ich Sie wegen mangelnder Zuverlässigkeit aus der Reichskammer der bildenden Künste aus und untersage Ihnen mit sofortiger Wirkung jede berufliche – auch nebenberufliche – Betätigung auf den Gebieten der bildenden Künste.

Das auf Ihren Namen lautende Mitgliedsbuch M2603 meiner Kammer ist ungültig geworden; Sie wollen es umgehend an mich zurücksenden. Gez. Ziegler«.[208]

Alle rechneten täglich mit der Konfiskation der Werke des Malers, und Sprengel erklärte sich bereit, Noldes Bilder bei sich zu verstecken. Sprengel erhielt einen verschlossenen Umschlag mit Bilder-Verzeichnissen: »Wir bitten Sie den ungeöffnet aufzuheben, bis das Öffnen mal notwendig wird«, schrieb Nolde dazu. Er enthielt eine vierseitige Auflistung von Bildern:

Paket Aquarelle und Zeichnungen: Phantasien, Köpfe und Figuren, Südsee, Landschaften

Gute Zeichnungen früherer Jahre: Tiere, Alpenbilder, Kleinere Allerlei, Fantasien, Sibirien, Japan, China, Neuguinea, Blumen, Kleine Fantasien, Landschaften

Gemälde in Rolle: Gelbe und rote Sonnenblumen, Landschaft (Haus, Pferd, Mühle), Anbetung der Könige, Junge Mutter, Bildnis, Trio, Räuberhauptmann,

Friesenkinder, Fuchsschwänze, Dahlien, Blumengarten, Heilige in der Hölle, Abendfriede, Zinnien und Stockrosen, Blumen und Wajangfiguren, Abendhimmel, Bruder und Schwester, Stilleben mit gestreifter Ziege, Bildnis Frau R.S, Blumengarten, Amor irrt sich, Stilleben (Maske, Kopf und grünes Tier), Frauen, Lebensreife, Junge Mädchen, Drei Russen, Das Meer, Dahlien

2 Gemälde in Kiste: Das Meer (III) Landschaft mit jungen Pferden.

Die Bilder selbst wurden getrennt verschickt und das Sammlerpaar bestätigte den Eingang der Sendung mit dem Telegramm: »Nolde Seebüllpost Haukirchen 164; Kinder in zwei Etappen wohlbehalten eingetroffen. Große Freude und Dank Sprengels.«[209] Die Empfänger trauten sich den Erhalt des Bilderschatzes nur verschlüsselt mitzuteilen. Heute hat der Fall Gurlitt die Tatsache aufgedeckt, dass es einen Hinterzimmer-Markt für Bilder der verbotenen Kunst noch gab, und es wird vielfach im Feuilleton vermutet, dass das Verbot damals nicht so ernst zu nehmen war. Die Zeitgenossen verfügten über dieses Wissen nicht und lebten in Furcht vor der Entdeckung. »Darf ich Sie im übrigen bitten, über das, was Sie kürzlich bei mir sahen, möglichst nicht zu sprechen. Sie wissen, wie wichtig es ist, im Zustand der augenblicklichen Gärung möglichst keinerlei Aufhebens von der Freude an diesen Arbeiten zu machen«,[210] schrieb Sprengel an den Kunsthändler Krenz, dem er seine Schätze gezeigt hatte.

Sprengel kaufte die meisten Nolde-Bilder von seinem Kunsthändler Hildebrand Gurlitt. Hat er, der in den Jahren der Verfolgung verfemter Maler mit seinen Käufen begann, auch Werke jüdischer Eigentümer erworben, die zum Verkauf gezwungen wurden? Das Sprengel Museum beschäftigt sich mit der Forschung zur Provenienz der ausgestellten

207 HStAH Dep. 105 Acc. 2/80, Nr. 98.
208 HStAH Dep. 105 Acc. 2/80, Nr. 98.
209 HStAH Dep. 105 Acc. 2/80, Nr. 98.
210 HStAH Dep. 105 Acc. 2/80, Nr. 248, Sprengel an Krenz 23.1.42.

Bilder. Museumsdirektor Ulrich Krempel verwies in einem Interview mit der HAZ auf Publikationen des Museums, die bis in die neunziger Jahre zurückreichen und auf die »ganz private Freundschaft zwischen den Ehepaaren Sprengel und Nolde.« Bei Sprengels Nolde-Käufen habe es sich vor allem um beschlagnahmte Werke aus öffentlichen Museen gehandelt, so dass sich die Frage nach privaten jüdischen Eigentümern nicht stelle.[211]

Arbeitnehmerkonsum stärken

»Der NS-Staat hielt es für notwendig, um die Seele des Arbeiters zu kämpfen, und ließ sich im Interesse der Loyalitätssicherung auf die Spielregeln eines konsumorientierten Politikstils ein«,[212] analysierte Hartmut Berghoff in seinem Aufsatz ›Gefälligkeitsdiktatur oder Tyrannei des Mangels?‹

Zu diesem Kampf um die Massenloyalität gehörte auch Görings Kampagne zur Senkung der Markenpreisartikel. Er schrieb im Juni 1937 an die Reichsgruppe Industrie: »... dass zum Ausgleich unvermeidlicher Preiserhöhungen durchgreifende Preissenkungen auf anderen Gebieten notwendig und möglich sind. Es gilt, den Bezug der Markenartikel für die Käufer fühlbar zu erleichtern. [...] Ich rechne mit dem Eingang solcher Vorschläge, die eine spürbare Auswirkung für den Verbraucher mit sich bringen und die alle Möglichkeiten zur Preissenkung ausschöpfen. [...] Sollten die Vorschläge keine ausreichende Preissenkung vorsehen, so werde ich genötigt sein, die erforderlichen Maßnahmen von mir aus im Verordnungswege zu treffen.«[213] Wie im Nationalsozialismus üblich, erfolgte die Androhung weiterreichender Maßnahmen, wenn die ›freiwillige‹ Mitarbeit ausbleiben sollte.

Der Reichskommissar für Preisbildung hatte die Aufgabe, bei der Reichsgruppe Industrie die Preissenkung vor allem in der Lebensmittelindustrie durchzusetzen. In einer internen Sitzung der Reichsgruppe Industrie hat man sich dem Druck gebeugt und zum Ausdruck gebracht, »dass eine fühlbare Senkung der Markenartikel-Preise möglich (sei). Tatsächlich seien viele Bedenken ausgesprochen worden. Unter dem Druck, dass gegebenenfalls der Preisschutz für Markenartikel ganz aufgehoben würde, wurde deutlich, dass sich der Preiskommissar nicht mit einem Preisstopp begnügen wolle. Man solle den Handel zuziehen, um eben durch Zugeständnisse der Industrie und des Handels zu einer 10- bis 20 %igen Senkung der Markenartikelpreise zu kommen. Herr Generaldirektor Theunert will keinesfalls Druck ausüben, aber er habe seiner Pflicht nachzukommen, die Lebensmittelindustrie zu veranlassen, dass sie mit allen Mitteln und unter allen Umständen den Erwartungen des Herrn Preiskommissars Rechnung zu tragen habe. Der Preiskommissar hat erklärt, dass, wenn Firmen keine Vorschläge machen, welche fühlbare Preisermäßigungen nach sich ziehen, zumindestens der Preisschutz aufgehoben würde.«[214]

Das waren deutliche Worte. Und obwohl Sprengel für sich reklamierte, dass die »Preise für unsere Tafeln von 1931 bis Dez 1936 stabil geblieben (sind) trotz der bis zu diesem Zeitpunkt eingetretenen Erhöhung der Rohkakaopreise«, kamen die Lebensmittelfirmen nicht umhin, die Preise wie erwünscht zu senken.[215] Berghoff hält das Ergebnis der Kampagne fest: »Seit Oktober 1937 wurden im Rahmen der Markenartikelaktion diverse Produkte generell um 5–10 % verbilligt. 140 Markenartikel der Lebensmittelindustrie wurden um 3 bis 11, teilweise bis 20 % gesenkt. Aufgrund der Erfahrungen des 1. Weltkrieges wurden

211 Daniel Alexander Schacht: Gurlitt-Bilder in Hannover. Lieber in den Kisten, HAZ, 4.12.2013.
212 Berghoff, Hartmut, Gefälligkeitsdiktatur, S. 517.
213 HStAH Dep. 105, Nr. 1582, Görings Schreiben vom 23.6.1937.

214 HStAH Dep. 105, Nr. 1582, Protokoll-Notiz vom Juli 1937.
215 Anfang der 1930er Jahre hatte die Weimarer Regierung die Markenartikelunternehmen schon einmal mit der Ankündigung zur Preissenkung gezwungen, andernfalls per Verordnung den Markenschutz aufzuheben.

die Preise für Nahrungsmittel im Gegensatz zu denen für Textilien am stärksten kontrolliert, nachdem das Regime 1933/34 zunächst erhebliche Preissteigerungen im Interesse der Erzeuger zugelassen hatte.«[216]

Während die Schokoladenfabrikanten sich heftig mit der Wirtschaftlichen Vereinigung Süßwaren um die Zuweisung der Rohkakaokontingente stritten, profitierten die Verbraucher von einer enormen Erhöhung der Fertigwareneinfuhr von Schokoladenprodukten. In den Jahren 1937 und 1938 war die Einfuhr ausländischer Schokoladen fast doppelt so hoch wie die Rohkakaoeinfuhr, d.h. die Regierung hat um den Preis der Schwächung der deutschen Schokoladenindustrie ausländische Konkurrenzprodukte ins Land geholt und damit die Bedürfnisse der Konsumenten nach hochwertigen Verbrauchsgütern befriedigt. Anfang 1938 formulierte die Kakaozeitung vorsichtig: »Trotzdem möchten wir von neuem der Hoffnung Ausdruck geben, daß im Verhältnis von Rohstoff- und Fertigerzeugniseinfuhr eine Veränderung im Sinne der deutschen Hersteller möglich wird.«[217] Die Einfuhr kam vor allem aus der Schweiz, »aus deren Warenaustausch mit Deutschland wir allerdings Nutzen haben«.[218]

›Wir‹ waren nicht die deutschen Schokoladenfabrikanten, sie hatten die Einfuhr ihrer starken Schweizer Konkurrenten zu schlucken, ›wir‹, das war die Außenhandelspolitik des Deutschen Reiches, dessen Interessen sich die Schokoladenfabrikanten notgedrungen zu eigen machen mussten. Die Schweiz und das Deutsche Reich hatten 1934 einen Clearingvertrag abgeschlossen und einen Warenaustausch über einen bestimmten Clearingbetrag vereinbart, d.h. der Außenhandel erfolgte ohne Austausch von Devisen. Die Einfuhr aus der Schweiz war für das Reich mit Werkzeugmaschinen, Motoren, Erzeugnissen aus Eisen und Stahl, Präzisionsinstrumenten, Fahrzeugen und chemischen Produkten und Aluminium rüstungswichtig. Die Schweiz wiederum benötigte dringend Lebensmittel und Rohstoffe aus Deutschland und war gleichzeitig am Absatz ihrer stark exportorientierten Industrie nach der Depression interessiert. Aller Autarkiepropaganda zum Trotz wurde die deutsche Schokoladenindustrie beschränkt, während die Reichsregierung der Schweizer Konkurrenz den deutschen Markt öffnete.

Warum erhöhten die maßgebenden Stellen nicht die Rohkakaoeinfuhr und sorgten für entsprechende Umsätze der deutschen Industrie? Die Wirtschaftliche Vereinigung hatte die Rohkakao-Kontingentierung erfolgreich umgesetzt. Da war es jetzt einfacher, für die Befriedigung der Verbraucherwünsche die Schokoladeneinfuhr zu erhöhen als die deutschen Fertigungskapazitäten auszuweiten. Deren Ausweitung war für den Kriegsfall nicht erwünscht. Möglicherweise waren auch Branchenrivalitäten wirksam. In der Wirtschaftlichen Vereinigung Süßwarenwirtschaft war die Zuckerwirtschaft mächtig, deren Interessen die WVS seit der Zwangsvereinigung 1934 und bis in die Nachkriegszeit hinein vertrat und die offenbar die Schokoladenbranche unter ihrer Kontrolle halten wollte.

Firma Heller kaufen?

Deutsche Truppen marschierten am 12. März 1938 in Österreich ein. Kurz darauf wurde durch Verordnung vom 19. März 1938 verboten, österreichische Unternehmungen oder Betriebe zu erwerben oder sich an solchen zu beteiligen. Auch die Errichtung von gewerblichen Unternehmungen in Österreich wurde untersagt.[219] Dadurch war es jüdischen Besitzern nicht mehr möglich, ihre Werke oder Anteile schnell zu verkaufen. Im April wurde die sog. ›fachliche Organisation der österreichischen Süßwarenindustrie‹ gegründet und jüdische Vorstandsmitglieder österreichischer Firmen zum Rücktritt gezwungen. Die Kakaozeitung meldete die Mandatsniederlegung von

216 Berghoff: Verbrauchslenkung, S. 301.
217 Kazett, Februar 1938, S. 96.
218 Ebd.
219 Kazett, März 1938, S. 143.

Dr. Theodor Schmidt (Viktor Schmidt & Söhne) und Dr. Hans Heller von der Wiener Firma Heller. Parteigenossen zogen in die Gremien ein.[220]

Drei Monate später, am 11. Juni, erfuhr Bernhard Sprengel von C. J. Boehme (Delitzscher Schokoladenfabrik): »In Osterreich soll aus nichtarischem Besitz eine der größten und bedeutendsten Schokoladen- und Zuckerwaren-Fabriken abgegeben werden. Umsatz im letzten Jahr 5 Millionen RM.«[221] Sprengel notierte am Rand: Heller? Inzwischen rief Otto Bredt in der Firma in Hannover an und informierte über den anstehenden Zwangsverkauf der Firma Heller. Sprengels Verkaufsleiter Hüsemann schrieb unverzüglich dem urlaubenden Chef: »Bredt meinte, dass man von der WVS[222] wohl auch die Genehmigung erhalten könne, diese Fabrik bzw. das Kontingent einer zu kaufenden Fabrik zu Gunsten von Sprengel einzusetzen.« Er verhehlte aber nicht seine Skepsis und gab zu bedenken, dass die Firma viel exportierte. Das Ausland bzw. die Demokraten würden wohl von einem zwangsenteigneten Unternehmen kaum einkaufen, der Export werde daher schnell absinken. Auch müsse sicher das Vertriebsnetz, das wohl in jüdischen Händen liege, neu aufgebaut werden.[223]

Die Schwierigkeiten, die Kunden von Heller zu übernehmen, wird Sprengel ähnlich wie Hüsemann eingeschätzt haben. Aber die Übernahme des Rohkakaokontingents war attraktiv. Sprengel wandte sich also am 27. Juli 1938 an das Österreichische Ministerium für Forst- und Landwirtschaft:

»Betr. Die Firma Gustav und Wilhelm Heller

Wie wir in Erfahrung brachten, steht die Firma zum Verkauf. Wir sind durch den Geschäftsführer der Wirtschaftlichen Vereinigung der deutschen Süßwarenwirtschaft davon unterrichtet worden, daß Sie für die Veräußerung der hier in Rede stehenden Firma zuständig sind. Da wir beim Vorhandensein gewisser Voraussetzungen ein grosses Interesse an Verhandlungen zwecks Erwerbs diese Unternehmens haben, richten wir an Sie die ergebene Bitte, uns hierzu die Möglichkeit zu geben.«

Bereits zwei Wochen später erhielt er eine abschlägige Antwort von der Vermögensverkehrsstelle im Ministerium für Wirtschaft und Arbeit:[224] »In Beantwortung Ihrer Zuschrift vom 27.7.1938 teile ich Ihnen mit, daß die Firma Heller bereits arisiert ist.« Die Firma wurde an Franz Vogt, einen sudetendeutschen

Abb. 160 Reklame der arisierten Firma Heller, 1940

220 Kazett, April 1938, S. 212.
221 HStAH Dep. 105, Nr. 1771.
222 Wirtschaftliche Vereinigung der Süßwarenindustrie.
223 HStAH Dep. 105, Nr. 1771, Schreiben Wilhelm Hüsemanns an Sprengel im Urlaub am 12.7.1938.
224 HStAH Dep. 105, Nr. 177, Schreiben vom 10.8.1938.

Nationalsozialisten mit guten Beziehungen zu den Reichsstellen in Berlin, übertragen.

Im selben Jahr stand in unmittelbarer Nähe zu Sprengels Wohnhaus das Haus der Brüder Cohn zum Verkauf, die ihr Geschäft, einen Produktenhandel mit Altwaren, Schrott und Lumpen in der Schöneworth, nicht mehr betreiben durften und ihre Emigration vorbereiteten. Sprengel zeigt sich in seinem Schreiben vom 3. Mai interessiert am Kauf des Hauses »für einen Herrn, der am 1.8. bei mir eintritt. In der Sache liegt mir daran, doch demnächst eine Entscheidung herbeigeführt zu wissen. Ich sehe durchaus die Möglichkeit die Räumung hinauszuschieben, wenn eine Entscheidung über den Erwerb vorher sicher gefällt ist«.[225]

Der Makler Sandvoss hatte Sprengel mehrere Offerten für Häuser in der Nähe zur Durchsicht offeriert. Cohn verlangte für das Wohnhaus auf 356 qm Grund 42000 RM, das Nachbargrundstück Kniggestraße 6 auf deutlich größerem Grundstück wurde Sprengel für 52000 RM angeboten. Dessen Besitzerin war sehr an einem Verkauf »nur an Dr. Sprengel« interessiert. Der Angebotspreis für das jüdische Wohnhaus entsprach der allgemeinen Marktlage; es ist nicht erkennbar, dass wegen Notverkaufs zu einem geringeren Preis verhandelt wurde. Zu einem Vertragsabschluss Sprengels mit den Brüdern Cohn kam es jedoch nicht.[226]

Ein halbes Jahr später hatte Sprengel als Bezirksobmann der Wirtschaftlichen Vereinigung Auskunft zu geben über das jüdische Süßwarengeschäft Moritz Brechner: »Die Firma Brechner ist praktisch erloschen. Der Inhaber Moritz Brechner ist seit dem vor Monaten durchgeführten Abschub zugewanderter Juden an die polnische Grenze verschwunden. Die Maschinen sind zum Teil veräußert. Das Kontingent ist verteilt. Von der IHK Hannover konnte ich eine Bestätigung nicht erhalten. Trotzdem kann auf Grund des Sachverhalts nach meiner Ansicht die Firma aus unserem Mitgliederverzeichnis gestrichen werden.«[227]

Hinter der knappen Aktennotiz verbirgt sich ein tragisches Geschehen. Da Österreich nach dem ›Anschluss‹ nicht mehr als Zufluchtsort für jüdische Emigranten in Frage kam, wollten die Nachbarstaaten des Deutschen Reiches einen größeren Zustrom flüchtender Juden verhindern. Das polnische Parlament beschloss ein Gesetz, das im Ausland lebenden Staatsangehörigen (zumeist jüdischen Glaubens) die Passverlängerung versagte, wenn sie länger als fünf Jahre nicht in Polen gewesen waren. »Das betraf im Deutschen Reich schätzungsweise 30000 und in Österreich zusätzliche 20000 polnische Juden.«[228] Die NS-Regierung reagierte am 27. Oktober 1938 mit einem Ausweisungsbefehl für die in den vorangegangenen Jahrzehnten eingewanderten Juden. Sie wurden verhaftet und mit größter Eile entweder zu Fuß oder in Sammeltransporten über die polnische Grenze abgeschoben.[229]

Von der Abschiebung wurden die Menschen völlig überrascht. Ein überlebender Zeitzeuge aus Gelsenkirchen berichtet:

»Wir hatten überhaupt nichts bei uns. Meine Mutter war auf dem Weg zum Markt festgenommen worden, außer ihrer Handtasche hatte sie nichts bei sich. Mein Vater war zu der Zeit in Düsseldorf beim Polnischen Konsulat, um Papiere zu besorgen. So wurde er zunächst nicht ausgewiesen. Als er zurückkam, waren wir schon an die deutsch-polnische Grenze geschafft worden. Die Deutschen hatten uns herausgeworfen, und die Polen wollten uns nicht hereinlassen. Die SS hat uns mit Stöcken geschlagen und über die Grenze ins Niemandsland getrieben. Es war Ende Oktober, es war kalt, es regnete und wir hatten nichts –

225 HStAH Dep. 105 Acc. 2/80, Nr. 638, Erwerb Kniggestraße 7 von Cohn, 1938.

226 Die gegenüber der Autorin mündlich geäußerte Vermutung eines hannoverschen Historikers, Bernhard Sprengel habe unter Ausnutzung der Notlage billig jüdisches Eigentum erworben, ließ sich nicht verifizieren.

227 HStAH Dep. 105, Nr. 1750, Schreiben Sprengels an Fachgruppe Süsswaren-Industrie 27.1.1939.

228 www.bundesarchiv.de/gedenkbuch/zwangsausweisung.html [zuletzt aufgerufen am 17.1.2016].

229 Ebd.

keine Decken, keine Mäntel – gar nichts. Wir kampierten in Schulen, lagen auf Stroh, es gab dort überhaupt nichts.«[230]

Abgeschoben wurden über 17 000 Menschen. Unter den mehr als 650 Deportierten aus Hannover befand sich auch die Familie Grynszpan.[231] Die Nachrichten aus den Übergangslagern erreichten Herschel, den Sohn der Familie, der in Paris lebte. Aus Verzweiflung über das Unrecht erschoss er in der deutschen Botschaft in Paris den Legationssekretär Ernst vom Rath. Diese Tat nahm das NS-Regime zum Anlass für die Novemberpogrome 1938.

Zur Firma Moritz Brechner Hannover hatte August Sprengel 1917 im Rahmen der Kriegswirtschaft wirtschaftlichen Kontakt gehabt,

Abb. 161 Ausweisung polnischer Juden am 28. Oktober 1938 aus Hannover

als er von dieser und 26 weiteren Firmen die Zuckerkontingente zu übernehmen hatte. B. Sprengel & Co hatte seinerzeit die Süßwaren hergestellt, die Firmen beliefert und an sie die damals fällige Entschädigung gezahlt.[232] Man wird sich gekannt haben.

Kriegsjahre – Strafbefehl, Feldpost und West-Wall-Wärmer

Im Sommer 1939 stand die Firma Sprengel trotz der Kontingentierung von Rohkakao wirtschaftlich gut da. Die Auskunftei Schimmelpfeng erhielt im Juni 1939 folgende Daten:

- *Jahresumsatz 11.000.000*
- *Gefolgschaftsmitglieder 1.100, davon Angestellte 190*
- *Akzeptverbindlichkeiten je nach Saison 0 – 300.000*
- *Bankkredit: keiner; Bankguthaben: 330.000*
- *Grundbesitz: Zukauf 1938 eines Lagerhauses Gerhardstrasse, Glünderstrasse 10 und Schaufelderstr. 28, dazu nicht unerheblicher Privat-Grundbesitz.*[233]

Einen Teil des Gewinns hatte die Firma in den Kauf von Grundstücken investiert. Die Ausschüttung der Unternehmensgewinne war begrenzt, während die Selbstfinanzierung vom Regime gefördert wurde. Denn die Unternehmen sollten möglichst vom Kapitalmarkt ferngehalten werden, der der Aufrüstung vorbehalten war. Die hohe Liquidität erlaubte die Rückzahlung von Krediten,[234] so war Sprengel 1939 schuldenfrei. Die Grundstücke in der Glünderstraße (Erwerb von den Erben des verstorbenen Gustav Kallweit) und in der Schaufelder Straße (Erwerb von Hubert Hase und Schwester) waren benachbarte Wohnhäuser. Es handelte sich in beiden Fällen nicht um ›arisierte‹ Grundstücke.[235]

230 http://www.gelsenzentrum.de/juden_ausweisung_polen_1938.htm [zuletzt aufgerufen am 17.1.2016].
231 http://www.lifepr.de/pressemitteilung/region-hannover-0/Die-Polenaktion-Vortrag-von-Dr-Hans-Dieter-Schmid-im-neuen-Regionshaus/boxid/447331 [zuletzt aufgerufen am 17.1.2016].
232 HStAH Dep. 105 Nr. 101.
233 HStAH Dep. 105 Acc. 2/80, Nr. 647, Bericht Auskunftei Schimmelpfeng vom 19.7.1943.
234 Spoerer, Scheingewinne, S. 113.
235 Grundbuch Nordfeld: Bd. 1, Blatt 983, Schaufelder Str. 28 und Grundbuch Schlosswende: Bd. 1, Blatt 699, Glünderstr. 10.

In einem Bericht an die Reichsbank vom Sommer 1939 schätzte Bernhard Sprengel die Produktionsmöglichkeiten der Firma zu Kriegsbeginn optimistisch ein. Der Umsatz habe sich 1939 gegenüber dem Vorjahr um ca. RM 281 000 gesteigert und auch die weitere Umsatzentwicklung sei günstig zu beurteilen, »da die Hauptrohstoffe, insbesondere Rohkakao, einstweilen bis zum Ende des Jahres gesichert sind. Die Möglichkeit der Verarbeitung der anderen Rohstoffe, insbesondere deutscher Früchte und einzuführender Süd- und Kern-Früchte erscheint gegenüber dem Jahr 1938 gebessert.«[236] Das erinnert an die optimistische Einschätzung seines Vaters August zu Beginn des Ersten Weltkriegs. Unternehmen sind es allerdings gewohnt, gegenüber Banken ein positives Bild zu zeichnen.

Dass Bernhard Sprengel tatsächlich die Produktionsmöglichkeiten seiner Firma skeptischer einschätzte, als in dem Bericht zum Ausdruck kam, wird an einer privaten Entscheidung deutlich. Unmittelbar vor Kriegsbeginn, am 28. August 1939, stellte er einen erneuten Antrag auf Aufnahme in die NSDAP.[237] Diesem wurde entsprochen, und ab März 1940 war er mit der Mitgliedsnummer 7 524 854 Parteigenosse.[238] Warum? Vermutlich rechnete er zu Kriegsbeginn mit einer drastischen Beschränkung der Zuweisung von Rohstoffen und Arbeitskräften für den zivilen Sektor. Das könnte die Rentabilität gefährden. Mit Wehrmachtsaufträgen würde er die Kapazitätsauslastung stabil halten und den erwarteten Rückgang der Produktion für den zivilen Bedarf kompensieren können. Dafür war aber eine Parteimitgliedschaft nützlich. Da Sprengel kein kriegswichtiges Gut herstellte, konnte er hoffen, bei der Vergabe von Heeresaufträgen berücksichtigt zu werden.

Es kam, wie er wohl erwartet hatte. »Geschäftlich bringen die Kriegsverhältnisse mit der starken Rohstoff-Beschneidung von ca 50 % Veränderungen mit sich, die in ihren Auswirkungen heute noch nicht abzusehen sind«, schrieb Sprengel an seinen Kunst- und Buchhändler Severing in München. »Jedenfalls steht fest, dass durch Personal-Abbau sich der Anteil der festen Kosten nicht in dem Masse verringern lässt, wie er herabgedrückt werden müsste, um die Rentabilität des grossen Betriebes auch dann aufrechtzuerhalten, wenn er nur mit 50 % läuft.«[239]

Viele Mitarbeiter wurden einberufen, und der Chef schrieb seinem Einkaufsleiter Luyken an die Front, was sich verändert hat. »Die ersten Kriegswochen haben hier eine recht turbulente Umstellung auf Kriegswirtschaft mit sich gebracht. Kakaopulver gibt es in Zukunft nur noch in Mischungen mit 30 % Kakaopulver. Dabei ist es schwierig, die Streckungsmittel, die Verwendung finden sollen, zu beschaffen.«[240] Als Streckungsmittel für pulverförmige kakaohaltige Mischungen konnten Roggen, Hafer, Kartoffel, Gerste, und Eichelmehl verwendet werden.[241] 60 Jahre nach Gründung des Verbandes Deutscher Schokoladenfabrikanten wurden die Produzenten zur Verwendung jener Zusatzstoffe und zur Qualitätsminderung verpflichtet, die sie damals mit ihrer Verbandsgründung verhindern wollten. 1934 hatte der Verband die Verschlechterung noch abgelehnt, »damit nicht das in einem halben Jahrhundert im Kampf um Reinheit und Qualität Aufgebaute ohne Not eingerissen wird«,[242] aber in Kriegszeiten galten andere Regeln.

Also nahm auf »ausdrückliche Anweisung der Wirtschaftlichen Vereinigung der deutschen Süßwarenwirtschaft,[243] die Firma

236 HStAH Dep. 105 Acc. 2/80, Nr. 648, Bericht vom 15.6.1939.

237 Sprengel hätte bereits im Jahr 1937, nachdem die Aufnahmesperre aufgehoben wurde, seinen Aufnahmeantrag aus dem Jahr 1933 erneuern können. Das hat er aber nicht getan.

238 Bundesarchiv, ehem. BDC, NSDAP-Gaukartei.

239 HStAH Dep. 105, Nr. 1657, Brief an Severing vom 21.10.1939.

240 HStAH Dep. 105 Acc. 2/80, Nr. 647, Schreiben vom 2.10.1939 an Luyken.

241 Kazett, September 1939, S. 308.

242 Kazett 1934, S. 369.

243 HStAH Dep. 105, Nr. 1787, Schreiben Sprengels.

Abb. 162 Betrieblicher Luftschutz – aus dem Fotoalbum der Firma Sprengel

Sprengel Anfang Oktober 1939 die Fabrikation einer »kakaopulverhaltigen Mischung« unter Zusatz von Streckungsmitteln auf. Die neuen Anweisungen waren offenbar der Justiz noch nicht bekannt. Wegen einer angeblich irreführenden Deklarierung ermittelte die Staatsanwaltschaft und schickte im März 1940 einen Strafbefehl. Der Vorwurf lautete „vorsätzlich durch eine fortgesetzte Handlung insbes. am 19. und 20. Oktober 1939 in Hannover verfälschte(n) Lebensmittel(s), nämlich ein Kakaoerzeugnis ohne ausreichende Kenntlichmachung bzw. unter irreführender Bezeichnung [...] zum Verkaufe vorrätig gehalten zu haben, trotzdem es den in der Kakaoverordnung enthaltenen Begriffsbestimmungen nicht entsprach«. Eine Geldstrafe über 200 Reichsmark oder 10 Tage Haft wurde angedroht.[244] So schnell konnte eine Firma zwischen die Stühle von Wirtschaftsverwaltung und Justiz geraten.

Der für die Firma Stollwerck tätige Chemiker Heinrich Fincke, anerkannter Experte der Schokoladenproduktion, kam Sprengel mit einem Gutachten zu Hilfe:

»Die Lebensmittelhersteller sind neben den Eingriffen der verschiedenartigsten Behörden beträchtlichen Schwierigkeiten ausgesetzt, wenn sie der Pflicht genügender Warenherstellung mit einer beschränkten Zahl von Mitarbeitern und Hilfskräften nachzukommen haben. Die Untersuchungsämter wurden angewiesen, bei unwichtigen Verstößen nur dann Strafanzeige zu erstatten, wenn böser Wille oder grobe Nachlässigkeit vorliegen. Bei der Erhebung der Anklage gegen Herrn Dr. Sprengel ist dieser Erlaß nicht beachtet worden.«[245]

244 HStAH Dep. 105, Nr. 1787, Strafbefehl der Staatsanwaltschaft vom 14.3.1940.

245 HStAH Dep. 105, Nr. 1787, Gutachten vom 2.4.1940.

Sprengel hatte Glück; er hatte 50 Reichsmark Strafe zu zahlen und damit war die Sache erledigt. Aber man lebte nicht ungefährlich als Unternehmer in diesen Kriegszeiten. Zum ›Schutz der Rüstungswirtschaft‹ stand auf »falschen Angaben über Bestand an Arbeitskräften, Bedarf oder Vorräte wichtiger Rohstoffe, Materialien, Maschinen und Geräte« Zuchthaus oder in besonders schweren Fällen die Todesstrafe.[246]

Mit Kriegsbeginn trug die Firma auch Verantwortung für die Sicherheit der Beschäftigten bei Luftangriffen. Die pflichtgemäß gemeldeten Maßnahmen der Firma für den Luftschutz lasen sich 1939 noch harmlos wie die Vorbereitungen zu einer Feuerwehrübung: Die Schrecken des Luftkriegs hatten die Bewohner der besetzten Länder bereits erlebt, in Deutschland waren die fürchterlichen Erfahrungen des Krieges an der ›Heimatfront‹ noch weit weg. »Zuverlässige Luftschutz-Räume: Außer einer vorschriftsmäßig ausgebauten Hauptbefehlsstelle und Ausweichbefehlsstelle befindet sich z. Zt. die Vergrößerung des Sanitätsraums mit gesonderten Räumen für Blut- und Gas-Verletzte in der Durchführung. An Gasmasken stehen zur Verfügung 81 S-Gasmasken für die aktive Einsatz-Truppe und

246 Kazett, April 1942, S. 118.

270 Vollgasmasken.«[247] Die Maßnahmen zur Vorbereitung der Zivilbevölkerung auf den Luftkrieg ließen den Krieg handhabbar erscheinen. Alles war effektiv organisiert, auch deswegen haben drei Jahre später im Ernstfall die meisten so gut funktioniert.

Auch an die Bezahlung bei Luftangriffen wurde 1939 schon gedacht. »Lohnausfall bei Fliegeralarm. Verlorene Arbeitszeit und Lohn sollen durch Nachtarbeit innerhalb von 6 Arbeitswochen ausgeglichen werden, wenn nicht möglich, sind 50 % der ausgefallenen Arbeitszeit zu zahlen.«[248] Gerechte Lastenverteilung suggerierten diese Regeln.

Wie im Ersten Weltkrieg pflegten die Betriebe engen Kontakt zu den eingezogenen Soldaten. Die Firma Sprengel zahlte an die Familien der Wehrmachtsoldaten weiterhin 50 Prozent des Lohns und schrieb in »regelmäßigen kurzen Abständen allen Wehrmachts-Angehörigen in einem Brief von der betrieblichen Entwicklung und soweit angängig, von der Umstellung des Betriebes auf die Kriegswirtschaft«.[249] Sprengel berichtete der DAF von der erfreulichen Resonanz der Brief- und Paketaktionen und von der Freude der ›Feldgrauen‹ über die Päckchen mit Erzeugnissen der Firma. Zu Weihnachten erhielten die Soldaten außer den firmeneigenen Leckerbissen Zigaretten, Spielkarten, Bücher und zur ›besonderen Freude‹ eine 1/2 Liter Flasche Weinbrand ›West-Wall-Wärmer‹.

Abb. 163 Päckchen für die Frontsoldaten

Die Berichte aus den Firmen ins Feld waren aber sehr bald von der Regierung nicht mehr erwünscht. Der Propagandaminister verbot solche Briefe, da »es unstatthaft ist, dass von einzelnen Betrieben eigene Feldpostnachrichten an die Truppenteile gelangen, da in diesen Feldpostnachrichten öfters Dinge enthalten sind, die der Geheimpflicht unterliegen«.[250]

Die Jubiläumsbroschüre zum 90-Jährigen aus dem Jahr 1941 schwieg zum Krieg. Vor dem Betrachter entstand das Bild einer friedlichen Gartenidylle und fröhlicher Lichterfeste mit Freunden.

»Hannover – die Großstadt im Grünen – Sprengels Pralinen 1851 – 1941
Seit 90 Jahren steht hier das Werk, aus dem die köstlichsten Dinge hervorgehen, die Stärkung und Genuß bringen und sich so gut dazu eignen, Freude zu schenken!
Vor dem Schloss Herrenhausen liegt hingebreitet wie ein farbenprächtiger Blütenteppich der malerische Mittelpunkt des ›Großen Gartens‹. Kühn geschwungene Rabatten, geformt von kurz gehaltenen Buxhecken schwellen über von leuchtend gelben, glutroten und zartblauen Blütenkissen. Schmale weiße Kieswege gliedern die farbige Pracht in strengere Ordnung und breite üppige Seitenbeete geben mit den alten Statuen dem Bilde einen plastischen Rahmen. Liegt es nicht nahe, an eine prächtig gefüllte Bonbonniere zu denken?«[251]

Obwohl die Zeiten so friedlich nicht waren, wie die Schilderung der Gartenidylle nahelegte, spielten Bild, Text und die begehrte Ware Sprengel-Pralinen mit der Sehnsucht nach einer heiteren Sonntagswelt. Anders als im Ersten Weltkrieg, den die Firmenwerbung noch 1917 selbstverständlich unterstützt hatte, fehlte 1941 jeglicher Patriotismus:

»Wenn im Park von Herrenhausen wieder die Leuchtfontänen sprühen, wird auch die Zeit nicht ferne sein, da wir unsere Geschäfts-

247 HStAH Dep. 105, Nr. 1697.
248 Kazett, Dezember 1939, S. 541.
249 HStAH Dep. 105, Nr. 1697.
250 HStAH Dep. 105, Nr. 1697.
251 RWWA 208-478-10.

freunde wieder gelegentlich bei uns begrüßen können, wie das in der Vergangenheit so oft der Fall war. Neunzig Jahre steht unser Werk. In dieser Zeit haben wir diese persönlichen Beziehungen immer mehr schätzen gelernt. Wir warten darauf, sie wieder aufnehmen zu können.«[252]

Abb. 164 Aus der Jubiläumsschrift zum 90-Jährigen, 1941

Die Gartenidylle der Jubiläumsschrift hat 1941 noch den Wünschen und Hoffnungen der Zivilbevölkerung auf ein baldiges Ende des Krieges entsprochen. Sie lebte in jenem Jahr in Furcht um das Leben der Männer an der Front, aber der Krieg stand noch nicht im eigenen Land. Mit dem Beginn der Flächenbombardements auf deutsche Städte 1942 wäre ein solcher Text nicht mehr denkbar gewesen.

August Sprengel hat das 90-jährige Jubiläum der Firma nicht mehr erlebt. Er starb im Februar 1940 und vermachte seinem Ältesten seine Kapitalanteile, die er zur Hälfte bereits 1936 an ihn überschrieben hatte. Dr. Bernhard Sprengel war jetzt Alleininhaber. August Sprengel wollte offenbar seinem Sohn ersparen, was er selbst nach dem Tod seines Vaters als einschränkend empfunden hatte: Die Rücksicht auf Familiengesellschafter, die mehr an Auszahlungen als an Investitionen interessiert waren. Und es gab nicht die grundlegenden Differenzen in den Unternehmenszielen, die den Vater Bernhard Sprengel bewogen hatten, seinen Nachfolger nur als einen Teilhaber unter anderen einzusetzen. Personengebundene Unternehmensformen und Alleineigentum erfreuten sich zudem der ideologischen Wertschätzung des Regimes.[253] Im Reichserbhofgesetz setzte das Regime das Anerbenrecht, d. h. die Vererbung an einen Nachkommen für die bäuerlichen Erbhöfe durch. Bei Unternehmen wurde die Umwandlung von Kapitalgesellschaften in personengebundene Unternehmensformen begünstigt.

Die Übergabe von August an Dr. Bernhard Sprengel ging auf Kosten des zweiten Sohns Walther, der ebenfalls im Betrieb tätig war. Obwohl sich August Sprengel 1934 erfreut über den geschäftlichen Erfolg dank der Tätigkeit *beider* Söhne geäußert hatte, war der Ältere im selben Jahr zum Geschäftsführer berufen worden. 1936 erhielt er die Hälfte

252 RWWA 208-478-10.
253 Werner Abelshauser: Corporate Governance im Dritten Reich. In: Werner Abelshauser (Hrsg.): Wirtschaftsordnung. Staat und Unternehmen, Essen 2003, S. 78.

der väterlichen Anteile überschrieben. Der jüngere Sohn Walther gewährte nach dem Tod des Vaters der Firma ein langfristiges Darlehen über 300000 RM aus der Erbschaftsmasse von August Sprengel.[254]

Abb. 165 Pralinen-Reklame, 1941

Zwangsarbeit und ›Rü-Abteilung‹

Die DAF verlangte auch in Kriegszeiten zügige Berichterstattung. Am 6. September 1939, fünf Tage nach Kriegsbeginn, erhielt die Firma die dringende Aufforderung, den Bericht zum ›Leistungskampf‹ innerhalb von vier Tagen abzuliefern. Sprengel entschuldigte sich, er sei »Tag und Nacht beschäftigt« mit der Umstellung der Produktion auf die Kriegswirtschaft. Die Gewichtung des ›Leistungskampfes‹ änderte sich im Krieg: Statt sozialer Wohltaten waren ›beste Arbeitsdisziplin‹, die ›wenigsten Bummelschichten‹ und ›als Erfolg aller der Maßnahmen die höchstmögliche Leistung‹ Ziel der Kampagne, wie sie DAF-Führer Robert Ley vorgab. Im Mittelpunkt stand ab 1940 ›die Stärkung der Heimatgruppen für den Kriegserfolg‹.[255]

Über die Produktion im ersten Kriegsjahr berichtete Sprengel im Januar 1940 an die DAF:

»Die Produktionsmöglichkeiten sind seit Kriegsbeginn erheblich verändert. Sie teilen sich auf in:

A) Wehrmachtslieferungen: Die Rohstoffe für die Wehrmachts-Lieferungen werden in vollem Umfange zugeteilt. Gelegentlich bestanden Schwierigkeiten bezüglich der Beschaffung des Verpackungs-Materials. Hergestellt werden Tafel-Schokoladen in 2 Qualitäten.

B) Herstellung zur Deckung der zivilen Versorgung

Im Sektor der Produktion zur Deckung der zivilen Versorgung haben sich auf Grund der Maßnahmen seit Ausbruch des Krieges ganz erhebliche Verschiebungen ergeben.

Rohkakao wird einstweilen in Höhe von etwa 30 % der normalen Zuteilung zur Verfügung gestellt. […] Es ergibt sich eine zusätzliche Verarbeitungs- und Versorgungs-Verpflichtung der zivilen Bevölkerung und damit ein erhöhter Bedarf an Arbeitskräften. Es fehlen dem Betriebe gegenwärtig ca. 150 weibliche Arbeitskräfte, davon sind 110 Arbeitskräfte dringend angefordert. Bekommen wir diese angeforderten Arbeitskräfte nicht zugeteilt, so kann der Betrieb die ihm auferlegte Produk-

254 HStAH Dep. 105 Acc. 2/80, Nr. 648, Aktennotiz vom 19.4.1940. Der Wert der Firma wurde 1940 auf rund 7½ Millionen Reichsmark geschätzt (darunter Stiftungsbetrag des Vereins August Sprengel 1 Million Reichsmark, die Fabrikgebäude RM 2.635.886, die Wohngebäude RM 229.310 und die Mobilien RM 3.770.000).

255 Kazett 1940, S. 151.

tions-Verpflichtung für den laufenden Verarbeitungs- und Zuteilungsabschnitt der ersten Monate des Jahres 1940 nicht erfüllen.«[256]

Tatsächlich erfolgte also, wie Sprengel wohl vorausgesehen hatte, die Rohstoffversorgung für Wehrmachtsaufträge ungekürzt. Die Zuteilung der Ersatzkräfte kam bald. Im Mai 1940 erhielt die Firma zwangsverpflichtete Polinnen zugewiesen. Die Werkfrauengruppe nahm sie in Empfang und deren Leiterin Hedwig Hagemann hielt die Ereignisse in dem Tagebuch der Gruppe fest: »28. Mai 1940. Die Polinnen sind eingetroffen und zwar in einem ziemlich unsauberen Zustande. Jetzt gibt es genug zu tun, denn die 104 Polinnen müssen ›bearbeitet‹ werden. Einige Kameradinnen übernehmen das Kämmen und Einreiben der Haare (gegen Ungeziefer) Im Baderaum geht die große Wäsche vor sich. 2 Werkfrauen mit den Polinnen zum Arzt, zum Zahnarzt und zum Arbeitsamt.«[257] Die Transportumstände, ohne Möglichkeiten sich zu waschen, würdigten die Angekommenen bereits zu Menschen minderen Werts herab und bedienten das Vorurteil gegenüber ›schmutzigen Polen‹. Die Eintragung im Tagebuch atmete eine gewisse Überheblichkeit der Werkfrauen, die die Polinnen wie unselbstständige Kinder ›bearbeiteten‹ und säuberten, aber Rassismus sprach nicht aus den Zeilen.

Die Polinnen waren im Lager Bohnhorst straße untergebracht, und es gelang Sprengel statt der von der DAF vorgesehenen Frau eine Mitarbeiterin aus Oberschlesien, die fließend polnisch sprach, für die Lagerleitung zu gewinnen. »15. 6. 1940 Emmy Fioka mit der Führung des Polinnenlagers betraut. Die größte Aufgabe bestand jedoch darin, die Polinnen an ihrem Arbeitsplatz einzuarbeiten und den anderen Arbeitskameradinnen Vorbild im Umgang mit den fremdstämmigen Arbeiterinnen zu sein«,[258] notierte Hedwig Hagemann. Sie wirkte glaubwürdig mit ihrem ernsthaften Vorsatz Vorbild zu sein. Aussagen von Beschäftigten nach dem Kriege legen nahe, dass die Polinnen ordentlich behandelt wurden. »Frau Koch von der Arbeitsfront kanzelte uns ab, dass wir uns mit den Polinnen in eine solche Kameradschaft einliessen. Sie drohte uns, wenn das nicht anders würde, sie das der Gestapo melden und in unserem Betrieb auf[zu]räumen« würde.[259] Man bemühte sich, die Zwangsarbeiter in den betrieblichen Alltag einzubeziehen: »Die ausländischen Arbeiter bekamen aus der gleichen Küche wie die deutschen Arbeiter das Essen und anfänglich saßen sie auch mit den deutschen Arbeitern an einem Tisch, bis es offiziell verboten wurde«,[260] sagten Betriebsratsmitglieder nach dem Krieg aus.

Das Lager in der Bohnhorststraße war in den Augen des Chefs völlig ungeeignet für die Unterbringung der Frauen. Er wurde beim Regierungspräsidium vorstellig wegen der »Unhaltbarkeit unsere polnischen Arbeiterinnen in dem bisherigen Sammellager zu belassen«.[261]

Die Polinnen seien in einem großen Gasthaussaal untergebracht, der bisher als Versammlungssaal gedient hat und nur als Notbehelf gedacht war. »Die nicht ausreichende Heizung im Saal ist unmöglich [...] Die Feuergefahr ist riesengroß, da Bett an Bett in dem Raum steht, der Aufenthalt in jeder Beziehung ungesund.« Wegen der feuchten Kälte litten die Polinnen zunehmend an Erkältungskrankheiten und Rheuma. »Die einfachsten Forderungen der Hygiene sind nicht erfüllt, Wohnen, Schlafen, Reinigen alles in einem Raum.« Sprengel war empört und drang auf sofortige Genehmigung des Baus einer neuen

256 HStAH Dep. 105, Nr. 1697, Vierteljahresbericht für die DAF vom 11.1.1940, Berichtsabschnitt IV. Quartal 1939 vom 11.1.1940 mit 8 engbeschriebenen maschinenschriftlichen Seiten.

257 RWWA 208-570-6, Werkfrauen 1938–1942.

258 RWWA 208-570-6, Werkfrauen 1938–1942.

259 Zeugin Gassmann im Entnazifizierungsverfahren von der Wettern, HStAH Nds. 171 Hannover Nr. 44072, Entnazifizierungsakte Hans-Heinrich von der Wettern.

260 Ebd., Aussagen Betriebsräte Meyer und Berger.

261 HStAH Dep. 105 Acc. 2/80, Nr. 439, Schreiben vom 13.12.1940.

Baracke mit ausreichenden Waschgelegenheiten, Toiletten sowie Brauseanlage, Plätt-, Trocken- und Waschraum. Auch auf einer Tagung der Arbeitsgemeinschaft für Nahrungsmittelforschung sprach er die Schwierigkeiten an, die »durch die besonders strenge Behandlung der Polen in Hannover« erwuchsen. Das Regierungspräsidium bestätigte ihm in einem Schreiben, dass es jetzt »durch Erlass die Möglichkeit [gebe], polnischen Arbeitskräften einen Urlaub bis zu 4 Wochen zu genehmigen«.[262]

Im Betrieb führte die Arbeit der Polinnen zu zwischenmenschlichen Kontakten, die in normalen Zeiten die Betriebsleitung nicht beschäftigt hätten. Einige Arbeiter teilten nicht nur Tisch, sondern auch Bett mit einer Polin. Solche Alltagsgeschichten hatten damals weitreichende Folgen, da Betroffene der Versuchung nicht widerstanden, aus persönlichen Motiven die Furcht vor der Gestapo für sich zu nutzen. So verlangte die Frau eines verheirateten Arbeiters vom Betriebsleiter von der Wettern, er solle dafür sorgen, dass ihr Mann von der Polizei abgeholt würde. Sie drohte mit einer Anzeige, wenn er nichts unternähme. Aus Angst um sich und seine Familie gab von der Wettern die Sache weiter: »Wir haben leider Veranlassung, gegen dieses Gefolgschaftsmitglied obigen Antrag zu stellen wegen wahrscheinlichen Umgangs mit einer Polin. Wir haben seitens der Ehefrau des Schmidt verschiedene Andeutungen und sogar Anklagen erhalten wegen seines Verhaltens ihr gegenüber und es hat sich inzwischen herausgestellt, dass sich der Verdacht gegen die Polin Irene Glogowsak aus Litzmannstadt richtet. Wir sind nicht in der Lage schlüssige Beweise vorzulegen für den unerlaubten Verkehr, jedoch glauben wir, verpflichtet zu sein, diese Angelegenheit der Geheimen Staatspolizei mit der Bitte, eine Untersuchung anzustellen, zu unterbreiten, um auf alle Fälle unsere Pflicht getan zu haben. Der Unterzeichnete wird Ihnen die Polin selbst zwecks Vernehmung zuführen.
Heil Hitler ppa. B. Sprengel & Co
gez. von der Wettern«[263]

Der Arbeiter und seine polnische Freundin wurden abgeholt und kamen für einige Wochen ins Lager. Sie blieben ein Paar und heirateten später. Ein weiterer Arbeiter hatte zarte Bande geknüpft und beim Besuch seiner polnischen Geliebten im Lager einen Wachmann zusammengeschlagen. »Ich hatte keine Veranlassung, dem Wachmann meinen Ausweis zu zeigen. Er fasste mich an und ich schlug ihn nieder«,[264] war seine Aussage vor dem Entnazifizierungsausschuss 1947, vor dem sich von der Wettern wegen der Weitergabe des Vorgangs an die Gestapo verantworten musste.

Auch französische Kriegsgefangene haben bei Sprengel gearbeitet, wie einer kleinen Notiz aus der Korrespondenz des Sekretariats zu entnehmen ist. Die Gefangenen sollten im Alarmfall den firmeneigenen und nicht den Luftschutzkeller der benachbarten Schule aufsuchen, »damit wir sie nach dem Alarm mit den eingeteilten deutschen Arbeitskräften sofort wieder einsetzen können«. Sie sollten auch ihr »Mittagessen gleichzeitig mit unseren Gefolgschaftsmitgliedern einnehmen«. Unterschiedliche Pausen- und Schichtzeiten störten die effektive Arbeitsorganisation. Die gemeinsame Arbeit in einem Betrieb sorgte auch aus betrieblichen Gründen für eine gewisse Gleichbehandlung mit den eigenen Beschäftigten.

Im Jahr 1940 erweiterte die Firma Sprengel ihre Produktion auf ein branchenfremdes Feld. »Als ich während eines Fronturlaubs die Firma besuchte, traute ich meinen Augen kaum«, erzählte ein ehemaliger Schlosser einer HAZ-Redakteurin. »Die Schokoladenma-

262 HStAH Dep. 105 Acc. 2/80, Nr. 439, Korrespondenz mit Regierungspräsidium.

263 HStAH Nds. 171 Hannover, Nr. 44072. Entnazifizierungsverfahren von der Wettern, Schriftstück vorgelegt vom Hauptausschuss ehemaliger politischer Häftlinge an die Staatsanwaltschaft Hannover, 7.11.1947.

264 HStAH Nds. 171 Hannover, Nr. 44072, Aussage Herr Lücke.

schinen waren ausgelagert; stattdessen wurden Granaten und Patronenhülsen gefertigt und an den Bändern saßen Zwangsarbeiterinnen.«[265] Auch andere Schokoladenfabriken haben im Krieg, wenn sie nicht zerstört wurden, Rüstungsgüter produziert.[266] Im Nachlass von Bernhard Sprengel finden sich allerdings keine Mappen mit Unterlagen zur Rüstungsproduktion im Krieg, auch sonst konnte sich keiner erinnern.[267] Täuschte sich der alte Sprengelaner?

An unerwartetem Ort, nämlich in der o. a. Entnazifizierungsakte des früheren Sprengel-Betriebsleiters, gibt es indes Hinweise auf eine Rüstungsabteilung. Von der Wettern hatte sie im Auftrag von Bernhard Sprengel geleitet. »Die Firma Sprengel hatte auch einen Rüstungsbetrieb. Gleich zu Beginn des Krieges wurde unsere Werkstatt beschlagnahmt zur Herstellung von Granaten. Dadurch kam es, dass ich als Abwehrbeauftragter eingesetzt wurde. Ich hatte die Verantwortung für das Personal und die Zeichnungen. Die Herstellung von Granaten hörte bald auf und wir reparierten elektrische Teile«,[268] berichtete von der Wettern 1947 vor dem Entnazifizierungsausschuss.

60 Menschen löteten im Auftrag der Dynamit AG Empelde PmK-Geschossmäntel in den Sprengelschen Fabrikationsräumen. Und es klärte sich auch auf, weshalb keine Unterlagen erhalten waren. »Als die Amerikaner in Hannover einrückten, räumte Herr von der Wettern seinen Schreibtisch auf und hat die ihn belastenden Schriftstücke mir zur Verbrennung übergeben. Beim Verbrennen habe ich Einblick in diese Papiere genommen und habe daraus ersehen, dass Herr von der Wettern laufend mit der Gestapo in Verbindung stand«,[269] sagte eine Mitarbeiterin aus. Von der Wettern bestritt diesen Vorgang nicht, sah aber die Verantwortung nicht bei sich: »Als sich die Tage der Besatzung und des Umbruchs nahten, sind auf Anweisung des Inhabers der Firma alle Dinge beseitigt worden, an denen die Besatzung vermutlich besonders Anstoss nehmen würde, darunter Hitler-Bilder und -büsten, Fahnen und auch die gesammelte Korrespondenz mit der Gestapo und die darin enthaltenen grundlegenden Verfügungen.«[270] Bernhard Sprengel, obwohl als Zeuge vernommen, wurde zu seiner Rolle nicht befragt; im Protokoll der Ausschuss-Sitzung ist dazu nichts vermerkt.

Wie sahen die Kontakte zur Gestapo genauer aus? Für die Erfüllung der zahlreichen Vorschriften und Auflagen, die einem solchen ›Rü-Betrieb‹ gemacht wurden, war von der Wettern als Betriebsleiter verantwortlich. Die betreuende Dienststelle für die 200 beschäftigten Ausländer war nicht die DAF, sondern die Gestapo, sagte von der Wettern. »Diese habe die Wohnläger inspiziert und alle amtlichen Formalitäten zu erledigen gehabt. Als Personalchef und Repräsentant der Firma wandte sich die Stapo telefonisch und persönlich stets an mich, da ich für alles verantwortlich

265 HAZ, 20.5.2009, Gerda Valentin: Radau im Schokoladenkeller.

266 Firma Kant Wittenberg: »Im September 1939 beginnt die Vorbereitung auf die Kriegsproduktion. Große Teile der Maschinen werden nach Tangermünde ausgelagert und die Belegschaft wird aufgeteilt zur ›Wasag-Sprengstoff-AG‹ und zu den ›Arado-Flugzeug-Werken‹. Bis 1945 wird Rüstungsproduktion für die Arado Flugzeugwerke betrieben.« In: http://www.theobroma-cacao.de/nc/schoko-guide/schoko-guide/alphabetische-liste/detailansicht/schokolade/details/kant-chocoladenfabrik-ag [zuletzt aufgerufen am 17.1.2016]. Ebenso: Firma Bader in Aalen, Elfriede Schaefer: Wie aus Ede Elfe wurde, Norderstedt 2012, S. 85, und »Hartwig & Vogel stellte Zünder her«, Wikipedia, https://de.wikipedia.org/wiki/Hartwig_%26_Vogel [zuletzt aufgerufen am 17.1.2016].

267 HStAH Dep. 105 Acc. 2/80, Nr. 583. Versteckt in der Korrespondenz aus dem Sekretariat, A-Z (1942–45), fand sich doch bei der Auflistung des Fabrikationsprogramms vom Februar 1943 der Hinweis: »3 Schwerpunkt-Fertigung Unterauftrag der Dynamit A.G. Empelde, auf Löten von PmK-Geschossmänteln. In dieser Fertigung werden gegenwärtig 60 Menschen beschäftigt.«

268 HStAH Nds. 171 Hannover, Nr. 44072, Entnazifizierungsakte Hans-Heinrich von der Wettern.

269 Ebd., Aussage Frau Neis.

270 Ebd., Stellungnahme v. d. Wettern, 2.10.1946.

war.« Sämtliche Rüstungsbetriebe hatten die Fehlschichten und ›Arbeitsbummelanten‹ zu melden. »Es kam dann Herr Prewitz von der Gestapo und die Herren gingen zusammen in die betreffenden Betriebe. In der Firma Sprengel war es einmal, in anderen Betrieben haben öfters Besprechungen stattgefunden.«[271]

Der Druck auf Erfüllung der vorgegebenen Produktionsmengen in der ›Rü-Abteilung‹ war groß und von der Wettern fürchtete die Kontrollen der Gestapo. Die zugewiesenen dienstverpflichteten ›Halbtagsfrauen‹ hatten wenig Lust zum Arbeiten, fehlten häufig und setzten einiges daran, schnell wieder entlassen zu werden. »Ich konnte ja keinen entlassen, dann wären ja alle 450 Leute zu mir gekommen, die arbeitsverpflichtet waren«,[272] beschrieb der Betriebsleiter sein Dilemma. Also gab er die Namen der Frauen mit häufigen unentschuldigten Fehlzeiten an die Gestapo weiter. Diese kamen dann für mehrere Wochen in ein Arbeitserziehungslager. »Ich sah mich zu den Meldungen als Betriebsdirektor *verpflichtet*. Im Falle einer Pflichtverletzung meinerseits wäre eine Bestrafung meiner Person durchgesetzt worden«,[273] entschuldigte er sein Verhalten. Wie viele seiner Zeitgenossen war er, in Furcht lebend, darauf bedacht, alles richtig zu machen, was die maßgebenden Stellen von ihm erwarteten.

Nach dem Krieg gab es im Entnazifizierungsverfahren neben einigen belastenden, mehrheitlich entlastende Aussagen. »Ich bin 1934 bei der Firma Sprengel angestellt worden. Ich war Marxist und Herr von der Wettern fragte, ob ich Pg wäre oder was sonst. Ich hatte 1933 meine Inhaftierung hinter mir und war froh, wieder Arbeit zu finden. Als dann der Krieg kam, kamen auch die Dienstverpflichteten zu uns. Da gab es nun immer welche, die absolut nicht wollten, dann musste der Treuhänder der Arbeit prüfen, wer hier bummelte. Diese Fälle, die hier verhandelt werden, sind es gewesen, die die Betriebsordnung gefährdet haben.«[274] Eine erfahrene Abteilungsleiterin in der Pralinenabteilung beschrieb das Verhalten des Betriebsleiters »soweit eine Bestrafung nicht zu umgehen war, immer (als) sehr human und milde, vor allen Dingen war er immer gerecht«.[275] Der Vorsitzende Heimbring des Entnazifizierungs-Unterausschusses hielt dagegen von der Wettern vor: »Auch in unserem Betriebe wurde die Überprüfung durch die Treuhänder der Arbeit durchgeführt. Es ist aber zu keinen Verhaftungen gekommen, da die Betriebsleitung sich entschieden dagegen gewehrt hat. Es ging also in diesen Fällen mit einer Verwarnung ab. Dasselbe wäre auch sicher bei gutem Willen in der Firma Sprengel & Co möglich gewesen.«[276]

›Traubenkraft‹ und ein Paket für den Reichsführer-SS

Die Produktion der Süßwarenindustrie wurde zugunsten der Rüstungsindustrie immer mehr eingeschränkt und Arbeitskräfte ›ausgekämmt‹, d.h. für die Rüstungsproduktion oder den Kriegseinsatz abgezogen. Die eigene Produktion und den Kern der Belegschaft zu erhalten, war unter diesen Umständen vorrangiges Ziel der Betriebsleitungen. Dabei hatten die größeren rationell arbeitenden Firmen die besten Chancen, während kleinere Betriebe mit weniger effektivem Personal- und Rohstoffeinsatz mit ihrer Schließung zu rechnen hatten. Im April 1941 hatte die Fachgruppe Süßwarenindustrie über Maßnahmen zur »Zusammenlegung von Betrieben durch Übernahme der Kontingente seitens der Firmen mit besonders hoher technischer Fertigungsleistung und niedrigem Handfertigungsanteil« zu beraten. Der Arbeitseinsatz betrug zum Beispiel in der Fruchtpasten-Fertigung »bei der Firma Sprengel auf Grund weitgehender Durchmechanisierung nur 34 % des Arbeitseinsatzes in

271 Ebd., Aussage von der Wettern.
272 Ebd.
273 Ebd., Schreiben von der Wettern vom 27.11.46, Unterstreichung im Original.
274 Ebd., Aussage Herr Meyer.
275 Ebd., Aussage Frau Rust.
276 Ebd., Stellungnahme des Vorsitzenden Heimbring.

den anderen Firmen«.[277] 1941 kam es zu ersten Schließungen und Werklohnverträgen. Die meisten kleinen Betriebe arbeiteten aber noch weiter, vor allem die großen Betriebe sparten Arbeitskräfte ein.

»Im Kakao- und Schokoladen-Sektor wurden insgesamt 84 Arbeitskräfte freigemacht. Der grösste Teil fällt auf die Firma Sprengel, trotzdem diese die gesamte Produktion der Firma Hermann Marx, Hannover, übernimmt, durch deren Stillegung 14 Arbeitskräfte frei werden. Die Großfirmen (Sprengel und Bahlsen) im Bezirk sind bereits seit Jahren in ganz besonders hervorragendem Masse auf mechanisierte Fertigung eingerichtet.«[278] Hannover als Großstadt mit starkem Industrieanteil galt als Engpassgebiet und war insofern bevorrechtigt bei der Versorgung der Zivilbevölkerung. Dem Regime war besonders an der guten Versorgung der Rüstungsarbeiter gelegen.

Im Jahr 1942 wurde durch die Wirtschaftliche Vereinigung Süßwarenwirtschaft (WVS) verfügt, dass weniger rationell arbeitende Betriebe stillzulegen seien, und Sprengel hatte als Obmann die entsprechenden Daten in seinem Bezirk zu sammeln. Handwerklich produzierende Firmen, wie zum Beispiel die Firma Schoppe, mussten schließen. Das machte Schoppe nach dem Krieg Bernhard Sprengel zum Vorwurf. 1943 gab es weitere Stilllegungsaktionen.

Welche Rechte hatten die geschlossenen Betriebe? Ein Vertrag, der von beiden Seiten akzeptiert werden musste, regelte die Beziehungen zwischen dem stillgelegten Betrieb und der Firma, die die Verarbeitung des Rohstoffkontingents übernahm. Sprengel notierte zum Vertrag mit der stillgelegten Firma Hermann Marx Hannover: »Auf Veranlassung der WVS stellt die Firma Marx ihre Fertigung ein und überträgt die Verarbeitung ihres Rohstoffkontingents der Firma Sprengel. Die Firma Sprengel übernimmt auf Anweisung der WVS die Verarbeitung der Rohstoffe der Firma Marx zu einem Fertigprodukt, das in ihrer laufenden Fertigung hergestellt wird. Die aus den Rohstoffen der Firma Marx hergestellten Fertigfabrikate werden in vollem Umfange der Firma Marx zum eigenen Vertrieb überlassen.«[279]

Der Betriebsinhaber Hermann Marx bestätigte am 6. Mai 1941: »Lohnverarbeitung. Ich beziehe mich auf meinige heutige Unterredung mit Ihrem Herrn Dr. Sprengel. Ich bestätige zunächst mein grundsätzliches Einverständnis mit Ihrem neuen Vertragsentwurf von 5. Mai. Marx liefert Sprengel Rohstoffe. Ich habe veranlasst, daß Sie in den nächsten Tagen bereits 80 Sack Rohkakao bekommen. Bezüglich der Abnahme (der Fertigprodukte) wäre es mir lieb, wenn ich nicht mehr als 5000 kg auf einen Schlag bekäme, weil ich mehr Ware kaum einlagern kann. Im übrigen hoffe ich auf eine ersprießliche Zusammenarbeit mit Ihnen und versichere, daß ich meinerseits alles tun werde, um auch Ihnen die Abwicklung dieses Geschäftes so angenehm wie möglich zu machen.«[280]

Ähnliche Verträge wurden auch geschlossen, wenn die Fabrikationsräume eines stillgelegten Betriebes von einer anderen Firma übernommen wurden. Sprengel produzierte ab 1943 in zunehmenden Umfang außer Scho-ka-kola, gefüllte Wehrmachtsschokolade, Haferflocken-Weichkrokant mit Kola und Kaffee für die Wehrmacht und eine Sonderverpflegung ›Traubenkraft‹, ein Spezial-Artikel, hergestellt aus konzentriertem Traubensaft und anderen Früchten, der »im Hinblick auf den ausserordentlich hohen Traubenzuckergehalt entwickelt wurde«.[281] Die öffentlichen Auftraggeber legten mit der Ausweitung des Luftkriegs »grössten Wert darauf, dass die

277 HStAH Nrs. 171 Hannover, Nr. 6209, Entnazifizierungsakte Sprengel.

278 HStAH Nrs. 171 Hannover, Nr. 6209, Entnazifizierungsakte Sprengel, Bericht über die Versammlung der Fachgruppe Süßwarenindustrie vom 28.4.1941.

279 HStAH Dep. 105 Acc. 2/80, Nr. 434, Aktennotiz vom 5.5.1941.

280 HStAH Dep. 105 Acc. 2/80, Nr. 434, Schreiben Hermann Marx vom 6.5.1941.

281 HStAH Dep. 105 Acc. 2/80, Nr. 583, Fabrikationsprogramm am 9.2.1943.

Abb. 166 Sprengel-Traubenkraft für Wehrmacht und Waffen-SS

Produktion gesichert ist und unterstützt(en) aus diesem Grunde die Absicht genannter Firma auf Verlagerung des Betriebes«. Nachdem die Firma mehrfach aufgefordert worden war, »wichtige Teile der Wehrmachtsfertigung in weniger luftgefährdete Gebiete zu verlagern«,[282] sah Sprengel sich nach leerstehenden Fabrikgebäuden im hannoverschen Umland um, verhandelte in Holzminden und wurde in Bückeburg fündig.

In die stillgelegte Margarinefabrik Kronenwerke Bosse, Friedrich, Heine & Co in Bückeburg sollte die Traubenkraft-Fertigung für das Oberkommando des Heeres (OKH) verlagert werden. Es wurde ein sog. Kriegsgemeinschaftsvertrag abgeschlossen, der auch Vereinbarungen über die ›Rücksetzung in den alten Zustand‹ nach dem Kriege enthielt. Die Kronenwerke bestätigten am 2. August 1943: »Wir haben an dem Vertrage noch einige Änderungen vorgenommen und ihn so aufgestellt, wie wir den Vertrag abgeschlossen haben möchten. Der Vertrag tritt mit 15. 7. 1943 in Kraft. Er gilt unkündbar für die Kriegsdauer.«[283] Die Verträge und Vereinbarungen zwischen den Unternehmen waren auf erstaunlich kollegiale Weise zustandegekommen. Der »völlige Verfall der Kaufmannsmoral«,[284] der zu einem festen Topos der Beiträge über Unternehmen im Nationalsozialismus geworden ist, muss in seiner Pauschalität hinterfragt werden. Er galt in vielen Fällen für den Umgang mit jüdischem Eigentum. Es gab aber auch in Kriegszeiten noch faire Geschäftsbeziehungen zwischen Unternehmern.

Ende 1942 berichtete Sprengel seinem Sohn von einem neuen, in Aussicht stehenden lohnenden Geschäft, einem »ungewöhnlich grossen Auftrag[s] seitens der obersten Führung der SS. Der Auftrag macht im Wert eine volle Monatsquote unserer gegenwärtigen Gesamtproduktion aus. Vielleicht kommt ein zweiter großer Auftrag des OKH dazu. Erfreulicherweise liegen die Dinge auf einem Gebiete ohne Schokolade. Es handelt sich ausschließlich um die Verarbeitung von Früchten, die im europäischen Raum zur Verfügung stehen.«[285]

282 HStAH Dep. 105 Acc. 2/80, Nr. 599, Sprengel an Fachgruppe Süßwarenindustrie 22.7.1943.

283 Ebd. Schreiben Kronenwerke vom 2.8.1943.

284 »Auch in der Wirtschaft vollzog sich zur gleichen Zeit [1938] ein Verfall traditioneller Kaufmannsmoral.« In: Michael Grüttner: Brandstifter und Biedermänner. Deutschland 1933–1939, 2015 und »Dieter Ziegler betont den raubwirtschaftlichen Charakter des Dritten Reiches, der gerade bei der Enteignung ›jüdischen‹ Besitzes sichtbar geworden sei und zu einem völligen Verfall von Kaufmannsmoral geführt habe.« In: Rezension von Marc Buggeln des Buches von Norbert Frei und Tim Schanetzky: Unternehmen im Nationalsozialismus. Zur Historisierung einer Forschungskonjunktur, Göttingen 2010, http://www.hsozkult.de/publicationreview/id/rezbuecher-15292?title=n-frei-u-a-hrsg-unternehmen-im-nationalsozialismus&recno=9&q=Buggeln&sort=newestPublished&fq=&total=24 [zuletzt aufgerufen am 17.1.2016].

285 HStAH Dep. 105 Acc. 2/80, Nr. 344, Brief vom 15.9.1942.

Vermittelnd war die Baywa[286] tätig, die Sprengel Anfang Oktober in einem Telegramm bestätigte: »Für die von Ihnen herzustellenden 1 Million Packungen Traubenkraft haben wir durch die SS Verfügung erhalten. *Baywa München*.«[287] Um die Beschaffung der Rohstoffe für den Auftrag, musste sich die Firma selbst kümmern. »Für die Traubenkraft-Fabrikation werden noch einige Hilfsstoffe benötigt, deren Beschaffung innerhalb kürzester Frist von großer Wichtigkeit ist. Ich habe daher veranlaßt, daß die betreffenden Anträge an das Rohstoffamt der Reichsführung SS gerichtet werden,«[288] notierte Sprengel. Ende November konnte die Produktion anlaufen, und Anfang Dezember gingen die ersten 10000 Packungen Traubenkraft hinaus. Telefonisch erhielt die Firma Sprengel am 8. Januar die Aufforderung, ein dringendes Paket Traubenkraft an den Reichsführer-SS Himmler persönlich zu schicken. »Dieser Auftrag ist heute in genauester Weise ausgeführt worden«, hielt der Betriebsleiter zu seiner Sicherheit in einer Aktennotiz fest.

Die Lieferung wurde für B. Sprengel & Co ein wirtschaftlicher Erfolg. Die Waffen-SS gab weitere Lieferungen in Auftrag, und auch das Oberkommando des Heeres war interessiert. Beide Stellen achteten argwöhnisch darauf, dass ihre Rohstoffkontingente nur für die eigenen Lieferungen verwandt werden, und die Firma musste sehen, wie sie Mengen getrennt lagerte, da »aus dem von der Waffen-SS zur Verfügung gestellten Kontingent nicht die Produktion für das OKH erfolgen darf«. Gemeinsam war beiden Stellen wichtig, dass auf keinen Fall die zivile Produktion mit den Kontingenten bedient wurde. »Nach unserer neuesten Feststellung darf unter keinen Umständen das bei uns eingelagerte Traubenpulp und Traubenmus irgendwie für den zivilen Sektor Verwendung finden.«[289] Bald reichten die Kapazitäten nicht mehr aus, und im September 1943 wurden die Produktionskapazitäten für ›Traubenkraft‹ erweitert, damit ein Folgeauftrag über 9 Millionen Packungen à 85 g, das waren 700 Tonnen, abgewickelt werden konnte.

Mit der totalen wirtschaftlichen Mobilisierung für den Krieg erfolgte im Jahr 1943 »die eindeutige Ausrichtung unserer gesamten Produktion auf die Bedürfnisse der Rüstung", verkündete das offizielle Wirtschaftsblatt ›Die Deutsche Volkswirtschaft‹. „Die lebensnotwendige Versorgung der Heimatfront mit unentbehrlichen Verbrauchsgütern unter Bevorzugung der fliegergeschädigten Gebiete [soll] im Rahmen des Möglichen sichergestellt werden.«[290]

Dabei durfte auch verdient werden. »Deshalb sind bisher in alle derartigen Preisregelungen Maßnahmen eingebaut worden, die sich bewußt eines gesunden Gewinnstrebens bedienen, um das höhere volkswirtschaftliche Ziel größter Wirtschaftlichkeit zu erreichen«.[291] Gewinnanreize wurden anders als in den Jahren zuvor als wirksamer für effektive Produktion angesehen als bürokratische Weisungen. Für seine Traubenkraft-Produktion forderte Sprengel bei der Preisbildungsstelle eine Verdienstspanne von 6 Prozent, »da umfängliche Entwicklungsarbeiten nicht eigens in Rechnung gestellt worden seien«.[292]

Hatte Sprengel seinem Sohn 1942 noch von Rohstofflieferungen aus dem ›europäischen Raum‹ berichtet, mussten für die Traubenkraftproduktion neue Lieferquellen erschlossen werden, seit Italien die Seite gewechselt hatte. Trotzdem beschrieb Sprengel im Dezember 1943 seinem Sohn, inzwischen als

286 Die Baywa ist noch heute tätig in Landhandel und Dienstleistungen mit Schwerpunkten in den Branchen Agrar, Bau und Energie.

287 HStAH Dep. 105, Nr. 1831, Telegramm vom 6.10.1942.

288 HStAH Dep. 105, Nr. 1831.

289 HStAH Dep. 105, Nr. 1831, Aktennotiz von der Wettern vom 13.5.1943.

290 Friedrich Landfried, Staatssekretär im Reichswirtschaftsministerium 1939–1943. In: Die deutsche Volkswirtschaft 1943, S. 345.

291 Die Deutsche Volkswirtschaft 1941, S. 79.

292 HStAH Dep. 105, Nr. 1831, Aktennotiz BS vom 21.6.1943.

Abb. 167 und 168 Betriebliche Übungen für den Ernstfall

Soldat an der Ostfront, die Rohstofflage zuversichtlich: »In München hatte ich Geschäftliches zu erledigen. Es handelt sich in erster Linie um die Beschaffung des Traubensaftkonzentrats zur Herstellung von ›Traubenkraft‹. Die Beschaffung des Rohstoffs scheint für die Zukunft weiter gesichert. Rohstoffe, die bisher aus Italien kamen, kommen vermutlich in Zukunft aus Frankreich. Für die Existenz der Firma ist dieser Artikel von grundlegender Bedeutung. Bei dem gesteigerten Interesse, das das OKH an der Entwicklung von Traubenkraft hat, kann sich diese Bedeutung für die Zukunft nur vergrößern.«[293]

Wichtig war, dass die Produktion lief. Das mag den Optimismus über die weiteren Produktionsaussichten erklären, die an den Fortgang des Krieges geknüpft waren, obwohl Sprengel noch ein Jahr zuvor in einem Brief an seinen Sohn aus seiner deutlichen Skepsis gegenüber der offiziellen Siegeszuversicht keinen Hehl gemacht hatte: »Nur soviel kann ich sagen, dass es für uns, die wir nicht dabei sind, und die wir auch fast ausschließlich auf die offiziellen Berichte angewiesen sind, nicht leicht ist, uns ein Urteil zu bilden.«[294] Ein solcher Auftrag schien aber eine eigene Dynamik zu entwickeln. Neuentwicklung eines Produkts, Rohstoffbeschaffung, große Aufträge, Kapazitätserweiterung, weitere Aufträge, guter Verdienst – das war Stoff für Unternehmerträume.

Auch im Jahr 1944 war die Firma Sprengel mit den Traubenkraftaufträgen gut ausgelastet. Waffen-SS und das OKH konkurrierten um freie Kapazitäten. Der Chef notierte: »Anfertigung von Traubenkraftwürfeln für das SS-Wirtschaftsverwaltungshauptamt. Da wir z. Zt für das OKH beschäftigt sind und auch wissen, dass das OKH Wert auf weitere Lieferungen legt, muss die Frage nach der freien Produktionskapazität auf dem Wege der Verhandlungen geklärt werden.«[295]

Der Grund für die im Dezember 1943 brieflich geäußerte, überraschend positive Einschätzung von künftiger Rohstoffbeschaffung und Herstellung könnte auch ein anderer sein: Sprengels Sohn war wider Erwarten und gegen die Hoffnung des Vaters Anfang Oktober 1943 an die Ostfront beordert worden. Den Schuljungen hatten die Kriegsereignisse zu Anfang noch begeistert: »Lüttich eingenommen, und so viele Flugzeuge vernichtet! Überhaupt alles fabelhaft! Man möchte mit dabei sein. Am Freitag, als der Einmarsch begann, hatten wir vor lauter Meldungen nur eine Schulstunde», hatte Sprengels Ältester 1940 aus dem Landschulheim geschrieben.[296] Sie

293 HStAH Dep. 105 Acc. 2/80, Nr. 344, Brief vom 1.12.1943.

294 HStAH Dep. 105 Acc. 2/80, Nr. 344, Brief vom 31.8.42.

295 HStAH Dep. 105 Acc. 2/80, Nr. 621, Anfertigung von Traubenkraftwürfeln für das SS-Wirtschaftsverwaltungshauptamt, Schreiben Sprengels vom 16.3.1944.

296 HStAH Dep. 105 Acc. 2/80, Nr. 344, Briefe von Bernhard Sprengel jun., 13.5.1940.

Weitere Spezialitäten

Nr.	Bezeichnung	Gepackt zu	Einkauf	Unverbindl. Laden-Verk.-Richtpreis
			für 1 kg RM	für 125 g RM
3798	Ingwer-Knollen	1,7 kg	5.60	1.00
3720	Fondant-Dessert I ..	2,2 kg	2.80	0.50
3719	Fondant-Dessert II	2 kg	2.24	0.40
3677	Fruchtmark-Geleefrüchte.....	2 kg	2.24	0.40
3726	Pfefferminz-Fondant	2,2 kg	1.68	0.30

Sprengel

Die genannten Ladenpreise sind unverbindliche Richtpreise

4

Schokoladenpulver, stark entölt

Nr.	Bezeichnung	Gramm	zu	Einkauf	Unverbindl. Laden-Verk.-Richtpreis
				RM	für 125 g RM
2508	Schokoladen-Pulver *lose*		2½ kg	1.20 f. 1 kg	0.20
2507	Schokoladen-Pulver *in Packungen* ...	125	20	0.18¾	0.25

Sprengel

Die genannten Ladenpreise sind unverbindliche Richtpreise

5

Abb. 169 Preisliste 1941 mit vielen leeren Zeilen

hörten in der Schule nichts anderes. Nun war Bernhard jun. an der Front. Was er dem Vater schrieb, war bedrückend. Seine Mannschaft am Geschütz war durch einen Bombenvolltreffer ausgefallen. »Wie durch ein Wunder ist er selbst mit einem ganz kleinen Splitter davon gekommen«,[297] schrieb der Vater seiner ältesten Tochter Eva. Einem Brief an die Front konnte er seine wahren Einschätzungen nicht anvertrauen. Niemand wusste, wer außer dem Adressaten ihn noch lesen würde. Vielleicht würde man den Brief des Vaters in der Uniformtasche finden, wenn geschah, was jeder fürchtete. Der Sohn kehrte indes von der Ostfront versehrt, aber lebend zurück. Die Familie Sprengel hatte im selben Herbst ihre Wohnung »aufgrund des schweren Sprengbombenschadens für mehrere Wochen räumen (müssen). Die Wiederherstellungsarbeiten in der Fabrik nehmen einen zufriedenstellenden Verlauf. Die Produktionsmöglichkeiten sind einstweilen noch durch das teilweise Ausbleiben der Gefolgschaft als Folge der Angriffe auf Hannover beeinträchtigt.«[298] Wer konnte, verließ 1943 die Stadt.

Mancher kehrte von der Front nicht zurück, und Sprengel schrieb den Angehörigen lange, sehr persönliche und anteilnehmende Beileidsbriefe. Er bemühte sich selbst um Essenslieferungen für die Kantine. »Den Eingang der 150 kg Frühlingssuppe warte ich mit Interesse ab. Von dem Ergebnis des Probekochens werde ich Sie unterrichten. Sehr dankbar bin ich für einen Kübel feuchte Erbsensuppe, da Sie mir die Möglichkeit geben, mich ebenfalls nach einer Probe für eine grössere Menge zu entscheiden. Slowakische Steinpilze in Milchsäure konserviert, möchte ich bei geringer Haltbarkeit nicht hereinnehmen. Auch fürchte ich, dass die Ware für eine Verwendung

297 HStAH Dep. 105 Acc. 2/80, Nr. 358, Schreiben vom 1.11.1943 an seine Tochter Eva.

298 HStAH Dep. 105 Acc. 2/80, Nr. 358, Schreiben Bernhard Sprengels vom 23.11.1943 an Frau Lehmann.

im grossen Kantinenbetrieb zu teuer werden wird.«[299]

Dreißig Jahre später erinnerte sich im ›Blickpunkt Sprengel‹ die langjährige Mitarbeiterin Kreikemeier an ihre Lehre im Krieg: »Ich denke an meinen Einsatz in einem Bunker. Dort liefen bei Feind-Einflügen die ersten Vorwarnungen ein, die ich entgegennahm und nach einem festen Warnplan an andere Stellen weitergeben musste. [...] Nach nächtlichen Fliegerangriffen fehlten manchmal Betriebsangehörige am nächsten Morgen. Dann mußten wir Lehrlinge per Fahrrad oder zu Fuß uns auf den Weg machen und nach den Vermißten forschen. Ich denke auch daran, daß wir jeden Abend sämtliche Schreib- und Rechenmaschinen in den Keller bringen mußten; das Gleiche wiederholte sich auch während des Tages bei Fliegeralarm. Dann wurde im notdürftig eingerichteten Keller weitergearbeitet, so gut es eben ging.«[300]

Die Schreibmaschine war im Krieg ein besonders rarer Gegenstand. 1941 erging eine vertrauliche Verfügung des Landeswirtschaftsamtes an die Ernährungsämter: »Da die Schreibmaschinenerzeugung im Rahmen der Fertigungsaufgaben nicht mehr geschützt ist, muß mit einem noch weiteren Absinken der Erzeugungszahlen gerechnet werden. Der Bedarf ist dagegen so beträchtlich gestiegen, daß mit der zur erwartenden Produktion nicht einmal der allerdringendste Bedarf befriedigt werden kann. Es ist daher erforderlich, jede verfügbare Schreibmaschine in die Verteilung einzubeziehen und die Verbrauchsregelung auch auf gebrauchte Schreibmaschinen auszudehnen.«[301] Die bei Bombenangriffen vernichteten Schreibmaschinen konnten aus der laufenden Schreibmaschinen-Produktion bei Weitem nicht ersetzt werden. Wurden sie zerstört, war ein Ersatz selten möglich. Aus stillgelegten Betrieben wurden die Schreibmaschinen konfisziert und über das Wirtschafts- und Ernährungsamt (WEA) verteilt, Betriebe mit geringerer Auslastung mussten den entsprechenden Anteil ihrer Schreibmaschinen abgeben.

Ein Sprengel-Lehrling hatte aber auch gute Erinnerungen: »Pro Woche erhielten wir 8 Mark, das war viel Geld zu einer Zeit, als Lehrlinge woanders nur 3,50 bekamen und der Stundenlohn der Gesellen bei Sprengel 61,5 Pfg betrug.«[302]

Die guten Dinge gingen an die Wehrmacht, daran können sich Zeitgenossen noch erinnern. Aber zunächst wurde auch der zivile Markt noch ordentlich beliefert. Im Mai 1941 machte Sprengel für den zivilen Sektor einen Umsatz von 5578154 RM, während an das Heer Waren im Wert von 3053136 RM gingen.[303] Die Preisliste von 1941 (Abb. 169)

Pralinen in Packungen		Einkauf	Unverbindl Ladenverkaufspreis
Privat in Packungen	125 g	0.70	1.00
Gold	125 g	0.70	1.00
Cabinet	125 g	0.70	1.00
Dreifrucht	20 St.	0.35	0.50
Weinbrand-Kirschen	8 St.	0.49	0.70
Weinbrand-Kirschen Einfachpackung	8 St.	0.35	0.50
Pralinen-Mischungen, lose			
Viktoria	2.80 kg	0.50	125 g
Perfekt	2.24kg	0.40	125 g
Prima	1.68 kg	0.30	125 g

299 HStAH Dep. 105 Acc. 2/80, Nr. 583, Schreiben an Sussmann vom 18.1.1945.

300 Blickpunkt Sprengel, Werkszeitschrift, Oktober 1972, S. 12.

301 Vertrauliche Verfügung des Landeswirtschaftsamtes an die Ernährungsämter vom 5.5.1941, WEA 917 Schreibmaschinen, Stadtarchiv Hannover.

302 Blickpunkt Sprengel, Werkszeitschrift, Oktober 1969, S. 12, S. 14.

303 HStAH Dep. 105, Nr. 1804, Schreiben an die Fachgruppe Süßwarenindustrie vom 6.5.1941.

enthielt ein Sortiment von 14 Produkten für die Bevölkerung, die es noch – selbstverständlich auf Lebensmittelmarken – zu kaufen gab.

Die weiteren Spezialitäten, die die Firma 1941 produzierte, wie Ingwer-Knollen, Geleefrüchte und Pfefferminz-Fondant, enthielten keine Schokolade mehr.

Tafelschokoladen wurden nicht mehr angeboten und Kakaopulver nur noch stark entölt. Die verschiedenen Pralinenmischungen basierten vor allem auf Früchtebasis und den Rohstoffen, die zur Verfügung standen. Interessanterweise hat der Zuckerkonsum der Bevölkerung im Krieg zugenommen. Der Kriegsalltag wurde im wahrsten Sinn des Wortes ›versüßt‹. Der Zuckerverbrauch stieg im Jahr 1942 auf 31,8 kg gegenüber 29,6 kg im Jahr 1939.[304]

Die Produkte und ihre Zusammensetzung veränderten sich während des Krieges laufend. Hier war viel Entwicklungsarbeit gefragt. Die notwendigen Anpassungen in der Mischung der ›gefüllten Wehrmachtsschokolade‹, die an das Heer geliefert wurde, kann man heute im Detail nachlesen, weil der staatliche Auftraggeber sehr genau kontrollierte und die veränderten Vorgaben exakt einzuhalten waren. Gefüllte Wehrmachtsschokolade waren 50-g-Riegel, zu 70 Prozent aus einem Gemisch von Sonnenblumenkernen, Haselnusspresskuchen und Zucker. Überzogen waren sie mit einer Schokoladen-Kuvertüre, anfangs noch mit einem Kakaoanteil von 55,5 Prozent.[305] Der Kakaogehalt der Kuvertüre musste später auf Anweisung des OKH gesenkt werden. Danach schmeckten allerdings den Heeres-Kontrolleuren die Riegel nicht mehr. »Die Untersuchung der von Ihnen hergestellten Wehrmachtsschokolade hat ergeben, daß ein Kakaoaroma in der Überzugsmasse nicht festzustellen ist, dagegen tritt die marzipanähnliche Parfümierung der Füllung stark hervor. Die Füllung ist zähfest und schmeckt etwas alt. Die Schokolade wird geschmacklich als mittlere Qualität bezeichnet. Es wird um Mitteilung gebeten, worauf die geschilderten Mängel, insbesondere der Mangel an Kakaoaroma, zurückzuführen sind.«[306] Sprengel verwies auf das geforderte neue Verfahren, nach dem normale Kakaomasse nicht mehr verwendet werden durfte. »Dabei konnte Kakaoaroma verloren gehen.«

Im Januar 1944 wurde Stärkesirup nicht mehr zur Verfügung gestellt und die Firma aufgefordert, Versuche anzustellen, ob »auch ohne Stärkesirup eine schmackhafte, haltbare und lagerfähige gefüllte Wehrmachtsschokolade herzustellen« wäre. »Um entsprechende Vorlage der entwickelten Proben unter Angabe der Rezeptur wird gebeten.«[307] Bald gab es wieder eine neue Herstellungsvorschrift. Die Rohmasse bestand nunmehr aus 98,5 kg Sonnenblumenkerne netto (ohne Schalen) – statt wie bisher Haselnusspresskuchenmehl, 98,5 kg Zucker, 16 g Bittermandelöl, 20 g Sprit zum Auflösen des Bittermandelöls. Die Rohmasse sollte geröstet werden; man müsste dann sehen, wie die Konsistenz der Masse wäre und ob der 50-g-Riegel an der Überziehmaschine hergestellt werden könne.

Auch im letzten Kriegswinter stockte die Produktion nicht. »Trotz allem werden wir uns bemühen unsere Produktion aufrechtzuerhalten und dabei hoffentlich Erfolg haben«, schrieb Sprengel am 31. Januar 1945 an Dr. Jäger von der Firma Felsche in Sachsen. »Wir sind hier erfreulicherweise mit Kohle als kriegswichtiger Ernährungsbetrieb noch ganz gut versorgt.«[308] Er erprobte ein neues Rezept: »Gefüllte Wehrmachtsschokolade – Cremefüllung. Bei uns laufen z. Zt Versuche auf Beständigkeit dieser gefüllten Wehrmachtsschokolade gegen atmosphärische Einflüsse Versuchsreihe A 98 % rel. Luftfeuchtigkeit 10 Grad, 20 Grad, 30 Grad, Versuchsreihe B

304 Jahrbuch NGG, 1950, S. 60 f.

305 HStAH Dep. 105 Acc. 2/80, Nr. 600, Gefüllte Wehrmachtsschokolade 1943 bis 1945, Wehrmachtsauftrag vom 16.4.1943.

306 HStAH Dep. 105 Acc. 2/80, Nr. 600, Schreiben des OHK vom 21.10.1944.

307 HStAH Dep. 105 Acc. 2/80, Nr. 600, Schreiben des OKH 27.1.1944.

308 HStAH Dep. 105 Acc. 2/80, Nr. 600.

bei 70 % rel. Luftfeuchtigkeit.«.[309] Das war Ende Januar 1945. In Ostpreußen quälten sich endlose Flüchtlingstrecks gen Westen. Die Wehrmacht hatte weniger Bestand als die Schokolade, deren Haltbarkeit die Firma testen sollte.

Im selben Monat wurde erneut der Kakaoanteil der Kuvertüre reduziert. Das OKH verpflichtete die zehn Lieferfirmen für gefüllte Wehrmachtsschokolade, die Etiketten mit geänderten Kakaobestandteilen mit Handstempel zu überdrucken. Es war ja auch wichtig, dass die Soldaten an der Front wussten, was sie aßen. Sie erlebten in diesen Wochen dieses: »Der Flüchtlings-Treck […] irrt schon seit Tagen, teilweise zwischen den Fronten, auf dem Frischen Haff herum. […] Die Straßen sind vereist, schmal, verstopft. Am Rande: Wracks, Tote, Tier-Kadaver. Wir hacken die in unserer Nähe liegenden, festgefrorenen Toten vom Eis ab und beerdigen sie nur wenige Zentimeter tief. Der eisige und harte Boden lässt nicht mehr zu.«[310]

Sprengel lehnte die Korrektur der Etiketten ab: »Es scheint arbeitseinsatzmässig nicht zu verantworten, die vorhandenen erheblichen Etiketten-Bestände durch Überdruck von Hand oder in der Tiegelpresse zu berichtigen. Vielmehr erlauben wir uns den Vorschlag, die Bestände an Etiketten mit der bisherigen Deklaration stillschweigend aufzubrauchen.«[311]

In diesen Tagen warteten er und seine Frau auf die Geburt ihres jüngsten Kindes. Freunde der Familie erhielten Anfang Februar die Nachricht des glücklichen Vaters:

»Am 1. Februar ist während der Sperrstunde des elektrischen Lichtes beim spärlichen Schein von zwei Kerzen und beim Aufheulen der Sirenen zum Vollalarm unsere dritte Tochter Angela zur Welt gekommen. Unwirklich fast wie nie zuvor erscheint in unseren Tagen das Wunder der Geburt: Im zermürbenden Geschehen des letzten Jahres mit seinem sich immer wiederholenden Bangen vor der Wirkung der von Steinhude sichtbar am Tage und bei Nacht abrollenden Angriffen auf Hannover wächst so ein kleines Kerlchen heran, holt sich unbeirrt bei der Mutter, was es braucht und ist eines Tages da, munter, gesund und friedlich, ein beglückendes Geschenk allen, die es sehen können.«[312]

Aber sogar die Geburtsanzeige enthielt Mitteilungen über das, was den Vater vor allem beschäftigte, die Aufrechterhaltung der Produktion: »Wir sind alle im Betrieb sehr gut beschäftigt, haben noch für lange Zeit Rohstoffe, werden also, falls der Betrieb nicht wieder stärker beschädigt wird, auch weiterhin arbeiten können.«[313]

309 HStAH Dep. 105 Acc. 2/80, Nr. 600, Schreiben vom 25.1.1945.

310 Lebendiges Museum online; https://www.dhm.de/lemo/zeitzeugen/werner-viehs-füchtlingsdrama-und-kämpfe-in-ostpreußen-1945.

311 HStAH Dep. 105 Acc. 2/80, Nr. 600, Schreiben Sprengels, 25.1.1945 – Deklaration der Kakaobestandteile.

312 HStAH Dep. 105 Acc. 2/80, Nr. 546.

313 Ebd.

Linkes Drittel
Sprengel-Rot 1945 bis 2001

Nahrung gegen den Hunger: Molkenkrem und Kunsthonig

Als die US-Armee am 10. April in Hannover einmarschierte, waren Gebäude und Anlagen der Firma Sprengel weitgehend intakt. Die Prioritäten für die Produktion verschoben sich von einem auf den anderen Tag. Mit Rüstungsgütern war endgültig Schluss. Die Produktion von Lebensmitteln hatte dagegen allerhöchste Dringlichkeit. War das Wort *kriegswichtig* bis Anfang April das ›Sesam-öffne-dich‹ zu Rohstoffen und Arbeitskräften, wurde jetzt *Volksernährung* zum Schlüsselwort für die Ressourcenzuteilung. Unmittelbar vor Kriegsende, am 6. April, hatte das Ersatzverpflegungsmagazin EVM der Firma Sprengel kostbare Rohstoffe zur treuhänderischen Verwaltung übergeben:

»94.508 kg Kakaobutter lagernd im Keller der Markthalle Hannover
Davon 33.992 kg im Raum C, 60.516 im Raum II
Ferner weitere 21.264 kg im Kühlhaus Vinnhorst.
Nach Abrücken des EVM Hannover geht die gesamte Menge in das unbeschränkte Eigentum der Firma B. Sprengel & Co über. Die Verrechnung des Gegenwertes mit den zuständigen Dienststellen wird nach Klärung der Verhältnisse vorgenommen.«

I. A. Stabsintendant[1]

Der zivilen Bevölkerung sollte jetzt zugutekommen, was Sprengel für Heer und Waffen-SS hergestellt hatte. Und der Chef stellte sich schnell um. »Direktor Hoffmann (Ernährungsamt) legt sehr grossen Wert darauf, dass wir mit der Marmeladenfertigung sofort anlaufen«, notierte Sprengel am 20. April[2]. An Fertigfabrikaten lagerten in der Firma 8000 Stück Traubenkraft, 12000 Mokka-Kugeln und 8000 Stück Wehrmachtsschokolade, die sofort verteilt werden konnten. Die Wehrmachtsschokolade ging, vermittelt durch das städtische Gesundheitsamt, an Krankenhäuser. Die Schwächsten wurden zuerst versorgt.

Vertrauensräte und der NS-Betriebsobmann wurden auf Anordnung der Militärregierung eine Woche nach dem Einmarsch abgesetzt. Erst ein Jahr später, im April 1946, gestattete der Alliierte Kontrollrat wieder die Wahl von Betriebsräten. Eine Vertretung der Belegschaft hielt Sprengel aber für unbedingt erforderlich, und er teilte der Belegschaft durch Aushang mit:

»Um bis zur endgültigen Regelung eines neuen Betriebsrates auf gesetzlicher Grundlage ein Vertrauensgremium der Gefolgschaft mir zur Seite zu haben, schlage ich folgende Männer vor: Herbst, Bittmann, Schünemann, Bradenstahl, Hans Meyer [Letzterer wurde später als Betriebsratsvorsitzender gewählt].
Die Verpflegung – auch der Ausländer – bleibt Angelegenheit der Firma. Es wird sich dabei regeln, ob die Mittagsmahlzeit weiterhin gemeinsam zubereitet werden kann.
Vertretung der Ausländer: Falls nicht andere Festsetzungen erfolgen, werden die Ausländer vertreten durch
Die Russen durch Viktor
Die Polinnen durch Sofie

1 HStAH Dep. 105 Acc. 2/80, Nr. 583.

2 HStAH Dep. 105 Acc. 2/80, Nr. 617.

Entscheidungen über alle die Ausländer betreffenden Fragen sind mir ausdrücklich vorbehalten.«[3]

In den aufregenden Tagen des amerikanischen Einmarschs blieb es in der Firma Sprengel ruhig. »Im Gegensatz zu den meisten Betrieben ging es bei uns ohne Plünderung ab«,[4] schrieb Sprengel seinem Sohn. Die fünf verbliebenen russischen Zwangsarbeiter beteiligten sich am Schutz des Werkes vor Plünderern, und die Polinnen gratulierten Sprengel am 17. April zu seinem 46. Geburtstag: »Unserem Dr. Sprengel zum Geburtstag herzliche Glückwünsche von allen Polinnen der Fa. B. Sprengel & Co, Hannover 17. April 1945«,[5] lautete das handschriftliche Schreiben, das sie Sprengel überreichten. Nicht zu Unrecht sah er darin ein Zeichen, dass sie sich anständig behandelt gefühlt hatten.

Wichtig war Sprengel, das Unternehmen am Laufen zu halten, denn Kosten fielen an, auch wenn nicht produziert wurde. Große Umstellungen auf Friedensproduktion waren in dem Betrieb nicht nötig. Nur die Empfänger der Nahrungsmittel waren andere. Die Aufräumarbeiten waren binnen zwei Wochen abgeschlossen. Schon am 26. April teilte er dem Landesernährungsamt mit:

»Der Betrieb ist mit Beginn der nächsten Woche produktionsbereit. Die Aufnahme der Produktion wird jedoch abhängig sein müssen von der Gewährleistung der Sicherheit des Werkes.

Es liegen im Werk untergebracht 33 Polinnen und 6 Russen. Die Haltung dieser Ausländer war anfangs durchaus korrekt. Im Laufe der letzten Woche haben sich diese Ausländer in ihrem Verhalten – vermutlich durch Einflüsse von außen – geändert. Es ist zu Unruhen mit Diebstählen gekommen. Das gegenwärtige Verhalten der Ausländer im Werk bietet keine Gewähr mehr dafür, dass bei Wiederanlaufen der Produktion nicht betriebsfremde Ausländer veranlasst werden, Fertigprodukte und Rohstoffe zu plündern. [...] Vor Beginn der Fertigung muss daher für eine im Werk unterzubringende militärische Wache gesorgt werden.«[6]

Was hatte aber das Einvernehmen zwischen Betriebsleitung und den Ausländern in der Firma so plötzlich gestört? Am 20. April wurde unter den verschleppten Russen in Hannover bekannt, dass die Gestapo am 6. April kurz vor dem Einmarsch der Amerikaner 154 sowjetische Zwangsarbeiter auf dem Seelhorster Friedhof erschossen und verscharrt hatte. Diese Nachricht empörte die Russen in der Stadt und führte zu Rachefeldzügen. »Tausende zwangsverschleppter Ausländer zogen marodierend, mit Gewehren und Messern bewaffnet, durch die trümmerübersäten Straßen. Alle schienen völlig betrunken, sie plünderten, raubten und mordeten«, notierte der britische Major Lamb.[7] An den Plünderungen beteiligte sich auch eine große Anzahl Deutscher, die die Gunst der Stunde für Diebstähle nutzten. Auf Befehl der Alliierten wurden die Leichen der ermordeten Zwangsarbeiter von Deutschen, die der NSDAP angehört hatten, ausgegraben und auf einem Gräberfeld auf dem Seelhorster Friedhof zur letzten Ruhe gebettet. Die Bevölkerung wurde aufgefordert, Spalier für den Trauerzug zu bilden und sich ihm anzuschließen. Die britische Militärregierung schritt gegen ausländische und deutsche Rechtsbrecher bald scharf ein und stellte sie vor Militärgerichte.[8]

Der Journalist Leo Brawand, Mitbegründer des ›Spiegel‹ und später Chefredakteur des ›Manager Magazins‹, beschreibt in seinen Erinnerungen die Plünderungen im April 1945 aus der Sicht eines jugendlichen Abenteurers: »Wo alles rennet, rettet, flüchtet, will der Sohn nicht leer ausgehen; er verlegt sich in den letzten Tagen des Dritten Reiches wie viele Deutsche aufs Plündern. Noch während die Stadt unter Beschuß liegt, klettert

3 HStAH Dep. 105 Acc. 2/80, Nr. 583, 18.4.1945.
4 HStAH Dep. 105 Acc. 2/80, Nr. 344, Brief Sprengels an seinen Sohn vom 14.6.1945.
5 HStAH Nds. 171 Hannover, Nr. 6209.
6 HStAH Dep. 105 Acc. 2/80, Nr. 617.
7 Mlynek, Röhrbein, S. 587.
8 Ebd., S. 589.

er über die Gleise des Hainhölzer Bahnhofs und bricht mit anderen Plünderern die dort stehenden verplombten Güterwagen auf. Sein größter Fang: ein fast zentnerschwerer Ballen weißer Nesselstoff, den er wankend zur Laube schleppt [...] Nach [einem weiteren] erfolgreichen Beutezug stapeln sich unter dem Dach der Brawandschen Laube Ballen griechischen Tabaks von sage und schreibe zwölf Zentner – ein herrlicher Vorrat für die vom Haushaltungsvorstand ins Auge gefasste industrielle Zigarettenproduktion.«[9]

Oberbürgermeister Wilhelm Weber, gelernter Bäcker und Gewerkschafter, veranlasste am 21. April auf Sprengels Bitten die Entsendung einer Polizeitruppe: »Wie mir soeben mitgeteilt wird, sind heute in der Fabrik der Firma Sprengel & Co Schaufelder Straße Unruhen und Plünderungen vorgekommen, die mit den eigenen Kräften der Fabrik nicht beigelegt werden konnten. Da die in der Fabrik lagernden Rohstoffe für die Herstellung von Marmelade ausserordentlich wichtig sind, besteht das grösste Interesse, die noch vorhandenen Vorräte zu schützen. Ich bitte daher, der Firma Sprengel noch heute einige Polizeibeamte zur Verfügung zu stellen, die den Schutz der Fabrik übernehmen.«[10]

Weber kannte die Firma gut. Im November 1918 hatte er vor den Beschäftigten von B. Sprengel & Co. eine Rede über den »Umschwung in der politischen und wirtschaftlichen Lage« gehalten; vom Arbeiterrat der Firma war er in den 1920er Jahren bei Konflikten zu Rate gezogen worden. Die von ihm in seiner Funktion als Oberbürgermeister entsandte Polizeihilfstruppe blieb zwei Monate im Sprengelwerk und schützte die Vorräte und – später – die Produktion.

Nach Beendigung der Aufräumungsarbeiten im Werk wollte Sprengel sofort mit der Produktion beginnen und berichtete am 7. Mai dem Landesernährungsamt:

»Die Fertigungsanlagen sind vollständig intakt. Die Maschinen stehen zum Anlaufen bereit.
1. Kakao-Honig
Aus vorhandenen Rohstoffen Kakaobutter, Kondensmagermilche und Zucker ist ein Kakao-Honig entwickelt, ein gut streichfähiger, dem Kunsthonig ähnlicher Brotaufstrich, jedoch ernährungsphysiologisch wertvoller. Es ist eine tägliche Produktion möglich von 3–5 t. Die Fertigung kann sofort anlaufen, da sämtliche Rohstoffe bereitstehen.
2. Marmelade
Die Firma Sprengel kann täglich in einer Schicht 3000 kg Marmelade anfertigen. Die Produktion lässt sich durch Arbeit in zwei Schichten auf täglich 6000 kg steigern.«[11]

Der Unternehmer war voller Tatendrang und sehr sicher, dass die Ernährungsbehörde die Herstellung von Lebensmitteln sofort erlauben würde. Die Aufnahme der Produktion stockte aber, weil ohne diverse Bescheinigungen weder Rohprodukte geliefert noch die Arbeitskräfte gehalten werden konnten. Die Behörde arbeitete gründlich. Zwei Wochen gingen ins Land, bis er in Erfahrung gebracht hatte, was er alles vorzulegen hatte. Vom Ernährungsamt erbat er schließlich am 22. Mai:

»1. Eine Bescheinigung, dass es erwünscht ist, in unserem Betrieb täglich 5000 kg. Marmelade und 3–4000 kg Kakao-Honig herzustellen (zur Zuweisung von Betriebs- und Hilfsstoffen durch die Behörden)
2. Bescheinigung des Ernährungsamtes, dass der Betrieb angelaufen ist und dass ihm als Ernährungsbetrieb in der Fertigung eingesetzte Arbeitskräfte nicht entzogen werden dürfen.
3. Bescheinigung zum Erwerb einer Zugmaschine, eines Lastwagens möglichst mit Anhängern und eines Personenwagens
4. Bescheinigung, dass in der Markthalle die Kakaobutter und die Blockmilche abgeholt werden kann
5. Bescheinigung, dass die in der Firma lagernde Ware (Rohstoffe, Halbfabrikate,

9 Leo Brawand, Die Leute vom Damme, Hannover 1998, S. 183f.

10 HStAH Dep. 105 Acc. 2/80, Nr. 583.

11 HStAH Dep. 105 Acc. 2/80, Nr. 617.

Fertigfabrikate) nur mit einer Zuweisung des Ernährungsamtes ausgegeben werden dürfen.«[12]

Ende Mai konnte endlich die Marmeladenfertigung beginnen. Otto Bredt, Ratgeber aus Vorkriegszeiten und im Sprengel-Wohnhaus untergekommen, unterstützte gutachterlich die Marmeladenproduktion gegen offenbar amtlicherseits vorgebrachte Bedenken: »Die Firma Sprengel hat zwar bisher Marmelade noch nicht für den unmittelbaren zivilen Verbrauch hergestellt und in Verkehr gebracht. Wohl aber hat die Firma Sprengel im Rahmen ihrer bedeutenden und allgemein anerkannten Herstellung von Pralinen und künstlichen Früchten seit vielen Jahren Frischobst, Fruchtpulpe[13] und Fruchtmark zu Marmeladen, Konfitüren und dergleichen verarbeitet. Die fertigungstechnischen Einrichtungen für diese Zwecke sind in der Firma Sprengel in erheblichem Umfang und in neuzeitiger Form vorhanden.«[14]

Schwierig waren Kalkulation und Bestimmung des Preises, der vom Ernährungsamt genehmigt werden musste. Mit der Herstellung von Kunsthonig und Marmelade war die Produktionskapazität nur zu einem sehr geringen Teil ausgelastet, weite Teile der Anlagen lagen noch brach. Wie hoch waren unter diesen Umständen die Gemeinkosten anzusetzen?

Otto Bredt schrieb dazu: »Daß bei der derzeitigen Einschrumpfung der Fabrikation die Kalkulationsansätze für Gemeinkosten nicht im entferntesten ausreichen, um die entsprechenden Kosten zu decken, versteht sich von selbst. [...] Als Muster für den Aufbau der Preiskalkulation wurde das Kalkulationsschema verwandt, das von der Fachgruppe Süßwarenindustrie ausgearbeitet und offiziell angewandt wurde.«[15] Um die Bevölkerung mit den notwendigen Lebensmitteln zu versorgen, mussten Militärregierung und deutsche Verwaltung auf Berechnungsschemata und Verteilungsmechanismen der Kriegs- und Vorkriegszeit zurückgreifen, die bis Kriegsende funktioniert hatten. Etwa 1000 Kalorien standen pro Kopf und Tag für die Ernährung im Mai 1945 zur Verfügung, wenig, aber es würde noch schlechter werden.[16]

Rohstoffe für die Produktion zu erhalten, war 1945 ein schwieriges Unterfangen. Ein Fahrer berichtete dem Chef über die Fahrt ins Alte Land vom 13. bis 14. Juli 1945:

»Auf der Fahrt von Leeswig nach Neuenkirchen wurden wir kurz vor der Brücke vom Engländer festgehalten. Wir befanden uns 200 m vor dem Gehöft der Firma Gebr. Schlieker. Wir mussten die Polizeistunde um wenige Minuten überschreiten, da wir den Lastzug auf der schmalen Straße nicht stehenlassen konnten. So wurden wir wegen Überschreitung der Polizeistunde und auch, weil unsere Nummer des Fahrzeugs nicht mit der Nummer des Fahrbefehls übereinstimmte, 10 Minuten von der Brücke entfernt in einem Bauernhaus die Nacht über vom Engländer festgesetzt. Der Lastzug selbst hat sich unter englischer Bewachung befunden. Gegen 9 Uhr am nächsten Tag fuhr ein englischer Kübelwagen mit uns nach Stade. Die Verhandlung selbst verlief günstig für uns und der zuständige Adjutant des Kommandanten hatte Verständnis für unsere Lage. Wir konnten um 1/2 11 unseren Lastzug wieder übernehmen. Wir hatten gehofft in 4 1/2 Stunden wieder in Hannover zu sein. Doch wurde die Zeit um annähernd 2 Stunden überschritten, da der Lastzug wieder einige Pannen hatte und wir außerdem bei der ungeheuren Hitze und der damit verbundenen großen Erwärmung der Reifen nicht in einer Tour fahren konnten. Erst gegen 20 Uhr trafen wir auf

12 Ebd.

13 Die Pulpe ist ein Halberzeugnis und nicht zum unmittelbaren Verzehr geeignet. Sie wird aus frischen Früchten hergestellt. Sie kann länger gelagert werden als erntefrisches Obst.

14 HStAH Dep. 105 Acc. 2/80, Nr 617.

15 Ebd.

16 Mlynek, Röhrbein, S. 599/600.

dem Schaufelder-Hof ein.«[17] Vielfach sprach man jedoch vergeblich bei Obstbauern in der Provinz Hannover und im Alten Land vor. Die Bauern beschwerten sich über Plünderungen.

Die Rohstoffe für die Marmeladenproduktion, die für eine gewisse Auslastung des Betriebes gesorgt hatte, gingen Ende November zur Neige. »Die Rohstoffe gehen selbstverständlich zu Ende und so haben wir allen Anlass, uns jetzt wenigstens einen Teil der für die Fortsetzung des Betriebes benötigten Produkte zu sichern. Auch andere Produkte sollen in der nächsten Zeit hergestellt werden.«[18]

Sprengel bemühte sich daher um neue Produkte und Aufträge, knüpfte und aktivierte vielfältige Kontakte und war unermüdlich tätig, Verfahren für nährstoffreiche Lebensmittel für seine Produktion anwendbar zu machen. Die wieder gewonnene Freiheit des Unternehmers, Rohstoffe, Wissen, Arbeitskräfte und Anlagen im Herstellungsprozess zu verbinden, um die dringend notwendigen Lebensmittel herzustellen, schien ihn zu beflügeln. Er hatte erfahren, dass Molke in großen Mengen zur Verfügung stand und offenbar zum Teil ungenutzt entsorgt wurde. Unter Mühen und mit einem britischen ›Permit‹ reiste er im Juli 1945 nach München. Die Amerikaner erkannten sein ›Permit‹ erst nicht an; vor München wurde sein Auto beschlagnahmt. Letztlich gelangte er doch an das Ziel seiner Fahrt, zur Brauerei Weihenstephan nach Freising, die spezialisiert war auf Hefeforschung auf Molkenbasis. Süßrahmmolke, bestätigte das Chemische Laboratorium Dr. Paul Nehring, »die zum grössten Teil als Abwässer abgeht, [könnte] in Verbindung mit Süsswaren, süssen Brotaufstrichmitteln wie Marmeladen, Kunsthonig wertvolle Stoffe für die Volksernährung nutzbar«[19] machen.

Sprengel brachte weitere Erkenntnisse von seiner bayrischen Reise mit. Nährhefe, ein Präparat aus Bierhefe, könnte für die Ernährung das hochwertige Vitamin-B-Präparat bereitstellen. Liefern würde die Herrenhäuser Brauerei. »Das Problem der Entbitterung der Bierhefe konnte ich durch Besprechungen in München lösen. Bei der Gewinnung dieser Hefe bleibt 50 % des Milchzuckergehalts zurück. Die Hefe lässt sich abzentrifugieren. Die geschmacklichen und ernährungsphysiologischen Eigenschaften dieser Molkenhefe lassen eine ungewöhnlich vielseitige Verwendung zu.«[20]

Aufgrund dieser Erkenntnisse entwickelte die Firma nährstoffreiche Produkte, zum Beispiel »Kunsthonigzubereitungen: Die Verwendung von Magermilch dürfte besonders sinnvoll sein, als hierdurch eine gleichmässige Verteilung der in jahreszeitlich und regional schwankenden Mengen anfallende Magermilch zu erreichen ist.« Das neu entwickelte Brotaufstrichmittel würde Zucker sparen, »indem wir jeweils einen Teil des markenpflichtigen Zuckers durch auch heute noch in beachtlichen Mengen zur Verfügung stehende Milchprodukte ersetzen«.[21] Der neuartige Brotaufstrich ›Molkenkrem‹ sollte für die Deckung des Phosphatbedarfs und für die optimale Entfaltung der körperlichen Leistungsfähigkeit bedeutsam sein. »Er enthält Vitamine der B-Gruppe und Kalk und ist deutlich besser als normaler Kunsthonig, der diese Bestandteile nicht enthält.« Eine Appel-Mitarbeiterin erinnerte sich an einen Brotaufstrich, auf den diese Beschreibung passt und der in ihrem Betrieb an die Beschäftigten ausgegeben wurde: »Wir bekamen von der Firma eine weiße Quarkmasse, aufs Brot zu schmieren; war nicht toll, aber man hatte zu essen. Das war das Gute, wenn man in einem Lebensmittelbetrieb arbeitete.«[22]

Sprengel produzierte auch Riegel: »Die Füllung des Riegels besteht aus Rohstoffen, die

17 HStAH Dep. 105 Acc. 2/80, Nr. 617, Bericht vom 16.7.1945.

18 HStAH Dep 105 Acc. 2/80, Nr. 344, Brief Sprengels an seinen Sohn vom 14.6.1945.

19 HStAH Dep. 105, Acc. 2/80, Nr. 616.

20 HStAH Dep. 105, Acc. 2/80, Nr. 616, Schreiben B. Sprengels vom 6.8.1945.

21 HStAH Dep 105 Acc. 2/80, Nr. 617, Brief an die Landwirtschaftskammer vom 25.10.1945.

22 E. L., 1947 bis 1951 bei Appel.

der Firma B. Sprengel teils aus alten Beständen, teils aus Zuweisungen zur Verfügung stehen, die mit Genehmigung der Militärregierung erfolgten. Die Füllung besteht aus

A) Fruchtmark, ähnlich dem von der Firma früher hergestellten ›Traubenkraft‹. Dieser Teil enthält ca 50 % Traubenzucker

B) einer Füllung aus Kondensmilch, Zucker, Sojamehl, Molkenpulver, Kakaobutter, Korinthen

C) Beide Teile sind überzogen mit einer Überzugsmasse bestehend aus Kakaomasse, Kakaobutter, Zucker und Trockenmilch

Der Riegel repräsentiert durch die Zusammensetzung aus hochwertigen Rohstoffen einen besonders hohen Nährwert. Die ernährungsphysiologisch wichtigen Daten sind folgende: 87 % Kohlehydrate, 9 % Fett, 7 % biologisch wertvolles Eiweiß, 0,5 % Phosphorsäure, 0,4 % Kalk, 100 g enthalten 426 Kalorien.«[23]

Mit der Molkerei Eveswinkel und der Molkerei Wallensen war Sprengel wegen der Lieferung von Molke in Verhandlungen: Ein wichtiger Vorteil für die Letztere: »Die Molkerei Wallensen sitzt auf Braunkohlen und dürfte daher ohne Schwierigkeiten in der Lage sein, ihre Produktion in Gang zu halten.«[24]

Sprengel hatte mit dem neu entwickelten Verfahren die Nase vorn. Der Konkurrent Dr. Hellmuth Jäger (Schokoladenfabrik Wilhelm Felsche in Leipzig) schrieb anerkennend: »Mit Interesse nahm ich Kenntnis, dass Sie Marmelade und Erzeugnisse mit Molke verarbeiten. Unsere Versuche mit Molke sind nicht recht vorwärtsgekommen wegen der Schwierigkeiten im Antransport und der ungleichmässigen Zusammensetzung infolge unterschiedlicher Erhitzung bei der Quarkfabrikation. Mit großem Interesse habe ich Ihren Ausführungen entnommen, daß Ihnen ein Verfahren geglückt ist, die wenig haltbare Molke in einen haltbaren Zustand zu versetzen. Wir selbst haben uns auch schon mit dem Problem beschäftigt.«[25]

Für diese neuen Nährprodukte dachte Sprengel schon 1945 an Werbung. »Der Vertrieb völlig neuartiger Nährmittel muß durch Aufklärung des Publikums vorbereitet und mit Hilfe von Werbung durchgeführt werden. Bitte prüfen Sie, ob Sie mir irgendwie helfen können«,[26] schrieb Sprengel im Dezember 1945 an Egon Juda, in den 1920er Jahren ein bedeutender Werbeberater und bis Juli 1933 im Vorstand des Bundes der deutschen Gebrauchsgrafiker. Werbemittel aus dieser Zeit sind nicht erhalten, Juda entwickelte aber für Sprengel das modernisierte Bienenkorb-Motiv und das Design der Sprengel-Packungen mit dem linken roten Drittel (Abb. 176, S. 225).

Im Juli 1945 erhielt die Firma den Auftrag, Kakaopulver und Schokolade für die Überlebenden im Konzentrationslager Bergen-Belsen herzustellen. »Die Herstellung des Kakaopulvers geschieht so schnell als möglich, allerdings wird infolge der erforderlichen Instandsetzung von Maschinen, die verhältnismäßig geringfügig beschädigt sind, eine kleine Verzögerung eintreten müssen.«[27] Zwei Monteure der Bauermeister-Maschinenfabrik wurden angefordert, damit für den Auftrag Belsen die Kakaosichtanlage und die Pressen und das Bauermeister Kakaowalzwerk in Gang gesetzt werden konnten. Die Militärbehörden hatten allen Grund die Transporte nach Belsen zu kontrollieren, nicht nur wegen der Diebstähle, die immer wieder vorkamen. Mancher hätte gern in die eigene Tasche gewirtschaftet. So fand von der Wettern in Belsen zwei Herren vor, die sich einig waren, »dass sie mir liebend gern die Kakaoerzeugnisse abnehmen würden«,[28] um sie weiter zu verkaufen.

23 HStAH Dep. 105 Acc. 2/80, Nr. 617.

24 Ebd., Am Thüster Berg bei Wallensen wurde bis 1966 Braunkohle im Tagebau abgebaut.

25 HStAH ep. 105 Acc. 2/80, Nr. 411, Korrespondenz Jäger.

26 HStAH Dep. 105 Acc. 2/80, Nr. 421, Brief vom 18.12.1945.

27 HStAH Dep. 105 Acc. 2/80, Nr. 617.

28 HStAH Dep. 105 Acc. 2/80, Nr. 617, Aktennotiz von der Wettern vom 18.7.1945.

Vor dem Entnazifizierungsausschuss

Neben der rastlosen Tätigkeit für die Lebensmittelproduktion organisierte Sprengel Konzerte und knüpfte künstlerische Kontakte. Der Hunger nach Kultur war fast ebenso groß wie der nach Lebensmitteln, und die Militärregierung unterstützte das Kulturangebot bereitwillig. Das kam Bernhard Sprengel auch in eigener Sache zugute. Die Kammermusik-Gemeinde konnte ihre Tätigkeit im November 1945 wieder aufnehmen. Die Engländer erteilten eine ›Provisorische Lizenz vom 26.10.1945 für Dr. Bernhard Sprengel als Leiter der Kammermusik-Gemeinde Hannover‹.[29] Zufrieden schrieb er an Dr. Jäger (Felsche) Ende Dezember 1945: »Die Prüfung meiner eigenen Angelegenheit erfolgte inzwischen mit durchaus positivem Ergebnis durch die zuständigen deutschen Stellen. Für meine Kammermusik-Gemeinde, die Sie ja kennen, bin ich seitens der Engländer wieder mit der Leitung betraut.«[30]

Obwohl also Sprengel Ende 1945 seine eigene Angelegenheit auf gutem Wege sah, führte ein Brief von Fritz Schoppe, dessen Betrieb 1942 stillgelegt worden war, an die Wirtschaftskammer zu Ermittlungen. »Ich sehe mich veranlasst, darauf aufmerksam zu machen, dass Herr Dr. Sprengel als Pg während der Naziherrschaft sehr aktiv tätig gewesen ist. In der Gauwirtschaftskammer sowohl wie in den industriellen Organisationen. Ich entsinne mich, dass ferner bei ihm etwa in den Jahren 1942/43 Hauskonzerte und sonstige Veranstaltungen abgehalten wurden, sicher nicht für antinazistische Kreise. Die Firma Sprengel war natürlich unter den gegebenen Verhältnissen stark an Wehrmachtsaufträgen beteiligt.«[31]

Die Ermittlungen wurden wohl nicht in der von Schoppe erwünschten Weise geführt, denn er wurde noch mit weiteren Schreiben vom 16. März und vom 28. November 1946 vorstellig. »Seine Funktionen waren vielmehr sehr weitgehend und ausschlaggebend. Er stand mit der Hauptvereinigung der Z.U.S.W. [Zucker- und Süßwarenwirtschaft] in engster Beziehung. Im Laufe der Stilllegungsbewegung schrieb er mir, wahrscheinlich zwecks beabsichtigter Einschüchterung einen Brief, nach welchen ein mir nicht bekannter Herr, vermutlich eine Größe vom Reichskohlen-Kommissar, meinen Kohlenverbrauch zu wissen wünsche. […] Es ist schwer zu verstehen, daß dieser Mann, wie mir bei meinem letzten Besuch in Hannover gesagt wurde, immer noch die Leitung der Firma Sprengel versieht.«[32] Die Zielsetzung wurde mit den letzten Worten klar, ehemalige Parteimitglieder hatten nach seiner Auffassung in Leitungspositionen nichts zu suchen; seine Briefe waren indessen nicht frei von Missgunst. Der hannoversche Oberbürgermeister Gustav Bratke und seine Freunde aus dem Widerstand sahen die Entnazifizierung differenzierter. Sie definierten als Nazis vor allem jene, die als Nutznießer und Denunzianten vom NS-System profitiert und sich der Partei aus niedrigen Motiven angeschlossen hatten.[33] In der Wirtschaft wurden in Hannover von 13 256 Betrieben 475 Inhaber oder Geschäftsführer entlassen, 250 blieb es überlassen Konsequenzen zu ziehen, gegen den großen Rest hatten keine Einwände bestanden.[34]

Was Fritz Schoppe gegen Sprengel an konkreten Beweisen vorbrachte (Hauskonzerte, Fragebogen zum Kohlenverbrauch), war dürftig. Die Unterlagen der Wirtschaftlichen Vereinigung Süßwarenindustrie gaben keine Hinweise darauf, dass Sprengel in seiner Funktion als Obmann bei den Stilllegungsaktionen Parteibetriebe bevorzugt hätte. Mehrere Inhaber

29 HStAH Dep. 105 Acc. 2/80, Nr. 2, Aktennotiz 2.11.1945.

30 HStAH Dep. 105 Acc. 2/80, Nr. 411, Brief Sprengels an Jäger vom 31.12.1945.

31 HStAH Nds. 171 Hannover, Nr. 6209, Schreiben vom 27.12.1945.

32 Ebd., Schreiben von Fritz Schoppe vom 28.11.1946.

33 Mlynek, Röhrbein, S. 657.

34 Ebd., S. 657.

stillgelegter Betriebe sagten für Sprengel aus, z.B. Joh. Finzenhagen: »Die 1. Aktion im April 1941 führte zur Freistellung einer Anzahl von Arbeitskräften. Die Betriebe arbeiteten jedoch weiter. Zur Aktion Jan/Febr 1942 wurden vom Obmann aufgrund eines Fragebogens Daten gesammelt. Gefordert wurde, dass keine Handarbeit geliefert werden durfte, also handwerkliche Betriebe stillzulegen seien. Auf Grund der vorliegenden Akten und nach sorgfältiger Besichtigung jedes einzelnen Betriebes musste zwangsläufig die Firma Schoppe, weil sie handwerklich arbeitete, stillgelegt werden.« Gefordert war damals die Zusammenlegung der Betriebe, mit dem Ziel, Energie, Arbeitskräfte und Transporte einzusparen und den Zuckerverbrauch um ein Drittel zu kürzen. »Parteiliche Belange waren völlig ausgeschaltet. Die Firmen Meyer und Krüger wurden ausgeschaltet, obwohl der Inhaber Pg war und schließlich nur noch die Firma Finzenhagen bestehen blieb, obwohl deren Inhaber nicht der Partei angehörte. Parteizugehörigkeit hat keine Rolle gespielt.«[35] Kaufmann Ernst Freese aus Gehrden bei Hannover erklärte an Eides Statt, dass sein Betrieb geschlossen werden sollte, obwohl er Parteimitglied war. »Herr Dr. Sprengel brachte zum Ausdruck, dass die Parteimitgliedschaft für die Frage der Schließung des Geschäfts für ihn überhaupt keine Rolle spiele, entscheidend für ihn sei lediglich die gerechte Anwendung der getroffenen Maßnahmen ohne Unterschied darauf, ob der Betroffene Parteimitglied sei oder nicht. Aus diesem Grunde könne er bei mir keine Ausnahme machen. Ich kann daher nach meiner Kenntnis der Dinge in bestimmtester Form erklären, dass Herr Dr. Sprengel Parteimitglieder in keiner Weise bevorzugt hat.«[36] Der Entnazifizierungsausschuss sah die Vorwürfe von Fritz Schoppe gegen Sprengel wegen parteilicher Wahrnehmung seiner Obmanns-Funktion nicht bestätigt.

Im Entnazifizierungsverfahren spielte Sprengel beide Trümpfe – Ernährungsbetrieb und Kulturinstitution – zu seiner Entlastung aus. In einem Gespräch mit dem englischen Major Poli, der sich über die frühe Lizenzerteilung zur Leitung der Kammermusik-Gemeinde gewundert hatte, verwies er auf seine wichtige Funktion als Leiter eines Ernährungsbetriebes.[37] Im Januar 1948 wurde er in der Kategorie IV (tragbar, keine Vermögenssperre) eingestuft. Das ließ ihn nicht ruhen. Im Zuge der Lizenzerteilung für die Kammermusik-Gemeinde, deren Vorsitzender er war, suchte er eine Überprüfung und Neueinstufung zu erreichen. »Es ist dies (seine eigene Angelegenheit) einer der wenigen Fälle, daß einem nominellen Parteimitglied eine Lizenz gegeben wurde. Von maßgebenden Antifaschisten wird bestätigt, daß meine Leitung der für Hannover kulturell so bedeutungsvollen Kammermusik-Gemeinde unbedingt erforderlich sei«,[38] schrieb er im November 1948 dem Entnazifizierungs-Hauptausschuss.

Sprengel war klar, wie auch die Vernichtung der Unterlagen über die Rü.-Abteilung belegt, dass er wegen der Aufträge für Heer und SS und wegen seiner NS-Mitgliedschaft in der Kritik stand, und es entsprang durchaus politischem Kalkül, dass er sein antinazistisches Kunst- und Musikinteresse und sein kulturelles Engagement zu seiner Entlastung anführte. So konnte er beweisen, dass er der nationalsozialistischen Ideologie ferngestanden hatte. Kultusminister Grimme unterstütze ihn 1947 vor dem Entnazifizierungsausschuss aus diesen Gründen: »Wenn Dr. Sprengel in direktem

35 HStAH Nds. 171, Stellungnahme von Joh. Finzenhagen vom 21.4.1947.

36 Ebd., Erklärung vom am 17.4.1947.

37 HStAH Dep. 105 Acc. 2/80, Nr. 2, Aktennotiz der Besprechung mit Major Poli wg. Lizenzerteilung für die Kammermusik-Gemeinde. »Poli wundert sich, dass das (die Arbeit des Betriebes) ohne Prüfung des Fragebogens geschehen könne. Ich erklärte, dass aufgrund einer allgemeinen Arbeitserlaubnis für Ernährungsbetriebe Marmelade, Kunsthonig für zivil und Aufträge der Militärregierung für Belsen (Schokoladenpulver und Kaffee) gemacht würden.«

38 HStAH Nds. 171 Hannover, Nr. 6209, Schreiben Sprengels an Entnazifizierungs-Hauptausschuss vom 24.11.1948.

Verkehr mit Emil Nolde, Karl Schmidt-Rottluff, Karl Hofer, den Erben von Franz Marc und Wilhelm Lehmbruck die Kunst dieser bedeutenden Künstler gestützt und ihre Werte in Deutschland erhalten hat, so ist das als oppositionelles Verdienst gegen die Zwangsherrschaft des Nazismus zu werten.«[39]

Es überrascht aber etwas, dass auch Nolde zu seiner Entlastung sich äußern konnte. »Seit 1937 nach Besichtigung der Ausstellung ›Entartete Kunst‹ hat Dr. Bernhard Sprengel zu den warmherzigen Freunden und Verfechtern meiner Kunst gehört. Nachdem ich ihn 1940 in Berlin persönlich kennenlernte, hat er mir im Kampf um die damals dringlich werdende Erhaltung meines Lebenswerkes gegen behördliche Zugriffe in seltener Einsatzfreude mit seinem Rat und seiner Tat helfend zur Seite gestanden.«[40] Überraschend war dies, weil trotz des Malverbots zumindest in der Kunstszene bekannt war, dass Nolde selbst Anhänger der NS-Ideologie gewesen war. Der Kunsthändler Nierendorf schrieb Sprengel nach dem Krieg über Nolde: »Seine Bemühungen PG zu werden, haben mich nicht beglückt und das ist der Grund, weshalb N. bei der Ausstellung meines Bruders fehlte. Man weiss drüben, dass er als Däne der dortigen Bewegung angehörte. Ich werde nicht darüber sprechen, denn sein Schaffen hat damit nichts zu tun und ist zu wichtig um in den Dreck gezogen zu werden. Wenn Sie ihm raten können, so raten Sie ihm von der Ausstellung in L[ondon?] ab, da dadurch all das wieder aufgewühlt wird.«[41] Auch Sprengel war klar, dass Nolde selbst umstritten war: »Ich hoffe, es wird mit Nolde nicht allzuschwer gehen. [...] Wir haben hier die Hoffnung, dass man seine Kunst höher wertet als seine viele Jahre zurückliegenden schriftlichen Äusserungen und seinen vom Idealismus getragenen Weg.«[42]

Sprengels Mitgliedschaft in der Partei ab 1940 und im SS-Förderkreis waren dem Entnazifizierungsausschuss ebenso bekannt wie die Lieferungen an das Heer. Es gab ja kaum Fabrikanten, die nicht an das Heer geliefert hatten. Dies und seine Obmannstätigkeit in der Fachgruppe waren Gegenstand der Verhandlungen. Sprengel erreichte im Dezember 1948 eine Revision und wurde abschließend als ›entlastet‹ eingestuft.

Im Fall von der Wettern verlief die Entwicklung umgekehrt. Sein Verfahren wurde auf Initiative der Gewerkschaft Wirtschaftsgruppe Nahrungs- und Genußmittel und des Entnazifizierungs-Hauptausschusses nach einer Entlastung erneut aufgegriffen. Das hing mit einer weit verbreiteten Unzufriedenheit über die Ergebnisse der Entnazifizierung zusammen. Man hatte vielfach den Eindruck, dass die Kleinen bestraft wurden, einflussreiche Nationalsozialisten dagegen ungeschoren davon gekommen waren.[43] Es spielten aber auch gesellschaftspolitische Interessen in die Ermittlungsverfahren mit hinein. Im Jahr 1947 wurde im niedersächsischen Landtag über die Sozialisierung der Grundstoffindustrie abgestimmt. Wirtschaftsdemokratie war das sozialdemokratische Schlagwort jener Jahre, das bis in die CDU hinein Anhänger hatte. Gewerkschaftsvertreter und Sozialdemokraten schauten bei – wie sie vermuteten – belasteten Betriebsleitern und Inhabern genau hin in der Erwartung, Argumente für die Sozialisierungsdebatte zu erhalten.[44]

So stellte auch der Sozialdemokrat Viktor Agartz, Leiter des Zentralamts für Wirtschaft

39 HStAH Nds. 171 Hannover, Nr. 6209, Stellungnahme des Kultusministers Adolf Grimme vom 26.4.1947.

40 Ebd., Erklärung Noldes vom 9.8.1945.

41 HStAH Dep. 105 Acc. 2/80, Nr. 642, Korrespondenz mit Nierendorf.

42 Ebd.

43 Mlynek, Röhrbein, S. 658.

44 Der Jurist Grote der Rechtsabteilung der Allgemeinen Gewerkschaft Hannover zeigte den Fabrikinhaber Appel bei der britischen Militärregierung an, weil dieser 1920 wie Hitler in den Deutschen Schutz- und Trutzbund eingetreten war und damit wie die ostelbischen Junker zu den Geburtshelfern des Nationalsozialismus gehört habe. Huttenlocher, Appel-Feinkost, S. 211.

der Trizone, einen Zusammenhang her zwischen Verantwortung des Kapitalismus für den Nationalsozialismus und dem angestrebten revolutionärem Umbau der Wirtschaft. Sprengel versah den folgenden Absatz eines Vortrages mit Fragezeichen und Unterstreichungen:

»Es erscheint mir verfehlt, den Nationalsozialismus als eine ausschliesslich politische Erscheinung zu werten«, trug Agartz 1948 vor. »Der Faschismus ist die politische Ausdrucksform eines bestimmten gesellschaftlichen und wirtschaftlichen Entwicklungszustandes, der sich letztlich nur aus der wirtschaftlichen Sphäre erklären lässt. Mit dem Zusammenbruch des Nationalsozialismus ist auch ein Wirtschaftsstil in Deutschland zusammengebrochen, den wir kapitalistisch nennen, dass wir in Deutschland von einer völlig neuen Grundlage ausgehen müssen, uns in einer latenten wirtschaftlichen Revolution befinden, die nach neuen Gestaltungsformen sucht.«[45]

Die Faschismustheorie des Sozialdemokraten Agartz unterschied sich in den Formulierungen, aber nicht im Inhalt von der kommunistischen Dimitroff-Doktrin aus dem Jahr 1935, wonach der Faschismus »die offene, terroristische Diktatur der reaktionärsten, chauvinistischsten, am meisten imperialistischen Elemente des Finanzkapitals« sei. Diese These wurde 11 Jahre später zur Grundlage der Enteignungskampagne in der sowjetisch besetzten Zone. Und im Westen Deutschlands war für viele Sozialdemokraten und Gewerkschafter ausgemacht, dass die Unternehmer Schuld am Nationalsozialismus trugen. Dass auch der Vorstand des Allgemeinen Deutschen Gewerkschaftsbundes (ADGB) sich im April 1933 dem Regime angedient hatte, war bald vergessen. Denn am 2. Mai 1933 hatte die SA die Gewerkschaftshäuser gestürmt.

Vor dem Entnazifizierungsausschuss im Fall von der Wettern begannen mehrere Zeugen ihre belastende Aussage mit dem übereinstimmend einleitenden Satz. »Auf Wunsch der Gewerkschaft erscheint Herr Lücke ...«, »auf Wunsch der Gewerkschaft erscheint Frau Neis«, »auf Wunsch der Gewerkschaft erscheint Herr Baumann«. Die Gewerkschaft hatte die Aussagen initiiert und koordiniert. Der Hauptausschuss ehemaliger politischer Häftlinge warf von der Wettern vor, sich »bei der Durchsetzung der Arbeitsdisziplin ausgesprochen nazistischer Methoden bedient zu haben«. Der Betriebsrat sagte dagegen aus: »Wir waren 1946 der Auffassung, dass Herr v. d. Wettern nicht als belastet gehalten werden kann. Von 7 waren 6 dieser Auffassung. Wenn jemand gebummelt oder gestohlen hatte, dann bekam er Geldstrafen und wurde am schwarzen Brett ausgehängt.«

Das Entnazifizierungsverfahren endete im August 1949 mit der Entscheidung: »Von der Wettern ist vom Entnazifizierungsrecht nicht betroffen.

Gründe: Von der Wettern war weder Mitglied der NSDAP noch gehörte er einer Gliederung an. Als technischer Direktor war er Abwehrbeauftragter in der Zeit von 1943–1945. [...]

Das Ermittlungsverfahren wegen Verbrechen gegen die Menschlichkeit wurde am 14.5.49 eingestellt, weil die Ermittlungen keinen Beweis für ein schuldhaftes Verhalten des von der Wettern ergeben haben. Insbesondere wurde festgestellt, daß die wegen Arbeitsvertragsbruchs beim Arbeitsamt gemeldeten 11 Betriebsangehörigen nicht aus politischen Gründen verfolgt wurden. Den belastenden Aussagen [standen] in der Mehrzahl der Fälle entlastende gegenüber.«

Als – der inzwischen als unbelastet eingestufte – Bernhard Sprengel vor dem Ausschuss aussagte, hatte er sich von seinem Betriebsleiter von der Wettern bereits getrennt und Dr. Horst Kadelbach als Geschäftsführer gewonnen.

Dr. Horst Kadelbach war im Frühjahr 1946 in Westdeutschland auf der Suche nach einer neuen Tätigkeit. Die Firma Most in Halle, die ihm als Teilhaber gehört hatte, war An-

45 HStAH Dep. 105, Nr. 1800, Vortrag von Viktor Agartz vom 26.7.1948.

fang 1946 enteignet worden. Vor dem Krieg war die Beziehung von Most zu Stollwerck eng gewesen, so hatte er erst die Idee gehabt zu Stollwerck zu gehen.[46] Er schrieb im April 1946 auch Bernhard Sprengel an: »Ich bin sehr gespannt auf Ihre Vorschläge, denn ich würde mich aufrichtig freuen, mit Ihnen vielleicht in irgendeiner Form zusammenarbeiten zu können. Erst muss ich noch unsere westdeutschen Interessen unter Dach und Fach bringen und vor dem kommunistischen Zugriff, der uns unsere Firma nahm, retten. Das wird ja freilich eines Tages alles genau so vorbeigehen wie das Dritte Reich.«[47]

Die Firma Most, 1859 in Halle an der Saale gegründet, war fast so alt wie B. Sprengel & Co. Sie hatte in den 1920er und 1930er Jahren ein großes Filialnetz von 165 Süßwarengeschäften besessen,[48] und Kadelbach hatte in den 1930er Jahren maßgebend das Markenbild der Firma Most entwickelt. Nach den Enteignungskampagnen in der sowjetisch besetzten Zone (SBZ) wurden auch die enteigneten Ostbetriebe im Westen mit Kakao- und Zuckerkontingenten bedacht. Mit Beginn der Rohkakaozuteilung gingen 35 Prozent der Kontingente an diese Betriebe, um den Eigentümern die Möglichkeit zu geben, in den Westzonen ihren Betrieb wieder aufzubauen. So haben zum Beispiel Petzoldt & Aulhorn aus Dresden in Hamburg eine Schokoladenfabrik neu gegründet. Sprengel war auf der Suche nach einem Betriebsleiter und hatte freie Kapazitäten für zusätzliche Kakaokontingente. Kadelbach erhielt Kontingente und brachte langjährige Erfahrungen im Schokoladengeschäft und in der Markenentwicklung mit. Da war eine Zusammenarbeit für beide Seiten vorteilhaft.

46 Interview Christian Kadelbach. Er berichtet auch, sein Vater hätte bei Stollwerck das Fabrikgebäude in teurer Innenstadtlage verkaufen wollen, um draußen neu zu bauen, was Imhoff viele Jahre später gemacht hat.

47 HStAH Dep. 105 Acc. 2/80, Nr. 547, Schreiben Kadelbachs vom 14.4.1946.

48 100 Jahre Most, o.O. 1959, Interview Christian Kadelbach.

Abb. 170 Horst Kadelbach als Geschäftsführer von Most

Zeit für Kunst

Die erfolgreiche Tätigkeit dieses profilierten Geschäftsführers erlaubte Sprengel seinen persönlichen künstlerischen Interessen nachzugehen. »Die zur Ausübung dieser Liebhabereien erforderliche Zeit verdanke ich der Zuverlässigkeit meiner Mitarbeiter«,[49] wusste der Firmeninhaber. Das Gedeihen des Unternehmens und die Gewinne der Boomjahre ermöglichten den Aufbau seiner bedeutenden Sammlung, die als Grundstock des nach ihm benannten Museums in Hannover heute fast bekannter ist als die Firma selbst. Bis Kriegsende hatte er schon annähernd

49 Blickpunkt Sprengel, Juli 1969, S. 2.

Abb. 171 Emil Nolde: ›Der große Gärtner‹

600 Kunstwerke zusammengetragen.[50] Waren Bilder und Skulpturen ursprünglich für die Gestaltung des Privathauses in der Kniggestraße gedacht, in das seine Frau Margrit, geborene Backhausen, 1937 mit ihm einzog, wurde der Ausbau seiner Sammlung ihm immer mehr zum Lebensinhalt. Er hatte einen sehr persönlichen Zugang zu den erworbenen Kunstwerken und kaufte nur Kunstwerke, »die seinen Qualitätsansprüchen standhalten konnten und deren künstlerische Aussage Sprengel selbst erkannt hatte«.[51]

In den ersten Jahren nach dem Krieg war ihm daran gelegen, die Werke seines Freundes Emil Nolde einer breiteren Öffentlichkeit zugänglich zu machen. Einer Berufsschulaufbauklasse zeigte er 1946 seine Nolde-Bilder. Im selben Jahr gewann er einen leitenden Beamten beim Secret Service, der sich »ganz außergewöhnlich für Nolde begeistert(e). Er ist über die politischen und sonstigen Voraussetzungen [das waren die ideologischen Verstrickungen mit dem Nationalsozialismus] von Nolde vollständig im Bilde. Es besteht nun die Absicht, vielleicht im Herbst oder später in London eine Nolde-Ausstellung zu machen«,[52] schrieb Sprengel hoffnungsfroh. Ein Hildesheimer Arzt organisierte für den Kulturring Hildesheim eine Ausstellung, für die Sprengel im Jahr 1946 vier Nolde-Ölbilder u. a. den ›großen Gärtner‹, sechs Nolde-Aquarelle und zwei Rohlfs-Bilder auslieh. In der Ausstellung ›Befreite Kunst‹ in Celle hingen vier Bilder von Hofer, drei von Rohlfs, zwölf Nolde-Bilder, meist Landschaftsbilder und ›Der große Gärtner‹, zwei Feininger-Bilder und zwei Barlach-Skulpturen aus der Sammlung Sprengel.[53] Dem Kultusminister Grimme schrieb Bernhard Sprengel aus Anlass dieser Ausstellung »Es ist mir eine besondere Freude, die innere Berechtigung meiner Sammlertätigkeit in den hinter uns liegenden Jahren jetzt durch die Tat beweisen zu können.«[54]

Eine Braunschweiger Ausstellung präsentierte Bilder aus seiner Sammlung, das Kunsthistorische Institut Göttingen fragte an, und in einer Ausstellung der Kunsthalle Hamburg hingen im Herbst 1947 acht Ölbilder – wieder mit dem ›großen Gärtner‹ – und sechs Aquarelle von Nolde. Die Ölbilder waren mit 20 000 RM, die Aquarelle mit 4000 RM versichert und Sprengel notierte: »Leider bleibt es ja fraglich, ob eine Wiederbeschaffung gleichwertiger Bilder zu diesen Preisen heute möglich sein würde.«[55] Ihm war wohl bewusst, dass das in den vielen Ausstellungen sich niederschlagende Interesse an den vormals verbotenen Künstlern und besonders an Nolde, ihren Wert steigerte. Der Kunsthalle Kiel, die 1947 wegen einer Ausleihe angefragt hatte, musste er wegen anderweitiger Vergaben absagen. Die Kestner-Gesellschaft eröffnete ihre

50 Vanessa-Maria Voigt: Kunsthändler und Sammler der Moderne im Nationalsozialismus. Die Sammlung Sprengel 1934 bis 1945, Berlin 2007, S. 49.
51 Ebd., S. 47.
52 HStAH Dep. 105 Acc. 2/80, Nr. 546.
53 HStAH Dep. 105 Acc. 2/80, Nr. 548, 12.2.1946.
54 HStAH Dep. 105 Acc. 2/80, Nr. 549, Brief an Kultusminister Grimme am 23.12.1946.
55 HStAH Dep. 105 Acc. 2/80, Nr. 549.

Abb. 172 Geschenkkärtchen aus den 1950er Jahren

erste Ausstellung nach dem Krieg 1948 ebenfalls mit Nolde. Das Bild ›Der große Gärtner‹ war Sprengel besonders lieb. Es hatte die Zerstörungen einer Bombennacht in seinem Wohnhaus überstanden, das Zimmer, in dem das Bild hing, blieb unversehrt. Einem schwerkranken Freund ließ er das Bild ins Krankenzimmer hängen; dessen Frau bedankte sich gerührt.

Für die hannoverschen Museen war der Sammler vor Ort ein Glück. Sie konnten qualitätsvolle Bilder präsentieren, ohne sie kaufen zu müssen. So schrieb Sprengel 1948 an Ernst Wilhelm Nay: »Herr Dr. Hentzen freut sich, aus meinem Interesse an Ihren Bildern für zukünftige Ausstellungen etwas gewinnen zu können.«[56] Die Existenz der Sammlung von Bernhard Sprengel, »wie sie damals war, und die Persönlichkeit des Sammlers gaben 1947 den Ausschlag, mich für Hannover zu entscheiden«,[57] schrieb Hentzen 1965. Für kulturelle Anlässe ließ die Firma ein edles Geschenkkärtchen prägen.[58]

Seine Sammlung wuchs nicht nur, sondern veränderte sich und entwickelte neue Schwerpunkte, als er sich zum Beispiel als einer der ersten deutschen Sammler Picasso zuwandte. Er trennte sich von Arbeiten, wenn er ein ihm gehörendes Stück im Vergleich zu anderen für schwächer erachtete und scheute keine Mühe, etwa einen Flug in die USA, um dort befriedigt festzustellen, dass sein Sammlerstück dem dort gesehenen überlegen war. »Ein Zauderer war er nicht. Aber er war wählerisch, sein Anspruch war hoch.«[59]

Mit den Künstlern verhandelte er hartnäckig, wenn ihm ein neueres Bild besser gefiel. Den ›harfespielenden David‹ wollte er unbedingt kaufen, obschon es einem anderen zugesagt worden war, dafür aber ein anderes Nay-Bild zurückgeben. Nay bestand jedoch auf einem Zukauf. Einige Jahre später wollte er erneut ein Bild von Nay gegen ein anderes tauschen, für das alte aber mehr erlösen als ursprünglich bezahlt. »Ich würde auf solche Weise wenigstens zu einem Teil an der inzwischen erfolgten Wertsteigerung teilhaben und würde das auch für angemessen halten«,[60] schrieb er an Nay.

Sprengel verlieh die ihm gehörenden Bilder bereitwillig, lehnte aber anfangs die Nennung seines Namens strikt ab. Sie sollten lediglich »als Privatbesitz ohne den Zusatz Hannover deklariert werden. Es war ausschließlich die Kunstfachwelt, in der die Sammlung bekannt war«,[61] schrieb die Kunsthistorikerin Viktoria Petry, die sich darüber wunderte.

So ganz stimmt das nicht. Denn in den Fluren und in Verwaltungsräumen der Firma hingen die Bilder der Sammlung, Picasso und Nolde schmückten die Besprechungszimmer. Ein Bild von Paul Klee hing im Sitzungszimmer an der Wand und wurde in die Aufnahmeprüfung für Lehrlinge integriert. Sie hatten eine Bildbeschreibung anzufertigen. Mancher Mitarbeiter ließ sich von Sprengels

56 HStAH Dep. 105 Acc. 2/80, Nr. 258.
57 Alfred Hentzen: Vorwort zu ›Sammlung Sprengel‹, Hannover 1965, S. X.
58 Der Entwurf stammt vermutlich von Karl Otto Götz.
59 Dieter Brusberg: Kunst ist Annäherung an Musik. In: Ein Geschenk. Die Sammlung Sprengel, Hrsg. Angela Kriesel, Hannover 2013, S.139.
60 HStAH Dep. 105 Acc. 2/80, Nr. 258.
61 Petry, Sprengel-Museum, S. 31.

Kulturinteressen anregen. »Ich habe die erste Ausstellung mitgemacht, die in Hannover – auf drei Museen verteilt – Sprengels Sammlung zeigte. Ich habe im Künstlerhaus den Vortrag von Kahnweiler[62] aus Paris gehört und auf die Bilder im Saal aufgepasst. Zum Dankeschön habe ich den Katalog von Dr. Sprengel bekommen.«[63] Eine kaufmännische Angestellte erinnert sich: »Dr. Sprengel war ja großer Kunstmäzen. In den Gängen hingen die wertvollen Bilder. Man wurde gefragt, ob man Lust hätte, die Karten für die Kammermusik-Gemeinde zu kontrollieren, wir bekamen Pralinen geschenkt und konnten das Konzert besuchen. An diese Abende habe ich persönlich die schönsten Erinnerungen.«[64] Andere hatten wenig Verständnis, wohin die Erträge flossen: »Wenn der sich den ganzen Sch… nicht ins Museum gestellt hätte, gäbe es die Firma heute noch«, ärgerten sich Mitarbeiterinnen,[65] wie sich eine ehemalige Personalreferentin erinnert. Sie fand dagegen außergewöhnlich, was sie bei Sprengel erlebte; für sie war das »die gute alte Zeit«.[66]

Wenn Mitarbeiter vor den Bildern standen und mit ihrer Skepsis nicht hinterm Berg hielten, mischte sich gelegentlich der Chef persönlich ein. »Ich habe mit den Kollegen vor den Bildern gestanden. ›Das malt mein Enkel doch genauso.‹ Da stand Sprengel hinter uns und hat uns die Bilder erklärt. Man hat dann eine andere Sicht auf die Bilder erhalten«,[67] erzählt Peter Beck. Sprengel wollte die Mitarbeiter gern teilhaben lassen an seiner Freude an Kunst und Musik.

Das farbige Picasso-Stillleben ›Nature morte sous la lampe‹ (1962) schmückte das Titelblatt (Abb. 173) der Werkzeitschrift im Dezember 1969.[68] Bernhard Sprengel beschrieb sachverständig die neuartige Technik des Linolschnitts: Picasso druckte mit dieser »von ihm völlig neu entwickelten Technik auch die mehrfarbigen Linolschnitte von einer einzigen Linolplatte […] Von Farbe zu Farbe wird das Linoleum weiter mit dem Stichel ausgegraben und mit neuer Farbe auf Papier gedruckt, so daß am Ende nur noch die Fläche im Linoleum steht, mit der die letzte Farbe gedruckt war.« Bernhard Sprengel schloss seine Bildbetrachtung: »Im Anschluss an 45 Linolschnitte […] schuf Picasso drei Fassungen von Motiven unter einer Lampe. Davon ist das in unserem Heft abgebildete die eindrucksvollste und farbigste.«[69] Nur das Beste war ihm gut genug. Das galt auch für die Pralinen und Schokoladen der Firma, die seinen Namen trug und war Teil ihres Markterfolgs.

Abb. 173 Titelblatt ›Blickpunkt Sprengel‹ mit Picasso-Reproduktion

62 Daniel-Henry Kahnweiler war Galerist und Kunsthistoriker und wichtiger Wegbereiter der Moderne.

63 Interview Herr Drees, 1955–1968 bei Sprengel.

64 Angelika H., 1964–1974 bei Sprengel.

65 Entnazifizierungsakte von der Wettern, HStAH Nds. 171 Hannover, Nr. 4407.

66 Interview M. Schulze.

67 Interview Peter Beck, Betriebsratsvorsitzender und Aufsichtsratsmitglied unter Imhoff.

68 Pablo Picasso: Nature morte sous la lampe (Stillleben unter der Lampe).

69 Blickpunkt Sprengel, Dezember 1969, S. 2.

Leidenschaft und Zeit steckte Bernhard Sprengel auch in die Organisation von Konzerten, vor allem im Rahmen der von ihm geleiteten Kammermusik-Gemeinde. Einem alten Schulfreund schrieb er, nachdem er ihn nach langer Zeit wiedergefunden hatte, im Rückblick: »Hinter uns liegen nun 600 von mir persönlich inspirierte Konzerte. [...] Alle [die Musiker] haben täglich bei uns im Hause verkehrt in den Zeiten, da Bomben fielen und nach dem Kriege, ehe wieder aufgebaut war, außerdem unter primitivsten Verhältnissen bei uns geschlafen. Kuhlenkampff, Schneiderhan, Edwin Fischer, Fritz Lehmann, Mainardi, Menuhin, das Amadeus Quartett, das LaSalle Quartett, nicht zu vergessen Eduard Erdmann und viele viele andere sind bei uns Gäste gewesen.«[70] Die Familie hatte hintanzustehen. »Du musst im Keller auf dem Feldbett schlafen. Mainardi schläft in deinem Zimmer«,[71] erfuhr Sohn Bernhard in einem Brief, ohne dass er gefragt wurde. Aber die Begegnungen mit Künstlern und Musikern im Elternhaus haben die Kinder geprägt und bereichert.

Hunger, Streiks und Betriebsvereinbarungen

Der erste gewählte Betriebsratsvorsitzende nach dem Krieg, Hans Meyer, war 1934 bei Sprengel eingetreten. Meyer war 1933 aus politischen Gründen arbeitslos und froh gewesen ›als Marxist‹ wieder Arbeit zu haben.[72] Er hatte auf der – vorläufig vom Chef zusammengestellten – Liste von Belegschaftsvertretern im April 1945 gestanden, die Sprengel in realistischer Einschätzung, wer akzeptiert war, zusammengestellt hatte, um Ansprechpartner aus der Belegschaft zu haben.

Die Aufgaben der Betriebsräte waren nach den Bestimmungen des alliierten Betriebsrätegesetzes Nr. 22 – im Vergleich zum späteren Betriebsverfassungsgesetz – beschränkt. Sie hatten über die Einhaltung von Tarifverträgen zu wachen, konnten Beschwerden entgegennehmen und Vorschläge zur Verbesserung der Arbeitsmethoden machen. Eine Mitbestimmung z.B. bei Personalentscheidungen wie Einstellungen und Kündigungen gab es nicht. Mit dem Arbeitgeber konnte der Betriebsrat eine Übereinkunft abschließen, in welchen Zeitabständen man sich traf und ob ein Vertreter im Aufsichtsrat ›zu Informationszwecken‹ anwesend sein durfte. Mindestens einmal vierteljährlich bestand die Verpflichtung, eine ›Generalversammlung‹ (Betriebsversammlung) der Arbeiter und Angestellten abzuhalten.[73] Das war nicht viel und reichte den Gewerkschaften und Betriebsräten bei Weitem nicht.

Im November 1946 streikte die Belegschaft der Firma Bode-Panzer für eine erweiterte Mitbestimmung der Betriebsräte, und nach fast vier Wochen Streik gab die Firmenleitung in wichtigen Punkten nach. Erfolgreich organisiert wurde dieser Streik u.a. von Otto Brenner, damals Bezirksleiter der Gewerkschaft in Hannover, später Vorsitzender der IG Metall. Die Ergebnisse wurden in mehreren anderen Betrieben der Metallindustrie wie im Eisenwerk Wülfel, dem Lindener Eisen- und Stahlwerk, den Firmen Eilers Stahlbau, der Conti und den Sichel Werken übernommen.[74] Das hatte das Selbstbewusstsein der Arbeitnehmer und der Gewerkschaften gestärkt, und sie forderten in weiteren Betrieben entsprechende Vereinbarungen. Im Januar 1947 schloss Bernhard Sprengel mit dem Betriebsrat auch für die Schokoladenfabrik eine Betriebsvereinbarung ab, die ähnliche Beteiligungsrechte für den Betriebsrat vorsah.

Bei Einstellungen, Entlassungen, Beförderungen, Versetzungen, arbeitsvertraglichen Änderungen und Ein- und Umgruppierungen

70 HStAH Dep. 105 Acc. 2/80, Nr. 92, Brief an Jacob Chusit vom 23.3.1972.

71 HStAH Dep. 105 Acc.2/80, Nr. 344.

72 Entnazifizierungsakte von der Wettern, HStAH Nds. 171 Hannover, Nr. 44072.

73 Gesetz Nr. 22 vom 10.4.1946, Betriebsrätegesetz, Amtsblatt der Militärregierung Deutschland, Britisches Kontrollgebiet, Nr. 9.

74 Mlynek, Röhrbein, S. 616.

Von dieser Niederschrift 3 Ausfertigungen:
1. Gewerkschaft Herrn Weber
2. Betriebsrat
3. Firma

B e t r i e b s v e r e i n b a r u n g

der Firma B. Sprengel + Co mit Betriebsrat.

§ 1

Der Betriebsrat überwacht die Durchführung und Innehaltung der zugunsten der Arbeitnehmer gegebenen gesetzlichen Vorschriften, der Arbeitsordnung und Dienstvorschriften, der Arbeitszeitregelung und der für den Betrieb geltenden Tarifverträge.

Der Erlaß und die Änderung der Arbeitsordnung und der Dienstvorschriften erfolgt im Wege der Vereinbarung mit dem Betriebsrat.

Alle Bekanntmachungen der Betriebsleitung und des Betriebsratsvorsitzenden, die die Arbeitnehmer und den Betrieb betreffen, bedürfen zu ihrer Wirksamkeit der gegenseitigen Gegenzeichnung.

§ 2

Der Betriebsrat hat bei der Bekämpfung der Unfall- und Gesundheitsgefahren im Betriebe mitzuwirken. Er hat die Durchführung aller Sicherheits- und Unfallverhütungsvorschriften zu überwachen. Bei der Untersuchung von Unfällen und der Bearbeitung von Unfallfragen ist der Betriebsrat oder der von ihm dafür bestimmte Vertreter hinzuzuziehen.

§ 3

Die Betriebsleitung bedarf der Zustimmung des Betriebsrats zu Grundsätzen oder Richtlinien über

Einstellungen und Entlassungen,
Versetzungen und Beförderungen,
Arbeitsvertragliche Veränderungen,
Eingruppierungen und Umgruppierungen in tarifliche Lohn- und Gehaltsgruppen.

Bei Fehlen solcher vereinbarter Grundsätze und Richtlinien ist die Zustimmung zu allen Einzelfällen notwendig.

Der Vorsitzende, im Behinderungsfalle dessen Stellvertreter, haben bei berechtigten Anlässen das Recht, Einsicht in die Lohn- und Gehaltslisten, sowie in die Personalakten zu nehmen.

Bei fristloser Kündigung aus einem Grunde, der nach dem Gesetz zur Kündigung des Dienstverhältnisses ohne Einhaltung einer Kündigungsfrist berechtigt, ist von der Betriebsleitung zuvor die Stellungnahme des Betriebsrats einzuholen.

-2-

Abb. 174 Mitbestimmung in der Betriebsvereinbarung von Januar 1947

musste sich die Betriebsleitung mit dem Betriebsrat über Richtlinien einigen, andernfalls waren alle personellen Einzelmaßnahmen zustimmungspflichtig. Der Betriebsrat wirkte beratend mit bei der Festlegung des Produktionsprogramms, bei Betriebsstilllegungen und beim betrieblichen Wiederaufbau. Über die Lage des Betriebs, die Art und die Umfänge der Aufträge, die Produktionsplanung, Rohstofflage und Beschäftigungsstand hatte die Betriebsleitung vierteljährlich Bericht zu erstatten; Informationen, die der Betriebsrat allerdings vertraulich zu behandeln hatte. Der Jahresabschluss sollte einmal jährlich erläutert werden, und aus berechtigtem Anlass konnte der Betriebsrat Einblick in Personalakten und Lohn- und Gehaltslisten nehmen. Aushänge von Betriebsrat und Geschäftsleitung bedurften der gegenseitigen Zeichnung. Das waren die wichtigsten Beteiligungsrechte, die über die Regeln des späteren Betriebsverfassungsgesetzes weit hinausgingen, das 1952 gegen die Stimmen der SPD und KPD vom Bundestag verabschiedet wurde. Die Gewerkschaften versuchten danach teilweise erfolgreich, über Manteltarifverträge einen Teil der Mitbestimmungsrechte aus den Betriebsvereinbarungen zu retten.[75]

Sozialdemokratie und Gewerkschaften fühlten sich in Hannover auf ihrem Weg in die Wirtschaftsdemokratie einen großen Schritt vorangekommen. Die Sozialisierungsdebatte war in den verfassungsgebenden Versammlungen der Länder und im Parlamentarischen Rat der Trizone noch nicht abgeschlossen, und Anfang 1947 war noch offen, wie die Entscheidungen ausgehen würden. Sprengel hob einen Vortragstext von Dr. Hans-Christoph Seebohm auf, der »als der einzige Vertreter der gewerblichen Wirtschaft in Bonn am Grundgesetz mitgearbeitet hat«. Der spätere Bundesverkehrsminister (1949–1966) erläuterte seinen Zuhörern die Grundrechte des Grundgesetzes: »Sozialisierung ist in den unabdingbaren Grundrechten verankert. Alle Produktionsmittel, nicht nur Naturschätze und Grund und Boden, können durch einfaches Gesetz in Gemeineigentum überführt werden.« Über eine eventuelle Entschädigung würde »unter gerechter Abwägung der Interessen der Allgemeinheit und der Interessen der Beteiligten« entschieden werden. »Seine Zusammensetzung [die des Bundestages], wird darüber entscheiden, ob das Eigentum in Deutschland durch Sozialisierung untergeht oder erhalten bleibt.«[76] In der ersten Bundestagswahl im August 1949 siegte eine bürgerliche Mehrheit mit CDU, FDP und DP (Deutsche Partei). Prof. Dr. Ludwig Erhard wurde Wirtschaftsminister, kurz zuvor ein noch weitgehend unbekannter Mann. Das zeigte ein Notizzettel des Sprengel-Sekretariats. Anlässlich eines Erhard-Vortrages über ›Politik und Wirtschaft‹ im November 1947 notierte Sprengels Sekretärin: »Herrn Dr. Kadelbach: Herr Dr. Sprengel fragt, ob Sie wissen, wer das ist. 29.10.47.«

Als in Niedersachsen die Essensrationen immer kleiner wurden, mit 850 Kalorien im Hungerwinter 1946/47, wurde die Stimmung in Hannovers Betrieben zunehmend gereizter. Heinrich Böll beschrieb das vorherrschende Gefühl jener Hungerjahre: »Der Hunger lehrte mich die Preise, der Gedanke an frisch gebackenes Brot machte mich ganz dumm im Kopf und ich streifte oft stundenlang abends durch die Stadt und dachte an nichts anderes als: Brot. Meine Augen brannten, meine Knie waren schwach und ich spürte, dass etwas Wölfisches in mir war. Brot. Ich war brotsüchtig, wie man morphiumsüchtig ist.«[77] Wegen der schlimmen Ernährungslage demonstrierten Arbeitnehmer mehrfach gegen die geringen Brotrationen, besonders nachdem der

75 Wilhelm Weber: Der Süßwaren-Bundes-Manteltarifvertrag, Einigkeit Nr. 4, 1953, S. 55. »Bzgl. der Mitbestimmung gab es im neuen Manteltarifvertrag eine Kompromisslösung, wonach teils das neue Betriebsverfassungsgesetz, teils die in den Betriebsvereinbarungen festgelegte Mitbestimmung in den Tarifvertrag mit eingebaut wurde.«

76 Deutsche Volkszeitung, 21.5.1949.

77 Heinrich Böll: Brot der frühen Jahre, Köln 1987, S. 664.

Frankfurter Wirtschaftsrat für Niedersachsen die Rationen noch einmal gekürzt hatte. »Die Rationen sind erheblich geringer als im Krieg und schrumpfen auf bis zu 850 Kalorien täglich, während der tägliche Bedarf rund 2300 Kalorien beträgt«,[78] heißt es in einer Chronik der IG-Metall Hannover aus dem Jahr 2003. Dass allerdings die vergleichsweise gute Versorgung der deutschen Bevölkerung im Krieg mit dem Raub aus den besetzten Gebieten ermöglicht wurde, war in jenem Hungerwinter und auch später in den Gewerkschaften offenbar kein Thema. Am 29. Januar 1948 riefen die Vorstände der Industriegewerkschaften in Hannover zu einem allgemeinen Streik am 3. Februar auf.

Der Alliierte Kontrollrat hatte den 8-Stunden-Tag – im Krieg waren 10 Stunden die Regel – wieder eingeführt. Bei Sprengel arbeiteten die Beschäftigten, wie mit dem Betriebsrat vereinbart, an fünf Tagen jeweils 9 Stunden täglich. In manchen Betrieben wurde wegen der schlechten Ernährungslage die wöchentliche Arbeitszeit teilweise auf 36 bis 40 Stunden herabgesetzt.[79] In den Nahrungsmittelbetrieben war die Versorgung allerdings meist besser. Und es ist davon auszugehen, dass auch die Beschäftigten der Firma Sprengel von dem nährstoffreichen Brotaufstrich profitierten, den der Betrieb herstellte. Die allgemeine Stimmung war aber angespannt. In der Firma Sprengel fand eine Betriebsversammlung statt. Wie sollte man hungrig neun Stunden am Tag arbeiten? Die Versammlung stimmte ab, und der Betriebsrat hängte das Abstimmungsergebnis der Betriebsversammlung auf rot leuchtendem Papier aus – ohne die in der Betriebsvereinbarung festgelegte Gegenzeichnung des Chefs.[80]

78 IG-Metall Bezirksleitung und Verwaltungsstelle Hannover (Hrsg.): Hannover überrascht. IG-Metall-Geschichte aus der Welfenstadt; http://www.igmetall-hannover.de/fileadmin/user/Dokumente/IGM_Hannover/2003_IGM_Geschichten_Hannover.pdf [zuletzt aufgerufen am 17.1.2016].
79 IHK-Geschäftsbericht 1946, S. 11.
80 HStAH Dep. 105 Acc. 2/80, Nr. 143.

»Bekanntmachung des Betriebsrats

Aufgrund der Stimmenmehrheit der Belegschaftsmitglieder, die sich für eine 40-Stunden-Woche entschieden haben, arbeitet der Betrieb von 7–15.45 außer Sonnabend.

Ferner wird auf Beschluss des Kreisausschusses Hannover am Dienstag, den 3. Februar 1948 ein Proteststreik von 24 Stunden in der gesamten Industrie Hannovers durchgeführt.
Beginn des Streiks 0 Uhr morgens

Ergebnis der Wahl am 29.1.48 über die
40-Stunden-Woche
219 für 40 Stunden
93 für 45 Stunden«

Eine Arbeitszeitverkürzung durch Beschluss, ohne Verhandlungen und Gespräche, das wollte Sprengel nicht hinnehmen. Er hängte seinerseits eine Mitteilung an die Belegschaft aus.[81]

»Betr. Arbeitszeit

In zwei Besprechungen mit dem Betriebsrat Meyer und Schweinebarth heute morgen und heute mittag, ist klar festgestellt, daß ich meinerseits keine Zustimmung zu verkürzter Arbeitszeit gegeben habe. Ich habe außerdem mitgeteilt, daß lt Betriebsvereinbarung eine derartige Veränderung der beiderseitigen Zustimmung bedarf. Es ist auch darüber gesprochen, daß insoweit bei Festsetzung der 5-Tage-Woche mit 45stündiger Arbeitszeit gegenseitiges Übereinkommen vorgelegen hat. Nunmehr muß, da eine Übereinstimmung zwischen Betriebsrat und Firmenleitung nicht erzielt ist, die Anrufung eines Schiedsgerichts vorbehalten bleiben.

Die Verantwortung für etwaige Folgen aus einer früheren Beendigung der Arbeitszeit habe ich ausdrücklich abgelehnt.

2.2.48 BS«

Der Betriebsrat sah sich in der Pflicht, das Abstimmungsergebnis zu vertreten, auch wenn das Verfahren der Betriebsvereinbarung

81 Ebd.

widersprach und Sprengels Gegenzeichnung unterblieben war. Sprengel stellte die Entscheidung, die Arbeit eher zu beenden, in die Verantwortung jedes einzelnen Arbeitnehmers. Würde eine Mehrheit der Beschäftigten einfach um 15.45 Uhr aufstehen und den Arbeitsplatz verlassen?

Das geschah nicht, aber es wurde lange verhandelt. Erst im August – inzwischen waren die Läden voll und es gab wieder genug zu essen – wurde die Arbeitszeit der Sprengel-Arbeiter in einer Betriebsvereinbarung unter Hinzuziehung der Gewerkschaft geregelt.

»Betriebsvereinbarung zw. Betriebsleitung Firma Sprengel und Betriebsrat der Firma und NGG:
Ab 10.8.1948 tritt die 45-Stunden-Woche in Kraft (5 x 9 Stunden). Es wird eine 10%ige Lohnerhöhung auf den Tariflohn einschliesslich Zulage gewährt.
Es besteht ferner Einmütigkeit darüber, dass Sonnabendarbeit für bestimmte Betriebsabteilungen wie Expedition, Transport- und Hofkolonne, Reparaturwerkstatt, Auto-Werkstatt bei Arbeitsanfall als normal anzusehen ist.«[82]

Die 45-Stunden-Woche durch Betriebsvereinbarung war 1948 für die Beschäftigten ein enormer Fortschritt. Erst 1957 wurde mit der NGG für die Süßwarenindustrie im Manteltarifvertrag die Arbeitszeitverkürzung auf 45 Stunden vereinbart.[83] Die Lohnerhöhung von 10 Prozent konnten die Beschäftigten gut gebrauchen, denn die Preise stiegen nach der Währungsreform.

Einig waren sich Betriebsrat und Geschäftsleitung, in der Abwehr von Zwangsmaßnahmen zur Trümmerräumung. Es waren Überlegungen laut geworden, Beschäftigte hannoverscher Firmen zur Trümmeraktion zu verpflichten. »Wir haben danach gemeinsam mit dem Betriebsrat jede Abgabe von Personal abzulehnen, falls etwa das Arbeitsamt dieserhalb an uns herantreten sollte«,[84] notierte Bernhard Sprengel im Mai 1947.

Der einseitige Bruch der Betriebsvereinbarung schien Sprengel getroffen zu haben. Konnte er auf das gegebene Wort seiner Leute nicht mehr rechnen? Ein Jahr später feierte er sein 25-jähriges Firmenjubiläum, und aus seiner Rede vor der Belegschaft sprach Enttäuschung. Im Zentrum seiner Ansprache stand die Wiedergewinnung verlässlicher zwischenmenschlicher Beziehungen.

»Der Würde des Menschen wieder den richtigen Rang zu verleihen, die Beziehungen der Menschen untereinander in ein neues harmonisches Gleichgewicht zu bringen, Vertrauen, Achtung wieder herzustellen, das ist der Kernpunkt der sozialen Frage.
Für uns Deutsche ist gegenwärtig die Gemeinschaft im Betriebe die natürlich gewachsene Form geeigneter Zusammenschlüsse. Dem Unternehmer wächst aus seiner Notlage die Erkenntnis zu einer unabänderlichen Verbundenheit mit seinen Mitarbeitern. Die Möglichkeit, mit ihnen zusammen die schweren Sorgen offen und ehrlich ohne Hintergedanken zu beraten, ist nach meiner Überzeugung für den deutschen Unternehmer eine der Voraussetzungen überhaupt tätig bleiben zu können.«[85]
Wer, so führte er im Rekurs auf Henry Ford aus, als Unternehmer erkannt hat, dass »die breite Masse der Werktätigen die von ihr produzierten Erzeugnisse nur kaufen kann, wenn der von ihnen bezahlte Lohn ausreicht, der wird alles daran setzen, um die Voraussetzungen zur Zahlung solcher Löhne in seinem Betriebe zu schaffen«.

An diesen Grundsatz hat er sich gehalten. Das sagen ehemalige Mitarbeiter, die noch heute von den sozialen Leistungen und dem Betriebsklima bei Sprengel schwärmen. Mit der Währungsreform setzte der wirtschaftliche Wiederaufschwung ein, und

82 Ebd.
83 Jahrbuch der NGG, 1956/57.
84 HStAH Dep. 105 Acc. 2/80, Nr. 143, Trümmerräumung, Besprechung am 12.4.1947, Notiz von Bernhard Sprengel, 2.5.1947.
85 HStAH Dep. 105 Acc. 2/80, Nr. 586.

B. Sprengel & Co.
Hannover

26. 7. 49

Auszug aus der Betriebsordnung

Betr.: Ordnung im Betriebe

Im Einvernehmen mit dem Betriebsrat wurden bis zur Aufstellung einer endgültigen allgemeinen Betriebsordnung folgende Punkte, die die Ordnung im Betriebe als solche betreffen, festgelegt und im Rahmen der abgeschlossenen Betriebsvereinbarung als für unseren Betrieb bindend von der Geschäftsleitung und dem Betriebsrat beschlossen.

a) Grundsätzlich gelten die Bestimmungen der für unseren Betrieb bestehenden Tarifverträge, die im Lohnbüro jederzeit eingesehen werden können, sowie die gesetzlichen Bestimmungen, insbesondere auch diejenigen der Gewerbeordnung.

b) Im Hinblick auf die Eigenart unseres Betriebes als ausgesprochener Lebensmittelbetrieb ergeben sich unabdingbare Forderungen bzw. Bestimmungen, die der Klarheit halber einzeln bekanntgemacht werden und im Interesse des Betriebes und seiner Belegschaft mit Rücksicht auf den Ruf und somit die Existenz der Firma unbedingt eingehalten werden müssen.

Demzufolge werden folgende Bestimmungen, die in ihrer Mehrzahl allen langjährigen Mitarbeitern der Firma bereits durchaus geläufig sind, zur unbedingten Einhaltung bekanntgemacht.

1. Pünktliches Innehalten der Arbeitszeit am Arbeitsplatz ist selbstverständliche Pflicht.

2. Der Betrieb darf frühestens 20 Minuten vor Beginn der Arbeitszeit betreten werden und ist spätestens 20 Minuten nach Schluss der Arbeitszeit zu verlassen. Ausnahmen bedürfen der schriftlichen Genehmigung der Betriebsleitung.

3. Die Stempelkarten sind grundsätzlich in Arbeitskleidung persönlich zu stempeln. Das Stempeln der Karten von Kollegen ist ein Grund zur fristlosen Entlassung.

4. Kleider sind nur in den dafür angewiesenen Räumen, keinesfalls in Arbeits- oder Fabrikationsräumen, zu wechseln oder aufzubewahren.

5. Es kann verlangt werden, dass bei der Arbeit grundsätzlich Arbeitskleidung getragen wird. Zur Zeit werden von der Firma Hauben und Mützen zur Verfügung gestellt.

6. Es ist besonders von den Frauen streng darauf zu achten, dass die Haare von der Haube vollständig bedeckt sind.

7. Auf Verlangen müssen Schmucksachen während der Arbeit abgelegt werden.

8. Die Pausen dürfen grundsätzlich nicht in den Arbeitsräumen verbracht werden, sondern nur in der Kantine bzw. hierzu vorgesehenen und angewiesenen Räumen.

9. Die Abteilungen dürfen erst bei Beginn der Pausen verlassen werden und müssen bei Ende der Pause wieder aufgesucht sein.

10. Persönliche Körperreinigung ausser Händewaschen ist in den Abteilungen allerstrengstens untersagt. Die Abteilungen dürfen grundsätzlich erst nach Arbeitsschluss zum Aufsuchen der Garderoben bzw. Umkleideräume verlassen werden. Die für einige Abteilungen getroffenen Sonderregelungen bleiben hierdurch unberührt, ebenso die Regelung über die sogenannten Abrüstzeiten.

11. Arbeitsversäumnisse sind möglichst noch am gleichen Tage zu entschuldigen. Wenn jemand länger als 3 Tage der Arbeit ohne Entschuldigung fernbleibt, so kann dies Grund zur fristlosen Entlassung sein.

12. Jedes Belegschaftsmitglied ist verpflichtet, jeden Abend einen Arbeitszettel auszufüllen und diesen dem Abteilungsvorstand auszuhändigen. Peinlich genaue Ausfüllung wird zur Pflicht gemacht.

- b.w. -

Abb. 175 Auszug aus der Betriebsordnung vom 26. Juli 1949

die Sozialisierungsbestrebungen verloren ihre Attraktivität.

Die alte Betriebsordnung von 1936 musste revidiert werden. Eine neue Betriebsordnung handelte erst 1949 Kadelbach mit dem Betriebsrat aus. Knapp und etwas streng,[86] wie Bernhard Sprengel empfand, als er sie auf Nachfrage Bahlsen zukommen ließ,[87] regelte sie die betriebliche Arbeitsordnung: Arbeitszeit, Pausen, Stempeln (nur in Arbeitskleidung), Sauberkeit, Kontrollmaßnahmen (zwischen Geschäftsleitung und Betriebsrat vereinbart), das Verbot, von den hergestellten Lebens- und Genussmitteln zu essen und Allgemeines zu Sanktionen (»Die zu treffenden Maßnahmen werden im Einvernehmen mit dem Betriebsrat getroffen.«[88]). Der Arbeitsplatz durfte erst bei Beginn der Pause verlassen werden und musste am Ende wieder eingenommen sein. Da die Pause aus Hygienegründen nur in der Kantine oder in Pausenräumen verbracht werden durfte, musste man sich, je nachdem, wo man tätig war, in dem verschachtelten Gebäude eilen, wie sich Mitarbeiter erinnern. Die Regelung, nach der jedes Belegschaftsmitglied verpflichtet war, »zeitweise auch andere Arbeiten zu verrichten als die, für die es angenommen wurde«, führte offenbar ab und an zu Unmut, jedenfalls fühlte sich die Geschäftsleitung veranlasst in der Werkszeitung die Gründe zu erläutern, weshalb das gelegentlich nötig war. Die Betriebsordnung galt bis zum Jahr 1968, als eine neue Arbeitsordnung mit dem Betriebsrat vereinbart wurde.

86 Kadelbach war Marineoffizier gewesen und Chef der Artillerieschule in Swinemünde. Interview Christian Kadelbach.

87 HStAH Dep. 105 Acc. 2/80, Nr. 378, Betriebsordnung vom 26.2.1949, 19.11.1956, Sprengel schrieb dazu: »Beim Durchlesen habe ich festgestellt, daß die Formulierungen nicht in allen Teilen den Anforderungen an einen guten Stil entsprechen.«

88 HStAH Dep. 105 Acc. 2/80, Nr. 378.

Immer noch kein Rohkakao

Sprengel-Schokolade und -Pralinen genießen, war einer der Träume der wieder gewonnenen Normalität. Sie verkauften sich mit dem neuen Geld fast von selbst und mussten nicht beworben werden. Gerade 4000 RM gab Sprengel im Jahr 1948 für Werbung aus. Hildebrand Gurlitt, von dem Bernhard Sprengel seine umfangreiche Sammlung von Nolde-Grafiken erworben hatte,[89] schätzte auch die schmackhafte Seite der Geschäftsbeziehung:

»Auf der Königsallee liegen in den Schaufenstern Ihre wunderbaren Fondant-Packungen. Diese verlockende Tatsache und die Währungsreform gibt mir den Mut zu fragen, ob Sie mir nicht ein möglichst gewichtiges Paket voller Süßigkeiten, so berechnet, dass Sie keinen Schaden haben, für Weihnachten und die Adventszeit zusenden könnten.«[90]

Die Einführung der DM hatte die zurückgestaute Nachfrage sprunghaft hochschnellen lassen. Sprengels Wochenumsatz betrug unmittelbar vor der Währungsreform 77 000 Reichsmark, und verdoppelte sich in der Folgewoche auf 137 000 DM. Der Auftragsbestand wuchs auf 614 000 DM und konnte erst nach und nach abgearbeitet werden. Manche ›Reichsmark-Waren‹ konnte Sprengel dagegen nicht mehr absetzen. Noch bis August 1948 hatte die Firma Eiweißflocken produziert, vor dem 20. Juni 1948 ein begehrtes nährstoffreiches Nahrungsmittel. Die Betriebsprüfer konstatierten 1951 rückblickend:

»Die in der Lauersen-Abteilung hergestellten Produkte waren typische RM-Produkte, die in der DM-Zeit keinen Absatz mehr fanden. Die für die Herstellung benötigten Maschinen konnten keine anderweitige Verwendung im Betriebe finden und wurden verschrottet.

Die Firma hat im Vertrauen auf die Wiederbelebung des Absatzmarktes für ihre Eiweißflocken bis zum Ende des Monats Juli 1948

89 HStAH Dep. 105 Acc. 2/80, Nr. 346, Brief an Gurlitt, 12.5.1956: »Sie haben mir seinerzeit den größten Teil der Nolde-Graphik vermittelt«.

90 Ebd., Schreiben Gurlitt, 5.11.1948.

Rohstoffe für diese Produktion in nennenswertem Maße eingekauft und bis zum Ende des Monats August 1948 noch produziert. Alsdann wurde die Abteilung stillgelegt.«[91]

Die Schokoladefabriken machten sich nach der Währungsreform Hoffnungen, bald wieder über den begehrten Rohkakao verfügen zu können. Es gab aber einflussreiche wirtschaftliche Interessen, die das verhinderten. Die ›Welt‹ berichtete im Sommer 1948:

»Schokoladenwerke ohne Rohkakao

Trotz größter Bemühungen ist es der deutschen Schokoladenindustrie bisher nicht möglich gewesen, ihre Produktion wieder anlaufen zu lassen. Alle Waren, die in der britischen und amerikanischen Zone erscheinen, werden als Fertigfabrikate eingeführt. Der Wert dieser Importe beträgt rund 30 Mio. RM jährlich. Die Schwierigkeiten für die deutsche Produktion liegen darin, daß England den Absatz des überwiegenden Teils der Weltproduktion an Rohkakao steuert. [...] Da die Verarbeitung von Rohkakao sehr lohnintensiv ist, bringt der Export dieser Fertigerzeugnisse der englischen Industrie einen hohen Gewinn. Bei dieser Sachlage kann im Augenblick nicht damit gerechnet werden, daß Einfuhren von Rohkakao nach Deutschland bewilligt werden. [...] So muß sich die deutsche Schokoladenindustrie jetzt auf die Herstellung von Zuckerwaren beschränken.«[92]

Nur in Einzelfällen erhielten bis 1949 deutsche Schokoladenfabrikanten Rohkakao zur Verarbeitung. Der Stuttgarter Firma Staengel und Ziller (Eszet) wurde im Herbst 1948 Kakaobohnen, Zucker, Milchpulver, und Kakaobutter aus der Schweiz geliefert, um daraus Essschokolade für den Export nach den USA herzustellen.[93] Auch Sprengel erhielt »750 kg good fermented Accra-Kakao = 12 Sack« aus Ghana und fertigte Schokoladenmuster für die Firma Bramigk & Co in London. Die britische Firma hatte die Muster geordert, weil sie an eine Lizenzproduktion in Deutschland dachte. Dass Sprengel mit einer britischen Firma ins Geschäft kommen wollte, wurde ihm von seinen Konkurrenten übel verdacht, er habe »die Ehre der deutschen Schokoladeindustrie gröblichst verletzt«.[94]

Während der Berlin-Blockade stellte Sprengel Schokolade für Westberlin in Lohnarbeit her. Die Einfuhr von 7500 Tonnen Rohkakao hatte die Militärregierung für die gesamte Bizone genehmigt und für Schulspeisung und Nothilfe Berlin verarbeiten lassen.

Der Tafeleinschlag dieser Marzipan-Schokolade während der Berlinblockade zeigt schon den neuen Sprengel-Schriftzug und das ›linke Drittel Sprengel-Rot‹. (Näheres im übernächsten Kapitel ab Seite 231).

Die Verhandlungen mit der Besatzungsmacht um die Einfuhr von Rohkakao führte der Fachverband der Süßwarenindustrie im Reichsnährstand, ein Zwangszusammenschluss aus der Zeit vor 1945, in dem die Zuckerhersteller dominierten. Ohne Rohkakaozuteilung konnte die Schokoladeindustrie nur Zuckerwaren herstellen.[95] Die Verbandsvertreter hatten keine Eile, und die Schokoladefabrikanten fühlten sich schlecht vertreten und schlecht informiert. »Innerhalb des Reichsnährstands wird die gewerbliche Wirtschaft selbst vor Entscheidung wichtigster Fragen vielfach nicht gehört«,[96] beschwerte sich Sprengel 1947. Auch die Fir-

91 HStAH Nds. 200 Acc 2003/035, Nr. 135.
92 HStAH Dep. 105, Nr. 1854, Die Welt, 3.6.1948.
93 HStAH Dep. 105, Nr. 1800.
94 HStAH Dep. 105 Acc. 2/80 Nr. 318.
95 Die Zuckerwirtschaft hatte damals in Deutschland schon eine lange Kartelltradition. Auch heute ist das Kartell der großen Anbieter erstaunlich wirksam. Nachricht aus der Süddeutschen Zeitung vom 28.10.2014: »Konkurrenz schadet dem Geschäft, dachten sich wohl die drei großen deutschen Zuckerhersteller Pfeifer & Langen, Südzucker und Nordzucker. So vereinbarten sie bereits in den 1990er-Jahren, sich bei Geschäften im Inland auf ihre jeweilige Stammregion zu beschränken. Zucker verkauften sie eher ins Ausland als im Stammland eines der beiden anderen Kartellmitglieder. Um den Preis in Deutschland hochzutreiben, verknappten die Unternehmen zudem die Zuckermengen. Im Februar dieses Jahres verhängte das Amt deshalb Strafen in Höhe von 280 Millionen Euro.«
96 HStAH Dep. 105, Nr. 1848, Schreiben Sprengel vom 21.10.1947.

Abb. 176 Schokolade für Berlin, 1948

ma Sarotti (Nestle) ärgerte sich, dass sich im Süßwarenverband nichts änderte: »Die WVS [Wirtschaftliche Vereinigung Süßwarenwirtschaft] aber als Produkt des Einheitswillens der Süßwarenindustrie zu erwähnen, schlägt allem den Boden aus. Ich kann den Gedanken nicht los werden, als ob, wie viele Syndici, auch Herr Buhl, am liebsten eine Zwangsorganisation möchte, in welcher der Geschäftsführer die Mitglieder tanzen lässt.«[97]

Im Süßwarenverband schienen die maßgebenden Leute gewillt, auch nach 1945 die Marktordnungspolitik der vergangenen 12 Jahre fortzuführen. Der Verband verhängte gegen Sprengel eine Ordnungsstrafe wegen »Verstosses gegen die VO über den Zusammenschluss der deutschen Zucker- und Süßwarenwirtschaft vom 7.1.1943«. Die Anwendung dieser Anordnung aus der Kriegszeit stand, wie Sprengels Vertreter Dr. Bredt kritisierte, »mit rechtsstaatlichen Grundsätzen, die heute wieder zur Geltung gekommen sind, in Widerspruch«.[98] Der Verbandsgeschäftsführer Joachim-Erich Buhl, bis 1958 Hauptgeschäftsführer des Süßwarenverbandes, hatte auch mitzubefinden über die Zulassung

97 HStAH Dep. 105 Acc. 2/80, Nr. 318, Schreiben Sarotti-Direktion vom 23.12.1948.

98 HStAH Dep. 105, Nr. 1848, Schreiben Bredt vom 1.11.1946.

neuer Betriebe, vor allem der vertriebenen und enteigneten Fabrikanten aus dem Osten. Deren Neugründungen im Westen suchte er möglichst zu beschränken, lehnte Neuzulassungen ab und argumentierte, als hätten sich die Zeiten nicht geändert, »... muss erneut darauf aufmerksam gemacht werden, dass eine marktordnerische Zulassung und die Einrichtung von Betriebsräumen überflüssig und damit ›wirtschaftsschädigend‹ ist«,[99] ein Vokabular, das noch den Ungeist der Zwangsverbände atmete.[100]

Der jüdische Fabrikant Moses Grünspan aus Breslau wollte einen Betrieb eröffnen und stellte einen Antrag auf Zulassung. »Die Zulassung bedeutet aber nicht etwa, dass wir nun verpflichtet sind, diesen Betrieb als industriellen Hersteller anzuerkennen und aufzunehmen«, erklärte Buhl. Grünspan habe in Breslau handwerklich gearbeitet, »so daß wir darum bitten müssen, etwaigen Anträgen des Grünspan auf Aufnahme mit der notwendigen Zurückhaltung gegenüber zu treten«.[101] Bernhard Sprengel, der im Zulassungsausschuss beim Landesernährungsamt ebenfalls an Betriebszulassungen mitzuwirken hatte, war ganz anderer Ansicht. Er widersprach Buhl: »Im Gegensatz zu Ihnen oder im Gegensatz zur grundsätzlichen Haltung des Verbandsvorstandes sind ja Herr Hauser und ich bekanntlich der Auffassung, daß man einen Unternehmer, der es in der heutigen Zeit schafft, einen Betrieb neu zu errichten, nicht behindern sollte. Wir lehnen beide die Hinzunahme der Mittel der vielbelästerten und vielgepriesenen Planwirtschaft als Stütze der notleidenden Industrie ab.«[102]

Ein anderer wichtiger Mann aus der Wirtschaftlichen Vereinigung, Hermann Brude, der direkt in die Betriebe hineinregiert und die Stilllegungsbeschlüsse im Krieg entschieden hatte, drängte sich nach einer Tätigkeit im Süßwarenverband. »Manche Fabrikanten folgen ihm«, schrieb Sprengel an Jäger (Schokoladenfabrik Felsche, Leipzig). »Hannover hat sich bisher nicht angeschlossen.«[103] Die Einmischung der NS-Wirtschaftsbürokratie war noch in zu frischer Erinnerung, als dass man die Fortsetzung ihrer Tätigkeit umstandslos hinzunehmen bereit war. Mit der Aussicht auf die Wiederaufnahme der Schokoladenproduktion gründeten die Schokoladenfabrikanten im Februar 1949 wieder ihren eigenen Verband. Die vom NS-Regime verfügte Zwangsvereinigung war damit beendet.

Während die Einfuhr von Rohkakao in die Bizone immer wieder verzögert wurde, gingen die Einfuhren von ausländischen Schokoladenwaren nach Westdeutschland weiter, für 5 bis 6 DM konnten die Tafeln gekauft werden. Im April 1949 schrieben mehrere Rohkakaohändler an die Schokoladenfabrikanten in der Erwartung baldiger Zuteilung. Sprengel winkte ab: »Wir haben uns langsam daran gewöhnt abzuwarten und warten nun auch mit der Disposition unserer Einkäufe, bis es wirklich Rohkakao gibt.« Falls aber doch Rohkakao zugeteilt würde, wollte er mit der Produktion schnell beginnen können. Er wies noch im April die Betriebsleitung an, die technischen Einrichtungen für die Rohkakao-Fertigung instand zu setzen. Die alte Hildebrand-Conche sollte bis 23. April fertig sein. Die Hohlkörper-Anlage würde aber wohl kaum vor Juli wieder in Betrieb genommen werden können. Hatten [die Maschinenfabriken] Bauermeister und Lehmann ihre Fabrikation von Schokoladenmaschinen schon wieder aufgenommen?, ließ

99 Ebd., Schreiben Buhl vom 21.5.1948.

100 In der Chronik des Süßwarenverbandes wurde noch 1977 »die seit 1934 bestehende Geschlossenheit der Süßwarenindustrie« positiv hervorgehoben und dagegen die »Macht und Arroganz der damaligen Machthaber [der Briten]« kritisiert, die »mit allzu formalistischer Handhabung und völliger Überbewertung dessen, was unter Entnazifizierung zu verstehen war« agiert habe. In: 1877–1977, Chronik des Bundesverbandes der Deutschen Süßwarenindustrie und seiner Vorgängerverbände, als Kopie freundlicherweise zur Verfügung gestellt vom Bundesverband der deutschen Süßwarenindustrie.

101 HStAH Dep. 105, Nr. 1848, Schreiben Dr. Buhl vom 21.5.1948.

102 Ebd., Schreiben Sprengels vom 11.2.1948.

103 HStAH Dep. 105 Acc. 2/80, Nr. 411.

er Erkundigungen einziehen. Die Instandsetzung und der Kauf von Maschinen hatten Vorrang vor Baumaßnahmen. Die Pressen sollten im Keller aufgestellt werden.

Die Gerüchteküche kochte. Ein Rohkakao-Händler aus Hamburg schrieb seinen – potenziellen – Kunden im Mai 1949: »Gerüchte, wonach von Seiten der Besatzungsmacht versucht wird, noch 20 Millionen Tafeln Schokolade in die Westzonen einzuführen, halten an. Man kann nur hoffen und wünschen, dass solche unverständliche Einfuhr in letzter Minute abgewendet wird.«[104]

Im Sommer 1949 konnte die Schokoladenproduktion endlich beginnen. Würde man sich aber auf die regelmäßige Zuteilung verlassen können? »Eine Marmeladenkoch-Anlage soll unter allen Umständen in Reserve gehalten werden«, verfügte Sprengel, »und zwar so, daß sie im nächsten Jahr wieder eingesetzt werden kann. Die zweite Anlage kann verkauft werden.«[105] Nach Erinnerungen von Mitarbeitern hat Sprengel auch in den 1950er Jahren noch Marmelade produziert und die bei Kindern beliebten ›Goldnüsse‹, Bonbons mit weicher Haselnussfüllung hergestellt.[106]

Die Rohkakao-Preise, die deutsche Fabriken zahlen mussten, lagen mit 315 DM pro 100 kg deutlich über dem Weltmarktpreis von 250 DM. Mit der Differenz sollte die Getreideeinfuhr finanziert werden, um die Brotpreise stabil zu halten.[107] Das blieb nicht ohne Auswirkungen auf die Preise deutscher Hersteller, die mit billigerer Auslandsware konkurrieren mussten. Die Hamburger Freie Presse kritisierte die höheren Ladenpreise für deutsche

Abb 177 Sprengel-Lichtwerbung 1949 am Kröpcke

Tafeln. Die ausländischen Tafeln wären für 1 DM pro 100 gr zu haben. »Die deutschen Schokoladen kosten 1,30 DM. Durch interne Kartellabrede einigten sich die Hersteller von Markenschokolade auf diesen Höchstpreis von 1,30 DM.«[108]

Diese, von den hohen Rohkakaopreisen bestimmten Verbraucherpreise der Markenhersteller hielten sich mehr als zehn Jahre konstant bei 1,30 DM pro Tafel. Nur im Jahr 1953 kam es bei zurückgehender Nachfrage[109] zu vorübergehenden Preisabschlägen von Markenherstellern. Am Ende dieser Phase erfolgreicher Preisbindung war es die Firma Sprengel, die als erste Markenfirma 1961 zum Verdruss des Einzelhandels und der Konkurrenten aus der Preisdisziplin ausscherte und die Preise senkte.

104 HStAH Dep. 105, Nr. 1854, John König, Schreiben vom 5.5.1949.

105 HStAH Dep 105 Acc 2/80, Nr. 323.

106 Interview Drees 1955–1968 bei Sprengel

107 HStAH Dep. 105, Nr. 1800, Schreiben der IHK vom 21.7.1949. »Die Preisdifferenz dient dem Preisausgleich für solche Einfuhrgüter, z. B. Getreide, die in Deutschland zur Vermeidung einer Erhöhung des Lebensstandards [Lebenshaltungskosten?] billiger verkauft werden müssen als sie unter Zugrundelegung des Umrechnungskurses eingekauft sind. Bisher noch ohne Rechtsgrundlage.«

108 HStAH Dep. 105, Nr. 1870, Hamburger Neue Presse vom 20.1.1950.

109 Einigkeit Nr. 4, 1953: »Preiskämpfe. Der Konkurrenzkampf hat innerhalb der Süßwarenindustrie schärfste Formen angenommen. Aus diesem Zwang heraus planen die Markenartikel herstellenden Fabriken die Herausgabe einer 100-Gramm-Tafel zum Preis von 1,– DM. Es bleibt abzuwarten, wie sich die Neuerscheinung auf dem Markt auswirken wird.«

Abb. 178 Kaffee-Kola für Nanga-Parbat Expedition

Begehrte Schokolade – begehrlicher Finanzminister

Die Einfuhr ausländischer Schokoladenprodukte bestimmte noch mehrere Jahre das Angebot in der Bundesrepublik. 1950 wurde für 100 Mio. DM Schokolade aus dem Ausland nach Deutschland importiert.[110] Die Gewerkschaft Nahrung, Genuss, Gaststätten – um die Arbeitsplätze ihrer Mitglieder besorgt – schrieb in ihrer Mitgliederzeitung ›Einigkeit‹ unter der Überschrift ›Wie lange noch Schwarzmarkt?‹ »Der heutige Konkurrenzkampf zwingt die Betriebe, nur noch Qualitäten anzufertigen. Du kaufst Schokolade oder Pralinen – in großer Auswahl stehen die deutschen Produkte zur Wahl – und du kaufst nur Auslandsware, mögen unsere deutschen Arbeiterinnen und Arbeiter ruhig stempeln gehen.«[111] Es hingen Arbeitsplätze dran, und es gab den Stolz auf das, was man herstellte: ›nur Qualitäten‹. Die Befürchtung der Gewerkschaft und der Schokoladenfabrikanten war: Wenn sich die Verbraucher an die ausländische Ware gewöhnten, würde der Wiedereinstieg deutscher Schokoladen schwierig werden. Erst 1953 sank der Import von Schokoladenfertigwaren auf 10 Mio. DM.

Die Lebensmitteluntersuchungsämter schätzten die Qualität des Schokoladenangebots 1951 noch kritisch ein. Von 250 Schokoladenproben wurden von einem norddeutschen Untersuchungsamt 136 beanstandet. Vor allem unzulässige Fettzusätze, wie z. B. »Waltran, und Untergewicht«[112] wurden gefunden. Der Milchanteil einer sogenannten Vollmilchschokolade bestand nur aus »verdorbenem sandigen Magermilchpulver«. Allerdings, hoben die Untersuchungsämter hervor, dass »deutsche und ausländische Markenerzeugnisse nur außerordentlich selten zu Beanstandungen Anlass gaben«.[113] Wie nach dem Ersten Weltkrieg hatten sich viele ›Waschküchenbetriebe‹ etabliert, die den Hunger nach Schokolade befriedigten, aber schlechte Ware lieferten und sich nur vier, fünf Jahre am Markt halten konnten.[114]

Im Jahr 1949 hat B. Sprengel & Co. erstmals wieder Gewinn erwirtschaftet. Die Betriebsprüfer setzten eine knappe Million DM als zu versteuernden Gewinn fest und lagen damit deutlich höher, als das Unternehmen kalkuliert hatte. Der monatliche Umsatz, zwischen Juli 1948 und Mai 1949 bei 800 000 DM monatlich, stieg nach dem Beginn der Schokoladeproduktion sprunghaft auf das Doppelte an. Die Schokolade wurde den Fabrikanten förmlich aus den Händen gerissen. Die Zuckerbewirtschaftung begrenzte allerdings noch den Umsatz. Nach Freigabe des Zuckers wuchs Sprengels monatlicher Umsatz auf 2 Mio. DM, in der Korea-Krise weiter auf 2,6 Mio. DM. Der Jahresumsatz lag 1950 bei 25 Mio. DM.

110 HStAH Dep. 105, Nr. 1870.
111 Einigkeit, 1950, Nr. 5, S. 6.
112 Geringeres Gewicht als angegeben.
113 Zucker- und Süßwarenwirtschaft, 1951, S. 356.
114 Jahrbuch NGG, 1956/57.

Der gute Absatz der Süßwarenindustrie weckte politische Begehrlichkeiten.

Finanzminister Fritz Schäffer[115] plante im Jahr 1951 eine Sondersteuer auf Süßwaren in Höhe von 50 Prozent des Umsatzes, denn die Zuckereinfuhr, befürchtete er, verschlechtere die Devisenbilanz. Dass allein die Schokoladenwareneinfuhr aus dem Ausland schon zwei Drittel der kritisierten Zuckereinfuhr ausmachte, hatte dagegen der ›Spiegel‹ herausgefunden.[116] Der sparsame Hausvater Schäffer wollte den privaten Konsum der Bundesbürger beschränken; ›Brot statt Pralinen‹ war sein Schlagwort. Es fügte sich in die lange Tradition deutscher Politik, Schokolade für ein entbehrliches oder gar schädliches Genussmittel zu halten. »In den mit ihm geführten Verhandlungen hat er sich darauf bezogen, daß er auch in seiner Jugend mit trocken Brot und Gselchtem ausgekommen sei«,[117] schrieb Sprengel seinem Sohn.

In Schäffers Gesetzentwurf für eine Sonderumsatzssteuer hieß es:

»§ 7 Die Sonderumsatzsteuer beträgt 50 vom Hundert des Entgelts.

Die Bundesregierung wird ermächtigt durch Rechtsverordnung zur Sicherung des lebenswichtigen Bedarfs des deutschen Volkes die Umsätze bis zu einem Höchstsatz von 50 vom Hundert des Entgeltes zu unterwerfen und hierbei die steuerpflichtigen Unternehmen zu bestimmen.

Begründung:

Die an die Leistungsfähigkeit der deutschen Wirtschaft gestellten Anforderungen können, soweit nicht die Steigerung des Sozialprodukts den finanziellen und güterwirtschaftlichen Spielraum selbständig erweitert, nur mit den Mitteln erfüllt werden, die sich aus einer planmässigen Einschränkung des entbehrlichen

Abb. 179 Zum Jubiläum Entwürfe für ein neues Logo

privaten Konsums und der privaten Investitionen gewinnen lassen. [...] Zu der unvermeidlichen Umlenkung der finanziellen Mittel aus der privaten in die öffentliche Sphäre ist die Steuererhöhung der einzige im Augenblick gangbare Weg.«[118]

Schäffer war der Auffassung, dass die Süßwarenhersteller diese Steuer ohne Weiteres verkraften könnten, ohne die Preise zu erhöhen, und sie eben an anderer Stelle, zum Beispiel der Werbung, Einsparungen vornehmen müssten. Er wies die Finanzämter an, in 18 Süßwarenbetrieben Betriebsprüfungen vorzunehmen, um nachzuweisen, dass seine These richtig war. Es gab also Betriebsprüfungen zum Zwecke der Steuererhöhung. B. Sprengel & Co. war eines der 18 geprüften Unternehmen.

Den zu prüfenden Firmen wurde vom Finanzamt mitgeteilt:

»Sonderumsatzsteuer auf Süsswaren und andere Gegenstände des natürlichen Verbrauchs.

115 Bayerns erster Ministerpräsident und gut acht Jahre Adenauers erster Bundesfinanzminister. Seine sparsame Haushaltspolitik erlaubte die Bildung von Haushaltsreserven (sog. Juliusturm) und die Finanzierung der dynamisch wachsenden Renten.

116 Der ›Spiegel‹ vom 7.2.1951.

117 HStAH Dep. 105 Acc. 2/80, Nr. 344.

118 HStAH Dep. 105 Acc. 2/80, Nr. 321, Aktennotiz vom 3.2.1951.

Abb. 180 Geschenkkärtchen aus den 1950er Jahren – Flächenaufteilung als Markenzeichen: linkes Drittel in India-Rot

Das Bundesfinanzministerium ist der Meinung, die Süsswarenindustrie arbeite zu einem erheblichen Teil mit Unkosten, die fortfallen könnten, so dass die Preise auch bei Einführung einer Sondersteuer nicht zu steigen brauchten. Zu denken sei dabei z. B. an Reklamekosten, die aus anderem Anlass bei Sektfabriken bis auf 40 % des Gewinns festgestellt worden seien. Das BFM bittet deshalb zur Gewinnung von Unterlagen für die Sondersteuer insgesamt 13 Betriebe der Süsswarenindustrie im Bundesgebiet zu prüfen, in Niedersachsen die Betriebe Bahlsen und Sprengel.«[119]

Dass das Finanzamt die Auffassung des Finanzministers nicht teilte, war zwischen den Zeilen zu lesen. Die Betriebsprüfer ließen sich von den politischen Vorgaben ihres Ministers nicht beeindrucken und stellten nüchtern fest:

»Bei der Bp [Betriebsprüfung] wurden keine Unkosten festgestellt, die die geprüfte Firma über Gebühr belasten und ermäßigt bzw. eingespart werden könnten. Die Ausgaben für Reklame und Werbung sind außerordentlich niedrig und dürften im Interesse des Absatzes kaum herabgesetzt werden. Die Firma wird im Herbst 1951 eine besondere Werbung anlässlich des 100jährigen Bestehens veranstalten. Provisionen an Vertreter werden nicht gezahlt. Die Vertreter stehen fast ausnahmslos im festen Angestelltenverhältnis und beziehen nur Gehalt.

Werbe- und Reklame-Konto: 1948 5.000, 1949 81.000, 1950 146.000 gleich 0,6 % des Umsatzes.«

Die Gewerkschaft Nahrung, Genuß, Gaststätten (NGG) und die Schokoladefabrikanten machten gemeinsam mobil gegen den Gesetzentwurf. Die Mitgliederzeitung der NGG ›Einigkeit‹ empörte sich: »Eine volksfeindliche Steuer. Schokolade, Süßwaren und Feingebäck sollen der minderbemittelten Bevölkerung entzogen werden. Die Kleinverkaufspreise würden sich damit um fast das Doppelte erhöhen. Für eine Tafel Schokolade, die bisher 1,30 DM kostete, muß dann in Zukunft 2,– DM gezahlt werden.«[120] In der Bevölkerung war die Neigung gering, für die kleinen Genüsse des Alltags wieder mehr zu bezahlen. »Die bisherigen Konsumenten, die gehindert werden, Schokolade oder Bonbons zu essen, (gehören) nur der minderbemittelten Bevölkerung an«, lasen die Gewerkschaftsmitglieder. »Die Bevölkerung wehrt sich gegen diesen Anschlag.«[121] Gerade gab es Schokolade zu erschwinglichen Preisen zu kaufen, da verlangte der Finanzminister schon wieder Verzicht. Von staatlichen Vorgaben für den eigenen Konsum hatte man die Nase voll. Allein der Gesetzentwurf sorgte für kräftigen Absatz. Die Gerüchte wegen der Süßwarensteuer ließen Sprengels Umsatz auf 3,6 Mio. DM im Monat hochschnellen. Der Bundeskanzler pfiff seinen Finanzminister

119 HStAH Nds. Acc 203/035, Nr. 135, Schreiben vom 16.2.1951.

120 Einigkeit Nr. 4, Februar 1951.

121 Ebd.

Abb. 181 Weihnachtskärtchen, 1951: Bienenkorb im Sechseck

zurück, und der Entwurf wurde zurückgezogen. Die Betriebsprüfung bei der Firma Bahlsen, die um Aufschub gebeten hatte, wurde abgesagt. Manches erledigt sich von selbst.

Finanzminister Schäffer ließ aber nicht locker. Schon im Herbst desselben Jahres plante er eine sog. ›Aufwandsteuer‹ auf Produkte, die er für überflüssig hielt, nämlich für Bügeleisen, Radioapparate, Seife, Staubsauger, Bonbons, Schokolade und Limonadenkonzentrate. Die Gewerkschaftszeitung ›Einigkeit‹ sah in Schäffers Vorhaben einen »erneuten Anschlag auf die Lebenshaltung der arbeitenden Bevölkerung«.[122] Diesmal standen nicht nur Genüsse im Fokus der Steuererhöhung, sondern auch die Erwerbstätigkeit der Frauen. Bügeleisen und Staubsauger erleichterten ihnen die Arbeit im Haushalt, das schien in Schäffers Familienbild nicht zu passen.

Genüsse der süßen Art waren Anfang der 1950er Jahre auch von anderer Seite nicht gern gesehen. Zur Fastenzeit hatte die katholische Kirche eine Richtlinie herausgegeben, nach der sich die Kinder in der Fastenzeit der Süsswaren enthalten sollten. Ein Fabrikant schrieb darauf dem Prälaten und wies daraufhin, dass er bei Entlassungen von Arbeitern zuerst die katholischen Arbeiter entlassen müsse, da ja ein Rückgang im Süsswarenverbrauch auf die Verlautbarungen von hohen Würdenträgern der katholischen Kirche zurückzuführen sei.[123]

Linkes Drittel Sprengel-Rot

Horst Kadelbach, von Bernhard Sprengel Ende der 1940er Jahre zum Geschäftsführer bestellt, verantwortete bis 1961 in der Firma Sprengel Finanzen und Verkauf und prägte nachhaltig das Markenbild der Firma. Parallel dazu baute er als Teilhaber der Firma Most in den Westzonen die Most-Filialläden wieder auf. Zum 100-jährigen Jubiläum im Jahr 1959 war ihre Zahl wieder auf 50 angewachsen.[124] Die Most-Süßwarengeschäfte wurden zu einem zweiten Vertriebsbein von Sprengel. Ihr Schokoladenangebot kam ausschließlich von Sprengel. Aus Anlass der 125-jährigen Jubiläums der Firma im Jahr 1976 erinnerte der Werbeleiter Karl-Heinz Schröder im ›Blickpunkt Sprengel‹ an eine Notiz Kadelbachs aus dem Jahr 1946: »Es ist also ein erstes Haupterfordernis, diesen einheitlichen, einprägsamen, klaren Namenszug zu suchen und zu finden. […] Es ist dringend notwendig, ein Markenzeichen zu schaffen, das als solches einfach und einprägsam ist und anstelle des Namenszuges verwendet werden kann. Entscheidend ist aber, dass irgendein gleichmäßiger Stil vorhanden ist, der *sofort* unter den vielen hundert Packungen eines Geschäftes die Packungen als typisch *Sprengel* erkennen läßt. Der gleiche Stil kann sich darauf erstrecken, daß alle Packungen eine gleiche Grundfarbe haben […] oder eine gleichmäßige Flächenaufteilung.« Den Werbeleiter hat dreißig Jahre später fasziniert, dass solche »zukunftsweisende Aussagen zu einem Zeitpunkt formuliert wurden, als viele von uns nur ans nackte Überleben dachten, als bestimmt nicht ›viele hundert Packungen‹ in einem Geschäft lagen.«[125]

In Zusammenarbeit mit den Grafikern Egon Juda und Hintze haben Sprengel und Kadelbach die Ideen umgesetzt. Die ersten unverwechselbaren Sprengelpackungen mit dem ›linken Drittel Sprengel-Rot‹ kamen 1948 (Abb. 176) heraus und auch der geschwungene

122 Einigkeit, 1. Oktober 1951.
123 HStAH Dep. 105, Nr. 1870.
124 100 Jahre Most
125 Blickpunkt Sprengel, November 1976, S. 13.

Sprengel-Schriftzug, den der Hausgrafiker Hintze entworfen hatte, wurde im selben Jahr ersetzt. An zentralem hannoverschen Ort, am Kröpcke, warb eine aufwändige Lichtreklame mit dem neuen Schriftzug (Abb. 177). 22000 DM hatte die Anlage 1949 gekostet, 15000 DM schoss die Firma zu den Baukosten des Hauses zu, um sich den Standort zu sichern. Dem Schüler der Bismarckschule, Theo Strutz, gefiel das abendliche Lichtspiel der Reklame im Regen. Er malte ein Aquarell, fuhr in die Schaufelder Straße und überreichte es im Sekretariat. Noch heute erfüllt den ehemaligen Kunstlehrer am Ratsgymnasium mit Stolz: Der Kunstmäzen Sprengel kaufte dem Schüler das Bild für 30 DM ab, damals viel Geld.[126]

Bernhard Sprengel übernahm Kadelbachs Idee für das Markenlogo und beauftragte Egon Juda mit dem Entwurf: »Das Wesentliche ist bei uns die Ausgestaltung aller Packungen und Reklame die dauernde Wiederkehr in irgendeiner Form der ›India-roten‹ Farbe und des jetzt verwendeten Namenszuges Sprengel.«[127] Hintze entwarf außer dem Schriftzug auch die Verpackungen für Pralinen und Erfrischungsstäbchen, Heseler die Tafeleinschläge. Einheitlich war die Gestaltung – auch das war Kadelbachs Idee – der Firmen-Briefbogen, der Verpackungen, der Schaufenster-Werbung und der Transparent- und Fahnenwerbung bei Veranstaltungen. Noch in den 1960er Jahren wurden in der zentralen Deko-Abteilung die einheitlichen Dekorationen für den Handel entworfen. »Ich habe ein paar 100 Bilder gemacht und die wurden dann in ganz Deutschland verschickt«,[128] erinnert sich der Hausfotograf Helmut Bischoff.

Um das Bienenkorb-Logo wurde im Jahr 1950 gerungen. »Zunächst müssen wir uns über die endgültige Gestaltung unserer Hauptkennzeichen schlüssig werden. Den Namen in der jetzigen Schreibart beizubehalten, haben wir bereits festgelegt«,[129] teilte Sprengel Juda mit.

Zum 100-jährigen Jubiläum der Firma sollte das neue Markenbild stehen. Es standen mehrere Entwürfe zur Auswahl. Im März 1950 notierte Sprengel: »Neues Markenzeichen. Die beiden von Herrn Juda zurückgelassenen Zeichnungen werden fotografiert und auf Hochglanz kopiert. Anmeldung des Zeichens Bienenkorb im Sechseck«[130] Die Festschrift zum 100-Jährigen präsentierte das gesamte Sortiment mit dem neuen Logo, und zum Weihnachtsfest 1951 grüßte die Firma mit dem Bienenkorb im Sechseck (Abb. 181).

»Der Firmengründer Bernhard Sprengel hatte den Bienenkorb gewählt ›mit Anker und Merkurstab‹ als Symbol seiner Erzeugnisse. Er sollte ›vom emsigen Fleiß der Bienen und Süße des Ertrages‹ künden. Noch in der ursprünglichen Form wurde der Bienenkorb am 7.9.1895 als Warenzeichen eingetragen.
Die Nachfolger Bernhard Sprengels änderten das Firmensymbol dem Geschmack der Zeit entsprechend, und über die Jahrzehnte führten verschiedene Schritte zu der heutigen Form des ›Bienenkorbs im Sechseck‹, der dem Verbraucher als Symbol für Sprengel-Qualität bekannt ist. Eingeführt wurde diese Darstellung 1951, zur Zeit des 100-jährigen Jubiläums.
Es ist fast ein Gesetz: Änderungen dieser Art vollziehen sich im Zeitlupentempo. Der Verbraucher darf nicht verunsichert werden. Denn letztlich entscheidet er durch Ablehnung oder Kauf.«[131]

Der Maler Karl Otto Götz entwarf für Sprengel Annoncen mit dem Bienenkorb. In seine Zeitschrift für experimentelle Kunst und Poesie ›Meta‹ setzte Sprengel 1951 eine Anzeige – als kleine Unterstützung des Kunst-Projekts.

Für Werbeanzeigen in künstlerischem Umfeld – beispielsweise in Katalogen der Kest-

126 Telefoninterview mit Theo Strutz.

127 HStAH Dep. 105 Acc. 2/80, Nr. 421, Bernhard Sprengel an Juda, 1.7.1949.

128 Interview Helmut Bischoff.

129 HStAH Dep. 105 Acc. 2/80, Nr. 421, Bernhard Sprengel an Juda, 4.1.50.

130 Ebd., Aktennotiz Sprengels, 30.3.1950.

131 Schreibmaschinenmanuskript: Die Entwicklung der Firmenmarke, RWWA 208-829-3.

ner-Gesellschaft – suchte Sprengel Künstler zu gewinnen, die sich neben ihrer Kunst mit gebrauchsgrafischen Arbeiten über Wasser hielten. Karl Otto Götz gehörte dazu. Die unregelmäßig eingehenden Aufträge waren aber nicht geeignet seinen Lebensunterhalt zu sichern. Und so bat Götz den Mäzen um weitergehende Unterstützung:

»Die Tatsache, dass Sie mir von Zeit zu Zeit einen kleinen grafischen Auftrag geben, ist ein Beitrag zu meiner materiellen Lebensgrundlage. Indirekt unterstützen Sie damit – ganz bewusst – das Fundament, auf dem ich meine eigentliche künstlerische Arbeit betreibe. […] Wäre es Ihnen da nicht möglich, mir ab und zu einige grafische Aufträge zusätzlich zukommen zu lassen? Auch wenn diese nach Ihrer Meinung ›nichts für den Götz sind‹?« Er bat um einen monatlichen Pauschalbetrag, für den er dann laufend geeignete oder gerade anliegende Entwürfe liefern würde. Sprengel antwortete aber zurückhaltend: »Auf Ihre Zeilen vom 30.4. kann ich Ihnen leider nicht ohne weiteres einen für Sie brauchbaren Vorschlag machen.«[132]

Abb. 182 Sprengel-Anzeige in ›Meta‹ im Januar 1951 von K.O. Götz

Götz erhielt aber von Bernhard Sprengel weitere Aufträge und entwarf Werbeanzeigen für Sprengel-Schokolade, die den charakteristischen kräftigen Götz-Pinselstrich zeigten. Zusammen mit Egon Juda gestaltete er die erste umfangreiche Werbekampagne im Jahr 1952/53.

Von Egon Juda stammte die Idee »Sprengel vollkonchiert – daher so feinaromatisch«. Die Firma informierte ihre Kunden in einem Rundschreiben über das neue Werbekonzept: »Der Kunde soll erfahren, warum gerade *Sprengel*-Schokolade und Pralinen besonders schmackhaft sind. Um dieser Besonderheit einen eigenen Namen zu geben, haben wir das Wort vollkonchiert geprägt und sagen in unserer Werbung künftig: Sprengel-Schokoladen und die Couvertüre der Sprengel-Pralinen sind vollkonchiert – daher so feinaromatisch. Vielleicht wollen Sie diesen neuen Begriff Ihren Kunden erklären. Während des Konchierens wird – wie Sie wissen – die erwärmte Schokoladenmasse ständig bewegt und mit Sauerstoff angereichert. Die Dauer des Konchierens ist in hohem Masse entscheidend für den Wohlgeschmack.«[133]

Inseriert wurde in Hörzu, Revue, und Quick. Aber die Kampagne wurde ein Reinfall. Die Zeitung ›Christ und Welt‹ glossierte die Wortwahl mit dem unbekannten Fremdwort ›vollkonchiert‹ und auch der Vorstand des Deutschen Sprachvereins, in dem Bernhard Sprengel Mitglied war, hatte sich kritisch geäußert. Sprengel ärgerte sich über den – wie er fand – geschäftsschädigenden Kommentar und machte Heinz Appel als Mitglied im Vorstand persönlich für die Vorstandsverlautbarung mitverantwortlich. Er forderte ihn energisch auf tätig zu werden, drohte sogar mit

132 HStAH Dep. 105 Acc. 2/80, Nr. 388, Bittschreiben von Karl Otto Götz, 30.3.50.

133 HStAH Dep. 105 Acc. 2/80, Nr. 421.

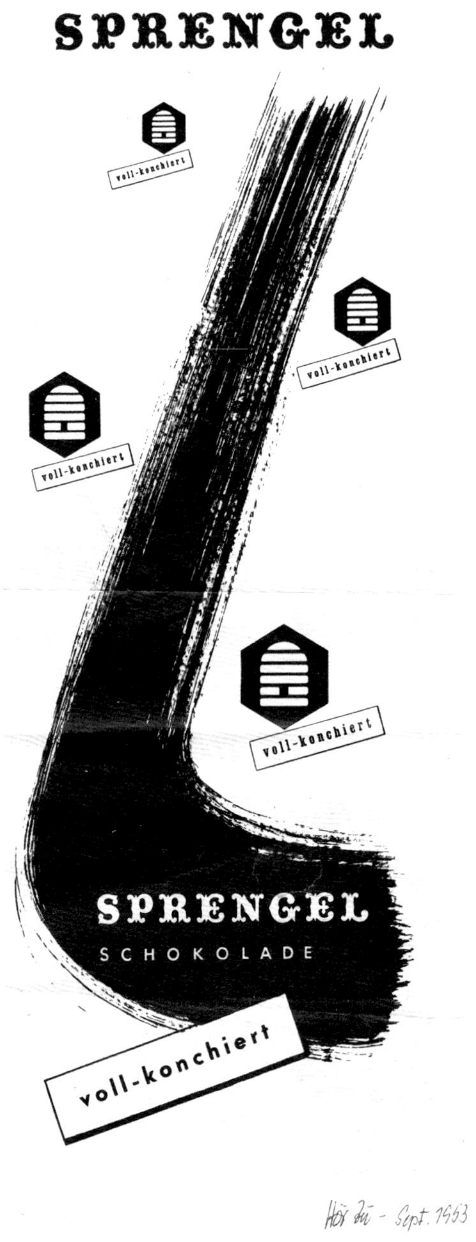

Abb. 183 Sprengel – voll-konchiert, Zeitungsanzeige 1953 (Entwurf K.O. Götz)

Regressforderungen. Ein Mitarbeiter wurde beauftragt, in der Appel-Preisliste nach Fremdwörtern Ausschau zu halten. Dieser wurde fündig und notierte für seinen Chef: »Bankinstitut, Kredit, Aspik, Filets, Ragout Fin, chemisch konserviert, Toast, zum Garnieren, Extrakt, Cornedbeef, Gänseleberpüree.«[134]

Wer war schuld an der schlechten Resonanz? Sprengel fand, Juda trage die Verantwortung. Juda wies dagegen die Vorwürfe zurück: »Wenn aber jetzt von einem ›vernichtenden Urteil‹ der Anzeigenserie gesprochen wird, so gestatten Sie mir auf Folgendes hinzuweisen. Entwürfe und Texte haben damals Ihren vollen Beifall gefunden.

Die Anzeigenwerbung hätte niemals selbst den zum Teil ja bereits erwiesenen Widerhall gehabt, wenn sie wirklich wenig ansprechend und langweilig wäre. Es ist belanglos, dass eine Reihe von Aussenstehenden eine persönlich negative Ansicht über die vollkonchiert-Anzeigen geäussert hat. Denn bei jeder einigermassen durchschlagenden Werbung meldet sich in erster Linie der Kreis derer, die aus irgendwelchen Gründen an Einzelheiten etwas auszusetzen haben.«[135]

Die Kampagne wurde nicht wiederholt, und es war wiederum Horst Kadelbach, dessen Idee Ausgangspunkt für einen neuen schlagkräftigen Werbespruch wurde. Das Wichtigste, fand er schon 1950, war der Inhalt, die Verpackung könne dagegen einfach sein. »Wir müssen dem Publikum klar machen, daß die Packung, auch wenn man sie verschenkt, nur ein notwendiges Zubehör ist. Es ist besser, soviel gute Ware wie möglich zum Essen zu liefern.«[136]

Aus dieser Idee wurde der Werbespruch: »Sprengel meint: Auf den Inhalt kommt es an«, rechts abgedruckt auf einem Einleger in Schokoladentafeln, wie Egon Juda vorgeschlagen hatte.[137]

134 HStAH Dep. 105 Acc. 2/80, Nr. 446.
135 Ebd., Schreiben von Egon Juda vom 17.1.1953.
136 Ebd., 28.11.1950.
137 HStAH Dep. 105 Acc. 2/80, Nr. 446, Egon Juda an Sprengel am 8.2.1950: »... hin und wieder in die Einschläge einen Hinweiszettel beilegen«, statt auf der Rückseite des Tafeleinschlags für Pralinen zu werben. »Diese Hinweiszettel müssten recht dekorativ ausgestaltet sein und auch einen etwas längeren Text besitzen.«

Abb. 184 Einleger-Werbung für Pralinenpackungen

Auf der Rückseite des kleinen Handzettels erfuhr der Käufer Näheres: »Mehr Sein als Scheinen ist seit über 100 Jahren der Grundsatz des Hauses Sprengel. Er gab der Marke Sprengel ihren guten Ruf. Sprengel Packungen sind geschmackvoll, aber nicht verschwenderisch ausgestattet. Denn Sprengel meint, auf den Inhalt kommt es an.«[138] Zu jener Zeit verkaufte die Konkurrenz Pralinen mit gepolstertem Deckel und doppeltem Überstehrand, und die Schweizer Schokoladenhersteller warben mit sogenannten Bewegungspackungen. Beim Aufziehen der Packung erschienen verschiedene Motive, so wurden auf einem Fernsehschirm über einer Kaffeetafel sechs Motive sichtbar.[139] Auch samtene Schmuckschatullen, goldglänzende Schatzkistchen und reich verzierte Körbchen sollten Kunden gewinnen.

Dagegen setzte die Firma Sprengel auf künstlerische Entwürfe, aber technisch einfache Verpackungen. Bernhard Sprengel junior, der zu einem gut einjährigen Aufenthalt in den USA weilte, um die dortige Schokoladenindustrie kennenzulernen, hielt allerdings nicht viel von dem Spruch: »Der abgerittene Grundsatz ›Mehr Sein als Scheinen‹ wurde etwa in den späten 60er Jahren in Kreisen des alten Preussischen Generalstabes um den ersten Moltke herum gebildet. Man kann nur hoffen, dass ihm der Glanz sorgfältig gemachter Schokolade zu einem neuen, wenn auch (hoffentlich) nur kurzem Wiederauferstehen verhilft.«[140] Der Werbespruch war aber doch langlebiger, als der Junior vorausgesehen hatte. Das Institut für Marktpsychologie Mannheim von Professor Spiegel fand noch 1960 in einer Verbraucherbefragung die positive Wirkung des Werbeslogans bestätigt.

Die Anzeigen mit dem neuen Slogan entwarf ein renommierter Grafiker, der Schweizer Herbert Leupin. Das linke Drittel Sprengel-Rot war im damals noch überwiegend schwarz-weißen Umfeld ein echter Hingucker. Die Anzeige gehörte stilistisch in Leupins ›magisch-realistischen Stil‹[141] der 1940er Jahre. Ein Jahrzehnt später fiel er mit einprägsamen skurril-witzigen Motiven auf, in der Art des Neujahrsgrußes, mit dem er Sprengel 1956 »Freude, Farbe, Fröhlichkeit« wünschte.

Der anspruchsvolle Firmenchef, der die Werbung zur Chefsache gemacht hatte, war von Leupins Entwürfen begeistert und beauftragte ihn mit weiteren Arbeiten für Sprengel-Pralinen. »Die Pralinen sollen wie immer appetitanregend dargestellt werden. Da es uns auf hervorragende Gestaltung dieses Plakates ganz besonders ankommt, möchte ich Sie bitten, auch diese für uns sehr wichtige Aufgabe zu übernehmen«,[142] schrieb Sprengel dem Grafiker und bat um einen Entwurf für Weinbrandbohnen. Der leistete wieder hervorragende Arbeit, fand den Auftrag aber mühselig. Das Plakat konnte zwar, wie Sprengel befriedigt notierte, ohne jede Änderung in Druck gehen, der Verkaufsleiter vermerkte aber: »Herr Leupin betonte wieder, daß es ihm außerordentlich viel Arbeit gemacht hätte. Er hätte uns auch noch sagen wollen, daß er

138 HStAH Dep. 105 Acc. 2/80, Nr. 345.
139 Zucker- und Süßwarenwirtschaft, 1955, S. 939.
140 HStAH Dep. 105 Acc. 2/80, Nr. 345, Brief an seinen Vater vom 24.5.1955.
141 Claudia Steinfels, Mail vom 17.11.2014.
142 HStAH Dep. 105 Acc. 2/80, Nr. 388, Schreiben Sprengel an Leupin vom 23.3.1961.

Abb. 185 Leupins Werbeanzeige in der ›Constanze‹, November 1955

Abb. 186 Neujahrsgruß 1956: »Freude, Farbe und Fröhlichkeit wünscht Ihnen Herbert Leupin«

eine so komplizierte Arbeit wohl kaum wieder übernehmen könnte.«[143]

Der Werbeetat betrug 1953 gut 425 000 DM, davon 200 000 DM Insertionskosten in Zeitungen und Zeitschriften.[144] 1955 wurde im Hause Sprengel eine Werbeabteilung eingerichtet und als ihre Aufgaben festgelegt: »Werbeplanung, ständige Überwachung und Verbesserung unseres Kundendienstes, Presse - Funk-Fernseh-Bearbeitung, Anzeigengestaltung, Außenwerbung (Neonwerbungen), Ausstellungen, Veranstaltungsbetreuung, Dekorationen, Werbemittelstreuung, Entwürfe für Werbemittel gemeinsam mit Einkauf, Textliche Werbung, Werbearchiv-Verwaltung, Betriebsführungen. Der Werbeabteilung anzugliedern sind Grafiker, Hausdruckerei, Musterabteilung, Mitarbeiter Versand Werbemittel, Bürohilfskraft, Archiv für Klischees.«[145]

Einmal im Monat fanden Werbebesprechungen statt, an denen Bernhard Sprengel regelmäßig teilnahm. Sie beschäftigten sich im Detail mit der ästhetischen Qualität der Verpackungen und Anzeigenentwürfe: »Weiter bearbeitet werden soll die Packung mit dem querformatigen chamoisfarbenen Etikett. Die ganze Packung soll sich an unsere Weinbrandbohnen und Weinbrandkirschen-Linie anpassen, muß sich aber dem Konsumenten gegenüber gut unterscheiden. Erfrischungsstäbchen-Plakat: Der Entwurf wurde in der vorliegenden Form

143 HStAH Dep. 105 Acc. 2/80, Nr. 388, Aktennotiz Pekrun.

144 HStAH Dep. 105 Acc. 2/80, Nr. 397.

145 HStAH Dep. 105 Acc. 2/80, Nr. 433.

genehmigt. Pralinen-Plakat. Entwurf für gut befunden, jedoch soll eine andere figürliche Form der Pralinenanordnung (nicht S-förmig) gesucht werden.«[146] Sogar die Auswahl der Dessins für das Weihnachtspapier in Sprengel-Läden wurde in den Werbebesprechungen beraten und beschlossen. Der Chef las die Protokolle genau und kommentierte sie, schrieb auch mal ein ›Nein!‹ an den Rand.

Zwar war im Aufgabenkatalog der Werbeabteilung bereits ›Presse - Funk-Fernseh-Bearbeitung‹ genannt, Werbefernsehen gab es aber in Deutschland im Jahr 1955 noch nicht. Sprengel informierte sich in einem vom BDI organisierten Vortrag über die Zukunft des Werbefernsehens. »Ein Werbefernsehen, das bei gewissen Vorbehalten, die nie ganz auszuschalten sein werden, immer und von Anfang an der kritischen Öffentlichkeit unterworfen ist«, führte dort der Geschäftsführer der Deutschen Fernsehwerbung aus, »kann nur als ein Großunternehmen zur Welt kommen, als ein großes, fundiertes und für eine längere Anlaufzeit lebensfähiges Unternehmen. Wer die Entwicklung der Werbung in Deutschland verfolgt hat, wird sicher nicht den Eindruck haben, daß mit der Einführung eines Werbefernsehens das Niveau der Fernsehprogramme rapide sinken müßte, und zugleich der Geschmack der Zuschauer verbildet würde.«[147]

Der Vortragende sprach an, was Gegner der Fernsehwerbung damals fürchteten und heute Realität ist, »dass die kommerziellen Fernsehstationen zu sehr dem Geschmackbedürfnis der breiten Massen entgegen kommen und die kulturellen und erzieherischen Aufgaben vernachlässigten, was ein Absinken des Niveaus zur Folge haben würde«.[148]

Zum Zeitpunkt des Vortrags gab es in Deutschland 300000 Fernsehempfänger. Man rechnete mit einer Verdoppelung im darauffolgenden Jahr. Im November 1956 begann das umstrittene Werbefernsehen auch in Deutschland, fünfzehn Jahre nach den USA. Die Sendeplätze für die Werbespots waren quotiert und hart umkämpft, denn die Werbezeit wurde begrenzt. 1956 gab es Werbefernsehen nur in der halben Stunde vor der Tagesschau.

Sprengel beauftragte 1957 die Werbeagentur J. Walter Thompson für ein Mindesthonorar von 60000 DM. Die Agentur sollte Vorschläge für den Werbeplan und für Werbeideen als Grundlage für Werbeeinsätze machen, Werbetexte und Packungen entwerfen, außerdem noch Insertionspläne und Kostenvoranschläge aufstellen. Thompson hatte sich auch um die Anmeldung für Fernsehschaltungen zu kümmern. Im Jahr 1960 liefen vier Sprengel-Fernsehspots: ›Rosenzüchter‹, ›Münzsammler‹, ›Antiquitäten-Handlung‹ und ›Kammermusik‹, insgesamt 18 Sendungen

Abb. 187 In Erinnerung an die vormals königliche Kundschaft – Zeitungsanzeige von 1963

146 Ebd., Protokoll vom 20.10.1960.
147 HStAH Dep. 105 Acc. 2/80, Nr. 433, Vortrag Karl Lesch, Geschäftsführer der Dt. Fernsehwerbung Hamburg, vor der Arbeitsgemeinschaft Rundfunk und Fernsehen des BDI am 29.11.55 in Köln.
148 Ebd.

A B E N D E S S E N

TOMATENSUPPE
WIENER SCHNITZEL
SALZKARTOFFELN
KOPFSALAT
EIS MIT WAFFELN

½ Flasche 1950er ENKIRCHER HERRENBERG

V A R I E T É

JULIUS OHLSEN	führt Sie durch das Programm
DUO RICCARDOS	Akrobatisches Tanzpaar
HEAN SKODANN	Äquilibristik-Akt
3 DUBSKY'S	Antipoden-Spiele
2 JUKITO	Chinesische Gaukeleien
PAUL SMOLL	Europas bester Kontorsionist
NOVA-TRUPPE	am Trapez
STAR-TRIO	Ein- und Hochrad-Akt
3 BIANCOS	Leiter-Akrobatik
DUO RICCARDOS	Akrobatisches Tanzpaar
BÄRTH. UNKELBACH	Tanzkomiker

FINALE mit dem Schlager „Auf Wiedersehn"

H E R M A N N D E N G L E R
mit seinen 15 Solisten begleitet das Programm
und spielt zum TANZ

Programmgestaltung: „Künstlerdienst-Hannover", Tel. 2 75 11

Abb. 188 Programm der Jubiläumsveranstaltung in der Niedersachsenhalle

für 90 000 DM. Wichtig war dem Chef, dass sie in das Markenbild passten. Die »Sonderstellung des Sprengel-Leitbildes im Markt«, mit dem sich die Firma von anderen Markenfirmen abhob, sollte unbedingt erhalten und ›Dignitätsverluste‹ vermieden werden. »Die gehobenste und wärmste Atmosphäre haben ohne Zweifel nach wie vor ›Kammermusik-Konzert‹ und ›Antiquitäten-Handlung‹«, fand die Besprechungsrunde. Für das Jahr 1961 wurden 65 Sendungen angemeldet (= 300 000 DM), um wenigstens 40 zu bekommen.[149] Der Werbeetat stieg 1960 auf 1 226 000 DM, davon entfiel etwa die Hälfte auf Insertion.

149 HStAH Dep. 105 Acc. 2/80, Nr. 433, Protokoll der Werbebesprechung vom 11.8.1960.

100 Jahre B. Sprengel & Co., die soziale Firma

Im Jahr 1951 standen die Zeichen auf Aufschwung und das 100-jährige Jubiläum wurde wieder groß gefeiert. Der Chef lud die Belegschaft zu Wiener Schnitzel und buntem Varieté-Programm in die Niedersachsenhalle ein. Die Firma gab eine Festschrift heraus, die das Werden des Unternehmens, den modernen Produktionsprozess und das aktuelle Sortiment vorstellte. Im Zentrum des Grußworts von Bernhard Sprengel stand der Dank an die Mitarbeiter. »Arbeiter und Angestellte der Firma, Männer und Frauen, haben in guten und in schweren Zeiten mit ihrer Arbeit freudig geholfen, den Namen der Firma zu einem Begriff werden zu lassen, der heute ein Zeichen besonderer Güte ist. Ihnen, den vielen Ungenannten, gilt mein Dank in besonderem Maße.

Viele wurden in jahrzehntelanger, treuer Zugehörigkeit echte Mitarbeiter der Inhaber, sie wurden Glieder einer zueinandergehörigen und voneinander abhängigen Gemeinschaft. Jedem meiner Mitarbeiter möchte ich durch Übergabe dieser Firmen-Chronik meinen Dank persönlich ausdrücken.«

Die dienstälteste, noch immer tätige Mitarbeiterin war 1951 Dorothea Rust, Directrice in der Pralinenabteilung, die schon zu Zeiten des Firmengründers in der Firma angefangen hatte. Die Jubiläumsschrift führt die Namen aller 286 Mitarbeiterinnen und Mitarbeiter auf, die im Jubiläumsjahr zwischen 10 und 53 Jahren der Firma angehört hatten – als Anerkennung für ihre lange Verbundenheit mit dem Unternehmen.

›Der Doktor‹ genoss hohen Respekt. Auf viele wirkte er unnahbar und distanziert, konnte aber im persönlichen Gespräch sehr herzlich sein. Ein Mitarbeiter war für die Jubiläumsveranstaltung ausersehen, auch den Chef ein wenig ›hochzunehmen‹. Der tat sich schwer mit der Aufgabe und die Verse gerieten zu einer kleinen Odyssee auf der Suche nach den Eigenarten des Chefs:

... Schon kommt jemand mit dem schnellen
Schritt des Intellektuellen
Auf mich zu – ich weiche schweigend
Und mich ahndungsvoll verneigend.
Richtig – flüsternd wie gewöhnlich
Heißt es gleich ›Der Chef persönlich!‹

Die Zensur blieb hier nicht still,
Sagt, ich solle mich bequemen,
Auch den ›Doktor‹ hochzunehmen.
Jedenfalls sei das zu wenig
Über unseres Hauses König!
Und nach kurzem Meinungsstreit
War ich ja dann auch bereit,
Zu erzählen, was ich wusste,
Ohne Rücksicht auf Verluste!
Stellte mich zunächst mal dumm,
Fragte ›so von hinten rum‹,
Doch zu meinem Missvergnügen
War nicht viel herauszukriegen.
Schließlich schon ein wenig dreister,
Sprach ich mit dem Kraftfahrmeister.
Mit Erfolg, denn dieser Lümmel
Schaute seufzend auf gen Himmel!
Woraus ich entnehmen muss,
Dass er mit dem Chef Verdruss.
Und damit er nicht so einsam,
Schimpften wir hinfort gemeinsam,
Einmal ging's um Porsche-Daten,
Gleich danach um Bachkantaten,
Einer sprach von Wassertreten,
Von Picasso-Raritäten,
Jedenfalls hat nichts gefehlt,
Was uns Arbeitnehmer quält.

Der Wagen des Sprengel-Chefs begleitete Kindheitsträume früherer Anwohner: »In den 1950er Jahren fuhr Dr. Bernhard Sprengel Sportwagen der Marken Mercedes und Porsche. Da das Tor Glünderstraße zum Betriebsgelände meist verschlossen war, parkte er sein Fahrzeug davor. Für uns Kinder waren diese Autos natürlich ›Traumautos‹. Der Pförtner der Firma achtete darauf, dass wir uns dem Auto des Firmenchefs nicht zu sehr näherten. Wenn wir uns die Nase an der Scheibe platt drückten, hat er uns ›Beine gemacht‹.«[150]

Die zwiefachen, nicht immer widerspruchsfreien Interessen des Geschäftsführers waren den Mitarbeitern nicht verborgen geblieben:

Um ein Haar hätt ich indessen
Dr. Kadelbach vergessen.
Er, in dessen breiter Brust
Streiten voller Leid und Lust
Most und Sprengel, diese Seelen,
Die sich ungern nur vermählen.
Doch ich meine, dass die beiden,
Most und Sprengel, sich gut leiden
Und, ganz ohne Krieg zu führen,
Beide munter existieren.[151]

Kadelbach organisierte die Finanz- und die Verkaufsabteilung effektiv und erfolgreich. Die Firma verlangte beim Verkauf ihrer

150 Mail Gerhard Rohkohl, Garbsen.
151 HStAH Dep. 105 Acc. 2/80, Nr. 582.

Abb. 189 Bernhard Sprengel gratuliert Dorothea Rust zum 50-jährigen Betriebsjubiläum

Erzeugnisse sofortige Kassenzahlung. Die Vertriebsangestellten in den Auslieferungslagern, die die Sendungen zusammenstellten und die Auslieferung begleiteten, hatten Inkassovollmacht. »Die Angestellten waren ziemlich frei in ihren Entscheidungen und konnten einiges auf die Beine stellen. Wenn die Kunden nicht bezahlt haben, haben sie entschieden, die Ware nehmen wir wieder mit oder lassen sie da. Sprengel konnte sich das erlauben, Sprengel war ja wer«, berichtete der ehemalige Betriebsrat Karl-Heinz Brede.[152] Auch in der Produktion hatten die Vorarbeiterinnen einige Entscheidungsfreiheit. So bestimmten sie in der Pralinenverpackung die Anordnung der Pralinen in der Schachtel, so dass sie für die Mitarbeiterinnen am Band gut zu greifen und einzuordnen war.

Die Identifikation mit dem Unternehmen Sprengel war groß. »Als ich anfing, gab es eine absolute Arbeitsplatzsicherheit bei Sprengel. Das war eine Stellung fürs Leben. Dann waren da die Sozialleistungen und das Gefühl: Wir sind Sprengelaner.«[153] Die Selbstbezeichnung der Arbeitnehmer mit dem Familiennamen der Eigentümer war charakteristisch für familiengeführte Unternehmen und »ein Mittel der Inklusion. Wer sich [Sprengel]aner nennen konnte, der gehörte zu der so geprägten Gemeinschaft.«[154]

Peter Beck, Schlosser und Betriebsrat, der fast vierzig Jahre im Unternehmen gearbeitet hat, findet: »Dieser Familienbetrieb ist sehr fair geführt worden«[155]. Ehemalige Mitarbeiter betonen das wertschätzende Betriebsklima und die vielfältige soziale Unterstützung. Ludwiga Weber profitierte in den 1960er Jahren von der sozialen Betreuung Sie durfte als alleinerziehende Mutter ihren Sohn morgens mit in den Betrieb nehmen. Frauen aus der Küche brachten ihn in den Kindergarten, eine Regelung, die ausdrücklich von der Leitung so eingerichtet wurde. »Ich hätte in einem normalen Betrieb gar nicht anfangen können.«[156] Die Werksfürsorgerinnen kümmerten sich um die betriebliche Fürsorge am Arbeitsplatz und boten auch Hilfen bei der Bewältigung privater Lebensprobleme an. »Wenn eine ›Mutti‹ krank wird oder dringend Erholung braucht, muß sie keine Sorge haben, wer sich inzwischen um Haushalt und Kinder kümmert. Wenn niemand da ist, um vorübergehend für ein hilfsbedürftiges Familienmitglied zu sorgen. Jeder weiß: Ein Anruf bei der Werksfürsorge genügt, und schon springt die Hauspflege ein«, brachte die Betriebszeitung ›Blickpunkt Sprengel‹ diese soziale Leistung in Erinnerung.[157] Bei Krankheit »kam die Sozialarbeiterin mit Konfekt, mit Blumen, Büchern und hat mich besucht. Das war Fürsorge, aber auch Kontrolle und war klug gedacht«, findet Rita M., die bei Sprengel eine Lehre als Konfektmacherin absolviert hat. »Wir waren in jeder

152 Interview Karl-Heinz Brede, Schlosser, Betriebsratsvorsitzender, 1963–1983 bei Sprengel.

153 Interview Ulrich Neufeld, 1964–2001 bei Sprengel, bei der Schließung Betriebsleiter.

154 Lubinski, Familienunternehmen, München 2010, S. 263.

155 Interview Peter Beck, 1962–2001 bei Sprengel, Betriebsratsvorsitzender.

156 HAZ, 12.8.2008 Die Schoko-Fabrik und ihr sozialer Mantel, S. 17.

157 Blickpunkt Sprengel, 1968, Aus unseren Sozialeinrichtungen.

Abb. 190 Pralinenverpackung – Die Mitarbeiterinnen entschieden über die Anordnung

Hinsicht stolz auf unseren Lehrherrn.«[158] Zur Hochzeit erhielten Sprengelanerinnen ein Geschirrservice und eine kleine Feier.

Die ›Hausfrauenschicht‹ bei Sprengel in der Pralinenverpackung vor Ostern und vor Weihnachten war sehr beliebt. »Wir arbeiteten von 8 bis 12 und waren vierzig bis fünfzig Damen am Band. Wir waren begeistert«, erzählt Frau Tinschert.[159] »Es war ein tolles Zusammengehörigkeitsgefühl.« Auch Frau Olsen, die als Vorarbeiterin bei Sprengel arbeitete, fand: »Das Wort sozial wurde bei Sprengel riesengroß geschrieben.« Ein Mitarbeiter, der bis zum Verkaufsleiter aufstieg, urteilte: »Sprengel war ein einmalig soziales Unternehmen.«[160] »Bei Heirat gab es 1000 DM vom Unternehmen, die Betriebskrankenkasse war außergewöhnlich gut, mit der Betriebsrente konnte man 80 % seines letzten Einkommens erzielen.«

Die Firma erwarb Wohnungen für künftige Mitarbeiter und Eigentumswohnungen am Maschsee. In Wohnhäuser in der Glünderstraße 9 und 10, Schneiderberg 10 und 28, Schaufelder Straße 16, 31, 33A, 35, 35B und 35C, Rehbockstraße 10, 11, 14 und 14A, Callinstraße 13 und Blumenhagenstraße 5 konnten Beschäftigte einziehen. 109 Wohnungen hatte das Unternehmen für Werksangehörige angemietet. Die Beschaffung von Wohnungen, Verhandlungen mit Wohnungsamt und Maklern gehörte zum juristischen Aufgabengebiet des Unternehmensjuristen.[161]

»Dr. Sprengel konnte mit Leuten umgehen; man hatte Respekt vor ihm. Wenn man ihm auf dem Flur begegnete, sprang man zur Seite. Er hat einen nie geringschätzig, sondern immer mit Respekt behandelt. Sprengel konnte auch sehr volksnah den anderen begegnen, konnte mit den Bandarbeiterinnen reden. Die waren dann Feuer und Flamme für ihn. [...] Was wir alles für Vorteile hatten: Wohnungen, Werksarzt, Kindergarten, Nähstube zum Nähenlernen. Bücherei, Betriebssport mit geringem Beitrag, mehrere Boote. Hat alles Sprengel bezahlt. Deshalb die enge Verbundenheit mit der Firma«,[162] schrieb eine ehemalige Mitarbeiterin. »Es gab Betriebsausflüge nach Bodenwerder und Buchhagen, in Bussen oder im Sonderzug. Beliebt war der Verkauf auf der Messe. Wir wurden ausgesucht, wer verkaufen durfte. Die Messe war damals noch 14 Tage lang, wir trugen ein rotes Kostüm – sprengelrot mit Käppi und wurden geschult, schön zu verpacken.«[163]

Besonderer Aufmerksamkeit des Chefs erfreuten sich die Handwerker und Fachleute im Betrieb. Ihm fiel auf, wenn ein Meister zwei Tage nicht da war. Karl-Heinz Brede, der als Schlosser im Betrieb arbeitete: »Man wurde als Fachmann akzeptiert. Sprengel ging

158 Interview Rita M.
159 Frau Tinschert 1965–1970, Hausfrauenschicht bei Sprengel.
160 Telefoninterview Udo Eberhard, 1964–1977 bei Sprengel.
161 HStAH Dep. 105 Acc. 2/80, Nr. 323.
162 Mail Frauke Eue.
163 Interview Frau Göbel, 1960–1967 bei Sprengel.

Abb. 191 Kollegiale Freude über das Hochzeitsgeschenk

regelmäßig durch den Betrieb. Einmal kam er in die Eintafelei. Ich stand an der Maschine und hatte mich angelehnt. Der Meister wollte mich anmachen: ›Machen Sie doch ihre Arbeit.‹ Sprengel sagte aber – das werde ich nie vergessen: ›Ich sehe den Schlosser lieber an der Maschine stehen und die Frauen sind beschäftigt, als unter der Maschine liegen und ich sehe nur die Beine‹.«

Für die Betriebshandwerker und Facharbeiter und ihre Frauen gab es jährlich das sogenannte ›Handwerkervergnügen‹ mit Musik und Tanz. Segelfliegen mit betriebseigenen Flugzeugen auf den Ithwiesen, Segeln und Segelkurse auf dem Steinhuder Meer – davon erzählen die ehemaligen Mitarbeiter noch heute begeistert. »Sprengel war *die* Firma. Da lass' ich nichts drauf kommen. Hab' immer gut verdient. Man musste gar nicht fragen. ›Im nächsten Monat kriegen Sie etwas mehr‹, hieß es. Ein Super-Betriebsklima. Jeder war für jeden da. Man ist gern hingegangen.«[164]

In den 1950er Jahren fanden in den westdeutschen Schokoladenfabriken qualifizierte Fachkräfte aus der thüringischen und sächsischen Schokoladenindustrie Arbeit. Gerold Wiedner, Facharbeiter bei Sprengel, hatte Schokoladenmacher in Pößnick bei Robert Berger gelernt. »1957 bin ich rüber, ich hatte Verwandtschaft in Hannover und wusste, dass Sprengel Fachkräfte suchte.«[165] In Saalfeld, früher Mauxion, dann VEB Roter Stern, hat Reinhard Petter seine Meisterprüfung gemacht. »Ich sollte nach der Meisterprüfung als Grenzsoldat tätig sein. Aber ich ziehe keine Uniform mehr an, sagte ich mir. Ich war im Krieg, das hat mir gereicht. Als die nicht nachließen, habe ich mich abgesetzt.«[166] Seine Meisterprüfung bei VEB Roter Stern wurde

164 Interview Gerold Wiedner, Schokoladenmacher, 1957–1980 bei Sprengel, zuletzt Schichtführer der Zartbitterstraße.

165 Interview Gerold Wiedner.

166 Interview Reinhard Petter.

zu seiner Enttäuschung im Westen nicht anerkannt. Er musste sie nochmal in Solingen, an der dortigen Süßwarenfachschule, ablegen. Bei Sprengel fing er in den 1960er Jahren an und stieg unter Hans Imhoff bis zum Geschäftsführer auf.

Seit Ende der 1950er Jahre herrschte in der Bundesrepublik Vollbeschäftigung und nach dem Mauerbau 1961 war Fachkräften aus der DDR der Weg in den Westen versperrt. In Hannover hatte VW 1956 ein Werk errichtet, zahlte gut und zog Arbeitskräfte an. In der Firma Sprengel öffneten Aus- und Weiterbildung nach dem Grundsatz ›Fördern und Fordern‹[167] innerbetriebliche Aufstiegsmöglichkeiten. »Systematische fachliche Fort- und Weiterbildung auf allen Ebenen ist noch nie so wichtig gewesen wie heute. Nicht nur Facharbeiter, sondern auch Manager müssen immer wieder auf die Schulbank«, verkündete Sprengel in einer Jubilarveranstaltung, und er nannte aktuelle Zahlen: 16 Umschüler hatten erfolgreich ihre Facharbeiterprüfung als Schokoladen- und Konfektmacher bestanden, ein Maschinenschlosser die Meisterprüfung; fünf Meisteranwärter bereiteten sich auf die Prüfung als Schokoladen- und Konfektmacher vor, fünf weitere Meisteranwärter gab es in technischen Berufen.[168]

Die Kinder der Beschäftigten wurden jedes Jahr zu einer Weihnachtsfeier eingeladen. Der Weihnachtsmann verteilte Süßes, und alle schauten gebannt auf die Weihnachtsaufführung. Auch wenn die Weihnachtspäckchen unterschiedlich ausfielen, »abgestuft nach Hierarchie«,[169] freuten sich alle. »Meine Mutter hat für die Weihnachtsfeier Krippenspiele aufgeführt. Sie waren anrührend«, erinnert sich Sprengels jüngste Tochter Angela Kriesel, die auch dabei war. »Die Sprengel-Töchter haben die Maria gespielt. Ich war hin und wieder Josef im Weihnachtsmärchen«, berichtet ein ehemaliger Konfektmacher.

167 Interview Helmut Blaser.
168 HStAH Dep. 105 Acc. 2/80, Nr. 102., B. Sprengel: Rede auf einer Jubilarveranstaltung, 1970.
169 Interview Frauke Eue.

Abb. 192 Sprengelstand auf der Hannover-Messe

Zum ›Aufpäppeln‹ kamen Mitarbeiterkinder Anfang der 1950er Jahre in das 1940 erworbene Heim nach Braunlage. Nach Kriegsende hatte das Haus zunächst mehrere Jahre Flüchtlingen und ausgebombten Familien von Sprengelmitarbeitern als Heimstatt gedient, was zu vielerlei Konflikten führte, die ein so enges Zusammenleben mit sich brachte. Der Firmenchef musste sich mehrfach persönlich kümmern, um Regeln für das Zusammenleben festzulegen. Zwei Kartengrüße von Sprengelkindern zeigen, dass diese Zeiten 1951 vorbei waren: »Uns geht es hier gut. Das Essen schmeckt gut, nur Lebertran nicht. Wir gehen jeden Tag spazieren«, und ein Kärtchen an Schwester Edith in der Schaufelder Straße: »Kommen Sie auch zum Schattenspiel? Ich bin der König. Es wird sehr gut werden. Jeden Tag ist bei uns Sonntag. So ein schönes Essen!«[170] Das ›schöne Essen‹ bestand aus drei Gängen, mit Suppe, Braten und als Nachtisch Eis mit Sahne,[171] – für Kinder 1951 ein Traum. Mit Unterstützung der Firma wurden außerdem jedes Jahr 100 Mitarbeiterkinder zur Erholung ans Meer und in die Berge geschickt. Das Heim in Braunlage war noch bis in die 1970er Jahre Urlaubsort für Sprengelmitarbeiter, an den sich heute viele gern erinnern. Die Lehrlinge trafen sich in Braunlage zu einer intensiven Workshop-Woche. »Mindestens einmal im Jahr war Treffen der Lehrlinge in Braunlage. Themenvorschläge durften vorgebracht werden. Wir haben gesagt. ›Wir möchten gern aufgeklärt werden‹, das wurde gemacht.«[172]

Klaus Glahn, Europameister im Judo, bei Sprengel als Elektromeister tätig, brachte den Mitarbeitern Judo bei. Im Tischtennis und Fußball maßen sich die Sprengel-Mannschaften mit anderen hannoverschen Betrieben. Der Kinderhort ›Sprengelein‹ erleichterte den weiblichen Beschäftigten die Vereinbarkeit von Familie und Beruf. Schneidern, Schminken und klassische Musikgruppen waren weitere Angebote. »Wenn ihr ein richtiges Problem habt, kommt zu mir«, erinnert sich der ehemalige Isolierer Helmut Blaser an eine Aussage von Dr. Sprengel. »Das hat man ihm abgenommen.«

Die Historikerin Christina Lubinski[173] vermutet, dass den betrieblichen Sozialleistungen ein ›systemfremdes Fürsorgemotiv‹ zugrunde lag. Tatsächlich profitierten aber beide Seiten von den freiwilligen Leistungen, die neben den materiellen Vorteilen für die Beschäftigten für ein mitarbeiterfreundliches Betriebsklima

170 RWWA 208-479-2.

171 RWWA ebd., Verpflegung Braunlage, Woche vom 12. bis 20.5.1951.

172 Interviews mit Sprengelanerinnen: Rita M. 1963–1969, Adelheid M. 1965–1971, Angelika H. 1964–1974, Ingrid B. 1965–1969.

173 Christina Lubinski: Familienunternehmen in Westdeutschland. Corporate Governance und Gesellschaftskultur seit den 1960er Jahren. In: Schriftenreihe zur Zeitschrift für Unternehmensgeschichte, Bd. 21, München 2010, S. 227.

Abb. 193 Weihnachtsfeier für die Sprengel-Kinder Anfang der 1950er Jahre

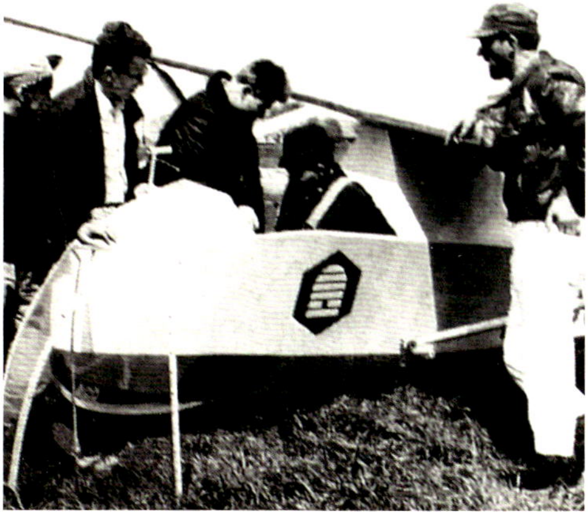

Abb. 194 Segelfliegen und Segeln als Freizeitsport für Sprengelmitarbeiter

sorgten. Die zitierten Äußerungen ehemaliger Mitarbeiter sind nicht Ergebnis einer statistisch repräsentativen Studie. Sie erzählen aber übereinstimmend von Arbeitszufriedenheit und Stolz auf die eigene Firma. Industriesoziologische Arbeiten sehen dagegen die Arbeitswelt bis in die 1970er Jahre wesentlich bestimmt von ›Arbeitsleid‹ und einem ›destruktiven Systemzugriff auf die Arbeitskraft‹.[174] Diese Industriesoziologen unterschätzen nicht nur die positive Bindung der Mitarbeiter an die eigene Arbeit und das Unternehmen, sie entwerten auch deren Tätigkeit selbst. Die These von der angeblich vorherrschenden ›tayloristischen Produktionsphilosophie‹ kennt keine selbstbewussten Mitarbeiter von Markenunternehmen, die Qualitätsarbeit schätzen und diese im Zweifel sogar gegenüber Vorgesetzten und Eigentümern verteidigen.

Manchem Gewerkschaftsfunktionär, der Tarifverhandlungen führte, dem betrieblichen Alltag aber eher fern stand, waren übertarifliche betriebliche Sozialleistungen ein Dorn im Auge. »Wir sind Gegner aller außervertraglichen Mehrleistungen. Wir sind Gegner jeder Leistung, auf die der Beschäftigte keinen Rechtsanspruch hat«,[175] verkündete der Gewerkschaftsvorsitzende Hans Nätscher 1955 in der Mitgliederzeitung. Übertarifliche Leistungen fördern die Identifikation mit dem Betrieb, da sie von den Beschäftigten als Entgegenkommen des Arbeitgebers wahrgenommen werden. Sie freuten sich darüber. Betriebliche Sozialleistungen wurden gewährt und nicht von der Gewerkschaft erkämpft. Nur Letzteres brachte der Gewerkschaft Anerkennung und neue Mitglieder. »Unsere Betriebsräte sind gut beraten, wenn sie überall die Forderung vertreten, daß alle bestehenden Mehrleistungen in die Verträge aufgenommen

174 »Bis in die 1970er Jahre stand die Konzeptionierung der Industriearbeit konkurrenzlos unter tayloristisch-fordistischen Vorzeichen«, beschreibt Michael Schumann die Welt der Industriearbeiter. »Der destruktive Systemzugriff auf die Arbeitskraft begründet kollektive Solidarität und Gegenwehr und die Einforderung von Kompensation für Arbeitsleid. Der Kernpunkt der tayloristischen Produktionsphilosophie lautet: Mit der wissenschaftlichen Betriebsführung müsse eine totale Herrschaft über die Arbeit gewonnen werden, um dadurch Drückebergerei, Faulheit, mangelnde Disziplin und Tendenzen zur Aufmüpfigkeit zu bekämpfen. Für die Arbeiter heißt wissenschaftliche Betriebsführung Wissensenteignung, Dequalifizierung, Degradierung und Entmachtung.« Michael Schumann: Metamorphosen von Industriearbeit und Arbeiterbewusstsein, Hamburg 2003, S. 64 f.

175 Einigkeit, August 1955, S. 209.

werden. Was der Unternehmer nicht garantiert, ist fauler Zauber«,[176] war daher Nätschers Forderung an die Betriebsräte. Die Befürchtung war, dass sie in schlechten Zeiten gestrichen werden. Tatsächlich scheuten sich aber Unternehmen, soziale Leistungen, die immer auch mit Anerkennung der Mitarbeiter verbunden sind, bei nachlassenden Erträgen einfach zu kappen.[177] Die großzügigen Betriebsrenten etwa bei B. Sprengel & Co. blieben auch in den Verlustjahren erhalten, und erst Hans Imhoff hat nach dem Kauf die betriebliche Altersversorgung gestrichen. In den 1980er Jahren erzwangen die gestiegenen (Rohstoff- und Lohn)-Kosten bei dauerhaft niedrigen Preisen für Schokoladenwaren ein Ende der sozialen Betriebspolitik.

»Das Hauptaugenmerk war die Bindung an die Firma. Man hat sich damit identifiziert. Wenn man am Wochenende mal arbeiten musste, dann war das selbstverständlich«,[178] sagen ehemalige Mitarbeiter. Die Identifikation mit dem Unternehmen war auch wegen des Markenimages hoch. Auf die überragende Qualität der Produkte war man stolz, man kannte sie genau. Zehn ausgesuchte Feinschmecker, darunter Prokuristen, Buchhalter und Raumpflegerinnen, kamen täglich zu einem Probierkreis zusammen und verkosteten ›India‹-Pralinen, ›Privileg‹-Tafelschokolade oder Ostereier. Jeder Mitarbeiter konnte sich für die Probierrunde bewerben, vorausgesetzt er verfügte über einen feinen Geschmack. Vor die Teilnahme an einer Verkostung waren hohe Hürden gesetzt. »Wir durften nicht rauchen. Und vor jeder Verkostung wurde an acht Stationen geprüft, ob man auch gut genug war für die Verkostung, sonst wurde man nicht zugelassen«, erinnert sich ein Schokoladenmacher.[179] Der Chef, ein Nichtraucher, »war ein absoluter Fachmann, er konnte unterscheiden, was ist was bei den Verprobungen«.[180] Die »feinste Zunge des Unternehmens«, so der spätere Geschäftsführer Albrecht 1967 gegenüber dem ›Spiegel‹, befähigte ihn »zum Beispiel, beim Abschmecken einer Schokoladenmasse festzustellen, daß darin etwas zuviel Trinidad-Kakao enthalten sei und etwas mehr Arriba-Kakao beigemischt werden müsse«.[181]

Ein Bericht an Dr. Sprengel über die Geschmacksprüfung von 75 Sorten Hohlkörpereier aus dem Jahr 1964 ist erhalten. Die Produkte der Konkurrenz wurden teilweise als »ekelerregend, abscheulich, schlecht, verdorben, widerlich, nicht genießbar« klassifiziert, die Sprengel-Ostereier dagegen als »gut im Geschmack und Alkohol« befunden. Anmerkung des Chefs: »Sehr richtig!« (Abb. 195)

Gute Gewinne und Investitionen

Die Firma Sprengel war nicht publizitätspflichtig und, was die internen Zahlen anging, sehr verschwiegen. Verlautbarungen an die Presse gab sie nicht heraus. Auch dem Nachlass von Bernhard Sprengel ist in dieser Hinsicht wenig zu entnehmen. Mitarbeiter erinnern sich, dass intern über Kosten und Erträge wenig bekannt war und man z. B. in der Werbeabteilung bei der Planung von Werbeaktionen die Kosten nicht kannte. Erst anlässlich des Verkaufs von 49 Prozent seiner Anteile an die US-amerikanische Keksfirma Nabisco im Jahr 1967 suchte der Eigentümer nach vielen Jahren der Verschwiegenheit die Öffentlichkeit und verkündete vor der Belegschaft: »Das Gewicht, das ich meinen Entscheidungen beimesse, hat mich veranlasst, zum ersten Mal in der Geschichte der Firma seit der 100-Jahr-Feier in der Stadthalle wieder Herren der Presse zu uns zu bitten.«[182]

176 Ebd.

177 Ute Engelen: An Opportunity to abolish Social Benefits? In: Zeitschrift für Unternehmensgeschichte, Bd. 57, Heft 2/2012; Kristina Huttenlocher: Appel Feinkost, S. 305. »Die Geschäftsleitung kürzte 1971 wegen geringerer Erträge die Dividende um 2 Punkte, zahlte aber eine erhöhte Abschlussvergütung an die Mitarbeiter.«

178 Interviews mit Sprengelanerinnen.

179 Interview Reinhard Petter.

180 Ebd.

181 Spiegel, 8.5.1967.

182 HStAH Dep. 105 Acc. 2/80, Nr. 647, Ansprache Sprengels an die Belegschaft am 12.4.1967.

Hannover, den 8.4.64
Ad/R

Herrn Dr. Sprengel
Herrn v.d. Wettern

zur Mitkenntnis:
Herrn Hardeland
Herrn Dr.Siegel/Herrn Dr.Zürcher
Produktionsleiter
Herrn Merkel
Herrn Dr. Görling

Betr.: Vergleich unserer Hohlkörper-Eier mit der Konkurrenz

In den letzten Tagen wurden ca. 75 Sorten gefüllte Hohlkörper-Eier von uns überprüft. Dabei wurden von uns Eier aus dem Anfang der Saison genommen. Es ergab sich nachstehendes Bild:

I. Knickebein

Hersteller	Verk. Preis	Gewicht	Preis p. kg	Geschmackliche Beurteilung
Lindt	-,35 DM	22,0 g	15,91 DM	ekelerregend, konnte nicht verkostet werden
Sprengel	-,25 DM	16,0 g	15,62 DM	gut im Geschmack und Alkohol
Trumpf	-,15 DM	12,0 g	12,50 DM	abscheulich
Friedel	-,20 DM	18,6 g	10,75 DM	unmöglich
Schubert	-,20 DM	19,0 g	10,50 DM	schlecht, Heugeschmack
Friedel	-,25 DM	25,0 g	10,00 DM	widerlich, Kunsthonig
Sarotti	-,25 DM	23,0 g	10,88 DM	verdorben, nicht genießbar

Gesamtbeurteilung
Der im Vergleich zu den meisten Mitbewerbern hohe Kilopreis unserer Eier ist bei der vorgefundenen Qualität durchaus berechtigt.

Abb. 195 Ostereier Verkostung – Stolz auf die Sprengel-Qualität

Die Bilanzen sind nicht zugänglich und die Steuerakten noch mehr als ein Jahrzehnt gesperrt. Sprengel legte aber dem 1961 neu gebildeten Beirat in den 1960er Jahren Schaubilder über die Entwicklung des Anlagevermögens, der Forderungen, Fremdmittel und des Gewinns vor,[183] ebenso Indexziffern zu Investitionen und Umsatzerlösen, die als Anlage zu den Beiratsprotokollen im Nachlass zu finden sind.

Die Gewinne bewegten sich in den 1950er Jahren zwischen 3 und knapp 5 Mio. DM und boten genügend Spielraum für Investitionen. Im Jahrzehnt danach stiegen sie auf 6,3 Mio. DM, nur 1963 waren sie deutlich niedriger. Auffällig sind die äußerst niedrigen Außenstände. Das war wohl Kadelbachs Verdienst. Die Sprengelerzeugnisse wurden mit Schwerlastwagen von Hannover zu Niederlassungen und Stützpunkten befördert, die die Firma in 19 größeren Städten unterhielt. Meist waren dies Räume von Speditionsunternehmen, die auch die Beförderung besorgten. In den Lagerräumen durften wegen ihrer außerordentlichen Empfindlichkeit gegen Fremdgerüche nur Sprengelerzeugnisse gelagert werden. Oft waren die Räume von der Firma mit eigenen Kühlanlagen ausgestattet.

183 HStAH Dep. 105 Acc. 2/80, Nr.135.

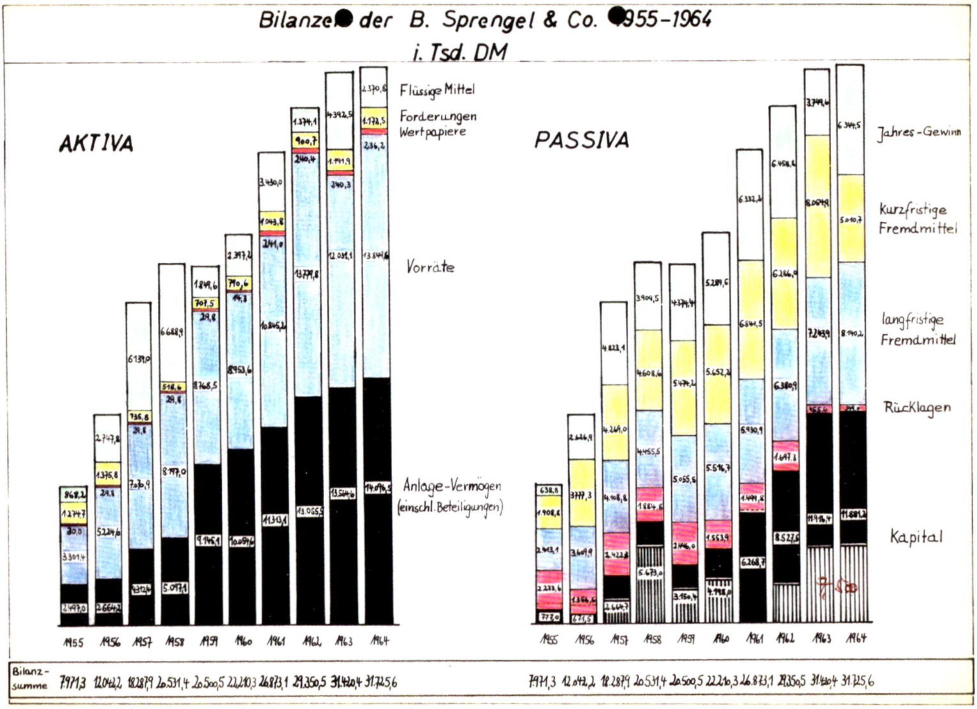

Abb. 196 Bilanzen 1956 bis 1964

Von diesen Lagern wurde die Ware mit kleinen Speditionswagen an die Kunden ausgeliefert. Diese Transporte wurden von Angestellten der Firma zusammengestellt und begleitet. Der Angestellte der Firma übergab die Ware dem Kunden und kassierte den Rechnungsbetrag. Falls die Begleichung der Rechnung erfolgte, entschied er über die Auslieferung, wenn nicht, über die Rücknahme der Ware. Die Firma verlangte eine Mindestabnahme und schützte sich so vor unlukrativen Kleinstaufträgen. Großhändler wurden auf diese Weise begünstigt, was die Vertriebskosten niedrig hielt.

Die Abhängigkeit der Schokoladenfabrik von den Rohkakaopreisen wird in der Bilanzübersicht deutlich. Die Rohkakao-Preishausse 1958 schlug sich unmittelbar in einer massiven Reduzierung der flüssigen Mittel von 6,7 Mio. DM 1958 auf 1,8 Mio. DM im folgenden Jahr nieder. 1959 hat aber die Firma – anders als 15 Jahre später – die hohen Einkaufspreise gut verkraftet. Der Gewinn stieg sogar leicht auf 4,4 Mio. DM, und die geplanten hohen Investitionen wurden 1959 trotzdem realisiert.

Die Investitionen, die dem Beirat nur als Indexzahlen (Abb. 197) vorgelegt wurden, lassen sich in ihrer Höhe nur indirekt aus dem Zuwachs des Anlagevermögens erschließen, der sich jeweils zwischen 3 und 4 Mio. DM im Jahr bewegte. Nur im Jahr 1959 wuchs das Anlagevermögen mit 5,4 Mio. DM deutlich mehr als der Gewinn (4,4 Mio. DM). In den folgenden Jahren wurde im Durchschnitt die Hälfte des Gewinns in Erweiterungsinvestitionen gesteckt. Trotz der Halbierung des Gewinns im Jahr 1963 erhöhte sich in diesem Jahr das Anlagevermögen um 3,75 Mio. DM.

Die Investitionen erfolgten in den alten Gebäuden. Der Hausarchitekt Rolf Müller war ständig damit beschäftigt, die alten Gemäuer und deren Statik den Erfordernissen der neuen schweren Maschinen anzupassen. »Mein Mann war nicht nur als Maurer, sondern auch als Fliesenleger beschäftigt. Alle baulichen Veränderungen in der Firma wurden von den betriebseigenen Handwerkern erledigt, z. B. wenn es darum ging, Mauerdurchbrüche zu stemmen, Türen zu versetzen oder wenn neue Maschinen aufgebaut werden sollten. Dann mussten Sockel dafür gebaut werden. In den betriebseigenen Häusern wurden alle Renovierungsarbeiten von den verschiedenen Handwerkern ausgeführt. In der Handwerkerabteilung wurden Maurer, Tischler, Maler, Fliesenleger, Klempner, Elektriker, Mechaniker und für das eigene Heizkraftwerk Heizer beschäftigt.«[184]

Bahlsen hatte 1957 seine Produktion aus der Podbielskistraße nach Barsinghausen verlegt. Sprengel entschied sich erst später für ein zweites Werk und erwarb 1960 eine alte Luftfahrthalle in Vinnhorst am Brinker Hafen. Dorthin in das sog. Werk II wurde 1962 die Kakaobohnen- und Nüsserösterei verlegt.

Für die Schaufelder Straße hatte er Arrondierungspläne. Er kaufte das Berufsschulgebäude und wollte weiterhin »Nachbarhäuser kaufen, damit wir die ewigen Quengeleien von den Nachbarn loswerden. Im übrigen läuft ein Sanierungsplan der Stadt, so daß eines Tages ohnehin die Häuser rings um die Fabrik verschwinden werden«, verkündete er 1962 im Beirat. Tatsächlich lief die Entwicklung aber in umgekehrter Richtung. Die Fabriken verschwanden aus den Wohngebieten. Anders als sein Vater August, der rechtzeitig aus beengten Räumen auszog und abseits vom Zentrum in der Nordstadt neu gebaut hatte, hat Bernhard Sprengel seine Entscheidung für einen Neubau lange aufgeschoben.

Der Kauf von Wohnhäusern in unmittelbarer Umgebung der Fabrik erschien Sprengel interessant »weil wir dann den Vorteil haben unsere Arbeitskräfte in unmittelbarer Nähe – gerade für den Saisonbedarf – beziehen zu können«. Die gesamte mechanische Fertigung sollte zum Brinker Hafen verlegt werden, »wo wir ohnehin nur schwer Personal hinbekom-

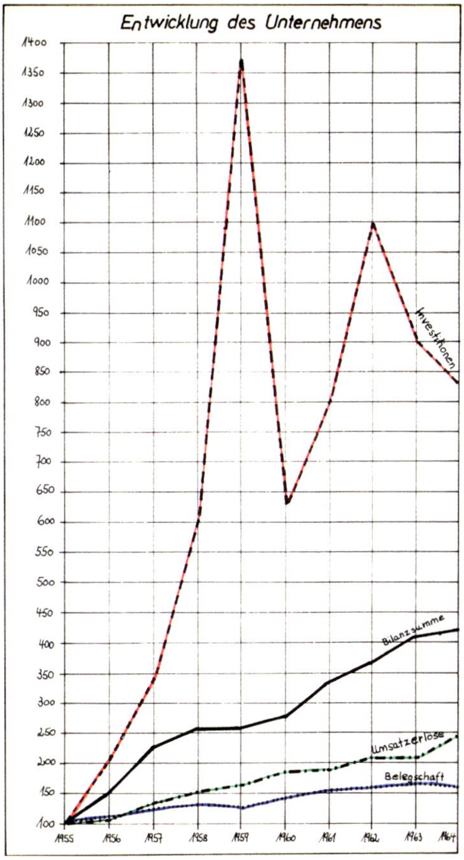

Abb. 197 Indexzahlen Investitionen, Umsatzerlöse, Beschäftigung und Bilanzsumme

men würden, und alle Arbeiten, die mehr manueller Art sind und insbesondere weibliche Hilfskräfte beanspruchen, hier in der Schaufelder Straße belassen«.[185] Die Attraktivität der wohnortnahen Produktion für die Arbeiterinnen gab Bernhard Sprengel 1962 als Grund an, erhebliche Teile der Produktion, vor allem die Pralinenherstellung, in der Schaufelder Straße zu belassen. Mit diesem Argument konnte er Investitionen mit hohem Kapitalbedarf hinausschieben, für die er grundsätzliche Entscheidungen über die Finanzierung hätte treffen müssen: Selbstfinanzierung aus akkumulierten Erträgen, Kreditaufnahme oder die

184 Mail Monika Meier.

185 HStAH Dep. 105 Acc. 2/80, Nr. 138, Beirat 1963–1972, Protokoll der Beiratssitzung vom 21.5.1962.

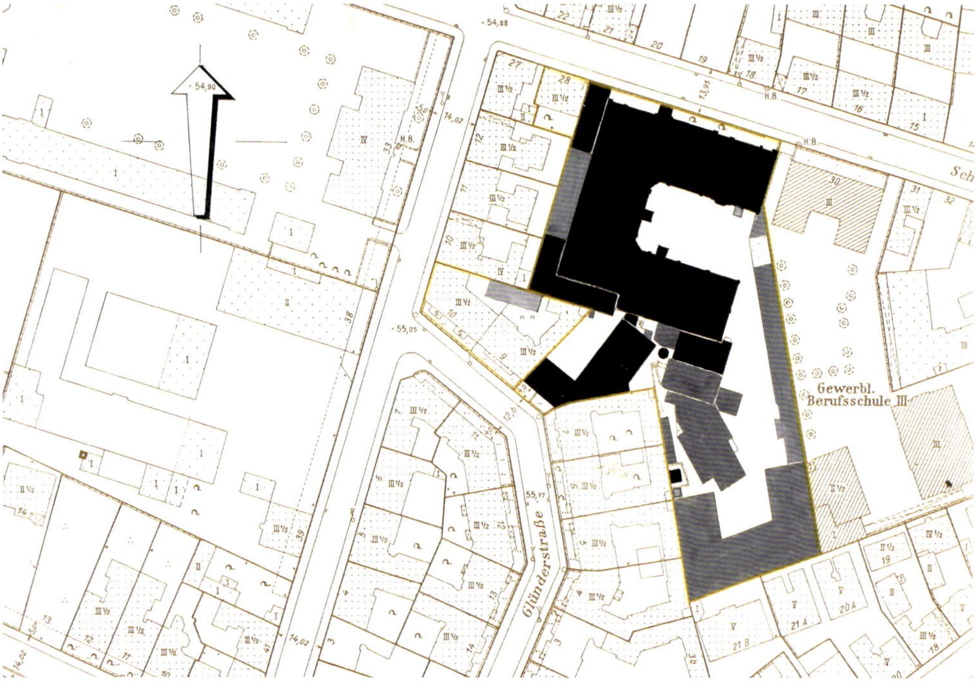

Abb. 198 Sprengel-Grundstück zwischen Schaufelder und Glünderstraße

Suche nach einem kapitalstarken Partner. Dass trotz vieler Umbauten in der Nordstadt eine rationelle Produktion nicht mehr möglich war, wie er 1969 dem Beirat erklärte,[186] hat sich 1962 schon abgezeichnet.[187] Vor allem waren die Transportwege in der verschachtelten Fabrik umständlich und verlangten Schwerstarbeit von den Mitarbeitern.

Für die Investitionen am Brinker Hafen rechnete Sprengel 1963 mit einem Finanzbedarf von 10 Mio. DM. Finanziert werden sollte der Bau für die vollautomatische Schokoladenproduktion mit einem Kredit der Dresdner Bank und Schuldscheindarlehen. Zwei Jahre später war man bereits bei projektierten Gesamtkosten von 9 Mio. für den Bau und 4,8 Mio. DM für Maschinen.[188] Dabei blieb es nicht. Aufgrund von Planungsfehlern und Missgeschicken beim Grundstückskauf stiegen die tatsächlichen Kosten weiter. Auf dem Grundstück hatte man unterirdische Baulichkeiten vorgefunden, ein Starkstromkabel stellte einen erheblichen Mangel dar. Das verteuerte den Bau. Wegen des Grundwassers konnte das Gebäude nicht unterkellert werden. Außerdem funktionierte die Bauüberwachung schlecht. Die beauftragte Firma gab dem Bauherrn wegen ständiger Planänderungen die Schuld.

Nach Kadelbachs Tod (Seite 255 ff.) hatte Bernhard Sprengel von der Wettern, Ende der 1940er Jahre als Betriebsleiter entlassen, wieder in das Unternehmen geholt. Er war zwischenzeitlich für Ahrberg tätig gewesen. Um

186 Protokoll der Beiratssitzung vom 31.7.1969.

187 Im Jahrbuch 1962/63 sah die Gewerkschaft NGG durch zunehmende Mechanisierung des Arbeitsablaufs sowie erhöhter Maschinenleistung »ständig stärker werdende geistige und nervliche Belastungen«. Das Jahrbuch für die Jahre 1964/65 beschreibt »völlig neue Verfahren der Behandlung und Verarbeitung von Rohstoffen der Nahrungs- und Genußmittelindustrie, neue Techniken der Mechanisierung und Steuerung der Produktion und hochrationalisierte Verpackungstechniken«.

188 HStAH Dep. 105 Acc. 2/80, Nr. 138, Beirat 1963–1972.

seine Person rankten sich im Betrieb Gerüchte, die mit dem Entnazifizierungsverfahren und der offenkundigen persönlichen Beziehung zu Bernhard Sprengel zu tun hatten. Er galt als Graue Eminenz und war in der Belegschaft ein »etwas gefürchteter Mann«, dessen Anweisungen die Mitarbeiter entgegenzunehmen hatten.[189] Neben seiner Tätigkeit als kaufmännischer Leiter hatte Sprengel ihm die Aufsicht über die Bauplanung übertragen. Wie in früheren Zeiten hat er die Aufgaben akzeptiert, die der Inhaber ihm gab, auch wenn diese arbeitsmäßig kaum zu bewältigen waren. In einer Beiratssitzung vom Februar 1966 sah Sprengel für die Investition Brinker Hafen eine Verdoppelung der Kosten voraus. »Man schwimme im Unternehmen bzgl. Planung und Durchführung des Neubau-Projektes.« Herr von der Wettern, der die Planung nebenher mache, sei überlastet, ein Generalunternehmer notwendig,[190] hieß es im Protokoll. Neu in der Beiratsrunde war Hans Peter Albrecht, der über die Finanzplanung referierte. Er löste von der Wettern ab. In der darauffolgenden Sitzung ein Jahr später war von der Wettern nicht mehr dabei.

Sprengel stellte 1969 im Beirat, inzwischen mit kapitalstarkem Investor im Rücken, ein umfangreiches Investitionsprogramm vor. Drei größere Investitionsvorhaben sah er 1969 auf das Unternehmen zukommen nämlich:

»1. Den Bau eines neuen Verwaltungsgebäudes, wegen der räumlichen Zersplitterung der Verwaltung«, denn es fehlten angemessene Arbeitsräume für qualifizierte Arbeitskräfte. Bernhard Sprengel nahm daher in Herrenhausen in repräsentativer Lage einen Verwaltungsbau in Aussicht, der aber nie gebaut wurde.

»2. Den Bau eines vollautomatischen Lagerhauses und Pralinenfabrikation.«

Es gab in der Schaufelder Straße keine rationelle Fertigungsmöglichkeit, »da die notwendigen Längen fehlen, um automatische Fertigungsstraßen aufzustellen. Der Raum für doppelte Überziehmaschinen, um kompliziertere und teuere Pralinen – wie sie heute gefragt werden – herzustellen, stehe gar nicht zur Verfügung. Die Möglichkeit, an die Überziehmaschinen direkt automatische Packstraßen anzuschließen, ist wegen der räumlichen Enge nicht gegeben, die Lagerung völlig veraltet und unrationell.« Bernhard Sprengels schonungslose Beschreibung der Zustände in der Schaufelder Straße überrascht zu einem Zeitpunkt, in dem ihm die Hälfte des Unternehmens noch gehörte.

»3. Den Ausbau der Pralinenkapazität«[191]

Das Gesamtvolumen der Investitionsvorhaben belief sich auf 35 Mio. DM, auch bei guten Gewinnen für ein Familienunternehmen nur mit Fremdmitteln zu finanzieren. Das Lagerhaus wurde erst in der Nabisco-Ägide gebaut. Die unrationelle Pralinenproduktion in der Schaufelder Straße blieb dagegen bis 1980, als Imhoff das Unternehmen kaufte, ein Problem.

Abb. 199 Rösterei in der ehemaligen Luftfahrthalle Vinnhorst

189 Interview Reinhard Petter.
190 HStAH Dep. 105 Acc. 2/80, Nr. 138, Protokoll der Beiratssitzung vom 18.2.1966.
191 HStAH Dep. 105 Acc. 2/80, Nr. 140, Protokoll der Beiratssitzung vom 31.7.1969.

Die Nachfolge

Der Sohn und designierte Nachfolger hieß Bernhard wie sein Vater und der Gründer der Firma. Das konnte ermutigend oder auch belastend sein, je nach den Erwartungen, die mit dieser Namensgebung verbunden waren. Die Vorbereitung auf die Position an der Spitze des Familienunternehmens war gezielt und – wie es scheint – auch nicht strittig zwischen Vater und Sohn: »Diplom in Freiburg bei Prof. Lohmann mit Prädikat, Promotion mit cum laude. Im Anschluß an die Promotion 1 Jahr praktische Arbeit in allen Abteilungen des Fabrikationsbetriebes, anschließend 1 1/2 Jahre USA, davon 1 Jahr praktische Arbeit in verschiedenen Schokoladenfabriken (Fabrikation). Im Anschluß an USA 4 Wochen England Aufenthalt mit Besichtigung mehrerer bedeutender Schokoladenfabriken. Dann orientierende Tätigkeit für 1/4 Jahr in der Verwaltung meiner Firma. Z. Zt. Hamburg im Rohkakaohandel, anschließend noch kurze Zeit im Spezialimport von Mandeln und Nüssen vorgesehen«,[192] beschrieb der Vater 1956 den Werdegang seines Sohnes. Während der Auslandsaufenthalte und des Studiums blieben beide brieflich miteinander verbunden und tauschten sich – vor allem während des USA-Aufenthaltes – über zahlreiche Aspekte der Schokoladenfabrikation aus. Mit großem Interesse verfolgte der Senior die vom Sohn beschriebenen aktuellen Tendenzen des US-amerikanischen Schokoladen-Markts, beide hofften auch auf eine verstärkte Export-Expansion in die USA.

Als Kunden hatten sie »Menschen deutscher Abstammung, vorzüglich erster Generation und ausgewanderte Juden« im Blick. Der Kundenkreis war begrenzt, denn der »ausgewanderte Deutsche kauft hier zwar generell Made in Germany, aber ohne sorgfältige Beachtung der Marke«.[193] Der Junior verhandelte mit amerikanischen Importeuren über den Export von Erfrischungsstäbchen. Die Schwierigkeiten beschrieb Sprengel einem amerikanischen Geschäftspartner: »Der amerikanische Geschmack ist in bezug auf Süsswaren und Schokolade von dem europäischen sehr verschieden. Im allgemeinen ist der amerikanische Verbraucher mit der Inlandsqualität zufrieden und lehnt es ab, für bessere ausländische Erzeugnisse mehr Geld zu bezahlen. Für Ware guter europäischer Qualität kommt ein ganz bestimmter Käuferkreis in Frage. [...] Wegen der überaus scharfen Einfuhrbestimmungen der Food & Drug-Administration ist die Lieferung von Alkohol-Pralinen bzw alkoholhaltigen Schokoladenerzeugnissen nicht möglich.«[194]

Bernhard Sprengel junior berichtete dem Vater, dass sein amerikanischer Chef seinen Sohn zu Ritter nach Waldenbuch südlich von Stuttgart geschickt hat. »Dieser arbeitet übersichtlich in kleinem Rahmen bei scheinbar sehr hoher Rationalisierung und pro Kopf-Ausbringung.«[195] Er beschrieb damit bereits 1955 wichtige Grundpfeiler des Erfolgs von Ritter-Schokolade, zu denen noch das geschickte Marketing hinzukam, die es der Firma ermöglichten, bis heute zu überleben.

Der Sohn Bernhard hatte interessante Geschäftsideen. 1950 schlug er seinem Vater die Herstellung von Eis am Stiel mit Schokoladenüberzug vor. »Ließe sich nicht für den Stadtbezirk Hannover so etwas zur Überbrückung des Sommers einführen?«[196] Die deutschen Markenführer Schöller und Langnese haben erst einige Jahre später mit portioniertem Eis ihre großen Verkaufserfolge erzielt. In der Region Hannover begann der Unternehmer Helmut Graf 1949 mit der Produktion von ›MUKU-Eis‹, das in Schwimmbädern und Kiosken viele Jahre Kinderherzen erfreute. 1950 hätte es in Hannover durchaus einen Markt für Schokoeis am Stiel gegeben. Fast zwanzig

192 HStAH Dep. 105 Acc. 2/80, Nr. 344.

193 HStAH Dep. 105 Acc. 2/80, Nr. 345, Schreiben von Sprengel Junior, 1955.

194 HStAH Dep. 105 Acc. 2/80, Nr. 345, Schreiben B. Sprengels an Max Merckens, März 1955.

195 HStAH Dep. 105 Acc. 2/80, Nr. 345, Schreiben von Februar 1955.

196 HStAH Dep. 105 Acc. 2/80, Nr. 344, Briefe von Bernhard Sprengel jun.

Jahre später war Speiseeis Thema einer Beiratssitzung, allerdings als Konkurrenzprodukt der Schokoladenfabrikation, das für Umsatzrückgänge im Sommer verantwortlich war.[197] Es blieb offen, weshalb der Vater in den 1950er Jahren die Idee zur Produktion von Schleckeis nicht aufgriff.

Der Junior informierte den Vater über neue Analysegeräte für den Praktiker in der Produktion, z.B. zur Bestimmung des Feuchtigkeitsgehaltes der hereinkommenden Rohstoffe (Anmerkung des Seniors ›Kurios‹), und über eine billige und leicht transportierbare Vorrichtung zum halbautomatischen Handtauchen von Pralinenkernen (Anmerkung ›scheint interessant‹). Mitte der 1950er Jahre begann man Schokolade vor dem Conchieren mit Ultraschall zu behandeln, eine Verarbeitungsmethode, die sich aber offenbar nicht durchsetzte. Der Sohn berichtete: »Wir schmelzen die Tafeln ein und schmecken blind und warm ab.« Die Ultraschall-Behandlung sollte die Conchierdauer verkürzen. Die Firma Sprengel blieb beim traditionellen Conchieren, das bei der Zartbitter-Schokolade 72 Stunden dauerte.[198]

Aus Amerika brachte der Junior eine Skepsis gegenüber hierarchisch aufgebauten Unternehmensstrukturen mit. Er mokierte sich über die »pyramidal strikt aufgebaute Sprengel-Direktion« und die stereotypen Wendungen nachgeordneter Angestellter »wie auch Herr Dr. K meint, wie Herr Dr. K gestern anordnete, nach Rücksprache mit Dr. K. Das deutet auf eine saubere Verwaltung, aber auf sehr wenig Stoßkraft hin. Eine Sache, die wir nicht einreißen lassen dürfen, im ganzen Betrieb nicht. Ich habe da während meiner Zeit leidige Dinge gesehen und den gewaltigen Unterschied gespürt, der hier vorherrscht. Der einzelne Angestellte muß spezialisiert sein und zwar sehr stark spezialisiert, mit Eigenverantwortlichkeit an seinem Platz arbeiten.«[199] In Amerika hat sich der Bruder, von seiner Schwester als ›weicher Mensch‹[200] charakterisiert, sehr wohlgefühlt. Vielleicht weil dort die Entscheidungen weniger hierarchiebestimmt abliefen und er selbst frei war von den hohen Erwartungen des strengen Patriarchen. Obwohl der Junior die soziale Betriebspolitik, die der Vater in den Dreißiger Jahren begonnen und nach dem Krieg fortgeführt hatte, mit amerikanischem Blick und einer gewissen Skepsis betrachtete (»Die Conti veranstaltet keinerlei Weihnachtsfeiern. Geschenke gibt es nicht. Die Conti unternimmt auch keine Betriebsausflüge«[201]), wurde er von Mitarbeitern als ein freundlicher, zurückhaltender und bescheidener Mann beschrieben. »Er war menschlich. Man konnte mit ihm reden.«[202]

Als er nach dem Amerika-Aufenthalt in den Betrieb in die Schaufelder Straße zurückkehrte, wurde Horst Kadelbach sein Mentor. Es war dessen »große Aufgabe, Bernhard Sprengel junior in das Unternehmen zu integrieren«, erinnert sich Kadelbachs Sohn. »Zwischen 1956 und 1961 gab es zwischen beiden einen guten Kontakt.«[203] Der Vater Sprengel war dagegen nicht jemand, der seine Kinder ermutigte und deren Selbstvertrauen unterstützte. Daran litt nicht nur das Verhältnis zum Ältesten. »Er hat mir wenig zugetraut und ich mir selbst auch nicht«,[204] urteilt Angela, die Jüngste von drei Schwestern, rückblickend. In der Familie herrschte er als unumschränkter Patriarch. Die Kinder mit ihren Bedürfnissen zählten wenig. »Zum 60. Geburtstag wollten wir ihm die Kunst der Fuge im Quartett

197 HStAH Dep. 105 Acc. 2/80, Nr. 138, Protokoll der Beiratssitzung vom 31.7.1969, »Umsatzrückgänge im Sommer, evtl. durch vermehrten Verzehr von inzwischen besserem Speiseeis«.

198 Interview Reinhard Petter.

199 HStAH Dep. 105 Acc. 2/80, Nr. 345, Briefe von Bernhard Sprengel jun.

200 Interview der Autorin mit Angela Kriesel, geb. Sprengel, am 27.8.2014.

201 HStAH Dep. 105 Acc. 2/80, Nr. 323, Notiz von Bernhard Sprengel jun. an Herrn von Gyldenfeldt.

202 Interview Reinhard Petter.

203 Interview mit Christian Kadelbach am 27.8.2014. Ein Gespräch mit Bernhard Sprengel selbst kam nicht zustande.

204 Interview der Autorin mit Angela Kriesel am 27.8.2014.

vorspielen, aber nach dem 3. Takt brach er ab und sagte ›kommt Kinder, jetzt legen wir mal das Amadeus-Quartett auf.‹ «[205] Das Gefühl des Ungenügens hat Tochter Angela erst viele Jahre später ablegen können. Sie übersetzte eine Würdigungsrede für einen französischen Gast im Sprengel-Museum und merkte, »dass ich vor Menschen reden konnte«.[206] Der Vater entschied für die Kinder einschneidende Dinge, ohne zu fragen, was sie denn selber wollten, auch dann, wenn es ihren Wünschen ganz entgegenlief. »Wir mussten uns in sein Programm einfädeln und so unauffällig wie möglich sein.«[207] Auch die Mutter hatte wenig zu sagen. »Sie vertrat keinen eigenen Standpunkt, und das wäre ihr wohl auch nicht gut bekommen«,[208] meint die Tochter. Sie erinnert sich, dass der Leiter der Kestner-Gesellschaft sie bei einem Besuch in der Kniggestraße fragte, welcher Klee ihr denn am besten gefiele. »So etwas hatte mein Vater mich noch nie gefragt! Ich wollte gerade antworten. [...] Ich hatte mir schon Gedanken gemacht, ganz oft hatte ich mir das schon überlegt. Da ging mein Vater einfach weiter. Er wartete noch nicht einmal meine Antwort ab, sie hatte keine Bedeutung.«[209]

Dabei erlebte sie ihn durchaus als wertschätzend gegenüber anderen Menschen, wenn er Künstler und Musiker in seinem Haus hatte und um deren Wohl rührend besorgt war. »Vater hatte ein gutes Gespür für Musiker-Talente. Für eine junge Geigerin, die ihm vorspielte, unterbrach er eine Sitzung bei Deloitte. Die Musiker wohnten bei uns, sie wurden geschützt in ihrem Bereich, um in Ruhe proben zu können.«[210] Kunst und Musik waren die Themen, die im Haus Sprengel eine Rolle spielten, an Gespräche über die Firma kann sich die Tochter nicht erinnern. Ein Praktikum hat sie ein Jahr lang in verschiedene Abteilungen der Firma, auch in die Produktionsabteilungen geführt. »Die Firma war faszinierend für mich. Die Mitarbeiter hingen an der Familie.« Jeweils drei Monate war sie in der Fabrikation am Fließband, in der Verpackung, bei den Tischlern, in der Export-/Import-Abteilung und ging mit auf Verkaufstour. »Wenn die Zeit anders gewesen wäre, hätte ich mir gut vorstellen können, mich in die Personalseite einzuarbeiten, aber ein Mädchen in der Firma war völlig außerhalb seiner Vorstellungen«.[211] In der Generation des Gründers waren – nicht nur bei Sprengel[212] – die Frauen der Familie selbstverständlich im Geschäft tätig. Ehefrauen und Töchter der Nachfolger dagegen sorgten für die Familie und für eine der Bedeutung der Firma angemessene Haushaltsführung. Sie entlasteten den Firmenchef von familiären Alltagssorgen und waren bei besonderen Anlässen in der Firma anwesend. An die Weihnachtsmärchen, die Margrit Sprengel mit Kindern der Mitarbeiter einübte, erinnern sich ehemalige Lehrlinge und die Sprengeltochter noch gut. Sie hatten in dem Krippenspiel eine Rolle übernommen. Gemeinsam mit Hans-Peter Lehmann[213] brachte die ausgebildete Geigerin Margrit Sprengel das anspruchsvolle Singspiel für Kinder ›Wir bauen eine Stadt‹ von Paul Hindemith mit Sprengelkindern zur Aufführung.[214] Für berufliche Aufgaben in der Firma kamen die weiblichen Familienmitglieder aber nicht in Betracht.

Um die Familiennachfolge zu sichern, nahm der Senior 1955 eine Umgründung der Firma vor. Die Firma Sprengel wurde seither in Form einer GmbH und Co. KG geführt mit der Sprengel GmbH als persönlich haftender Gesellschafterin und Dr. Bernhard Sprengel und seine Kinder als Kommanditisten.[215]

205 Interview mit Angela Kriesel. In: Rita Schoeneberg: 13 von 500000 Menschen aus Hannover, Hannover 1999, S. 44.
206 Interview der Autorin mit Angela Kriesel.
207 Schoeneberg, S. 44.
208 Ebd., S. 45.
209 Ebd.
210 Interview der Autorin mit Angela Kriesel.

211 Ebd.
212 Bei Appel Feinkost war es genauso; Huttenlocher, Appel Feinkost, Sn. 278 und 300.
213 später Opernintendant in Hannover.
214 Interview der Autorin mit Angela Kriesel.
215 HStAH Dep. 105 Acc. 2/80, Nr. 358.

»Der Sinn des Vertrages ist«, schrieb Sprengel seiner ältesten Tochter, »schon jetzt zu meinen Lebzeiten einen möglichst hohen Betrag auf die Kinder zu übertragen, denen dann auf ihren Anteil Gewinnanteile zuwachsen, so daß das Vermögen bei meinem Tode schon möglichst weitgehend von Erbschaftssteuer befreit sein wird«.[216] Die GmbH gehörte mit dieser Konstruktion zum Privatvermögen der Kinder und wurde nicht als Teil des Betriebsvermögens besteuert. Mit ihren Ehepartnern mussten die Kinder Gütertrennung vereinbaren. So gedachte er das Unternehmen in der Familie halten zu können. Dass es ganz anders kam, hatte mehrere Gründe.

Ein Einschnitt in der Geschäftspolitik war der plötzliche Herztod Kadelbachs 1961 mitten in den aufregenden Wochen um Sprengels umstrittenes Ausscheren aus der Preisbindung.[217] Die Nerven lagen blank in der Sprengel-Geschäftsleitung, denn der Handel war erbost über die Kürzung der Handelsspanne, boykottierte Sprengel-Produkte, und der Umsatz brach ein. In dieser Situation führte ein vergleichsweise geringfügiger Anlass zu einer scharfen Reaktion des Firmenchefs. »Ich muß sagen, daß ich für eine derartige Geschäftsführung kein Verständnis mehr habe«,[218] schrieb er am 14. Mai an Kadelbach. Sprengel warf Kadelbach vor, er habe den Verkaufsleiter unter Druck gesetzt und ein Rundschreiben an die Vertreter zurückgehalten, das diese deshalb erst zwei Wochen später erhalten hätten. Die harte Reaktion deutet auf einen schon länger schmorenden Konflikt hin. Kadelbachs Sohn sieht Differenzen über die Gewinnverteilung zwischen Kadelbach und Sprengel als Grund für das Zerwürfnis. »Der Anstellungsvertrag von Kadelbach war Bernhard Sprengel ein Dorn im Auge wegen der zu hohen Beteiligung am Gewinn. Sprengel wollte 1961 einen neuen Vertrag.«[219] Horst Kadelbach starb kurz darauf an einem Herzinfarkt.

Auch wenn er mit von der Wettern die Position des kaufmännischen und betrieblichen Leiters wieder für eine Übergangszeit besetzte, lag ein wesentlicher Teil des operativen Geschäftes in Sprengels Händen. Und es kamen angesichts einer veränderten Marktlage schwierige Entscheidungen auf den Firmeneigentümer zu, der sich eineinhalb Jahrzehnte lang weniger um den Schokoladenmarkt als um den Ausbau seiner Kunstsammlung gekümmert hatte. Eigentlich ein guter Zeitpunkt, die nächste Generation zum Zuge kommen zu lassen. Bernhard Sprengel sen. war jetzt 62 Jahre alt. Sein eigener Vater hatte ihm, in den wirtschaftlichen Krisenjahren ebenfalls Anfang Sechzig, zunehmend Verantwortung übergeben. Bernhard Sprengel traute aber seinem Sohn die Nachfolge nicht zu und hat ihn nach Einschätzung von Mitarbeitern nicht zum Zug kommen lassen. In den fünf Jahren, die dieser nun schon im Unternehmen tätig war, lief er nebenher mit. Er erhielt keinen eigenen Bereich, für den er hätte Verantwortung übernehmen können, um an den Aufgaben zu wachsen.[220] Nach Kadelbachs Tod fehlte zudem der Vermittler zwischen Vater und Sohn. Er zerstritt sich mit seinem Sohn und hatte keine gute Hand bei Personalentscheidungen.

Auch anderen traute er wenig zu. Dem Verkaufsleiter Dieter Pekrun, der viel von Kadelbach gelernt hatte, begegnete er mit Skepsis (›verfügt nicht über eigene Ideen‹). Es waren aber wohl weniger fehlende Ideen als dessen selbstbewusst vertretene abweichende Auffassungen, die Sprengel missfielen. Er hatte es nicht gern, wenn ihm jemand widersprach.[221] Zu einer von Sprengel vorgesehenen Kooperation mit Racke hatte Pekrun notiert: »Es ist unzweckmäßig und würde erhebliches Durcheinander in unserer Kundschaft schaffen, wenn die Firma Racke diesen einen Sprengel-Artikel ohne Beachtung der Sprengel-

216 HStAH Dep. 105 Acc. 2/80, Nr. 358, Brief vom 10.12.1952.

217 Näheres dazu im nächsten Kapitel.

218 HStAH Dep. 105 Acc. 2/80, Nr. 319.

219 Interview Christian Kadelbach.

220 Interview Reinhard Petter.

221 Interview Reinhard Petter.

Abb. 200 Strittige Kooperation von Racke und Sprengel – Negrita-Rum

Mindestmengen-Bestimmungen an Großhändler liefert, die keine Sprengel-Kunden sind. In der Bundesrepublik hat Sprengel einen so hervorragenden Namen, daß bei dieser Aktion der Name Sprengel mehr für Negrita-Rum und Racke werben wird, als etwa umgekehrt.«[222]

Pekrun sah die von Kadelbach aufgebaute effektive Verkaufsstrategie in Gefahr. Sprengel wollte sich aber, so schien es, von den alten Kadelbach-Vertrauten trennen. Ein Jahr später notierte Sprengel: »Von Pekrun getrennt, neuer Verkaufsleiter Weißfuß von Katra, einer der fähigsten Verkäufer der Branche; bisheriger Werbeleiter ausgeschieden.«[223] Die Mitarbeiter beurteilten die Leistungen des Verkaufschefs völlig anders als der Chef: »Der alte Vertriebschef von Sprengel, Pekrun, war 1964 ausgeschieden, und hat 10 gute Leute zu Lindt mitgenommen. Der hat Lindt zur Marke gemacht.«[224] Die Firma Lindt weiß, was sie an dem Mann hatte. In der Unternehmensgeschichte zum 150-jährigen Jubiläum wurde Pekrun namentlich gewürdigt: »Der große Promoter der Marke Lindt in Deutschland war Dieter Pekrun, von 1964 bis 1984 dynamischer und umsichtiger Geschäftsführer der Lizenzfirma Lindt & Sprüngli GmbH in Aachen. Der Umsatz war von 26 Mio. DM 1960 auf 392 Mio. im Jahr 1992 gewachsen.«[225] Die deutsche Lindt-Tochter machte mehr Umsatz als die Mutter in Kilchberg in der Schweiz. Wer weiß, was aus der Firma Sprengel geworden wäre, hätte der Eigentümer 1964 andere personalpolitische Weichen gestellt. Auch vom Werbechef und weiteren Mitarbeitern der Werbeabteilung trennte sich Sprengel. »Dr. Sprengel hat die Werbemannschaft gefeuert, es war nicht einfach mit Sprengel.«[226]

222 HStAH Dep. 105 Acc. 2/80, Nr. 400, Aktennotiz vom 23.10.63.

223 HStAH Dep. 105 Acc. 2/80, Nr. 138. Kadelbachs Sohn erinnert sich, dass sich Pekrun – von 1954 bis 1964 bei Sprengel – gut mit Kadelbach verstanden und geäußert habe: »Das was ich bei Lindt mache, habe ich bei Kadelbach gelernt.«

224 Interview Udo Engelhardt, 1964–1977 bei Sprengel, auch als Verkaufschef.

225 Chocoladefabriken Lindt & Sprüngli AG 1845 bis 1995. 150 Jahre Freude bereiten, Kilchberg 1995, S. 150.

226 Interview K.-H. Schröder, 1964–1992 bei Sprengel, Xox, Trüller, Werbeleiter und Marketingleiter.

Das Nachfolgeproblem beschäftigte Sprengel intensiv; er suchte auch Rat von außen. An den Unternehmensberater Plaut schrieb er: »Sie behandeln eines der wichtigsten und leider auch besonders schwer zu lösenden Probleme. Sie wissen, daß in meinem Falle die Bereitschaft zur Einstellung leitender Herren, insbesondere solcher, die sich später einmal als meine Nachfolger in die Unternehmensleitung teilen sollen, ohne Hemmungen vorhanden ist. Sie wissen auch, dass ich verschiedene Versuche gemacht habe, dieses Problem zu lösen. Die eigentliche Leitung der Firma und zwar die Position der kaufmännischen Leitung wie die der Verwaltung sind bisher immer noch unbesetzt, wenn auch zur Zeit wieder einmal in der Diskussion.«[227] Auch dem Unternehmerkollegen Racke hatte sich Sprengel mit seinen Sorgen anvertraut, und dieser machte sich 1963 Gedanken »über Ihre wichtigsten Personalprobleme, das eines kaufmännischen Direktors, wenn nicht gar Generalbevollmächtigten und die Verkaufsleitung«.[228]

Sprengel war also in den wichtigen 1960er Jahren, in denen der Tafelmarkt sich gravierend veränderte und weitreichende Investitionen anstanden, ohne einen kompetenten und von ihm akzeptierten Generalbevollmächtigten. Ihm war das wohl bewusst. Denn er gründete im Jahr 1962 eine Zusammenkunft der Freunde des Hauses Sprengel, die er ein Jahr später als Beirat fest konstituierte, ein Beratungsgremium für einen Meinungsaustausch, aber ohne tatsächliche Kontroll- oder Entscheidungsrechte (Mitglieder Dr. Korittki, Max Paul Meier, Hans-Joachim Götz, Schulte, Clemens von Velsen, Sprengel, von der Wettern). Sprengel berichtete in der konstituierenden Sitzung über aktuelle Personalentscheidungen, legte die Bilanz vor und nahm die Glückwünsche dafür entgegen.[229] Im Mai

Abb. 201 Hans Peter Albrecht, Nachfolger und Geschäftsführer

1964 kündigte er in diesem Gremium die Einstellung eines Direktionsassistenten an. Ein Name wurde nicht genannt.

Zwei Jahre später trug Hans Peter Albrecht dem Beirat die Finanzplanung des Unternehmens vor, inzwischen vom Eigentümer als Nachfolger ausgewählt. Das Schokoladengeschäft kannte er nicht, aber Manager können, zumal wenn sie von Havard kommen, überall erfolgreich Unternehmen führen, dachte man damals. Sprengel hatte seinen Wunschnachfolger gefunden, ein »absoluter Show-Mann mit geschliffenen Manieren«,[230] gut aussehend, fließend Englisch sprechend, eine Blitzkarriere mit Einstieg ganz oben, getragen von der Hoffnung und dem Vertrauen des Eigentümers. »Mein Vater hatte keine gute Einschätzung von Personen«,[231] meint die jüngste Sprengeltochter. Der Senior gewährte dem

227 HStAH Dep. 105 Acc. 2/80, Nr. 402, Schreiben an ›Organisation Plaut‹ vom 8.4.1964. Die ›Organisation Plaut‹ war eine Organisationsberatung.

228 HStAH Dep. 105 Acc. 2/80, Nr. 400.

229 Erst mit dem Einstieg von Nabisco 1967 wurde der Beirat per Satzung mit konkret benannten Aufgaben zu einem Kontrollgremium der Geschäftsleitung.

230 Interview Reinhard Petter.

231 Interview der Autorin mit Angela Kriesel.

›Ersatzsohn‹[232] einen goldenen Vertrag, über dessen großzügigen Inhalt in der Firma allerlei Gerüchte umliefen. »Die beiden haben sich gut verstanden.«[233] Dem eigenen Sohn stellte Sprengel den Stuhl vor die Tür. Der Junior ging zur Kali Chemie.

Fällt die Preisbindung für Tafelschokolade? Sprengel prescht vor

Die vertikale Preisbindung der Markenartikel, mit der die Hersteller die Abgabepreise der Händler festsetzen konnten, wurde 1952 durch ein Schreiben des US-Hochkommissars wieder ermöglicht. Markenartikler konnten statt unverbindlicher Preisempfehlungen feste Ladenpreise bestimmen, mussten aber die durchgehende Einhaltung der verbindlichen Abgabepreise im Einzelhandel garantieren. SPD und Gewerkschaften waren, unterstützt vom Bundeskartellamt, dagegen.[234] Sie kämpften viele Jahre gegen diese sogenannte Preisbindung der zweiten Hand.

Der Kenner der Schokoladenbranche Otto Bredt analysierte die Situation auf dem Tafelschokoladenmarkt: »Der Schwerpunkt der Wiederaufnahme der Produktion (nach dem Krieg) lag zumeist auf dem Tafelgeschäft wegen der sich entwickelnden automatischen Produktion und der Einsparung von Arbeitskräften. Es bildeten sich Standardpreisklassen heraus zw. 1 DM und 1,60 DM mit Schwerpunkt von 1,30 DM je Tafel.

Die Verkaufspolitik der Markenfabrikanten in der Schokoladenindustrie stellte sich sehr bald nach der Wiederaufnahme der Produktion auf konstante Ladenpreise ein. Die Situation auf einem Branchenmarkt wird zumeist durch eine verhältnismäßig kleine Gruppe von maßgebenden Firmen bestimmt. Sie sind es, die in der Branche den Ton angeben, nach denen sich die anderen Firmen ausrichten. […] Man paßt sich im nachhinein an, weil man es muß.« [235]

Zu den Preisführern gehörten Monheim und die vier S-Firmen Stollwerck, Sarotti, Sprengel und Suchard. Dabei spielte der Rohkakaoeinkaufspreis in der Tafelschokoladen-Fabrikation kalkulatorisch die weitaus größte Rolle. Ihm gegenüber traten die andern beiden Komponenten Verpackung und Arbeit (Fertigung) weit zurück. »Von der Wahl der Rohstoffe, ihrer Zusammensetzung und Verarbeitungsmöglichkeit [hängt] praktisch nicht nur die Qualität, sondern auch die Rentabilität ab.«[236]

Nach einer Rohstoffhausse 1958 sanken die Einkaufspreise und ermöglichten Zusatzgewinne. Die Hersteller von Konsumschokolade gaben die Einsparungen im Einkauf durch Rabattgewährung an den Handel weiter. Eine Fülle von Preisnachlässen war die Folge. Die Markenfabrikanten zögerten jedoch. Sie sagten: »Der Verbraucher beurteilt die Qualität nach der Höhe des Preises. Senken wir die Ladenpreise, so spricht man uns die Wahrung des Qualitätsgedankens ab und setzt voraus, dass wir die Qualität entsprechend geändert haben.«[237]

Dass sie mit dieser Einschätzung eine verbreitete Verbrauchermeinung, vor allem die Meinung ihrer Kunden, richtig wiedergaben, zeigte eine Allensbachstudie über die Preisbindung aus dem Jahr 1964. »Eine knappe Mehrheit der Verbraucher befürchtet, daß die Qualität bei freien Markenartikelpreisen nicht auf dem heutigen Niveau bleibt. Je ausgeprägter das Qualitätsbewußtsein, desto stärker ist die Neigung zur Preisbindung. […] Sogar bei einem Artikel wie Schokolade, dessen Preisbindung ja stark diskutiert war, ist zu beobachten, daß vorab die markenbewußten Käufer an der Aufrechterhaltung der Preisbindung interessiert sind. […] Markenbewußte Käufer von

232 Interview Reinhard Petter.

233 Interview der Autorin mit Angela Kriesel.

234 Zucker- und Süßwarenwirtschaft, 1953.

235 Otto Bredt: Die volks- und betriebswirtschaftliche Bedeutung der vertikalen Preisbindung, Düsseldorf 1965, S. 84.

236 Ebd., S. 89.

237 Ebd., S. 90.

Tafelschokolade (31 % aller Erwachsenen) sind zu 61 % für die Preisbindung.«[238]

In einer Zeit vor der ›Geiz ist geil-Mentalität‹ schätzten viele Verbraucher eine stabile, verlässliche Preisgestaltung, die sie nicht zu ständigen zeitaufwändigen Marktvergleichen zwang. »Insbesondere Hausfrauen lieben es nicht, einem günstigen Angebot zuliebe ihren gutbekannten Stammkaufmann zu übergehen«, gab die Allensbach-Studie zu bedenken. »Von einer Aufhebung der Preisbindung befürchten die Verbraucher den Einbruch eines härteren Konkurrenzklimas in die menschlich sonst angenehme Atmosphäre. Zu dieser Wirtschaftsatmosphäre gehört auch, daß man Kinder zum Einkaufen schicken kann.«[239]

Die Markenartikler haben sich allerdings, sagte Bredt voraus, mit der Beibehaltung der nicht marktgerechten Preise »eine ganze Reihe von sehr rührigen Konkurrenten in der zweiten Linie selbst großgezogen, da das Preisniveau Unternehmern mit Wagemut und Tatkraft den Aufbau neuer Fabriken ermöglichte«.[240] Hans Imhoff nutzte diese Konstellation für seinen Aufstieg.

Bernhard Sprengel überschaute diese Marktsituation, die das Entstehen eines grauen Marktes der Discounter begünstigte. Diese schossen damals, so eine Aktennotiz des Verkaufsleiters Pekrun, »in verschiedenen Gegenden wie Pilze aus dem Boden. Besonders betroffen sind Berlin und das Ruhrgebiet«.[241] Die Discounter unterboten mit Schnäppchenpreisen den traditionellen Fachhandel, und es wurde für die Hersteller immer schwieriger, die Lückenlosigkeit der Preisbindung zu belegen.[242] Statt für gängige Tafeln den gebundenen Verbraucherpreis zu senken, hob Sprengel am 5. März 1961 für Tafelschokolade die Preisbindung ganz auf – in der Erwartung, dass die anderen Preisführer folgen würden. Was geschah? Die großen Ketten und Filialunternehmen nutzten die Gelegenheit, Sprengels Markenschokolade unter Einkaufspreis als Lockvogelangebot zu verkaufen, eine schöne Oster-Überraschung. Die Konkurrenz behielt die Preisbindung bei. Der Einzelhandel rebellierte gegen den Preisbrecher.

»Der Einzelhändler sah bestürzt, daß Filialbetriebe und Großgeschäfte die süßen Tafeln für 90 und 95 Pfennige verkauften, obwohl der Einzelhändler selber für genau 92 Pf vom Produzenten oder Großhändler einkaufen mußte. Um mehr als dreißig Prozent war über Nacht der Wert seines Lagers gesunken«,[243] schrieb die ›Welt am Sonntag‹. Im norddeutschen Kernmarkt nahm der Einzelhandel in großem Stil Sprengel aus dem Sortiment. Der Reporter hatte » allein in der Hamburger Innenstadt dreizehn Geschäfte – große und kleine, Kaufhäuser, Selbstbedienungsläden und Fachgeschäfte – überprüft. Acht führen die bewußte Schokolade nicht mehr, und in einem Laden wollte man die Marke ›auslaufen‹ lassen. Der Chef eines Feinkostgeschäftes erklärte böse: ›Wir boykottieren die Marke, wo immer wir können.‹ «[244]

Schnelles Handeln war angesagt, über das Wie gingen die Meinungen auseinander. Sollte Sprengel die Preise senken oder die Preise für Tafelschokolade wieder binden? Bernhard Sprengel entschied sich für eine Kombination beider Möglichkeiten, nahm die Entscheidung vom 5. März zurück und führte am 23. März die Preisbindung auf niedrigerem Preisniveau wieder ein, allerdings mit gekürzter Handelsspanne für den Einzelhandel. »Wir haben, wie wir unseren Kunden am 23. März mitteilten, die Preise für einige Artikel nach

238 Institut für Demoskopie: Verbraucher zur Preisbindung. Der Markenartikel im Alltag der Bevölkerung, Allensbach 1964, Sn. 12 f. und 48.

239 Ebd., S. 12.

240 Bredt, S. 87.

241 HStAH Dep. 105 Acc. 2/80, Nr. 319, Aktennotiz Pekruns vom 15.5.1962 zu ›Preisbindung/Discount-Unternehmen. Streng vertraulich!‹.

242 Damit die Preisbindung Bestand hatte, musste ihre lückenlose Umsetzung von den Herstellern gegenüber dem Kartellamt nachgewiesen werden. Unterbietende Händler waren abzumahnen und, wenn sie sich nicht an die Preisbindung hielten, von der Lieferung auszuschließen.

243 Welt am Sonntag, 4.6.1961.

244 Ebd.

vorübergehender Lockerung der Preisbindung und sorgsamer Beobachtung des Marktes auf niedrigerer Basis neu festgelegt und zu diesen niedrigeren Ladenpreisen gebunden«,[245] schrieb Sprengel an den Spiegel-Redakteur Wolfgang Risse.

Sprengel hatte den Markt und die Preisbindung gehörig durcheinander gebracht, allerdings im Gegensatz zu seinem Verkaufsleiter Pekrun mit wenig Gespür für die sich anbahnenden Entwicklungen am Markt. Das Bundeskartellamt, von Amts wegen misstrauisch bei Preisbindungen, beobachtete die Entwicklung genau. Würde Sprengel die notwendige Lückenlosigkeit auf dem niedrigeren Niveau nachweisen können? Im Mai erfuhr er, »dass Rewe mit –,98 [DM] zu schleudern gedenkt. Wenn wir unsere Preisbindung durchziehen wollen, müssen wir die Rewe sperren«.[246] Einen solchen potenten Händler zu sperren, um die Preisbindung aufrechtzuerhalten, wäre schwierig. »Die von uns verringerte Handelsspanne wird also nicht akzeptiert«,[247] konstatierte Sprengel. » Es ist außer jedem Zweifel, daß wir die Gelegenheit verpaßt haben, sofort nachdem wir merkten, daß wir einen Fehler gemacht hatten, auf 1,30 zurückzugehen. Heute bleibt uns vermutlich nur noch die Wahl, dem Handel die volle Spanne zu geben und das so schnell wie möglich.« Um den neuen Ladenpreis von 1,10 DM am Markt durchzusetzen, musste der Fabrikabgabepreis der Schokoladentafeln an den Einzelhandel noch einmal gesenkt werden.

»Tun wir den kleinen Schritt in Weinbrandbohnen und Weinbrandkirschen herauf und räumen damit die volle Spanne wieder ein, und gehen wir gleichzeitig [bei den Tafeln] den wichtigen Schritt von 0,80 auf 0,77 DM herunter, so haben wir eine Waffe in der Hand, und einen Weg vor uns, auf dem uns der Handel folgen wird«, war Sprengels Überlegung.[248]

Sprengel musste aber nicht nur den Handel besänftigen, sondern auch die eigenen Leute im Außendienst motivieren. »Der Führerglaube, der gegenüber Sprengel in großen Teilen des Handels, vor allem aber im Innendienst und Außendienst des Verkaufs bestanden hat, ist ebenso stark erschüttert, wie unser Goodwill gemindert ist, den wir bei unserem Personal, beim Handel und bei vielen Konsumenten hatten«,[249] beklagte Verkaufsleiter Pekrun und schlug gleich bessere Konditionen für das Verkaufspersonal vor. Einen Monat später verbreitete die Geschäftsleitung in einer Versammlung des Außendienstes Optimismus.

»Die Firma Sprengel steht heute stärker da, als vor dem 3.3.61 auch wenn eine Anzahl

245 HStAH Dep. 105 Acc. 2/80, Nr. 319, Schreiben BS 5.7.1961.

246 HStAH Dep. 105 Acc. 2/80, Nr. 319, Aktennotiz BS 5.5.1961.

247 Ebd.

248 HStAH Dep. 105 Acc. 2/80, Nr. 319.

249 Ebd., Notiz vom 24.5.1961.

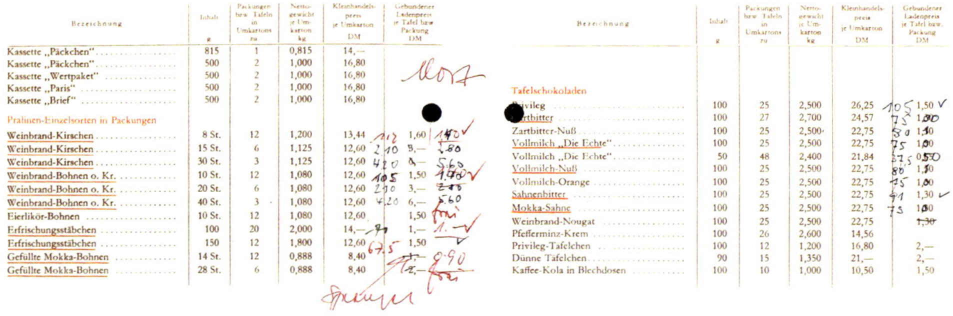

Bezeichnung	Inhalt g	Packungen bzw. Tafeln in Umkartons zu	Netto-gewicht je Umkarton kg	Kleinhandelspreis je Umkarton DM	Gebundener Ladenpreis je Tafel bzw. Packung DM
Kassette „Päckchen"	815	1	0,815	14,—	
Kassette „Päckchen"	500	2	1,000	16,80	
Kassette „Wertpaket"	500	2	1,000	16,80	
Kassette „Paris"	500	2	1,000	16,80	
Kassette „Brief"	500	2	1,000	16,80	
Pralinen-Einzelsorten in Packungen					
Weinbrand-Kirschen	8 St.	12	1,200	13,44	1,60
Weinbrand-Kirschen	15 St.	6	1,125	12,60	3,—
Weinbrand-Kirschen	30 St.	3	1,125	12,60	6,—
Weinbrand-Bohnen o. Kr.	10 St.	12	1,080	12,60	1,50
Weinbrand-Bohnen o. Kr.	20 St.	6	1,080	12,60	3,—
Weinbrand-Bohnen o. Kr.	40 St.	3	1,080	12,60	6,—
Eierlikör-Bohnen	10 St.	12	1,080	12,60	1,50
Erfrischungsstäbchen	100	20	2,000	14,—	1,—
Erfrischungsstäbchen	150	12	1,800	12,60	1,50
Gefüllte Mokka-Bohnen	14 St.	12	0,888	8,40	1,—
Gefüllte Mokka-Bohnen	28 St.	6	0,888	8,40	2,—

Bezeichnung	Inhalt g	Packungen bzw. Tafeln in Umkartons zu	Netto-gewicht je Umkarton kg	Kleinhandelspreis je Umkarton DM	Gebundener Ladenpreis je Tafel bzw. Packung DM
Tafelschokoladen					
Privileg	100	25	2,500	26,25	1,50
Zartbitter	100	27	2,700	24,57	1,30
Zartbitter-Nuß	100	25	2,500	22,75	1,30
Vollmilch „Die Echte"	100	25	2,500	22,75	1,30
Vollmilch „Die Echte"	50	48	2,400	21,84	0,50
Vollmilch-Nuß	100	25	2,500	22,75	1,30
Vollmilch-Orange	100	25	2,500	22,75	1,30
Sahnenbitter	100	25	2,500	22,75	1,30
Mokka-Sahne	100	25	2,500	22,75	1,30
Weinbrand-Nougat	100	25	2,500	22,75	1,30
Pfefferminz-Krem	100	26	2,600	14,56	
Privileg-Tafelchen	100	12	1,200	16,80	2,—
Dünne Täfelchen	90	15	1,350	21,—	2,—
Kaffee-Kola in Blechdosen	100	10	1,000	10,50	1,50

Abb. 202 Sprengels handschriftliche Preisfestsetzungen 1961 nach Wiedereinführung der Preisbindung

Kunden aus Trotz z.Zt. noch nicht wieder kauft. Steigerung in Tafelschokoladen im Mai enorm: Westdeutscher Durchschnitt + 74 %, süddeutscher Durchschnitt + 55 %.«[250]

Im Herbst hatte der Außendienst die Dämme gegen den Absatzeinbruch gesichert. Der Verkaufsleiter berichtete: »Wir können nach der enormen Verärgerung des Handels durch unsere März-Maßnahmen und durch vorangegangene abnorme Schärfen in der Behandlung mancher Kunden recht froh sein, dass das Geschäft überhaupt wieder so gut läuft. Sarotti und Tobler sind mit wenigen Erzeugnissen vertreten. Vom Großfilialisten Stüssgen, Köln, konnte ich nach mehrmaligen Besuchen endlich wieder einen ersten Auftrag bekommen. Die Wiederaufnahme der Geschäftsverbindung mit Kaufhof und Merkur-Horten-Defaka ist zu 95 % sicher. Hier den Widerstand auszuräumen, war besonders schwer.«[251]

Die Branchenzeitung ›Zucker- und Süßwarenwirtschaft‹ teilte Sprengels Einschätzung der Marktsituation, urteilte aber: Die Form, in der die Preisbindung und -wiederbindung erfolgte, war denkbar unglücklich. [...] Wir meinen, daß ein Preis von 1,30 DM für die Tafel Schokolade auf die Dauer nicht zu halten sein wird. Dieser Erkenntnis werden sich auch die verbliebenen Markenartikelfirmen nicht verschließen können. Wer Preise zementieren will, ruft unweigerlich Abwehrmaßnahmen der Konsumenten auf den Plan, insbesondere wenn die Handelsspannen als zu hoch empfunden werden.«[252]

Das Bundeskartellamt hatte sich gewundert und gleichzeitig gefreut, dass ›eine so konservative Firma wie Sprengel‹ die Preisbindung zunächst teilweise aufgegeben hat. Als Sprengel aber die Preise wieder band, leitete das Amt ein Verfahren ein, um die Berechtigung der Preisbindung zu überprüfen. »Marktpsychologisch muß der Eindruck entstehen, als ob wir die Maßnahmen des Kartellamtes ins Rollen gebracht hätten«, notierte Verkaufsleiter Pekrun kritisch. Er analysierte für seinen Chef 1962 die voraussehbare Entwicklung auf dem grauen Markt in einer streng vertraulichen Aktennotiz: »Der Einzelhandel ist auf die Dauer natürlich gezwungen, in die stark herabgesetzten Preise einzutreten und auch seine Spannen damit wesentlich zu reduzieren. In manchen Städten haben selbst kleinste Einzelhändler Überschriften an den Schaufenster ›Hier kaufen Sie zu Discount-Preisen‹ [...] Im grauen Discount-Markt werden in erheblichem Umfange preisgebundene Markenartikel unter Preis verkauft, ohne daß das jetzt groß diskutiert wird.

Abb. 203 Preise – Weinbrandbohnen heraufsetzen, Tafeln billiger anbieten

Später werden sich die Angriffe auf alle lohnenden preisgebundenen Markenartikel ausdehnen. Sicherlich wird dieser Schritt zu einem Zusammenbruch aller Preisbindungen führen. [...] Die Zahl der Supermärkte, die von

250 Ebd., Vertreterbesprechung vom 13.6.1961.
251 Ebd., Pekrun an Sprengel, 24.10.1961.
252 Zucker- und Süßwarenwirtschaft, April 1961, S. 241.

Abb. 204 Der Preissenkung folgt Schokoladenboom

Filialisten oder von selbständigen Zusammenschlüssen des Einzelhandels (Edeka, Rewe, Ketten) betrieben werden, wird schnell wachsen. Die Kosten für Finanzierung und Betrieb eines Supermarktes liegen enorm hoch und zwingen diesen Teil des Einzelhandels, unbedingt alle Register zu ziehen, um größtmögliche Umsätze zu erzielen. Ein Mittel hierzu sind Sonderangebote mit Lockartikeln.«[253] Eine kluge Vorausschau der Entwicklung im Handel, die so eingetreten ist.

Im August 1964 erklärte das Bundeskartellamt die Preisbindung für Tafelschokolade der Firmen Sarotti, Sprengel, Suchard, Stollwerck, Mauxion, Waldbaur und Eszet für ungültig, weil die Lückenlosigkeit nicht nachgewiesen werden könne.[254] Für Pralinen blieb sie dagegen noch mehrere Jahre bestehen. Die sozial-liberale Koalition setzte schließlich 1973 das Verbot der vertikalen Preisbindung durch eine Novellierung des Gesetzes gegen Wettbewerbsbeschränkungen durch. Nur Verlagserzeugnisse blieben – bis heute – gebunden. Nach dem Inkrafttreten des Gesetzes im Januar 1974 sanken die Preise, die Ketten profitierten und dehnten sich aus. Neu entstanden die großen Drogeriemarktketten. Der inhabergeführte Einzelhandel verlor an Boden.

Ob die Billigpreisstrategie für den Verbraucher als Vorteil zu werten ist, hängt davon ab, welchen Wert man Qualität beimisst. Produzenten qualitativ hochwertiger Lebensmittel gerieten in Schwierigkeiten, noch ausreichende Erträge zu erwirtschaften. Die Rabattforderungen der übermächtigen Handelsketten schmälerten ihre Gewinnspannen,[255] und das veränderte Verbraucherverhalten setzte den Markenartiklern zusätzlich zu. Denn interessanterweise gaben die Verbraucher trotz steigenden Realeinkommens immer weniger Geld für Nahrungsmittel aus.[256] Diese sollten vor

253 HStAH Dep. 105 Acc. 2/80, Nr. 319, Auszug Aktennotiz Pekrun vom 15.5.1962.

254 Erich Batzer, Erich Greipl, Helmut Laumer und Walter Meyerhöfer: Marktstrukturen und Wettbewerbsverhältnisse im Einzelhandel, IFO-Institut für Wirtschaftsforschung, Berlin 1971, S. 155.

255 Werner Bahlsen berichtete 1977 der Presse, als sich die Firma bemühte neben dem traditionellen Einzelhandel an Großbetriebe des Handels zu verkaufen, dass »sich die Rabattforderungen der Großabnehmer negativ auf die Ertragsentwicklung ausgewirkt« hätten, HAZ vom 1.9.1977: Bahlsen jetzt in allen Verbrauchermärkten. Als Preisbrecher marschierte vor allem Aldi voran. »Skonti wurden damals überall verlangt, aber Aldi verlangte das Dreifache«, berichtete Guido Sandler, der persönlich mit Oetker die Verhandlungen mit Aldi geführt hatte, Interview am 13.12.2012.

256 Arne Andresen: Der Traum vom guten Leben, Frankfurt 1997, S. 25: 1949 Nahrungsmittel 48,5 % des Einkommens, 1970 nur noch 30 %.

allem billig sein. Die Markenfirmen waren oft gezwungen, eine zweite Linie ihrer Produkte als Handelsmarke zu verkaufen mit dem Risiko, ihre Glaubwürdigkeit als Qualitätsproduzenten aufs Spiel zu setzen. Auch Sprengel spielte mit diesem Gedanken. Ein solches Konzept sieht der erfahrene Markenartikler Guido Sandler, jahrzehntelang Generalbevollmächtigter der Oetker-Gruppe, kritisch: »Es ist eine Todsünde, wenn man den gleichen Inhalt im Markenartikel und als Handelsmarke anbietet. Ich will doch nicht meine Kunden belügen. Die Marke geht kaputt, wenn man nicht ehrlich ist zu den Kunden. Dann orientieren sie sich anders. Es gibt ja genug andere Produkte.«[257]

Schokoladenkonjunktur in den 1960er Jahren

Nach der Preissenkung und schließlich dem Fall der Preisbindung von Tafelschokolade stieg die Nachfrage enorm, und Sprengels Umsatz kletterte von 68 Mio. DM im Jahr 1961 auf 115 Mio. DM 1966. Die Kapazitäten reichten nicht mehr aus, und Sprengel vergab Lohnaufträge an andere Produzenten, um die Nachfrage befriedigen zu können. Die Frage war: War das ein Boom auf Dauer? Der Berater Bredt war optimistisch: »Preis und Qualität treffen zusammen, so daß eine fortlaufende Steigerung durchaus zu erwarten ist.«[258]

Die Gewerkschaft Nahrung Genuss Gaststätten und die Branchenzeitung Süßwarenwirtschaft berichteten von erheblichen Investitionen der Großbetriebe der Schokoladenindustrie in neue verbesserte Fertigungsanlagen mit erhöhter Produktionsleistung je Arbeitsstunde. Wie würde sich die Automation auf die Zahl der Arbeitsplätze auswirken? Dazu gab es widersprüchliche Einschätzungen. Befürchtete man einerseits, dass die erhöhte Produktivität pro Arbeitsplatz auf lange Sicht Arbeitsplätze kosten könnte, musste die Gewerkschaft auf der anderen Seite feststellen, dass die Firmen der Süßwarenindustrie dazu übergegangen waren, Frauen aus Griechenland und Spanien anzuwerben, denn Arbeitskräfte waren knapp.

Das Jahrbuch der Gewerkschaft Nahrung, Genuss, Gaststätten berichtete 1961: »Die Anwerbung ausländischer Arbeitskräfte blieb nicht auf Italien und männliche Arbeitnehmer beschränkt, sondern wurde im besonderen auf Griechenland und Spanien ausgedehnt. Die Konserven-, Süßwaren- und Fleischwaren-Industrie im Bereich unserer Gewerkschaft sind scheinbar geeignete Industriezweige für weibliche ausländische Arbeitskräfte, obwohl der Einsatz mit erheblichen Kosten verbunden ist.«[259] Man spürt diesen Zeilen eine deutliche Skepsis gegenüber der neuartigen Entwicklung an. Die Vollbeschäftigung hatte die Gewerkschaften in eine günstige Verhandlungsposition gesetzt. Mit Anwerbemaßnahmen im Ausland und gleichzeitig arbeitssparenden Rationalisierungsinvestitionen verschafften sich die Unternehmen Luft auf dem angespannten Arbeitsmarkt. Kosten fielen vor allem bei der Unterbringung der ausländischen Mitarbeiterinnen an. Auch Sprengel warb Griechinnen an und brachte sie in eigenen Häusern unter. Ehemalige Mitarbeiterinnen erinnern sich: Das war am Band »erst mal etwas exotisch, die Mischung von warmer Schokolade, Avon Parfüm und Knoblauch«. Die Betriebszeitung interviewte eine junge Griechin: »Was halten sie von ihren deutschen Mitarbeiterinnen? Die junge Griechin hört aufmerksam zu und überlegt: ›Sie sind sehr freundlich und hilfsbereit, aber sie sollten uns etwas mehr achten.‹ «[260]

Wegen der gesunkenen Preise für Schokoladentafeln boomte die Nachfrage. Jede Firma wollte auf diesem wachsenden Markt ihre Marktanteile sichern, und so investierten die Schokoladenfabriken in großem Umfang in vollautomatische Fertigungsstraßen. Die

257 Interview der Autorin mit Guido Sandler am 13.12.2012.

258 HStAH Dep. 105 Acc. 2/80, Nr. 138, Protokoll der Beiratssitzung am 21.5.1962.

259 NGG-Jahrbuch, 1960/61, S. 214.

260 Blickpunkt Sprengel, Juni 1971.

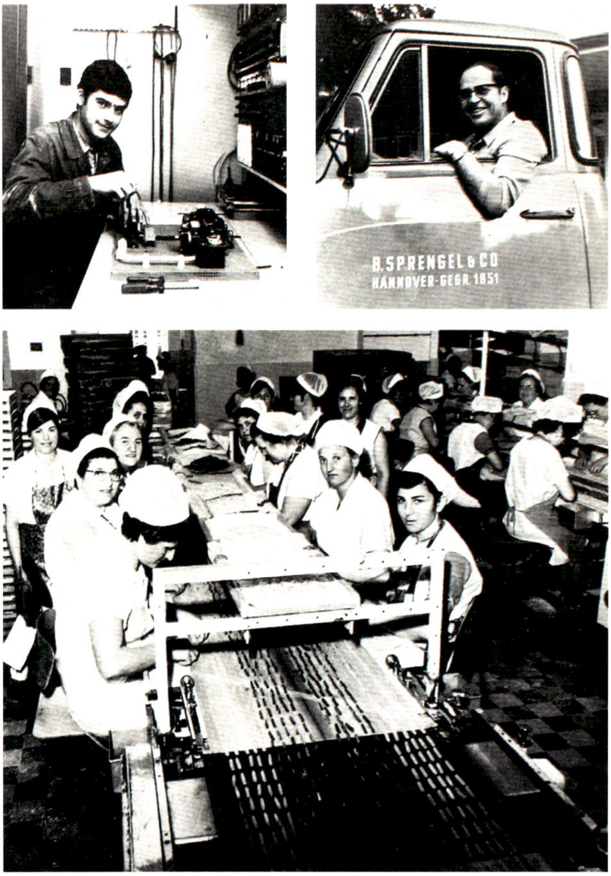

Abb. 205 In der Sprengel-Betriebszeitung wurde für ein gutes Miteinander geworben

»völlig neuen Verfahren der Behandlung und Verarbeitung von Rohstoffen der Nahrungs- und Genußmittelindustrie« beunruhigten die Gewerkschaft. Sie sah in der zunehmenden Automatisierung des Arbeitsablaufs eine stärker werdende geistige und nervliche Belastung. »Neue Techniken der Mechanisierung und Steuerung der Produktion und hochrationalisierte Verpackungstechniken beschleunigen den Prozeß der Einsparung von Arbeitskräften zusehends. Diese Entwicklung wird zusätzlich gefördert durch einen erheblich verkürzten Zeitabstand zwischen Reißbrettkonstruktion immer neuer leistungsfähigerer Anlagen und ihrem Einsatz in den Produktionsstätten.«[261] Die Diskussion um die wirtschaftlichen und sozialen Folgen des technischen Fortschritts begann.

Die Firma Sprengel kaufte zwar neue Maschinen, war aber durch die engen Räumlichkeiten und die umständlichen Transportwege in dem alten Gebäude beengt. 1967 wurde schließlich im Beisein des niedersächsischen Ministerpräsidenten die vollautomatische Tafelschokoladenstraße, die »modernste Schokoladenfabrik Europas«, wie es hieß, mit vollautomatischer Röstung, Schokoladenmasse- und Tafelherstellung, in Betrieb genommen. Sprengel war mit dem Neubau spät dran und der Tafelschokoladenmarkt schon von Überkapazitäten gezeichnet.

Die Pralinenproduktion in der Schaufelder Straße war noch in hohem Maße von Handarbeit geprägt. Der Verkaufschef führte 1963 zwei englische Herren von der englischen Konkurrenz Cadbury and Fry durch den Sprengelbetrieb: »Beim Anblick der Handüberzieherei erwähnte Herr Usher von Fry, daß er sich beim Anblick der Handüberzieherei an seine Jugend erinnere, wo auch bei ihnen in England noch handüberzogene Pralinen hergestellt wurden. Seit Jahren wäre es in England unmöglich für derartige Arbeiten weibliche Arbeitskräfte zu bekommen.«[262]

Mitarbeiterinnen erinnern sich an die Pralinenproduktion Ende der 1960er Jahre mit »viel Handarbeit, z.B. beim Verzieren der Pralinen mit Dekoren und bei der Produktion von Weinbrandkirschen. In der Hohlkörperabteilung wurde die warme Schokolade in Formen gegossen, dann wurden die Formen

261 NGG-Jahrbuch, 1964/65, S. 8/9.
262 HStAH Dep. 105 Acc. 2/80, Nr. 387, Aktennotiz Pekrun vom 3.5.1957.

Abb. 206 Vollautomatische elektronische Steuerung in der neuen Tafelproduktion

geschüttelt und gekühlt. Die halben Hohlkörper zogen auf dem Band an uns vorbei, wir legten die Kirschen mit der Hand hinein. Darauf kam die Fondant-Zuckerlösung mit Alkohol und der Schokoladendeckel.«[263] Für die ›Herzkirschen‹ wurde »jede Kirsche abgetastet, ob auch kein Stein darin war oder Würmer«.[264]

Die Sprengel-Kunden, vor allem die ›India‹-Genießer, waren anspruchsvoll. »Wir bekamen Reklamationen, wenn wir die Pralinenmischungen anders zusammengesetzt haben«, erinnert sich Schokoladenmacher Reinhard Petter. Und jede Reklamation wurde persönlich beantwortet mit einem kleinen Pralinenpräsent als Entschuldigung. Petter schwört auf die alten Conchen in der Schaufelder Straße, die speziell geeignet waren für die hochfeinen Pralinen und die edelbitteren Schokoladen. »Auf die Qualität wurde geachtet. Jede Kirsche wurde kontrolliert. Wenn eine kleine Blase in der Schokolade war, und die platzte, dann hatte man den Eindruck, da könnte ein Wurm drin sein. Das stimmte aber nicht. Es lief die Füllung aus, weil die Zucker-Alkoholfüllung die Schokolade angriff. Die ›Herzkirschen‹ konnten deswegen nicht lange lagern. Wenn die Füllung an den Rand der Schokolade schwappte, dann schloss der Deckel nicht mehr dicht. Diese ›Herzkirschen‹ wurden alle aussortiert und als Personalware abgegeben.«[265]

Das Formen der Mandelberge verlangte geschickte Hände. »An der Mandelbergmaschine wurde lange getüftelt, aber ohne Erfolg«, berichtete Rita M., die bei Sprengel Konfektmacherin gelernt hatte. Der Ingenieur Helmrich Lambrecht hatte eine Zwillingsformmaschine für Mandelberge entwickelt und war »bitter

263 Interview Sprengelanerinnen.
264 Interview Frau Göbel.
265 Interview Reinhard Petter.

Abb. 207 Pralinendekoration per Hand, 1968

Abb. 208 India-Genießer waren anspruchsvoll

In den 1970er Jahren gelang schließlich doch ein Eigenbauapparat eines Verfahrenstechnikers, bei dem die Frauen nur noch querstehende Mandelstückchen zurechtschieben mussten.[267] Nach langen Versuchen entwickelten Ingenieure der Firma um diese Zeit auch eine automatische Verpackungsmaschine für Pralinen, die die empfindlichen Köstlichkeiten mit einem Ansauger anhob und transportierte. Sie durften dabei nicht beschädigt werden. Das war lange ein Problem. Frauenhände mit Fingerlingen gingen sensibler mit den Pralinen um. Wie in den Anfängen der Schokoladenindustrie, als der Gründer Bernhard Sprengel eigene Maschinen konstruiert hatte, spielten Eigenbaukonstruktionen auch hundert Jahre später für die Produktion der hochwertigen Waren noch eine wichtige Rolle.

1600 Frauen beschäftigte Sprengel in den 1960er Jahren, das waren zwei Drittel der Beschäftigten.[268] Die engagierte Personalleiterin Dr. Paula Maeder ermutigte Frauen, Verantwortung zu übernehmen. Gruppenleiterinnen und Vorarbeiterinnen wurden in Mitarbeiterführung geschult, denn sie prägten die Atmosphäre und das Arbeitsklima in den Abteilungen.

bedrückt, dass er dieses wichtige Mandelbergproblem nicht erfolgreich zu Ende führen konnte und die Maschine nach versuchsweisem Einsatz nicht den entscheidenden Erfolg gebracht hat. Meine Furcht vor den ungezählten mühselig mit der Hand arbeitenden Mädchen hatte ich als Ansporn vor Augen.«[266]

Der Verkauf an den US-amerikanischen Kekskonzern Nabisco

Als Sprengels vollautomatische Tafelanlage im Neubau am Brinker Hafen 1967 in Betrieb ging, hatte Bernhard Sprengel kurz zuvor 49 Prozent des Unternehmens an Nabisco[269]

266 HStAH Dep. 105 Acc. 2/80, Nr. 548, Schreiben Helmrich Lambrecht.

267 Interview Reinhard Petter.

268 Blickpunkt Sprengel, 1968, Heft 3.

269 National Biscuit Company.

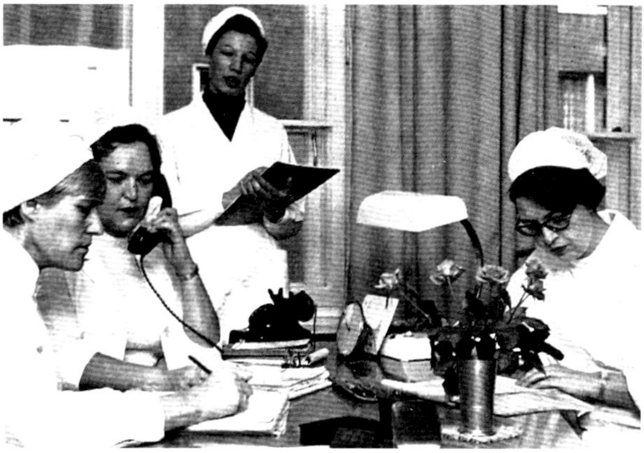

Abb. 209 Frauenförderung bei Sprengel

verkauft. Im Erdgeschoss des Neubaus arbeiteten zwei vollautomatische Arbeitsstraßen zur Schokoladenmassenherstellung. Sechs große Conchen mit jeweils 3 Tonnen Fassungsvermögen bewegten die Schokolade 48 Stunden lang, Zartbitterschokolade wurde 72 Stunden conchiert. Über Leitungen wurden die Schokoladenmassen in die oberen Stockwerke gepumpt: zur vollautomatischen Eintafelanlage im ersten und in die Hohlkörperanlage im zweiten Stock. In der Schaufelder Straße hatten die Schokolademassewagen mit 300 kg Inhalt noch per Hand bewegt werden müssen, eine anstrengende Männerarbeit. Die beiden Eintafelanlagen produzierten in einer Schicht 20 Tonnen Schokoladentafeln. Zur höheren Auslastung wurden sie – wie damals üblich – in Doppelschicht gefahren.

Sprengel hatte nicht nur mit Nabisco verhandelt. »An dieser Haustür hat alles schon angeklopft, was Rang und Namen hat«,[270] erzählte Geschäftsführer Albrecht 1967 dem ›Spiegel‹. Kadelbachs Sohn berichtet, dass sein Vater schon 1960 daran gedacht hat, Stollwerck zu kaufen, das wertvolle Gebäude in Kölns Stadtmitte zu verkaufen und neu zu bauen. Die Idee einer Konsummarke als Zweitlinie, die auch Sprengel später mehrfach erwogen hat, hatte diesen Überlegungen zugrundegelegen. Kurz vor seinem Tod hat Horst Kadelbach, so sein Sohn, auch mit dem renommierten französischen Keksunternehmen Lefèvre Utile (LU) in Kooperationsgesprächen gestanden. Die Firma LU suchte ein Vertriebsbein in Deutschland. Und das Zusammengehen der Firma Sprengel mit einer Keksfabrik wäre vor dem Hintergrund einer immer schokoladiger werdenden Keksproduktion durchaus sinnvoll gewesen und hätte Sprengel zudem Perspektiven für den Export in den EWG-Raum[271] vermittelt. Dass es tatsächlich Verhandlungen gegeben hat, darauf deutet auch ein Zeitungsausschnitt hin »Mehr französisches Feingebäck für den deutschen Markt. Lefevre-Utile gründete Vertriebsgesellschaft in Kehl 8.2.1963«, den Bernhard Sprengel von dem Unternehmerkollegen Racke zugesandt erhielt mit dem Hinweis auf »die von Ihnen mehrfach erwähnte Firma LU«.[272] Die Firma Sprengel suchte eine leistungsfähige Vertriebsorganisation in Frankreich und war auch mit der Firma Ricard[273] im Gespräch. Aus alldem wurde aber nichts.

Ein Jahr später verhandelte Sprengel mit der Hamburger Süßwarenfirma Stockmann über eine Beteiligung am Stockmann Werk in Hamburg-Wandsbeck. Er dachte an eine Konsumschokoladen-Zweitmarke Stockmann für die Herstellung von Tafelschokoladen, Pralinen und Kakaopulver. Hauptabsatzgebiet der Firma Stockmann waren die Gebiete Oldenburg und Ostfriesland, die 40 selbstständige Handelsvertreter bereisten. Es gab bereits einen Vertragsentwurf, nach dem Sprengel Stockmann einen Kredit über 1,5 Mio. DM zur Verfügung stellen und bei einer Kapitalerhöhung auf 1 Mio. DM etwas mehr als die Hälfte

270 Der Spiegel, Nr.20, 1967.

271 Europäische Wirtschaftsgemeinschaft, der ökonomische Vorgänger der EU.

272 HStAH Dep. 105 Acc. 2/80, Nr. 400.

273 Ricard ist bekannt geworden durch den berühmten Anisschnaps ›Pastis‹ und heute mit Pernod verbunden.

Liebe Mitarbeiterinnen, liebe Mitarbeiter !

Der Wechsel der Jahre 1964/1965 erscheint mir ein guter Anlaß, meine Mitarbeiter zu grüßen und dabei gleichzeitig Rück- und Vorschau zu halten.

Wandlungen im Absatzmarkt haben uns im letzten Jahr, gestützt auf äußerste und erfolgreiche Anstrengungen aller der Firma verbundenen Mitarbeiter, einen Punkt erreichen lassen, der vielleicht einmal als Wendemarke in die Geschichte der heute 113 Jahre alten Firma SPRENGEL eingehen kann.

In der gut bewährten SPRENGEL-Qualität, die der Garant der SPRENGEL-Entwicklung war und bleiben muß, sind unter äußerstem Einsatz aller Mitarbeiter in der Produktion Mengen erreicht, die über allen Daten der Vergangenheit liegen. Im Verkauf haben wir die 100 Millionen-Marke überschritten. Das bedeutet in unserer Branche viel. SPRENGEL dürfte damit eine der fünf größten deutschen Schokoladenfabriken geworden sein.

Für die Zukunft erfordert dieser Erfolg weitgreifende Konsequenzen. Entschlußfreudigkeit, verbunden mit Wagemut auf wohlgeprüfter und gesunder Basis hat die weitere Entwicklung der Firma zum Ziel. So soll in den Jahren 1965 und 1966 im Brinker Hafen die dort heute schon bestehende Schokoladenfabrik durch einen großen Anbau wesentlich erweitert werden mit dem Fernziel, einmal die gesamte Tafelschokoladen-Fertigung aufzunehmen.

Dadurch werden wir Platz bekommen in den alten Gebäuden an der Schaufelderstraße, zu denen ab 1967 auch das Gelände der Berufsschule zwischen Bürohaus und Fabrik zur Verfügung stehen wird. So können wir in absehbarer Zeit die Enge überwinden, die wir heute alle als lästig empfinden.

Es wird also aufwärts gehen können in den vor uns liegenden Jahren in gemeinsamer Arbeit mit allen bewährten Mitarbeitern.

Mit meinem Dank für die 1964 geleistete Arbeit verbinde ich meine herzlichen Wünsche und Grüße zu Weihnachten und für das Jahr 1965.

Ihr

Abb. 210 An die Mitarbeiter – »Ziel: Entschlussfreudigkeit und Wagemut«

übernehmen sollte.[274] Aber auch dieser Vertrag wurde nicht abgeschlossen. Stockmann kam kurz darauf im November 1964 mit der englischen Firma Rowntree ins Geschäft, eine Kooperation, die mit ›After Eight‹ – heute Teil des Nestle-Konzerns – sehr erfolgreich werden sollte. Auch Smarties wurden bei Stockmann für Rowntree in Hamburg produziert. Rowntree kaufte sich für £ 452 000 zu 60 Prozent bei Stockmann ein[275] und war damit im EWG-Binnenmarkt präsent. Mit diesem Angebot, nach damaligen Wechselkursen zahlte Rowntree mehr als 5 Mio. DM, konnte Sprengel nicht mithalten. Ihm wird damals deutlich geworden sein, wie attraktiv sogar eher kleine deutsche Firmen für englische (und amerikanische) Unternehmenskäufer waren. Trotz der Aufwertung der D-Mark im Jahr 1961 war die deutsche Währung in Relation zum Dollar und zum Pfund in jenen Jahren niedrig bewertet, was einerseits der deutschen Exportindustrie half, andererseits den Kauf deutscher Unternehmen durch englische und amerikanische Investoren begünstigte.

»Entschlußfreudigkeit verbunden mit Wagemut auf wohlgeprüfter und gesunder Basis hat die weitere Entwicklung der Firma zum Ziel,«[276] formulierte Bernhard Sprengel 1964 in einem Schreiben an die Mitarbeiter. Tatsächlich schien er sich in jenen Jahren aber schwer zu tun mit Entscheidungen. Der ehemalige Werbeleiter Karl-Heinz Schröder erinnert sich an drei Stunden Wartezeit in Sprengels Vorzimmer, »weil keine Entscheidungen getroffen wurden«.[277]

Ende 1966 griff Bernhard Sprengel zu. Ihn faszinierte der Vorsprung amerikanischer Forschung, ablesbar an der Zahl der Patente, und die schier unbegrenzten Möglichkeiten eines US-amerikanischen Konzerns auf dem europäischen Markt. Nach dem Sprengel-Verkauf an Nabisco waren von den großen deutschen Schokoladenherstellern nur noch die Firmen Monheim und Stollwerck ohne ausländische

274 HStAH Dep. 105 Acc. 2/80, Nr. 415.
275 Robert Fitzgerald: Rowntree and the Marketing Revolution. 1862–1969, Cambridge 2007, S. 603.
276 HStAH Dep.105 Acc. 2/80, Nr. 112.
277 Interview Karl-Heinz Schröder, Hemmingen.

Kapitalgeber. Für die Eigentümerfamilie Sprengel erwies sich der Zeitpunkt des Verkaufs als äußerst günstig, wie sich kurz darauf herausstellte. Für die Firma selbst galt das weniger, aber das war damals noch nicht vorauszusehen. Der US-amerikanische Keksgigant kaufte 49 Prozent einer florierenden Schokoladenfabrik mit steigenden Umsätzen und guten Gewinnen. 115 Mio. DM hatte B. Sprengel & Co. 1966 umgesetzt, die Gewinne der vorangegangenen Jahre lagen jährlich bei ca. 6,4 Mio. DM – bis auf das Jahr 1963, in dem sich der Gewinn halbiert hatte. Den Kaufverhandlungen und dem Kaufpreis hatte eine Gewinnerwartung von 7 Mio. DM zugrunde gelegen. Das erschien unter Fortschreibung der positiven Entwicklung der zurückliegenden fünf Jahre auch realistisch.

»Warum diese Hetze? Warum dieser hektische Trieb nach vorn?«[278] Die rhetorische Frage, die Bernhard Sprengel sich selbst stellte, überrascht angesichts der Umstände. Die Entscheidung zur Kooperation mit einem anderen Unternehmen hatte er mehrere Jahre erwogen. Keine der verhandelten Optionen hatte ihn befriedigt. Es waren eher Jahre des Zauderns als hektischer Entscheidungen gewesen. War es die ungeklärte Nachfolge, die ihn unter Druck setzte, oder die sich abzeichnende Überproduktion der Schokoladenbranche, von der er sich getrieben fühlte? Die Tochter erinnert sich: »Er fühlte sich nach dem Verkauf des Unternehmens befreit.«[279] Nun konnte er sich mit mehr Muße der Konzertorganisation und Musikerförderung widmen und die Pläne verfolgen, nach dem überwältigenden Erfolg der Präsentation seiner Kunstsammlung im Jahr 1965 in Hannover ihr ein Haus zu geben.

Die beiden Eigentümer Sprengel und Nabisco vereinbarten, jedes Jahr 70 Prozent des anfallenden Gewinns zu entnehmen. Die Herabsetzung der Gewinnentnahme durfte jeweils nur mit Zustimmung von Nabisco und der Familie Sprengel erfolgen.[280] In der ersten Beiratssitzung in neuer Zusammensetzung legte Mr. Lee Bickmore von Nabisco die Geschäftsprinzipien dar:

»5 Grundsätze, die die Geschäftsleitung der Nabisco leiten:

1. Verpflichtung gegenüber Aktionären, eine gesunde Rendite zu erwirtschaften.
2. Verpflichtung gegenüber Mitarbeiter, ihm an seinem Arbeitsplatz die nötige Sicherheit und Befriedigung in seiner täglichen Arbeit zu verschaffen.
3. die Verpflichtung gegenüber dem Kunden, ein qualitäts- und preismäßig den Markterwartungen entsprechendes Produkt in ansprechender Aufmachung herzustellen und zu liefern.
4. Die Verpflichtung gegenüber dem Lieferanten, mit diesem fair und anständig zusammenzuarbeiten.
5. Die Verpflichtung als Bürger aktiv am Gemeindeleben teilzunehmen.«[281]

Die Renditeerwartung der Aktionäre zu bedienen, stand damit auf Platz 1 in der Geschäftspolitik des Unternehmens. Nabisco kaufte die Sprengelanteile über die erst 1964 erworbene Nabisco-Tochter Trüller. – »Dollar-Füllung für Sprengel-Pralinen«,[282] titelte die Zeit.

Warum ist Bernhard Sprengel nicht mit Bahlsen zusammengegangen? »Bahlsen hätte Interesse gehabt«, meint Angela Kriesel, »sie hätten gern ein Schokoladenbein gehabt.«[283] Tatsächlich kaufte Bahlsen kurz darauf die Schokoladenfirma Gubor. Von Werner Bahlsen wurde der flapsige Satz kolportiert: »Warum ist Sprengel nicht zu mir gekommen, wenn er Geld brauchte?«[284] Sprengel suchte einen potenten Kapitalgeber, der Auslandsmärkte

278 HStAH Dep. 105 Acc. 2/80, Nr. 647, Bernhard Sprengel am 12. April vor der Belegschaft.

279 Interview der Autorin mit Angela Kriesel.

280 HStAH Dep. 105 Acc. 2/80, Nr. 138, Beirat 1963–1972, Protokoll der Sitzung vom 14.4.67.

281 Ebd.

282 Die Zeit, 21.4.1967.

283 Interview der Autorin mit Angela Kriesel.

284 Hans-Jürgen Wehrmann: Aderlaß bei Familienbetrieben. Immer mehr hannoversche Unternehmer verkaufen, HAZ, 27./28.9.1975.

erschloss und Geld in die Hand nahm. Beides konnte Bahlsen nicht bieten. Die Firma musste angesichts der Nachfragemacht der Einzelhandelsriesen selbst Ertragseinbußen hinnehmen. Kadelbachs Sohn nennt einen weiteren Grund: »Werner Bahlsen und Sprengel verstanden sich nicht.«

Verkündet wurde der Kauf von Bernhard Sprengel auf einer Belegschaftsversammlung am 12. April 1967 im Beisein der Presse, die er zum ersten Mal seit dem Jahr 1951 wieder ins Haus geladen hatte. Sprengel sprach den sich aus der »unerhört schnellen Entwicklung unserer Zeit ergebenden unausweichlichen Zwang (an), entweder nach vorwärts zu streben oder aber bewußt oder unbewußt im immer härter werdenden Konkurrenzkampf zurückzufallen«.

Der Spiegel kommentierte: »Sprengels Sorge schien übertrieben; die westdeutschen Schokoladenfabrikanten setzten im vergangenen Jahr 1,6 Milliarden Mark um, das entsprach einer Steigerung von fast 30 Prozent in vier Jahren. Die Branche sprach vom ›Schokoladenwunder‹, das mit dem Fortfall der Preisbindung für die meisten Markenerzeugnisse begonnen hatte. Der Anteil anonymer Handelsmarken war von rund 35 Prozent wieder auf 20 Prozent gefallen.«[285] Bernhard Sprengel hat aber, das stellte sich schon ein halbes Jahr später heraus, die Marktsituation der Schokoladenbranche und die Gefahren bzw. Chancen für seine Firma realistischer eingeschätzt als die Spiegel-Redakteure.

In seiner Rede im April 1967 begründete er den Verkauf auch mit den faszinierenden Möglichkeiten der Nabisco-Forschungs- und Entwicklungsabteilung für eine Firma wie Sprengel: »1966 bei unserem Besuch in den USA haben wir eine der größten Produktionsstätten der Nabisco, und sehr eingehend das Forschungszentrum kennengelernt, in dem allein 350 Männer und Frauen an der Forschung und Entwicklung neuer Artikel arbeiten. Der

Abb. 211 Nabisco – »Dollar-Füllung für Sprengel-Pralinen«

Geist, der in diesem völlig abseits gelegenen Forschungszentrum herrschte, hat uns außerordentlich beeindruckt. Hier wurden Probleme bearbeitet, wie man sie nur bei kühnster Planung bis zum Jahr 2000 glaubte sehen zu können. Der Gedanke und die Aussicht, unsere eigenen in der technischen Leitung, in Forschung und Entwicklung tätigen Herren könnten die Möglichkeit gewinnen, mit den dort arbeitenden Herren zusammenzuarbeiten, sich bei der Forschung und Entwicklung gleicher Probleme ergänzen, hatte für uns auf Anhieb etwas Faszinierendes.«[286]

Als bedeutende norddeutsche Marke war die Firma bis dahin noch so gut wie gar nicht im Export tätig. Sprengel versprach sich nun von dem engen europäischen Verteilungsnetz des amerikanischen Konzerns die Perspektive, die Sprengel-Erzeugnisse auf den europäischen Markt zu bringen. Den Verträgen nach sollte Sprengel als einziger überseeischer Schokoladenhersteller im Nabisco-Konzern die Unternehmensrichtung in Europa auf dem Schokoladenmarkt bestimmen. Der Markenname Sprengel sollte europaweit über die Grenzen Deutschlands hinaus geführt werden. »Familienbeeinflusste Unternehmen können, wenn sie ihre Unabhängigkeit bewahren wollen,

285 Der Spiegel, 8. 5.1967: Unternehmen: Sprengel Süßer Fortschritt.

286 HStAH Dep. 105 Acc. 2/80, Nr. 647.

Abb. 212 »Sprengel – ein Stück Schlaraffenland« – Werbeslogan ab 1969

keine offensive Expansionspolitik betreiben[287]«, analysiert die Wirtschaftshistorikerin Lubinski in ihrer Untersuchung über Familienunternehmen zutreffend die Motive, externe Investoren in die Firma zu holen. Sie stellte aber auch fest: »Die Aufnahme externer Finanziers war häufig der erste Schritt zum Rückzug der Familie.«[288]

Einen weiteren Grund, sich mit potenten Kapitalgebern zusammen zu tun, nannte der Wirtschaftsjournalist Klaus Broichhausen in der FAZ: »Wer eine Marke sicher im Markt führen will, wird künftig nicht umhin kommen, seinen Werbeetat zu vergrößern.«[289] Regionale Marken hatten Probleme, als die bundesweit tätigen Handelsketten immer mehr Aktionen starteten, die das ganze Bundesgebiet oder wichtige Teile umfassten. Dafür konnte nur ein Schokoladenartikel interessant sein, der überall bekannt ist. Die amerikanische Mutter Nabisco investierte tatsächlich nach dem Einstieg kräftig in die Sprengel-Werbung.

Die Resonanz auf den Einstieg der Amerikaner war in Öffentlichkeit und Medien positiv. Alle die in Hannover und im Land politisch und wirtschaftlich Rang und Namen hatten, gratulierten Bernhard Sprengel zu seiner Entscheidung. Die Glückwünsche hat er aufgehoben. »Verflechtungen mit dem Ziel, in fernen Ländern aus dem Ansehen der Firma oder der Marke des dortigen Partners Honig zu saugen, sind durchaus erfolgversprechend. Der Schokoladenverbraucher sollte diese Marktausweitungstendenzen begrüßen«,[290] fand die ›Zeit‹.

Nach dem Zusammengehen mit Nabisco stellte sich Bernhard Sprengel vor seiner Belegschaft und in der Öffentlichkeit als weiterhin ›alleinvertretungsberechtigter Geschäftsführer‹ auch in der neuen Mehrheitskonstellation vor. »Wiederholt ist von der Geschäftsleitung des Hauses Sprengel hervorgehoben worden, dass die amerikanische Konzernspitze nicht in ihre Geschäftspolitik eingreifen könne. Die Verbindung Sprengel-Nabisco wird im Kern als eine Partnerschaft charakterisiert«,[291] gab Klaus Broichhausen im August 1968 im ›Blick durch die Wirtschaft‹ die öffentlich gemachte Darstellung des Verkaufs wieder. Der Vertrag selbst ist nicht bekannt. Es ist aber eine Frage, ob Sprengel nach dem Verkauf der 49 Prozent noch unternehmerisch tätig war. In der Korrespondenz findet sich dazu kein Anhaltspunkt.

Dass er in der Öffentlichkeit gleichwohl als ›alleinvertretungsberechtigter Geschäftsführer‹ repräsentierte, hing mit der Bedeutung des Namens Sprengel für den Wert der Marke zusammen. Bernhard Sprengel stand mit seiner Person, seiner öffentlichen Reputation und seinen vielfältigen kulturellen Aktivitäten für die Exklusivität der Marke. Die Amerikaner haben mit dem Erwerb der Firma für dieses Ansehen viel Geld gezahlt. Sprengel nahm für die Nabisco-Schokoladenproduktion in Europa weiterhin beratende Funktion wahr und blieb bis 1979 Mitglied des Beirats; die Geschäftsführung hatten Hans Peter Albrecht, später Professor Paul Görling und Henry Giudice – inne.

Ab Juli 1968 gab die Firma Sprengel eine Werkzeitschrift heraus. Das Vorwort für die erste Nummer schrieb Bernhard Sprengel. Das Blatt sollte gegenüber den Mitarbeitern deutlich machen: Auch nach dem Verkauf bürgt Bernhard Sprengel für Kontinuität und das gewohnte gute Sprengelklima.

»Warum eine *Werkzeitschrift?*
Ein Industriebetrieb dient zunächst einmal wirtschaftlichen Zwecken. Er produziert und verkauft Artikel des täglichen Bedarfs. Je größer die Firma ist, desto wichtiger ist es, sie organisatorisch klar zu gliedern im Rahmen einer Arbeitsaufteilung, damit alle Aufgaben der Fertigung und des Verkaufs erfüllt werden

287 Lubinski, S. 293.
288 Ebd.
289 Klaus Broichhausen: Das Branchenbild: Die Schokoladenindustrie steckt voller Überraschungen, Blick durch die Wirtschaft, FAZ vom 12.8.1968 und 26.8.1968.
290 Die Zeit, 21.4.1967.
291 Broichhausen, Schokoladenindustrie, FAZ vom 12.8.1968.

können. Sie bietet Männern und Frauen Beschäftigung und damit den notwendigen Lebensunterhalt, sie bietet weiterhin jedem im Rahmen seiner Möglichkeiten die Befriedigung, produktive Arbeit leisten zu können.

Aber eine Firma ist noch mehr. Sie ist eine Gemeinschaft von Menschen, die sich zunächst einmal mehr oder weniger zufällig zusammenfinden, die aber durch Eintritt in die Firma Teil dieser Gemeinschaft werden und damit in menschliche Beziehungen zueinander treten. Die Menschen können positiv und rücksichtsvoll aufeinander einwirken. Je nachdem wie es in einer solchen Gemeinschaft zugeht, wird von einem guten oder schlechten Betriebsklima gesprochen.

Seit 45 Jahren bin ich aktives Glied dieser Gemeinschaft. In früheren Jahren, als die Zahl der Mitarbeiter noch nicht in die Tausende ging, habe ich, wie sich die Älteren unter Ihnen sicherlich noch erinnern, fast alle Belegschaftsangehörigen persönlich gekannt und an ihren Freuden und Sorgen teilgenommen. Heute hat die Firma eine Größenordnung erreicht, wo ein solcher ständiger persönlicher Kontakt von der Geschäftsleitung zu den Mitarbeitern. […] schwierig oder gar unmöglich geworden ist.«[292]

Abb. 213 Die erste Nummer der Werkzeitschrift im Juli 1968

Als die erste Nummer der Werkzeitschrift herauskam, hatte sich die Ertragssituation der Firma schon deutlich verschlechtert, und auch für die Familie Sprengel hatten sich unvorhergesehene Widrigkeiten ergeben. Letztere begannen mit einem Urteil des Bundesfinanzhofs im November 1967, also ein dreiviertel Jahr nach dem Verkauf und für den Verkäufer nicht vorhersehbar. Bernhard Sprengel hatte (vgl. S. 254/255), um die Firma möglichst ohne Erbschaftssteuer an die nächste Generation übergeben zu können, 1955 eine GmbH gegründet. Das Kapital dieser Komplementär-GmbH, das bei der Gründung dem Privatvermögen der Familie zugerechnet wurde, war durch zufließende Gewinnanteile stetig angewachsen. In dem höchstrichterlichen Urteil des Bundesfinanzhofs wurde – aus ganz anderem Anlass, es ging nicht um eine Unternehmensübergabe – über die Besteuerung einer Komplementär-GmbH entschieden, wie Sprengel sie gegründet hatte. Im BFH-Urteil hieß es, dass »die Anteile der Kommanditisten

292 Bernhard Sprengel in der 1. Nummer der Werkzeitschrift der Firma B. Sprengel & Co., Juli 1968.

an der Komplementär-GmbH notwendiges Betriebsvermögen der KG«[293] sind.

Auf Grund des Bundesfinanzhof-Urteils galt nun die GmbH nicht mehr mit den entsprechenden steuerlichen Vorteilen als Teil des Privatvermögens, sondern als Betriebsvermögen. Sie wurde mit dem Verkauf steuerpflichtig. Dieses Urteil muss für Bernhard Sprengel ein herber Schlag gewesen sein. Wie sollte er die plötzlich zu zahlende Steuerschuld finanzieren? Reichten die Erlöse aus dem Verkauf für die Begleichung der Steuerschuld? Für die Finanzierung des Neubaus am Brinker Hafen (ca. 25 Mio. DM) hatte Sprengel einen Bankkredit aufnehmen müssen: »Bernhard Sprengel zu einem Freund: Das ist das erste Mal, daß ich einen Bankkredit in Anspruch genommen habe.«[294] Sollte er aus dem Verkaufserlös den Kredit abgelöst haben,[295] wäre ihm für die Bezahlung der Steuerschuld nicht mehr viel Geld geblieben.[296] Sollte er etwa Teile seiner Sammlung verkaufen, die er in vielen Jahren und mit jeweils ganz persönlichen Erinnerungen verbunden, aufgebaut hatte? »Das Zusammenhalten der Sammlung war ihm wichtig«,[297] erinnert sich Angela Kriesel. Nach dem Ausstellungserfolg seiner Sammlung im Jahr 1965 war er mit Oberstadtdirektor Martin Neuffer ins Gespräch gekommen, ob seine Sammlung nicht als Dauerausstellung in Hannover gezeigt werden könnte.[298] Im April 1969 meldete die Presse die Schenkung der Kunstsammlung Sprengel an die Stadt Hannover, und es begannen die Planungen für das Museum. Vermutlich gab es einen Zusammenhang zwischen dem Urteil, der Steuerschuld und der Schenkung. Für die Stadt Hannover und das Land Niedersachsen wäre der Verkauf der Sammlung ins Ausland oder die meistbietende Versteigerung ihrer Teile genauso enttäuschend gewesen wie für den Sammler selbst. Es liegt daher die Vermutung nahe, dass beide Seiten über die Modalitäten der Steuerzahlung und den Erhalt der Sammlung in der Landeshauptstadt miteinander ins Gespräch kamen.

Viktoria Petry befragte für ihr Buch über das Sprengel-Museum Hans Peter Albrecht: »Der Geschäftsführer der Firma Sprengel und innerhalb der Firma Sprengels engster Vertrauter, sah in dem Verkauf der Firmenanteile eindeutig einen Zusammenhang zur Schenkung. Aus dem Verkauf habe sich ein finanzieller Spielraum für Bernhard Sprengel seinen Kindern gegenüber ergeben. Er hätte mit dem Verkauf die Freiheit erlangt, die Sammlung ohne Erbgedanken verschenken zu können.«[299]

Die Tochter erinnert sich: »Wir wurden ausgezahlt, mussten dann aber Geld wieder rausrücken, um das Museum mit zusätzlichen 2,5 Mio. zu finanzieren.«[300] Frau Kriesel war damals, »als alles verschenkt wurde, […] enttäuscht, denn selbst eine winzig kleine Bronzeplastik, die immer auf ihrem Schreibtisch stand und ihr versprochen worden war, ging in die Sammlung ein. Auch das ›Liebespaar‹ von Otto Müller, das über ihrem Bett hing, verschwand im Museum. Meine Mutter lebte noch im Haus, als alles von den Wänden genommen wurde.«[301] Die Kinder kannten ihren Vater als einen Mann, der auf die Bedürfnisse der Familie wenig Rücksicht nahm. Sie waren in den Verkauf und die Schenkung nicht eingebunden. »Er hat uns nicht gefragt, sondern Verträge zur Unterschrift vorgelegt, und wir mussten unterschreiben.«[302] Das war

293 https://www.jurion.de/Urteile/BFH/1967-11-15/IV-R-139_67 [zuletzt aufgerufen am 18.1.2016].

294 Der Spiegel, 8. 5.1967: Unternehmen: Sprengel Süßer Fortschritt.

295 Wenn man die später kursierende Summe von 80 Mio. DM zugrundelegt, wird die Familie 1967 für den Verkauf des 49-Prozent-Anteils etwa 40 Mio. erlöst haben.

296 »Weiter wurde von Broichhausen/Wiborg berichtet, dass Sprengel Banken als Kapitalgeber ablehnte«, Viktoria Petry: Die Entstehungsgeschichte des Sprengel-Museums Hannover. 1959 bis 1979, Diss., Hannover 2003, S. 47.

297 Interview der Autorin mit Angela Kriesel.

298 Petry, Sprengel-Museum, S. 45.

299 Petry, Sprengel-Museum, S. 46.

300 Interview der Autorin mit Angela Kriesel.

301 Schoeneberg, 13 von 500000 aus Hannover, S. 44.

302 Interview der Autorin mit Angela Kriesel.

Platz	Firmen	Umsatz 1967	Marken	Schwerpunkte	Besitzverhältnisse
1	Leonard Monheim GmbH, Aachen	300 (inkl. Lindt Mackintosh)	Trumpf, Mauxion, Mackintosh, Lindt	Pralinen, Saisonartikel	Familienunternehmen
2	Sarotti AG, Hattersheim/Berlin	193 (netto: 177)	Sarotti, Cailler, Gala-Peter, Kohler	Tafelschokoladen, Pralinen	81 % Nestlé, der Rest Streubesitz
3	B. Sprengel & Co., Hannover	145 (abgerundet)	Sprengel	Tafelschokoladen, Pralinen	Familie Sprengel 51 %, Nabisco 49 %
4	Ferrero GmbH, Frankfurt	130	Kinderschokolade, Mon Chéri, Nutella Duplo	Pralinen	Hauptgesellschafter: Ferrero S.p.A. Italien
5	Gebr. Stollwerck AG, Köln	130 (netto: 104)	Stollwerck, Reichardt, Larosé	Tafelschokoladen, Pralinen, Dragees	qualifizierte Minderheit: Deutsche Bank
6	Aug. Storck GmbH, Halle	130 (je Zuckerwaren und Schokolade)	merci, van Delden Cadbury	Tafelschokolade, Hartkaramellen	Familienunternehmen
7	Ph. Suchard, Lörrach	über 100	milka	Tafelschokoladen	Suchard Holding S.A. Lausanne
8	Chocolat Tobler GmbH, Stuttgart	über 75	Chocolat Tobler, Toblerone, Tobler O-rum	Tafelwaren- und -Spezialitäten	AG Chocolat Tobler-Gruppe Bern
9	GEG Hamburg	50–75 (Schoko-/ Zuckerwaren)	Babette, Sonnina van Netten	Tafelschokolade, Pralinen, Bonbons, Saisonartikel	Unternehmensgruppe »Konsum«
10	Piasten Forchheim	50–75	Piasten	Pralinen, Schokoladenwaren, Weinbrandbohnen	Familienunternehmen
11	Waldbaur Stuttgart	über 50	Waldbaur	Schokolade, Geschenk-Saison-Artikel, Pralinen,	Familienunternehmen
12	Alfred Ritter Waldenbuch	über 40	Ritter-Sportschokolade	Tafelschokolade	Familienunternehmen
13	Schokoladen- und Pralinenfabrik Imhoff, Bullay	39	Scho-ka-kola (Hildebrand Berlin)	Tafelschokolade	Alleininhaber Hans Imhoff
14	Novesia P. F. Neuß	über 30	Novesia Goldnuß	Spezialitäten, massive Schokolade	Familienunternehmen
15	Rolle KG, München	über 30	nippon, Mister Tom, Rolle knusper	gefüllte Schokolade, Puffreiserzeugnisse, Weinbrandbohnen	Keine Angaben
16	Eszet Staengel & Ziller, Stuttgart	über 20	Eszet	Tafelschokoladen, Kakaoerzeugnisse, Dragees	Familienunternehmen
17	Neugebaur & Lohmann, Emmrich	über 20	Lohmann	Pralinen, Schokolade, Saisonerzeugnisse	Familienunternehmen
18	Pea Petzold & Aulhorn, Hamburg	über 20	Pea	Tafelschokoladen, Saisonartikel	Familienunternehmen
19	Gubor Untermünstertal	10-20	Gubor	Tafelschokolade, Pralinen, Pralinentafeln	Hauptgesellschafter: Bahlsen
20	Gebrüder Heinze, Duisburg	10-20		Tafelschokolade, Saisonartikel, Gelee-Artikel, Lolly	Alleininhaber Gustav Heinze

Die 20 größten Schokoladenfabriken in der BRD im Juli 1968 (Umsatzangaben in Millionen DM, teils grob gerundet, siehe auch Fußnote 308)

durchaus kein Einzelfall, sondern eher Regel in Familienunternehmen. »Patriarchalische Verhaltensmuster und Geschlechtersphären prägten die Gesellschaftsverträge und die Eigentümerpraktiken.«[303]

Über den Wert der Schenkung für die Stadt Hannover urteilte Viktoria Petry in ihrer Arbeit zur Entstehungsgeschichte des Sprengelmuseums. »Man war sich 1969 parteiübergreifend der großen Bedeutung der Schenkung bewusst und wollte sie ohne Vorbehalte dem Sammler gegenüber annehmen. Die Schenkung bedeutete eine kommunale Aufwertung.«[304] Das war sie tatsächlich. Den Übergang von der Industrie- zur Dienstleistungsstadt hat der Kunstmäzen in seiner Heimatstadt Hannover positiv mitgestaltet. Hingegen hat man Männern wie ihm den Niedergang der Industrie oft kritisch zugerechnet. Waldemar Röhrbein kommentierte: »Die Veränderungen bedeuteten in den Fällen, in denen Familienbetriebe an auswärtige Unternehmen verkauft wurden, entscheidende mentale Identitäten auslösende Verluste.«[305] Es sind aber auch die strukturellen Verwerfungen in den Blick zu nehmen, die zum Niedergang stadtprägender Industrien geführt haben. Sie haben sich zum guten Teil ›hinter dem Rücken der Produzenten‹ durchgesetzt mit vielen Akteuren am Markt, zu denen im konkreten Fall Sprengels Konkurrenzunternehmen, die Nachfragemacht hochkonzentrierter Einzelhandelsketten und letztlich auch die Verbraucher mit veränderten Gewohnheiten gehörten.

303 Lubinski, Familienunternehmen, S. 101.
304 Petry, Sprengelmuseum, S. 76.
305 Mlynek, Röhrbein, S. 722f.

Aufsteiger und Verlierer in der Schokoladenbranche

Im Rückblick sind sich die ehemaligen Mitarbeiter von B. Sprengel & Co. und alte Hannoveraner einig: Mit dem Einstieg von Nabisco ging es bergab. Allerdings waren die Erträge schon vor dem Nabisco-Einstieg zurückgegangen. Noch in der letzten Beiratssitzung ohne Nabisco, bevor Bernhard Sprengel den Verkauf öffentlich machte, wies das Protokoll der Beiratssitzung »auf die erheblich gestiegenen Erlösschmälerungen hin«.[306] Im April 1967 musste der Beirat, jetzt saß Mr. Bickmore von Nabisco mit am Tisch, den »Rückgang des Tafelschokoladenabsatzes in den ersten Monaten 1967«[307] zur Kenntnis nehmen.

Überraschend kam der Rückgang nicht. Die Markenfirmen hatten nach Aufhebung der Preisbindung einen Boom erlebt. Ihre Tafelschokolade zum niedrigeren Stückpreis machte sehr gute Umsätze. »In der Schokoladen-Markenartikelindustrie entschloß man sich angesichts der verstärkten Nachfrage zu weiteren Investitionen«,[308] schrieb der Wirtschaftsredakteur Klaus Broichhausen in seiner Branchenanalyse 1968. Alle bauten parallel ihre Kapazitäten aus, um ihre Marktanteile zu halten. Nach dem Fall der Rohkakaopreise 1965 gaben die Markenfirmen diesmal – anders als 1959 – die gesunkenen Einkaufspreise an die Verbraucher weiter. Keine traute sich, das Preisniveau beizubehalten. Das hätte unweigerlich zu Umsatzrückgängen und entsprechender Minderauslastung geführt. Als die Rohkakaopreise wieder stiegen, waren die Versuche, im Herbst 1967 zur größten deutschen Ernährungsmesse ANUGA die Preise wieder zu erhöhen, nicht mehr durchsetzbar.

306 HStAH Dep. 105 Acc. 2/80, Nr. 138, Protokoll der Sitzung am 7.3.1967.
307 HStAH Dep. 105 Acc. 2/80, Nr. 138, Protokoll der Sitzung am 14.4.67.
308 Broichhausen, Klaus: Das Branchenbild: Die Schokoladenindustrie steckt voller Überraschungen, Blick durch die Wirtschaft (FAZ) vom 12.8.1968. Aus dieser Analyse stammen auch die Angaben für die Tabelle auf der Seite 275.

»Die Senkungen der Fabrikabgabepreise wurden letztlich eine Daueraktion.«[309]

Broichhausen beschrieb das Dilemma: »Die Mehrleistung durch den technischen Fortschritt hätte bei normalem Preisgefüge aufgefangen werden können. Doch die Preisstruktur war vor allem durch den Strukturwandel im Handel, verbunden mit der Einkaufskonzentration und durch Lockvogelpreispolitik in den Läden zerrüttet worden.« Um die vorhandenen Anlagen möglichst weitgehend auszunutzen, stellten die Schokoladenfabriken im Mehrschichtbetrieb möglichst große Mengen her. »Das dadurch ausgelöste Mehrangebot sorgte wiederum für Druck auf die Preise. [...] Die Überkapazität lastet schwer auf der Schokoladenindustrie.«[310] Nach Rechnung des Branchenblatts ›Süßwarenwirtschaft‹ konnten sieben der modernsten vollautomatischen Fabrikationsanlagen für Tafelschokolade, die in Doppelschicht gefahren wurden, die gesamte bundesdeutsche Nachfrage nach Schokoladentafeln decken.[311] Die zwanzig größten Tafelproduzenten stellte Broichhausen in seiner Branchenanalyse zusammen.

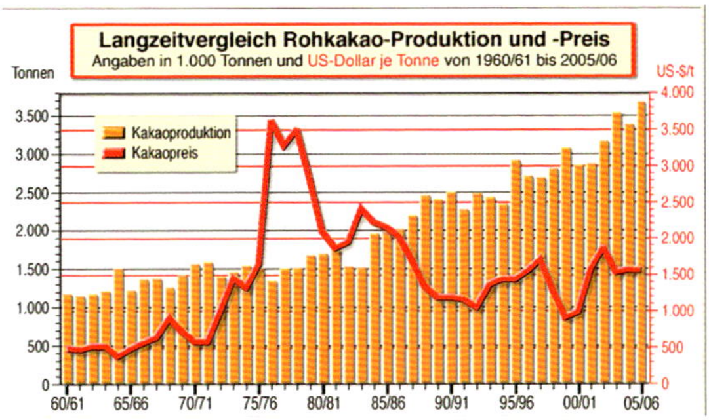

Abb. 214 Entwicklung der Rohkakaopreise

Nach den von Broichhausen zusammengetragenen Daten stand B. Sprengel & Co. 1968 nach Monheim und Sarotti mit ca. 145 Mio. DM Jahresumsatz an dritter Stelle, dicht gefolgt von Stollwerck, Storck und Ferrero. Der Aufsteiger Hans Imhoff aus Bullay an der Mosel hatte sich die Berliner Firma Hildebrand mit Scho-ka-kola bereits einverleibt, stand aber mit seinem Umsatz von knapp 40 Mio. DM noch weit hinten. Er sollte für die weiteren Geschicke der Firma Sprengel noch eine wichtige Rolle spielen.[312] Kurzzeitig hatte auch Bernhard Sprengel nach der Hildebrand-Insolvenz an einen Kauf der Firma gedacht, um die Berlin-Förderung zu nutzen. Es griff aber schnell entschlossen der ›kleine Dicke‹ von der Mosel zu: Hans Imhoffs erster Zugriff auf eine Traditionsmarke. Aufsteiger unter den ersten Vier war der Italiener Ferrero, der mit Mon Chéri, einem »neuen Artikel abseits vom Gerangel um Tafelschokolade«,[313] stark in den deutschen Markt eingestiegen war.

»Anfangs wurde Ferrero noch belächelt«, erzielte aber binnen zehn Jahren, mit hohem Werbeeinsatz für die neue Produktmarke, einen Umsatz von 100 Mio. DM.[314]

Es waren ausländische Hersteller, die einen weiteren Artikel am deutschen Markt groß machten – den Schokoladenriegel. Die Branchenzeitschrift Süßwarenwirtschaft wunderte sich im Herbst 1968: »Was macht den Riegel marktfähig?«[315] Dass die »recht geringwertigen Auslandsprodukte« – teils englischer, teils holländischer Herkunft – so »beachtliche Umsätze machten«, war eigentlich nicht zu verstehen. Es konnten »nur völlig unkritische und anspruchslose Konsumenten« sein, die ein solches Produkt wiederholt konsumierten. Der »Riegel in, sagen wir, ein wenig grober, plumper Form, in denkbar einfachster, sparsamster Umhüllung« war »ein echter Konsumartikel im Sinne des ›Verkonsumierens‹«[316] geworden, meist von Jugendlichen gekauft

309 Ebd.

310 Broichhausen, Schokoladenindustrie, FAZ vom 26.8.1968.

311 Süßwarenwirtschaft, Heft 9, Sept 1968, Zuckerberg und Schokoladen-Branchenbild, S. 418.

312 Letztes Kapitel: Neue Hoffnung mit Hans Imhoff.

313 Broichhausen, Schokoladenindustrie.

314 Ebd.

315 Süßwarenwirtschaft, Heft 11, 1968, S. 544.

316 Ebd.

Abb. 215: Sprengels Herzkirsche konkurrierte mit ›Mon Chéri‹ des Aufsteigers Ferrero

und gegessen. Die ›Süßwarenwirtschaft‹ sah ein wenig herab auf diese neuen Produkte, hat aber die Veränderung der Käuferstruktur unterschätzt. Das neue Terrain wurde vorwiegend von ausländischen Firmen beackert (Ferrero[317], Mars), die meisten deutschen Hersteller entdeckten die Attraktivität von Schokoriegeln erst (zu) spät.

Da das »zukünftige Konsumverhalten im Kindesalter geprägt«[318] wird, wirkt sich das Verbraucherverhalten von Kindern und Jugendlichen langfristig aus. Während sie früher Süßes häufig als Belohnung für Wohlverhalten von Erwachsenen geschenkt erhielten und »Eltern und Großeltern sowohl über die Menge als auch über Qualität dieser frühen Süßwarenkontakte entschieden, trugen in den vergangenen 20 Jahren mehr und mehr die Kinder selbst durch erhöhtes Taschengeldkontingent die Kaufentscheidung. […] Nicht zuletzt der Riegelmarkt profitiert davon«,[319] schrieb Hans Imhoff 1988. Sprengel hat dagegen den Markt für Kinder und Jugendliche aus Überzeugung nicht bedient. »Kinder-Artikel sind Spezialitäten, die nicht von allen Firmen hergestellt werden.

Wir haben seit Jahrzehnten keine eigentlichen Kinder-Artikel gemacht«, schrieb Bernhard Sprengel 1972 einem Großvater, der vergeblich nach Sprengel-Naschereien für seine Enkel Ausschau gehalten hatte.[320] Der Chef eines Süßwarengroßhandels hatte dagegen schon 1964 in einem Schreiben an die Firma gemahnt: »Die Werbung von Sprengel ist zu konservativ. Sie spricht mehr ältere als jüngere Leute an. Die älteren Leute sind in ihrer Meinung sowieso festgelegt.« Sprengel solle eher das Ziel verfolgen, jüngere Menschen für die Marke zu gewinnen.[321] Die Jungen zu gewinnen, ohne die Älteren zu verlieren, wäre allerdings nicht einfach gewesen.

Betrachtete die ›Süßwarenwirtschaft‹ die billige ausländische Riegelware mit Skepsis, hatte sie mehr Verständnis für eine andere Novität, die »wie typische Schokoladenwaren geformten Riegel, Umhüllung wie Schokoladentafeln 50 g, gefüllt und ungefüllt«. Die Bonbon-Firma Storck war 1965 in den Schokoladen-Bereich vorgestoßen und bot mit ›Merci!‹ feine Schokoladenriegel in mundgerechten einzelnen Riegeln an. Diese waren »für ein anspruchsvolles Publikum«[322] ansprechender verpackt als die Riegelware aus

317 Ferrero hat den Abdruck der damaligen Mon-Chéri-Werbung leider nicht genehmigt. Man findet sie unter www.moncheri.de/erleben/historie/ [zuletzt aufgerufen am 18.1.2016].

318 Hans Imhoff: Das wahre Gold der Azteken, Düsseldorf 1988, S. 145.

319 Ebd.

320 HStAH Dep. 105 Acc. 2/80, Nr. 93, Bernhard Sprengels Brief an Walther Lampe, 14.9.72.

321 HStAH Dep. 105 Acc 2/80, Nr. 403, Chef einer Süßwaren-Großhandlung, die zu Lekkerland gehört, 10.1.1964.

322 Süßwarenwirtschaft, Heft 11, 1968, S. 545.

Abb. 216 Spitzenprodukt Privileg-Schokolade und Lindt Schmelzschokolade Surfin

dem Ausland und deutlich teurer. Die Umsätze würden aber, so die ›Süßwarenwirtschaft‹, an die der Billigware bei Weitem nicht heranreichen.

Den Riegel ›Traubenkraft‹ hatte die Firma Sprengel im Krieg und in ähnlicher Form auch in den Reichsmarkjahren nach dem Krieg produziert. Dass ein solches Produkt, mit den Erinnerungen der Kriegsgeneration an die Nachkriegs-Mangelwirtschaft, einmal Käufer finden würde, war wohl für den Qualitätsfabrikanten Bernhard Sprengel schlecht vorstellbar. Er selbst genoss vor allem die edelbittere Privileg-Schokolade und war sehr eigen, wenn er die Privileg-Tafeln irgendwo in minderer Qualität vorfand. Wenn er, regelmäßig in Garmisch zum Urlaub, auf der Zugspitze das Sprengelsche Spitzenprodukt kaufte, waren die Tafeln oft alt, weil Zugspitz-Touristen andere süße Vorlieben hatten. Mitarbeiter erinnern sich, dass deshalb »Außendienstmitarbeiter auf die Zugspitze fahren und die Ware austauschen [mussten], damit die Ware dort von erster Qualität war, wenn Sprengel einkaufte. Denn sonst ging ein Donnerwetter nieder.«[323] Das Einschlagpapier war bis Anfang der 1960er Jahre der berühmten ›Chocolat Lindt Surfin‹ nachempfunden, deren Umhüllung Rodolphe Lindt im 19. Jahrhundert selbst entworfen hatte.[324]

Den gemeinen süßen Konsumriegel zu produzieren, kam für eine Firma wie Sprengel nicht in Frage. Aber drei Jahre nach Storck brachte Sprengel ›SiebenStück‹ heraus. Der Senior war skeptisch. ›SiebenStück‹ sollte, hoch beworben, Albrechts Meisterstück werden, war aber nicht erfolgreich. Sieben, einzeln verpackte Stücke der gleichen Schokoladensorte waren doppelt so teuer wie die entsprechende Tafelschokolade. Ein ehemaliger Mitarbeiter: »Die Anlage konnte nur eine Sorte produzieren. Später nach zusätzlichen Investitionen gab es verschiedene Sorten in einer Packung wie heute Merci.«[325]

Die viel konsumierte Tafelschokolade verlor mit dem Preisverfall ihren Genusscharakter. Der Sprengel-Beirat fragte sich 1968, ein Jahr nach dem Verkauf an Nabisco, »ob Tafelschokolade noch ein Qualitätsartikel in den Augen der Verbraucher sei, oder ob er sich zu einem Billigartikel entwickelt habe, wo die Qualitäten, die das Haus Sprengel liefert, nicht mehr von der Preisseite honoriert werden«.[326] Eine Verschlechterung der Qualität würde aber, so war die Befürchtung, das Sprengel-Image abwerten. Bickmore (Nabisco) überlegte trotzdem, gegebenenfalls Handelsmarken zu produzieren. In der nächsten Beiratssitzung im Dezember 1968 war erneut eine Niedrigpreisserie für Tafeln im Gespräch. Auf den Verpackungen der Zweitmarke könnte man auf die Qualitätskontrolle der Fa. Sprengel hinweisen. Eine Entscheidung wurde aber nicht gefällt. 1969 geriet B. Sprengel & Co. mit fast 11 Mio. DM Jahresfehlbetrag in die Verlustzone.

323 Frauke Eue.
324 150 Jahre Freude bereiten. Chocoladefabriken Lindt & Sprüngli AG 1845 bis 1995, Kilchberg 1995, S. 45.
325 Interview Ralf Beisner, 1971–1974 bei Sprengel.
326 HStAH Dep. 105 Acc. 2/80, Nr. 138, Protokoll Beiratssitzung am 8.3.1968.

Reinerträge

	1969 Sarotti TDM	1969 Sprengel TDM	1968/69 Sprengel TDM	1968 Sarotti TDM	1967/68 Sprengel TDM	1967 Sarotti TDM
Jahresüberschuß/Jahresfehlbetrag	./. 17.140	./. 10.768	1.745	9	2.323	854
./. Erträge aus Anlageabgängen	54	34	44	705	13	52
./. Erträge aus der Auflösung von Rückstellungen	106	798	778	132	71	364
./. Sonstige a.o. Erträge	1.190	239	239	1.152	137	710
./. Investitionszulage Berlin	2.000	-	-	100	-	400
+ Verluste aus Anlageabgängen	25	38	38	35	14	24
+ Sonderabschreibungen BHG	1.642	-	-	925	-	337
+/./. Veränderung der Kontraktrückstellungen	3.100	8.689	456	-	./. 190	-
+ Abwertung Rohstoffbestand	3.683	1.025	54	-	2	-
+ Steuernachzahlungen für Vorjahre	-	-	-	600	363	-
+ Ertragsteuern	-	-	308	-	667	500
Reinertrag von Gewinnsteuern	./. 12.040	./. 2.087	+ 1.540	./. 520	+ 3.458	+ 139
Reinertrag unter Berücksichtigung der Umsatzsteuervergünstigung BHG Sarotti	./. 14.380	./. 2.087	+ 1.540	./. 3.334	+ 3.458	./. 2.539

Abb. 217 Übersicht Verluste und Gewinne von Sarotti und Sprengel

Die oben abgedruckte Übersicht zeigt zurückgehende Gewinne bei Sprengel und Sarotti, die 1969, in einem Jahr der Hochkonjunktur in der Bundesrepublik, bei beiden Firmen in Millionenverlusten kulminierten. Steigende Rohkakaopreise – »allein im Geschäftsjahr 1969/70 haben von der Rohstoffseite 7,5 Mio. DM mehr aufgebracht werden müssen«[327] – bei gleichzeitig »unerhört hartem Wettbewerb, hervorgerufen durch die bestehende Überkapazität« hatten den Einbruch verursacht. ›Der kleine Dicke‹ Hans Imhoff stieg dagegen stetig auf. 1968 verfügte er über 93 eingetragene Warenzeichen, die er fast alle nutzte, um seine Tafeln unter die Leute zu bringen.[328]

Ein Konzept zur Überwindung der Krise hatte Bernhard Sprengel nicht, er biss sich aber fest in einem Abwehrkampf gegen die – wie er fand – wettbewerbsverzerrenden Steuerprivilegien der Westberliner Schokoladenindustrie. Eine Tochtergesellschaft in Westberlin zu gründen wie andere westdeutsche Schokoladenfirmen, hatte er erwogen, aber verworfen. So suchte er 1967 eine breite Front von Unternehmen für eine veränderte Novellierung des Berlinhilfegesetzes zu gewinnen. »Es haben zahlreiche Gespräche mit einflussreichen Politikern und Wirtschaftlern stattgefunden. Danach ist zu hoffen, dass die in Vorbereitung befindliche Neufassung mindestens für die Zukunft Änderungen des Ausnahmekatalogs zulässt.«[329] Die Einweihung des neuen Fabrikationsgebäudes am Brinker Hafen 1967 mit viel politischer Prominenz unter den Teilnehmern hatte Sprengel für eine spektakuläre Eröffnung dieser Initiative genutzt. Angesichts verkürzter Handelsspannen nach dem Fall der Preisbindung sah er in den Kürzungsansprüchen westdeutscher Händler beim Kauf von Berliner Erzeugnissen in Höhe von 4,2 Prozent der Umsatzsteuer eine ernsthafte wettbewerbsverzerrende Begünstigung. Der Sache war aber kein Erfolg beschieden. An der Berlinhilfe etwas zu ändern, war den Politikern aller Parteien zu heikel.

327 HStAH Dep. 105 Acc. 2/80, Nr. 138, Protokoll Beiratssitzung am 11.7.1969.

328 Broichhausen, Schokoladenindustrie, FAZ vom 12.8.1968.

329 RWWA 208-359-2, Schreiben B. Sprengels vom 30.8.1967.

Die schlechte Geschäftslage hinderte Bernhard Sprengel nicht daran, seinen 70. Geburtstag gemeinsam mit den Mitarbeitern auf einem großen Betriebsfest in der Stadthalle zu feiern mit Unterhaltungsprogramm (u.a. Rex Gildo), Tanz und gutem Essen.

Die Feier stieß auf begeisterte Resonanz. Deshalb wurden noch zwei weitere große Feste der Sprengel-Belegschaft in der Niedersachsenhalle gefeiert, die sich die Firma einiges kosten ließ. Auch in schlechten Zeiten geizte die Firma nicht mit Freundlichkeiten für die Mitarbeiter. Diese wussten das zu schätzen und empfanden den Gegensatz zu den sparsamen Jahren unter Imhoff später umso schärfer.[330] Dagegen ging – wie in vielen Betrieben in jenen Jahren[331] – das Interesse an den gemeinsamen samstäglichen Betriebsausflügen in Hannovers Umgebung Ende der 1960er Jahre zurück. Nur noch 20 Prozent der Sprengelaner nahmen daran teil.[332]

Trotz der schlechten Geschäftslage und obwohl Nabisco selbst in Schwierigkeiten steckte, drängte Sprengel 1969 im Beirat auf umfangreiche Investitionen (vgl. S. 251). Geschäftsführer Albrecht notierte: »Die Ertragsaussicht von Nabisco im Budget 1970 ist offensichtlich derartig schlecht, dass Herr Bickmore mit Herrn Seysses und Herrn Romano deren Budgets erneut durchzugehen beabsichtigt. Aus den Äußerungen des Herrn Bickmore muß geschlossen werden, daß die Ergebniserwartungen sowohl von Saiwa als auch Belin [weitere europäische Beteiligungen von Nabisco] den Nabisco-Erwartungen nicht entsprechen. Die Tatsache, daß Nabisco bei uns nur 49 % hat, hält Herrn Bickmore natürlich davon ab, im gleich Sinne fordernd die Gewinnsituation mit uns diskutieren zu wollen wie mit Belin und Saiwa.«[333]

Sprengel/Nabisco investierte auch im Krisenjahr 8 Mio. DM in die Werbung.[334] Ohne

330 Ute Engelen: An Opportunity to abolish Social Benefits? Die Untersuchung zeigt, dass in der Krise der Automobilkonzerne VW und Peugeot zwar die sozialen Leistungen in Frage gestellt, aber nicht generell heruntergefahren haben. Vielmehr wurden nur jene abgeschafft, die nicht mehr mit den Interessen der Beschäftigten korrespondierten.

331 Lubinski, Familienunternehmen.

332 Betriebsausflug – auf der Suche nach neuen Formen, Blickpunkt Sprengel, März 1969.

333 HStAH Dep. 105 Acc. 2/80, Nr 137, Aktennotiz vom 2.1.1970.

334 HStAH Dep. 105 Acc. 2/80, Nr. 138, Beiratssitzung am 7.8.1970.

Abb. 218 Betriebsfest 1969, ein großes Ereignis

Abb. 219 Steuerpult – Überziehanlage der Produktion von Erfrischungsstäbchen

den starken amerikanischen Kapitalgeber hätte B. Sprengel & Co. allein diesen Werbeaufwand nicht finanzieren können. Bernhard Sprengel sah »nur zwei Möglichkeiten: die Expansion zu stoppen, das Sortiment zurückzuschneiden und auf gewisse Marktsektoren zu verzichten, oder aber weiterhin auf Expansion zu setzen, eine Zeit lang magere Ergebnisse in Kauf zu nehmen, jedoch mit der Gewissheit, daß ein ganzer Industriezweig nicht auf längere Zeit ohne wirklichen Gewinn arbeiten könne«.[335] Es war klar, welchen Weg er favorisierte. Bickmore stimmte zu: »Für ihn gebe es gar keine Frage, daß nur der Weg zur Expansion der richtige sei; Stillstand bedeute Rückschritt.«[336] Die Gewissheit, die sich aus der Erfahrung der 1930er Jahre speiste, dass nach mageren Jahren wieder gute kommen, wurde jedoch enttäuscht.

Nabisco nahm Geld in die Hand und baute am Brinker Hafen für 22 Mio. DM ein neues Werk für die vollautomatische Stäbchenproduktion und 1975 – geplant vom Hausarchitekten Rolf Müller – ein modernes computergesteuertes Hochregallager (Kosten 30 Mio. DM)[337] für die Lagerung von Fertigwaren mit 18 000 Palettenplätzen.

Als Sprengel jedoch eine Unternehmensübernahme vorschlug, die er schon früher einmal bedacht, aber als Familienunternehmer mit eigenem Kapital nicht realisiert hatte, meldete Bickmore Bedenken an. Sprengel wollte Nabisco zur Übernahme von Stollwerck gewinnen, für das sog. ›Projekt Düsseldorf‹, wie es verhüllend genannt wurde. Folgendes Szenario legte er Bickmore vor:

335 Ebd.

336 Ebd.

337 Reinhard Petter.

»Obwohl noch immer über 100 Schokoladenhersteller von der rohen Bohne beginnend arbeiten, zeichnet sich der Anfang einer Konzentration und damit die Hinwendung zu wenigen großen Gruppen klar ab. Die Gruppe Monheim mit den hochpreisigen Marken Lindt, der breiten Konsummarke Trumpf. Die Fusion Suchard Tobler schafft in Deutschland ein Potential von zusammen 220 Mio. DM mit den starken Schokoladenmarken Suchard und Tobler mit Schweizer Image und den Konsummarken Schoko-Buck und Imperial. Es muss erwartet werden, daß die Firma Nestle ihr Interesse im deutschen Schokoladenmarkt bei der Firma Sarotti in absehbarer Zeit neu ordnet. Als vierte starke Gruppe liegt Ferrero mit geschätztem Umsatz von 180 Mio DM.
Die Monheim-Gruppe auf dem Pralinensektor, die Suchard-Gruppe mit Schwergewicht auf Tafelschokolade werden die starke regionale Marke Sprengel im Norden und Westen der Bundesrepublik durch gezielte Angriffe [...] zwangsläufig in eine Art Umklammerung treiben. Eine Übernahme der Marke Stollwerck mit den Nebenmarken La Rose, Reichardt und Goldina dürfte es der dann entstehenden Gruppe mit einem Umsatz von 250 Mio. DM möglich machen, ohne wesentliche Abnutzung des hochwertigen Sprengel-Image auch in den breiten Konsumsektor vorzudringen.«

Bernhard Sprengel sah die Gefahr, dass ohne diesen Kauf die Marke Sprengel in die Defensive gedrängt werde. Am Ende werde es nur noch die beiden großen Gruppen Monheim und Suchard/Tobler geben.[338]

Bickmore hielt das Ganze für ein »enorm schwerwiegendes Projekt, da der Investitionsbetrag beträchtlich ist. Falls das Projekt durchgezogen würde, machte es unsere Verpflichtungen in Deutschland wirklich sehr groß, und gerade wegen seiner immensen Größe könnte es enorme Auswirkung haben auf unsere gesamte Deutschland-Gewinnsituation, wenn man dabei Nabisco, Xox und Sprengel und Düsseldorf gemeinsam betrachtet«.[339] Bickmore sah auch kartellrechtliche Probleme des ›Projekts Düsseldorf‹ und wollte auf keinen Fall eine unfreundliche Übernahme. An den Verhandlungen würde sich Nabisco nicht beteiligen. Sprengel war dagegen optimistisch, er stand in Verhandlungen mit Dr. Janberg, dem Vorstandsmitglied der Deutschen Bank, die das größte Aktienpaket an Stollwerck besaß. »Nach wie vor steht die Deutsche Bank unseren Überlegungen, eine qualifizierte Mehrheit zu erwerben, positiv gegenüber«, teilte er Bickmore mit.

Dann starb Dr. Janberg, Alfred Herrhausen folgte ihm im Stollwerck-Aufsichtsrat und übernahm die Verhandlungen. Eine erste Besichtigung in Köln durch den technischen Leiter Dr. Paul Görling und Produktionsleiter Adis von Sprengel war ernüchternd. Sie gewannen nicht den Eindruck, dass in dem Betrieb nach rationellen Methoden gefertigt werden könnte. In dem alten Betrieb in Kölns Mitte neue Maschinen aufzustellen, würde sich nicht lohnen. An die Alternative, die Kadelbach erwogen und Imhoff später realisiert hatte, die alten Gebäude zu verkaufen und draußen neu zu bauen, dachte man nicht. Sprengel wollte die Marke, nicht die Produktion. So kam man im Beirat überein, nur im Fall einer Liquidierung von Stollwerck die Marken Stollwerck, Reichardt, Goldina und La Rose zu erwerben, da »nach Meinung von Sprengel eine solche zweite und dritte Marke zur Abdeckung des gesamten Pralinen- und Schokoladenmarktes dringend benötigt werde«.[340] Es bestand aber Unsicherheit, ob Stollwerck liquidiert würde, wenn sich kein Käufer fände. Es wurden zwar bei Stollwerck noch Gewinne ausgeschüttet, aber das sei reine Bilanzkosmetik, z.B. durch den Verkauf von Grundstücken, um 16 Prozent Dividende ausschütten zu können. Man zögerte und griff nicht zu.

338 HStAH Dep. 105 Acc. 2/80, Nr. 137, Schreiben Sprengels an Bickmore vom 8.6.1970.

339 HStAH Dep. 105 Acc. 2/80, Nr. 137, Schreiben Bickmores.

340 HStAH Dep. 105 Acc. 2/80, Nr. 137, Protokoll Beiratssitzung vom 4.12.1970.

Abb. 220 Sprengels Marzipan-Qualität wie bei Niederegger

Alfred Herrhausen setzte bei Stollwerck auf Hans Imhoff, der sich zutraute, die Marke Stollwerck weiterzuführen statt sie zu liquidieren. »Imhoff hatte enge Verbindungen zu Herrhausen, der Stollwerck unterbringen wollte. Imhoff wohnte in einem Haus, das der Deutschen Bank gehört hat.«[341] Der Spiegel- und Springer-Journalist Claus Jacobi, fasziniert von der Person des Aufsteigers Hans Imhoff, beschreibt in seinem Buch ›Der Schokoladenkönig. Das unglaubliche Leben des Hans Imhoff‹ den Übernahmekampf von Stollwerck. Auf der spannenden Hauptversammlung im Dezember 1972 wurde in Abstimmung mit Herrhausen »Imhoff als Kleinaktionär mit 0,11 % des angemeldeten Aktienkapitals als Aufsichtsratsvorsitzender gewählt«.[342] Eine oppositionelle Gruppe versuchte die bereits eingeleitete Kooperation von Stollwerck mit Imhoff zu verhindern. Man vermutete Sprengel dahinter. Es war aber der »Anwalt Renatus Rüger, der den kostbaren Grundbesitz des Unternehmens zu Geld machen wollte. Imhoff wollte das Geschäft selbst machen«,[343] schrieb Jacobi. »Für den Fabrikneubau in Köln-Porz wollte er wegen bestehender Überkapazitäten in der Schokoladenbranche Geld von Stadt und Land, um Stollwerck in und für Köln zu erhalten. Das Ergebnis: Der Bund steuerte 7,5 % zum Fabrikneubau als Investitionszulage, das Land 7,5 % als Strukturprogramm, die Stadt Köln 9,6 Mill zum Fabrikneubau (Umzugskosten) und ein zinsloses Darlehen auf 8 Jahre in Höhe von 10 Mill Mark für den Fabrik-Neubau.«[344]

Dieses einmal erfolgreiche Spiel wollte Imhoff später auch in Hannover spielen. Aber da ging es anders zu als im Köln des ›kölsche Jung Imhoff‹, und ohne Arbeitsplatzgarantien gab es in Niedersachsen kein öffentliches Geld. Für Hans Imhoff wurde der Stollwerck-Kauf ein Erfolg. Bereits nach zwei Jahren machte das Unternehmen wieder Gewinne. »Von einst 2100 Beschäftigten blieben rund 600, das Sortiment war von 1132 auf 47 Produkte zusammengestrichen.«[345] Ein paar Jahre später wäre eine solche Entlassungswelle nicht mehr möglich gewesen. Die von der sozialliberalen Koalition gesetzlich festgeschriebene Pflicht, Sozialpläne auszuhandeln, hat solche Personaleinsparungen teuer gemacht. So wurde die 1976 vom Sprengel-Management erwogene Schließung des Werks in der Schaufelder Straße wegen zu hoher Kosten aufgegeben. Erst Hans Imhoff schloss das Werk. Die Kosten senkten entsprechend den Kaufpreis.

341 Interview Udo Eberhard, 1964–1977 bei Sprengel im Innendienst, Außendienst, nationaler Verkaufsleiter.
342 Claus Jacobi: Der Schokoladenkönig. Das unglaubliche Leben des Hans Imhoff, München 1997, S. 159.
343 Ebd., S. 167.
344 Ebd.
345 Der Spiegel, 26.02.1979: »Knallharter Wille«.

Bernhard Sprengel: »200-Millionen-Grenze – unser Big One«

1970 war der Preis für Schokoladentafeln auf 0,69 DM gefallen. Der Konsument erwartete Preise zwischen 0,69 und 0,78 DM. Bei höherem Preis wandte sich der Verbraucher billigeren Sorten zu. Im gehobenen Marktsegment der Firmen Sarotti, Sprengel, Stollwerck und Tobler war kein Massenabsatz mehr zu erwarten. Die Marktsituation im Schokoladensektor war durch neue Einzelmarken wie ›Mon Chérie‹ oder ›Mars‹ grundsätzlich verändert. Die Artikel wurden auf stark automatisierten, auf dieses eine Produkt zugeschnittenen automatischen Fertigungsstraßen hergestellt. Der gesamte Werbeetat wurde in diese Einzelartikel gesteckt. Mars hat 1969 allein für seinen Riegel 10,9 Mio. DM an Werbeaufwand ausgegeben, Sprengel für das gesamte Sortiment 8 Mio. DM.

Piasten, früher in Oberschlesien beheimatet und nach 1945 in Forchheim ansässig, kam mit Pralinen im unteren und mittleren Preisbereich auf den Markt. Das führte zu einem Preisverfall im Pralinengeschäft. Ähnlich wie zehn Jahre zuvor bei der Tafelschokolade wurde die Praline durch Niedrigpreise als Artikel abgewertet. »Im oberen Preisbereich ist ein Massenabsatz zur Zeit nicht durchzusetzen«,[346] erkannte der Sprengelbeirat im Sommer 1970. Da sich die höheren Preise für gute Qualitäten am Markt nicht durchsetzen ließen, entschloss man sich billiger zu werden. Ein ehemaliger Verkaufsleiter beschreibt die Auswirkungen: »Sprengel hat auf Menge gemacht, war aber technisch nicht darauf eingerichtet. Es gab viel Handarbeit. Die Qualitäten bei India, Maria Theresia wurden verändert. Der Verbraucher hat erst toll gekauft, aber dann gemerkt, dass es nicht Sprengellike war.«[347]

Geschäftsführer Albrecht war aber stolz auf den »positiven Trend im Absatz und bei Marktanteilen. Schwerpunkt war die Erschließung des umsatzstärksten Gebietes West und die Durchdringung mit Schwerpunktaktionen in Mittel- und Süddeutschland. Diese Ziele sind voll erreicht mit einer sehr aggressiven Marketingstrategie.«[348] Diese Strategie sollte im Westen und im Süden mit dem guten Namen Sprengel durch – billige – Sonderaktionen Marktanteile gewinnen. Der gute Ruf der Marke Sprengel führte auch zunächst zu erfolgreichen Verkaufszahlen.

»Geschäftsführer Albrecht hat gesagt: Wir wollen die Nummer Eins werden. Dann wurden die Rezepturen verändert«,[349] erinnert sich der damalige Hauptabteilungsleiter für Pralinen Petter. Die Rezepturen waren ein »absolut gehütetes Geheimnis, in den Bereich kam auch kein anderes Personal rein. Es hat sich kein Meister getraut, eine Rezeptur selbständig zu ändern. Wenn kleine Rezepturänderungen nötig wurden, weil das Naturprodukt nicht immer gleich ausfällt, musste der Obermeister oder Betriebsleiter gefragt werden.«[350] Jetzt sollte, um billiger anbieten zu können, an den Rezepturen gebastelt werden, zum Beispiel beim Marzipan. Die Marzipanqualität von Sprengel konkurrierte mit der Edelmarke Niederegger Lübeck. Die mit zartbitterer Schokolade überzogenen Sprengel-Marzipanbrote enthielten zu 80 Prozent Mandeln. Mandeln waren teuer. Um zu sparen, senkte man den Mandelanteil.

Den Fokus auf den Mengenumsatz (›Tonnage‹) und die aggressive Marketingstrategie legte Albrecht nicht ohne Zustimmung

346 HStAH Dep. 105 Acc. 2/80, Nr. 138, Protokoll Beiratssitzung vom 7.8.1970.

347 Interview Udo Eberhard. Eine ähnliche Strategie fuhr H. G. Weber bei der Firma Feinkost-Appel. Wie Albrecht bei Sprengel hat er sich mit Billigangeboten in den Handel eingekauft. So billig wie die kapitalstarken ausländischen Konzerne (Unilever, Kraft Food und Nestle) konnte Appel aber nicht produzieren. Da Südzucker kein Kapital zuschoss, war Feinkost-Appel bereits 18 Monate später mit minus 11 Millionen DM völlig überschuldet und wurde von Südzucker wieder abgestoßen.

348 HStAH Dep. 105 Acc. 2/80, Nr. 138, Protokoll Beiratssitzung vom 19.11.1971.

349 Interview Reinhard Petter, Schokoladenmacher, unter Imhoff Geschäftsführer von Sprengel.

350 Interview Reinhard Petter.

Abb. 221 Neue Zielgruppen für Sprengel-Schokolade

von Bernhard Sprengel. Der hatte sich aus dem operativen Geschäft zwar längst zurückgezogen, legte aber gegenüber der Presse immer noch Wert darauf, als ›weiterhin alleinvertretungsberechtigter Geschäftsführer‹ zu gelten. Anfang Januar 1972 erklärte er anlässlich der Nabisco-Übernahme von 75 Prozent der Firmenanteile, er wolle Mitte 1973 die Geschäftsführung an seinen Nachfolger Albrecht übergeben, der inzwischen auch als Teilhaber in die Firma eingetreten sei.[351] Der Geschäftsführer besaß offenbar das Vertrauen des Mehrheitsgesellschafters. Bernhard Sprengel schrieb sich den Erfolg am Wachstum des Unternehmens auf dem Inlandsmarkt mit einem Marktanteil von 13 Prozent[352] durchaus auch selbst zu. 1973 verfasste die Zeitschrift ›Hannoversches Leben‹ mit seiner Zustimmung ein Porträt über ihn als Mäzen und Fabrikanten. Dort hieß es: »Die beachtliche Entwicklung der Firma in den letzten Jahren ist vor allem Hans Peter Albrechts Verdienst. Bernhard Sprengels Verdienst ist es, diesem Mann die Möglichkeit und den Anreiz geboten zu haben, seine Fähigkeiten voll zu entfalten.«[353]

Der Umsatz überschritt 1972 zum ersten Mal die Grenze von 200 Millionen DM. Bernhard Sprengel freute sich: »Heute haben wir in dem vor 4 Tagen zu Ende gegangenen Geschäftsjahr die 200 Mio.-Grenze erreicht. Dies war unser ›BIG ONE‹, unsere geheime Zielsetzung für den heutigen Tag.«[354] Er sah seine Strategie am Ziel, mit der Firma in kurzer Zeit an die Spitze der Branche aufzurücken. »Heute, fast ein Jahr nach dem Übergang der Mehrheit der Firma Sprengel auf die Nabisco kann ich Ihnen bestätigen, daß Sprengel im deutschen Markt eine angesehene und respektierte Führungsposition einnimmt.«[355] Dass die Führungsposition mit dem Verzicht auf Qualitätsproduktion, den Markenkern von B. Sprengel & Co., erkämpft wurde, hat er offenbar in Kauf genommen. Ob eine Zweitmarke, zu deren Erwerb oder Aufbau er sich nicht entschließen konnte, ein vergleichbares Wachstum ermöglicht hätte, erscheint zweifelhaft. Es war der gute Name Sprengel, der die enorme Umsatzsteigerung ermöglichte.

351 HAZ, 25.1.1972.

352 Ebd.

353 HStAH Dep. 105 Acc. 2/80, Nr. 94, Nr. 1, 1973, Entwurf für das Porträt in der Zeitschrift Hannoversches Leben, 1/1973.

354 HStAH Dep 105 Acc. 2/80, Nr. 137, B. Sprengel, Rede in New York, Oktober 1972.

355 Ebd.

Da die Qualität nicht hielt, was der Name versprach, konnten die qualitätsbewussten Kunden nicht gehalten werden, die anderen wandten sich noch billigeren Konsummarken zu.

Ein Element der offensiven Marketing-Strategie war die Olympia-Werbung 1972 mit Sammelalben und -bildern der Athleten ›Unsere Besten‹. Damit sprach die Firma neue jüngere Käuferkreise an. Die Umsatzerfolge schienen Albrechts Strategie zu bestätigen. Zwei Jahre später zur Fußball-WM 1974 gab die Firma Sprengel wieder Sammelalben heraus, diesmal mit ›Mister Sportschau‹, der Sportreporterlegende Ernst Huberty, und der deutschen Fußball-Nationalmannschaft. An die Wirkung erinnert sich mancher Fußball-Fan noch heute: »1974 habe ich in Massen Sprengel-Schokolade ›gefressen‹! Grund: Jede Tafel enthielt ein WM-Bild von 1966 oder 1970. Die wollte ich unbedingt komplett haben! Nach der WM legte Sprengel mit 1974er Bildern nach. Schon 1972 zu den Olympischen Spielen hatten sie eine ähnliche Sammelbilderreihe mit Olympiamotiven aufgelegt.«[356] Für Bernhard Sprengel war es eine fremde Welt. Die Einladungskarten zu den WM-Spielen in Hannover hat er unbenutzt archiviert.

Bei der WM-Werbekampagne 1974 war Ralf Beisner als Junior-Produktmanager dabei und hat diese Zeit noch in sehr guter Erinnerung. Begeistert erzählte er von der WM-Promotion mit Uwe Seeler. »Mit einem Fußballturnier wurde der Außendienst auf das Thema eingestimmt und motiviert. Während einer Vertriebstagung mietete die Firma die Stadion–sporthalle in Hannover und richtete dort das Turnier aus. Uwe Seeler spielte in den Mannschaften mit. Ernst Huberty, der das Sprengel-Sammelbuch geschrieben hatte, moderierte zusammen mit Victoria Voncampe die Veranstaltung. Für alle war dies eine Riesengaudi und hohe Motivation – der Erfolg stellte sich dann auch ein – Sprengel wurde 1974 in Deutschland die Nr. 1 bei Tafelschokolade.«[357]

Bei einem Bundesligaspiel vor der Fußball-WM 1974 zwischen Bayern München und Hannover 96 wurden die wichtigsten Spieler wie Franz Beckenbauer, Gerd Müller, Sepp Maier und der Oberbürgermeister Hannovers, Herbert Schmalstieg, vor 70000 Zuschauern in Schokolade aufgewogen. Der Erlös ging an soziale Einrichtungen. »Die ›Verwiegung‹ wurde von mir im Stadion vorgenommen und auch im Fernsehen gezeigt, das war schon etwas!« Die Promotion war, ist sich Beisner sicher, »die erfolgreichste Kampagne in der Sprengel-Geschichte«.[358] Tatsächlich wurde Sprengel im Jahr 1974 Marktführer bei Tafelschokoladen und nach Monheim (580 Mio. DM Umsatz) mit 235 Mio. DM Umsatz die Nummer zwei der deutschen Schokoladenindustrie.[359]

Die Marktführerschaft war aber nur von kurzer Dauer und teuer erkauft. Schon zwei Jahre später erhielt die Firma die Quittung der Konsumenten. Der Chef der Süßwarenhandelskette Lekkerland, Dr. Gyllensvaerd, teilte 1976 dem Verkaufsleiter Borau seine Einschätzung mit, »dass die Hochdruckverkäufe in den letzten Jahren dazu geführt haben, dass der Konsument von Sprengel überalterte Ware für gutes Geld gekauft hat. Er befürchtet, dass aus diesem Grund Sprengel-Produkte – Tafel schokolade, Mono-Artikel wie Erfrischungsstäbchen und Saisonartikel vom Konsumenten nicht mehr in der Weise gekauft werden, wie es früher der Fall war, weil Sprengel einfach seinen Namen als Qualitätshersteller verloren hat.«[360]

356 http://www.tv-nostalgie.de/seite_35.htm [zuletzt aufgerufen am 8.12.2014].

357 Interview Ralf Beisner, Lehrling bei Sprengel und dann Assistent der Produktmanager für Pralinen und Tafelschokolade.

358 Mail Ralf Beisner.

359 Untersuchungen zur Konzentrationsentwicklung in ausgewählten Branchen und Produktgruppen der Ernährungsindustrie in Deutschland, hrsg. von der Europäische Kommission der Europäischen Gemeinschaften, November 1976, S. 66 f.

360 HStAH Dep. 105 Acc. 2/80, Nr. 139, Aktennotiz Boraus vom 23.5.1976 für Prof. Görling.

Schokoladenbranche und die Firma Sprengel in der Krise

Die Krise im Hause B. Sprengel & Co. hatte in den scheinbar erfolgreichsten Jahren begonnen. Mit der Übernahme der Mehrheit durch Nabisco im Januar 1972 musste Bernhard Sprengel, das hat er der Presse nicht mitgeteilt, eine dicke Kröte schlucken. Er hatte einen ›Beherrschungsvertrag Xox-Nabisco Sprengel‹ zu unterzeichnen, den er vergeblich zu verhindern suchte. Sein Geschäftsführer Albrecht vertrat in diesem Konflikt die Position der Konzernmutter Nabisco und warnte ihn, noch etwas gegen den neuen Gesellschaftsvertrag zu unternehmen. Albrecht war der Meinung, »dass man sich gegen diesen Plan nun nicht mehr in irgendeiner Form sträuben kann, wenn man nicht Gefahr laufen will, eine Obstruktionspolitik zu betreiben und wichtige Konzerninteressen zu verletzen. Die Behauptungen, die erlaubt oder nicht erlaubt, führende Herren von Xox nach außen aufstellen, sie kontrollierten Sprengel, da sie über 75 % des Kapitals hielten, können wir nur versuchen zu unterbinden oder durch gezielte Gegeninformation.«[361] Albrecht hielt jegliche Aktivität von Sprengel nicht nur für sinnlos, sondern sogar für gefährlich. Schließlich handele es sich um Konzernpolitik, die in New York gemacht würde. So war es. Seinen Einfluss hatte Bernhard Sprengel verloren, auch wenn er nach außen als ›alleinvertretungsberechtigter Geschäftsführer‹ eine andere Rolle spielte.

Welche Überlegungen steckten hinter den Änderungen? Die Keksfirma Xox, eine jüngere Nabisco-Erwerbung, produzierte Verluste. Zukünftige Sprengelgewinne sollten die Xox-Verluste steuerlich ausgleichen. Bernhard Sprengel sorgte sich: »Herausgekommen ist jetzt, daß de jure B. Sprengel zu 95 % von einer kleineren und im deutschen Markt auch anders beurteilten Firma abhängig ist. Niemand innerhalb und besonders außerhalb unserer Organisation darf auf die Idee kommen, durch die jetzige Konstruktion könne und würde Sprengel in seinen Entscheidungen und Überlegungen beeinflußt oder gar abhängig von in Celle [dem Standort der Xox-Produktion] tätigen Herren.« Er hat dann »diesen Verträgen nur sehr schweren Herzens zugestimmt«.[362] Warum unterschrieb er trotzdem? Die Verträge sind nicht Teil des Nachlasses im Hauptstaatsarchiv. Vermutlich wird es die Option, den Verkauf seiner Anteile rückgängig zu machen, schon aus finanziellen Gründen nicht mehr gegeben haben. Und welche Alternative für die Unternehmensführung hätte er sonst noch gehabt? Er war inzwischen über 70 Jahre alt und hatte auf Hans Peter Albrecht als Nachfolger gesetzt, einen anderen gab es nicht. Albrecht aber folgte dem Nabisco-Kurs aus New York. Zum Zeitpunkt der Übergabe des weiteren Viertels hegte Bernhard Sprengel aber noch die Hoffnung, dass »Nabisco in Europa auch auf dem Gebiet Schokolade eine führende Rolle spielen will – und das mit Hilfe und durch ihre deutsche Tochter Sprengel«.[363]

Tatsächlich hatten die Änderungen des Gesellschaftervertrages für B. Sprengel & Co. weitreichende Folgen, so wie Bernhard Sprengel gefürchtet hatte. Xox machte nicht nur wegen geringer Qualität von sich reden, sondern auch wegen »falscher Produkt- und Vertriebspolitik«.[364] Sprengel-Geschäftsführer Albrecht drängte die Nabisco-Herren in New York, ihm auch die Xox-Geschäftsführung zu übergeben.[365] Dem Sprengel-Beirat teilte Albrecht im Dezember 1973 die Übernahme der Geschäftsführung von Xox mit. »Es ist ein Katalog von Maßnahmen be-

361 HStAH Dep. 105 Acc. 2/80, Nr. 137, Aktennotiz Albrechts vom 7.6.1972. Acht Jahre später stellte Albrecht seine Rolle anders dar. »1970 war für mich durch den völlig überzogenen Kauf von Xox bereits erkennbar, daß für Nabisco die Kekse die absolute Präferenz behielten«, erklärte er dem Industrie-Magazin im Juli 1980.

362 HStAH Dep. 105 Acc. 2/80, Nr. 137, Rede B. Sprengels in New York, Oktober 1972.

363 Ebd.

364 Manager-Magazin, April 1974, S. 28.

365 Ebd.

sprochen und verabschiedet worden«, führte er aus, »der die volle Hilfe der Führungsmannschaft von Sprengel dem Unternehmen Xox-Nabisco zur Verfügung stellt, um zunächst einmal die organisatorischen Voraussetzungen zu schaffen, künftig am Markt anders und zwar aggressiver zu operieren«.[366] Es ging für beide Unternehmen nicht gut aus.

Der frühere Werbeleiter Karl-Heinz Schröder urteilte über die Zusammenlegung: »Das Sprengel-Management hatte von heute auf morgen die Verantwortung für Xox. Die Vertriebsmannschaft Sprengel wurde auseinandergerissen. Die Sprengel-Verkäufer waren gut geschult, es gab eine engagierte weibliche Personaldirektorin Dr. Maeder. Die haben sich wirklich um ihr Personal gekümmert. Die Sprengel-Vertreter hatten mit Xox keine Produkterfahrung, konnten keine Fragen beantworten. Im Handel hieß es: Ihnen tun die Sprengel-Verkäufer leid. Dann hat Nabisco das wieder aufgeteilt und einen englischen Marketing-Mann ohne Deutsch-Kenntnisse geschickt. 1977 wurde Xox von Nabisco zugemacht.«[367]

Ähnlich kritisch sieht Udo Eberhard, der als Verkaufsleiter bei Sprengel tätig gewesen war, die Verbindung Xox-Sprengel: »Die Sprengel-Geschäftsleitung sollte Xox integrieren; die Verkaufsleiter von Sprengel sind zur Mutter Xox gegangen. Diese hatte 1100 Verkäufer mit Regalpflege.[368] 45 000 kaufende Kunden, kleine Einzelaufträge über 45,– DM. Sprengel hat dagegen Großhändler beliefert. Die Zusammenlegung ging nicht gut.«[369]

Im Dezember 1973, nach der Übernahme der zusätzlichen Geschäftsführung von Xox, war der Umsatz der Sprengel-Pralinenmischungen und Alkoholpralinen deutlich gesunken. Die neuen Schoko-Mints – produziert von Coop[370] – wurden wegen schlechter Qualität ein Flop.

Abb. 222: Schoko-Mints – in geringer Qualität produziert von Coop

366 HStAH Dep. 105 Acc. 2/80, Nr. 139, Protokoll Beiratssitzung vom 3.12.1973.

367 Karl-Heinz Schröder, Werbeleiter 1964–1992, Marketingleiter für Sprengel, Trüller und Xox und Stollwerck (Imhoff).

368 Mit der verpflichtenden Einführung der Kennzeichnung eines Mindesthaltbarkeitsdatums haben die mächtigen Einzelhandelsketten durchgesetzt, dass die Lieferanten die Regalpflege zu übernehmen und die abgelaufenen Packungen zurückzunehmen hatten. Das blähte die Vertriebskosten der Produzenten auf, die Ertragseinbußen bedeuteten für viele Firmen das Aus.

369 Interview Udo Eberhard.

370 Coop, entstanden aus den Konsumgenossenschaften, gehörte seinerzeit noch den Gewerkschaften. Der spätere Vorsitzende, Bernd Otto, vom DGB gekommen, hat den Konzern durch Finanzmanipulationen schwer geschädigt. Den Konzern gibt es heute nicht mehr.

Die Marke Sprengel hätte jetzt gute Verkäufer gebraucht. Tatsächlich wurde aber der Sprengel-Außendienst von 220 auf 190 Mitarbeiter verringert. Die gut geschulten Sprengel-Verkäufer mussten nun Kekse verkaufen.

Die Mitglieder des Sprengel-Beirats boten im Mai 1974 ihren Rücktritt an; denn jetzt kontrollierte der Xox-Aufsichtsrat die Geschäftsführung Nabisco-Sprengel, was zeigte, die Prioritäten der Konzernmutter lagen auf dem Kekssektor. Zu diesem Zeitpunkt – 1974 – deutete sich bereits der Rückzug Nabiscos aus dem deutschen Schokoladengeschäft an. Das Protokoll der Beiratssitzung vermerkte dazu: »Der deutsche Markt werde aus den USA mit einer gewissen Reserve beobachtet. Frankreich werde als stärkerer Wachstumsmarkt angesehen. In Deutschland hätten die Gewinne allgemein abgenommen und die Investitionsneigung gehe zurück. Außerdem sei insbesondere der Schokoladenmarkt für amerikanische Interessenten uninteressant geworden.«[371]

Bereits zwei Jahre nach der Übernahme der Xox-Geschäftsleitung musste Albrecht im März 1976 gehen, er wurde »unser Edelpensionär«, erinnerte sich Marianne Schulze, ehemalige Personalleiterin.[372] Die Mitarbeiter machten ihn verantwortlich für den Niedergang der Firma. »Der gute Name ist durch Billigware kaputt gemacht worden.« Sie ärgerten sich über dessen Abfindung und hohe Rente. Von 15 000 DM im Monat ging die Rede. Die Fusion mit Xox war gescheitert, die Kekstochter wurde 1977 liquidiert, bei Sprengel der Beirat im Frühjahr 1976 wieder installiert: »Die Ankündigung der beabsichtigten Schließung der Xox-Nabisco hat beim Handel vielfach die Frage nach der Zukunft von Sprengel ausgelöst«, sorgte sich der Beirat.[373] Auch Mitarbeiter sahen für sich keine Perspektive mehr bei Sprengel. »Nach der Liquidation von Xox sind viele in andere Unternehmen gegangen.«[374] Sprengel notierte »Borau (Verkaufsleiter) zu Waldbaur Imhoff« ins Protokoll einer Beiratssitzung. »Dass die Xox-Liquidation auch der Firma Sprengel erhebliche Probleme gebracht hat«, musste der Nabisco-Chef Robert M. Schaeberle eingestehen. In Vinnhorst war zwei Jahre zuvor das moderne Hochregallager in Betrieb genommen worden. Nach der Xox-Liquidation gab es nun teure Lagerraum-Überkapazitäten. Aus Kostengründen wurden die regionalen Auslieferungslager, bis dahin ein Rückgrat des Sprengel-Vertriebs, geschlossen.

Der Sprengel-Beirat sah nach Albrechts Abgang die Folgen der Tonnage-Orientierung kritisch: »Das Image der Marke Sprengel habe gelitten. Es handele sich um die Auswirkungen der von Sprengel jahrelang betriebenen Niedrigpreispolitik und auch teilweise um reale Enttäuschungen des Verbrauchers, der gewisse Qualitäten des Hauses nicht akzeptabel fand. [...] Von Velsen bemerkt, nach seinen Gesprächen und Beobachtungen werde die Tafelschokolade der Firma Sprengel als sehr billig, um nicht zu sagen zu billig empfunden.«[375]

Würde es gelingen, das Steuer wieder herumzureißen und eine Qualitätsoffensive zu starten? Dazu bedurfte es eines schlagkräftigen Außendienstes, der sich mit den Produkten identifizierte, eines attraktiven Sortiments und klarer Konditionen statt fallweiser Sonderaktionen. Diese waren für den Handel undurchschaubar und nährten dessen Furcht, dass der Konkurrent bessere Rabatte erhielte. Im Beirat wurde dazu eine kritische Studie diskutiert:[376] »Unter dem Eindruck, daß Sprengel große Umsätze über günstige Konditionen zu machen versucht hat, sind viele Gesprächspartner unsicher geworden, ob sie in den Verkaufsgesprächen nicht mehr

371 HStAH Dep. 105 Acc. 2/80, Nr. 139, Protokoll Beiratssitzung vom 20.5.1974.

372 Interview Marianne Schulze, Personalreferentin.

373 HStAH Dep. 105 Acc. 2/80, Nr. 139, Protokoll Beiratssitzung vom 30.6.1976.

374 Interview Udo Eberhard.

375 HStAH Dep. 105 Acc. 2/80, Nr. 139, Protokoll Beiratssitzung vom 5.8.1976.

376 HStAH Dep. 105 Acc. 2/80, Nr. 139, Protokoll Beiratssitzung vom 15.10.76. Dort wurde zitiert aus der ›Nowak-Studie‹ vom Dezember 1975.

hätten herausholen können. Das Unbehagen kann sich zu einem echten Verkaufshindernis entwickeln. Ausgesprochen konfuses Konditionsgebaren des Hauses Sprengel wurde lange verdrängt. Niemand wußte so recht, ob er nun günstig dran war oder nicht.«

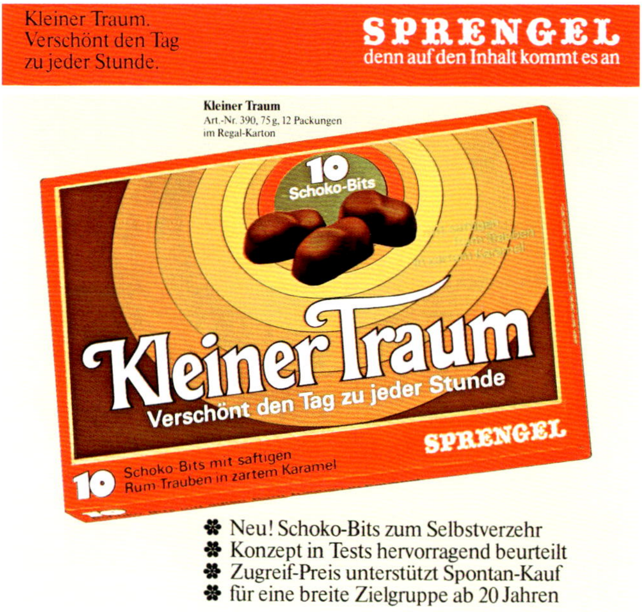

Abb. 223 Händlerwerbung mit dem traditionellen Slogan ›Auf den Inhalt kommt es an‹

Für eine Übergangszeit übernahm der technische Leiter Prof. Paul Görling die Geschäftsführung. Im November 1976 setzte Nabisco mit Henry Giudice einen neuen Geschäftsführer ein. Er kam von Maple Leaf aus dem Kaugummi-Geschäft. Das war wohl kein Zufall, denn das deutsche Schokoladen-Geschäft entwickelte sich für die Konzernmutter unerfreulich. Zunächst wurde Giudice aber als Mann vorgestellt, der wieder auf Qualitätsprodukte setzt. Die HAZ berichtete: »Mit neuen Produkten, einem gestrafften Sortiment und einer geänderten Marketing-Konzeption will der leicht angeschlagene drittgrößte Schokoladenhersteller der Bundesrepublik, B. Sprengel & Co, in Hannover verlorenes Terrain wieder gewinnen. Neuer Geschäftsführer Henry Giudice: ›Als Qualitätserzeugnis dürfe die Marke Sprengel künftig nicht mehr wie bisher dem Handel als Lockvogel dienen.‹ «[377]

Mit der Pralinenspezialität ›Kleiner Traum‹ hoffte die Firma 1979 im schwierigen Pralinenmarkt ein neues junges Produkt zu platzieren. Die Umsätze auf dem deutschen Pralinenmarkt waren nach einem Höhepunkt im Jahr 1968 kontinuierlich zurückgegangen. Bis 1978 hatten die Pralinen ein Drittel der Umsatzmenge verloren. Auch der Verkauf von massiver Tafelschokolade sank nach einem Höchststand im Jahr 1973 stetig. Der angestammte Markt der Sprengel-Produkte schrumpfte also und der Kampf um Marktanteile verschärfte sich.

Gleichzeitig stiegen die Rohkakaopreise in diesen kritischen Jahren auf exorbitante Höhen. Sie lagen um 700 Prozent über den – allerdings besonders niedrigen – Weltmarktpreisen in den 1960er Jahren.[378] Die erhöhten Kakao-Einkaufspreise an die Verbraucher weiterzugeben erwies sich jedoch als schwierig, wenn nicht unmöglich. »Die Süßwarenindustrie muß die Preise anheben. Fraglich ist aber, ob alle Preisvorstellungen vom Handel akzeptiert werden. Schon 1973 konnten die Preise nur unvollkommen erhöht werden. In zähem Ringen mit den großen Handelsunternehmen wurde um Pfennige und Rabatte gefeilscht.«[379] Aber vergeblich. Auch zwei Jahre später musste das Branchenblatt feststellen: »Durch den äußerst

377 HAZ, 16.11.76.

378 Verein der am Rohkakaohandel beteiligten Firmen e.V., https://web.archive.org/web/20071011041504/http://www.kakaoverein.de/rk_35.html [zuletzt aufgerufen am 18.1.2016].

379 Zucker- und Süßwarenwirtschaft, 1974, S. 48.

Abb. 224 Gefüllte Traditionsschokolade mit Pfefferminz

harten Wettbewerb sind Schokoladenwaren nach wie vor preiswerter denn je. Selbst die extremen Bewegungen auf dem Rohkakaomarkt der letzten Jahre haben nicht zu nennenswerten Preiserhöhungen geführt.«[380]

Hohe Einkaufspreise, zurückgehende Umsätze und niedrige Einzelhandelspreise – dieser Ertragsklemme sind viele mittelständische Schokoladenfabriken zum Opfer gefallen. Nach Hildebrand und Stollwerck standen Eszet und Waldbaur zum Verkauf. »Seit Jahren wird die Schokoladenbranche durch einen ruinösen Preiskampf in Atem gehalten. Doch im Gerangel um Marktanteile blieben die Erlöse der Unternehmen auf der Strecke. Besitzveränderungen, Pleiten und Betriebsstillegungen waren die Folge.«[381]

Hans Imhoff sammelte sie in seinem Schokoladenimperium, allerdings brachte ihm sein Schokoladenreich trotz vieler Stilllegungen auch nur geringe Erträge. Er hat daher auch in andere Branchen, beispielsweise eine Reinigung in Berlin und eine Fleischwarenfabrik, investiert. Bei Stollwerck machte nur die Fleischwarenfabrik Heinz Gewinne. »Im Schoko-Bereich […] verschlechterte sich die Ertragslage. Allein für Kakao und Kakaobutter mußte das Unternehmen 20 Mio. DM mehr aufwenden als im Vorjahr«,[382] schrieb das Branchenblatt Süßwarenmarkt. Der durchschnittliche Verbraucherpreis für Schokoladentafeln lag im Oktober 1977 unter den Preisen von 1962.

Die Marke Sprengel lebte noch, geriet aber in die roten Zahlen. Die Geschäftsleitung reduzierte das Personal und hatte im Jahr 1977 für Abfindungszahlungen 3,5 Mio. DM aufzubringen. Das Management suchte nach Konzepten und folgte dem Trend der gefüllten Tafelschokoladen, die auf dem Schokoladenmarkt auf Kosten des Pralinenabsatzes Marktanteile gewannen. 1978 hatten sie bereits mit 52 120 Tonnen den Mengenabsatz von Pralinen überschritten.[383]

Die Firma Sprengel hatte mit Sprengel-Pfefferminz und Sprengel-Weinbrand-Nougat viele Jahre, bei Stammkunden beliebt, gefüllte Tafelschokoladen verkauft, diese Sorten aber aufgegeben. Jetzt sah die Sprengel-Geschäftsleitung bei gefüllten Tafelschokoladen Marktchancen und stellte mit Kirsch-Trüffel, Erdbeer-Sahne, Knusper-Nougat, Rum-Mandella neue Füllungen vor. Zu den Traditionssorten hatte das Management keinen Bezug, sie wurden nicht wieder aufgelegt.

380 Zucker- und Süßwarenwirtschaft, 1976, S. 210.
381 Die Zeit, 9.5.1975.
382 Süßwarenmarkt 1978, S. 16.
383 Süßwarentaschenbuch, 1979, S. 62–64.

Abb. 225 Gefüllte Tafelschokolade – Abschied vom Linken Drittel

Die neuen Tafeln gingen mit veränderter Verpackung ohne das linke rote Drittel in die Läden. ›Pralinen-Schokolade‹ nannte sich die Serie. Bernhard Sprengel, seit 1976 wieder im Beirat, gefiel das nicht. »Herr Dr. Sprengel warnt […] vor den Gefahren der Aufgabe des linken-Drittel-Rot bei Tafelschokoladen und erklärt, dass man offensichtlich auch beabsichtige, den Sprengel-Namenszug zu ändern«, hielt das Beiratsprotokoll fest.[384] Der amerikanische Manager Giudice wollte aber wegen ›Eigenprofilierung‹ von Produkten bei den ›Erlesenen‹ auf das linke Drittel Sprengelrot verzichten.

Die ›Herzkirschen‹, zwei Jahre zuvor eingestellt, wurden wieder aufgenommen und beworben. Der Werbeetat wurde im Verlustjahr 1977 extrem zusammengestrichen. Gegenüber dem geschätzten Werbeaufwand der Konkurrenz – Ferrero 17,9 Mio. DM, Ritter 6,4 Mio. DM, Imhoff 5,5 Mio. DM, Suchard 4,2 Mio. DM, Monheim 4.0 Mio. DM – genehmigte Nabisco Sprengel nur 0,9 Mio. DM auf dem umkämpften Markt. Das Beiratsprotokoll: »Die Daten zeigen die Notwendigkeit für Sprengel auf, sich ab 1978 wieder an die Werbetätigkeit der Schokoladenindustrie anzupassen.«[385] Für Stollwerck kündigte Hans Imhoff eine Erhöhung auf 14 Mio. DM für das Jahr 1978 an.

Die Schokolade war ein schwieriger Markt. Giudice, im Kaugummi-Geschäft erfahren, versuchte für Sprengel hier sein Glück. »Überraschung. Die Hannoveraner vertreiben für Life Savers Bubble Yum«, schrieb der ›Süßwarenmarkt‹. »Sprengel, bisher als Schokolade- und Pralinenproduzent bekannt, schloss einen Kooperationsvertrag mit Life

384 HStAH Dep. 105 Acc. 2/80, Nr. 139, Protokoll Beiratssitzung vom 20.10.77.

385 HStAH Dep. 105 Acc. 2/80, Nr. 139, Protokoll Beiratssitzung vom 8.12.1977.

Savers NY. Heute ist Bubble Yum Nr. 1 auf der Insel (Großbritannien). Die Frage ging an den Sprengel-Manager, ob er sich Chancen ausrechne, die Mitbewerber zu überrunden: »Giudice: Ein ganz klares Ja.«[386] Der etablierte Wettbewerber Wrighley wartete nicht ab, sondern »klotzte mit 5 Mrd. Anstößen«.[387] Vom Überrunden konnte nicht die Rede sein.

Nach dem Kaugummi startete das Management die Riegelproduktion Carrera, »das rasante Knusperding«. So rasant wie der Name entwickelte sich aber auch dieses Neuprodukt nicht.

Im Juni 1979 brachte Sprengel den neuen Kokosnuss-Riegel Sancho heraus. »Sprengel verschenkt an gute Freunde quadratmeterweise die Sonne. Bleibt zu hoffen, daß Sprengel Sancho ebenfalls quadratmeterweise absetzen kann«,[388] kommentierte das Branchenmagazin den Werbegag, die Sonne zu verkaufen.

Die Hoffnung erfüllte sich nicht. Der Riegelmarkt wuchs zwar, war aber gegenüber dem Tafelschokoladenmarkt noch klein. Vom Schokoladenriegel von Finnfoods, dem Kaugummi Ben-Bits ohne Zucker, und Dragee-Bonbons Weseke versprach sich Giudice Umsätze, während das traditionelle Sortiment reduziert wurde. Der Markenkern von Sprengel schwand, auf den neuen Märkten kam Sprengel zu spät. Ständige Kurskorrekturen, Sortimentsstraffungen und Sortimentsausweitungen machte die ›Welt‹ für die Verluste verantwortlich, die sich 1979 auf 100 Mio. DM beliefen. Henry Giudice, Sprengel-Geschäftsführer und Havard-Absolvent, verdiente aber selbst gutes Geld. Er soll zwei- bis dreimal soviel wie in der Branche üblich verdient haben,[389] war aber, wie Mitarbeiter sich erinnern, im Betrieb wenig präsent. »Er hatte kein Gespür, hat Golf gespielt und war viel unterwegs.«[390] Die verlustreichen Sprengelläden am Flughafen, im Hauptbahnhof und Theater am Aegi wurden 1976 geschlossen, nur der traditionelle Laden in der Georgstraße blieb noch erhalten.[391] Das Sprengel-Sortiment kaufte man nicht mehr in edlen Süßwarenläden, sondern füllte den Einkaufskorb in Selbstbedienungsläden und Verbrauchermärkten.

Die Geschäftsleitung klagte, dass »der Handel nur schwer unsere neue Strategie, nämlich die Hinwendung zum Markenartikel-Hersteller begreift«. Das konzeptionslose Streichen und Pushen von Neuprodukten schien allerdings wenig geeignet, die Verkaufsmannschaft zu motivieren. Der Sprengel-Außendienst kam nicht wieder auf die Beine. »Verkauf nur zu 50 % effizient, […] Fehlen einer Verkaufsstrategie und generelle Führungsmängel« wurden in den Beiratssitzungen beklagt. »Im Außendienst habe noch eine gewisse Umerziehung der Mitarbeiter stattzufinden. Man müsse vom Tonnagedenken wegkommen, um die Qualität in den Vordergrund zu bringen.« Es wiederholten sich dieselben Klagen: »Die Verkaufsprobleme bei Pralinen seien lösbar, wenn wir erst einmal eine effiziente Verkaufsaußendienst-Organisation stehen haben.«[392]

Im Vordergrund stand wegen der hohen Fixkosten und gesunkenen Erträge die Reduzierung der Beschäftigten. Im November 1976 wurde bereits die ersatzlose Schließung des Werks I in der Schaufelder Straße erwogen. Die Kosten für den Sozialplan in Höhe von 11 Mio. DM sprachen dagegen. Seit der Novellierung des Betriebsverfassungsgesetzes 1972 gehörte bei Betriebsänderungen die Aufstellung eines Sozialplans zu den wirtschaftlichen Mitbestimmungsrechten des Betriebsrates. Die Stilllegung hätte zudem bedeutet, »dass wir uns völlig aus dem Pralinengeschäft würden lösen müssen. Welchen Einfluss dies auf den Umsatz der verbleibenden Produkte

386 Süßwarenmarkt, Mai 1978, S. 7.

387 Ebd.: Ein Fachbegriff aus der Werbung für die Zahl der erreichten Kontakte.

388 Süßwarenmarkt, 1979, Nr. 6, S. 6.

389 Die Welt, 20.10.1979.

390 Interview Karl-Heinz Brede, Betriebsratsvorsitzender.

391 Er wurde 1980 nach dem Verkauf an Imhoff geschlossen.

392 HStAH Dep. 105 Acc. 2/80, Nr. 139, Geschäftsbericht, Oktober 1977.

hätte, ist kaum abzusehen.«[393] Vorrang hatte die »Reduzierung des Personalbestands«, der vor allem als Kostenbelastung gesehen wurde. Das blieb nicht ohne Auswirkungen auf die Arbeitsmotivation der Beschäftigten. Der technische Leiter und interimistische Geschäftsführer Görling mahnte, »dass es im Interesse der Arbeitsmoral dringend erforderlich scheint, das 125jährige Firmenjubiläum in diesem Jahr nicht zu übergehen und dabei insbesondere etwas für die Belegschaft zu tun«.[394]

Nabisco hat mit dem Engagement auf europäischen Märkten Schiffbruch erlitten. Acht Jahre nach dem Verkauf von Sprengel an Imhoff war der US-Nahrungsmittelriese selbst ein Sanierungsfall. Der amerikanische Investor der Private-Equity-Branche KKR erwarb 1988 den Nahrungsmittelanbieter Nabisco,[395] eine der ersten aufsehenerregenden Transaktionen der anglo-amerikanischen Private-Equity-Branche, die viele Traditionsunternehmen aufgekauft hat, diese sanierte – oder auch nicht –, um sie dann teurer zu verkaufen.

Abb. 226: Händlerwerbung für den Kokosriegel Sancho

Neue Hoffnung mit Hans Imhoff

Die Marke Sprengel fehlte noch im Schokoladenreich des Hans Imhoff. Er verhandelte hart mit Robert Jones von Nabisco und verlangte bereits für das Jahr 1979 »vorbereitende Maßnahmen unter Einschluss der Personalkündigungen«, um außer der Schließung des alten Werks in der Schaufelder Straße auch die des Werks II am Brinker Hafen »in kürzestmöglichem Zeitraum durchführen zu können«.[396] Die Belegschaft, beim Verkauf noch knapp 1000 Beschäftigte, sollte, so erläuterte Imhoff seinen Plan dem Verkäufer Jones, auf 330 bis 350 Mitarbeiter zusammengestrichen werden. Im Werk selbst sollten 180 Beschäftigte bleiben, für Lager und Versand sah er 50, für Verkauf und Außendienst 80 bis 100, für den Verkaufs-Innendienst 20 Beschäftigte vor. »Ohne Stollwerck hätte Sprengel zumachen müssen«, meinte zwanzig Jahre später der Imhoff-Biograph Claus Jacobi und folgte damit

393 HStAH Dep. 105 Acc. 2/80, Nr. 139, Protokoll Beiratssitzung vom 21.5.1976.

394 Ebd.

395 »International erregte die Private-Equity-Branche 1988 Aufsehen, als der amerikanische Investor KKR den Nahrungsmittelanbieter Nabisco erwarb«, FAZ, 2.10.2014, S. 25. »Kohlberg Kravis Roberts & Co. (KKR) ist eine große Beteiligungsgesellschaft (Private Equity Investment) mit Firmensitz in New York. Gegründet wurde KKR 1976 von Jerome Kohlberg, Jr., Henry Kravis und George R. Roberts. Am 30. November 1988 übernahm KKR den Mischkonzern RJR Nabisco Inc. für 25 Mrd. US-Dollar. Die Firma bestand im Wesentlichen aus dem Tabakkonzern R.J. Reynolds, dem Lebensmittelkonzern Nabisco und der Marke Del Monte Foods.« (Wikipedia, KKR).

396 RWWA 208-8-4, Hans Imhoff an Robert Jones am 17.8.1979.

Imhoffs eigener Darstellung. »Das Unternehmen war konkursreif. Eine Sanierung würde über 20 Millionen Mark verschlingen.«[397]

Nach Erinnerungen von Mitarbeitern hätte auch Monheim (Trumpf Schokolade) Interesse gehabt, aber vor allem wegen der hohen Sprengel-Pensionsverpflichtungen vom Kauf abgesehen. Zudem hatte Mehrheitseigner Peter Ludwig[398] gerade die Marke Novisia gekauft, es war offen, wie das Kartellamt den weiteren Erwerb beurteilen würde.[399] Monheim selbst, Nummer eins der deutschen Schokoladenfabrikanten, was Imhoff und Sprengel unbedingt werden wollten, geriet einige Jahre später ebenfalls in Schwierigkeiten. Ludwig hatte – wie Geschäftsführer Albrecht und später Imhoff – auf möglichst viel Umsatz gesetzt. Die Preise aber bestimmte der Einzelhandel, vor allem die Gebrüder Albrecht, die Monheim belieferte. »Für fetten Umsatz und magere Gewinne sorgte vor allem der wichtigste Monheim-Kunde: die Gebrüder Karl und Theo Albrecht«, schrieb der ›Spiegel‹.[400] Tatsächlich aber war es der ›König Kunde‹, der die Preise bestimmte. Die Verbraucher waren nicht bereit, eine Mark für eine Tafel Schokolade zu zahlen, und die Hersteller mussten sich wegen der Marktmacht der Discounter diesem Diktat beugen.

Imhoff verkündete nach dem Kauf in einem Interview mit dem Branchenblatt Süßwarenmarkt »Sprengel wollte ich schon immer kaufen.«[401] Der ›Welt‹ nannte er als Gründe für seinen Einstieg »neben dem gut eingeführten Namen ›Sprengel‹ [...] weitere Anteile an dem ›sonst festgefügten Schokoladenmarkt‹ zu gewinnen«.[402] 54 Mio. DM hatte er im August 1979 geboten.[403] 80 Mio. DM soll seinerzeit die Familie Sprengel von Nabisco erhalten haben.[404] Die Firma des kultivierten Bernhard Sprengel zu übernehmen, war offenbar ein Lebenstraum des Aufsteigers Imhoff und sein Triumph. Eine Mitarbeiterin, die noch »die Zeit des großen und noblen Schokoladenherstellers« in Erinnerung hat: »Sprengel war für ihn eine ›Haßliebe‹. Auf den ersten Süßwarenmessen hatte Imhoff nur einen kleinen Stand mit seiner kleinen Schokoladenfabrik an der Mosel. Alle haben über ihn gelästert. Als ihm der Stollwerck-Coup gelungen war, war er wer. Jetzt werde ich euch zeigen, was ein Haken ist.«[405] Und nach dem Sprengel-Kauf war Hans Imhoff nach Monheim nun der Zweitgrößte auf dem deutschen Schokoladenmarkt. Aber das reichte ihm nicht, wie er selbst in einem Interview einräumte: »Fest steht jedenfalls, dass man nie genug hat. So auch hier.«[406]

Der Belegschaft erzählte er »Liebe Leute, macht euch keine Sorgen« und versprach »blauen Himmel über Hannover, kein Wölkchen am Himmel«.[407] Die FAZ sah hoffnungsvolle Mitarbeiter auf der Betriebsversammlung: »Die Menschen, die dicht gedrängt in der Halle stehen, glauben dem Unternehmer Imhoff. Der kleine Mann mit den flinken Augen versteht es, Vertrauen auszustrahlen. [...] Imhoff: ›Wir wollen doch mal sehen, ob wir Sprengel nicht wieder nach oben bringen.‹ Die rund 1000 Menschen in der Werkhalle spenden spontan Beifall.«[408] Er konnte Leute für sich einnehmen, erinnert sich eine Mitar-

397 Claus Jacobi: Der Schokoladenkönig. Das unglaubliche Leben des Hans Imhoff, München 1997, S. 187.
398 Wie Bernhard Sprengel ein passionierter Kunstsammler und Museumsstifter (Museum Ludwig in Köln).
399 Interview Udo Eberhard.
400 Der Spiegel, 1986, Nr. 30, 21.7.1986.
401 Süßwarenmarkt, 1979, Nr. 11.
402 Die Welt, 9.11.1979.
403 RWWA 208-8-4, Hans Imhoff an Robert Jones am 17.8.1979.
404 Die Welt, 20.10.1979, RWWA 208-8-4.
405 Frauke Eue, 1966 bis Juni 1992 bei Sprengel als Sekretärin der Verkaufsleitung und später in der Geschäftsführung Verkauf/Marketing.
406 Interview Hans Imhoff mit der Branchenzeitschrift Süßwarenmarkt, Nr.11, 1979.
407 Mail/Interview Angelika Becker, 1969–2000 bei Sprengel als Sekretärin der Personalabteilung und des Betriebsrats.
408 FAZ, 22.10.1979.

beiterin, »Imhoff wollte aber nur die Marke haben«.[409]

Die Reaktionen der Presse auf den Imhoff-Kauf waren positiv. »Seit Freitag letzter Woche ist Sprengel wieder ein deutsches Familienunternehmen«, schrieb die FAZ hoffnungsfroh, als sei allein diese Tatsache nach den gescheiterten Havard-Absolventen Albrecht und Giudice ein Garant für ordentliches Wirtschaften. Auch die ›Welt‹ fand: »Positiv und erfreulich ist an dieser spektakulären Unternehmensfusion in der Schokoladenindustrie, daß das renommierte Markenartikelunternehmen Sprengel nach mehr als 10 Jahren wieder in deutsche Hände gelangt.«[410] Das Branchenblatt Süßwarenmarkt feierte Imhoff begeistert. »Der verunsicherte Schokoladenmarkt erwies sich für das Genie Imhoff als ideale Spielwiese. […] Solange er das Schokoladenfeld mitbestellt und mitgestaltet, braucht man sich um die Branche eigentlich keine Sorgen mehr zu machen.«[411] Der ›Schokoladenkönig‹ beeindruckte Presse und Öffentlichkeit mit seinem Schokoladenreich, aber war er, der ›nie genug‹ kriegen konnte, tatsächlich der Mann, der den Grundstein legte für ein solides deutsches Familienunternehmen?

Das Land Niedersachsen und die Stadt Hannover versuchten in Gesprächen mit Imhoff Sprengel-Arbeitsplätze zu erhalten. Seine Forderungen lauteten: Zahlung eines Investitionszuschusses in Höhe von 7,5 Prozent der Sachanlagen, ein zinsloses Darlehen über 10 Mio. DM, die Gewährung von Lohnkosten- und Einarbeitungszuschüssen durch das Landesarbeitsamt für diejenigen Mitarbeiter, mit denen neue Anstellungs- und Arbeitsverträge geschlossen werden und von der Stadt den Kauf des Grundstücks- und Gebäude-Komplexes Schaufelder Straße für 12 196 796 DM.[412] Die Forderungen waren hoch gegriffen. Die Stadt Hannover kaufte nicht zu Imhoffs Be-

Abb. 227 Hans Imhoff im Interview mit dem ›Süßwarenmarkt‹, 1979

dingungen. Im Herbst 1981 verkaufte Imhoff das Grundstück an den Hamburger Immobilienunternehmer Jensen für die Hälfte: 6,3 Mio. DM.

Wirtschaftsministerin Birgit Breuel prüfte Landeszuschüsse und zeigte sich im März 1980 »grundsätzlich bereit, für die Fortführung des Werkes Brinker Hafen als Schokoladefabrik einen Investitionszuschuß in Höhe von 1,8 Mio. DM als Festbetrag zu gewähren. Voraussetzung für diese Entscheidung ist, daß im Zuge des Vorhabens 520 Dauerarbeitsplätze geschaffen werden und die Imhoffgruppe erklärt, daß diese Arbeitsplätze bis mindestens zum 31.12.1985 erhalten werden,«[413] also wenigstens fünf Jahre lang.

Eine Arbeitsplatzgarantie wollte Imhoff aber keinesfalls gewähren, und der Schokoladenmarkt war tatsächlich so unsicher, dass Prognosen über den Erhalt von Arbeitsplätzen kaum möglich waren. »Eine Schokoladenfabrik ist kein statisches Gebilde«, antworteten

409 Interview Angelika Becker.
410 Die Welt, 20.10.1979.
411 Süßwarenmarkt, 1979, Nr. 11.
412 RWWA 208-8-4, Sprengel Geschäftsleitung, Schreiben vom 23.11.1979.
413 RWWA 208-8-4, Der Niedersächsische Minister für Wirtschaft und Finanzen, Landesförderprogramm – Programmteil 1980 vom 6.3.1980.

Abb. 228 Sprengel-Markenwerbung 1983 – Spiel mit nobler Tradition

die von ihm beauftragten Anwälte. »Es muss daher eine völlige unternehmerische Dispositionsfreiheit auch in Bezug auf das Anlagevermögen bestehen. Herr Imhoff oder die Geschäftsleitung unseres Unternehmens können vernünftigerweise nicht bereit sein, dem Wirtschaftsministerium oder irgendeiner anderen Behörde ein Mitsprache- oder gar Entscheidungsrecht hinsichtlich der Führung einer Schokoladenfabrik einzuräumen. Herr Imhoff hat uns gebeten, Ihnen mitzuteilen, daß er Ihre Argumente und Verfahrensweise als eine konsequente Fortsetzung der ablehnenden und öffentlich bekundeten Einstellung von Frau Minister Breuel werten muß.«[414] Imhoff verzichtete auf die öffentlichen Zuschüsse. Claus Jakobi zitiert in seinem Buch ›Der Schokoladenkönig‹ die Ministerin mit den drastischen Worten: »Sie können doch nicht in die Jauche springen und erwarten, daß der Staat sie hinterher parfümiert.«[415] Der Betriebsratsvorsitzende Brede, der an dem Gespräch teilgenommen hat, erinnert sich: »Sie hat richtig auf den Putz gehauen, und Imhoff zurückgepfiffen.« Es wären verlorene Millionen gewesen.

»Als Imhoff kam, war ich Hauptabteilungsleiter. Er hat die Geschäftsführer und zwei Betriebsleiter entlassen. Meine Produktion, Erfrischungsstäbchen, Marzipan, Pralinen, Tafeln, lief weiter. Dann wurde die Schokoladenmassenproduktion stillgelegt und die Massen kamen aus Berlin. Hatte immer Knatsch gehabt mit der Qualität dort. Sagte Imhoff: Jetzt gehen Sie für ein Jahr nach Berlin und machen gute Schokolade«, berichtet der Schokoladenfachmann Reinhard Petter. Wurde die Qualität besser? »Ich hab's versucht.« Seine Einstellung zur Firma war charakteristisch für viele Mitarbeiter und Grund für den früheren Erfolg der Marke Sprengel. »Das war meine Firma. Imhoff hat gestaunt, als ich ihm das gesagt habe. Natürlich gehörte sie mir nicht. Aber ich war verantwortlich für die Qualität und gute Arbeit.«

414 RWWA 208-8-4, Schreiben an das Wirtschaftsministerium von Fa. Sprengel vom 9.7.1980.
415 Jacobi, Schokoladenkönig, S. 187.

Abb. 229 Genießer und Kunstkenner – Anzeige 1984

An die berühmte Sprengel-Qualität und den kultivierten Markenkern knüpfte eine Werbekampagne ›Berühmt und Berühmtes‹ aus dem Jahr 1983 an. Pfiffige Cartoons (Ronald Searle, Abb. 229), kunstvolle Blüten-Aquarelle (Elsa Felsko) und Kompositionen bekannter Tonschöpfer (Werner Egk), arrangiert mit den halbgeöffneten Packungen erlesener Pralinen, zitierten Merkmale des besonderen Sprengel-Markenbildes, wie es Bernhard Sprengel und Horst Kadelbach ein Vierteljahrhundert zuvor geschaffen hatten – als gäbe es noch die noble Firma und das Versprechen ›Auf den Inhalt kommt es an‹. Die Pralinenfertigung, die Imhoff nach Köln verlagert hatte, produzierte aber nur ›Stollwerck-Qualität‹, wie ein Sprengelaner, später auch für Imhoff tätig,[416] etwas verächtlich anmerkte. War sie tatsächlich schlechter, die Stollwerck-Qualität? Seit 1981 hat Imhoff aus Kostengründen über seine Berliner Firma Hildebrand in der DDR vom VEB Vadossi Schokoladenmasse geordert. Mit den Lieferungen gab es Qualitätsprobleme, weil der Kakaobuttergehalt gegenüber dem Zuckeranteil zu gering war.[417] Die Ware war offensichtlich minderwertig. Trotzdem hat sich Imhoff gegenüber dem Branchenblatt Süßwarenmarkt als geläuterter Qualitätsfabrikant verkauft: »Wir haben der traditionellen Pralinenpackung unsere besondere Aufmerksamkeit geschenkt. Sowohl Mandelsplitter als auch andere Pralinen werden bei uns wieder von Hand gemacht. Als ich vor 7 Jahren zu Stollwerck kam, habe ich die Handfertigung als erstes abgeschafft und mir dabei recht viel auf meine Rationalisierungserfolge eingebildet. Ich habe dann aber einsehen müssen, dass der verwöhnte Verbraucher gerade bei Pralinen ganz besondere Ansprüche stellt. Seit dem 1. Januar dieses Jahres fertigen wir einen Teil unserer Pralinen wieder von Hand.«[418] Das war wohl eher eine PR-Aktion. An Qualitätsproduktion hatte der Stollwerck-Chef nach übereinstimmenden Urteilen ehemaliger Mitarbeiter wenig Interesse. Die Hauptsache war, dass Umsatz und Erträge stimmten.

416 Interview K.-H. Schröder.
417 RWWA 208-11-4, Beschwerdeschreiben vom 10.4.1981.
418 Imhoff-Interview, Süßwarenmarkt, Nr. 9, 1978, S. 22.

Er versprach hohe Beträge in die Werbung zu stecken. »Die klassische Media-Werbung wird extrem verstärkt, insbesondere für Tafelschokolade, Pralinen, Herzkirschen und Erfrischungsstäbchen. Per heute schätzen wir den Media-Etat für das kommende Jahr auf 15 Mio. DM«,[419] erklärte Imhoff dem ›Süßwarenmarkt‹ nach dem Sprengel-Kauf. Er war bekannt dafür, durch seine hochgepushten Werbe-Aktivitäten die Konkurrenten in Zugzwang zu bringen.[420] Und er wollte diese mit seinen Zahlen wohl ein bisschen erschrecken. Von 20 Mio. DM Werbeausgaben in den Jahren 1980 und 1981 sprach er zwei Jahre später.[421] Die Werbung für Sprengel-Pralinen aus der Stollwerck-Produktion spielte mit der Kunstkennerschaft (Abb. 229, S. 299) und der Reputation von Bernhard Sprengel – der allerdings ein Freund naiver Kunst sicher nicht war – und knüpfte an die Schlaraffenland-Werbung aus dem Jahr 1971 an.

»Es ist das erklärte Ziel des neuen Gesellschafters, das im Jahr 1851 gegründete Traditionsunternehmen der deutschen Schokoladen-Industrie eigenständig zu erhalten«,[422] hatte Imhoff nach dem Kauf verkündet. Aber tatsächlich blieb in Hannover nur noch die Herstellung von Erfrischungsstäbchen, Alkoholbohnen und Marzipan. Auch versprach Imhoff, dass sich an den sozialen Leistungen nichts ändern würde. Aber er war schon zum Zeitpunkt des Kaufs als Mann einer »bisweilen brutalen Rationalisierung«[423] bekannt. »Als Imhoff kam, gab's 'ne kalte Dusche. Imhoff hatte gar nichts an Sozialleistungen.«[424] Die großzügigen Betriebsrenten hatten mit seiner Übernahme ein Ende, bei Stollwerck gab es für die Mitarbeiter keine Betriebsrenten, nur für den Vorstand. »Imhoff wäre gern an die 12 Mio. Betriebsrente ran«, erinnert sich Reinhard Petter.[425] Aber das ist ihm nicht gelungen. Die Sprengel-Renten waren sicher und werden noch heute gezahlt. Warum?

Seit 1968 hatte es erste Überlegungen zur Schaffung eines Betriebsrentengesetzes gegeben. Die sozialliberale Koalition legte 1974 den Entwurf eines Gesetzes zur Verbesserung der betrieblichen Altersversorgung vor, um die erworbenen Ansprüche abzusichern. Die deutsche Wirtschaft (BDA, BDI und Verband der Lebensversicherer) gründete daraufhin die PSVaG[426] als Selbsthilfeeinrichtung der deutschen Wirtschaft. Im Dezember 1974 verabschiedete der Bundestag das Gesetz, das die PSVaG als gesetzlichen Träger der Insolvenzsicherung bestimmte. Die Beiträge der Betriebe wurden je nach Zahl der anfallenden Fälle berechnet; 400000 DM waren nach der Erinnerung eines Mitarbeiters von B. Sprengel & Co. im Jahr einzuzahlen. Die großzügigen Betriebsrenten von B. Sprengel & Co. – 1937 mit der August-Sprengel-Stiftung begonnen – haben das Unternehmen überlebt. Der bundesdeutsche Sozialstaat half die schmerzhafte Strukturkrise und den Niedergang der Industrie für die Arbeitnehmer abzufedern. Die Betriebsrenten erschwerten allerdings, das war die Kehrseite der sozialen Leistung, in Krisenzeiten die notwendige Kostensenkung.

Karl-Heinz Brede hat als Betriebsratsvorsitzender den Sozialplan beim Verkauf an Imhoff verhandelt. Das 1972 novellierte Be-

419 Interview Hans Imhoff mit der Branchenzeitschrift Süßwarenmarkt, 1979, Nr. 11, S. 12.

420 »Imhoff will zusätzliche Marktanteile durch massivere Werbeaktivitäten erkaufen. Nur so lasse sich zusätzliches Terrain auf dem Schokoladenmarkt überhaupt gewinnen. Nestle-Chef Helmut Maucher (Sarotti) fühlte sich angesichts des immer stärker werdenden Wettbewerbs regelrecht genötigt, mit immer mehr Marketingaufwendungen wenigstens bescheidene Zuwachsraten zu erzielen. Trumpf verdoppelte Werbeetat auf 15 Mio. für 1981. 1978 wurden gerade 3,7 Mio. für Werbung aufgewendet«, Süßwarenmarkt, Sept 1980, S. 14.

421 LZ (Lebensmittelzeitung), 21.8.1981.

422 RWWA 208-8-4, Pressemitteilung Geschäftsleitung Hildebrand vom 20.10.1979.

423 Süßwarenmarkt, 1979, Nr.11.

424 Interview Ulrich Neufeld, 1964–2001 bei Sprengel.

425 Interview Reinhard Petter.

426 Pensions-Sicherungs-Verein, Versicherungsverein auf Gegenseitigkeit (PSVaG).

triebsverfassungsgesetz sah bei betrieblichen Veränderungen ab einer bestimmten Betriebsgröße eine Sozialplanpflicht vor. Diese Novellierung verbesserte bei Entlassungen die Verhandlungsmacht der Arbeitnehmervertreter. Die Abfindungen machten Entlassungen teuer. »Sozialpläne erstellen ist harter Tobak. Wir haben diskutiert, wo können wir den vielleicht hin kriegen? Als Betriebsrat haben wir versucht die Leute woanders unterzubringen. Wir haben unsere Kontakte spielen lassen zu anderen Firmen, z. B. zu Reemtsma.«[427] Die Zigarettenfirma gehörte wie die Schokoladenbranche zum Organisationsbereich der Gewerkschaft Nahrung, Genuss, Gaststätten. Die Reaktion der Menschen auf ihre Entlassung war ganz unterschiedlich. Langjährige Mitarbeiterinnen weinten, es gab aber auch »Arbeiterinnen, die haben mit den Füßen aufgestampft und wollten unbedingt auf die Kündigungsliste, um die Abfindungen zu kriegen«.[428] Ein Handwerker erinnert sich: »1980 war es eigentlich nicht schwierig eine Stelle zu finden. Ich war 21 Jahre bei VW; ich habe da mehr Geld verdient. Aber ›Sprengel war Sprengel.‹ Andere sind zu den Stadtwerken, zu Bahlsen.«[429]

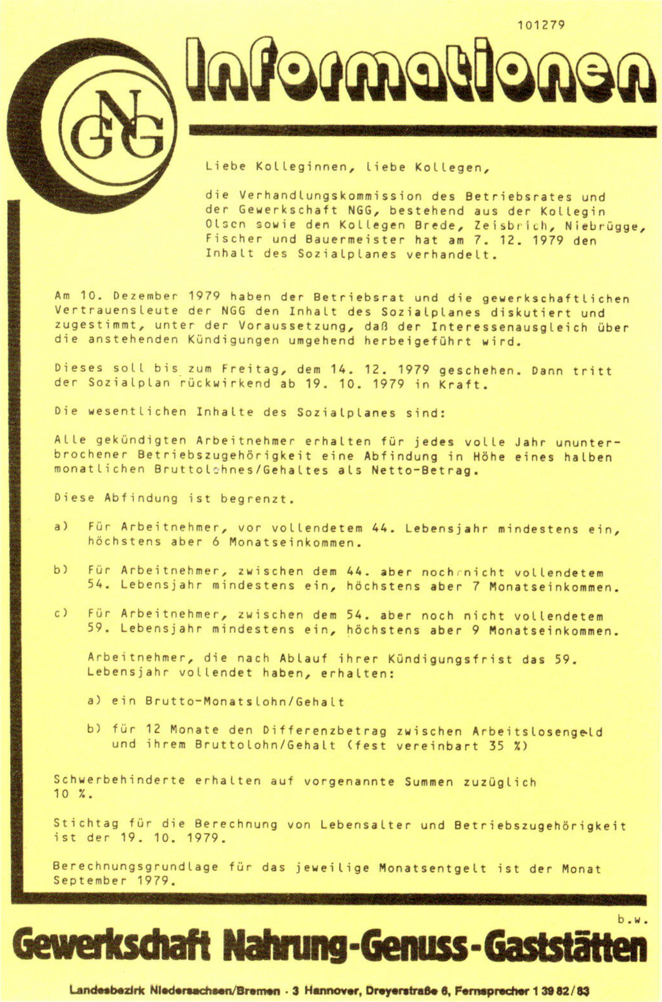

101279

Informationen

NGG

Liebe Kolleginnen, liebe Kollegen,

die Verhandlungskommission des Betriebsrates und der Gewerkschaft NGG, bestehend aus der Kollegin Olsen sowie den Kollegen Brede, Zeisbrich, Niebrügge, Fischer und Bauermeister hat am 7. 12. 1979 den Inhalt des Sozialplanes verhandelt.

Am 10. Dezember 1979 haben der Betriebsrat und die gewerkschaftlichen Vertrauensleute der NGG den Inhalt des Sozialplanes diskutiert und zugestimmt, unter der Voraussetzung, daß der Interessenausgleich über die anstehenden Kündigungen umgehend herbeigeführt wird.

Dieses soll bis zum Freitag, dem 14. 12. 1979 geschehen. Dann tritt der Sozialplan rückwirkend ab 19. 10. 1979 in Kraft.

Die wesentlichen Inhalte des Sozialplanes sind:

Alle gekündigten Arbeitnehmer erhalten für jedes volle Jahr ununterbrochener Betriebszugehörigkeit eine Abfindung in Höhe eines halben monatlichen Bruttolohnes/Gehaltes als Netto-Betrag.

Diese Abfindung ist begrenzt.

a) Für Arbeitnehmer, vor vollendetem 44. Lebensjahr mindestens ein, höchstens aber 6 Monatseinkommen.

b) Für Arbeitnehmer, zwischen dem 44. aber noch nicht vollendetem 54. Lebensjahr mindestens ein, höchstens aber 7 Monatseinkommen.

c) Für Arbeitnehmer, zwischen dem 54. aber noch nicht vollendetem 59. Lebensjahr mindestens ein, höchstens aber 9 Monatseinkommen.

Arbeitnehmer, die nach Ablauf ihrer Kündigungsfrist das 59. Lebensjahr vollendet haben, erhalten:

a) ein Brutto-Monatslohn/Gehalt

b) für 12 Monate den Differenzbetrag zwischen Arbeitslosengeld und ihrem Bruttolohn/Gehalt (fest vereinbart 35 %)

Schwerbehinderte erhalten auf vorgenannte Summen zuzüglich 10 %.

Stichtag für die Berechnung von Lebensalter und Betriebszugehörigkeit ist der 19. 10. 1979.

Berechnungsgrundlage für das jeweilige Monatsentgelt ist der Monat September 1979.

b.w.

Gewerkschaft Nahrung-Genuss-Gaststätten

Landesbezirk Niedersachsen/Bremen · 3 Hannover, Dreyerstraße 6, Fernsprecher 1 39 82/83

Abb. 230 Information der NGG zum Sozialplan, Dezember 1979

Hilde Kirleis hatte 1959 mit 17 Jahren angefangen und 40 Jahre für die Firma gearbeitet. »Maschinenüberzieherei, Packerei, ich würde heute noch gern hingehen, wenn sie noch existieren würde. Ich bin so gerne hingegangen, wir hatten so nette Kollegen. Viele wollten nicht mit zum Brinker Hafen, haben was anderes gesucht, Mäntelhaus Kaiser zum Beispiel oder Bäcker. 1980 war das kein Problem.«[430] Die schöne Zeit, die es Frauen ermöglichte, halbtags oder zur Saison in unmittelbarer Wohnnähe in einer angesehenen Firma zu arbeiten, mittags in der Pause die Einkäufe beim ›Puls‹ in der Schaufelder

427 Interview Karl-Heinz Brede.

428 Interview Angelika Becker.

429 Interview H. B. 1955–1980 als Isolierer bei Sprengel.

430 Mail/Interview Hilde Kirleis.

Abb. 231 Unverwechselbar Sprengel mit dem linken roten Drittel, 1981

Straße zu erledigen, die Kinder gut aufgehoben zu wissen im Betriebskindergarten und dann Zeit für die Familie zu haben: Diese Zeit war vorbei. Die Häuser und Wohnungen für die Beschäftigten und das Erholungsheim in Braunlage hatte schon Nabisco verkauft, »um das Minus aufzufangen«.[431] Auch Imhoff schaute, was er zu Geld machen konnte. Für die langjährigen Beschäftigten, die sich eine neue Arbeitsstelle suchen mussten, »löste sich damit ein vertrautes Umfeld auf, das auf dem kulturellen Zusammenhang von Fabrik, Familie, Feierabend an ein und demselben Ort basiert hatte«,[432] wie die Wirtschaftshistorikerin Christina Lubinski diesen Einschnitt treffend beschreibt. »Wo mit dem Arbeitsplatz dieses kulturelle Gefüge verloren ging, gab es nicht nur materielle Ausfälle, sondern auch emotionale Betroffenheit.«[433]

Imhoff begann das Werk in der Schaufelder Straße zu demontieren. Die meisten Maschinen wurden verkauft, aber die Verwaltung hat dort noch gearbeitet. Imhoff versprach: »Ich baue auf der grünen Wiese eine neue Fabrik. Sie kriegen Büros, da träumen Sie nur von.« 1981 zog die Verwaltung in den Brinker Hafen um. »Im Lagergebäude kriegten wir einen Riesenraum abgeteilt, nicht Lärm gedämmt.«[434] Einen Teil der Maschinen bauten Techniker und Schlosser im Auftrag von Imhoff bei Moskau wieder auf. Die Fachleute haben dort – teilweise mehr als 10 Jahre lang – die Maschinen gewartet. »Die ganz alten Maschinen sind noch gut gelaufen. Eine Tafelmaschine von 1966 und eine für die Herzkirschen.«[435]

Für die Geschäftsführung benötigte Imhoff erfahrene Leute. Kadelbachs Sohn, auch in der Schokoladenbranche tätig, erhielt 1979 einen Anruf. »Hier ist Imhoff. Ich habe gerade Sprengel gekauft. Ich lese alle möglichen Akten, immer wieder lese ich Kadelbach. Wir müssen uns unbedingt sprechen.« Kadelbach war skeptisch. »Ein Treffen mit Imhoff?« Aber: »Warum eigentlich nicht? Ich fuhr zum Luisenhof. ›Wo ist Herr Imhoff?‹ ›Das ist der kleine Dicke auf der Straße, der Kniebeugen macht‹. So traf ich ihn. Aber aus

431 Interview Frauke Eue.
432 Lubinski, Familienunternehmen, S. 175.
433 Ebd., S. 275.
434 Interview Frauke Eue.
435 Interview Herr Werner, 1962–2000 als Schlosser bei Sprengel.

der Zusammenarbeit wurde nichts. Imhoff hatte kein Interesse an Qualität.«[436] Imhoff setzte zunächst seinen Sohn als Geschäftsführer ein, hat ihn aber nicht für voll genommen. »Du hast ja keine Ahnung. Red' nicht so dumm!«,[437] fuhr er ihm im Beisein von Dritten über den Mund.

Kosteneinsparungen erreichte Imhoff durch die Schließung des Werkes in der Schaufelder Straße, durch Einsparung der EDV, Schließung des Labors, Kürzung der Ausgaben in »fast allen Abteilungen«.[438] 1981 wurde noch einmal 150 Mitarbeitern gekündigt. Betriebsrat und Gewerkschaft stimmten zu; sie hofften, auf diese Weise den Produktionsstandort Hannover erhalten zu können.[439] 1982 kaufte Imhoff Schubert in Ahlem, schloss dessen Produktionsstätte und baute in Vinnhorst ein Werk für Marzipan-Spezialitäten. Imhoff gab sich gegenüber der HAZ selbstbewusst: »Sprengel und Schubert schreiben wieder schwarze Zahlen, und zwar deutlich.«[440] 300 Mitarbeiter, dazu 100 bis zu 200 Saisonkräfte waren 1982 am Brinker Hafen beschäftigt. Was die Arbeitsplätze betraf, meinte Imhoff: »Ich habe mein Wort nicht nur gehalten. Ich habe es übererfüllt.«[441]

Stimmte das? In einem internen Schreiben an den Nabisco-Vizepräsidenten Jones kurz vor dem Kauf 1979 hatte Imhoff seine Personalplanung dargelegt: eine Gesamtbelegschaft zwischen 330 und 350 Mitarbeitern,[442] denn die Zahl der zu Entlassenden bestimmte u.a. den Kaufpreis der Firma. Der Sozialplan musste ja finanziert werden. Die Beschäftigtenzahlen haben sich bis 1982 tatsächlich entsprechend entwickelt. Gegenüber den 1000 Beschäftigten, die zum Zeitpunkt des Kaufs noch für Sprengel arbeiteten, hatte er aber keine konkreten Prognosen abgegeben, sondern sich bedeckt gehalten. 400 Beschäftigten wurde noch 1979 gekündigt. Für die Übrigen war es ein andauerndes Hoffen und Bangen, ob die Produktion in Hannover auf Dauer erhalten würde. Imhoff legte sich nicht fest. Zur Zeit der Schließung 2001 arbeiteten noch 150 Menschen im Werk am Brinker Hafen.

Der Schokoladenmarkt war noch immer von Überkapazitäten, niedrigen Preisen und hohen Rohstoffpreisen geprägt. Geschäftsführer und Konzepte wechselten in kurzer Folge. Imhoff wollte vor allem seine Kapazitäten auslasten und fiel sogar den eigenen Leuten in den Rücken, die weniger ruinöse Preise ausgehandelt hatten. »Sarotti, Imhoff und Trumpf haben über Konditionen gesprochen. Wir haben bessere Preise durchgesetzt. 1984 war die 100 g Schokolade wieder über 1 DM. Dann hat Imhoff verrückt gespielt. Tengelmann hatte 500 t Schogetten geordert. Imhoff kam dann mit 79 Pfg.«[443] Aldi hat er billigst angeboten, »auch mit 0 Deckungskosten. Das konnte er als Unternehmer entscheiden«.[444]

Der Konkurrent Monheim warf 1986 das Handtuch. Die Schweizer Firma Jacobs (Suchard) übernahm wesentliche Teile des Monheim-Unternehmens, nachdem Eigentümer Peter Ludwig schon vorher das Aachener Lindt-Werk und die deutsche Lizenz an Lindt verkauft hatte. Klaus J. Jacobs kommentierte den Erwerb der Monheim AG: »Ein solch großes Unternehmen kann im Todeskampf im Markt einen solchen Unfug anrichten, daß es besser ist, es zu kaufen.«[445] Übrig blieb die Rumpf-Firma Ludwig Schokoladen GmbH in Aachen, die weiterhin Schokoartikel der Marken Trumpf, Mauxion oder Novesia herstellte.[446] Sie war aber nicht mehr die Nummer eins. Der größte deutsche Anbieter war jetzt Imhoffs Stollwerck-Gruppe.

436 Interview Christian Kadelbach.
437 Interview Frauke Eue.
438 Lebensmittelzeitung, 14.8.1981.
439 HAZ, 14.8.1981.
440 HAZ, 22.10.1982.
441 Ebd.
442 RWWA 208-8-4, Schreiben Imhoffs an Robert Jones (Nabisco) vom 23.11.1979.
443 Interview Udo Eberhard.
444 Interview Karl-Heinz Schröder.
445 Der Spiegel, 1986, Nr. 30, Schokolade. Hartes Brot, 21.7.1986.
446 Inzwischen der Krüger-Gruppe gehörend.

Abb. 232 Anleihen beim Konkurrenten Ritter Sport, 1985

Die Produktion in Hannover lief nur noch als eine untergeordnete Abteilung des Kölner Konzerns. Da die Tafelproduktion in Berlin und die Pralinenherstellung in Köln konzentriert waren, ließen sich im Brinker Hafen die Kapazitäten nicht auslasten. Die Produktionskosten seien »unvertretbar hoch«,[447] argumentierte der Stollwerck-Vorstand im März 1990, um die völlige Verlagerung nach Köln zu begründen. Die Belegschaft reagierte enttäuscht und wütend. Betriebsrat und Gewerkschaft kündigten an, für den Erhalt aller Arbeitsplätze zu kämpfen. In sechs Gesprächsrunden gab es zähe Verhandlungen. Dann wurde im Juni der Durchbruch erzielt. »Schokohunger in der DDR rettet Sprengel«,[448] titelte die HAZ.

Die Verbraucher in der DDR hatten sich viele Jahre mit Surrogat-Produkten zufriedengeben müssen. Krümelige Konsistenz, rötlich-graue Farbe und bisweilen ein strenger Beigeschmack beeinträchtigten den Genuss. Die Inhaltsstoffe blieben für die DDR-Bevölkerung Geheimsache. Nach der Grenzöffnung wurden die DDR-›Süßtafeln‹ ein Ladenhüter[449] und der Hunger nach echtem Schokoladengeschmack groß. Das rettete für weitere zehn Jahre Arbeitsplätze in Hannover.

Dann nutzte allerdings Imhoff die Chance, mit niedrigeren Löhnen billiger im Osten zu produzieren, und verkaufte das als gute Tat. »Seid zufrieden, mit dem was ihr habt. Eure Brüder und Schwestern in der DDR sind jetzt an der Reihe. Ihr könnt jetzt mal zurückstecken«,[450] erzählte er den hannoverschen Mitarbeitern. Imhoff kaufte das frühere Mauxion-Werk in Saalfeld, investierte in Polen auf der Grünen Wiese, hat in Budapest die alte ehemalige Stollwerck-Fabrik ausgebaut und produzierte in Russland. Dort waren die Märkte noch nicht gesättigt und die Löhne niedriger.

Imhoff hatte einen eigenwilligen Führungsstil. Viele Mitarbeiter fanden, Imhoff habe sie nicht gut behandelt. Aber es gab auch einige, die kamen mit ihm aus. Zu ihnen gehörte der Betriebsratschef Karl-Heinz Brede. »War irgendwie ein netter Kerl. Ich mochte ihn.« Über Imhoffs hemdsärmelige Art kann er einiges erzählen. Imhoff war nachts mit dem Auto von Köln nach Vinnhorst gefahren, hat den Fahrersitz zurückgeklappt und im Auto geschlafen. Der Pförtner bekam den Auftrag: »Wenn der Brede kommt, soll er mich wecken.« Brede

447 HAZ, 21.3.1990.
448 HAZ, 26.6.1990.
449 Der Spiegel, Geheimsache Süßtafel, 2.4.1991.
450 Interview Frauke Eue.

klopfte also morgens an das Autofenster, holte Brötchen und Mett, und man frühstückte gemeinsam. Wenn der Chef rief, hatte er zur Stelle zu sein. Eines Morgens früh um sechs hatte Brede gerade seine Nachtschicht hinter sich, als in Vinnhorst das Telefon ging. Der Chef war dran: »Kommen Sie bitte sofort nach Köln. Ich möchte Sie so schnell wie möglich bei mir im Betrieb sehen.« »Ja, aber ich hab' die ganze Nacht gearbeitet und jetzt Feierabend.« Für Imhoff war das kein Grund: »Nehmen Sie den Zug und bringen'se Ihre Frau mit, dass sie aufpaßt, dass Sie in Köln aussteigen.« Imhoff wollte in Köln vom Betriebsrat die Zustimmung zu Kündigungen. »Er stand oben an der herrschaftlichen Treppe und man musste dann die Treppe hochgehen. Er hat oben gewartet. War ja so'n kleiner Dicker. Er hatte ein Riesenbüro, so 250 Quadratmeter. Wenn Sie da reinkamen, hatten Sie ein ganz komisches Gefühl. Man kam rein mit Wut im Bauch, musste laufen, bis man bei ihm war. Wenn man dann vor ihm stand, war alles weg.« Eine Kündigung konnte Brede ihm ausreden. Er hatte eine Idee, wo man den Betreffenden einsetzen könnte.[451]

Beschäftigte und Betriebsrat lebten weiterhin unter dem Damoklesschwert der Schließung. Der damalige Betriebsleiter Ulrich Neufeld: »Ab 1992 wurde keiner mehr eingestellt, nur Saisonkräfte.«[452] Der Altersdurchschnitt der Belegschaft war hoch. »Wir dachten: Wenn das noch zehn Jahre gutgeht, können die älteren Beschäftigten mit Sozialplan in den Ruhestand. Das war das Ziel.« Als im Herbst 2001, ziemlich genau 150 Jahre nach der Gründung von B. Sprengel & Co., das endgültige Aus für die Sprengelproduktion in Hannover verkündet wurde, war das für die meisten Beschäftigten das Ende ihres Berufslebens. Fast die Hälfte der 150 Belegschaftsmitglieder war über 50 Jahre alt.

Besonders erboste Mitarbeiter und Gewerkschaft, dass Stollwerck im ersten Halbjahr 2001 mit der Marke Sprengel noch rund 13 Prozent Umsatzzuwachs verzeichnet und im August an drei Samstagen Zusatzschichten angeordnet hatte. Dass Infrastruktur und Fabrikgebäude veraltet waren und keine rentable Produktion mehr zuließen, wie die Kölner Konzernzentrale die Stilllegung begründete,[453] war Folge ausgebliebener Investitionen und fehlender Auslastung, weil wichtige Produktlinien verlagert worden waren. Anders als 1980 war es im Jahr 2001 für die Entlassenen schwer, neue Arbeitsplätze zu finden. Ein Konfektmacher, 39 Jahre für Sprengel tätig: »Ich bin alter Sprengelaner, ich habe das Sterben auf Raten mitgekriegt. Ich kriege keinen Job mehr.«[454]

In Hannover ist Imhoff als der Mann in Erinnerung geblieben, der das hannoversche Traditionsunternehmen Sprengel ausgeblutet und dichtgemacht hat. Oder kann es auch als Leistung gelten, die Produktion in Vinnhorst in schwieriger Zeit zwanzig Jahre erhalten zu haben? In Köln fühlt man natürlich anders. Dort ist Hans Imhoff »einer der ganz Großen. Ein Unternehmer mit Herz, Hand und Humor, ein erfolgreicher Unternehmer mit großer sozialer Verantwortung.«[455] Das werden die alten Sprengelaner kaum unterschreiben, dafür war der Einschnitt 1980 zu groß. Sie waren Besseres gewohnt.

Imhoffs Schokoladenreich war nicht von Dauer. Eine befriedigende Nachfolgeregelung hatte er genauso wenig gefunden wie Bernhard Sprengel, und er war alt geworden. Nur ein Jahr nach der Schließung des Sprengelwerks verkaufte der 80-Jährige den Stollwerck-Konzern an den Branchenriesen für die Produktion von Schokoladenmassen, Barry Callebaut, den Klaus Jacobs von der Bremer Kaffee-Dynastie aufgebaut hatte. Die Schließung in Hannover, meint der frühere Betriebsleiter Neufeld, sollte den Verkauf

451 Interview mit Karl-Heinz Brede, 1963–1983 bei Sprengel, am Schluss als Betriebsratsvorsitzender.

452 Interview Ulrich Neufeld, ehemaliger Betriebsleiter in Hannover.

453 HAZ, 2.9.2001: »Die haben uns ausgeplündert. Hannovers Schokoladenseite stirbt.«

454 Ebd.

455 Kölner Express, 22.12.2007.

Abb. 233 Hinweisschild in Hannover Vinnhorst ohne Sprengel-Logo

von Stollwerck an Callebaut erleichtern. »Niemand entlässt gern Leute, auch Imhoff nicht.«[456] Aber, so Neufeld, man findet auf einem schwierigen Markt keinen Käufer, der als Erstes Sozialpläne aushandeln muss und Kosten und Ärger für Betriebsschließungen zu gewärtigen hat. Der neue Stollwerck-Vorstandschef sollte für Barry Callebaut ein international profitables Endverbrauchergeschäft aufbauen. Das gelang ihm genauso wenig wie vorher den Eignern und Geschäftsführern der deutschen Traditionsmarken. Die Stollwerck-Fabrik in Köln-Porz wurde 2005 geschlossen. Im Jahr 2011 trennte sich, für Finanzbeobachter wenig überraschend, Barry Callebaut von seinem Endverbrauchergeschäft und verkaufte dies an die belgische Familiengesellschaft Baronie. Lohnender ist in größerem Maßstab das B-to-B-Geschäft[457] mit der Herstellung von Schokoladenmassen für Weiterverarbeiter.

456 Interview Ulrich Neufeld.

457 Business to business, Geschäft zwischen Unternehmen, nicht für Endverbraucher.

Der erbitterte Konkurrenzkampf und die Nachfragemacht der großen Handelsriesen hat die meisten kapitalintensiven traditionsreichen Schokoladenfabriken (vgl. Übersicht Broichhausen, S. 275) die Existenz gekostet. Kleinere spezialisierte oder regionale Marken wie zum Beispiel Niederegger, Rausch und Reber, sind noch am Markt und die Firma Storck, die von Bonbons herkommend, 1965 mit dem Edelriegel Merci erfolgreich in den Schokoladenmarkt eingestiegen ist. Mit deutschem Kapital und seit der Gründung in Familienbesitz hat die Schokoladenfabrik Alfred Ritter in Waldenbuch überlebt, über die Bernhard Sprengel junior 1955 notiert hatte, dass sie »übersichtlich in kleinem Rahmen bei scheinbar sehr hoher Rationalisierung und pro Kopf-Ausbringung« arbeitete. Öffentliche Institutionen machen Ritter das (Über-)Leben schwer. Die Stiftung Warentest musste vor Gericht die rufschädigende Wertung ›Mangelhaft‹ wegen Verwendung und umstrittener Kennzeichnung von Piperonal als natürliches

Abb. 234 Abbruch am Brinker Hafen, 2007

Aroma zurücknehmen, und das Bundeskartellamt drohte wegen Preiserhöhungen mit exorbitanten Bußgeldern – in einer Branche, die jahrzehntelang von einem ruinösen Kampf um die niedrigsten Preise gekennzeichnet war. Es gibt wieder kleine Schokoladenhersteller, die Qualitätsschokolade produzieren, aber meist mit fremdbezogenen Schokoladenmassen und nicht mehr ›von der rohen Bohne an‹. Für solche Qualitätsschokolade sind inzwischen auch wieder mehr Verbraucher bereit, angemessene Preise zu zahlen.

Die Rezepte des Marktführers werden heute in Italien ersonnen, in der traditionsreichen Schokoladenregion im Piemont. Italienische Cioccolatieri hatten vor 350 Jahren mit ihren Rezepten die europäische Schokoladentradition begründet und verbreitet. Heute prägt Ferrero, ein Familienunternehmen aus der Kleinstadt Alba südlich von Turin, als Nummer eins in Deutschland maßgeblich den deutschen Schokoladengeschmack. Der Gesamtumsatz von Ferrero hat sich im Jahr 2014 auf 8,4 Mrd. € belaufen.[458] Nutella, Kinder-Schokolade, Duplo, Hanuta, Ferrero Küsschen, Mon Chérie und viele weitere Ferrero-Marken begleiten die Verbraucher von Kindesbeinen an. Dieses Kundenpotenzial hat die deutsche Schokoladenindustrie, hat auch die Firma B. Sprengel & Co. lange unterschätzt. Für Kinderbedürfnisse hatte Bernhard Sprengel wenig Sinn.

Warum ist die Schokoladenfabrik Sprengel untergegangen? Stimmt es, was einige verärgerte Mitarbeiter und auch manche Hannoveraner glauben »Wenn der sich nicht die Bilder ins Museum gehängt hätte, gäbe es die Firma heute noch«? Dieses Buch hat die verschiedenen Etappen beleuchtet, die zum Niedergang führten. Den einzigen Grund gab es nicht, sondern ein Bündel von Faktoren. Richtig ist, dass die Firma Sprengel in den boomenden 1950er Jahren nicht in neue effektive und

458 http://www.ferrero.de/international/ [zuletzt aufgerufen am 18.1.2016].

kostensparende Produktionsanlagen außerhalb des eng gewordenen Standorts investiert hat, wie dies die Firma Bahlsen mit dem Geschäftsführer und Rationalisierungsfachmann Kurt Pentzlin entschieden hatte. Das neue Werk mit moderner Technologie in Vinnhorst wurde erst 1967 fertig, als Überkapazitäten auf dem Schokoladenmarkt schon auf die Preise drückten. Bernhard Sprengel hatte verschiedene Kooperationen erwogen und zögerte lange. Und er tat sich – anders als in früheren Jahren mit der erfolgreichen Entscheidung für Otto Bredt und Horst Kadelbach – schwer mit kluger Personalauswahl. Diese entschied er allein; auch der Beirat war kein wirksamer Sparringspartner. So traf die Branchenkrise eine Firma ohne erfolgversprechendes Konzept für den schwierigen Markt und mit wechselnden Geschäftsführern ohne weitsichtige Führung. Die Entscheidungen während der Nabisco-Ära fielen in der Konzernspitze in New York, für die das deutsche Schokoladengeschäft nachrangig war. Die neu entwickelten Produkte konnten sich gegen die am Markt bereits etablierten Angebote der Konkurrenz nicht durchsetzen. Das expansive Tonnage-Denken beschädigte nachhaltig Qualität und Marke.

Kunst und Industrie hatten sich im Prozess der Industrialisierung voneinander entfernt. Die industrielle Produktion galt als hässlich. Mit der ästhetischen Qualität der Produkte, der Schönheit der Fabrikbauten und künstlerisch gestalteter Reklame hatten sich hannoversche Fabrikanten und Mitglieder des deutschen Werkbundes wie Hermann Bahlsen, Fritz Beindorff und Heinz Appel vor dem ersten Weltkrieg vorgenommen, die getrennten Bereiche von Kunst und Industrie wieder miteinander zu versöhnen. Diese Illusion hatte Bernhard Sprengel nicht mehr. Er hielt wohl den ästhetischen Anspruch an Werbung und Verpackung hoch. Das war Teil des Markenbildes der Firma Sprengel. Die Beschäftigung mit Kunst aber gehörte für ihn zum ›Reich der Freiheit‹ und nicht zu den Pflichtaufgaben des ›Reichs der Notwendigkeit‹. In der zweiten Hälfte seines Lebens gewann für ihn die Kunst zunehmend an Bedeutung. Gespür und Glück für erfolgreiche unternehmerische Entscheidungen hatten Bernhard Sprengel in den 1960er Jahren verlassen, vielleicht weil er mit dem Herzen mehr bei der Kunst war.

Dem, was er dort entschied und bewirkte, war langfristiger Erfolg beschieden zum Wohl seiner Heimatstadt Hannover. Jahre der Auseinandersetzungen um das Museum und den Einfluss des Unternehmers und Mäzens auf die hannoversche Kulturpolitik hatten dem Haus zunächst als Kompromiss den sperrigen Namen »Kunstmuseum Hannover mit Sammlung Sprengel« beschert. Zum 85. Geburtstag von Bernhard Sprengel hat sich die Stadt 1984 in Anerkennung der Leistung des Sammlers und Stifters schließlich für den Namen entschieden, unter dem das Museum vorher schon bekannt und berühmt war, nämlich »Sprengel Museum Hannover«. Er starb ein dreiviertel Jahr später.

Der Niedergang der Schokoladenfabrik und die Gründung des Sprengel-Museums in den 1970er Jahren stehen für zwei Seiten des ökonomischen Strukturwandels. Auf dem Weg von der Industrie- zur Dienstleistungs- und Freizeitgesellschaft war Bernhard Sprengel im doppelten Sinn Akteur. Als Inbegriff für feine Schokolade ist der Name Sprengel längst verblasst. Im Kunstmuseum lebt der Name fort, auch wenn bald niemand mehr weiß, dass die einst so einträgliche Kunst hannoverscher Schokoladenmacher den heutigen Kunstgenuss im Museum Sprengel erst möglich gemacht hat.